제8판

증권투자론

장영광

신영사

제 8 판을 내면서

본 「증권투자론」은 제8판을 내기까지 금융환경 변화를 반영하면서 증권전문가가 되고자 하는 독자나, 금융투자업 또는 자산운용업 실무에 종사하는 독자들이 관련 기초지식을 쉽게 학습할 수 있고, 증권시장에서 실제의 자산관리능력을 높이는 데 도움을 주는 것을 목표로 많은 부분을 수정·보강해왔다.

근래 수년간에도 세계 금융시장의 불안정성이 확대되는 큰 사건이 이어져 왔고, 금융의 디지털화로 자산운용업에도 큰 변화가 계속되고 있다. 2010년 이전에는 글로벌화, 증권화(securitization), 금융공학(financial engineering), 금융의 사이버화로 요약되는 변화가 있었고, 2010년 이후에는 4차산업혁명의 큰 흐름 속에서 클라우드 컴퓨팅, 빅데이터, 다양한 디지털 혁신기술 등 정보통신기술(ICT)의 발전으로 인해 금융업의 업무처리, 상품, 서비스, 새로운 사업모델 등에 엄청난 변화가 일어나는, 이른바 Fin(금융)과 Tec(기술)의 합성어인 핀테크(Fin-Tech)의 혁신을 경험하고 있다. 핀테크는 로보어드바이저(Robo-advisor), 온라인 자산관리, 암호자산, 크라우드펀딩, 모바일 결제서비스 등의 영역으로 확산되고 있다.

이러한 금융환경의 변화 속에서 개인투자자, 자산운용전문가 모두에게 투자위험을 관리하고 목표 투자수익을 달성하는 것이 지난한 과제가 되고 있다. 이는 관점을 달리하면 자산운용과 연관된 전문투자자에게는 새로운 도전과 기회가 될 수 있음을 의미한다. 금융에 대한 단편적인 지식차원을 넘어서 금융시장과 금융산업의 변화, 자산관리에 대한 종합적이면서 체계적인 이해와 적용이 더욱 중요해지고 있음을 시사한다.

본 제8판에서 가장 많이 수정된 부분은 이러한 측면을 염두에 두고, 제Ⅶ편 '통합적 투자관리'의 1개장을 2개장으로 나누어, 제19장에서는 자산배분에서 그 비중과 중요성이 높아지고 있는, 헤지펀드·PEF·부동산·상품자산을 포함하는 대체투자(alternative assets)와 기관투자자의 자산운용의 이슈를 새롭게 다루었고, 제20장에서는 통합적 투자관리의 관점에서 다양한 투자전략을 평가하였다. 그리고 간접투자상품의 비중이 크게 증가하고 있는 추세와 관련하여 상장지수펀드(ETF)에 대한 논의를 제2장, 제12장, 제20장에서 상세하게 다루었다.

이 밖에도 장의 도입부에 소개하고 있는 '주제 생각하기', 장의 말미에 다루고 있는 '증권카페'의 상당부분을 새로운 자료로 대체하였고, 금융시장관련 법규와 관련 증권제도는 최근 자료로 업데이트하였다. 자산운용의 실제 적용능력을 높이고자 소개하고 있는 '스프레드시트 EXCEL'을 활용하는 예는 '포트폴리오 관리'뿐 아니라 채권투자, 옵션투자 부분으로 확대하여 제시하였다. 독자들이 **신영사 홈페이지**(http://www.shinyoungsa.co.kr) **자료실**에서 ① '연습문제 해답편'과 함께, ② 'EXCEL활용 투자관리' 파일자료를 이용할 수 있게 하였다. 장별로 수정 · 보완이 이루어진 부분을 정리하면 다음과 같다.

제1~4장 : 제1장에서는 투자관리과정을 통합적 관점에서 다루면서 자산배분의 중요성과 관련된 사례를 보완하였다. 제2장 금융상품에 대한 설명에서는 간접투자상품(펀드) 편을 대폭 보강하였다. 제3장에서는 새로이 바뀐 상장제도, 유통시장제도, KRX계열주가지수 체계를 보완하였다. 제4장은 '투자수익과 투자위험'과 관련된 주제를 통합하여 다루면서, 시간효과 및 변동성과 연관된 부의 증식원리를 다루었다.

제5~7장 : "제Ⅱ편 주식투자"에서는 가치투자의 실제에서 다루어지고 있는 "경제적 해자"의 내용과 이와 관련된 지속가능 경쟁우위, 핵심성공요소, 잠재위험평가, 성장기회평가의 내용을 보완하였다. 보통주 평가모형에서는 상대가치평가방법의 설명체계를 바꾸고, 여러 평가모형들의 유용성과 한계점을 비교하였으며, 2단계 *FCF*모형, *FCFE*모형, *RIM*모형의 비교는 제7장 [보론]에서 다루었다.

제8~9장 : "제Ⅲ편 채권투자"에서는 채권가격, 채권수익률, 듀레이션 추정에서 스프레드시트 EXCEL 활용방법을 보완하고, 방어적 채권투자전략으로서 채권지수를 활용한 인덱싱전략의 내용을 추가하였다.

제10~13장 : "제Ⅳ편 포트폴리오 관리"의 제10장, 제11장에서는 분산투자를 통한 위험관리의 설명에 사용된 상장주식 자료를 최근(2016.4~2019.4)의 자료로 대체하고, 포트폴리오 구성방법을 EXCEL을 활용하여 실제 상황에 적용해 보는 내용을 보완하였다. 제12장에서는 새로운 투자대상으로서 ETF의 설계, 스마트베타ETF 등 액티브형에 대한 설명을 추가하였다. 제13장에서는 베타 유효성에 대한 논쟁, 파마 · 프렌치 3요인모형 등 다요인모형에 관한 내용을 보완하였다.

제15장 : 증권시장의 효율성에 관한 최근의 연구결과를 추가하고, 최근의 행태재무학적 관점의 내용을 1개절로 확대하여 보완하였다.

제16~18장 : "제VI편 파생상품과 위험관리"에서는 최근 선물・옵션시장의 새로운 제도와 현황 관련자료, 금리와 통화선물거래, 옵션의 손익구조와 옵션투자전략의 최대이익・최대손실에 대한 설명, 선물거래와 옵션거래가 위험관리에 활용될 수 있는 다양한 예제 등을 보완하였다.

제19~20장 : 제7판에서 1개장으로 다루었던 '통합적 투자관리' 이슈를 2개장으로 나누었다. 제19장에서는 자산운용업에서 자산운용 대상으로 확대되고 있는 헤지펀드, PEF 등 '대체투자' 관련 내용을 새롭게 다루었으며, 자산운용시장의 현황과 함께 이와 관련된 기관투자자의 자산운용의 문제를 다루었다. 제20장에서는 통합적 투자관리의 관점에서 다양한 투자전략(주가모멘텀전략/역투자전략, 가치투자전략/성장투자전략 등)의 비교, 패시브펀드 대 액티브펀드의 성과비교를 다루었다.

본 개정판을 출간함에 있어서도 귀중한 도움을 주신 많은 분들에게 감사드린다. 우리나라 금융시장과 산업에 관한 각종 자료의 수집・제공뿐 아니라, 유익한 조언을 해주신 정기만 교수(한국교통대학교 경영정보학과), 여환영 박사(KB자산운용), 오재열 전 운용대표(IBK투자), 박진석 전무(케이원투자자문) 그리고 지금까지 본서에 대해 다양한 조언을 주셨던 많은 대학의 교수님들께 깊이 감사드린다.

끝으로 본서의 출간이 있기까지 많은 도움을 주신 신영사의 권영섭 사장님과 좋은 편집이 되도록 수고하신 박지영 편집국장 및 편집부 직원들에게 심심한 사의를 표한다. 독자 여러분의 계속적인 조언과 성원을 바란다.

2019년 8월

저자

차 례

PART I 투자론의 기초

제 1 장 투자론의 개요

제 2 장 금융시장과 투자자산

제 3 장 발행시장제도와 유통시장제도

제 7 장 보통주 평가모형

PART III 채권투자

제12장 단일지표모형

제13장 자본자산가격결정모형(CAPM)

PART V 투자시점결정과 증시효율성

제14장 기술적 분석

제15장 증권시장의 효율성

PART VI 파생상품과 위험관리

제16장 선물거래와 위험헤징

제18장 옵션가격결정모형

PART VII 통합적 투자관리

제19장 자산운용의 확대

PART

I 투자론의 기초

CHAPTER

1

투자론의 개요

제 1 절 투자의 의의
제 2 절 투자관리의 과정과 방법
제 3 절 투자분석방법

투자론에서 다루어지는 주된 내용은 최적투자결정을 위한 투자관리에 관한 이론체계라고 할 수 있다. 본장에서는 투자론의 기본골격이 되고 있는 주요 개념과 투자관리과정을 중심으로 현대투자론의 내용을 개관한다. 다음은 본장의 학습목표로서 이해해야 할 주요 사항들이다.

- 투자대상으로서 실물자산과 금융자산의 차이
- 투자의 속성
- 투자수익과 투자위험의 관계
- 최적투자결정을 위한 투자관리의 과제, 과정, 방법
- 투자분석방법으로서 기본적 분석, 기술적 분석, 포트폴리오 분석의 특징
- 투자이론과 투자실제

주제 생각하기

국민연금의 조기고갈 문제와 자산운용능력

노후에 안정된 경제생활을 영위하기 위해서 이용할 수 있는 연금제도에는 세 종류가 있다. 개인연금, 퇴직연금, 국민연금이 그것이다. 이 중 국민연금은 규모가 가장 크고, 대다수 은퇴자들에게 기본적인 생활자금으로 이용되는 연금이다. 따라서 국민연금의 고갈문제, 이와 관련된 재정안정성 문제는 매우 중요한 경제사회적 이슈가 되고 있다.

국민연금재정추계위원회의 추정에 의하면, 2018년말 671조원의 국민연금 적립금은 2043년에 2,561조원으로 최고를 기록한 후 지속 감소하여 2060년에는 −280조원으로 고갈(현재 만 23세 청년이 65세가 될 때 연금 적립금이 바닥남을 의미)되는 것으로 추계하고 있다. 이 추정치는 출산율(1.42명), 국민연금 가입률(90%), 기대수명(86~92세)을 가정한 것이다(자료 : 매경, 2018.11.9, 2019.3.1). 연금 적립금의 고갈시기가 언제 오느냐를 결정하는 가장 중요한 요소들은 연금의 보험료율 수준, 연금지급액 수준 그리고 연금의 운용수익률 수준이다.

연금가입자들에게서 받는 보험료율은 현재 9%인데, 만약 이를 인상하면 고갈시기를 늦출 수 있다. 또 노후에 받는 연금지급액 수준은 소득대체율(가입자의 생애 평균소득 대비 국민연금 수령액의 비율)을 현행 45%로 하고 있는데, 이를 낮추면 고갈시기를 늦출 수 있다. 가입자들은 '보험료를 덜 내고 연금은 더 받는 구조'를 선호하지만, 국가재정의 안정성을 크게 해치게 된다. 재정안정성을 우선시한다면 현행 9%에서 점차적으로 15% 수준으로 보험료율을 높이는 방안, 소득대체율을 현행 45%에서 40%로 낮추는 방안이 고려될 수 있다. 재정안정성을 높이는 이와 같은 방안은 국민연금의 고갈시기를 늦추어 현재의 청년들이 연금을 받지 못할 가능성을 낮추겠지만, 현재의 연금수령자들은 '보험료를 더 내고 연금은 덜 받는 구조'에 대해 불만이 높을 것이다.

연금 적립금의 고갈시기에 영향을 미치는 제3의 요소는 연금의 운용수익률 수준이다. 일반적으로 연기금에서는 연금을 채권, 주식 등에 투자하여 적립금을 늘리는 자산운용방법을 강구한다.

국민연금은 다음 〈표〉와 [그림 1](1998~2018년 운용수익률 추이)에서 보는 것처럼, 1988년 설정후 최근 2018년까지 5.24%의 평균운용수익률을 기록하였다. 그런데 최근 2017년과 2018년은 대조적인 투자성과를 보였다. 2017년에는 7.26%의 양호한 운용성과를 보인 반면, 2018년에는 1998년 이후 가장 저조한 −0.92%의 수익률을 나타냈다.

〈표〉 **국민연금 기간별 자산운용현황과 운용수익률** (단위 : %, 십억원)

포트폴리오	2018년		2017년		1988~2018년
	자산비중	운용수익률	자산비중	운용수익률	운용수익률
국내주식	17.05%	−16.77	21.16%	25.88	4.72
해외주식	17.68%	−6.19	17.42%	10.62	5.15
국내채권	48.69%	4.85	46.55%	0.51	4.84
해외채권	4.16%	4.21	3.74%	0.14	4.37
대체투자	11.99%	11.80	10.75%	4.56	8.75
단기자금	0.34%	2.43	0.28%	0.35	4.08
기타	0.07%	0.96	0.08%	0.61	1.69
운용총액/평균수익률	638,781	−0.92	621,642	7.26	5.24

자료 : 국민연금운용본부(NPS), 투자정보/공시/자산군별포트폴리오현황, 2019.4.

[그림 1] 국민연금 운용수익률의 추이(1998～2018년)

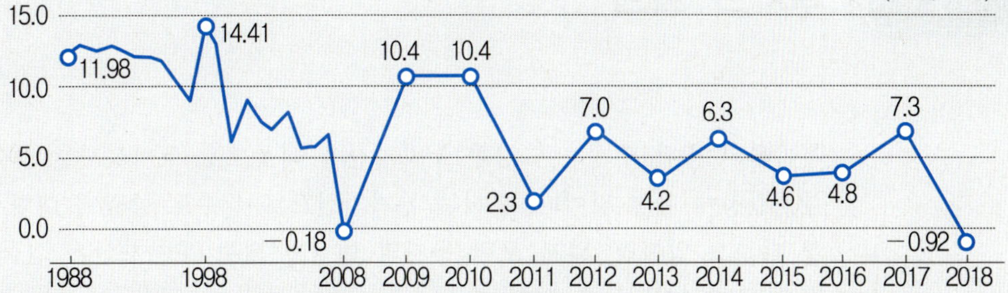

외국의 대표적 연기금의 운용실적(2009～2018년)을 보면, 캐나다 CPPIB는 8.7%, 노르웨이 GPFG는 8.7%로서, 전반적으로 우리나라 국민연금에 비하여 우월한 성과를 보여 왔다(매경, 2019.3.26). 차이를 가져오는 중요한 요인은 자산운용 내역 면에서 국민연금은 채권에 대한 비중이 높은 반면, 외국 연기금은 주식과 대체투자(부동산, 벤처기업, 원자재 등)에 대한 비중이 높은 것을 지적하고 있다. 우리나라 국민연금도 운용수익률 제고를 위해 국내주식, 채권의 비중을 줄이고, 해외주식(현재 20% 이하에서 2023년까지 30%로 증가)과 대체투자 비중을 늘리는 자산배분변화를 계획하고 있다.

국민연금의 고갈시기도 추정기간의 기금운용수익률을 얼마로 잡느냐에 따라 큰 차이를 보인다. [그림 2]에서 보는 것처럼 보건사회연구원에서는 운용수익률을 현재보다 1%p 높이면 국민연금 고갈을 10년 늦추고, 2%p 높이면 고갈 문제는 영원히 없어질 것으로 분석하고 있다.

[그림 2] 운용수익률에 따라 달라지는 국민연금 기금 규모

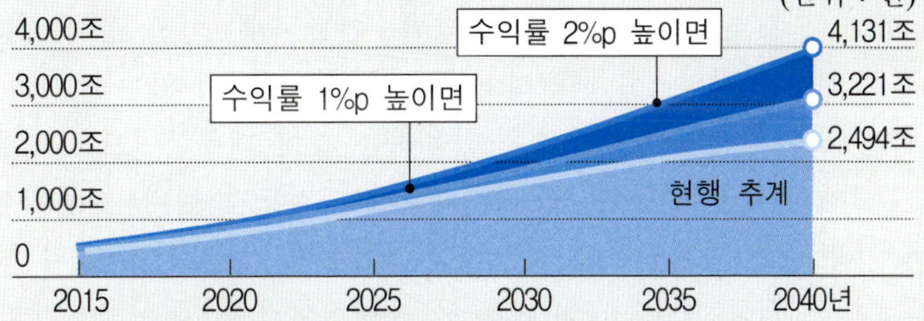

자료 : 보건사회연구원, 2014.12.27

관건은 '운용수익률을 이렇게 1%p, 2%p씩 높일 수 있는 방법이 무엇인가'라는 문제이다. 투자성과를 높이는 많은 방법들에 대해서 앞으로 본서에서 다루겠지만, 투자성과는 기본적으로 주식, 채권 등에 대한 자산배분 결정, 종목선정, 투자시점의 선택, 위험관리방법 등에 의해 좌우된다.

외국의 대표적 연기금이 국민연금보다 운용실적이 우월한 연유는 무엇이라고 생각하는가?

2017～2018년의 투자환경 중에서 국민연금의 투자성과에 크게 영향을 미친 요소는 무엇인가?

국민연금이 2018년도 자산운용에서 국내외 주식투자비율을 낮추고 대체투자에 대한 비중을 늘렸으면 결과는 얼마나 개선되었을까? 채권투자 비중을 낮출 때 발생할 수 있는 위험으로는 어떤 것을 예상할 수 있는가?

종목선정에서도 변동성이 큰 IT주, 경기민감주 관련 종목의 비중을 낮추었다면 실적개선에 도움을 주었을까?

제 1 절 투자의 의의

투자론의 주된 주제는 다양한 투자자산을 대상으로 투자성과를 높이기 위한 최적 투자결정에 관한 것이다. 본서는 투자자산으로서 주로 증권에 대한 투자결정 문제를 다루고 있지만, 넓게 보면 투자의 대상이 되는 투자자산은 실물자산과 금융자산으로 나누어 볼 수 있다.

본절에서는 투자자산의 종류를 개관하고, 투자의 기본속성이 되는 투자수익과 투자위험에 대해서 살펴본다.

1 투자자산

투자자마다 주택마련, 자녀교육, 사업자금, 경상적 생활비 등 서로 다른 재산증식의 목적을 가지고, 이에 적절한 투자대상을 찾는다. 투자자의 부의 증식을 가능하게 하는 투자대상에는 수많은 종류가 있다. 이들 투자대상은 크게 실물자산(비금융자산)과 금융자산으로 구분해 볼 수 있다.

실물자산(real assets)은 토지 · 건물 · 재고자산 등과 같은 자산처럼 그 자체가 재화나 서비스를 생산하거나, 이익발생능력이 있는 자산을 말한다. 실물자산은 한 나라 경제의 생산능력을 좌우하는 것이 대부분이므로 실물투자의 정도는 국민경제의 물질적 부의 수준을 측정하는 척도가 된다. 실물자산에는 유형자산이 많지만, 이익발생능력이 있는 인적자원이나 기술, 지식 등의 무형자산도 포함된다.

금융자산(financial assets)은 주식 · 국공채 · 회사채 · 약속어음 등과 같은 투자자산을 말한다. 금융자산은 그 자체는 이익발생능력이 없고, 실물자산이 벌어들이는 이익이나 자산에 대하여 청구권(claims)을 행사할 수 있는 자산이다. 채권에 투자하고 있는 사람은 당해기업의 실물자산이 벌어들이는 이익에 대하여 이자지급을 받을 권리가 있으며, 주식에 투자하고 있는 사람은 지분에 따라 배당지급을 받을 권리를 가진다.

주식, 채권과 같은 유가증권은 유망한 생산기회는 있지만 투자자금이 부족한 경제주체(기업이나 정부와 같은 자금부족주체)가 자금잉여주체(여유자금이 있는 가계)로부터 자금을 조달하기 위한 수단으로 발행되는데, 상장증권은 증권거래소를 통하여 거래되면서 주된 투자대상이 된다.

〈표 1-1〉 가계의 자산 비중 비교 (단위 : %)

자산 / 연도	실물자산 : 금융자산	금융자산			
		현금 · 예금	보험 · 연금	주식, 채권 등	기 타
2011년	76.8 : 23.2	45.1	25.6	20.5	8.8
2014년	75.1 : 24.9	42.8	31.1	26.3	0.8
2017년	79.1 : 20.9	43.1	31.8	24.9	0.5
2018년	74.7 : 25.3	44.4	32.9	22.2	0.5

자료 : KOSIS(국가통계포털), 주택종류별 자산 · 부채 · 소득현황, 각 연도
한국은행, 각 연도 자금순환동향(2011년 기타에는 채권이 포함되어 있음)

일반가계의 경우 부동산과 같은 실물자산과 금융자산을 비교하면 어느 쪽이 투자비중이 높은가? 또 금융자산 중 주식과 같은 위험자산과 정기예금과 같은 안전자산에 대한 투자비중을 비교하면 어느 쪽이 높은가? 〈표 1-1〉에서 한국 가계의 경우를 보면, 비금융자산(주로 부동산)에 대한 투자비중이 금융자산투자보다 3배 정도로 월등히 높다. 금융자산 중에서는, 안전자산(은행 · 예금)에 대한 투자비중이 42~45%로서, 위험자산투자(주식, 채권 등) 20~25%보다 거의 2배 정도 높다.[1)]

한편 개인과 달리 연기금과 같은 투자주체는 위탁자의 노후연금을 위해 또는 각종 기금의 운용수익을 위해 주로 금융자산에 투자하게 되는데, '주제 생각하기'의 〈표〉에서 확인할 수 있었던 것처럼 국민연금의 경우는 상대적으로 위험이 낮은 채권 대 위험자산 주식의 투자비율이 52 : 48 수준이다. 이를 외국 연기금과 비교하면 위험자산에 대한 투자비중이 낮은 편에 속한다.

2 투자의 기본속성

투자대상이 실물자산이든 금융자산이든 관계없이, 투자가 이루어질 경우 투자행위는 다음과 같은 특성을 지닌다.

첫째, 투자에 대한 반대급부로 얻어지는 투자수익(return)은 일정한 시간(time)이라는 틀 안에서 얻어진다는 특성이 있다. 투자는 현재(오늘) 이루어지는 반면 투자수익은 현재가 아닌 미래(내일) 어느 시점에서 얻어진다. 현재가 아닌 미래의 보

1) 미국의 경우는 2013년 기준으로 실물자산(비금융자산)과 금융자산에 대한 투자비중이 31.5 : 68.5로서, 한국과 달리 미국은 금융자산에 대한 투자비중이 2배 정도로 높다. 금융자산 중에서는, 위험자산(주식 등)에 대한 투자비중(52%)이 한국보다 2배가량 높다.

다 큰 이득을 위해 현재 소비의 일부를 희생(유보 또는 연기)하는 것이 투자이다.

둘째, 투자가 이루어질 때 현재의 희생은 확실(certain)하나, 미래의 투자수익은 불확실(uncertain)하다는 점이다. 정도의 차이가 있을 뿐 미래투자수익은 기대했던 것만큼 실현되지 않을 가능성이 얼마든지 있다.

이러한 특성 때문에 "투자는 확실한 현재의 소비를 희생하여 이에 대한 보상으로 불확실한 미래의 이득을 바라는 행위"라고 정의할 수 있다.[2] 희생은 현재 이루어지고 확실한 것이지만, 이에 대한 보상은 미래에 이루어지며 그 크기가 불확실하다는 특성을 지닌다. 투자를 이와 같은 관점에서 보면, 투자자의 투자결정은 두 가지의 선택 문제라고 할 수 있다.

첫째, 투자자들은 같은 조건이라면 미래의 소비보다는 현재의 소비를 선호하게 되는데, 투자행위는 미래투자이득의 크기에 따라서 오늘(현재) 얼마를 소비하고 내일(미래) 얼마를 소비할 것인가를 결정하는 시차선호(time preference)의 문제라고 볼 수 있다.

둘째, 확실한 현재의 경제적 희생의 대가로 얻어지는 미래의 투자이득은 불확실한 것인데, 이때 어느 정도의 위험부담을 떠안느냐 하는 위험선호(risk preference)의 문제로 볼 수 있다.

가장 간단한 형태의 투자결정의 문제는 다수의 재화가 있을 때 어느 재화에 각각 얼마씩 소비할 것인가를 결정하는 것이다. 그러나 투자론에서 다루어지는 투자결정의 문제는 이 밖에도 시간과 위험의 측면이 고려되어야 하는 선택 문제라는 점에서 특징이 있다.

3 투자수익과 투자위험

투자라는 행위에는 위에서 언급한 속성이 내재되어 있으므로 투자결정에는 투자수익, 시간, 투자위험의 문제가 고려되어야 함을 보았다. 투자자산별 특징은 시간은 공통적으로 주어지는 것이므로 투자수익(return)과 투자위험(risk)으로 표현할 수 있다. 투자자들은 가능하다면 투자수익은 높고 투자위험은 낮아 투자가치가 높은

2) 투자라는 말은 다른 의미로 정의되기도 한다. **경제학적 의미**에서는 소득에서 소비를 차감한 크기를 투자로 정의한다. 저축과 구분하여 상품에 따라서 투자를 정의할 때, **저축상품**은 정기예금과 같은 안전자산을, **투자상품**은 위험자산 상품을 의미하는 것으로 구분한다. 투기와 투자를 구분할 경우 **투기**는 위험이 높은 자산에 대하여 시세차익을 목표로 하는 단기성 지출로, **투자**는 안정성 자산을 포함하여 정액소득(이자, 배당 등)을 목표로 하는 장기성 지출로 구분한다.

투자대상을 찾는다.

투자수익은 최초 투자할 당시보다도 증식된 부(富)의 정도를 말한다. 증식된 부의 정도는 금액(₩)으로 표시할 수 있지만, 통상적으로 다음과 같이 %로 표시되는 투자수익률(rate of return)로 측정한다. 처음에 투자한 투자규모는 사람마다, 기간마다 다르기 때문에 투자한 양과 투자로부터 회수된 양의 상대적 비율인 투자수익률이 더 적절하기 때문이다.

$$\text{투자수익률} = \frac{\text{투자수익(기말의 부} - \text{기초의 부)}}{\text{투자액(기초의 부)}}$$

만약 A씨는 X주식에 1,000만원을 투자하여 1년간 50만원의 배당금과 100만원의 시세차익을 얻었고, B씨는 Y주식에 1억원을 투자하여 1년간 300만원의 배당금과 800만원의 시세차익을 얻었다면, 금액기준의 투자수익은 A씨가 150만원, B씨가 1,100만원으로서 B씨가 많다. 그러나 투자수익률로 측정하면 A씨가 15%인 반면에 B씨는 11%로 낮아, 투자액을 감안한 상대적 수익성은 A씨가 높다.

투자수익률을 측정하여 과거 일정기간 동안의 투자성과를 평가할 때, 가장 쉬운 방법으로 사용하는 것은 산술평균수익률이다. 예를 들어 지난 3년간 매년 20%, 30%, −5%의 수익률을 보였다면 산술평균수익률(arithmetic average rate of return)은 15%이다. 이 밖에도 투자수익률은 내부수익률(internal rate of return), 기하평균수익률(geometric average rate of return)로 측정하기도 한다.[3)]

한편 투자위험은 일반적으로 투자수익의 변동성을 말하는데, 미래 상황에서 기대한 투자수익이 실현되지 않을 가능성, 실제결과가 기대수익과 다를 가능성을 의미한다. 투자위험의 정도는 그 투자로부터 예상되는 수익률의 분산도를 나타내는 범위(range), 분산(variance), 표준편차(standard deviation), 분산계수(coefficient of variation) 등의 통계량으로 측정한다. 그중에서 투자위험을 측정하는 보편적인 방법으로 분산 혹은 표준편차라는 통계량을 이용하고 있다.[4)]

투자자산들의 투자가치를 결정짓는 이들 투자수익과 위험 사이에는 상반관계(trade off)가 존재한다. 투자수익이 높으면 투자위험이 높은 것이 일반적이다. 투자자들은 위험이 높으면 부담하는 위험에 대한 적절한 보상을 원한다. 만약 위험이 높은데도 기대수익률이 낮다면 투자자들은 위험이 많은 투자대상을 회피할 것이다. 결과적으로 시장가격은 하락하여 위험이 높으면 기대수익률이 높게 형성된다.

3) 내부수익률, 기하평균수익률에 의한 수익률 측정방법과 그 특징에 대해서는 제4장에서 설명함.
4) 위험을 계량적으로 측정하는 구체적 방법에 대해서는 제4장, 제10장에서 설명함.

[그림 1-1] 주요 자산들의 수익률 추이 : 한국증권시장(1980~2018)

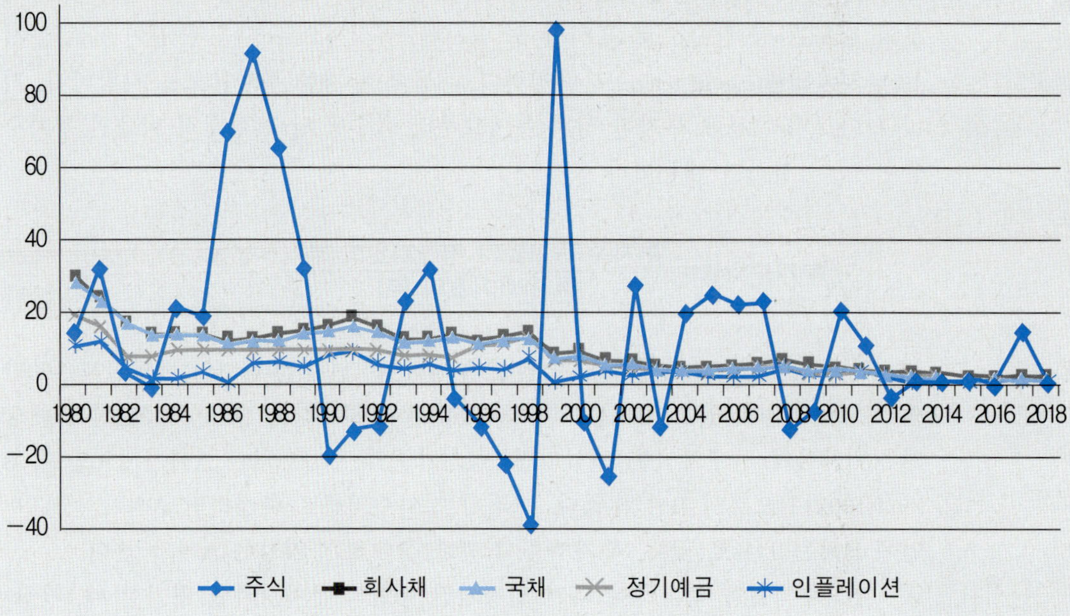

〈표 1-2〉 주요 자산들의 수익률과 위험 : 한국증권시장(1980~2018)

주요 투자자산	1980~2018년 기간		1999~2018년 기간	
	평균수익률[1](%)	위험[3](%)	평균수익률[2](%)	위험[3](%)
주식	12.83	29.63	10.21(7.91)	25.44
회사채	10.22	6.51	4.91(4.89)	2.13
국채	9.39	6.37	4.14(4.12)	1.87
정기예금	7.12	4.16	3.79(3.78)	1.64
인플레이션	4.14	2.82	2.44(2.44)	1.15

1) 1980~2018년 기간의 수익률은 산술평균수익률임.
2) 1999~2018년 기간은 1999년 이후 공금리가 한 자리수의 저금리 체제로 정착된 기간임. 이 기간 ( ) 안의 평균수익률은 기하평균수익률임.
3) 위험은 표준편차로 측정

자료 : 한국은행, 주요 경제지표, 각년호

투자수익과 위험의 상반관계는 현실의 증권시장 통계자료에서도 확인된다. [그림 1-1]은 한국증권시장(1980~2018년 기간)에서 주요 투자자산의 수익률의 추이를, 〈표 1-2〉는 투자자산별 평균투자수익률과 위험 수준을 나타낸 것이다. 주식의 경우가 투자수익은 제일 높지만, 위험 또한 제일 크다. 반면에 국채의 경우는 투자수익은 낮지만 위험이 제일 작다. 이들 자료에서도 투자수익과 위험의 상반관계가 존재함을 볼 수 있다.

투자의 기본특성과 실제의 투자자산별 투자수익률의 자료를 연계시켜 정리하면, [그림 1-2]와 같이 주요 자산들의 투자수익과 위험의 상반관계로 표시된다. 국공채처럼 투자위험이 없다고 볼 수 있는 무위험자산(risk-free asset)의 경우는 무위험이자율 수준의 투자수익을 얻는다. 이는 기다린 것에 대한 보상, 시차보상의 성격을 지닌다. 투자위험이 존재하면 투자자들은 투자의 대가로 위험을 부담하는 데 대한 보상, 즉 위험보상을 원한다. 미래에 얻어지는 투자수익은 불확실한 것이므로 적절한 위험보상이 있지 않으면 투자하지 않을 것이기 때문이다. 투자위험이 높을수록 더 높은 수익률을 기대하게 되므로 [그림 1-2]와 같이 기대수익률은 투자위험 증가에 선형적으로 증가(비례)하는 모양을 보인다.

[그림 1-2] 기대수익률과 위험의 상반관계

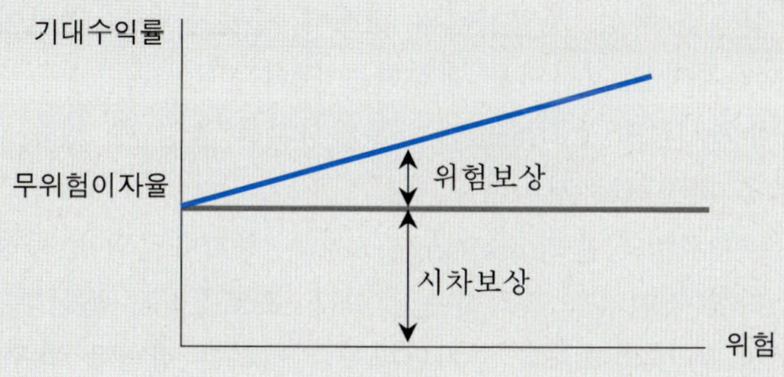

제 2 절 투자관리의 과정과 방법

투자성과를 높이기 위해서는 체계적인 투자관리방법이 필요하다. 본절에서는 투자관리의 과제와 과정, 그리고 투자관리방법에 대하여 개관한다.

1 투자관리의 과제

투자관리에서 핵심을 이루는 것은 투자수익과 투자위험 면에서 성격이 다른 여러 가지 투자자산들에 대하여 투자자금을 효율적으로 배분하여 투자목표를 달성하는 것이라고 할 수 있다. 개인투자자든 기관투자자든 투자관리에서 다루어야 할 과제는 다음의 네 가지로 압축할 수 있다.

① 자산배분(asset allocation) : 주식, 채권, 준현금성자산 등 투자수익과 위험이 질적으로 다른 각급 자산에 대한 자금배분비율을 결정하는 것이다.

② 종목선정(security selection) : 각급 투자자산(주식, 채권 등) 내에서 시장동향, 산업별 특성, 개별기업의 경쟁력 지위 등을 감안하여 어떤 특정 개별종목에 투자할 것인지를 결정하는 것이다.

③ 투자시점의 포착(timing) : 투자성과를 높일 수 있는 매수-매도의 투자시점을 결정하는 것이다.

④ 투자위험의 관리(risk management) : 투자수익의 변동성을 어느 수준으로 관리할 것인지를 결정하는 것이다. 포트폴리오 분산투자, 포트폴리오 헤징방법 등 효과적으로 투자위험을 관리하는 방법을 강구하는 것이다.

이 가운데서 자산배분 결정은 투자전략(investment strategy)적 결정으로서 투자성과에 가장 큰 영향을 미친다. '주제 생각하기'의 국민연금의 통계와 다음 〈표 1-3〉의 자료에서 보는 것처럼 노르웨이 GPFG는 주식 비중이, 캐나다 CPPIB는 대체투자의 비중이, 한국의 국민연금은 채권의 비중이 높은 것을 확인할 수 있다.

W. Sharpe(1992)의 연구에서도 펀드들간의 수익률 차이는 91.5%가 자산배분 결정의 차이에서 결정된다고 설명하고 있다.[5] 반면에 투자전술(investment tactics)적 성격의 특정종목 선정의 문제는 투자성과에 미치는 영향이 자산배분보다 상대적

〈표 1-3〉 주요 연기금의 자산비중과 운용수익률[1]

(단위 : %)

자산 \ 연기금	국민연금		노르웨이 GPFG		캐나다 CPPIB		일본 GPIF	
	2013년	2018년	2013년	2018년	2013년	2018년	2013년	2018년
주식	30.1	34.7	61.7	66.3	37.1	36.9	30.9	48.0
채권	60.1	52.9	37.3	30.7	33.6	23.1	64.1	45.6
대체투자	9.5	12.0	1.0	3.0	29.3	40.0	0.0	0.0
기타	0.3	0.4	0.0	0.0	0.0	0.0	5.0	6.4
운용수익률	5.51		8.69		8.73		4.23	

1) 운용수익률은 2009~2018년 기간중 평균수익률
자료 : 국민연금기금운용본부(NPS) ; 매경, 2019.3.26

으로 낮은 것으로 평가되고 있다.

자산배분과 종목선정 중에 어느 것을 먼저 하는지에 따라 투자관리방식을 하향식 투자관리방법과 상향식 투자관리방법으로 구분할 수 있다.

하향식(top down) 투자관리방법은 자산배분이 먼저 이루어지고, 그 다음에 종목선정을 하는 방법이다. 투자자의 전체 포트폴리오 구성의 관점에서 자산배분을 중시하는 체계적 접근방법이 되어 투자성과를 높인다. 이 밖에도 투자자의 위험성향에 맞는 포트폴리오를 구축할 수 있게 해주는 장점이 있다. 반면에 오로지 이 방법에만 의존하면 과소평가된 종목을 발견하여 더 나은 성과를 창출할 수 있는 기회를 잃을 수도 있다는 한계점이 있다.

상향식(bottom up) 투자관리방법은 먼저 재무적 건전도나 호재성 재료 등을 감안하여 특정 개별종목을 선택하고, 자산배분은 수동적으로 나중에 결정되도록 하는 방법이다. 그러나 이와 같은 투자관리방법은 과소평가된 종목을 발견하여 더 나은 성과를 창출할 수 있다는 장점은 있지만, 편중된 포트폴리오를 구성함으로써 최종적인 투자성과를 악화시킬 수 있다는 단점이 있다. 또 공격적 투자관리로 인해 거래비용의 증가, 개별종목에 대한 증권분석이 틀릴 경우는 단순보유전략을 능가하는 성과를 창출하려는 노력(시간과 경제적 비용)이 무위로 돌아가는 경우가 많다.

5) W.F. Sharpe, "Asset Allocation : Management Style and Performance Evaluation," *Journal of portfolio management* (Winter 1992), pp.7~19. Brinson et al.(1991)의 연구에서도 특정 단일펀드의 투자성과에 영향을 미치는 요인들의 중요도는 자산배분 91.5%, 개별종목선정 2.7%, 시장타이밍 1.8%, 기타 4.0%인 것으로 분석하고 있다. G.P. Brinson, B.D. Singer, and G.L. Beebower, "Determinants of Portfolio Performance Ⅱ : An Update," *Financial Analysts Journal* 47, no.3 (May~June 1991), pp.40~48.

2 투자관리의 과정

투자관리도 하나의 관리적 과정이라고 할 수 있으므로 경영관리론에서 설명하는 것처럼 설정된 투자목표를 달성하기 위한 일련의 투자계획(plan)의 수립, 매수·매도의 투자실행(do), 사후통제(see)의 활동으로 투자관리과정을 이해할 수 있다. [그림 1-3]은 전반적인 투자관리과정의 체계를 나타낸 것이다.

투자관리의 본단계는 자산배분과 종목선정에 대한 의사결정인데, 이를 적절히 행하기 위해서는 투자계획을 명확히 수립하는 것이 필요하다. 투자계획(plan) 수립단계에서는 기대수익과 위험으로 표현되는 투자목표를 명확히 설정하는 것이 핵심이다. 또 이를 뒷받침하기 위해서는 경제·산업·기업 분석을 근간으로 하는 투자분석이 면밀히 행해져야 한다.

제시된 투자계획에 따라 자산배분과 종목선정의 실행(do)이 이루어지면, 사후적으로는 투자목표의 달성 여부를 평가하는 통제과정(see)이 필요하다. 통제활동으로는 기업 내외적 여건변화를 감안하여 처음의 투자안(포트폴리오)을 수정(portfolio revision)하는 것과 실제의 투자성과를 계획했던 목표 또는 벤치마크 평가기준과의 차이와 그 원인을 평가하는 투자성과평가(performance evaluation)가 이루어져야 한다.

[그림 1-3] 투자관리과정

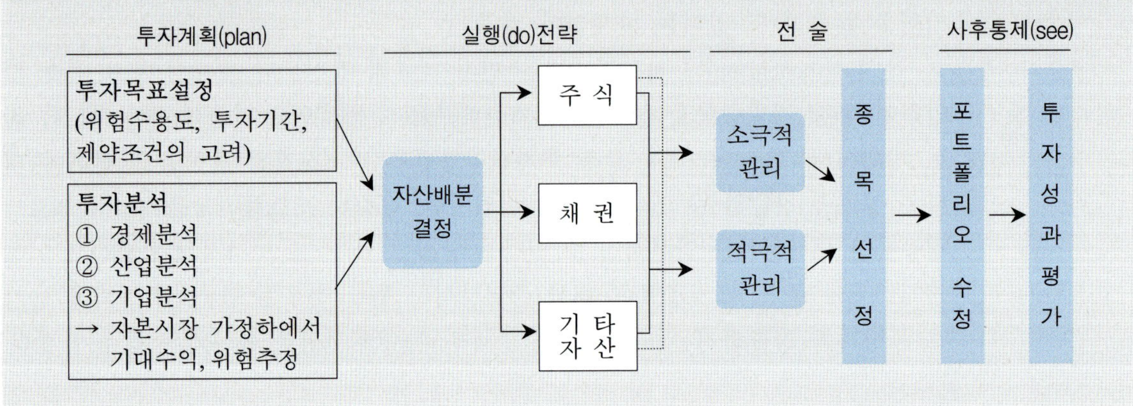

(1) 투자계획의 수립

일련의 투자관리과정에서 제일 중요한 것은 첫 단계인 투자계획(investment plan)의 수립이라고 할 수 있다. 이 국면에서는 본 단계의 자산배분과 종목선정을 위하여 투자목표와 투자분석이 적절히 이루어질 필요가 있다.

투자목표(investment objectives)는 투자자의 위험수용도, 투자기간, 기타 제약조건을 고려하여 기대수익과 투자위험이 모두 고려된 목표치로 표현될 필요가 있다. 이를 위해서는 다음 사항이 반영되어야 한다.

① 위험수용도(risk tolerance) : 위험회피 정도는 투자자마다 다른데, 투자자가 투자원본을 잃게 되는 위험상황을 얼마나 감내할 수 있는지, 얼마나 위험회피형인지에 대한 평가가 이루어져야 한다.
② 투자기간(time horizon) : 투자성과를 1년 후, 5년 후처럼 언제 얻고자 하는지, 그 기간을 분명히 한다. 투자기간의 장·단기, 중도 유동성 필요, 위험수용도는 상호간에 밀접한 관계를 갖는 경향이 있다.
③ 기타 제약조건 : ㉠ 투자자의 순재산 상태와 특별한 요구사항, ㉡ 세금관계, ㉢ 법적 규제(제약), ㉣ 투자자금의 성격 또는 유동성 필요(liquidity needs) 등을 고려하여 투자목표 설정에 반영해야 한다.

(2) 투자분석과 자본시장가정

제시된 투자목표를 달성하기 위한 구체적인 투자전략 수립의 기초작업은 정보수집과 투자분석이다. 투자분석은 경제, 산업, 기업 분석으로 나누어 실시한다.

① 경제분석 : 경기순환의 국면, 경제성장률, 이자율, 환율동향 등과 같은 장·단기경제예측, 기술적·사회적 환경 등의 면에서의 변화 예측
② 산업분석 : 산업별 수익성, 안정성, 성장성 평가와 동향분석
③ 기업분석 : 주요 종목별로 업계 내에서의 경쟁력, 성장잠재력, 재무건전도를 평가하여 최종적으로 기대수익과 위험 추정

이러한 투자분석을 근간으로 전반적인 자본시장가정(capital market assumption)을 내린다. 즉 주식, 채권, 현금, 부동산 등으로 구분하여 과거의 수익률은 어느 정도였으며, 앞으로 각종 투자대상으로부터 일정기간에 걸쳐 기대되는 평균기대수익

률, 위험(표준편차), 공분산은 어느 정도인가, 또 인플레이션을 감안할 경우는 어떠한가를 추정한다. 최종적으로 제시된 포트폴리오안으로부터 예상되는 평균기대수익률과 위험도(표준편차)를 추정하여 제시한다.

3 투자관리방법

투자관리의 기본방향은 적극적 투자관리와 소극적 투자관리로 나누어 볼 수 있다. 이들 두 방법의 적용은 증권시장을 효율적 시장으로 보느냐, 아니면 비효율적 시장으로 보느냐의 증시효율성(market efficiency)에 대한 가정에 따라 달라진다. 효율적 시장을 전제한다는 것은 모든 이용가능한 정보가 현재의 시장가격에 반영되어 있으므로(즉, 가격=가치) 잘못 평가된 증권을 식별하는 것이 어려워 결과적으로 초과수익의 여지가 없다는 입장이다. 반면에 비효율적 시장을 가정하는 것은 모든 이용가능한 정보가 현재의 시장가격에 충분히 반영되어 있지 않아 잘못 평가된 증권(mis-priced securities)을 식별하는 것이 가능하여 결과적으로 위험부담을 하더라도 초과수익의 여지가 얼마든지 있다는 입장이다.

적극적 투자관리(active investment styles)는 시장이 비효율적인 것을 전제하여 잘못 평가된 증권을 찾아, 위험부담을 감수하더라도 상당한 초과수익을 추구하려는 투자관리를 말한다. 이러한 적극적 투자관리방법의 예로는 시장에서 과소 혹은 과대 평가된 특정종목이나 특정 산업종목에 집중투자하는 방법, 증시동향을 감안하여 적절한 투자시점을 포착하는 방법을 들 수 있다.

반면에 소극적 투자관리(passive investment styles)는 시장이 효율적인 것을 가정하여 초과수익 획득보다는 투자위험의 최소화 또는 투자위험관리에 초점이 모아진다. 증권시장의 효율성을 주장하는 효율적 시장접근법(efficient market approach)이 이에 해당된다. 구체적 적용의 예로는 단순 매입보유, 인덱스펀드 또는 ETF 투자, 평균투자법 등을 들 수 있다.

두 가지 투자관리방법의 구체적인 적용의 예는 본서 각 장별로 다루어질 것이고, 종합적으로는 제20장에서 정리한다.

제 3 절 투자분석방법

1 투자분석방법

최적투자안을 선정하는 데에는 투자대상들의 투자가치를 분석·평가하는 것이 가장 중요한 작업이 된다. 투자분석방법은 투자대상을 개별적으로 분석하는 개별자산접근법(asset by asset approach)과 둘 이상의 복수증권들의 결합관계에서 분석하는 포트폴리오 접근법(portfolio approach)으로 분류할 수 있다.

개별자산접근법은 투자대상들을 독립적·개별적으로 분석하여 선택하는 방법으로서 증권분석(securities analysis)이라고도 하는데, 기본적 분석과 기술적 분석이 이에 속한다. 기본적 분석과 기술적 분석은 증권시장의 비효율성을 전제로 초과수익을 얻고자 하는 분석방법이라는 점에서 적극적 투자관리에 활용된다는 공통점을 지닌다. 전통적 투자분석방법(traditional approach)으로 불리기도 한다.

이하에서는 투자분석방법을 기본적 분석, 기술적 분석, 포트폴리오 분석으로 구분하여 그 특징을 설명한다.

(1) 기본적 분석

기본적 분석(fundamental analysis)은 시장에서 증권에 대한 수요와 공급에 의해서 객관적으로 결정되는 시장가격(market price)이 그 증권이 본래 지니고 있는 내재가치(intrinsic value)에 장기적으로는 접근해 가지만 단기적으로는 동일하지 않을 수 있다는 전제하에서 증권의 내재가치를 중점적으로 분석하는 방법이다. 내재가치가 추정되면 이를 시장가격과 비교함으로써 내재가치가 시장가격보다도 큰 과소평가된 증권 또는 내재가치가 시장가격보다도 작은 과대평가된 증권을 찾아내고, 이에 따라 매수 또는 매도의 투자결정을 하여 초과수익을 얻고자 하는 적극적 투자관리의 분석기법이다.

그러므로 기본적 분석에서는 내재가치를 평가하는 작업이 주가 된다. 내재가치를 결정짓는 요인으로 보는 미래주당이익, 배당, 재무구조, 경영진의 경영능력, 산업의 경쟁구조, 사업위험, 이자율동향 등과 같은 재무요인 혹은 경영요인 등에 대한 분석에 초점을 맞춘다. 이와 함께 재무제표 등의 재무정보에 기초하여 수익성 · 성장성 · 안정성 등의 재무적 건전도에 대해 평가한다.

종목선정의 한 방법으로 가치투자방법이 있다. 가치투자(value investing)방법은 장기적이고 안정적으로 이익을 낼 수 있는 우량종목인 가치주를 발견, 이를 충분히 낮은 가격으로 매수하여 장기투자성과를 높이는 방법이다. 가치주를 발견하고 적정 가격을 평가하는 방법은 기본적 분석의 체계를 따른다. 본서 제5장～제9장에서는 기본적 분석의 방법을 적용하여 주식과 채권 투자에 대한 투자관리 문제를 다룬다.

(2) 기술적 분석

기술적 분석(technical analysis)은 과거의 증권가격 및 거래량의 추세와 변동패턴에 관한 역사적 정보를 이용하여 미래 증권가격의 움직임을 예측하는 분석기법이다. 이 분석기법은 과거 증권가격 움직임의 양상이 미래에도 반복된다는 가정을 하고 있다. 또 증권가격의 패턴을 결정짓는 증권의 수요와 공급 그 자체가 이성적 요인뿐만 아니라 비이성적 요인, 심리적 요인에 의해서도 결정됨을 전제하고 있다. 기술적 분석의 기초자료로는 과거 일정기간의 증권가격이나 거래량의 추세를 도표로 나타내는 차트(chart) 및 이동평균 · 투자심리선과 같은 기술적 투자지표를 활용하여 증권시장의 시황이 약세시장이나 강세시장으로 전환하는 시점과 시장동향을 미리 포착하는 시도를 한다. 증권가격의 모먼텀(momentum)(지속적 상승 혹은 하락) 혹은 반전(reversal)과 같은 움직임 자체의 특징적 패턴을 추적하여 초과수익의 가능성을 포착하기도 한다.

(3) 포트폴리오 분석

이상에서 설명한 기본적 분석과 기술적 분석이 초과수익을 가능하게 하는 과대, 과소 평가된 증권을 개별적으로 선별하는 방법인 반면에, 포트폴리오 분석(portfolio analysis)은 증권을 두 개 이상의 복수증권과의 결합관계에서 투자가치를 평가하여 선택하는 방법이다.

투자대상을 개별적으로 평가하는 것과 포트폴리오의 관점에서 평가하는 것은 큰 차이가 있다. 개별적으로 평가할 때에는 아무리 최우량증권이라 할지라도 포트폴리오, 즉 타 증권들과의 상관(결합)관계에서 평가하면 열등한 증권일 수 있다. 반대로 개별적으로는 열등한 증권이라 할지라도 포트폴리오 구성의 관점에서 보면 그 상관성 여하에 따라 투자가치가 높아질 수 있는 것이다.

여러 자산에 분산투자하면 투자위험이 감소하게 되는데, 포트폴리오 분석 초점의 하나는 투자위험을 줄이는 가장 바람직한 증권들의 결합이 무엇인가를 찾는 것이다. 일정한 기대수익에서 투자위험을 최소화할 수 있는 효율적 분산투자의 방법을 강구하는 투자위험 관리(risk control)에 활용된다.

이러한 특성 때문에 포트폴리오 분석은 시장이 효율적이라는 전제하에서 출발하는 소극적 투자관리에 많이 활용된다. 증권가격에 시장이나 기업에 관한 모든 정보가 충분히 반영되어 있어 초과수익의 여지가 없는 효율적 시장이라면 분산투자나 위험통제의 방법을 이용하여 투자성과의 개선을 기대할 수 있기 때문이다.

2 투자이론은 투자실제에 도움을 주는가?

사회과학의 많은 이론들이 실제의 사회현상을 충분히 설명하지 못한다는 근거에서 이론과 현실의 차이를 이야기하는 사람이 많다. 투자이론과 투자실제 사이의 차이에 대해서도 마찬가지로 생각하는 사람이 적지 않다. 그러나 투자론에서 제시되고 있는 이론체계처럼 투자의 실제에 영향을 미치고 있는 분야도 드물다. 비록 투자론에서 제시되고 있는 모형이나 분석기법에는 특정일면을 설명하려는 한계가 있지만, 투자론의 이론체계는 실제의 투자관리에 널리 활용되고 있다.

투자론에서 제시되는 이론체계가 현실의 투자관리 문제에 활용되고 있는 구체적인 예를 몇 가지 들면 다음과 같다.

1) 포트폴리오 관리에서의 투자목표 달성에 활용된다

투자론에서는 현실 투자에 도움을 주고자 하는 여러 가지 투자모형이 제시되고 있다. 전문투자자 그룹일수록 가격이 잘못 매겨진 증권을 식별하여 초과수익의 여지를 발견하려는 여러 가지 증권가격 평가모형, 가치투자모형, 일정한 투자수익하에서 투자위험을 줄이는 방법을 제시하는 포트폴리오 분석모형들을 활용한다.

어느 경우에나 설명력이 높은 완벽한 특정모형이 존재하지 않는다고 해서 이들의 무용성을 주장할 수는 없다. 각 모형의 장·단점을 파악하여 어떻게 사용하는지를 이해할 필요가 있다.

2) 기관투자자들의 합리적인 자산·부채 관리에 적극적으로 활용된다

연기금, 금융투자회사 등의 기관투자자들은 기관성격상 자금운용의 성과가 자금위탁자에게 미치는 영향이 매우 크다. 만약 국민연금이 계속하여 저조한 운용수익률을 보인다면, 노후생활을 연금에 의존하는 사람들에게 큰 타격을 줄 것이다. 연기금 관리자들이 약정된 퇴직금지급을 차질 없이 수행하면서 투자수익을 높이고, 때로는 여러 형태의 투자위험을 적절히 관리하는 것은 투자이론이 없이는 어렵다. 상당한 자금을 각급 투자자산에 운용하는 금융투자회사의 증권전문가(펀드매니저, 애널리스트)들은 운용수익률을 높이기 위해서 투자이론에서 다루어지는 투자기법을 체계적으로 적용하고 있다.

3) 새로운 금융상품의 개발에 활용된다

새로운 금융상품을 개발하는 데 체계적인 투자론에 대한 지식이 필수적이다. 투자론은 미래 증권가격 변동에 대한 통찰력을 높여주고, 투자수익과 투자위험을 고려한 적정가격 평가 문제를 다루기 때문이다. 투자위험을 헤징(hedging)하는 옵션이나 선물거래와 관련된 신금융상품과 투자보험(portfolio insurance) 등을 개발할 때에는 더욱 심도 있는 투자이론의 적용이 필요하다.

4) 가치창조경영에 활용된다

투자론에서는 여러 가지 가치평가모형이 다루어지고 있다. 이들 가치평가모형으로부터 기업가치의 창출요인이 무엇인지 확인할 수 있다. 따라서 투자론의 주요 내용들로부터 경영관리자의 입장에서 기업가치를 제고시킬 수 있는 방안을 강구할 수 있다.

상술한 바와 같이 투자론에서 제시되는 여러 가지 이론체계에 대한 폭넓고도 깊은 이해에 기초한 탁월한 분석능력을 지닐 때 성공적인 투자관리를 기대할 수 있다. 특히 근래에 들어서는 정보기술의 빠른 발전으로 인하여 정보처리능력이 급격히 증대되고 있어 사건(정보)발생과 증권가격에의 반영 사이의 시간차이가 갈수록 줄고 있다. 뿐만 아니라 다양한 소프트웨어의 개발, 인공지능(AI)의 활용으로 매우 정교한 증권분석모형도 쉽게 사용할 수 있게 됨에 따라 투자론에 대한 체계적인 이해의 중요성은 더욱 높아지고 있다.

연습문제

1. 다음 사항에 대하여 설명하라.

실물자산	금융자산	투자의 정의
시차선호	위험선호	투자수익과 투자위험의 상반관계
투자관리의 과제	자산배분	종목선정
투자관리의 과정	투자계획과 투자목표	적극적 투자관리
소극적 투자관리	개별자산접근법	포트폴리오 접근법
기본적 분석	기술적 분석	

2. 다음 중 잘못 서술되어 있는 문항에 대해서는, 잘못 서술되고 있음을 논리적·이론적 근거를 제시하여 설명하라.

(1) 실물자산은 그 자체는 이익발생능력이 없고, 금융자산이 벌어들이는 이익에 대하여 청구권을 행사할 수 있는 자산을 말하는데, 한국에서의 투자비중은 후자가 높다.

(2) 투자결정의 문제는 수익선호와 위험선호－두 가지의 선택 문제로 볼 수 있다.

(3) 투자관리의 과제로서 종목선정이란 주식, 채권, 준현금, 부동산 등 투자수익과 위험이 질적으로 다른 각급 자산에 자금을 배분하는 것을 말한다.

(4) 투자목표 설정에서 고려되어야 할 주요 요소는 위험수용도와 투자기간이다.

(5) 적극적 투자관리의 초점은 초과수익 획득보다는 투자위험의 최소화 또는 투자위험관리에 모아진다.

(6) 투자분석방법으로서 기본적 분석방법의 특징은 발행기업의 이익, 배당, 자본구조 등의 요인보다는 기업외적인 외생적 요인을 중점적으로 분석한다는 점이다.

3. [투자의 기본속성]

넓은 의미에서 투자의 기본속성을 서술하고 투자수익과 투자위험의 관계를 설명하라.

4. [투자관리의 과정과 과제]

투자관리의 과정에 대하여 기술하고, 투자결정의 과제에 대하여 설명하라.

5. [투자관리방법과 투자분석방법]

투자관리방법에는 어떤 것이 있는지를 설명하고, 투자분석방법으로서 기본적 분석, 기술적 분석, 포트폴리오 분석의 특징과 그 장·단점을 비교하라.

6. ['주제 생각하기' 국민연금의 고갈문제]

국민연금의 고갈문제가 발생한 원인은 무엇인가? 이를 해결할 수 있는 여러 가지 방안을 제시하라. 해결방안 중에서 자산운용능력과 관련된 부분은 구체적으로 무엇을 의미하는가?

CHAPTER

2

금융시장과 투자자산

투자관리의 요체는 자산배분(asset allocation)의 문제와 각급 자산 내에서 어떤 개별종목을 포함시킬지를 결정하는 종목선정(securities selection)의 문제이다. 주식, 채권, 준현금성자산 등 투자자산(asset class)별로 투자자금을 어떻게 배분할 것인가를 결정하는 자산배분의 문제와 각급 자산 내에서 구체적으로 어떤 개별종목을 포함시킬지를 결정하는 종목선정의 문제가 투자성과를 좌우한다. 이들 투자자산은 각종 금융시장에서 거래되면서 투자수익과 투자위험이 상이한 다양한 투자기회를 제공해 준다. 본장에서는 여러 종류의 금융시장별로 그 기능을 살펴보고, 전통적인 투자자산이 되고 있는 주식, 채권, 단기금융상품 그리고 간접투자상품의 특성을 살펴본다. 다음은 본장의 학습목표로서 이해해야 할 주요 사항들이다.

- 금융시장의 기능
- 금융시장의 분류와 각 시장의 특징
- 증권제도의 특징과 증권시장 고유의 자금매매기능
- 투자자산으로서 주식, 채권, 단기금융상품들의 특성
- 간접투자상품의 특성

주제 생각하기

생애투자사이클과 금융상품

투자관리방법의 선택은 연령에 따라 달라질 수밖에 없다. 인생의 라이프사이클을 거치면서 단계별로, 부모의존 생활에서 벗어나 경제적 독립을 하게 되면서 주택마련, 자녀교육, 내구재 지출, 주택확장, 자녀 결혼, 은퇴 후 생활자금, 상속·증여·사회기증을 위한 자금마련 등, 달라지는 투자목표에 맞는 재무설계가 필요하다. 어느 연령대인지에 따라 남은 투자기간, 위험감내도, 순재산 상태가 변화하게 되므로 생애투자사이클(investor life cycle)에 따라 투자전략도 변화해야 한다.

아래의 그림은 생애투자사이클을 부모의존(학생)·재산축적·재산증식·노후생활지출 국면의 4단계로 나누어 투자계획 수립시 고려할 요소를 예시한 것이다. 부모 밑에서 30년, 경제활동 30년, 은퇴 후 30년으로 보고 'Triple 30s시대'의 투자과제로 설명하는 투자설계사도 있다. 일반적으로 재산축적 또는 재산증식 국면에서는 주식과 같은 고위험·고수익의 금융투자상품을, 은퇴 후의 노후생활지출국면에서는 유동성과 안정성이 높은 상품을 중심으로 추천한다.

생애투자사이클

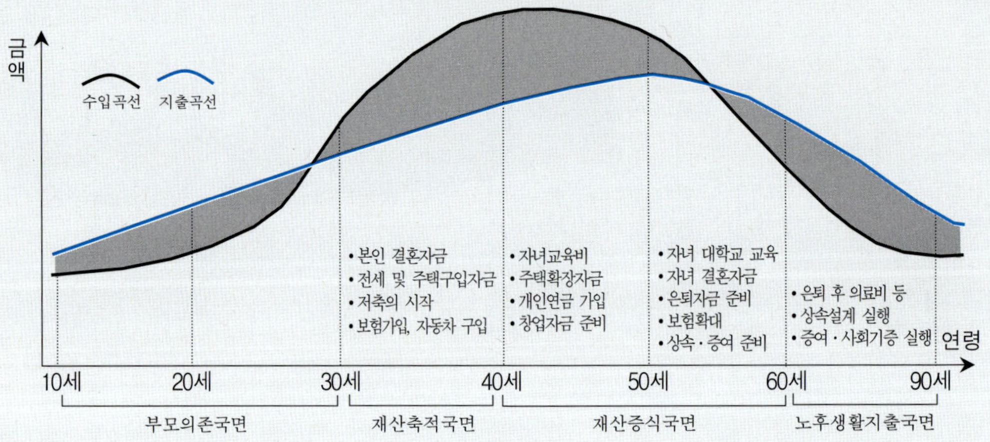

금융시장에는 다양한 금융기관들이 기대수익, 투자위험, 유동성이 다른 많은 금융상품들을 취급하는데, 어떻게 투자결정하는 것이 최적의 자산배분, 종목선정 그리고 투자관리방법인가?

고위험·고수익의 투자상품, 유동성과 안정성이 높은 상품에는 어떤 것이 있는가? 이들 금융상품이 거래되는 금융시장에는 어떤 것이 있으며, 금융시장별로 그 기능은 어떻게 다른가? 금융시장별로 다양한 금융상품을 취급하는 금융기관들에는 어떤 것이 있는가?

A씨는 직접투자에 자신이 없어서 펀드를 통한 간접투자를 고려하고 있다. B자산운용사에서는 위험과 수익 기준으로 다음과 같이 펀드들을 제시하고 있다.

[안정추구형] 단기중기 채권형 펀드, 화폐시장펀드(MMF)

[수익(income)추구형] 채권혼합형 펀드, 부동산펀드, 주식혼합형 펀드, 인덱스펀드

[성장추구형] 중소형주식펀드(액티브펀드), 파생상품펀드

금융상품의 하나로서 펀드투자의 장단점은 무엇이고, 간접투자상품에는 어떤 종류들이 있는가?

제 1 절 금융시장의 기능과 구조

전통적인 투자자산(asset class)이 되는 주식, 채권 등은 자금수요자에게는 자금조달 수단이 되지만, 투자자에게는 다양한 금융욕구를 충족시키는 금융상품 형태로 금융기관을 통해 각급 금융시장에서 거래된다. 본절에서는 금융시장별로 그 기능과 특성에 대하여 설명한다.

1 금융시장의 기능

금융시장(financial market)은 기본적으로 자금공급자와 자금수요자 간에 자금거래가 조직적으로 이루어지도록 하는 자금매개기능을 수행한다. 이를 [그림 2-1]의 국민경제의 자금순환모형에서 살펴보자.

국민경제 내의 경제주체는 일반적으로 가계, 기업, 정부 부문으로 나눈다. 가계부문은 대표적인 소비주체이고, 기업부문은 대표적인 생산주체이다. 가계부문은

[그림 2-1] 국민경제의 자금순환과 금융시장 구조

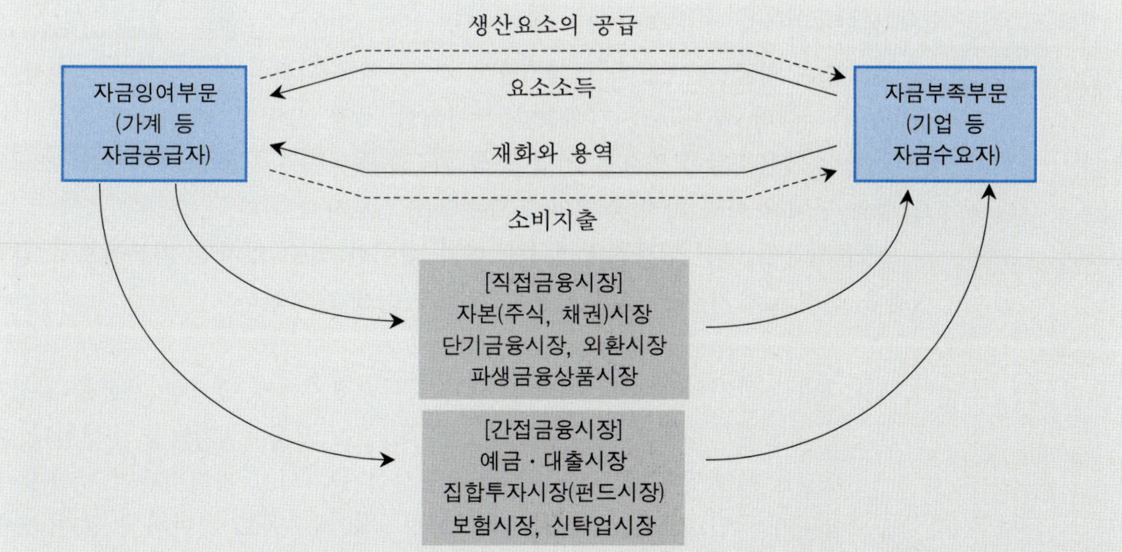

노동, 토지, 자본 등의 생산요소를 제공하는 대신 기업부문으로부터 그 대가로 임금, 지대, 이자 등의 요소소득을 얻는다. 이 소득의 일정부분을 기업이 생산한 재화나 서비스를 구매하는 소비지출로 사용한다. 기업은 이를 다시 재화나 서비스 생산에 사용한다.

이 순환과정을 자금흐름 면에서 보면, 경제주체를 자금잉여부문과 자금부족부문으로 나누어 볼 수 있다. 자금잉여부문(surplus unit)은 가계부문처럼 소득 가운데 일부를 소비하지 않고 미래에 보다 많은 소득을 얻고자 저축이나 투자를 하는 자금공급자, 흑자주체를 말한다. 반대로 자금부족부문(deficit unit)은 기업부문이나 정부부문처럼 소득보다 소비나 투자 지출이 많기 때문에 부족자금을 외부로부터 조달해야 하는 자금수요자, 적자주체를 말한다. 특히 기업부문은 일정기간 동안 벌어들인 이익 중에서 배당을 지급한 나머지를 기업내부에 유보하여 자체 자금수요에 충당하지만, 이와 같은 내부금융만으로는 부족하므로 외부로부터 부족자금을 조달해야 하는 대표적 자금부족부문이다.

국민경제의 발전을 위해서는 양질의 재화나 용역을 저렴하게 생산하고, 생산활동에 참여한 이해집단들 사이에 소득이 적절히 배분되는 실물경제의 발전이 중요하다. 그러나 실물경제의 발전은 원활한 자금흐름을 가능하게 하는 금융시장의 발전 없이는 기대할 수 없다. 자금잉여부문(가계 등의 자금공급자)의 여유자금이 자금부족부문(기업 등의 자금수요자)으로 원활히 그리고 효율적으로 이전·배분되는 기능이 필요한 것이다. 금융시장은 바로 자금의 공급자와 수요자 사이에서 자금매개기능을 수행한다.

자금공급자와 자금수요자는 각기 서로 다른 다양한 금융욕구(financial needs)를 가지고 있다. 자금잉여부문의 투자자들은 재산증식을 위하여 투자대상을 선정할 때 원하는 투자기간, 투자규모, 기대수익, 투자위험, 세금, 유동성 요구 등이 제각기 다르다. 한편 자본조달이 필요한 기업 등의 자금부족부문은 자금의 사용기간, 조달규모 등의 면에서 여러 가지 형태의 조달수단을 검토하게 된다.

금융시장은 어떤 금융시장이냐에 따라 상이한 면도 있지만 기본적으로 금융시장은 관련 금융기관을 통해 다음과 같은 기능을 수행한다.

① 다양한 만기와 금액의 자금을 모아 자금수요자에게 필요한 자금을 일정기간 공급함으로써 저축과 투자를 연결해 주는 자금매개기능을 수행한다. 이 과정을 통해서 각종 금융자산의 유동성이 증가되고 거래비용이 낮아질 뿐 아니라 국민경제의 자본형성과 경제성장률 제고에도 기여하게 된다. 금융상품은 자금제공자 입장에서는 금융자산(financial asset), 자금차입자 입장에

서는 금융부채(financial liabilities)가 된다.

② 투자자의 **소비시점을 조정**할 수 있게 해준다. 소득보다 더 많은 소비를 원하는 투자자는 차입을 통하여 소비시점을 앞당길 수 있고, 반대로 소득 내에서 소비가 가능하여 여유자금을 저축 또는 투자할 여력이 있는 투자자는 소비시점을 연기할 수 있도록 해준다.

③ 위험도가 상이한 다양한 금융상품이 거래됨으로써 투자자의 위험선호도에 맞추어 금융자산을 선택할 수 있는 **위험배분**이 가능하게 해준다.

2 금융시장의 분류

자금매개기능을 수행하는 금융시장은 〈표 2-1〉에서 보는 것처럼 여러 가지 방법으로 분류된다. 먼저 금융시장은 금융기관의 중개 여부에 따라 간접금융시장과 직접금융시장으로 분류할 수 있다. **직접금융시장**은 자금의 최종수요자와 최종공급자가 직접 위험을 부담하는 금융방식으로 주식, 채권 등 직접증권이 발행 · 거래되는 시장을 말한다. 금융투자회사가 증권거래가 원활히 이루어지도록 지원한다. **간접금융시장**은 은행과 같은 금융중개기관이 위험을 부담하면서 자금공급자로부터 예금을 받아 자금수요자에게 대출하는 금융중개를 통해 간접적으로 자금매개가 이루어지도록 하는 시장이다.

금융시장은 직접금융과 관련하여 증권의 유통단계에 따라 발행시장과 유통시장으로 분류한다. **발행시장**은 기업이나 정부가 주식이나 채권을 발행 · 매각하여 자금을 조달하는 시장이고, **유통시장**은 발행된 유가증권이 투자자들간에 장내 · 외 거래소를 이용하여 매매 · 거래가 되는 시장이다.

유가증권의 매매 · 거래가 이루어지는 유통시장은 거래가 이루어지는 조직이

〈표 2-1〉 금융시장의 분류

기 준	구 분
금융기관의 중개 여부	간접금융시장, 직접금융시장
증권의 유통단계	발행시장, 유통시장
장내외 여부	장내시장(거래소시장), 장외시장
거래 금융상품의 성격	주식시장 · 채권시장(자본시장), 단기금융시장, 파생금융상품시장, 예금 · 대출시장, 외환시장

장내인지 아니면 장외인지에 따라 장내시장(거래소시장)과 장외시장으로 분류할 수 있다. 장내시장은 한국거래소(KRX)의 예처럼 거래비용의 절감, 거래의 편의를 위해서 물리적 시설과 표준화된 거래방식을 마련하여 원활한 거래가 이루어지도록 하는 시장이다. 장외시장은 물리적 장소 없이 거래당사자간의 금융거래가 직접 이루어지는 비조직적, 추상적 시장이다. 채권시장과 외환시장은 장외거래의 비중이 높다. 그러나 정보통신기술의 발전으로 인터넷을 통한 증권거래의 증가나, 미국의 나스닥(NASDAQ)처럼 물리적 장소 없이 대규모의 조직화된 거래가 이루어지면서, 장내외시장의 구분이 모호해지는 경향이 있다.

금융시장은 거래 **금융상품의 성격**에 **따라** 자본시장을 구성하는 주식시장과 채권시장, 단기금융시장(화폐시장), 파생금융상품시장, 예금·대출시장, 외환시장 등으로 분류하기도 한다([그림 2-1]의 하단에서의 분류와 동일).

금융시장에서 자금매개기능은 은행, 금융투자회사, 보험회사 등의 **금융기관**들이 자금의 공급자와 수요자의 서로 다른 금융욕구를 충족할 수 있는 다양한 **금융상품**을 제공하면서 현실적으로 발휘된다.

금융기관(financial institutions)을 주된 업무의 성격이 유사한 금융기관별로 분류하면, 예금은행, 비금융예금취급기관, 보험회사, 금융투자회사, 기타금융회사 등이 있다.[1] 여기서 **금융투자회사**는 직접금융시장에서 유가증권의 거래와 관련된 업무를 주된 업무로 하는 금융기관을 지칭하는데, 투자매매·중개업(증권회사 및 선물회사), 집합투자업, 투자일임자문업, 그리고 신탁업을 하는 금융회사를 말한다.[2]

이들 금융기관들이 제시하는 금융상품은 자본시장법에서는 일차적으로 원본

---

1) 이러한 구분은 업종별 분류에 따른 것이라기보다는 금융기관의 **제도적 실체**에 중점을 둔 것이다. 즉 은행업, 금융투자업, 보험업 등의 금융업무별로 해당업무를 영위하는 기관에 따라 분류한 것이다. 각 금융기관의 **근거법률**에서 규정하고 있는 주된 업무의 성격이 유사한 금융기관별로 구분하면, 금융기관은 보통 은행, 비은행예금취급기관, 금융투자업자, 보험회사, 기타 금융기관, 그리고 공적금융기관 등 6개 그룹으로 구분하기도 한다(한국은행, 한국의 금융제도, 2018, p.51).

2) 2009년 2월 통합·정비된 「자본시장법」에서는 **금융투자업자**는 투자매매업, 투자중개업, 집합투자업, 투자자문업, 투자일임업 및 신탁업의 전부 또는 일부를 영위하는 자로서 금융위원회의 인가를 받거나 금융위원회에 등록한 자로 규정하고 있다. 종래에는 증권회사·선물회사·종합금융회사는 투자매매·중개업자로, 자산운용회사는 집합투자업자로, 투자자문회사 및 투자일임회사는 투자자문업자 및 투자일임업자로, 그리고 신탁회사는 신탁업자로 분업주의 기준으로 분류하였다. 그런데 「자본시장법」 시행 이후에도 관련된 업무가 기존과 거의 유사한 대다수 금융투자업자는 증권회사, 선물회사, 자산운용회사 등 종래 명칭을 그대로 사용하고 있다. 「자본시장법」에서는 기존 금융투자업에 새로운 분야가 추가 선택(겸업)이 가능하게 된 것을 감안하여 업무영역 기준으로 새롭게 규정한 것이다. 2019년 3월말 기준으로 투자매매·중개업(증권회사 55사, 선물회사 5사), 집합투자업 215사, 투자일임자문업 179사, 그리고 신탁업 56사가 광의의 금융투자업을 영위하고 있다.

손실가능성이 있는 '**금융투자상품**'과 그 가능성이 없는 '**비금융투자상품**'으로 분류하고, 금융투자상품은 다시 원본초과손실가능성이 없는 증권과 원본초과손실가능성이 있는 파생상품으로 구분하고 있다.3)

3 금융시장별 기능, 금융상품, 금융기관

거래 금융상품의 성격에 따른 금융시장 분류, 즉 자본시장, 단기금융시장, 파생금융상품시장, 예금・대출시장, 집합투자시장별로 구분하여, 그 기능과 관련된 금융기관과 금융상품을 정리해 보면 〈표 2-2〉와 같다.

〈표 2-2〉 금융시장별 금융기관과 금융상품4)

금융시장의 분류	주된 금융기관	주된 금융상품	주된 특징과 기능
자본시장	금융투자회사(증권회사, 자산운용회사, 선물회사, 투자자문회사 등)	금융투자상품인 주식, 채권1)	고수익, 고위험 높은 환금성
단기금융시장	증권회사, 일반상업은행, 특수은행, 비은행금융기관(저축은행 등)	통화안정증권, CP, RP, CD	저수익, 높은 유동성, 준현금성자산
파생금융상품시장	금융투자회사(증권회사, 자산운용회사, 선물회사, 투자자문회사 등)	주식, 금리, 통화관련 선물・옵션 파생상품, 신용파생상품, 파생결합증권2)	금리・주가・환율변동위험의 헤징, 원금 이상 손실가능성이 있음
예금・대출시장	예금은행(시중은행 등)과 특수은행, 비은행예금취급기관(상호저축은행 등), 보험회사, 여신전문회사(신용카드사, 벤처캐피탈 등)	정기예・적금, 금전신탁 등 예금상품, 각종 대출상품	저수익, 저위험 일정한도까지 원금을 보장하는 비금융투자상품
집합투자시장	집합투자회사(기존 자산운용사, 투자신탁회사), 시중은행	투자신탁형 펀드(수익증권), 투자회사형 뮤추얼펀드	전문적 투자관리의 대행 기능

주 : 1) 자본시장법에서는 투자원금까지만 손실이 발생하는 '**증권**'으로 채무증권, 지분증권, 수익증권, 예탁증권과 투자계약증권, 파생결합증권 등 포괄주의적으로 구분하고 있음
2) 자본시장법에서는 투자원금 이상 손실이 발생가능한 '**파생상품**'으로 경제・자연・환경적 개념에 기초한 파생상품과 장내・장외파생상품 등 포괄주의적으로 구분하고 있음

3) 2009년 2월 통합・정비된 「자본시장법」에서 규정한 금융투자상품의 분류에 따름.

4) 금융시장별로 금융기관과 금융상품은 확정되어 있는 것이 아니어서 '**주된**'이라는 표현을 사용하였다. 이를테면 은행의 경우 국공채 인수・매출 등 일부 증권업무를 수행할 수 있으나 동 업무를 은행의 주된 업무로 간주하기는 곤란하기 때문에 증권관련기관(금융투자회사)에 포함하지 않았다.

1) 자본시장

주식 및 채권이 발행 · 거래되는 **증권시장**을 말한다. 자본시장은 장기 직접금융시장으로서, 자금수요자 입장에서는 장기자금을 조달하는 창구가 되고, 투자자에게는 상대적으로 고수익 · 고위험 상품이 매매되는 시장이 된다. 주식과 채권의 특성과 종류에 대해서는 다음 제2절과 제3절에서 상세히 설명되는데, 증권회사, 자산운용사 등 금융투자회사가 취급하는 자본시장 관련 금융상품은 투자자산의 운용에 따르는 위험을 투자자가 지는 상품이다.

증권시장이 여타 금융시장과 다른 기능을 수행할 수 있는 제도적 기초는 ① 주식 · 채권 등의 증권의 액면을 **소단위 분할발행**(주식의 경우 주당 500원 등)함으로써 소액투자자의 투자대상이 되며, ② 언제든지 원하면 제3자에게 넘길 수 있는 **자유양도성**을 보장하는 데 있다. 이 **증권제도의 특징**으로 인하여 투자자에게는 환금성이 높은 투자대상이 되며, 기업에는 장기적이고 안정적으로 사용할 수 있는 금융수단이 된다.[5)]

증권시장의 기능을 발행시장(primary market) 측면에서 보면, 일반투자자들의 유휴자금이 기업부문에 공급되어 장기적으로 안정성 있는 **생산자금**으로 전환될 때, 통화증발 없이 非인플레적 방법으로 생산자금화된다는 특징을 지닌다. 금융중개기관을 통해 신용이 창출되는 간접금융의 방법과는 달리 증권시장을 통해 직접금융의 방법으로 소요자금만큼만 증권을 발행하여 직접 조달되기 때문이다.

증권시장은 기업의 자기자본조달의 유일한 창구가 됨으로써 **재무구조를 개선**시켜 기업의 체질과 대외경쟁력을 강화시킬 수 있는 시장이 된다. 이 밖에도 증권시장은 많은 기업의 주식들이 공개되어 거래됨으로써 투자자로서는 분산투자를 통해 투자위험을 크게 줄일 수 있어서 결과적으로 위험보상률이 낮아지고, 기업의 **자기자본비용이 절감**된다. 또 공개기업이 많아지고 대주주의 소유지분이 낮아지면 주식회사제도에 있어서 **소유와 경영이 분리**되어 경영전문화를 통한 경영효율성의 제고를 기대할 수 있다.

증권의 유통시장(secondary market)은 다른 어느 금융시장보다도 환금성이 높아서 증권의 매매 · 거래가 활발하여 증권가격의 형성이 원활히 이루어진다. 결과적

---

5) 자금순환 면에서, 대표적인 자금수요자인 기업은 자본조달시에 ① 자본조달비용의 최소화, ② 각종 사업에 필요한 대규모 자금의 조달, ③ 장기적으로 안정적으로 사용할 수 있는 자금원을 원한다. 반면에 자금공급자인 개별투자자는 ① 투자수익의 극대화, ② 소액자금의 공급, ③ 언제든지 현금화시킬 수 있는 환금성이 높은 투자대상을 원한다. 상반되는 양자의 입장이 적절히 조정되지 않으면 민간부문의 유휴자금이 산업자금화되기 어렵다. 소단위 분할발행, 자유양도성 보장이라는 증권제도의 특징이 상반되는 양자의 입장을 절충시키는 기능을 한다.

으로 증권의 **공정한 가격발견기능**(price discovery)을 통하여 증권발행주체의 경영효율성을 제고시키는 역할을 기대할 수 있다. 왜냐하면 발행된 기존 증권이 유통시장에서 경쟁적으로 계속 매매되는 과정에서 증권가격은 각 증권이 지니는 장래의 수익과 위험에 대한 적정한 평가에 근거하여 결정되는데, 효율적 경영을 하는 발행주체의 증권가격은 높게 형성될 것이고, 그렇지 못한 발행주체의 증권가격은 낮게 형성될 것이기 때문이다. 결과적으로 자원의 **효율적 자원배분**을 높인다.[6]

유통시장이 제 기능을 발휘하면 투자자는 보다 다양한 포트폴리오 구성이 가능해져 **위험분산투자효과**가 커진다. 투자수익과 투자위험이 상이한 수많은 종목이 거래되므로 투자자의 위험선호도에 맞추어 금융자산을 관리할 수 있는 **위험배분**이 효과적으로 이루어진다.

2) 단기금융시장(화폐시장)

1년 내외의 단기자금이 직접금융의 방법으로 거래되는 시장을 말한다. 금융기관, 기업, 정부 등이 일시적인 부족자금을 부채증권을 발행하여 조달할 수 있고, 투자자는 여유자금을 단기적으로 운용할 수 있는 시장이다. 관련 금융상품으로는 기업어음(CP), 환매조건부채권(RP), 양도성예금증서(CD), 통화안정증권 등이 있다.

이들 단기금융시장상품은 높은 투자수익은 기대하기 어렵지만, 쉽게 자금회수를 할 수 있어 소위 유동성위험이 적고, 원금손실의 위험이 상대적으로 적은 상품이다. 금융기관으로는 증권회사, 일반상업은행, 비은행금융기관 등이 참여한다. 유동성이 높은 **준현금성자산**(cash equivalent asset)이라는 특징 때문에 자산배분 면에서 보면 본격적인 주식이나 채권 투자를 위한 예비자금 운용의 성격으로 활용된다. 단기금융시장의 주요 금융자산에 대해서는 다음 제4절에서 설명한다.

3) 파생금융상품시장

선물·옵션 등의 파생상품이 거래되는 시장을 말한다. 본서 제16장~제18장에서 상세히 설명되겠지만, **선물계약**(futures contract)은 미래 특정시점에서 약정된 자산을 정해진 가격으로 사거나 팔기로 약속하는 의무화된 계약이고, **옵션**(option)은 약정된 자산을 약정된 가격으로 만기 또는 만기 이전에 사거나 팔 수 있는 권리의 상품이다. 선물이나 옵션에서 사거나 팔기로 약정하는 자산(기초자산)에는 금리, 주

---

6) 이처럼 투자자산의 적정가격의 문제를 다루는 것은 경제의 가장 중요한 과제인 '자원의 효율적 배분문제'를 다룬다는 점에서 매우 중요하다. **투자론**의 핵심은 투자자산에 대한 가치평가를 통해 적정가격(제값)의 문제를 다루는 것이어서, 투자론을 연구하는 것은 거시경제적 관점에서도 매우 의의가 큰 것이다.

식, 통화, 상품(금, 돈육 등)이 있다.

증권회사, 선물회사 등의 금융투자회사가 취급하는 파생상품으로서 거래가 활발한 상품에는 지수옵션, 지수선물, 금리선물, 통화선물과 옵션 등이 있다.

파생금융상품은 기초자산의 가격변동에 의하여 야기되는 금리 · 주가 · 환율변동위험을 회피하거나 줄일 수 있는 **위험헤징**(risk hedging) 수단으로 이용된다. 낮은 거래비용으로 포트폴리오를 효율적으로 관리할 수 있는 수단이 되기도 한다.

4) 예금 · 대출시장

은행이나 보험회사 등의 금융중개기관을 통해 예금상품 및 대출상품이 거래되는 간접금융시장을 말한다. 예금 · 대출시장은 다양한 지급결제수단을 제공하여 금융기관과 고객 간, 금융기관간, 고객과 고객 간 대차관계를 금융거래에 의해 종결시킴으로써 경제활동을 촉진시키는 기능을 수행하기도 한다. 예금 · 대출시장의 간접금융상품은 예금자산 운용에 따른 위험을 은행 등의 금융중개기관이 지는 상품이다. 정기예금상품에서 보듯이 일정한도까지는 원금보장이 되는 안정성 높은 상품이 많지만, 수익성은 낮은 상품이 주를 이룬다.

이상에서 자본시장, 단기금융시장(화폐시장), 파생금융상품시장, 예금 · 대출시장으로 나누어 금융시장의 특성을 개관했는데(집합투자시장에 대해서는 제5절에서 설명), 〈표 2-3〉은 우리나라에서 각 금융시장의 규모가 얼마나 큰지를 비교하고 있다. 2017년 12월말 기준으로 자본시장과 단기금융시장을 합한 총규모는 3,925조원을 상회하는데, 최근 연도에는 자본시장의 규모가 자금시장의 규모보다 8배가량 크다. 직접금융시장의 규모는 명목GDP의 2.0배, 금융기관 대출금 규모의 1.2배 수준

〈표 2-3〉 우리나라 금융시장의 규모 비교(기말잔액 기준) (단위 : 조원, 배)

	1990년	2000년	2010년	2014년	2017년
(A) 단기금융시장[1]	44.3	138.8	267.5	338.9	431.7
(B) 자본시장	114.0	638.8	2,352.8	2,787.6	3,494.0
주식[2]	35.0	423.6	1,112.9	1,452.3	1,888.6
채권[2]	79.0	215.2	1,239.9	1,335.3	1,605.4
(C) 전체	158.3	777.6	2,620.3	3,126.5	3,925.7

주 : 1) 콜, RP, CP, CD, 표지어음, 1년 미만 통화안정증권, 재정증권 합계
2) 주식은 한국거래소의 유가증권시장과 코스닥시장의 상장주식 시가총액, 채권은 상장채권 기준
자료 : 한국은행, 한국의 금융제도, 2018.12, p.57.

을 상회하고 있다.7) 주요 연기금의 자산배분 비중은 제1장 제1절에서 볼 수 있었던 것처럼 주식과 채권이 80%를 상회할 정도의 높은 비중을 차지하고 있다.

본 제1절에서는 금융시장별로 그 기능, 관련 금융기관 그리고 관련 금융상품에 대하여 개관하였다. 다음 제2절~제5절에서는 투자자의 주된 투자대상인 금융상품에 대하여 상세히 설명한다. 제2, 3절에서는 금융투자상품으로서 자산배분시에 높은 비중을 차지하는 주식, 채권에 대하여, 제4절에서는 단기금융시장(화폐시장)상품, 제5절에서는 집합(간접)투자상품에 대하여 주요 투자자산의 특징을 설명한다. 파생상품시장상품에 대하여는 제16장~제18장에서 다룬다.

제 2 절 주식시장

우리나라 금융시장에서 주식투자액은 2018년 12월말 상장잔액 기준으로는 2,997.3조원이고 거래대금 기준으로는 1,597조원의 규모로서, 투자비중이 가장 높은 자산의 하나가 되고 있다(자료 : KRX, Market 135호, 2018 겨울호).

주식(stock)은 주식회사가 발행하는 소유지분증권으로서 그 투자수익은 배당과 시세차익 형태로 얻어지게 되는데, 투자성과의 변동성이 커서 고수익 · 고위험의 투자자산이라는 특성을 지닌다. 고수익을 달성하고자 하는 투자자의 자산배분 구성에서 큰 비중을 차지하게 되는 투자자산이 주식이다. 투자대상으로서 주식의 특성을 보통주와 우선주로 나누어 살펴보자.

1 보통주

보통주(common stock)는 발행기업의 입장에서는 안정적인 자기자본조달의 수단이 되지만, 투자자 입장에서는 일정지분의 소유권을 나타내는 지분증권으로서 회사경영에 참여할 수 있는 권리와 경제적 이익을 얻을 수 있는 권리를 갖게 된다.

7) 한국은행, 조사통계월보, 2018.6, 자금순환표상 2017년도 대출금 2,930조원, 명목GDP 1,730조원.

보통주 투자가 높은 기대수익과 투자위험의 특성을 지니는 것은 본질적으로 보통주의 기본적 특징, 즉 잔여지분에 대해서 청구권을 행사(residual claim)한다는 점과 인수가액을 한도로 유한책임(limited liability)을 진다는 점 때문이다. 배당은 경영성과에 따라 달라지고, 재산권은 마지막으로 행사되기 때문에 위험부담이 크다. 반면에 미래이익에 대한 무제한적 참여가 가능하기 때문에 상당한 자본이득을 기대할 수 있다. 그러나 이 같은 특성도 보통주의 종류별·발행조건별로 조금씩 다를 수 있다.

보통주는 주권에 액면가액이 표시되어 있는지 여부에 따라 액면주식과 무액면주식으로 구분된다. 액면주식은 주권에 액면가액이 표시되어 있는 주식이며, 무액면주식은 액면가액이 표시되어 있지 않고, 주식수만 표시되어 있는 주식이다. 미국 등에서는 무액면주식의 발행이 주를 이루지만, 우리나라에서는 보편화되어 있지 않다. 액면가는 5,000원인 주식이 주를 이루다가, 최근에는 액면가 100원, 500원의 주권발행이 증가하고 있다.

주권과 주주명부에 주주의 이름 표시 여부에 따라 기명주와 무기명주로 구분된다. 기명주는 주권과 주주명부에 주주의 이름이 기재된 주식이고, 무기명주는 주주의 이름이 표시되지 않은 주식이다.

의결권 부여 여부에 따라 주식은 의결권주식과 무의결권주식으로 나눌 수 있다. 의결권주식은 의결권이 부여된 전형적 형태의 보통주이다. 반면에 우리나라 상법에서는 의결권이 없는 무의결권주식의 발행은 배당우선주에 대하여, 소정의 우선적 배당이 이루어지고 있는 기간에 한하여 의결권이 정지되는 것을 인정하고 있다.

2 우선주

우선주(preferred stock)는 이익의 배당 또는 잔여재산의 분배와 같은 재산적 이익을 받는 데 있어서 사채 소유자보다는 우선순위가 낮으나 보통주 주주보다는 우선하는 주식이다. 우선주는 일반적으로 고정적 배당률을 확정해 놓지만 무배당도 가능하며, 의결권이 제한되어 있다. 따라서 우선주는 사채의 성격과 보통주의 성격이 복합된 증권이라고 할 수 있다.

우선주는 일반적으로 의결권과 추가적인 이익참여가 제한되어 있다는 점에서 사채의 단점, 그리고 무배당의 가능성이라는 측면에서는 보통주의 단점을 지니고 있는 것으로 평가될 수 있다. 이러한 측면에서 투자대상으로서 우선주는 장점보다

단점이 많다고 혹평하기도 한다. 그러나 우선주는 이 같은 투자대상으로서 단점을 보완하기 위해서 다양한 발행조건이 제시되고 있으므로 발행조건별로 투자가치를 평가해야 할 것이다.

우선주는 지급하지 못한 배당을 차기에 누적하여 지급하도록 되어 있는지의 여부에 따라 누적적 우선주와 비누적적 우선주로 구분된다. 기업의 영업실적이 좋지 못한 이유 등으로 배당을 받지 못하는 경우, 당기에 지급하지 못한 배당을 차기에 누적하여 지급하도록 되어 있는 우선주를 누적적 우선주라 하고, 다음 기로 누적되지 않는 우선주를 비누적적 우선주라 한다. 누적적 우선주의 경우 투자위험이 상대적으로 낮으므로 수익률도 낮게 된다.

우선주는 예정배당액 이외에 초과배당에 참가할 수 있는지의 여부에 따라 참가적 우선주와 비참가적 우선주로 구분된다. 비참가적 우선주는 일정한 예정배당액만을 지급받고, 예정배당액 이외에 초과배당에 참가하지 못하는 일반적 우선주이다. 반면 참가적 우선주는 경영실적이 양호하여 보통주 주주에 대한 배당액 이상의 배당을 지급할 경우 그 초과배당에 같이 참여할 수 있는 우선주이다.

이 밖에도 우선주는 의결권 부여 여부에 따라서 의결권부 우선주와 무의결권 우선주로 구분된다. 또 일정시기에 일정한 가격으로 보통주로 전환할 수 있는 권리가 부여된 옵션(option)부의 우선주인 전환우선주, 미리 정해진 상환일에 일시상환이 이루어지도록 규정된 상환우선주, 기업의 자금사정에 따라 수시로 상환할 수 있는 수의상환우선주가 있다.

우리나라에서는 그간 우선주의 대부분이 참가적 · 누적적이며 의결권이 있는 우선주로 발행되어 왔으나, 외환위기 이후 금융권의 자본조달수단으로 무의결권 우선주 발행 사례도 늘어나고 있다.

제 3 절 채권시장

채권은 우리나라 금융시장에서 주식과 비슷한 규모의 투자(상장채권의 경우 2018년 말 상장잔액 기준 1,720조원, 거래대금 기준 2,407조원)가 이루어질 정도로 높은 비중을 차지하고 있다.

채권(bond)은 채권의 발행자가 자금을 차입하고 일정기간 후에 일정조건으로 이자와 원금을 지급 상환하겠다고 약속하는 채무증서이다. 투자자 입장에서 보면 채권은 정기적으로 이자를 지급받고 만기일에는 원금을 상환받는다는 점에서 확정소득의 성격을 지닌 증권(fixed-income securities)이다.

그러나 채권투자에는 발행주체가 원리금을 지급하지 못하는 지급불능위험이 있다. 또 이자율 변동에 따라 채권가격이 변동하는 가격위험이 있고, 만기 전에 매도할 경우 일정한 시세차익(차손)이 발생할 수 있다. 채권의 투자가치는 발행주체와 종류, 발행조건에 따라 달리 평가해야 한다.

(1) 발행주체에 의한 구분

채권은 발행주체를 기준으로 국가가 발행하는 국채, 지방자치단체가 발행하는 지방채, 특별법인이 발행하는 특수채, 금융기관이 발행하는 금융채 그리고 일반회사가 발행하는 회사채로 구분할 수 있다.

국채는 국가가 재정적자를 보전할 목적이나 특정사업의 재원조달을 목적으로 발행하는 증권이다. 국채는 국회의 동의를 얻어 발행되는데, 주요 국채로는 국고채권 · 재정증권 · 국민주택채권 1종 및 2종 · 양곡증권 등이 있다.

투자대상으로서 국채는 정부가 발권력을 가지고 원리금 지급을 보증하기 때문에 채무불이행의 위험이 거의 없는 무위험자산(risk-free asset)이라는 특징을 지닌다. 이러한 이유 때문에 거래가 활발한 국공채의 수익률을 무위험자산수익률의 기준으로 사용하기도 한다.

지방채는 시, 도, 군 등 지방자치단체가 특정사업의 재원조달, 재원 부족을 메우기 위해 발행하는 채권이다. 주요 지방채로는 도시철도채권 · 도로공채 · 지역개발공채 등이 있다. 국채와 지방채의 많은 종류는 이자소득에 대하여 면세(tax-exempt)가 되거나 차등세율이 적용되는 특징이 있다. 그러나 수익률이 제일 낮고 시장성이 낮은 국공채가 많다는 등의 단점도 있다.

특수채는 특별법에 의해 설립된 법인이 발행하는 채권이다. 주요 특수채로는 한국전력채권 · LH공사채권 · 예금보험기금채권 · 부실채권정리기금채권 등이 있다. 원리금 지급을 대부분 정부가 보증하므로 국채와 비슷한 투자성격을 지닌다.

금융채는 금융기관이 발행한 채권을 지칭한다. 주요 금융채로는 통화안정증권, 산업금융채권 · 기업은행채권 등이 있다.

우리나라에서 발행되는 국공채, 특수채 가운데서 재정증권, 국민관리기금채권, 국민주택채권, 양곡기금증권 등은 발행이 활발하지만, 나머지는 미미한 수준에 머물고 있다. 국공채, 특수채는 방어적 투자관리에 역점을 두는 기관투자자의 주된 자산운용 대상이 되고 있다.

회사채(corporate bond)는 법률적으로 보면 회사가 일반대중으로부터 비교적 장기의 자금을 집단적·대량적으로 조달하기 위해서 채권이라는 유가증권 형태로 발행한 채무·차입증서라고 할 수 있다. 국채나 특수채와는 달리 담보물이나 보증기관의 보증이 없는 회사채는 채무불이행위험이 커지므로 발행회사의 현금창출능력, 신용도에 따라서 발행금리와 유통시장에서의 수익률에 차이가 발생한다.

(2) 이표채, 할인채, 복리채

채권은 이자지급방법과 주기적 현금흐름 유무에 따라 이표채, 할인채, 복리채로 구분된다.

이표채(coupon bond)는 정기적으로 이자를 지급받고 만기에 원금을 상환받는 채권으로서 일반적으로 액면가로 발행된다. 순수할인채(pure discount bond)는 중도이자지급을 생략하는 대신 만기까지의 이자의 현재가치만큼 할인되어 액면가 이하의 가격으로 발행되는 채권이다. 복리채는 액면가로 발행되지만 중도이자지급이 생략된 이자분은 복리로 재투자되는 것을 가정하여 만기시에 원금과 함께 상환받는 채권이다. 대부분의 회사채는 이표채이지만, 국공채와 특수채 중에는 할인채와 복리채가 많다.[8)]

(3) 고정이자부사채, 금리연동부사채, 이익사채, 이익참가사채

채권은 지급이자의 변동 여부에 따라 고정이자부사채, 금리연동부사채, 수익사채, 이익참가사채로 구분된다.

고정이자부사채(fixed charge bond)는 시중이자율이 어떻게 변하더라도 약속기일에 확정된 이자를 지급하는 가장 전형적인 형태의 채권이다. 우리나라에서 발행되는 이표채의 대부분은 고정이자부사채이다. 반면에 금리연동부사채(FRN : floating rate note)는 이자율의 변동에 따라 당해사채의 이자율을 연동시켜 이자를 지급하는 사채이다. 이 밖에도 자주 발행되고 있지 않지만 일정한 확정이자를 지급하지 않고 기업의 이익수준에 따라 이자를 지급하는 이익사채(income bond)와 추가이자를

8) 채권은 채권수익률과 액면이자율 중 어느 쪽이 큰가에 따라 채권가격이 액면가보다 높기도 하고, 낮기도 하다. 채권수익률이 액면이자율보다 작으면 채권가격이 액면가보다 높게 형성되는데, 이를 **할증부채권**(at premium)이라고 부르고, 반대로 채권수익률이 액면이자율보다 높으면 채권가격이 액면가보다 낮게 형성되는데, 이를 **할인부채권**(at discount)이라고 부른다.

지급할 수 있는 이익참가사채(participating bond)가 있다.

(4) 무담보부사채, 담보부사채, 보증사채, 무보증사채

채권은 담보와 보증조건에 따라 여러 가지 형태로 발행된다.

무담보부사채(debenture or unsecured bond)는 담보가 설정되지 않고, 회사의 현금창출능력, 신용도만을 기초로 하여 발행되는 사채를 말한다. 따라서 발행기업의 신용도에 따라서 수익률의 차이가 발생한다. 반대로 기업의 사채발행에 담보를 제공하는 경우 이를 담보부사채(secured bond)라고 한다. 담보부사채는 담보물의 내용에 따라 부동산담보부사채(mortgage bond), 유가증권담보부사채(collateral bond)로 구분된다.

보증사채(guaranteed bond)는 사채의 상환을 확실하게 하도록 제3자가 사채의 원리금 지급에 대하여 보증을 하는 사채를 말한다. 보증사채의 발행회사는 보증기관에 필요한 담보를 제공하고 원리금지급보증에 대한 보증료를 지급해야 한다. 반면에 무보증사채(일반사채)는 제3자의 보증 없이 발행기업의 신용으로 발행되는 사채이다. 일반적으로 무담보부사채나 무보증사채는 채권의 원리금 상환에 대한 위험부담이 있으므로 담보부사채나 보증사채보다 수익률이 높게 형성된다.

(5) 자산유동화증권

자산유동화증권(ABS : asset-backed securities)은 부동산, 매출채권, 유가증권, 주택저당채권, 신용카드매출채권 등과 같이 유동성이 낮은 자산을 신용보강 등의 과정을 통하여 유동성이 높은 구조로 바꾸어 발행된 증권이다. 자산유동화증권은 특수목적기구(SPV)를 설립한 다음, 부동산이나 매출채권과 같이 유동성이 낮거나 신용도가 낮은 자산을 기초자산으로 하여 채권을 발행하고, 유동성을 높이는 신용보강 과정을 거쳐 이 기구에 기초자산의 법률적인 소유권을 양도하는 절차를 거쳐 발행된다. 이 증권의 원리금은 기초자산에서 발생하는 현금흐름으로 지급된다. 자산유동화증권은 이러한 기본구조를 지니므로 발행기관의 입장에서는 재무구조를 개선하고 조달비용을 경감시킬 수 있는 새로운 자본조달방법이 되고, 투자자 입장에서는 신용평가기관의 엄격한 평가와 신용보강을 거쳐 발행되기 때문에 투자위험이 낮아진 투자대상이 된다는 장점이 있다.

자산유동화증권은 기초자산이 주택저당채권일 경우 MBS(mortgage backed securities), 채권일 경우 CBO(collateralized bond obligation), 은행대출채권일 경우 CLO (collateralized loan obligation)로 불린다.

(6) 만기전액상환사채, 정기분할상환사채, 감채기금사채, 수의상환사채

채권은 원금상환방법에 따라 여러 가지 형태로 발행된다.

만기전액상환사채는 상환기간이 만료되면 사채의 총액이 일시에 상환되는 사채를 말한다. 우리나라에서 발행되는 회사채의 대부분은 이에 속한다. 정기분할상환사채는 일정한 거치기간이 지난 후부터 만기에 이르기까지 사채의 총액이 정기적으로 분할상환되는 사채를 말한다.

감채기금사채(sinking fund bond)는 사채권자의 보호를 위하여 원금상환에 필요한 기금(감채기금)을 적립해 나가는 사채를 말한다. 감채기금조항에 의해 회사는 발행된 사채의 일정부분을 매년 퇴각시키게 되므로 이 채권은 투자위험과 수익률이 낮은 경향이 있다.

수의상환사채(callable bond)는 발행회사가 이미 발행된 사채를 만기 이전에 임의적으로 상환할 수 있는 사채를 말한다. 이러한 사채는 앞으로 일반금리수준이 하락할 가능성이 있을 때 발행회사가 현재의 높은 이자를 지급함으로써 부담해야 할 손실을 줄이기 위해서, 차환하기 위한 목적으로 발행된다. 발행회사의 자금사정이 호전될 때 수시로 상환할 수 있다는 장점을 가지고 있다. 그러나 사채권자들 입장에서는 원하지 않는 시점에서 불리한 수익률로 상환당하기 때문에 발행기업은 기존사채를 액면가 이상으로 상환해 주는 것이 통례이다.

(7) 옵션부사채 : 전환사채, 신주인수권부사채, 교환사채

옵션(option)권리가 부여된 사채에는 전환사채, 신주인수권부사채, 교환사채 등이 있다. 옵션부사채의 투자가치는 일반사채로서의 가치에 옵션성격의 가치가 더해지는데, 상세한 투자가치 평가방법은 제18장에서 상세히 다루어질 것이다. 이들 사채의 일반적인 특징은 다음과 같다.

전환사채(CB : convertible bond)는 사채발행시에 미리 정해진 조건에 따라서 발행회사의 보통주로 전환할 수 있는 사채를 말한다. 사채권자들은 일정한 전환비율에 따른 보통주의 주당 전환가격보다 보통주의 주가가 높을 경우에는 보통주로 전환함으로써 자본이득을 얻을 수 있다.

신주인수권부사채(BW : bond with warrants)는 회사가 신주를 발행할 때 이를 인수할 수 있는 권한이 부여된 사채를 말한다. 전환사채는 전환에 의하여 사채가 소멸되어 보통주로 전환되나, 신주인수권부사채는 사채의 형태가 그대로 존속되면서 별도의 신주를 유상으로 인수할 수 있다는 점에서 그 성격이 서로 다르다.

교환사채(exchangeable bond)는 채권발행 후 일정기간이 지나면 채권을 발행한 회사가 보유하고 있는 주식이나 다른 유가증권과 일정한 가격(교환가격)으로 교환을 청구할 수 있는 권리가 부여된 사채이다. 전환사채와 다른 점은 전환권이 행사될 때 발행회사 주식으로 전환해 주는 것이 아니라, 발행회사가 보유하고 있는 다른 상장법인의 주식이나 유가증권과 교환된다는 점이다.

제 4 절 단기금융(화폐)시장

단기금융시장(화폐시장)은 만기가 1년 내외의 단기성 부채증권이 거래되는 금융시장을 말한다. 정부가 통화량 조절 목적으로 발행하는 통화안정증권, 금융기관이나 기업이 단기자금조달 목적으로 발행하는 기업어음(CP), 콜머니 · 콜론, 양도성예금증서(CD), 환매조건부채권(RP) 등이 거래되는 시장이다.

이들 금융상품은 위험은 낮고 유동성이 높은 준현금성자산(cash equivalent asset)이라는 특징이 있으므로 일시적인 여유자금을 운용하고자 할 때 적합하다. 〈표 2-3〉에서 보듯이 우리나라 단기금융시장은 주식시장이나 채권시장의 25% 정도의 규모인데, 준현금성자산은 자산운용의 유연성을 높여주는 역할을 한다. 화폐시장 관련 상품의 주된 특징을 보면 다음과 같다.

① 통화안정증권 : 중앙은행인 한국은행이 통화량을 조절하기 위하여 금융기관 또는 일반을 대상으로 발행하는 증권을 말한다. 만기는 할인채의 경우 14~546일, 이표채의 경우 2년이다. 미국의 경우는 정부 발행의 재정증권(TB : treasury bill)이 있다.

② 기업어음(CP : commercial paper) : 신용상태가 양호한 기업이 단기자금조달을 위해 발행한 융통어음을 말한다. 발행기업의 신용도에 따라 상이한 수익률로 발행된다. 만기는 최장 1년 이내이다.

③ 양도성예금증서(CD : negotiable certificates of deposit) : 정기예금에 양도성을 부여한 예금증서를 말한다. 은행의 단기자금조달 또는 은행간의 자금조절

목적으로 무기명으로 발행되는데, 확정금리로 이자를 선지급한다. 만기는 30일~1년이다.

④ 환매조건부채권(RP : repurchase agreements) : 금융기관이 단기자금조달의 목적으로 금융기관 보유의 채권을 일정기간 경과 후에 일정가격으로 다시 매수하거나 매도할 것을 조건으로 발행한 채권을 말한다. 중도환매가 가능하며 이자는 만기에 일시지급한다.

⑤ 은행인수어음(BA : bankers' acceptance) : 금융기관이 상거래에서 인수한 상업어음을 말한다. 일반적으로 수출업체가 수출상품을 선적한 후 수입업체의 대금결제 이전에 자금을 융통하기 위하여 발행하는 어음을 은행이 인수하면서 발행되는 환어음이 많다. 은행이 인수한 어음이므로 신용도가 높아 유동성이 높다. 환어음 소지인은 만기 이전이라도 은행에 할인매각하여 대금을 조기에 회수할 수 있다. 이때 이자는 할인방식으로 선지급한다.

종합금융회사나 증권회사에서는 위의 단기금융상품을 결합하여 펀드방식으로 운용하는 MMF, CMA, MMDA를 취급한다. 은행의 수시입출금식 통장처럼 쉽게 현금화가 가능하고, 은행권보다 수익률이 높은 상품이라는 특징이 있다.

① MMF(Money Market Fund) : 위에서 설명한 CD, CP, 통화안정채권 등에 투자하고 얻은 수익을 배당하는 단기금융상품이다. 정기예금상품보다 수익률이 높고, 수시입출금이 가능하지만, 실적배당 상품이기 때문에 원금의 손실가능성이 있다. 초단기 여유자금의 운용대상으로 많이 이용된다.

② CMA(Cash Management Account) : 우량어음 및 국공채 등 단기금융상품에 운용하여 얻은 수익을 돌려주는 '어음관리계좌'이다. 증권사가 취급하는 실적배당상품으로서 은행의 수시입출금통장과 같이 입출금, 급여이체 등의 기능을 갖는 것이 특징이다.

③ MMDA(Money Market Deposit Account) : CMA와 성격이 유사하지만, 은행에서 취급하는 '시장금리부 수시입출금식 예금'이고, 일정한도까지 원리금 보호가 된다는 점이 다르다.

제 5 절 간접투자상품

투자자들은 주식, 채권 등에 직접투자할 수 있지만, 소위 "**펀드투자**"라고 하는 집합투자기구에 간접투자할 수 있다. 2019년 3월말 현재 펀드(집합투자기구)수탁총액은 580.8조원으로서 GDP의 31% 수준이며, 그 규모가 증가 추세에 있다(자료 : 금융투자협회, 금융투자지, 2019.3). 본절에서는 간접투자방법으로서 수익증권펀드투자와 뮤추얼펀드투자에 대하여 설명한다.

1 간접투자와 집합투자기구

금융투자의 방법은 중개기관이나 금융투자회사의 활용 여부에 따라 직접투자방법과 간접투자방법으로 구분된다. 직접투자방법은 투자자가 각급 투자자산과 개별종목을 직접 사거나 파는 방법인 반면에, 간접투자방법은 소위 "**펀드투자**"라고 불리는 수익증권펀드나 뮤추얼펀드에 간접적으로 투자하는 방법이다.

자본시장통합법에서는 투자주체를 투자의 전문성 여하에 따라 일반투자자와 전문투자자로 구분하고 있다.[9] 전문성이 없는 것으로 분류되는 일반투자자에게는 고객의 특성에 적합한 투자권유를 하도록 하고 있다.

일반(개인)투자자는 투자자금의 영세성으로 인하여 분산투자를 충분히 행할 수 없고, 투자의 전문성 부족으로 체계적인 투자관리에 어려움을 겪는다. '펀드투자'를 이용한 간접투자방법은 이러한 한계점을 극복하는 한 방법이 된다.

우리나라에서 펀드를 통한 간접투자방법으로는 신탁회사의 신탁계약에 의해 설정, 운영되는 계약형 펀드인 **수익증권펀드**에 투자하는 방법과 증권투자를 목적으로 하는 투자회사의 주식인 회사형 펀드, **뮤추얼펀드**에 투자하는 방법이 있다.

2 수익증권펀드와 뮤추얼펀드

2009년 2월 증권관련 법률이 통합·정비되면서 제정된 「자본시장법」에서는 금융

---

9) 일반투자자와 전문투자자의 구분은 자본시장법 제9조에 근거.

투자업의 영역을 투자매매업, 투자중개업, 집합투자업, 투자자문업, 투자일임업 및 신탁업으로 나누면서, 종래 '**펀드투자**'로 불렸던 영업영역을 '**집합투자업**'으로 규정하고 있다. 그리고 '집합투자업'을 영위하는 조직을 '집합투자기구', 이를 영업하는 사업자를 '집합투자업자'로 부른다.10)

간접투자를 위하여 이용하게 되는 집합(펀드)투자기구는 설립 형태에 따라 계약형(투자신탁형)과 회사형으로 나눌 수 있다.

수익증권펀드로 알려진 계약형(contractual type)은 증권회사나 은행이 투자자로부터 모은 자금을 신탁계약을 맺은 투자신탁회사의 관리하에 자산운용사(집합투자업자)가 주식, 채권, 화폐시장펀드 등에 운용하고, 그에 따른 투자수익을 수익자인 투자자에게 돌려주는 **투자신탁형**의 간접투자기구를 말한다([그림 2-2]의 ① 참

[그림 2-2] 집합투자기구의 구조

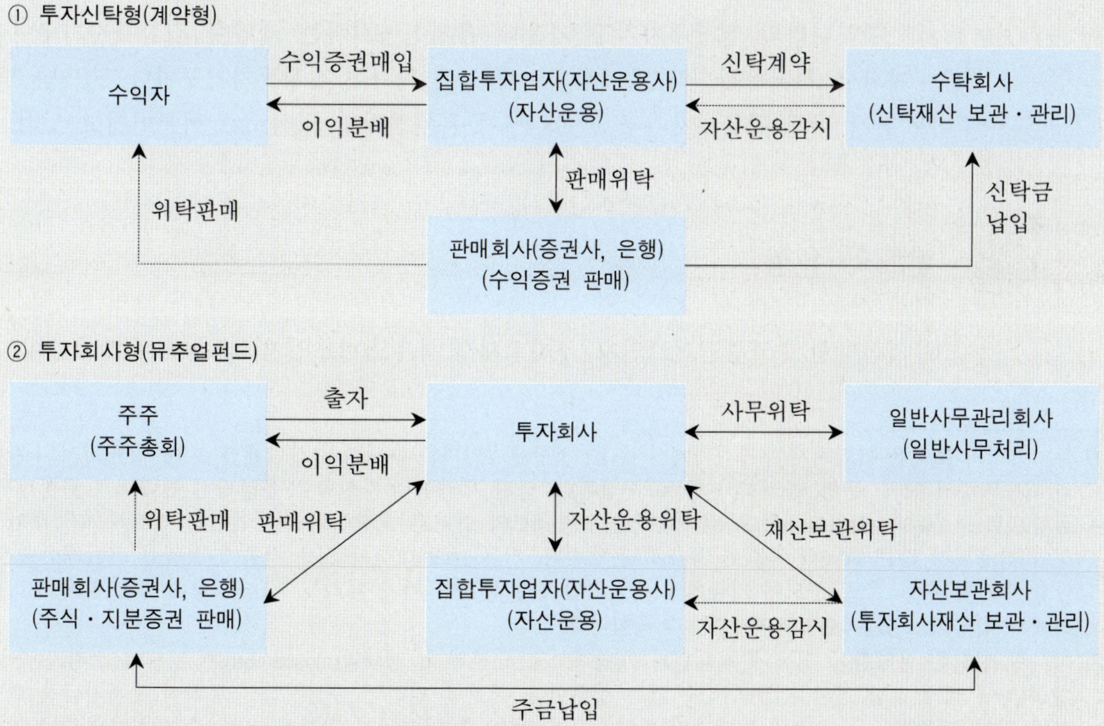

자료 : 한국은행, 한국의 금융제도, 2018, p.257

---

10) 종래 다수의 투자자로부터 모은 금전 등을 투자자를 대신하여 자산운용사 등이 각종 투자자산에 운용하고 그 결과를 투자자에게 배분 및 귀속시키는 투자를 '**펀드투자**'라고 불러왔다. **집합투자**는 '펀드투자를 통한 간접투자'의 의미로 해석할 수 있다.

조).[11] 운용자산으로부터 얻게 되는 투자수익을 받을 수 있는 권리가 표시된 증권이 수익증권이다. 주로 일본과 유럽 국가들에서 발전된 집합투자제도인데, 투자자가 중도에 환매를 요구하면 고객의 자산을 매각하여 대금을 지급함으로써 투자신탁계약이 종료된다.

뮤추얼펀드로 알려진 회사형(corporate type)은 투자전문가가 투자전문회사를 설립하고 이 투자회사의 주식을 투자자(주주)에게 판매한 자금(뮤추얼펀드)을 자산운용사(집합투자업자)가 주식, 채권 등에 운용하고, 운용수익을 주주에게 이익분배하는, **투자회사형** 형태의 간접투자기구를 말한다([그림 2-2]의 ② 참조). 이 제도는 미국의 뮤추얼펀드에서 발전된 것인데, **뮤추얼펀드** 매입을 통한 간접투자방법은 증권투자를 목적으로 하는 **증권투자회사**(investment company)에 주주의 자격으로 투자하는 것이고, 투자회사의 가치는 포트폴리오가치(운용 결과 발생하는 이자, 배당, 자본이득 등의 수익)에 따라 달라지며, 펀드의 가치는 '증권투자회사'의 주가에 반영된다.[12]

우리나라의 집합투자기구 가운데 투자신탁회사는 계약형 집합투자기구이며 투자회사, 투자유한회사, 투자합자회사 등은 회사형 집합투자기구이다. 2019년 3월말 현재 국내 집합투자기구 중 98.4%가 투자신탁형 방식으로 이루어지고 있다.[13]

3 펀드의 유형

투자신탁형 수익증권펀드인지, 투자회사형 뮤추얼펀드인지, 그 형태에 관계없이 자

---

11) 투자신탁의 조직은 위탁회사(투자신탁재산 운용; 집합투자업자) · 수탁회사(신탁재산 보관; 신탁회사) · 판매회사(수익증권 판매; 은행, 증권회사 등)로 구성된다. 한편 계약형 투자신탁은 운영방식 면에서 단위형과 기금형으로 구분된다. 단위형(unit)은 신탁재산을 일정규모의 단위로 고정시켜 신탁기간의 만료시까지 추가설정이 허용되지 않는 하나의 독립된 형태로 운영된다. 기금형(fund)(추가형)은 처음에 설정한 신탁재산에 자금을 추가할 수도 있고, 중도에 기금에의 신규가입과 탈퇴(환불)가 언제라도 가능한 형태이다. 현재 우리나라에서 취급되고 있는 수익증권펀드는 기금형이다.

12) 회사형 펀드는 운영방식 면에서 폐쇄형과 개방형으로 구분된다. 폐쇄형(closed-end)은 펀드의 소지자(주주)가 회사에 대해 직접 상환을 청구할 수 없는 형태이다. 처분을 원하면 증권시장을 통하여 투자자금을 회수하게 된다. 개방형(open-end)은 투자자의 환매요구가 있을 때 언제든지 상환에 응해 주고 회사의 기본자산을 근거로 새로이 펀드를 발행 · 매출할 수 있는 형태이다. 따라서 환금이 필요할 때 공개적인 증권시장을 이용할 필요가 없다. 우리나라에서는 그간 계약형 투자신탁 형태만 운용되었으나, 1998년 7월에 「증권투자회사법」이 제정되면서 회사형 중 폐쇄형 형태가 먼저 도입되었고, 회사형을 뮤추얼펀드라고 부르고 있다. 그러나 미국의 투자회사법(investment company act)에서는 개방형의 펀드만을 뮤추얼펀드(mutual fund)라고 부르고 있다.

산운용사에서 운용하는 펀드는 〈표 2-4〉와 같이 분류할 수 있다.

펀드는 편입되는 투자자산의 종류에 따라 증권펀드, 단기금융상품펀드, 부동산펀드 등으로 분류된다. 그리고 증권펀드는 주식투자의 비중에 따라 주식형, 채권형, 혼합형으로 구분된다. 2019년 3월말 기준, 펀드설정총액의 구성비를 보면 주식형 13.7%, 채권형 18.7%, 단기금융형 17.1%, 부동산형 13.7%의 비중이다.[13]

투자관리는 제20장에서 상술되겠지만, 공격적 투자관리와 소극적 투자관리로 그 유형이 구분된다. 주식형 펀드의 경우 펀드를 구성하고 있는 주식의 성격에 따라

〈표 2-4〉 펀드의 종류

<table>
<tr><th>분류기준</th><th colspan="2">펀드의 종류</th><th>상품 내용</th></tr>
<tr><td rowspan="9">투자자산의 종류에 따른 분류</td><td colspan="2">증권펀드</td><td>50% 이상이 증권에 투자</td></tr>
<tr><td colspan="2">단기금융상품펀드</td><td>CD, CP 등 단기금융상품에 투자</td></tr>
<tr><td colspan="2">파생상품형 펀드</td><td>옵션, 선물 등 파생상품이 펀드자산의 10% 이상이 되도록 투자</td></tr>
<tr><td colspan="2">부동산펀드</td><td>50% 이상을 부동산 관련 상품에 투자</td></tr>
<tr><td colspan="2">리츠(REITS)[1]</td><td>부동산 관련 증권에 투자하는 주식회사 성격의 뮤추얼펀드</td></tr>
<tr><td colspan="2">실물펀드</td><td>금, 석유, 선박 등 실물자산에 투자</td></tr>
<tr><td colspan="2">원자재펀드</td><td>에너지, 천연자원, 농산물, 금 등 원자재에 투자</td></tr>
<tr><td colspan="2">혼합자산펀드</td><td>증권, 부동산, 실물 등에 나누어 투자</td></tr>
<tr><td colspan="2">재간접펀드</td><td>50% 이상을 이미 설정된 다른 펀드에 투자(Fund of Fund)</td></tr>
<tr><td rowspan="5">주식투자 비중에 따른 분류</td><td colspan="2">주식형 펀드</td><td>60% 이상을 주식(지수선물 옵션 포함)으로 운용</td></tr>
<tr><td colspan="2">채권형 펀드</td><td>60% 이상을 채권(금리선물 포함)으로 운용</td></tr>
<tr><td rowspan="2">혼합형 펀드</td><td>주식혼합형</td><td>50～60%를 주식으로 운용</td></tr>
<tr><td>채권혼합형</td><td>주식이 50% 미만이 되도록 운용</td></tr>
<tr><td colspan="2">화폐시장펀드(MMF)[2]</td><td>CD, CP, 통화안정채권 등에 단기 운용하는 채권형 펀드</td></tr>
<tr><td rowspan="6">주식의 성격에 따른 분류</td><td rowspan="5">액티브 펀드</td><td>대형주펀드</td><td>시가총액 기준 100위 안에 드는 기업 주식으로 구성</td></tr>
<tr><td>중소형주펀드</td><td>기업규모가 중하위권에 속하는 주식으로 구성</td></tr>
<tr><td>가치주펀드</td><td>기업가치에 비해 저평가된 것으로 판단되는 주식으로 구성</td></tr>
<tr><td>성장주펀드</td><td>매출액과 이익의 성장이 클 것으로 예상되는 주식으로 구성</td></tr>
<tr><td>배당주펀드</td><td>가격상승보다 배당을 안정적으로 많이 지급하는 주식으로 구성</td></tr>
<tr><td>패시브 펀드</td><td>인덱스펀드</td><td>종합주가지수 등 특정지수를 추종하도록 주식을 구성</td></tr>
</table>

주 : 1) REITS : real estate investment trusts
2) MMF : Money Market Fund

13) 금융투자협회, 금융투자지, 2019.3.

대형주, 중소형주, 가치주, 성장주, 배당주, 인덱스 펀드 등으로 나누는데, 이를 투자관리의 유형과 연계하여 액티브펀드와 패시브펀드로 구분하여 그 성과를 비교하기도 한다.

액티브펀드(active fund)는 운영방식에서 위험부담이 크더라도 시장동향 예측에 따른 탄력적인 자산배분, 단기간의 과소평가 종목의 발굴과 매매타이밍의 포착으로 잦은 교체매매를 통하여 투자수익을 높이고자 하는 방향으로, 펀드매니저의 판단에 따라 능동적이고 공격적으로 운용하는 펀드이다. 중소형주, 가치주, 성장주, 배당주 펀드 등이 이에 해당된다. 반면에 패시브펀드(passive fund)는 펀드매니저의 판단에 의존하지 않고, 방어적으로 시장전체의 평균수준의 투자수익을 얻거나 특정지수를 추종하도록 설계된 펀드이다. 인덱스펀드, ETF에 운용하는 펀드가 이에 해당된다. 설정액의 증가추세는 근래 패시브펀드가 높다.[14)]

펀드는 지역적 위치에 따라 국내펀드, 해외펀드, 특정 국가펀드로 나눌 수 있다. 펀드에의 자금 불입방식에 따라서는 펀드 가입시에 목돈을 한꺼번에 넣는 거치식펀드, 적금과 같이 매월 정기적으로 자금을 넣는 적립식펀드, 투자기간, 금액을 정하지 않고 자유롭게 입출금이 가능한 임의식펀드로 구분된다.

펀드는 펀드자금의 모집방식에 따라 공모펀드와 사모펀드로 구분한다. 공모펀드는 불특정 다수의 일반투자자에게 공개적으로 회사 지분을 팔거나 수익증권을 팔아서 조달된 자금을 모집하여 운용하는 펀드이다.

반면에 사모펀드(PEF : private equity fund)는 비공개적으로 소수의 고액자산가의 자금을 모아 고객 고유계좌별로 운용하는 형태를 말한다. 조직구조로는 투자일임의 운용방식이 일반적이며, 헤지펀드와 같은 전문투자형 사모펀드와 경영참여형 사모펀드(PEF)의 형태가 있다.[15)]

〈표 2-4〉의 분류기준에 속하는 펀드 이외에도 펀드를 구성하는 자산에 대한 운용방식의 차이와 새로운 금융욕구를 충족하고자 하는 새로운 형태의 펀드로는 다음과 같은 종류가 있다.

① 섹터펀드(sector fund) : 향후 각광받을 것으로 예상되는 특정업종에만 투자하는 펀드를 말한다. 4차산업혁명, 바이오, 헬스케어, 필수소비재 등의 분

---

14) 액티브펀드와 패시브펀드 간의 성과 비교에 대해서는 제20장 제2절 참조.

15) 공모펀드는 가입 해지가 언제든지 가능하고, 운용에서 차입이 불가하며, 자산의 10% 이상 투자하는 것을 불허하는 등 제약이 많다. 반면에 사모펀드는 통상 49인 이하의 소수투자자(금융자산 5억원 이상 고액 개인투자자)들과 기관투자자로부터 자금을 모아 투자자들의 기호에 맞게 투자하는 방식으로 운용한다. 헤지펀드, PEF와 같은 사모펀드에 대한 보다 상세한 설명은 제19장 제1절 참조.

야처럼 향후 큰 성장이 예상되는 섹터의 종목으로 구성되는 펀드이다. 이에 유사한 것으로서 스폿펀드(spot fund)는 단기간 인기 주식으로 부상할 테마주(태양광, 하이테크 등) 중심의 펀드이다. 동일업종에 집중투자하는 특성이 있으므로 변동성이 높을 수 있다는 점에 유의할 필요가 있다.

② 시스템펀드(system fund), 퀀트펀드(quant fund) : 시스템펀드는 액티브펀드처럼 펀드매니저의 자의적 판단에 의존하지 않고 사전에 시장변동에 따라 자동적 · 기계적으로 매매가 이루어지도록 시스템화시켜 이에 따라 운용하는 펀드이다. 파생상품을 포함한 프로그램 매매방법을 사용하여 변동성이 최소화되도록 설계되기도 한다. 퀀트펀드는 시스템펀드처럼 펀드매니저의 자의적 판단에 의존하지 않고 계량기법을 응용한 수학적 모델을 통하여 투자대상을 발굴하는 펀드이다. 경기선행지표, 기업실적 등의 과거 데이터를 대입하여 고평가 혹은 저평가된 자산을 발굴하는 것이 특징이다.

③ 롱숏펀드(long short fund) : 상관성이 높은 종목간에 과소평가된 종목은 매수(롱), 과대평가된 종목은 매도(숏)하는 운용전략을 구사하는 펀드이다. 주가변동이 크지 않은 박스권 장세에서 중위험-중수익을 추구하는 펀드라는 특징을 지닌다.

④ 엄브렐러펀드(umbrella fund) : 하나의 펀드 약관 아래 여러 개의 하위펀드(MMF, 채권형, 주식혼합형, 공모주…)를 두고 투자자가 시장상황에 따라 탄력적으로 하위펀드 내의 다른 펀드로 자유롭게 전환할 수 있는 펀드이다.

⑤ 라이프사이클펀드(life-cycle fund), 자산배분펀드(asset allocation fund) : 라이프사이클펀드는 투자자의 생애주기에 따라 펀드에 편입되어 있는 투자자산을 자동으로 재구성해 주는 펀드이다. 젊은 나이에는 주식의 비중을 높이고, 나이가 들수록 채권의 비중을 높이는 방식이 가장 보편적 형태이다. 자산배분펀드는 이와 유사한 방법으로 자산의 비중을 변동시켜 나가되 생애주기가 아닌, 시장의 환경변화에 따라 시행하는 것이다.

⑥ 랩어카운트(wrap account) : 투자자마다의 선호에 맞도록 채권, 주식, 펀드 등의 금융상품을 담아 이를 하나의 계좌를 통하여 관리해 주는 종합자산관리계좌이다. 랩어카운트에는 일임 정도에 따라 일임형, 자문형, 펀드형의 형태가 있는데, 포함되는 자산의 종류로 보아서 펀드의 한 형태로 보기 어려운 경우도 있지만, 펀드형의 경우는 펀드상품의 하나가 된다. 펀드형의 랩어카운트는 재간접펀드(fund of funds)와 유사한 성격을 지닌다. 전문 자금운용가의 도움에 의존한다는 점에서는 일임 형태에 관계없이 유사하다. 전형적인 펀드와 다른 점은 판매수수료와 환매수수료 대신 서비스 수수료를

부담한다는 점이다.

⑦ 헤지펀드(hedge fund) : 주식, 채권, 파생상품, 금, 원유 등 거의 모든 분야의 투자자산을 대상으로 투기적인 성격이 강한 다양한 투자전략을 활용하여 고수익을 추구하는 특성의 펀드이다(제19장 제1절 참조).

펀드투자의 장점은 앞서 설명한 것처럼 적은 자금으로 분산투자가 가능한 점과 전문가에 의한 대행투자를 통해 투자수익을 높일 수 있다는 점이다. 반면에 펀드투자의 단점은 대부분 펀드가 원금보전이 불가능한 점과 적지 않은 수수료를 부담해야 한다는 점이다. 펀드투자와 관련된 수수료와 보수료는 다음과 같이 여러 형태가 있다.

① 판매수수료 : 펀드를 판매하는 증권회사, 은행 등의 금융기관에 돌아가는 수수료인데, 수수료 부과시점에 따라 선취수수료와 후취수수료로 나뉜다.

② 환매수수료 : 펀드가 90일 이전에 환매되면 펀드관리에 어려움이 있게 되므로 이익금의 70% 정도에 해당되는 페널티 성격의 환매수수료를 내야 한다.

③ 펀드보수료 : 판매수수료가 가입시 또는 나중에 한 번만 내는 수수료인 반면에, 펀드를 계속 운용해 주는 대가로 매년마다 지급하는 보수료를 말한다. 펀드보수료는 다음과 같이 구분된다.

- 운용보수 : 펀드운용의 대가로 펀드운용회사가 받는 보수
- 판매보수 : 펀드를 판매하는 금융회사가 정기적으로 받는 보수
- 수탁보수 : 자금을 보관·관리하는 수탁회사가 받는 보수
- 일반보수 : 펀드운용단계에서 발생하는 업무처리의 대가로 받는 보수
- 감사보수 : 뮤추얼펀드의 경우는 감사보수가 추가됨

펀드마다 수수료를 부과하는 형태가 다른데, 이를 A, B, C, S 등 펀드 클래스(fund class)로 나누어 다음과 같이 구별할 수 있도록 하고 있다.[16]

---

16) 장기투자(적립식)의 경우는 매기의 보수료가 낮은 A클래스, 단기투자의 경우는 선취수수료가 없는 C클래스가 유리하다. 판매선취수수료율은 1% 수준, 펀드보수율은 1.8% 수준이다. 공모펀드에서 투자자가 부담하는 '보수와 기타비용' 총액을 순자산 연평균잔액(보수, 비용 차감 전)으로 나눈 비율인 총비용비율(TER : total expense ratio)은 0.64%로 낮아지고 있는 추세에 있다.

① A클래스 : 가입시에 선취수수료를 부과하는 펀드

② B클래스 : 환매시에 후취수수료를 부과하는 펀드

③ C클래스 : 선취수수료와 후취수수료가 없는 대신 총적립액에 대한 보수료를 부과하는 펀드

④ S클래스 : 수수료가 저렴한 '펀드슈퍼마켓' 전용 펀드[17)]

17) 수많은 펀드들의 장단점을 비교할 수 있도록 해주고 펀드투자와 관련된 비용을 낮추는 데 도움을 얻을 수 있는 사이트로는 펀드슈퍼마켓(www.fundsupermarket.co.kr)이 있다. 펀드슈퍼마켓에서 파는 펀드는 선취수수료가 없고 펀드 판매보수도 기존 펀드의 3분의 1 수준인 S클래스로 분류되고 있다. 이 사이트에서는 과거 수익률 상위펀드, 판매상위펀드 등 펀드 관련 정보를 얻을 수 있다. 이 밖에도 펀드 관련 정보는 금융투자협회와 금융감독원이 개설하고 있는 '펀드정보One-Click시스템'[fund.kofia.or.kr] 사이트를 참조.

연습문제

1. 다음 사항에 대하여 설명하라.

금융시장	금융수단	금융상품
직접금융	간접금융	자본시장
단기금융시장(화폐시장)	예금・대출시장(금융중개시장)	증권제도
발행시장	유통시장	적정가격형성기능
회사채	국공채	간접투자상품
집합투자기구	계약형 수익증권펀드	회사형 뮤추얼펀드
펀드의 유형		

2. 다음 중 잘못 서술되어 있는 문항에 대해서는, 잘못 서술되고 있음을 논리적・이론적 근거를 제시하여 설명하라.
   (1) 증권시장을 통해 기업이 필요자금을 조달하는 것은 간접금융의 방법이다.
   (2) 발행시장의 주요 기능은 적정가격형성기능이다.
   (3) 유통시장의 주요 기능은 재무구조의 개선기능이다.
   (4) 보통주, 회사채, 우선주, 국공채 순으로 기대수익과 위험이 높다.
   (5) 단기금융시장(화폐시장)을 통하여 거래되는 금융상품은 1년 이하의 단기성 부채증권으로서 위험은 높지만 유동성은 낮다.
   (6) 뮤추얼펀드로 알려진 회사형 간접투자기구는 증권회사 등이 투자자로부터 모은 자금을 신탁계약을 맺은 투자신탁회사의 관리하에 자산운용사가 주식, 채권 등에 운용하고, 그에 따른 투자수익을 수익자인 투자자에게 돌려주는 형태를 말한다.

3. [금융시장의 종류]
   금융시장의 기능에 대하여 설명하고 자본시장, 단기금융시장(화폐시장), 예금・대출시장(금융중개시장)의 차이점을 설명하라.

4. [발행시장, 유통시장의 기능]
   증권발행시장의 사회경제적 기능과 증권유통시장의 가격형성기능을 비교 설명하라.

5. [증권의 특성]
   투자대상으로서 국공채, 회사채, 우선주, 보통주들이 지니는 가치가 수익성, 위험, 유동성, 경영참가권 면에서 어떤 차이점이 있는지를 비교 설명하라.

6. [간접투자기구]
   일반투자자에게 펀드투자와 같은 간접투자의 장점은 무엇인가? 수익증권펀드와 뮤추얼펀드의 차이점은 무엇인가? 액티브펀드와 패시브펀드의 차이점은 무엇인가?

CHAPTER

3 발행시장제도와 유통시장제도

증권이 투자대상이 되기 위해서는 발행시장에서 증권이 발행되어야 하고, 일정한 매매거래제도하에서 거래가 이루어져야 한다. 그 나라 발행시장에서의 증권발행제도와 유통시장에서의 매매거래제도의 특성이 어떤지는 투자관리방법에 적지 않은 영향을 준다. 증권이 발행될 때의 증권발행방법, 기업공개 및 상장방법, 유통시장에서의 매매체결방법, 결제방법, 공정거래를 위한 규제방법 등 증권시장제도의 특성에 따라서 증권시장의 효율성 정도가 달라지고, 결과적으로는 투자자의 부에 다각적인 영향을 미치기 때문이다.

본장에서는 투자관리에 영향을 주는 구체적인 증권의 발행시장제도와 유통시장의 매매거래제도에 대해서 다룬다. 다음은 본장의 학습목표로서 이해해야 할 주요 사항들이다.

- 증권의 발행제도
- 유상증자제도와 무상증자제도
- 기업공개와 상장제도
- 증권매매방법 : 매매가격지정방법, 매매주문체결방법 등
- 결제방법과 시장관리제도(규제제도)
- 증권시장지표로서의 주가지수

주제 생각하기

증권의 발행·매매거래제도는 좋은 시장의 특성(characteristics of a good market)을 지닐 필요가 있다. 새로운 정보가 발생하면 그 정보가 신속·정확히 증권가격에 반영되는 정보효율적 시장이 되고, 거래비용은 최소화되도록 그리고 유동성(환금성)이 높도록 설계된 운영효율적 시장이 되어야 증권시장의 순기능을 기대할 수 있다. 그 나라 증권시장의 발행시장제도와 유통시장제도가 정보효율적이고 운영효율적인 시장이 되도록 제도적 틀이 작동되는 것이 그만큼 중요하다.

유통시장에서는 무엇보다도 증권의 매매가 원활하고 공정하게 이루어져 공정한 가격형성기능이 발휘되어야 한다. 그러나 가격조작이 용이하거나 증권가격의 급등락으로 인하여 거래질서가 혼란하면 이러한 기능을 기대할 수 없다. 이러한 위험을 방지하고 선의의 투자자를 보호할 목적으로 가격제한폭제도와 매매거래중단제도가 운영되고 있다.

가격제한폭제도(상하한가제도)

가격제한폭제도는 급격한 가격변동으로 인한 거래질서의 혼란을 막기 위해 하루 동안 변동할 수 있는 최대 가격변동폭을 설정하고 이 범위 내에서만 거래가 이루어질 수 있도록 허용하는 제도이다. 전일의 종가기준으로 당일 오를 수 있는 최대폭인 상한가, 떨어질 수 있는 최대폭인 하한가의 가격변동폭이 2015년 6월 15일부터 [전일종가±30%]로 확대되었다. 그간 가격제한폭은 1996년 11월 이전에는 전일종가 대비 ±6%, 1998년 3월까지는 ±12%, 1998년 12월까지는 ±15%였던 것이, 16년 만에 ±30%로 확대된 것이다.

가격제한폭이 확대되면 거래증가를 통한 시장활성화를 기대할 수 있고, 가격제한폭이 작을 경우 발생하는 '자석효과'(제한폭이 15%인 상황이라면 15%에 못 미치는 가격변동이 있을 때에도 쉽게 가격제한폭까지 흡입되어 상승 또는 하락하는 현상)가 사라질 것으로 기대한다.

이러한 가격제한폭의 확대는 본래 목적대로 거래 안정화에 기여하는가? 아니면 증권가격의 변동폭을 키워 시장의 불안정성을 높이는가?

공매도제도

금융기관에서 자금을 차입받아 증권투자를 하는 신용거래는 증권에 대한 가수요를 증가시켜 활발한 거래로 인한 원활한 가격형성기능이 기대될 수 있는 면이 있다. 신용거래에는 차입신용거래와 공매도 방법이 있다. 전자는 일정금액(현금)을 대출(융자)받아 자기자금 이상으로 증권을 매입·보유하는 거래(long position)이고, 공매도(short selling)는 투자자(매도인)가 보유하고 있지 않은 증권을 매도하는 것으로 다른 제3자로부터 증권을 일정기간 동안 빌려서 팔고 일정기간이 경과한 후에 그 증권을 시장에서 매입하여 상환하는 방법이다. 이러한 공매도는 증권가격이 하락되리라 예상되는 상황에서 매매시세차익을 얻기 위해 이용되는 신용거래이다.

공매도제도는 주가의 급락 상황에서 주가하락을 더욱 가속화시킨다는 이유로 폐지해야 한다는 주장이 제기되기도 한다. 주가변동성 확대, 시장불안시에 시세조정 수단으로의 악용가능성 등이 공매도제도의 역기능으로 지적되고 있는 것이다. 제도 유지를 주장하는 측은 차익거래로 파생상품과 기초자산 간 가격괴리 해소로 합리적 가격결정, 정보효율성 제고, 시장의 유동성 확대, 다양한 투자전략 제공 등 공매도제도의 순기능을 강조한다.

과연 공매도제도는 순기능이 큰가? 아니면 역기능이 큰가?

제 1 절 발행시장제도

기업은 증시를 통한 직접금융방법의 자금조달이 필요하면, 유상증자를 통한 주식 발행 혹은 채권발행을 검토하거나 기업공개를 통한 상장을 추진하게 된다. 유가증권의 발행시장(primary market)은 기업이 증시에 상장하거나, 새로운 주식 또는 채권을 발행하여 장기적으로 자기자본을 조달하는 시장으로서, 새로이 발행되는 유가증권이 최초의 투자자에게 이전되는 시장이 된다.

발행시장은 증권의 발행형태, 기업공개와 상장제도, 무상증자 또는 유상증자의 방법이 어떤지에 따라 주주의 부에 다각적으로 영향을 미친다.

1 증권의 발행형태

증권이 새로이 발행되어 일반투자자의 투자대상이 되는 과정은 증권의 발행과 모집 방법에 따라서 차이가 있다. 증권의 발행방법은 발행에 따른 위험부담을 누가 지느냐에 따라서 **직접발행**과 **간접발행**으로 구분되고([그림 3-1] 참조), 발행된 증권의 수요자를 구하는 방법에 따라서 **사모(비공모)발행**과 **공모발행**으로 구분된다.

[그림 3-1] 증권의 발행 : 직접발행과 간접발행

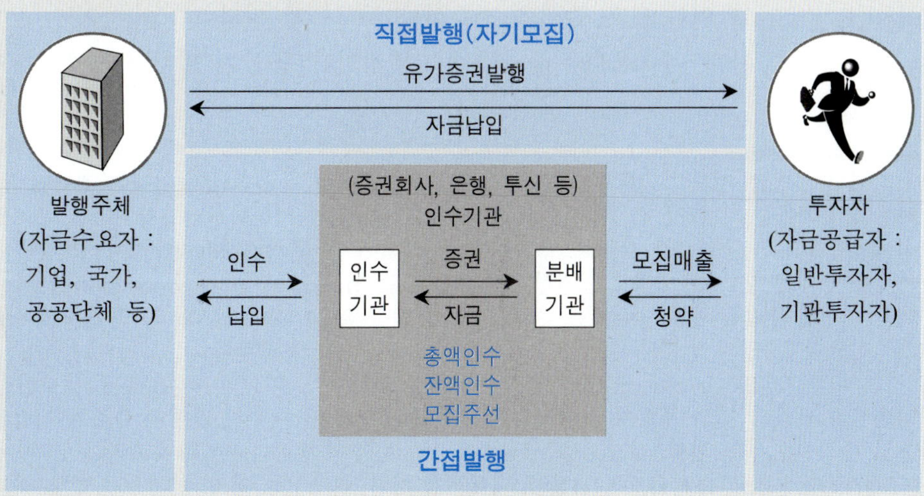

(1) 직접발행과 간접발행

증권시장을 통한 자금조달에는 계획한 금액만큼 조달하지 못할 수 있는 발행위험이 존재한다. 직접발행은 발행회사가 일반공중에게 직접 증권을 발행하고 발행예정액이 전액 소화될 수 없을 때 야기되는 발행위험을 자신이 모두 부담하는 방법이다. 직접발행방법은 발행회사가 스스로 발행과 관련된 모든 발행사무를 담당하는 **자기모집**의 방법이다.

반면에 간접발행은 증권의 발행위험이나 발행사무를 계약에 의해 제3의 인수기관이 맡는 방법이다. 간접발행을 돕는 제3의 금융기관을 **인수업자**(underwriter)라고 하는데, 인수업자는 인수증권의 판매조직 운영 및 발행시기, 발행규모, 증권의 종류 및 발행조건 결정을 돕고, 발행자의 증권발행에 따른 위험(인수기간 동안의 가격하락위험, 증권판매에 따른 위험 등)을 부담하는 인수기능(underwriting)을 수행한다. 인수업무의 근간은 발행회사의 증권발행업무(IPO주관, 증자/회사채 발행, 파생/신종증권 발행 등)와 관련된 위험부담기능을 발휘하는 것인데, 우리나라에서는 증권회사 등의 금융투자회사와 은행 등에 의해서 인수기능이 이루어지고 있다.[1)]

간접발행은 증권발행과 관련된 위험부담을 어떻게 지느냐에 따라서 총액인수, 잔액인수, 위탁모집으로 나눌 수 있다.

① 총액인수(firm commitment) : 인수기관이 증권발행에 대한 모든 위험을 부담하고 증권발행 총액을 인수하여 인수회사의 자기책임하에 이를 투자자에게 매출하는 방법이다. 만약 증권가격이 발행가격 이하로 떨어질 경우 이로 인한 모든 손실을 인수회사가 떠안게 된다.

② 잔액인수(stand-by agreement) : 일정기간 동안은 발행자를 대신하여 신규로

---

1) 제2장 제1절에서 설명한 것처럼 **금융투자회사**는 직접금융시장에서 유가증권의 거래와 관련된 업무를 주된 업무로 하는 금융기관을 지칭하는데, 투자매매·중개업(증권회사 및 선물회사), 집합투자업, 투자일임자문업, 그리고 신탁업을 하는 금융회사를 말한다. 투자매매·중개업은 ① 위탁매매(broker)업무(고객의 주문을 받아 증권의 매매를 중개해 주고 그 대가로 일정한 수수료를 받는 업무), ② 자기매매(dealer)업무(금융투자회사가 자기의 계산에 의해 증권을 매매하여 매매차익의 획득을 주목적으로 하는 업무), ③ 인수(underwriter)업무(발행시장에서 신규발행증권의 인수와 주선 기능을 수행하는 업무)를 포함한다.

미국에서는 투자은행(IB : investment bank)이 인수업무를 취급한다. 미국의 투자은행은 여수신업무를 취급하는 상업은행과 달리, 기업과 투자자 사이의 직접금융업무(주식 및 채권의 발행과 관련된 직접금융서비스)를 근간으로 증권인수, 증권발행, 시장조성, 금융자문업무 등을 수행한다. 이 밖에도 업무영역이 M&A자문, 기업구조조정 등 인수합병, PEF(사모펀드)영역, 대체투자 영역, 파생상품 영역, 벤처투자 영역, 레버리지금융, 구조화금융 등 수익성이 높은 영역으로 확장되고 있다.

발행되는 증권의 모집 혹은 매출을 위탁판매하지만, 일정기간이 경과한 후 신규 발행증권의 미매각분이 있을 경우 이를 발행자로부터 미리 정해진 발행가액으로 인수하여 자기책임하에 투자자에게 매각하는 방법이다.

③ 위탁모집(best efforts offering) : 인수기관이 발행에 따른 위험을 부담하지 않고 모집에 대한 주선과 발행 업무만을 담당하여 단순히 발행증권의 매출을 도와주는 방법이다. 미매각분은 인수회사가 아닌 발행주체가 부담한다.

(2) 사모(비공개모집)와 공모(공개모집)

발행되는 증권은 수요처를 찾아 모두 매각(소화)되어야 자금조달이 성공한다. 사모(private placement, direct placement)는 **직접모집**, **연고모집**이라고도 하는데, 발행주체가 특정 기관투자자나 소수의 투자자에게만 발행된 증권을 소화시키는 방법이다. 채권발행시 소수의 기관투자자에게 채권을 인수시키는 경우나 주식회사가 새로 설립될 때 사모의 방법이 많이 이용된다. 유상증자가 구주할당(주주배정방식)의 방법으로 이루어지면 사모의 방법이 된다. 사모의 방법은 발행절차가 간편하고 발행비용이 적게 드는 이점이 있으나, 발행자 스스로가 발행위험을 부담해야 한다.

반면에 공모(public offering)는 발행된 증권을 불특정 일반투자자를 대상으로 소화시키는 방법이다. 기업공개시의 주식발행방법은 이와 같은 공모방법을 이용하게 되는데, 이때 발행하는 주식은 일반투자자의 투자대상이 된다. 기업공개시 신규로 증권이 추가발행되지만 때로는 기업공개 이전에 기업의 대주주나 정부가 이미 소유하고 있는 증권을 일반투자자에게 매각하는 경우도 포함된다. 전자의 경우를 **모집**이라고 부르고, 후자의 경우를 **매출**이라고 부른다.

일반투자자를 대상으로 공모의 방법을 사용하여 증권을 판매(distribution)하는 경우에는 발행금액의 규모와 발행위험이 큰 경우가 일반적이다. 따라서 증권의 발행사무와 발행위험을 제3의 인수전문기관에 담당시키는 간접발행의 방법을 사용하게 된다.

공모의 방법으로 발행증권의 소화가 이루어질 때 단일 인수기관 혼자서 발행위험과 사무를 처리할 수 없으므로 다수의 인수관련기관이 인수단(underwriting syndicate)을 구성하여 공동으로 이를 분담하게 된다. 인수업무의 총괄·주관은 주간사회사(managing underwriter)가 담당하고, 발행증권의 판매를 위해 판매수수료만 받고 판매서비스를 담당하는 청약취급단(판매단)을 구성하게 된다.

2 무상증자와 유상증자

증권의 발행은 회사설립시의 주식발행 외에 자본금 증자시에도 이루어진다. 자본금의 증자는 무상증자와 유상증자 두 가지 방법을 통해서 이루어진다.

(1) 무상증자

무상증자는 자본잉여금(자산재평가적립금, 주식발행초과금)을 재원으로 이를 자본금으로 전입하여 주주들의 실질적인 주금의 납입 없이, 회계계정상의 자본금을 증가시키는 방법이다. 주주 입장에서의 주된 관심사는 무상증자 전후의 주주 부의 증가 여부이다. 무상증자가 이루어지면 기업자산가치는 실질적으로 변하지 않고 발행주식수만 증가하므로 한 주당 이론 권리락주가는 다음과 같이 하락한다.[2] 이는 무상증자 전·후의 주주의 부(총시장가치=주당가격×소유주식수)가 동일해야 하기 때문이다.

$$\text{권리락주가} = \frac{\text{권리부주가}}{1 + \text{무상증자비율}} \tag{3.1}$$

예를 들어 자본금이 5억원(발행주식수 100,000주), 현재 주가가 20,000원인 A기업이 25%의 무상증자를 실시하면 이론 권리락주가는 16,000원이다. 그리고 무상증자 후의 시장가치는 소유주식수는 증가하지만 권리락주가만큼 하락하여, 결국은 다음과 같이 동일하다.

$$\text{A기업의 권리락주가} = \frac{20{,}000}{1.25} = 16{,}000\text{원}$$

$$\text{무상증자 전 시장가치} = 100{,}000\text{주} \times 20{,}000\text{원} = 20\text{억원}$$

$$\text{무상증자 후 시장가치} = 125{,}000\text{주} \times 16{,}000\text{원} = 20\text{억원}$$

그러나 현실적으로 실제 권리락가격이 이론 권리락가격보다 높은 것이 일반적이다. 이는 무상증자 그 자체가 지니는 가치 때문이라기보다는 무상증자 실시 기

---

2) 권리락(ex-rights, right off)이란 증자할 때 구주에 부여되는 신주인수권 또는 신주의 무상교부권이 없어진 상태를 말한다. 반대로 그 권리를 가지는 상태는 권리부(cum-rights)라고 한다. 권리부인지 권리락의 상태인지를 결정하는 기준일은 회사가 미리 주주명부 폐쇄기간이나 신주배정 기준일을 정하여 공고하게 된다. 현행 보통거래제도 아래에서 증자를 받기 위해서는 기준일 2일 전까지 주식을 매입해야 한다.

업의 장래 전망에 대한 시장의 기대, 소유주식의 증가에 따른 배당수입 증대에 대한 기대 등의 효과로 인한 것으로 볼 수 있다.[3)]

(2) 유상증자

유상증자는 현금으로 주금을 납입받고 자본금을 증가시키는 것을 말한다. 유상증자시에 주주의 부는 유상증자 배정방식과 신주발행가격 수준에 영향받는다.

1) 유상증자 배정방식

유상증자는 〈표 3-1〉에서 보는 것처럼 증자되는 물량을 어떻게 소화시키느냐에 따라서 사모(구주할당, 연고자할당)와 공모(주주우선공모, 일반공모)로 나눌 수 있다. 이 가운데서 일반공모는 일반투자자를 대상으로 공개적으로 신주를 모집하는 것이므로 자본조달 가능액이 극대화된다는 장점이 있다. 그러나 전문인수기관을 통하여 증자물량을 소화시켜야 하므로 발행비용이 사모보다도 훨씬 많이 들고, 기존 주주의 이익이 침해될 상황이 발생할 수 있다.

2) 유상증자 신주발행가격

유상증자의 경우는 무상증자의 경우와는 달리 신주발행방법과 발행가격에 따라서 주주의 부가 영향받을 수 있다. 신주의 발행은 발행가격 기준으로 볼 때 액면가로

〈표 3-1〉 유상증자 배정방식

배정방식		내 용
사모	구주할당 (주주배정)	발행주식의 일정비율을 우리사주조합에 배정하고, 나머지 물량을 기존 주주에게 소유주식수에 비례하여 배정
	연고자할당 (제3자 배정)	주총의 특별결의가 있거나 정관에 제3자 배정이 명시되어 있을 경우 종업원, 임원 등 특정인에게 배정
공모	주주 우선공모	주주와 우리사주조합에 배정한 후 권리포기로 인한 실권분을 주간사회사가 인수한 후 일반에게 공모
	일반공모	불특정다수인을 상대로 모집 혹은 매출하는 방법으로, 주총의 특별결의가 있거나 정관에 주주의 신주인수권 배제에 관한 규정이 있는 경우에 한함

3) 무상증자와 동일한 경제적 효과를 가져오는 방법으로 주식배당이 있다. 주식배당(stock dividend)은 주식회사가 주주에게 현금으로 배당하는 대신 그에 상당하는 신주를 발행하여 지급하는 것을 말한다. 주식배당은 그 재원이 이익잉여금인 반면에 무상증자의 재원은 자본잉여금이라는 점에서 차이가 있을 뿐이다.

발행되는 액면발행과 그 주식의 현재 시가로 발행되는 시가발행 그리고 시가에서 일정한 비율을 할인하여 발행하는 시가할인발행으로 구분된다.

우리나라에서는 1984년 이전까지는 액면발행제도가 시행되었고, 1991년 6월 이후에는 기본적으로 시가발행제도를 적용하고 있다. 청약일 전 제5거래일을 기산일로 하여 이전 1개월 평균종가, 1주일 평균종가 그리고 기산일 종가 중 높은 가격을 기준주가로 추정한다. 일반공모시의 유상증자 발행가액은 이 기준주가에 30% 범위 내의 할인율을 적용하여 신주발행가격을 산정한다.

$$\text{신주발행가격} = \text{기준주가} \times (1 - \text{할인율})$$

시가발행제도는 현재 시장가격 기준으로 증자하는 것이므로, 전망이 밝은 기업은 높은 발행가격으로 많은 자금을 조달할 수 있고, 기업내용이 좋지 못한 기업은 낮은 발행가격으로 적은 자금밖에 조달할 수 없다. 시가발행제도하에서는 이처럼 발행시장과 유통시장의 유기적인 관련성이 높아지게 되므로 증권시장의 제 기능이 원활하게 발휘될 수 있다.

그러면 유상증자시의 발행가격에 따라 투자자의 부는 영향을 받는가? 결론적으로 유상증자가 이루어질 때 구주주의 소유지분율에 변함이 없게 증자를 받으면 발행가격에 관계없이 유상증자 전·후의 투자자의 부는 변함이 없게 된다. 이론적으로는 유상증자 전의 총시장가치(부)와 유상증자 후의 총시장가치(부)는 동일해야 하기 때문이다. 구주주 입장에서 보면 신주배정 기준일 전과 후의 주가, 즉 권리부주가와 권리락주가는 다음 관계를 갖는다. 권리락주가가 하락한 만큼 소유주식의 증가가 있게 되는 것이다.

$$\text{권리락주가} = \frac{\text{기준주가} + \text{주당납입금}(=\text{신주발행가격} \times \text{증자비율})}{1 + \text{증자비율}} \qquad (3.2)$$

그러나 규정상 유상증자물량 중 일정비율의 물량이 우리사주조합에 우선배정되는 경우처럼, 일반에게 배분되는 증자물량은 그만큼 줄게 되므로 주주의 부는 감소하게 된다.

예를 들어, A사의 현 (기준)주가는 20,000원이고, 발행주식수는 100,000주인데, 이제 25%의 유상증자를 하고자 한다고 하자. 발행가격이 10,000원과 15,000원인 경우 권리락주가를 구하면 다음과 같다.

① 발행가격이 10,000원인 경우 :

$$권리락주가=\frac{20,000+(10,000\times 0.25)}{1.25}=18,000원$$

② 발행가격이 15,000원인 경우 :

$$권리락주가=\frac{20,000+(15,000\times 0.25)}{1.25}=19,000원$$

이제 발행가격이 15,000원인 경우, 유상증자 전·후의 시장가치에 미치는 영향을 보면 다음과 같이 동일하다.

① 유상증자 전의 시장가치 $=(20,000원\times 100,000주)+(15,000원\times 25,000주)$
$=2,375,000,000원$

② 유상증자 후의 시장가치 $=19,000원\times 125,000주=2,375,000,000원$

그런데 만약 유상증자물량의 20%는 우리사주조합에 우선배정이 이루어지고, 일반에게 배분되는 증자물량은 80%(발행가격은 15,000원)가 되는 경우, 증자물량 중에서 20,000주만 배정되므로 기존 주주의 부는 감소하게 된다.

유상증자 후의 시장가치 $=19,000원\times 120,000주=2,280,000,000원$(95백만원 감소)

3 기업공개와 상장제도

증권이 증권시장에서 투자대상으로서 자유롭게 매매거래되기 위해서는 기업공개가 이루어지고 발행증권이 상장되어야 한다. 그래야 주식의 자유양도성과 시장성이 확보되고 유통시장의 가격형성기능을 기대할 수 있다.

기업공개(going public)란 주식회사가 새로이 발행한 주식을 일반투자자로부터 균등한 조건으로 모집하거나, 이미 발행되어 대주주가 소유하고 있는 주식(구주)의 일부 또는 전부를 공개시장에서 불특정다수에게 매출하여 주식소유가 분산되도록 하는 것을 뜻한다. 기업공개는 폐쇄적인 성격의 기업소유권이 일반대중에게 분산되어, 기업내용이 일반에게 알려지고 평가받아 공개적 기업이 됨을 의미한다.[4]

4) 종전에는 상장을 전제로 기업공개를 진행하도록 하여 별도의 기업공개심사제도를 규정하였다. 그러나 기업

[그림 3-2] 신규상장절차

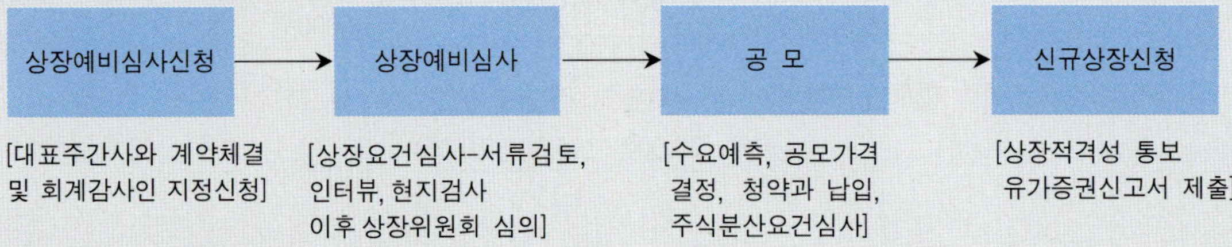

자료 : KRX, 상장심사 가이드북(2019년)

기업공개 후 거래소에서 매매거래되기 위해서는 상장절차를 밟아야 한다. 상장(listing)이란 주식회사가 발행한 증권이 거래소가 정한 일정한 요건을 충족하여 유통시장에서 매매가 되도록 자격을 부여하는 것이다. 상장대상의 증권이 되는 것으로는 주권, 채권, 외국주식예탁증서(DR : depository receipt), 수익증권이 있다. 주권상장은 최초 상장하는 신규상장과 유무상증자로 인한 신주상장이 있다. 신규상장은 공모상장과 직상장의 경우로 나뉜다. 공모상장은 기업공개과정을 거쳐 주식분산요건을 갖추어 상장하는 형태이고, 직상장은 이미 분산요건을 충족하는 기업이 바로 상장하는 형태이다.

신규상장절차는 [그림 3-2]와 같이 상장예비심사신청서 제출→상장예비심사→공모→신규상장신청서 제출의 단계를 밟는다.

이 가운데 상장예비심사는 증권거래가 일반투자자의 재산에 미치는 영향이 지대할 수 있으므로 매매거래대상인 증권이 상장요건을 갖추고 있는지를 심사하는 가장 중요한 단계이다. 거래소의 상장심사요건은 크게 형식적 심사요건과 질적 심사요건으로 구분할 수 있다.

〈표 3-2〉는 신규상장심사의 형식적 심사요건의 주요 내용을 정리한 것인데, 주식을 한국거래소(KRX)에 신규로 상장하고자 하는 기업은 기업규모, 주식분산 등의 심사요건을 충족해야 하며 매출액, 영업이익 등과 관련된 경영성과도 일정수준 이상이어야 한다. 항목별 요건은 유가증권(KOSPI)시장, 코스닥(KOSDAQ)시장 및 코넥스(KONEX)시장별로 차이가 나는데, 이 표에서 보는 것처럼 유가증권시장의 경우가 상장요건이 엄격하다.

형식적 심사요건에 대한 심사와 함께 주권상장이 공익과 투자자 보호를 위해

공개를 활성화시키고자 기업공개심사제도를 폐지하고 기업공개와 상장을 분리하는 제도로 변경하였다. 상장요건을 갖추지 못한 기업이라도 공개를 추진하고 주식발행을 통한 자금조달이 가능하도록 하였다.

〈표 3-2〉 신규상장심사의 형식적 심사요건의 주요 내용

구 분	KRX 유가증권시장	KRX 코스닥시장
1. 영업활동기간	3년 이상	좌동
2. 자기자본, 상장주식수 등	300억원 이상, 100만주 이상	일반기업 30억원(벤처기업은 15억원) 이상, 또는 기준시가총액 90억원 이상
3. 주식분산 요건 －일반주주 지분 －일반주주수, 의무공모	 25% 이상 등 네 가지 요건 중 택 1 500명 이상, 10% 이상 공모	 30% 이상 500명 이상, 10% 이상 공모
4. 경영성과요건 －매출액	최근 3년 평균 700억원 이상, 최근 연도 1,000억원 이상	최근 사업연도 100억원 이상, 기준시가총액 300억원 이상
－수익성 요건	최근 연도 영업·세전계속사업·순이익 시현 및 최소금액이 최근 연도 30억원(3년 합계 60억원)	최근 연도 세전계속사업이익 시현 (최근 연도 자본잠식 없음)
－자기자본이익률(ROE)	최근 연도 5% 이상, 최근 3년 ROE 합계가 10% 이상	ROE 10%(벤처기업 5%) 또는 당기순이익 20억원(벤처기업 10억원) 이상
5. 감사인 감사의견	최근 연도 적정의견, 직전 2사업연도 적정 또는 한정의견	최근 연도 적정의견

* 상장요건은 유가증권시장은 일반기업, 지주회사로 나누어 제시되고 있는데, 위의 요건은 일반기업의 경우임. 코스닥시장은 대형기업, 일반기업, 벤처기업, 기술성장기업으로 구분되는데, 위의 요건은 일반기업의 경우임. 기타요건은 www.krx.co.kr/상장공시/IPO절차 참조.

자료 : KRX, 상장심사 가이드북(2019년)

필요한지를 판단하기 위해서 질적 요소에 대한 실질심사를 한다. 평가항목은 기업의 계속성, 경영투명성, 경영안정성, 투자자 보호 등이다(〈표 3-3〉 참조).

거래소의 예비상장심사를 거치면 주권을 공모해야 한다. 공모를 위해서는 수요예측과 공모가격 결정이 이루어져야 한다. 수요예측(book building)이란 대표주관회사와 인수가격 결정을 위해 발행주식의 공모희망가격(밴드)을 제시하고, 이에 대한 수요상황을 기관투자자 대상으로 조사한 후, 최종공모가격을 확정하여 물량을 배정하는 것을 말한다. 이 과정을 거쳐 최초로 공모되는 주식을 최초공모주(IPO : initial public offering)라고 한다(IPO의 발행가격결정방법 등에 대해서는 제7장 제2절 참조). 각 단계별 심사과정을 거쳐 상장적격성이 통보되면 유가증권신고서를 제출하여 상장이 이루어진다. 거래소의 상장법인이 되면 여러 가지 상장효과를 기대할 수 있다. 대규모의 안정적 자금조달의 용이성, 기업인지도의 제고, 주주의 이익실현 등의 경제적 효과, 주식양도소득세의 비과세 등 세제 면에서의 혜택 등이다.

〈표 3-3〉 신규상장 실질심사의 요건

질적 평가항목	세부항목	심사내용
1. 기업의 계속성	영업의 계속성	지속적인 수익 및 이익 창출능력의 보유 여부, 안정적인 시장점유율과 수주현황, 매출채권·재고자산의 효율적 활용, 영업의 독립성, 매출의 편중성 등
	재무안정성	유동성을 고려한 채무상환 불이행 위험, 영업활동 현금흐름에 비추어 유동성 악화 위험, 우발채무 등
	소송 및 분쟁	특허권·경영권 관련 소송 여부
	시가총액 산정	주식평가방법의 적정성
2. 경영투명성	기업의 지배구조	경영의 독립성, 최대주주 변경, 경영진의 구성, 감사의 독립성 등
	내부통제제도	내부회계관리제도 구축 및 운영, 이해관계자와의 거래의 적정성, 내부통제조직 정비 등
	회계처리투명성	투명하고 체계적인 회계처리시스템, 회계오류, 외부감사인 변경, 특수관계인과의 거래 등
	공시체제	투명한 공시시스템 구축 여부, 적정공시능력 등
3. 경영의 안정성	경영의 안정성	지분당사자간의 관계, 지분구조 변동내용
	경영의 전문성	대표주관회사의 전문성 등
4. 주식회사 속성과 투자자 보호	투자자 보호조항	상장 이후 주식의 유동성 확보방안, 소액주주 보호 등
	주식회사운영방식	주식회사로서의 법적 성격과 운영방식

자료 : KRX, 상장심사 가이드북(2019년)

제 2 절 유통시장제도

증권의 **유통시장**(secondary market)은 발행된 증권이 매매·거래되는 시장으로서 제2차 시장이라고도 한다. 유통시장은 발행된 증권의 거래를 활발하게 하여 일차적으로 증권에 **유동성**(liquidity)과 시장성(환금성)을 높여주는 기능을 한다. 또한 제2장에서 설명한 것처럼 원활한 거래는 **공정한 가격발견**(price discovery)을 가능하게 하여 증권발행주체의 경영효율성을 제고시키고, 자원의 최적배분을 가능하게 한다는 측면에서 중요한 경제적 역할을 하는 시장이다.

투자자에게는 유가증권을 통해 자금을 운용하거나 또는 보유 유가증권을 처분하여 투자자금을 회수하는 조직적·구체적 시장이 되므로 투자성과를 현실화시키는 시장이 되기도 한다.

1 유통시장의 조직

증권의 매매거래가 이루어지는 유통시장은 일반적으로 거래소시장(exchange market)과 장외시장(OTC : over the counter market)으로 구분된다.

우리나라의 경우 유가증권의 유통시장은 조직화된 거래소시장인 한국거래소(KRX : Korea Exchange) 내의 유가증권시장, 코스닥시장 및 코넥스시장 그리고 조직화되지 않은 장외시장(K-OTC : Korea Over-The-Counter, 점두시장, 종전 프리보드)으로 구분할 수 있다. 이들 각 시장의 주된 특징은 〈표 3-4〉와 같이 정리할 수 있다.

한국거래소는 일정한 자격을 갖춘 회원(증권회사)만이 참여하는 회원제로 운영되고 있다. 회원사인 투자금융회사(브로커와 딜러)는 거래를 행할 수 있는 구체적인 장소와 통신설비 그리고 전국적인 조직망을 가지고 투자자로부터 주문을 받아 경매과정을 통하여 집단적인 거래를 하게 된다.[5)]

〈표 3-4〉 한국 유통시장의 조직

구 분	규제영역				비규제영역
	KRX 조직화된 시장			조직화되지 않은 시장	
	유가증권시장	코스닥시장	코넥스시장	장외시장(K-OTC)	기타 장외거래
거래대상	상장주식 상장채권 선물·옵션	코스닥 상장주식	지정주식	채권주식 (단주)	투자자간 직접거래 비상장·비등록 주식
참가자	거래소회원	거래소회원	협회회원	증권회사 －투자자	투자자
매매방법	경쟁매매	경쟁매매	상대매매	상대매매	상대매매
가격발견	○	○	△	△(주)	×
운영주체	한국거래소	한국거래소	한국금융투자협회	증권회사	－

(주) 채권장외거래의 경우, 부분적인 가격발견 기능
자료 : 한국은행, 한국의 금융시장, 2018.12 ; 한국거래소(www.krx.co.kr)-규정/제도, 2019.3.25

---

5) 자본시장법 개정(2013.8.29 시행)으로 복수의 거래소와 ATS(기존 거래소와 유사한 다자간매매체결회사 성격의 대체거래소)의 설립이 허용되었다.

〈표 3-5〉 **한국거래소(KRX) 상장주식 개황** (단위 : 십억원)

		2000	2005	2007	2009	2012	2014	2016	2018
회사수(사)	유가시장	704	702	745	770	784	773	779	788
	코스닥시장	604	918	1,022	1,028	1,005	1,061	1,152	1,323
	KRX 전체	1,308	1,620	1,767	1,798	1,789	1,905	2,129	2,264
시가총액	유가시장	188,042	655,075	951,901	887,935	1,154,294	1,192,253	1,308,440	1,343,972
	코스닥시장	29,015	70,897	99,877	86,103	109,122	143,087	201,523	228,238
	KRX 전체	217,057	725,972	1,051,898	974,038	1,263,416	1,336,766	1,514,272	1,578,461
거래대금	유가시장	627,133	786,258	1,362,739	1,466,274	1,196,264	975,977	1,112,669	1,597,863
	코스닥시장	578,490	446,378	499,516	530,962	528,028	482,731	835,519	1,192,170
	KRX 전체	1,205,623	1,232,636	1,863,625	1,997,236	1,724,292	1,458,804	1,948,188	2,800,892

* KRX 전체 합계액에는 코넥스시장 통계가 포함된 것임.
자료 : KRX, KRX Market, 각년호

[그림 3-3] KOSPI 주가지수 추이(1985.1～2019.3)

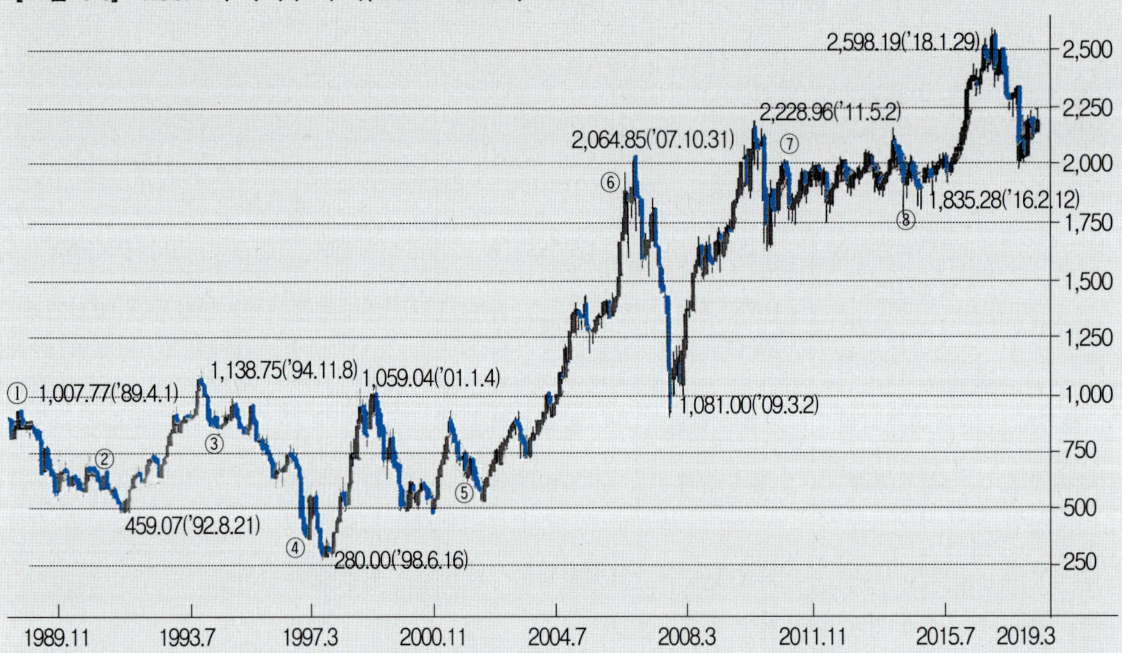

* ① KOSPI 1,000 돌파('89.4.1), ② 외국인직접투자 허용('92.1.31), ③ 금융실명제 실시('93.8.12), ④ IMF구제금융 신청('97.11.21), ⑤ 9.11테러사건('01.9.12), ⑥ 서브프라임 모기지 사태('07.8.14), ⑦ 미국 더블딥 우려('11.8.2), ⑧ 미국 양적완화 종료('14.10.31)

유가증권(KOSPI)시장에서는 중대형 우량기업 중심으로 한국거래소(KRX)의 상장 절차를 밟은 상장유가증권(주식, 채권, 선물, 옵션)이 경쟁매매의 방식으로 매매거래가 이루어진다. 유가증권시장은 2018년 12월말 현재 상장종목수는 788사이고, 연간 1,597.9조원(하루 평균 거래대금 6.6조원)의 거래가 이루어지고 있다(〈표 3-5〉 참조).

KOSPI지수는 [그림 3-3]에서 보는 것처럼 지난 2004년까지 400~1,000포인트 사이를 등락하다가 2005년 이후 1,000포인트 이상 시대로 진입하였고, 2007년에는 2,000포인트 시대를 열었다. 2001~2018년 기간에 KOSPI지수가 4.0배 상승한 것이다. 상장주식 시가총액 기준으로 보면 2005년 655조원에서 2018년말에는 1,344조원의 시장이 되었다.

코스닥(KOSDAQ : Korea Securities Dealers Automated Quotations)시장은 미국의 NASDAQ시장을 모델로 유망 중소기업들의 원활한 자금조달을 도모하고자 개설되었다.[6] 코스닥시장은 개설된 초기 1996~1997년 기간에는 거래대금, 시가총액이 유가증권시장의 1/10 수준에 불과하였다. 그러나 1998년과 1999년 사이에 있었던 벤

[그림 3-4] KOSDAQ 주가지수 추이(1996.7~2019.3)

* ① 코스닥시장 개설('96.7.1), ② IMF구제금융('97.11.21), ③ 코스닥지수 최고 기록('00.3.10), ④ IMF관리체제 탈피, ⑤ 코스닥 기준지수 변경(100 → 1,000), ⑥ 코스닥시장 활성화방안 발표('18.1.11)

6) 1997년 이전에는 비상장 유망중소기업 등에 직접금융 이용기회를 제공하고자 개설된 기존의 장외시장이 상대매매방식으로 이루어지는 등 문제점이 많았다. 1997년 4월 (주)코스닥 증권시장이 설립되어 유망중소기업, 벤처기업 등을 지원하는 독립된 조직화된 시장으로서 법제화되면서 경쟁매매시스템이 도입되었다. 2004년 8월 31일에는 오늘의 한국거래소와 합병하였다.

처열풍으로 KOSDAQ지수는 [그림 3-4]에서 보는 것처럼 2000년에 2,834포인트를 기록(시가총액은 98.7조원 수준으로 1,050% 증가)한 적이 있지만, 이후 IT거품이 꺼지고, 상대적으로 적은 우량기업의 수 그리고 빈번한 불공정거래 발생으로 인하여 2008년에는 주가지수가 261포인트, 거래대금은 29조~52조원 수준까지 하락한 바 있다.

이후 2015~2018년 12월말 기간에는 500~900포인트 사이에서 등락을 보이고 있는데, 2018년 12월말 기준 코스닥시장의 시가총액은 228조원의 규모이다. 이는 유가증권시장에 비하여 시가총액 기준으로는 17% 수준, 거래대금 기준으로는 75% 수준이다. 코스닥시장은 유가증권시장보다도 개인투자자의 비중이 월등히 많고, 상장주식수회전율은 유가증권시장보다도 2배 이상 높다.

코넥스(KONEX : Korea New Exchange)**시장**은 유가증권시장이나 코스닥시장 상장요건을 충족하지 못하는 중소기업이나 기술력과 성장잠재력이 높은 신생 벤처기업들에게 직접금융의 기회를 제공하기 위한 목적으로 종전의 프리보드 대신 2013년 7월 1일 KRX 내에 창업초기 중소기업 전용 주식시장으로 새로이 개설되었다. 상대매매방법으로 운영되고 있는데, 2018년 12월말 현재 상장종목수 153사(개설초기 21사), 하루 평균 거래대금 45.5억원, 시가총액 6.25조원 수준이다.

한편 **장외시장**(K-OTC)은 유가증권시장, 코스닥시장, 코넥스시장과 같이 조직화된 시장에 대한 상대적 개념으로서 일정한 장소와 시설을 갖추지 않은 비조직적인 시장을 말한다. 즉, 유가증권시장 및 코스닥시장의 호가중개시스템을 거치지 않고 이루어지는 시장을 지칭한다. 장외시장에서는 주로 상장주권의 단주(기본 거래단위 미만의 증권)와 비상장주권 및 채권이 상대매매방법으로 거래된다. 장외시장은 **점두시장**(over-the-counter market)과 **직접거래시장**(no broker market)으로 나누어진다. 전자는 증권회사의 창구에서 증권회사와 고객 간 유가증권의 상대매매거래가, 후자는 증권회사의 개입 없이 매매 당사자간의 개별적인 매매거래가 이루어지는 시장을 말한다.

2 증권매매거래제도

거래소는 증권의 원활하고 공정한 거래를 위해 다음과 같은 시장제도를 운영하고 있는데, 본항에서는 이들 시장제도 중 주요 내용을 정리한다.

- 수탁제도 : 계좌개설, 수탁방법, 위탁증거금 및 수수료 등 거래수탁제도

- 매매제도 : 매매거래시간, 매매계약체결원칙, 매매거래절차 등의 제도
- 시장관리제도 : 매매거래정지, 공매도 관리 등 공정한 가격형성 관련 제도
- 청산결제제도 : 체결된 내역에 대한 투자자, 회원사, 거래소 간의 결제제도

(1) 증권매매거래절차와 방법

투자자는 먼저 투자매매업 및 투자중개업 인가를 받은 증권회사(또는 금융투자회사)에 매매거래계좌를 개설하고, 동 계좌를 개설한 증권회사를 통하여 주문을 제출한다. 매매주문은 한국거래소의 회원인 증권회사를 통해서만 이루어지며, 투자자가

〈표 3-6〉 우리나라 주식유통시장별 매매거래제도 비교

	유가증권시장	코스닥시장	코넥스시장
매매거래시간	정규시장 09:00~15:30[1)](6시간 30분) 시간외시장 (장전) 07:30~09:00(1시간 30분) (장후) 15:40~18:00(2시간 20분)	좌동	정규시장 09:00~15:30
매매수량단위	1주	1주	100주
호가가격단위	1~1,000원(7단계)[2)]	1~100원(5단계)	좌동
호가 (매매가격지정)	지정가, 시장가, 조건부지정가, 최유리지정가, 최우선지정가, 경쟁대량매매(6종류)	좌동	지정가, 시장가 (2종류)
매매체결방법 (정규시장)	접속매매(정리매매종목, 단기과열종목은 단일가매매)	좌동	단일가매매
가격제한폭	전일종가±30%	좌동	전일종가±15%
양도소득세	면제	면제	대기업주식 : 20% 중소기업주식 : 10%
증권거래세[3)]	0.20%(거래세 0.10%, 농특세 0.15%)	거래세 0.25%	거래세 0.10%
신용공여	가능	가능	불가능

1) 호가접수시간은 매매거래시간과 동일하되, 정규시장은 08:00~15:30(7시간 30분)이고 시간외시장(장후)은 15:30~18:00(2시간 30분)임.
2) 1원(주가 1,000원 미만), 5원(주가 1,000~5,000원), 10원(주가 5,000~10,000원), 50원(주가 10,000~50,000원), 100원(주가 50,000~100,000원), 500원(주가 100,000~500,000원), 1,000원(주가 500,000원 이상)
3) 주식매도시에만 부과되며 세율은 매도금액 기준
* K-OTC시장의 매매거래시간은 09:00~15:30이며 상대매매방식에 의해 거래가 체결된다. 매매단위는 1주이고 호가단위는 주식가격에 따라 1원(1,000원 미만 종목)~1,000원(50만원 이상 종목)이다. 시간외시장이 없으며 가격변동폭은 매매기준가격 대비 상하 30%에서 제한된다. 아울러 매매주문시에는 100%의 위탁증거금이 필요하다. 한편 벤처기업 소액주주를 제외하고는 K-OTC시장에서 취득한 양도차익에 대해 양도소득세가 부과된다.

자료 : 한국거래소(www.krx.co.kr)-규정/제도, 2019.6.25

증권회사에 매매거래의 위탁주문을 할 때에는 일정한 위탁증거금을 내야 한다.[7)] 외국인투자자의 주문은 금융감독원의 외국인투자자관리시스템을 경유해야 하며, 거래소의 회원이 아닌 비회원 증권회사는 투자자로부터 위탁받은 주문을 거래소 회원을 통하여 주문을 제출한다.

구체적 증권매매거래방법은 〈표 3-6〉과 같이 요약할 수 있다. 먼저 매매거래시간은 유가증권시장과 코스닥시장 모두 정규시장 9:00～15:30, 장 개시 전 시간외시장 7:30～9:00, 장 종료 후 시간외시장 15:40～18:00에 운영된다.

증권회사가 거래소에 자기 명의로 시장에서 매매거래를 하기 위해서는 호가단위(tick size : 특정종목을 사거나 팔고자 할 때 제시하는 가격의 기본단위)에 맞추어 호가(quote : 매도 또는 매수의 의사표시를 하는 가격)를 제시해야 하는데, 유가증권시장은 주식가격에 따라 7단계로, 코스닥시장은 5단계로 호가한다.[8)]

수량단위(round lot unit : 거래수량의 기본단위)는 주식의 경우 유가증권시장, 코스닥시장 모두 1주 단위이다. 일반채권에 대해서는 액면 10만원(소액채권은 액면 1,000원) 단위로 하고 있다. 이 기본 수량단위에 미달하는 단주(odd lot)는 장외시장에서 별도로 거래된다.

(2) 매매가격의 지정

투자자가 경쟁매매가 이루어지는 유가증권시장과 코스닥시장에 매매거래를 위탁할 때 가격을 지정하는 방법에는 시장가주문, 지정가주문, 조건부지정가주문, 최유리지정가주문, 최우선지정가주문, 경쟁대량매매주문 등 6종류의 방법이 있다.

시장가주문(market order) 또는 성립가주문은 가격지정 없이 시장에서 형성되고 있는 가격으로 매매를 원하는 주문으로 상·하한가가 형성되는 경우를 제외하고는 주문 즉시 매매체결이 가능한 주문이다. 신속한 매수·매도를 원할 때 이용되지만 가격의 급등락이 있을 때에는 불리한 가격으로 체결될 수도 있다.

지정가주문(limit order)은 매매거래를 위탁할 때 최소한의 받아들일 수 있는 특정가격(사자주문일 때에는 일정가격 이하, 팔자주문일 때에는 일정가격 이상)을 지정하여 주문하는 것이다. 이 경우 어떤 증권을 매수하고자 할 때 제시하는 최고 매입가능

---

7) 증권회사가 매매거래의 위탁을 받았을 때 매수의 경우에는 현금, 매도의 경우에는 당해 매도증권 또는 현금을 각각 위탁증거금으로 징수하는데, 종전에는 최저 위탁증거금률(매수시에는 현금 40% 또는 현금 20%와 대용증권 20%)을 적용하였으나, 1998년 4월 1일 이후 각 증권회사별로 자율적으로 정하도록 변경되었다.

8) 〈표 3-6〉의 각주 2) 참조. 코스닥시장과 코넥스시장은 100,000원 미만은 유가증권시장과 동일하되, 100,000원 이상의 경우는 호가단위가 100원이어서 5단계이다.

가격을 bid price, 매도하고자 할 때 요구하는 최저 매도가능가격을 ask price라고 한다. 지정가주문은 원하지 않는 불리한 가격으로 주문이 체결될 가능성은 없지만 주문이 체결되지 않을 수도 있다.

조건부지정가주문(conditional limit order)은 지정가주문이 종가결정 전(14:50)까지 체결되지 않을 경우 미체결 잔량에 대해서 종가결정시에 시장가 호가로 참여하는 조건부 형태의 주문을 말한다.

최유리지정가주문은 상대방 최우선호가의 가격으로 즉시체결이 가능하도록 주문접수시점에서 매도의 경우는 가장 높은 매수주문의 가격으로, 매수의 경우는 가장 낮은 매도주문의 지정가주문가격으로 매매를 체결시키는 주문이다.

최우선지정가주문은 해당주문의 접수시점에서 자기주문 방향의 최우선호가 가격으로 지정되는 주문이다. 그래서 매도의 경우는 해당주문의 접수시점에서 가장 높은 매도주문의 가격으로, 매수의 경우는 가장 높은 매수주문의 지정가주문가격으로 매매를 체결시킨다.

경쟁대량매매주문은 대량매매제도의 한 유형으로 종목 및 수량은 지정하되 당일의 거래량가중평균가격으로 매매거래를 하고자 하는 주문유형이다. 시장충격을 최소화하도록 정규시장과는 별도의 시장에서 비공개로 매매체결이 이루어진다.

(3) 매매주문의 체결

일반적으로 증권시장의 매매체결방법은 매도·매수간의 경쟁관계에 따라 다음과 같이 구분된다.

- 경쟁매매 : 복수의 매도자와 복수의 매수자 간의 가격경쟁에 의한 매매거래
- 상대매매 : 매도자와 매수자 당사자 간의 가격경쟁에 의한 매매거래
- 경매(입찰매매) : 단일의 매도자와 복수의 매수자 또는 복수의 매도자와 단일의 매수자 간의 경쟁입찰에 의한 매매거래

증권시장의 일반적인 매매는 다수의 매도자와 매수자 간의 매매이므로, 균형가격을 효율적으로 찾는 방법으로 개별경쟁매매방법을 채용하고 있다.[9] 즉, 투자자별 호가를 접수하여 일정한 매매체결원칙에 따라 합치되는 호가끼리 거래를

9) 매매주문은 투자자의 호가주문을 대응시키는 방법으로 주문을 체결시키는 주문주도형시장(order-driven market)과 시장조성인(market maker)이 제공하는 호가에 의해 투자자가 대응함으로써 매매가 체결되는 딜러시장(quote-driven dealer market)으로 구분된다. 우리나라 시장은 주문주도형시장이다.

체결한다. 경쟁매매방법은 '복수가격에 의한 계속거래방법'과 '단일가격에 의한 집중거래방법'으로 구분된다.

계속거래방법은 가격조건이 부합하는 경우마다 개개의 가격으로 매매체결하기 때문에 복수의 가격이 형성되는 접속매매방법이다. 반면에 집중거래방법은 일정시간 동안 접수된 호가를 동일시간에 접수한 호가로 보고 매도호가와 매수호가의 합계수량이 합치하는 가격에서 형성되는 단일가매매방법이다.

우리나라에서 계속거래방법과 집중거래방법이 적용되는 시간대는 서로 상이하다. 오전장과 오후장이 통합된 단일장(09:00∼15:00)의 운영체제에서 정규시장과 시간외시장으로 구분되는데, 매매체결은 장중에는 계속거래방법인 접속매매를 채택하고 있지만, 예외적으로 시간외시장에서 시가와 종가를 결정할 때에는 집중거래방법인 단일가매매방법을 적용하고 있다.[10)]

복수가격에 의한 개별경쟁매매가 이루어질 때에는 다음과 같은 매매체결의 원칙에 의해서 가격, 시간, 수량 기준의 우선순위에 따라 매매거래가 체결된다.

① 가격우선의 원칙 : 팔자(매도)의 주문은 낮은 가격의 주문일수록 우선하고, 사자(매수)의 주문은 높은 가격의 주문일수록 우선한다.
② 시간우선의 원칙 : 동일가격의 호가에 대해서는 호가가 행해진 시간선후에 따라 먼저 접수된 호가가 나중에 접수된 호가보다 우선한다.
③ 수량우선의 원칙 : 가격과 시간이 동일할 경우에는 수량이 많은 주문이 수량이 적은 것에 우선한다.
④ 위탁매매우선의 원칙 : 고객이 주문한 위탁매매의 호가가 증권회사의 자기매매의 호가에 우선한다.

(4) 매매계약의 결제

증권의 매매거래형태는 일반적으로 결제방법과 결제기간을 기준으로 하여 청산거래와 실물거래로 구분된다. 청산거래는 매매계약의 시기와 현금 및 증권의 수도기일 사이에 일정한 시차가 있어서 결제기일 전에라도 증권의 반대매매(전매 또는 환

10) 일반적으로는 '가격우선원칙'과 '시간우선원칙'이 적용되지만, 예외적으로 시가 등이 상・하한가로 결정되는 경우 단일가매매에 참여한 상한가매수호가 또는 하한가매도호가(시장가호가 포함) 간에는 동시 접수된 호가로 간주하여 시간상 우선순위를 배제하고 있다. 이를 동시호가(同時呼價)제도라고 하고 시가결정뿐만 아니라 Circuit Breakers 발동, 전산장애 등에 의한 거래중단 후 재개시의 최초가격이 상・하한가로 결정되는 경우에도 적용된다. 그러나 종가결정 또는 시간외단일가매매시에는 동시호가제도를 적용하지 않는다.

매)를 통해 그 차금을 수수하는 거래를 말한다.

실물거래는 청산거래에 반대되는 것으로 현금거래(cash trading) 또는 즉시거래라고도 하는데, 이는 다시 매매계약체결일과 결제일의 시간적 간격에 따라 당일결제거래와 보통거래로 구분된다. 우리나라에서는 보통거래제도를 채택하고 있는데, 보통거래라 함은 매매계약을 체결한 날로부터 3일째 되는 날(다만, 한국거래소가 시장관리상 특히 필요하다고 인정하여 지정한 종목의 경우에는 14일 이내에서 한국거래소가 지정한 날)에 수도 결제하는 것을 말한다. 만약 수요일에 주식매도가 이루어졌을 경우 매매대금은 3일째 되는 날인 금요일에 받게 된다.

증권매매거래의 최종적인 체결수행은 증권대체결제제도를 통해 이루어진다. 즉, 증권의 매매가 있을 때마다 모든 거래에 대하여 증권현물과 현금을 수도(受渡)하는 대신, 여러 거래 후에 각 거래원의 계좌에서 차이가 나는 금액이나 증권, 즉 순감소액이나 순증가액만을 대체결제하는 방법으로 이루어진다. 우리나라에서는 한국예탁결제원(www.ksd.or.kr)이 대체결제기능을 수행하고 있다.[11)]

(5) 신용거래

실물거래(실수급)에 적정량의 투기적 요소(가수요)를 도입하면 증권에 대한 수요와 공급이 증가하여 거래가 활발해지고, 가격형성기능이 원활히 발휘될 수 있는 면이 있다. 금융기관에서 자금을 차입받아 증권투자를 하는 경우가 대표적 예이다.

신용거래(margin trading)란 실물거래(실수급)에 적당량의 투기적 요소(가수요)를 도입하는 방법인데, 개인투자자의 입장에서 신용거래는 일정금액(현금)을 대출(융자)받아 자기자금 이상으로 증권을 매입·보유하는 거래(long position)와 증권을 대출받아 이를 매도하는 거래가 있다.

후자의 경우는 투자자가 보유하고 있지 않은 증권을 매도하는 것으로서 공매도 또는 대주거래(short selling, short position)라고 한다. 공매도는 투자자(매도인)가 보유하고 있지 않은 증권을 매도하는 것으로 다른 제3자로부터 증권을 일정기간 동안 빌려서 팔고 일정기간이 경과한 후에 그 증권을 시장에서 매입하여 상환하는 방법이다.[12)] 따라서 공매도는 증권을 빌려서 매도하는 것이므로 차입매도라고 할 수 있으며, 증권을 빌려주는 제3자의 입장에서는 대주(貸株)라고 할 수 있다. 이러

---

11) 한국예탁결제원은 대체결제업무 이외에 유가증권의 보관업무, 명의개서 대행업무, 배당금 및 사채원리금의 지급대행업무를 수행한다.

12) 공매도는 ① 소유하지 않은 증권의 매도인 무차입공매도(naked short selling)와 ② 주식을 빌려서 매도하는 차입공매도(covered short selling)로 구분되는데, 우리나라에서는 차입공매도만 인정되고 있다.

한 공매도는 증권가격이 하락되리라 예상되는 상황에서 매매시세차익을 얻기 위해 이용되는 신용거래이다.[13] 신용거래에 소요되는 자금은 일반적으로 증권회사가 그 자금(신용거래융자자금)을 증권금융회사에서 차입하고 있다.[14]

신용거래를 위해서는 신용거래계좌 개설 후, 매매주문시에 매매대금에 신용거래보증금률을 곱한 금액 이상을 신용거래보증금(margin requirement)으로 증권회사에 예치해야 한다. 이를 근거로 융자에 의한 증권매수 또는 대주거래에 의한 증권매도의 신용거래를 하게 된다. 신용거래에 의해 매입된 주식은 증권회사가 담보로 보유하고 담보주식의 시장가치에서 융자금액을 차감한 잔액은 고객의 지분(equity)이 된다. 신용거래가 과다해져 증권시장이 과수요로 과열되는 상황이 되면, 수요를 진정시키기 위해 신용융자액의 축소 또는 신용거래보증금률의 인상 등의 규제방법으로 시장안정화 조치를 취하기도 한다.

3 시장관리제도와 매매규제

유통시장의 가장 중요한 역할은 증권의 매매가 원활하고 공정하게 이루어지도록 하여 공정한 가격형성기능이 발휘되도록 하는 것이다. 그러나 가격조작 등이 용이하거나 증권가격의 급등락으로 인하여 거래질서가 혼란하면 이러한 기능을 기대할 수 없다. 이러한 위험을 방지하고 선의의 투자자를 보호할 목적으로 증권거래에 관한 여러 가지 시장관리제도와 규제방법이 사용되고 있다.

(1) 가격제한폭의 설정과 매매거래중단제도

가격제한폭제도는 급격한 가격변동으로 인한 거래질서의 혼란을 막기 위해 하루 동안 변동할 수 있는 최대 가격변동폭을 설정하고 이 범위 내에서만 거래가 이루어질 수 있도록 허용하는 제도이다. 전일의 종가기준으로 당일 오를 수 있는 가격폭까지 오른 시세를 상한가, 가격폭의 하한까지 떨어진 시세를 하한가라고 하는데,

---

13) 주가의 급락 상황에서 주가하락을 더욱 가속화시킨다는 이유로 공매도제도 폐지의 주장이 제기되기도 한다. 공매도제도의 순기능으로는 차익거래로 파생상품과 기초자산 간 가격괴리 해소로 인한 합리적 가격결정, 정보효율성 제고, 시장의 유동성 확대, 다양한 투자전략 제공을 들 수 있다. 반면에 역기능으로는 주가변동성 확대, 시장불안시에 시세조정 수단으로의 악용가능성 등이 지적된다.

14) 유가증권의 발행과 유통을 원활히 하도록 유가증권의 인수나 매매에 필요한 자금을 융자해 주는 증권금융을 전담하는 기관으로 우리나라에는 한국증권금융주식회사(www.ksfc.co.kr)가 있다.

유가증권시장과 코스닥시장 공히 상·하한가가 전일종가±30%로 설정되어 있다. 그러나 정리매매종목, 주식워런트증권(ELW), 신주인수권증권의 경우에는 가격제한폭이 적용되지 않고, 레버리지 ETF의 경우는 가격제한폭이 60%이다.

한편 가격제한폭이 확대됨에 따라 나타날 수 있는 시장의 과민반응을 진정시키고, 내·외적인 요인에 의한 갑작스런 주가급락으로 촉발되는 증권시장의 불안전성을 최소화하기 위한 제도적 장치로 매매거래중단(circuit breakers)제도를 운영하고 있다. 현재는 코스피 또는 코스닥 지수가 1단계로 전일종가 대비 8% 이상 하락한 상태가 1분 이상 지속되면 주식시장과 관련 파생상품시장의 모든 거래를 20분간 정지시키고, 20분이 지나면 10분간 호가를 접수하여 매매를 재개시킨다.[15]

충격완화장치로서 사이드카(side car)제도도 운영되고 있는데, 이는 선물가격(KOSPI 200지수)이 전일종가 대비 5% 이상(코스닥은 6% 이상) 오르거나 떨어진 상태가 1분간 지속될 때 1일 1회에 한하여 주식시장 프로그램매매 호가 효력을 5분간 정지시키는 제도이다.

(2) 불공정거래행위에 대한 규제

유통시장에서 공정한 가격형성기능이 발휘되기 위해서는 공정한 거래를 제한하는 불공정거래행위가 규제되어야 한다. 대표적인 불공정거래행위로는 내부자거래, 증권관계임직원의 매매, 시세조종, 불성실공시, 임의매매 등을 들 수 있다.

내부자거래는 직무수행과정에서 얻은, 일반인에게 공개되지 않은 정보를 이용하여 당해증권을 거래함으로써 부당하게 이득을 얻는 행위이다. 내부자의 범위에는 특정회사와 직접적인 관련이 있는 회사 임직원, 주요 주주, 관련 증권회사 임직원뿐만 아니라 업무처리과정에서 내부정보를 입수할 수 있는 관련 공무원이나 감독기관의 임직원, 회계사, 변호사, 관련 거래은행 임직원 그리고 직·간접적으로 이와 같은 내부정보를 입수한 자가 포함된다. 이들 내부자들이 합병, 영업양수도,

---

15) 1단계(8%) 매매거래중단 발동 이후 전일종가 대비 15% 이상 하락하면, 2단계 매매거래중단이 발동된다. 2단계 발동 이후 20% 이상 하락하면 3단계 매매거래중단이 발동된다. 이 매매거래중단제도 이외에도 개별종목에 대한 가격안정화장치로서 주문실수, 수급불균형 등에 의한 주가 급변시 단기간의 냉각기간(2분간 단일가매매)을 부여하는 제도로서 두 가지의 **변동성 완화장치**(volatility interruption)가 강구된다.

① **동적 변동성 완화장치** : 코스피 200종목은 직전가격 대비 3% 또는 코스피 일반·코스닥 종목은 6% 이상 가격변동시 2분간 단일가매매로 전환

② **정적 변동성 완화장치** : 전날 종가 또는 장중 새로운 단일가격 대비 10% 이상 가격변동시 2분간 단일가매매로 전환

상세한 내용은 한국거래소(www.krx.co.kr)-규정/제도 참조.

증자, 재해발생 등 투자자의 투자판단에 중요한 영향을 미칠 수 있는 공개되지 않은 정보를 이용하여 부당이득을 얻은 증권매매를 했을 때에는 단기매매차익 반환이나 형사처벌과 같은 방법으로 규제하고 있다.

이 밖에도 증권거래에서 투자자로 하여금 그 거래가 성황을 이루고 있는 듯이 오인하게 하거나 그릇된 판단을 하게 할 목적으로 행하는 통정매매, 가장매매와 같은 시세조종행위도 목적범적 행위로 보고 강력하게 규제하고 있다.

(3) 시장경보제도의 운영과 관리종목, 상장폐지의 지정

투기적이거나 불공정거래의 개연성이 있는 종목 또는 주가가 단기간에 비정상적으로 급등하는 종목의 경우 투자자의 주의를 환기하기 위해 시장경보제도가 운영되고 있다. 시장경보제도는 『투자주의종목→투자경고종목→투자위험종목』으로 연결되는 3단계 지정제도로 일반투자자의 추종매매를 억제하고 불공정거래의 확산을 사전에 차단하기 위한 시장관리제도이다. 최근 5일간의 주가상승률이 60% 이상이면서 당일의 주가가 최근 15일 중 최고가인 경우 단기급등지정예고종목이 되고, 10일 동안 이 상태가 해소되지 않으면 투자주의종목으로 지정된다.

상장폐지에 해당되는 사유가 발생한 종목에 대해서는 관리종목으로 지정하여 투자자의 주의를 환기시키고 있다. 관리종목 대상이 되는 것은 기업경영이 부진하거나 부도발생, 50% 이상 자본잠식, 월평균거래량 1% 미만이 3개월 이상 지속, 주가가 액면가 20% 미만 30일 계속, 시가총액이 25억원 미만 30일 계속, 감사의견의 부적정 또는 3년 연속 의견거절, 또는 회사정리절차 개시 등의 사유가 발생했을 경우이다. 관리종목의 대상으로 지정되기 전 상장법인의 존폐와 관련된 풍문 등으로 투자자 보호가 필요할 때에는 해당종목에 대해 개별종목 매매거래 정지조치를 취할 수 있다.

상장회사의 경영내용이 악화되어 회복될 수 없다고 판단되는 상황(영업활동 정지 6개월 이상 지속, 자본 전액잠식 또는 50% 잠식 상태 2년 이상 지속, 부도나 은행거래 정지 등의 상장폐지 요건에 해당되는 경우)이면 상장폐지 조치를 내린다.

제 3 절 증권시장지표

1 증권시장지표의 의의

증권시장의 전반적인 동향을 판단할 수 있는 증권시장지표들은 투자결정에 유용한 정보가 된다. 많이 이용되는 증권시장지표(stock market indicators)로는 주가지수, 거래량, 거래금액, 거래형성률과 종목수, 등락종목수, 회전율, 주가수익비율(*PER*), 주가순자산비율, 배당수익률 등이 있다. 이 가운데 대표적인 증권시장지표는 주식의 주가변동을 지수로 표시한 주가지수이다.

주가지수는 증권시장의 전반적인 동향을 판단하는 데 사용되기도 하지만, 투자결정시 다음과 같은 측면에서도 이용된다.

① 주가지수는 실물경제의 상황과 전망을 잘 반영하므로 미래의 실물경제를 예측하는 선행지표(leading indicator)로서 이용된다.

② 주가지수는 평균적인 주가상승의 정도를 나타내는 것이므로 투자자의 투자성과를 평가하는 기준(bench mark)이 된다.

③ 기술적 분석가들은 과거 일정기간의 주가지수의 변동추세를 보아 미래주식시장 전반에 대해 예측할 때 사용한다.

④ 포트폴리오 분산투자 위험은 시장전체 변동과의 관계에서 설명되는 체계적 위험이 중요한데(제11~12장에서 설명), 이때 시장수익률의 대용치(proxy)로서 주가지수를 사용한다.

⑤ 주가지수를 추종하는 인덱스펀드, ETF상품, 섹터지수상품 등 지수상품을 만들어 투자관리에 유용하게 사용할 수 있다. 다양한 파생금융상품(선물, 옵션 등)들도 주가지수를 기초자산으로 하여 만들어지고 있다.

⑥ 우리나라 주가지수가 글로벌지수에 편입되느냐에 따라 글로벌 포트폴리오의 한 부분을 이루게 되어 국내주식에 대한 추가적인 투자와 유동성 증가로 주가변동을 초래하기도 한다.[16)]

16) 2009년 9월 우리나라 증시가 FTSE선진국지수에 편입되면서 2009년 한 해 동안 30조원가량의 외국인 투자자자금이 유입된 바 있었다.

2 주가지수의 작성방법

주가지수(stock price index)는 어느 기준시점에서의 주식시장 전체의 가격수준을 100으로 하여 비교시점에서의 가격수준을 이 100에 대한 상대치로 환산하여 표시하는 방법이다. 즉,

$$\text{주가지수} = \frac{\text{비교시점에서의 시장전체의 주가수준}}{\text{기준시점에서의 시장전체의 주가수준}} \times 100 \tag{3.3}$$

따라서 주가지수는 어느 특정시점에서 주식시장 전체의 주가수준을 어떤 방법으로 측정하느냐에 따라 여러 주가지수가 작성될 수 있다. 각 시점에서 주식시장 전체의 주가수준을 측정하는 것은 다음 사항에 따라 차이가 있게 된다.

① 지수산정에 포함할 채용종목의 선택
② 주가의 평균수준을 계산할 때의 가중방법

(1) 채용종목의 선택

주가지수의 산정에 포함시킬 채용종목은 전반적인 주가움직임을 잘 대변하는 종목이어야 할 것이다. 통계학적으로는 16~32개의 종목을 무작위로 뽑으면 전체를 대표할 수 있다고 하지만, 그 정확성에 한계가 있을 수 있다.

미국에서 1896년부터 사용되고 있는 다우존스 산업지수(DJIA)의 채용종목은 NYSE 거래 주식 중 각 산업 선도기업 주식(blue-chips) 30개이다.[17] 장기간에 걸쳐 일관성이 있는 지수로 인정되고 있지만, 채용종목이 적어서 미국 증권시장의 전반적인 동향을 엄격하게 반영하는 데에는 한계가 있을 수 있다. 반면에 채용종목이 많아지면 계산의 신속성과 경제성이 저하될 우려가 있다. 그러나 요즈음은 계산량이 많아지는 것은 문제가 되지 않으므로 채용종목이 많아지는 것이 단점이 되지 않는다. 오히려 채용종목이 많으면 시장전체를 잘 대표할 수 있는 장점이 있다. 현재 우리나라에서 채용되고 있는 한국종합주가지수는 채용종목이 전종목이다.

17) 세계 증권시장에 가장 큰 영향을 미치고 있는 미국 증권시장의 동향을 파악하는 데 가장 널리 인용되고 있는 것은 다우존스 산업지수이다. 1882년 찰스 다우 등 3인은 Dow Jones & Co를 설립하고, 「Wall Street Journal」의 원형인 「Customer's Afternoon Letter」라는 신문을 창간, 1884년 동 신문에 최초로 주식시세와 다우존스 주가평균(DJA)을 게재하였다. 1896년 12개의 산업별 대표기업의 주가를 평균하여 다우존스 산업지수(DJIA)로 발전하였고, 1928년부터 현재처럼 30종목으로 확대되어 발표되고 있다.

(2) 가중방법

주가의 평균수준을 계산할 때 적용하는 가중방법에 따라 주가지수는 다르게 작성된다. 가중방법에는 ① 주식가격을 단순평균하는 방법, ② 주식의 총시장가치에 가중하는 방법, ③ 동일 가중치로 평균하는 방법이 있는데, 실제로 사용되고 있는 방법은 주로 ①과 ②의 방법이다.

1) 주식가격 단순평균방법

주식가격 단순평균방법은 주식가격에 가중치(price-weighted average)를 주어 평균하는 방법으로서, 어느 특정시점에서의 주가평균을 구할 때 채용종목의 주가를 합한 다음 이를 종목수로 나누어 지수로 나타낸 것이다. 즉,

$$\text{주가지수} = \frac{\text{비교시점에서의 시장전체의 주가평균}}{\text{기준시점에서의 시장전체의 주가평균}} \times 100 \tag{3.4}$$

단, 주가평균 : 기준시점, 비교시점에서 채용종목 전체의 주가의 합을 채용종목의 수로 나눈 평균값

〈표 3-7〉에 예시된 세 주식을 대상으로 하면 기준시점의 주가평균은 30,000원이고, 비교시점의 주가평균은 40,000원이다. 따라서 주가지수(I_t)는 133이 된다.

이처럼 주식가격에 가중하는 주가지수는 계산상의 특성 때문에 몇 가지 문제점을 지니고 있다. 첫째, 무상증자 등의 사유 때문에 채용종목들의 발행주식수에 변동이 생기면 지수작성의 일관성을 유지하기 위하여 나누어 주는 수인 제수(除數, divisor)를 수정하는데, 이러한 제수수정방법은 현실과의 괴리감을 초래할 수 있다. 예를 들어, 〈표 3-7〉에서 예로 든 주식의 경우 t시점에서 주식 A가 2 : 1로 액면분

〈표 3-7〉 주식가격에 가중평균하는 지수의 작성

	기준시점(0)에서의 주가	비교시점(t)에서의 주가	
		액면분할 전	액면분할 후
주식 A	40,000원	60,000원	30,000원
주식 B	30,000	40,000	40,000
주식 C	20,000	20,000	20,000
주가평균	90,000÷3=30,000원	120,000÷3=40,000원 (분할전 제수=3)	90,000÷n=40,000원 ∴ 새로운 제수=2.25

〈표 3-8〉 **주식가격에 가중하는 주가지수 : 고가주의 영향이 크다**

	기준시점(0) 주가	비교시점(t)의 주가	
		상황 1	상황 2
주식 A	20,000원	24,000원	20,000원
주식 B	5,000	5,000	6,000
주가평균	25,000÷2=12,500원	29,000÷2=14,500원	26,000÷2=13,000원
주가지수상승률		$\frac{14,500}{12,500}\times 100=116$	$\frac{13,000}{12,500}\times 100=104$

할된 경우를 보자. 단순히 분할된 가격수준을 그대로 합하면 주가평균이 30,000원이 된다. 이론적으로 볼 때 주식가치는 주식분할이 있기 전의 주가평균 40,000원이 유지되어야 하므로 제수(여기서는 발행주식수)를 3으로 하지 않고, 2.25로 하면 40,000원의 주가평균을 유지하게 된다. 주식가격에 가중하여 주가지수를 작성할 때에는 이와 같이 제수를 수정하여 지수의 일관성을 유지해야 한다.

둘째, 이 지수작성방법은 단순주가에 가중하는 방법이므로 고가주식의 가격변동이 저가주식의 가격변동보다 지수에 더 큰 영향을 준다는 문제점을 지닌다. 〈표 3-8〉에서 고가주식 A와 저가주식 B가 상황 1과 상황 2에서 각각 20%씩 가격이 상승하였을 경우를 보자. 각 상황에서의 지수상승은 상황 1(고가주만 상승)에서는 16% 상승, 그리고 상황 2(저가주만 상승)에서는 4% 상승으로 나타나고 있다. 고가주식의 가격변동이 지수에 큰 영향을 미치는 것을 알 수 있다.

셋째, 고가주식일 때에는 지수에 큰 영향을 미치지만 주식분할 등으로 인하여 단순주가가 하향 조정되면 지수에서의 비중이 낮아져, 지수의 일관성이 결여된다.

이처럼 주식가격에 가중하는 주가지수 중에서 대표적인 것은 앞서 설명한 다우존스 산업지수(DJIA : Dow-Jones Industrial Average), Nikkei 225 등이 있다.

2) 시가총액 가중방법

앞에서 설명한 것처럼 주식가격에 가중하는 방법은 계산이 간단하고 편리성은 높지만, 지적한 여러 가지 문제점을 지닌다.

시가총액식 주가지수(market value weighted index)는 기업의 발행주식수에 주식의 시장가격을 곱한 총시장가치에 가중치를 주는 주가지수로서, 주식가격 가중방법지수의 문제점을 해결해 준다. 총시장가치에 가중하는 방법을 사용하는 지수로는 미국의 S&P 500지수와 NYSE지수, 한국거래소(KRX)의 종합주가지수(KOSPI) 그리고 KOSPI 200지수 등이 있다. 이들 지수의 계산방법은 다음과 같다.

〈표 3-9〉 시가총액식 주가지수

주 식	발행주식수	기준시점(0)		비교시점(t)	
		주 가	시가총액	주 가	시가총액
주식 A	100,000주	40,000원	40억원	60,000원	60억원
주식 B	200,000	30,000	60	40,000	80
주식 C	500,000	20,000	100	20,000	100

$$\text{주가지수} = \frac{\text{비교시점에서의 시장전체의 시가총액}}{\text{기준시점에서의 시장전체의 시가총액}} \times 100 \qquad (3.5)$$

단, 시장전체 시가총액 : 채용종목의 주가에 발행주식수를 곱한 시가총액의 합

시가총액식 주가지수 작성방법을 적용하면 주식분할이나 그 외의 어떤 자본의 변화에도 자동적인 조정이 가능하다. 또한 규모가 큰 회사의 일정비율의 가격변동은 작은 회사의 그것과 그 영향이 같다. 이처럼 주식의 총시장가치로 가중치를 삼으면 경제적 비중이 높은 주식이 지수에 높게 반영된다는 장점을 지니고 있다.

〈표 3-7〉의 주식 A, B, C의 경우 발행주식수와 총시장가치가 〈표 3-9〉와 같다면 지수의 상승률은 20%가 된다.

$$I_t = \frac{60\text{억원} + 80\text{억원} + 100\text{억원}}{40\text{억원} + 60\text{억원} + 100\text{억원}} \times 100 = \frac{240\text{억원}}{200\text{억원}} \times 100 = 120$$

주식가격에 가중치를 줄 경우의 지수상승률 33%에 비하면 낮은 상승률이다. 그 이유는 주가상승이 없었던 주식 C가 단순주가는 20,000원으로 낮으나 발행주식수가 많아 시가총액은 높은 데 기인한다. 총시장가치에 가중하는 방법에서는 이처럼 규모(시가총액)가 큰 주식이 지수에서의 비중이 높아진다. 기업규모가 크다는 것은 증권시장에서의 경제적 비중이 높다는 것을 뜻하므로 규모에 따라 주가지수의 비중이 결정되는 시가총액법이 논리적으로 타당하다.

시가총액식 주가지수는 주가 이외에 주식수도 반영되어 있는데, 시가총액이 크더라도 연기금 등이 다량 보유하고 있으면 거래규모가 적고 유동성이 떨어지므로 시장흐름을 적절히 반영하지 못하는 문제점을 보이는 경우가 있다. 유동주식수 시가총액식 주가지수(float-adjusted market-capitalization-weighted index)는 주식수를 상장주식수가 아닌 실제 매매가 가능한 유동주식수(대주주 소유 주식수 제외)만을 기준으로 작성하는 시가총액식 주가지수이다. 유동주식수 기준으로 주가지수를 작성하

면 시장상황을 보다 잘 반영한다는 장점이 있게 된다. 한국거래소에서 발표하는 KRX 100지수, MSCI세계지수 등은 유동주식수 시가총액식 주가지수이다.

3 우리나라 주가지수

한국거래소(KRX)에서 발표하는 주가지수 중에서, 한국종합주가지수(KOSPI)와 코스닥(KOSDAQ)종합지수는 각각 유가증권시장과 코스닥시장을 대표하는 주가지수로서 널리 사용되어 왔다.

주가지수가 단순한 투자지표로서의 기능을 넘어, 파생상품시장에서의 기초지수에 대한 수요증가, 자산운용업 등에서 방어적 투자관리 또는 적극적 투자관리에 활용될 수 있는 지수상품에 대한 수요가 크게 늘면서 여러 종류의 지수가 작성·공시되고 있다. 파생상품의 매매거래 대상지수로 만들어진 KOSPI 200지수뿐 아니라, 유가증권시장과 코스닥시장 모두를 반영하는 KRX지수, 다양한 투자관리에 활용되는 인덱스상품, ETF(상장지수펀드)상품, 섹터상품 등의 지수상품 개발을 위한 주가지수 등 그 종류가 다양하다.

이들 주가지수를 KOSPI계열, KOSDAQ계열, KRX계열, 테마지수계열로 구분하여 정리하면 〈표 3-10〉과 같다. 이하에서는 사용빈도가 높은 지수에 대하여 설명한다.

〈표 3-10〉 한국거래소의 주가지수 체계

주가지수계열	주요 주가지수
KOSPI(유가증권시장)계열	KOSPI종합지수, KOSPI 200지수, KOSPI 100지수, KOSPI 50지수, KOSPI 200 섹터(11개)지수, 산업별(22개) 지수, 시가총액규모별(대형주, 중형주, 소형주) 지수 등
KOSDAQ(코스닥시장)계열	KOSDAQ종합지수, KOSDAQ 150지수, KOSDAQ 150 섹터(기술주, 정보주 등 8개)지수, KOSDAQ 산업별 지수, 시가총액규모별 지수, KOSDAQ 소속부지수(우량기업부, 벤처기업부, 중견기업부, 기술성장기업부)
KRX(거래소)계열	KRX 100지수, KRX 300지수, KTOP 30, KRX mid 200, KRX 섹터(자동차, 반도체, 헬스케어 등 25개)지수
테마지수계열	V-KOSPI(변동성)지수, SRI(사회책임)지수, KOSPI 200 레버리지지수

자료 : 각 지수별로 지수의 특징과 산출방법, 지수성과, 산업별 비중, 관련 지수상품과 자산운용사에 대해서는 한국거래소(KRX)-Market Data/지수/주가지수 참조.

(1) 한국종합주가지수(KOSPI)

우리나라의 공식적 주가지수인 한국종합주가지수는 1972년 발표되기 시작한 당시는 35개 시장대표종목을 대상으로 하는 다우존스 방식의 주가평균식 주가지수였다. 따라서 다우존스식 주가지수처럼 단순주가에 가중하는 주가지수가 지니는 여러 가지 단점을 지니고 있었다.

이러한 문제점을 줄이기 위해서 1983년 1월 4일부터 시가총액식 주가지수방식을 채택하게 되었다. 현행의 한국종합주가지수(KOSPI : Korea Composite Stock Price Index)는 1980년 1월 4일을 기준시점으로, 전 종목을 채용종목으로 하는 시가총액식 주가지수로서, 식 3.5와 같이 산정하고 있다.

만약 시가총액이 시황변동 이외의 사건으로 인하여 변동하는 사건(신규상장, 유상증자, 합병, 상장폐지, 우선주의 보통주로의 전환, 전환사채의 보통주전환 등)이 발생했을 경우에는 지수의 연속성을 위해 기준시점의 시가총액을 다음 식 3.6과 같이 수정한다.

$$\text{신 기준시가총액} = \text{구 기준시가총액} \times \frac{\text{변동전일의 시가총액} \pm \text{시가총액 변동액}}{\text{변동전일의 시가총액}} \tag{3.6}$$

이 방법에 의하면 앞서 설명한 주식가격에 가중치를 둔 주가지수방법의 한계점이 극복되며 지수의 연속성 유지가 보다 용이하고 다른 일반 경제지표와 밀접한 연관성을 갖는다는 장점이 있다. 반면에 가격변동 이외의 상황변동으로 시가총액을 수정할 경우 배당이 포함되지 않는다는 단점이 있다. 또 주식시장흐름이 중소형주는 소외되고 대형주 중심으로 진행되는 상황이 되면, 대형주의 주가변동이 상대적으로 지수에 영향을 크게 주게 되어 체감지수와의 괴리가 발생하기도 한다.[18)]

18) 예를 들어, 삼성전자의 주가가 2017년 10월 17일 장중 276만9천원을 기록하면서 시가총액이 400조원을 넘었었다. 이는 코스피 시가총액 1,600조원의 25%로서, KOSPI에서 삼성전자에의 쏠림 현상이 크게 부각되는 상황이 되었다(자료 : 매경, 2017.10.18, 에프앤가이드).

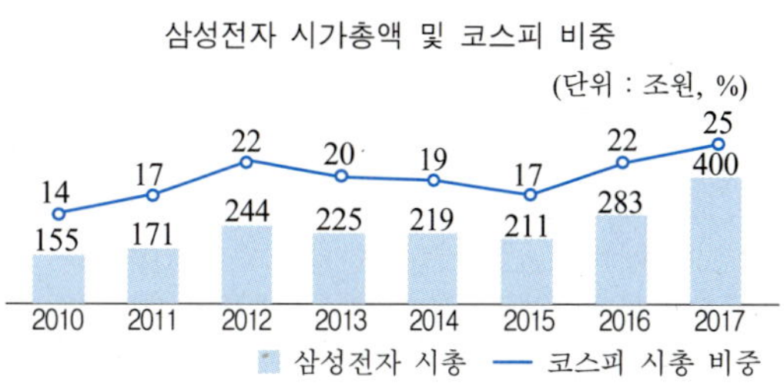

(2) KOSPI 200지수

KOSPI 200지수는 주가지수선물과 주가지수옵션 시장이 개설됨에 따라 이들 파생상품의 매매거래 대상지수를 산출하기 위해 1994년 6월부터 발표하기 시작한 주가지수이다. 지수산정은 1990년 1월 3일을 기준일로 하여 상장주식 중 8개 대분류 산업별 대표 200종목을 대상으로 작성되는 유동주식수 시가총액식 지수이다. 200개의 구성종목은 상장종목 중에서 시가총액, 시장대표성, 업종대표성, 유동성을 감안하여 선정되는데, 전체시장 시가총액의 70% 정도를 차지한다.

이 밖에도 KOSPI계열지수로 다음과 같은 지수가 작성되고 있다.

- KOSPI 50, KOSPI 100 : 유가증권시장 50종목, 100종목
- KOSPI 산업별 지수 : 22개 산업지수[19)]
- KOSPI 200 섹터지수 : 주요 섹터(에너지, 금융, 정보 등 11개)
- 시가총액규모별 지수 : 대형주(100종목), 중형주(200종목), 소형주(잔여)

(3) 코스닥지수

코스닥지수(KOSDAQ Index)는 코스닥시장에 상장되어 있는 종목을 대상으로 하여 시가총액방식으로 작성되며, 1996년 7월 1일을 기준시점(주가지수=1,000)으로 하여 1997년 1월 3일부터 발표되고 있다.

코스닥 150지수는 코스닥 상장주식 중에서 3개의 기술주섹터와 5개의 비기술주섹터에서 시장대표성, 섹터대표성, 유동성이 감안된 150개 우량종목을 대상으로 작성되는 지수이다. 기준시점은 2010년 1월 4일이고, 2015년 7월 13일부터 발표되고 있다. 이 외에도 코스닥계열지수로 다음과 같은 지수가 작성되고 있다.

- 코스닥 150 섹터지수 : 3개의 기술주섹터(기술, 정보, 생명과학)와 5개의 비기술주섹터(문화, 소재, 산업재, 자유소비재, 필수소비재)별로 작성된 지수
- 코스닥 산업별 지수 : 일반업종 19개, IT업종 14개[20)]

---

19) 2019.4.30 현재 유가증권시장의 산업분류는 기본적으로 한국표준산업분류기준에 따른 22개 업종지수가 있다. 구체적으로는 제조업(음식료품, 섬유의복, 종이목재, 화학, 의약품, 비금속, 철강금속, 기계, 전기전자, 의료정밀, 운송장비), 유통업, 전기가스업, 건설업, 운수창고, 통신업, 금융업(은행, 증권, 보험), 서비스(숙박, 교육서비스, 오락 등)로 분류하고 있다.

20) 일반업종 19개와 IT업종 14개(통신방송서비스, 인터넷, 디지털컨텐츠, 컴퓨터서비스, 소프트웨어, 통신장비, 정보기기, 반도체, IT부품 등)로 세분되어 산업별 지수가 산출되고 있다.

- 시가총액규모별 지수 : 대형주(100종목), 중형주(300종목), 소형주(잔여)
- 코스닥 소속부(우량기업부, 벤처기업부, 중견기업부, 기술성장기업부)지수

(4) KRX지수

KRX지수는 통합 한국거래소가 출범하면서 우리나라 증권시장을 대표하는 종목들로 구성되는 지수를 산출하기 위해, 유가증권시장과 코스닥시장 모두에서 수익성, 안전성, 건전성 면에서 양호하고, 증권거래 유동성이 풍부한 종목들로 구성한 지수이다. 지수산정은 유동주식 시가총액 기준으로 작성된다.

KRX 300지수(Korea Exchange 300)는 유가증권시장과 코스닥시장에서 대표적인 300개 종목, KTOP 30지수는 다우존스지수체계에 따라 작성되는 30개 종목, KRX 100지수는 100개 종목, KRX mid 200지수는 우량중형주 200개 종목으로 구성되고 있다. KRX 300지수는 2018년 2월 5일(기준시점 2010년 1월 4일), KRX 100지수는 2015년 6월 1일(기준시점 2001년 1월 2일)부터 발표되고 있다. 이 밖에도 25개 주요 산업별(KRX 자동차, 반도체, 건강, 정보통신, 은행, 에너지화학, 철강, 필수소비재, 미디어통신, 건설, 증권, 조선, 보험, 운송, 블루칩 등)로 작성되는 KRX 섹터지수(sector index)가 발표되고 있다.

(5) 테마지수

KRX에서는 특정한 주제의 평가기준을 충족하는 구성종목을 선별하여 산출하는 지수를 테마지수로 발표하고 있다. 지수화된 주요 테마에는 배당, ESG(환경, 사회, 지배구조) 등이 있다.[21]

---

21) 이 밖에도 다음과 같은 테마지수가 있다.

- V-KOSPI 200(변동성지수) : KOSPI 200의 옵션가격을 이용하여 KOSPI 200지수의 미래 변동성을 측정하는 지수
- KOSPI 200 레버리지지수 : KOSPI 200 수익률의 2배 수익률에 연동된 지수
- KOSPI 200 인버스지수 : F-KOSPI 200 수익률과 정반대의 수익률에 연동된 지수
- F-KOSPI 200지수 : KOSPI 200선물지수
- F-USDKRW지수: 미국달러 선물지수
- 글로벌지수 : 아세안 5개 시장 우량 100종목으로 구성된 지수

위에 소개된 지수는 한국거래소(KRX)가 발표하는 지수이지만, 투자흐름을 파악하는 데 언론사나 지수전문회사가 발표하는 다음의 주가지수를 참고하기도 한다.

- 매경지수 : 「매일경제신문」에서 발표하는 주가지수
- MKF지수 : FnGuide사가 매일경제신문사와 함께 만든 지수로서, 유가증권시장과 코스닥시장에 상장된 시가총액 상위 500개 회사로 구성
- 한경다우지수 : 「한국경제신문」에서 발표하는 주가지수

- 배당 테마 : 코스피 고배당 50, KRX 고배당 50, 코스피 배당성장 50, KRX-IHS Markit, 코스피 200 예측 고배당 30 등
- ESG(환경/사회/지배구조)테마 : KRX Leaders 150, KRX Governance Leaders 100, KRX Eco Leaders 150, KRX ESG지수, 코스피 200 ESG지수 등

4 글로벌 주가지수

해외 증권투자가 크게 증가하면서, 해외 주요 주식시장의 주가움직임을 파악하는

〈표 3-11〉 주요국의 대표 주가지수

국 가	지수명(주)	기준일	포괄종목	작성기관
미국	DJIA	1896.5.26 =40.96	NYSE 및 나스닥 상장 30개 우량종목. 단순주가평균지수	다우존스사
	NASDAQ	1971.2.5 =100	나스닥 상장 전종목(3,206개) 시가총액식	나스닥
	S&P 500	1941~1943년 =10	NYSE, NASDAQ, AMEX 상장 500개 우량종목. 시가총액식	Standard & Poor's
	필라델피아 반도체지수(SOX)	1993.12.1 =200	Intel, TSMC 등 반도체 관련 19개 종목	필라델피아증권거래소
일본	NIKKEI 225 (日經지수)	1949.5.16 =176.21	동경거래소 1부 상장 225개 우량종목	일본경제신문사
영국	FTSE 100	1983.12.31 =1,000	런던거래소 상장 100개 시가상위 종목	FTSE(FinancialTime)와 런던거래소의 합작회사
독일	DAX 30	1987.12.31 =1,000	프랑크푸르트거래소 상장 30개 시가상위 종목	프랑크푸르트거래소
프랑스	CAC 40	1987.12.31 =1,000	Euronext Pans 상장 40개 시가상위 종목	Euronext(프랑스 주축 4개국 통합거래소)
홍콩	Hang Seng	1964.7.31 =100	홍콩거래소 상장 33개 시가상위 종목	Hang Seng Index Service Inc.(HSBC 손회사)
싱가 포르	STI	1966.12.31 =100	싱가포르거래소 상장 30개 시가상위 종목	Straits Times사
중국	상해종합	1990.12.19 =10	상해거래소 전 상장종목	상해거래소

(주) DJIA(Dow Jones Industrial Average), SOX(Semiconductor Sector Index), FTSE(Financial Times Stock Exchange), DAX(Deutscher Aktienindex), CAC(Compagnies des Agents de Change), STI(Straits Times Index)
자료 : 한국은행, 한국의 금융시장, 2016.12.

것이 매우 중요해졌다. 글로벌 포트폴리오를 구성해야 하는 투자자에게는 특정 다수국가의 주가지수를 종합하여 투자판단을 하는 것이 필요하다. 〈표 3-11〉은 주요국의 대표 주가지수이다.

글로벌 주가지수를 이용하여 여러 나라들을 상호 비교할 때, 각 국가의 주가지수는 표본선택방법, 가중치부여방법, 일관성 유지 등이 서로 다르기 때문에 비교가능성의 문제가 제기된다. 이 문제를 해결하기 위해서는 일관성 있게 작성되는 글로벌 주가지수(global equity indexes)가 필요하다.

가장 널리 이용되고 있는 글로벌 주가지수에는 MSCI지수(Morgan Stanley Capital International Indexes), FTSE지수(영국의 Financial Times와 런던증권거래소가 공동 작성하는 주가지수), DJ세계주가지수, EAFE(Europe, Australia and the Far East)지수 등이 있다.

이 중 MSCI지수와 FTSE지수는 전세계의 기관투자자나 펀드매니저의 투자방향에 영향을 주는 벤치마크지수가 되고 있다. MSCI지수와 FTSE지수는 선진국시장, 준선진국시장, 신흥국시장, 프런티어시장 등으로 분류하여 별도로 발표하고 있다.

증권카페

금융혁신 뉴트렌드(new trends) – 핀테크

증권시장을 둘러싼 금융시장의 투자환경에는 많은 변화가 계속되어 왔다. 2010년 이전에는 국가간 투자의 장벽이 제거되는 글로벌화(globalization), 비유동성자산을 유동성이 높은 자산의 구조로 전환시키는 증권화(securitization), 금융선물과 옵션투자를 합성하여 다양한 투자상품을 개발하는 금융공학(financial engineering), 탈금융기관화(disintermediation)로 이어진 금융의 사이버화(cyberization)로 요약되는 변화를 경험하였다.

2010년 이후는 4차산업혁명의 큰 흐름 속에서 클라우드 컴퓨팅, 빅데이터, 다양한 디지털 혁신기술 등 정보통신기술(ICT)의 발전으로 인해, 금융업의 업무처리, 상품, 서비스, 새로운 사업모델 등에 엄청난 변화가 일어나는, 이른바 Fin(금융)과 Tec(기술)의 합성어인 핀테크(Fin-Tech)의 혁신을 경험하고 있다. 핀테크가 구체적으로 확대되고 있는 주요 분야는 로보어드바이저 등 온라인 자산관리, 암호자산, 클라우드 펀딩, 모바일 결제서비스 등의 영역이다.

- 로보어드바이저(Robo-advisor) 등 온라인 자산관리 : 애널리스트의 주관적인 분석이나 편견에 의존하지 않고, 인공지능과 머신러닝을 활용하는 핀테크 기술의 발달로 개인의 투자성향과 고객정보를 분석, 인공지능 알고리즘이 투자자에게 적합한 자산운용을 자문해 준다. 자동화된 투자자문 · 자산운용서비스를 저렴한 수수료와 최소 투자금액으로도 이용할 수 있다는 장점이 있다. 그러나 엄청난 크기의 빅데이터의 집적 여하에 따라 그 유용성이 달라진다는 한계점이 있다. 2019년 4월 16일 자본시장법 시행령이 발효되면서 'AI펀드매니저시대'가 열렸다.
- 암호자산(crypto-assets) : 분산원장기술 및 블록체인기술을 기반으로 등장한 암호자산은 이중지급과 거래기록의 위변조가 불가능하고, 국제거래시 환전이 불필요한 장점을 인정받으면서 지급결제 및 송금 수단 등으로 활용될 수 있는 여지가 커졌다. 대표적인 암호자산인 비트코인은 기술적 안정성과 비교적 낮은 거래수수료, 익명성, 희소성에 기반을 둔 투자자산으로 가치가 인식되면서 새로운 투자자산이 되고 있다.
- 클라우드펀딩(cloud funding) : 정보부족과 여러 규제로 제약이 많았던 유망 중소기업이나 벤처회사도 빅데이터를 이용한 신용평가가 활용되면서 전통적인 금융중개기관(금융회사)으로부터 자금차입을 하지 않고, 온라인 플랫폼을 통해 다수의 소액(일반)투자자로부터 직접 자금을 조달하는 금융방법(P2P금융 : peer-to-peer lending)이 가능해졌다.
- 모바일 결제서비스 : 스마트폰 및 태블릿 등 모바일기기의 급속한 확산과 지문, 홍채, 얼굴 인식 기술 발달로 생체정보가 거래인증시에 활용되면서 모바일 결제서비스시장이 빠르게 형성되고 있다. 미국의 페이팔, 중국의 알리페이 등으로 대표되는 신종 지급결제 및 송금 서비스는 투자금융사의 경쟁력에 적지 않게 영향을 주고 있다.

연습문제

1. 다음 사항에 대하여 설명하라.

직접발행	간접발행	사모(비공개모집)
공모(공개모집)	총액인수	무상증자
유상증자	권리락주가	시가발행제도
투자은행	거래소시장	상장제도
최초공모주(IPO)	지정가주문	시장가(성립가)주문
매매체결의 원칙	집중거래방법	계속거래방법
보통거래	신용거래	공매도제도
내부자거래	매매거래중단제도	가격제한폭제도
증권시장지표	주가지수	다우존스 산업지수
시가총액식 주가지수	한국종합주가지수(KOSPI)	KOSPI 200지수
KRX계열지수	유동주식수 시가총액식 주가지수	글로벌 주가지수

2. 다음 중 잘못 서술되어 있는 문항에 대해서는, 잘못 서술되고 있음을 논리적·이론적 근거를 제시하여 설명하라.

(1) 증권을 발행할 때 인수기관이 자기책임하에 일정기간 후 미매각분에 대하여 미리 정해진 발행가격으로 인수하여 인수관련 위험부담을 지는 발행방법은 총액인수이다.
(2) 공모의 방법을 사용하여 증권을 소화하는 경우에는 증권의 발행사무와 발행위험을 발행회사가 담당하는 직접발행의 방법을 사용하게 된다.
(3) 유상증자시의 권리락주가는 권리부주가를 증자비율로 나눈 것이다.
(4) 유가증권시장, 코스닥시장과 같은 조직화된 시장에서는 상대매매의 방식으로 매매거래가 이루어진다.
(5) 일정시간 동안에 들어온 주문에 대하여 단일가격으로 매매체결시키는 제도를 계속거래제도라고 한다.
(6) 정해진 가격으로 주문을 내는 것을 시장가주문이라고 한다.
(7) 복수가격에 의한 개별경쟁매매가 이루어질 때 매매주문체결의 우선원칙은 [시간－가격－수량－위탁매매] 순이다.
(8) 다우존스 산업지수는 시가총액 가중방법의 주가지수이다.
(9) KOSPI는 고주가주식의 변동이 큰 영향을 주는 주가지수이다.
(10) 시가총액식 주가지수는 주식분할의 사건이 발생하면 제수에 의한 수정을 한다.
(11) 유가증권시장과 코스닥시장의 주가움직임이 모두 반영되고 있는 대표 주가지수는 KRX 200지수이다.
(12) 전세계 기관투자자의 투자방향에 지대한 영향을 주는 글로벌 주가지수에는 MSCI지수와 DJ지수가 있다.

3. [유 · 무상증자]

"유상증자와 무상증자 전후의 투자자의 부는 변함없다"는 주장에 대하여 논평하라.

4. [유상증자와 권리락가격]

(주)갑을의 발행주식수는 50,000주로서 현재 시장에서 50,000원에 거래되고 있다. 이제 이 회사는 25,000주의 신주발행을 계획하고, 발행가격을 40,000원으로 하기로 하였다. (주)갑을의 이론 권리락가격은 얼마인가?

5. [증권의 발행시장과 유통시장과 관련된 제도]

(1) 증권의 발행방법으로서 직접발행과 간접발행의 차이점을 설명하라.
(2) 우리나라에서의 증권매매거래의 결제방법이 지니는 특징을 설명하라.
(3) 신용거래로서 long position과 short position을 비교 · 설명하라.
(4) 증권의 매매거래에 대한 규제방법에 대하여 설명하라.

6. [주가지수의 계산]

다음 주식으로 주가지수가 구성되어 있다.

주 식	기초시점 주가	기말시점 주가	발행주식수
R	20,000원	22,000원	300만주
S	50,000	47,840	300
T	26,000	30,000	2,000

(1) 주가지수 작성방법으로서 다우존스식과 시가총액식의 특징을 비교 평가하라.
(2) 주식가격 단순평균방법의 주가지수로 계산된 주가상승률은 얼마인가?
(3) 시가총액 가중방법의 주가지수로 계산된 주가상승률은 얼마인가?

7. [체감지수와 SRI지수]

(1) KOSPI는 상승하는데, 피부로는 주가상승을 느끼지 못하는 상황은 어떤 경우이고, 그 이유는 무엇인가?
(2) SRI지수 상품을 통한 착한기업에 대한 투자는 건전한 자본주의 경제 창출에도 일조한다고 할 수 있는가?

CHAPTER

4

투자수익과 투자위험

제 1 절　투자수익
제 2 절　투자위험
제 3 절　이자율

앞의 제1장에서는 투자관리의 과제와 기본체계에 대해서 다루었고, 제2장과 제3장에서는 투자관리가 이루어지는 장으로서 금융시장과 주요 투자자산의 특성 그리고 증권의 발행시장제도와 유통시장의 매매거래제도에 대하여 살펴보았다.

본장에서는 투자이론에서 가장 중요한 기초개념이 되고 있는 투자수익과 투자위험에 대하여 설명한다. 투자자들이 투자수익과 투자위험이 크게 상이한 각급 투자자산을 대상으로 목표수익률을 달성할 수 있기 위해서는, 이에 필요한 재산증식의 원리, 여러 가지 의미로 사용되는 투자수익률과 투자위험의 개념, 측정방법 그리고 위험의 원천에 대한 이해가 필요하다. 본장에서는 이러한 주제를 다루는데, 다음은 본장의 학습목표로서 이해해야 할 주요 사항들이다.

- 부의 증식원리와 시간가치
- 투자성과 평가를 위하여 측정하는 보유기간수익률의 개념
- 산술평균수익률, 기하평균수익률의 측정방법
- 미래 투자결정을 위한 기대수익률의 추정방법
- 투자위험의 측정방법과 투자자의 위험성향
- 요구수익률, 이자율의 결정요인, 인플레이션
- 위험보상률과 위험의 원천

주제 생각하기

부의 증식원리와 평균수익률의 계산방법

다음 표는 자금 1,000만원을 운용한 A, B, C 세 펀드매니저의 6년의 성과를 비교한 것이다.

펀드 매니저	수익률 및 누적부	투자액	1기	2기	3기	4기	5기	6기	산술평균 수익률	기하평균 수익률
A	(1) 누적부(만원)	1,000	1,500	900	1,350	810	1,215	729		−5.13%
	(2) 수익률(%)		50	−40	50	−40	50	−40	5.0%	
B	(3) 누적부(만원)	1,000	1,200	1,080	1,296	1,166	1,400	1,260		+3.92%
	(4) 수익률(%)		20	−10	20	−10	20	−10	5.0%	
C	(5) 누적부(만원)	1,000	1,045	1,092	1,141	1,193	1,246	1,302		+4.5%
	(6) 수익률(%)		4.5	4.5	4.5	4.5	4.5	4.5	4.5%	

A매니저는 1,000만원의 투자금액이 1~6기에 걸쳐 표의 (1)과 같이 달라지다가 6기말에 729만원이 되어, 271만원의 손실을 보았다. 투자액 1,000만원이 729만원의 투자수익을 낸 것이므로 $1{,}000(1+r)^6=729$의 관계에서 복리수익률 r을 구하면 −5.13%의 수익률을 올린 것이다(이는 제1절에서 설명되겠지만, 기하평균수익률 $\sqrt[6]{(1+0.5)(1-0.4)(1+0.5)(1-0.4)(1+0.5)(1-0.4)}-1$을 계산한 것과 동일한 결과이다). 이제 기간별 수익률을 구해보면, 1기에 50%, 2기에 −40%를 올리면서 이를 세 번 반복한 결과를 보였다. 이의 산술평균수익률(6기간의 수익률을 모두 합하여 6으로 나눈 값)을 구해보면 +5.0%이다. 그러나 6기말의 누적부를 보여주는 (1)의 결과(−5.13%)와 비교하면 산술평균수익률 +5.0%는 큰 착시를 가져다준다.

B매니저의 성과를 보면, 6기말 시점 기준의 누적부(표의 (3))는 1,260만원이고, 이의 복리수익률은 +3.92%이다. 기간별 수익률을 구해보면 표의 (4)와 같이 20%와 −10%의 수익률(A매니저보다 낮은 변동성에 주목)을 세 번 반복하였는데, 그 산술평균수익률은 +5.0%이다. 산술평균수익률은 A매니저와 동일하지만, +260만원의 수익을 낸 결과를 보여주고 있다. B매니저처럼 기간수익률의 편차(변동성)가 작을수록 누적부의 증가 정도는 커짐을 보여주고 있다.

C매니저는 표의 (6)에서 보는 것처럼 4.5%를 동일하게, 6기간 동안 지속적으로 올렸다. 결과적으로 6기말에 1,302만원, 순수익 302만원(복리수익률 4.5%)을 달성하고 있다.

이제 다른 예로서, 다음 표와 같이 −50% 하락과 +50%의 상승을 보인 경우를 보자.

이 경우 평균수익률과 누적된 부 기준의 복리수익률은 얼마인가? 1년차에 50% 하락 후 2년차에 50% 상승하면 원본이 보존되는가? 원금 1,000만원이 보존되려면 얼마의 수익률 상승이 필요한가?

	기초투자액	1년차	2년차	손실(%)	원금보존에 필요한 상승률
변동성 상품 V	1,000만원	(−50%) 500만원	(+50%) 750만원	?	?

산술평균수익률이 착시를 발생시키는 이유는 무엇인가? 여러 기간에 걸친 평균수익률을 측정할 때에는 합리적인 평균계산방법은 무엇인가? 위 예제의 투자관리에의 시사점은 무엇인가? 변동성을 낮추는 것이 투자관리에서 중요한 이유는 무엇인가?

제 1 절 투자수익

투자자들은 가능하다면 투자수익은 높이고 투자위험은 낮추고자 한다. 본절에서는 투자수익과 투자위험 중에서 먼저 투자수익과 관련된 사항으로서 부의 증식원리, 투자성과 평가를 위한 보유기간수익률, 산술평균수익률, 기하평균수익률의 측정방법과 미래 투자결정을 위한 기대수익률의 추정 문제를 다룬다.

1 부(富)의 증식원리

현재 투자액이 동일한 상황이라면 어느 경우가 목표시점에서 보다 많은 부를 얻게 되는가? 결론적으로 첫째는 이자율(운용수익률)이 높은 경우이고, 둘째는 장기간 투자하는 경우이며, 셋째는 이자율(수익률)의 변동성이 적은 경우이다.

첫째 조건은 당연한 것이고, 둘째 조건은 부의 시간가치(time value of money) 때문이다. 정기예금의 경우는 시간이 경과하면서 금융기관으로부터 자금사용의 대가로 이자를 받는다. 미래(목표)시점의 가치계산방법에는 이자가 붙는 방법에 따라 단리계산과 복리계산이 있다. 단리(simple interest)계산은 원본에 대한 이자만 지급되고, 이자가 재투자되지 않음을 전제로 한 계산이다. 반면에 복리(compound interest)계산은 원본에 대한 이자도 그 다음 기 원금에 포함되어 이에 대해서도 이자가 지급되는 방법으로서, 이자에 이자(interest on interest)를 고려한 것이다.

이제 100만원을 3년간 6% 이자율에 저축하는 단리상품과 복리상품을 비교해 보자. 단리로 증식되면 이자부분이 6만원씩 세 번의 합인 18만원에 불과하여 3년 후에 원리금의 합계는 118만원이 된다. 반면에 복리로 증식되면, 다음과 같이 원본 100만원에 대한 이자가 원금(2기초 원금은 106만원, 3기초 원금은 112.36만원)에 더해지면서 이자가 많아져, 3년말의 가치는 119.1만원이 된다. 결과적으로 복리로 증식되는 경우가 단리의 경우보다 1.1만원이 많음을 볼 수 있다.

$$\text{단리계산에 의한 3년 후 원리금} = 100 + (6 + 6 + 6) = 118\text{만원}$$

$$\begin{aligned}\text{복리계산에 의한 3년 후 원리금} &= 100\text{만원}(1.06)(1.06)(1.06) \\ &= 100\text{만원}(1 + 0.06)^3 = 119.1\text{만원}\end{aligned}$$

〈표 4-1〉 복리계산의 위력 : 원금 100만원의 3년, 10년, 30년, 50년 후의 미래가치 (단위 : 만원)

구 분		6%		10%	
		연단리	연복리	연단리	연복리
원리금	3년	118.0	119.1	130.0	133.1
	10년	160.0	179.1	200.0	259.4
	30년	280.0	574.4	400.0	1,744.9
	50년	400.0	1,842.0	600.0	11,739.0

현실의 경제상황에서는 중도에 재투자기회가 지속적으로 있게 되므로 목표시점의 부의 가치는 복리계산(compounding)방법에 의해 평가하게 된다.[1)]

재산증식이 복리계산처럼 이자에 이자가 붙는 식으로 증가하면 일정한 이자율하에서는 얼마나 길게 재투자되는지에 따라 엄청난 차이를 가져온다. 기간이 길어질수록 이자에 이자가 붙어 부가 눈덩이처럼 커지는 **복리계산의 위력**(power of compounding), **시간효과**(time effect)가 작용하는 것이다.

〈표 4-1〉은 6% 이자율과 10% 이자율하에서 3년, 10년, 30년, 50년 후의 미래가치를 단리계산의 경우와 복리계산의 경우로 나누어 요약한 것이다. 이 표의 복리계산 결과에서 확인할 수 있는 것처럼 기간이 길어질수록 부가 폭발적으로 증식되는데, 10%의 이자율 상황에서 10년간 증식된 부와 50년간 증식된 부의 차이는 기간의 차이인 5배가 아니고, 45배가 됨을 볼 수 있다. 만약 이자율이 6%라면 10년과 50년의 차이는 약 10배가 된다.

이처럼 목표시점의 부(미래가치)는 기간이 **장기**가 될수록 그리고 이자율이 높을수록 증가된 부의 금액에 매우 큰 차이를 가져오는데, 기간이 길어질수록 마치 눈사람효과(snowball effect)처럼 부가 폭발적으로 증식되는 결과를 가져온다. 이와 같은 결과는 이자에 이자가 붙어 원금이 늘어나는 복리계산의 결과로서, 부의 증식에서 시간가치(time value), 장기투자가 얼마나 중요한지를 잘 보여준다.

목표시점의 부에 영향을 미치는 또 하나의 요소는 이자율(수익률)의 **변동성**이다. 평균수익률은 동일하더라도 이자율(수익률)의 변동성이 적은 경우가 더 많은 누적된 부를 가져온다. 예를 들어 변동성 상품 A와 안정성 상품 B에 각각 1억원의

1) 목표시점의 부의 가치를 미래가치future value)라고 부른다. n시점의 가치(미래가치)를 FV_n이라고 하면, 현재의 원금을 PV_0, 이자율을 r, 기간을 n으로 표시할 때, FV_n은 다음과 같이 복리계산방법으로 계산된다. $FV_n = PV_0(1+r)^n$ (미래가치를 계산할 때에는 본서 [부록 1]의 〈표 A-1〉의 미래가치표를 참조하고, 미래가치 혹은 현재가치와 관련된 상세한 계산문제는 '재무관리' 관련 교재 참조)

자금을 투자하여 다음 표와 같이 3년간 수익률(평균수익률은 동일)을 기록하였다고 하자. 3년 후의 미래가치를 구해보면, 비록 높은 수익률을 올린 해는 없지만 꾸준히 수익을 내는 안정성 상품 B의 누적된 부가 많다. 복리효과는 변동성이 크지 않게 꾸준히 수익을 내는 상품에서 잘 나타나고 있음을 보여주고 있다. 본장의 '주제생각하기'에서 C매니저의 예도 이 효과를 보여준다.

	1년차	2년차	3년차	3년 후 누적된 부
변동성 상품 A	30%	−20%	20%	1.248억원
안정성 상품 B	10%	10%	10%	1.331억원

변동성으로 인해 동일한 수익률의 하락과 상승이 있을 때, 하락률을 회복시키는 데에는 보다 높은 상승률이 필요한 손익의 비대칭성원리가 존재하는데, 이 경우도 고 변동성 상품일수록 상승률이 더 높아야 한다. 즉, 변동성 상품 중에서도 수익률의 변동성이 높은 경우가 낮은 경우보다도 원금손실이 발생하였을 때, 원금으로 회복되기 위해서 필요한 수익률 상승폭이 더 커야 한다. 이제 아래 표에서 변동성이 큰 상품 C와 변동성이 상대적으로 낮은 상품 D에 투자한 결과를 보자.

	기초투자액	1년차	2년차	손실(%)	원금보존에 필요한 상승률
고 변동성 상품 C	1,000만원	(−50%) 500만원	(+50%) 750만원	(−25%) −250만원	+100% (500만원→1,000만원)
저 변동성 상품 D	1,000만원	(−20%) 800만원	(+20%) 960만원	(−4%) −40만원	+25% (800만원→1,000만원)

수익률 기준으로 보면, 상품 C는 50% 하락과 50% 상승을, 상품 D는 20% 하락과 20% 상승을 보였다. 두 상품 모두 하락한 수익률만큼 상승, 원금을 회복하였으므로 최종수익률은 0%인 것으로 판단하기 쉽다. 그러나 다음 계산처럼 상품 C의 경우는 최종적으로 −25%(250만원)의 손실, 상품 D의 경우는 최종적으로 −4%(40만원)의 손실을 본 것이다.

상품 C : $(1-0.5)(1+0.5)=0.5\times1.5=0.75$(25% 손실)

상품 D : $(1-0.2)(1+0.2)=0.8\times1.2=0.96$(4% 손실)

상품 C의 경우 원금 1,000만원이 보존되려면 1년차 50% 하락 후 2년차에 하락률인 50%의 상승이 아니라, 500만원에서 원본 1,000만원이 되려면 100%의 상승이 필요하다. 이처럼 동일한 %만큼의 수익률 하락과 상승(또는 상승과 하락)이 있을 때, 원금이 보존될 수 없다. 원금이 확보되려면 **비대칭적으로** 더 높은 수익률을 기록해야 가능하다.

이상에서 설명한 '부의 증식원리'를 요약하면 다음과 같다. 첫째는 **장기투자원리**로서, 기간이 길어질수록 마치 눈사람효과처럼 부가 폭발적으로 증식되는 결과를 가져온다는 점이다. 둘째는 **손실의 최소화원리**로서, 변동성이 낮아야 복리수익이 커지므로 손실의 최소화에 집중하는 것이 필요하다는 점이다.[2)]

2 보유기간수익률

(1) 단일기간 대 다기간 보유수익률

일정기간의 투자성과는 투자한 양과 투자로부터 회수된 양의 상대적 비율인 %로 표시되는 투자수익률(rate of return)로 측정한다. 사람마다 투자규모가 다르므로 투자성과를 상대적으로 비교하는 데 적합하기 때문이다.

투자수익률의 측정은 일차적으로 대상기간을 언제로 하느냐에 따라 보유기간수익률과 기대수익률로 구분할 수 있다. 과거 일정기간 운용했던 기간을 대상으로 벌어들인 총투자수익의 정도를 투자수익률로 측정하는 것이 보유기간수익률이고, 미래 투자하려는 기간의 예상투자수익률이 기대수익률이다.

보유기간수익률을 측정하는 데에는 단일기간 보유수익률과 다기간 보유수익률을 구분할 필요가 있다. 단일기간 보유수익률(one period *HPR*)은 기간의 중도에는 현금흐름이 없고 기초와 기말 한 번만 현금흐름이 있을 때의 투자수익률이다. 이의 계산은 단지 총투자수입을 기초의 투자금액으로 나누어 계산하면 되기 때문에 매우 간단하다. 주식투자의 경우는 배당수입과 시세차익이 총투자수입을 구성할 것이며, 채권투자의 경우는 이자수입과 시세차익이 총투자수입을 구성하게 된다.

$$\text{단일기간수익률} = \frac{\text{총투자수입}}{\text{기초투자액}} = \frac{\text{배당 또는 이자} + \text{시세차익(차손)}}{\text{기초투자액}} \quad (4.1)$$

2) 기간이 길어질수록 복리효과가 커지는 것은 정기예금상품에서만이 아니고, 주식과 같이 변동성이 큰 상품에서도 마찬가지이다. '장기투자성과에 대한 통계분석'에 의하면, **손실을 볼 확률**을 다음과 같이 보고하고 있다. 1일 투자 : 48.8%, 1달 투자 : 47.1%, 1년 투자 : 36.0%, 10년 투자 : 14.4%, 20년 투자 : 거의 0%(삼성증권 ; 한국경제, 2018.7.20). 한편 Z. Bodie, A. Kane & A.J. Marcus, *Investments*, 11th ed., 2018, p.150에서는 연평균수익률 5%, 표준편차 0.3인 경우에 대하여 평균수익률의 증가와 위험의 감소를 시뮬레이션하고 있다. 장기일수록 누적수익률은 빠르게 증가하지만 손실을 본 확률은 급격히 줄어드는 결과를 제시하고 있다.

다기간 투자수익률(multi-period *HPR*)은 다기간에 걸쳐 운용되면서 기간 중도에 자금 일부의 회수, 추가적인 투자 혹은 재투자 등 현금유출입이 추가적으로 발생하는 경우의 수익률이므로 계산이 간단하지 않다.

다기간 투자수익률을 계산할 때에는 산술평균수익률, 기하평균수익률의 방법이 사용되는데, 각각 장·단점을 지니고 있으므로 사용에 주의할 필요가 있다. 이제 이들 투자수익률의 계산방법과 특징을 비교하기 위하여 다음 두 가지 상황에 대한 투자수익률 계산의 문제를 살펴보기로 하자.

(상황 1)	(주)AB의 주식을 첫째 해 초 10,000원에 매수하여 연말에 400원의 배당금을 받았다. 둘째 해 초에 동일 주식을 10,600원에 추가매수하여 둘째 해 말에 800원의 배당금(한 주당 400원 배당)을 받고 21,600원(한 주당 10,800원)에 매도하였다.

(상황 2)	(주)XY의 주식에 첫째 해 초 1,000만원을 투자했는데, 1년 후 가격상승으로 2,000만원이 되었다가, 둘째 해 말에는 다시 가격하락으로 1,000만원이 되었다.

먼저 (상황 1)과 (상황 2)에서의 단일기간수익률을 계산하면 다음과 같다. (상황 1)에서는 1차년도에 10%, 2차년도에 5.66%의 수익률을, (상황 2)에서는 1차년도에 100%, 2차년도에 −50%의 수익률을 기록한 것을 보여주고 있다.

(상황 1)

(기간)	0	1	2
	−10,000원	+400원 −10,600원	+800원 +21,600원
(단일기간수익률)		${}_0r_1=(400+600)/10{,}000$ $=10\%$	${}_1r_2=(400+200)/10{,}600$ $=5.66\%$

(상황 2)

(기간)	0	1	2
	−1,000만원	+2,000만원	+1,000만원
(단일기간수익률)		${}_0r_1=1{,}000/1{,}000$ $=100\%$	${}_1r_2=-1{,}000/2{,}000$ $=-50\%$

위의 각 상황에서 산술평균수익률, 기하평균수익률을 측정하여 비교해 보자.

(2) 산술평균수익률

산술평균수익률(*ARR* : arithmetic average rate of return)은 기간별 단일기간수익률을 모

두 합한 다음 이를 관찰수(기간수)로 나누어 측정한다.

$$ARR = ({}_0r_1 + {}_1r_2 + {}_2r_3 \cdots\cdots + {}_{n-1}r_n) \div n \qquad (4.2)$$

단, ${}_{n-1}r_n$: $n-1$시점과 n시점 사이의 단일기간수익률
n : 기간의 수

위의 두 가지 상황의 경우 산술평균수익률은 다음과 같이 7.83%, 25%가 된다.3)

(상황 1) $ARR = (10\% + 5.66\%)/2 = 7.83\%$
(상황 2) $ARR = [100\% + (-50\%)]/2 = 25\%$

1,000만원의 투자원본이 2년 후 다시 1,000만원이 되었는데 (상황 2)에서의 산술평균수익률이 25%라는 것은 산술평균수익률의 계산방법이 단지 기간의 수만 고려하고 최종시점 기준의 부를 고려하지 않음으로써 생기는 한계점이다. 산술평균수익률은 화폐의 시간가치를 고려하지 않은 계산방법이다. 산술평균수익률은 기간별 투자금액의 크기가 고려되지 않고 기간에만 가중치가 주어지게 되는 **시간가중평균수익률**(time-weighted rate of return)이다. 다음에 설명하는 기하평균수익률은 이러한 한계점을 제거해 준다.

(3) 기하평균수익률

기하평균수익률(GRR : geometric average rate of return)은 다음과 같이 (1+기간별 수익률)을 모두 곱하여 이의 n제곱근을 구하는 기하평균 계산방법으로 구한다.

$$GRR = \sqrt[n]{(1 + {}_0r_1)(1 + {}_1r_2) \cdots\cdots (1 + {}_{n-1}r_n)} - 1 \qquad (4.3)$$

산술평균수익률의 계산이 복리로 증식되는 것을 감안하지 않은 방법인 반면에, 기하평균수익률은 중도현금흐름이 재투자되어 증식되는 것을 감안한 평균수익률의 계산방법이다. 기하평균의 결과는 결국 최종시점의 누적된 부의 크기를 보여

---

3) 기간의 수가 많으면 스프레드시트 EXCEL을 이용하여 다음과 같이 계산한다. =AVERAGE(수익률자료 영역)

주모로 현실의 투자실제에서 부의 증식률을 적절히 측정하고 있다. 중도기간별 재투자수익률(${}_{n-1}r_n$)이 반영된 기말 부가 w_n의 크기가 되었다면 기초 부, w_0에서 커진 부의 증가율은 다음과 같이 계산될 터인데, 이 값이 기하평균수익률이다.[4] 본 장의 '주제 생각하기'에서 제시된 예에서 보듯이 누적된 부로부터 계산된 복리수익률은 기하평균수익률과 동일하다.[5]

$$GRR = \sqrt[n]{w_n / w_0} - 1 \tag{4.4}$$

이제 (상황 1)과 (상황 2)의 기하평균수익률을 계산하면 다음과 같다.

$$(\text{상황 1}) \quad GRR = \sqrt[2]{(1+0.1)(1+0.0566)} - 1 = 7.81\%$$
$$(\text{상황 2}) \quad GRR = \sqrt[2]{(1+1.0)(1-0.5)} - 1 = 0.0\%$$

(상황 2)의 예에서 보는 것처럼 1,000만원의 투자원금이 2차년도 말에 1,000만원이 되었기 때문에, 최종시점의 부를 감안하여 0%의 평균수익률이라고 보는 계산방법이 타당하다. 기하평균수익률은 이처럼 중도현금이 재투자되어 증식된 최종시점의 부의 크기가 감안된 계산방법이 되므로 산술평균수익률의 계산방법보다도 합리적이다. 기하평균수익률은 기간별 현금흐름의 많고 적음에 영향을 받지 않는 **시간가중평균수익률**이다.[6]

예제

2년 전에 (주)ABC의 주식을 한 주에 10,000원씩 10주를 매수하였다. 1년 전에 주당 400원의 배당을 지급받고, 주식가격은 한 주에 12,000원이 되었다. 2년이 지난 현재 주당 200원의 배당을 지급받고 주식가격은 9,000원이 되었다.

---

4) 두 가지 수익률 계산방법의 차이는 산술평균수익률은 기간별 수익률을 합한 값의 평균이고, 기하평균수익률은 (1+기간별 수익률)을 곱한 값의 평균이라는 점이다. 결국 기하평균수익률의 계산방식, $(1+a)(1+b)=(1+a+b+a\cdot b)$에서 $a\cdot b$만큼 차이가 발생하는 셈인데, a 또는 b 중에서 (−)의 값이 있으면 큰 차이를 보인다.

5) 여러 기간의 수익률을 합산할 때 이산(discrete)수익률과 연속(continuous)복리수익률을 사용할 수 있다. 이산수익률은 식 4.1($r_t=(P_{t+1}/P_t)-1$)을 여러 기간에 걸쳐 측정한 수익률인 반면, 연속복리수익률은 자연대수값을 취하여 계산된 수익률, 즉 $r_t=ln(P_{t+1}/P_t)$이다. 연속복리수익률도 기하평균수익률과 동일한 결과를 보인다.

6) ① 기하평균을 EXCEL로 계산할 때에는 [=GEOMEAN(현금흐름 영역)], 수익률(%)로 기하평균을 계산할 때에는 [=GEOMEAN((1+기간별 수익률)의 영역)−1]의 식으로 처리한다.
② 기간간의 금액의 크기에 차이가 큰 경우는 **금액가중평균수익률**(amount-weighted rate of return)을 사용하는 내부수익률(*IRR*) 계산이 타당하다. 이에 대해서는 '제8장 채권평가'에서 설명한다.

(1) 1년차와 2년차의 기간별 수익률을 구하라.
(2) 2년에 걸친 이 투자에 대하여 산술평균수익률을 구하라.
(3) 이 투자의 현재시점까지 누적된 부와 기하평균수익률을 구하라.

풀이

(1) 기간별 투자수익률 : 1년차 : $_0r_1=\frac{\text{배당}(4,000)+\text{시세차익}(20,000)}{100,000}=24\%$

2년차 : $_1r_2=\frac{\text{배당}(2,000)+\text{시세차익}(-30,000)}{120,000}=-23\%$

(2) 산술평균수익률$=(24\%-23\%)/2=+0.5\%$

(3) 1) 2년말 현 시점의 누적된 부 : $100,000(1+0.24)(1-0.23)=95,480$원

2) 기하평균수익률$=\sqrt[2]{(1+0.24)\ (1-0.23)}-1=-2.3\%$

또는 $=\sqrt[2]{95,480/100,000}-1=-2.3\%$

3 기대수익률

투자결정에서 고려하게 되는 미래 투자기간의 예상투자수익률은 기대수익률로 측정한다. 기대수익률(expected rate of return)은 투자수익률의 확률분포에서 계산한 평균적으로 기대되는 예상투자수익률을 말한다. 여기서 투자수익률의 확률분포란 미래는 발생가능상황을 확실히 예측할 수 없는 상황, 곧 위험상황이라고 할 수 있으므로 여러 가지 경제·경영지식을 동원하여 몇 가지 가능한 미래 상황별로 예상투자수익을 추정한 것이다.

[그림 4-1]은 미래에 일어날 몇 가지 상황별 시나리오를 설정하여 각 상황에서의 미래이익을 추정하고, 이에 근거하여 내재가치와 예상투자수익률을 추정한 것이다. 이 예시(주식 A)에서는 낙관, 중립, 비관의 세 가지 대내외적 경제상황(일어날 확률은 각각 0.3, 0.4, 0.3)의 시나리오별로 경제성장률, 유가, 환율 등에 대한 예측을 실시하고 이에 근거한 영업이익의 추정결과를 보여주고 있다. 예상되는 영업이익이 실현될 경우 여러 주식가치평가모형에 근거하여 내재가치를 추정하게 되는데, 이 예에서는 상황별로 400,000원, 230,000원, 60,000원으로 추정되었다고 하자.[7] 현

7) 여러 주식가치평가모형을 적용하여 내재가치를 추정하는 방법에 대해서는 제7장에서 설명한다.

[그림 4-1] 시나리오별 이익, 내재가치 그리고 예상투자수익률의 추정

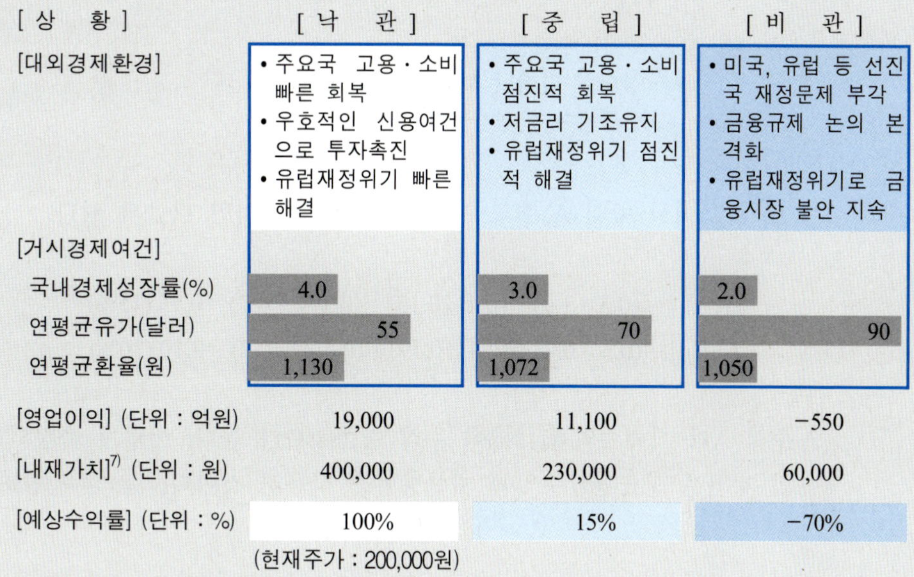

〈표 4-2〉 투자수익률의 확률분포

미래상황	확률(P_s)	수익률(%)		
		주식 A	주식 B	주식 C
낙관	0.3	100%	40%	0%
중립	0.4	15%	10%	20%
비관	0.3	−70%	−20%	40%

재의 주가가 200,000원이라면 예상투자수익률은 100%, 15%, −70%가 될 것이다. 주식 B와 주식 C에 대하여도 동일 방법으로 상황별 예상투자수익률을 추정한다.

〈표 4-2〉가 최종적으로 추정된 주식 A, B, C에 대한 예상투자수익률의 확률분포이다. 그러면 이들 주식의 기대수익과 위험을 어떻게 평가해야 하는가?

먼저 기대수익의 정도는 기대수익률로 측정한다. 평균적으로 기대되는 예상투자수익률, 기대수익률(expected rate of return)은 다음 식 4.5와 같이 각 상황별로 발생가능한 수익률에 그 상황이 발생할 확률을 곱한 다음 이를 합하여 계산한다.

$$E(R) = \sum_{s=1}^{m} p_s \cdot r_s \tag{4.5}$$

단, $E(R)$: 기대수익률

p_s : s 상황이 일어날 확률(m개의 상황)

r_s : s 상황에서 발생가능한 수익률

〈표 4-2〉에서 주식 A, B의 기대수익률을 측정하면 다음과 같다.

$$E(R_A) = (0.3 \times 1.0) + (0.4 \times 0.15) + (0.3 \times -0.7) = 0.15\ (15\%)$$
$$E(R_B) = (0.3 \times 0.4) + (0.4 \times 0.10) + (0.3 \times -0.2) = 0.10\ (10\%)$$

주식 A의 기대수익률(15%)이 주식 B(10%)보다 높다. 이렇게 측정되는 기대수익률의 계산은 산술평균수익률 계산방법을 적용한 것이다(다음 예제 참조).

제 2 절 투자위험

1 투자위험의 측정

앞에서 '부의 증식원리'를 설명하면서 변동성이 낮아야 복리수익이 커지므로 손실의 최소화에 집중하는 것이 필요함을 강조하였다. 변동성관리는 투자위험을 줄이는 것인데, 투자위험(risk)은 일반적으로 실제결과가 예상치와 서로 다를 가능성, 즉 실제결과가 기대수익에 못 미쳐 손실을 볼 가능성을 의미한다. 따라서 미래 예상되는 현금흐름의 변동성이 크면 투자위험이 큰 것으로 평가된다.

투자위험의 정도는 미래투자수익률의 확률분포로부터 그 분산도(dispersion)를 계산하여 측정한다. 확률분포의 분산도는 다음과 같이 측정되는 범위(range), 분산(variance), 표준편차(standard deviation), 분산계수(coefficient of variation) 등의 통계량을 이용할 수 있다.

$$\text{범위}(R) : R = \text{최대치} - \text{최소치} \tag{4.6}$$

$$\text{분산}(\sigma^2) : \sigma^2 = \sum [r_s - E(R)]^2 \cdot P_s \quad (4.7)$$

$$\text{표준편차}(\sigma) : \sigma = \sqrt{\sigma^2} = \sqrt{\sum [r_s - E(R)]^2 \cdot P_s} \quad (4.8)$$

$$\text{분산계수}(CV) : CV = \sigma / E(R) \quad (4.9)$$

범위(R)는 변동성을 측정하는 가장 간편한 방법이지만, 관찰값이 많아질수록 변동성이 큰 것으로 나타나는 한계점이 있다. 투자위험을 측정하는 보편적 방법은 분산(σ^2)과 표준편차(σ)를 사용하는 것이다. 〈표 4-2〉의 주식 A, B에 대하여 분산과 표준편차를 계산하면 다음과 같다.

$$\sigma_A^2 = (1.0 - 0.15)^2 \cdot 0.3 + (0.15 - 0.15)^2 \cdot 0.4 + (-0.7 - 0.15)^2 \cdot 0.3 = (0.6584)^2$$
$$\therefore \ \sigma_A = 0.6584$$
$$\sigma_B^2 = (0.4 - 0.10)^2 \cdot 0.3 + (0.10 - 0.10)^2 \cdot 0.4 + (-0.20 - 0.10)^2 \cdot 0.3 = (0.0540)^2$$
$$\therefore \ \sigma_B = 0.2324$$

기대수익률은 주식 A가 주식 B보다 높지만, 표준편차로 측정된 위험이 낮은 것은 주식 B이다.

분산계수(CV)는 표준편차를 기대수익률(평균값)로 나누어 계산한다. 한 단위의 기대수익을 얻는 데 부담하는 위험의 정도를 측정한 것이 된다. 주식 A, B의 분산계수를 구해보면 각각 4.39, 2.32이다.

$$CV(A) = 65.84/15 = 4.39, \qquad CV(B) = 23.24/10 = 2.32$$

분산계수 기준으로 보면, 한 단위의 기대수익을 얻는 데 부담하는 위험의 정도는 주식 B가 낮다. 그러면 주식 B가 더 선호되는가? 그렇게 결론 내릴 수 없다. 왜냐하면 동일한 기대수익에 대하여 부담하고자 하는 위험성향은 투자자마다 다르기 때문이다. 투자자의 위험성향에 대하여는 다음 2항에서는 살펴본다.

이상에서는 투자위험을 평가하기 위해서 미래수익률의 확률분포로부터 분산, 표준편차, 분산계수를 추정하는 방법을 살펴보았다. 이처럼 미래수익률의 확률분포로부터 투자위험을 평가하는 것이 이상적인 방법이다. 그러나 미래수익률에 영향을 미치는 다수 요인에 대해 다각적인 예측작업을 해야 하는 번거로움이 있다. 미래수익률이 과거수익률의 패턴과 동일하다는 가정이 무리가 없으면 사후적으로 과거의 역사적 자료(historical data), 즉 표본자료를 이용하여 추정할 수도 있다.

〈표 4-3〉은 과거 12개월에 걸친 수익률 자료의 예인데, 이와 같은 과거 일정기

〈표 4-3〉 과거 수익률 자료로부터의 기대수익과 위험의 측정

일 자	S자동차	H음료	시장지수(KOSPI)
2018.01.31	0.276	0.077	0.203
2018.02.28	0.003	0.134	−0.067
2018.03.30	0.072	−0.011	−0.100
2018.04.30	0.180	0.016	0.098
2018.05.31	0.204	0.112	0.059
2018.06.29	0.114	−0.130	−0.028
2018.07.31	−0.250	−0.032	−0.094
2018.08.31	−0.035	0.076	0.007
2018.09.28	−0.237	0.014	−0.128
2018.10.31	0.214	0.011	0.114
2018.11.30	0.200	0.091	0.180
2018.12.28	0.057	0.044	0.075
평균수익률	6.7%	3.4%	2.7%
수익률의 분산	0.02948	0.00523	0.01249

간 동안의 표본수익률 자료로부터 표본평균수익률($\bar{r}$)을 구하여 기대수익률의 추정치로 사용할 수 있다. 그리고 위험은 표본수익률의 편차를 제곱하여 합한 값을 자유도로 나누어 구한 표본수익률의 분산(σ^2)으로 측정하기도 한다.[8]

2 투자자의 위험성향

미래 상황을 확실하게 알 수 있는 '확실성의 상황'이라면 수익률이 높은 투자안에 투자하면 된다. 이를 기대수익극대화(maximizing expected return)기준이라고 한다. 그러나 불확실성의 상황이라면 예상투자수익률이 높은 투자안이 반드시 좋은 투자안은 아니다. 앞에서 설명한 것처럼 투자실제에서는 투자수익이 증가할수록 투자위험이 증가하게 되는 '수익과 위험의 상반관계(trade-off)'가 존재하기 때문이다. 아무리 기대수익이 높아도 위험 또한 매우 높으면 이를 선택하지 않는 사람이 많을 것이다. 이러한 측면에서 "기대수익극대화기준"은 불확실성의 상황에서는 적절한 선택기준이 못 된다.

8) EXCEL을 활용한 표본수익률의 분산 계산 : =VAR(수익률자료영역) 또는 =VARP(수익률자료영역)

〈표 4-4〉 투자자의 위험성향(표준투자권유준칙 기준)의 분류

등 급	투자성향
1등급 (안정형)	예금 또는 적금 수준의 수익률을 기대하며, 투자원금에 손실이 발생하는 것을 원하지 않음
2등급 (안정추구형)	투자원금의 손실위험은 최소화하고, 이자소득이나 배당소득 수준의 안정적인 투자수익을 목표로 함. 다만, 수익을 위해 단기적인 손실을 수용할 수 있으며, 예 · 적금보다 높은 수익을 위해 자산 중 일부를 변동성 높은 상품에 투자할 의향이 있음
3등급 (위험중립형)	투자에는 그에 상응하는 투자위험이 있음을 충분히 인식하고 있으며, 예 · 적금보다 높은 수익을 기대할 수 있다면 일정수준의 손실위험을 감수할 수 있음
4등급 (적극투자형)	투자원금의 보전보다는 위험을 감내하더라도 높은 수준의 투자수익 실현을 추구함. 투자자금의 상당 부분을 주식, 주식형 펀드 또는 파생상품 등의 위험자산에 투자할 의향이 있음
5등급 (공격투자형)	시장평균수익률을 훨씬 넘어서는 높은 수준의 투자수익을 추구하며, 이를 위해 자산가치의 변동에 따른 손실위험을 적극 수용. 투자자금 대부분을 주식, 주식형 펀드 또는 파생상품 등의 위험자산에 투자할 의향이 있음

자료 : 금융감독원, 금융투자협회

투자결정을 내리는 데에는 투자수익과 투자위험 모두를 고려해야 하는데, 투자위험과 투자수익 가운데 어느 쪽을 중시하는지는 투자자마다 다르다. 기대수익이 웬만큼 높지 않으면 투자위험을 부담하지 않으려는 투자자가 있는 반면에, 약간의 높은 기대수익이 예상되더라도 상당한 위험부담을 감수하려는 투자자가 있다. 투자자의 위험성향, 즉 주관적 태도에 따라 투자자산의 선택이 다르게 된다.

금융투자회사가 일반투자자(고객)에게 투자권유를 함에 있어 준수해야 할 구체적인 절차 및 기준 등을 제시하는 표준투자권유준칙(금융감독원)에서는 투자자의 위험성향에 대해서 〈표 4-4〉에서처럼 5등급으로 나누어 안정형, 안정추구형, 위험중립형, 적극투자형, 공격투자형으로 구분하고 있다.

투자이론에서는 투자자의 위험성향에 따른 유형을 위험회피형(risk averter), 위험중립형(risk neutral), 위험선호형(risk seeker)의 세 가지 유형으로 나눈다. 이들 세 가지 유형의 차이는 효용과 효용함수라는 개념으로 설명할 수 있다. 효용(utility)은 투자수익과 위험이 동시에 고려된 투자자의 주관적인 만족도를 측정한 것이고, 효용함수(utility function)는 이 만족의 정도를 지수 또는 점수(scoring system)로 나타낸 것이다.

이제 이들 세 투자자 유형의 효용함수를 투자수익(또는 富)과 효용의 관계에서 그림으로 나타내면 [그림 4-2]의 (1)에서 (a), (b), (c)와 같다. 위험회피형의 효용함수는 원점에 대하여 오목한 형태(concave)로서 투자수익의 증가가 있을 때 체감하는 모양을 보이게 된다. 투자수익이 증가하더라도 위험도 동일하게 증가하면 투자

[그림 4-2] 투자자의 유형에 따른 효용함수의 형태와 무차별효용곡선

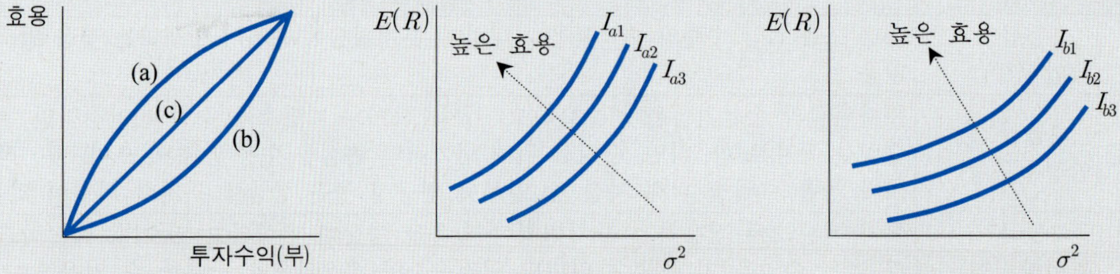

(1) 투자자의 유형
(a) 위험회피형
(b) 위험선호형
(c) 위험중립형

(2) 보수적 투자자의 무차별효용곡선

(3) 공격적 투자자의 무차별효용곡선

수익과 위험이 동시에 고려된 만족도(한계효용)는 체감할 것이기 때문이다. 반면에 위험선호형의 그것은 위험증가보다는 투자수익의 증가를 더 중시하기 때문에 한계효용은 체증하는 모양을 보여 원점에 대해 볼록한 형태(convex)를 보인다. 투자수익과 투자위험의 증가에 중립적인 위험중립형의 효용함수는 직선형으로 표시된다.

한편 투자자의 효용함수는 [그림 4-2]의 (1)과 같이 X축에 투자수익, Y축에 효용을 표시하여 나타낼 수도 있지만, (2), (3)과 같이 X축에 기대수익률 $E(R)$, Y축에 위험 σ^2을 표시하여 무차별효용곡선으로 나타낼 수 있다. **무차별효용곡선**(indifferent utility curve)은 동일한 효용을 가져다주는 기대수익 $E(R)$과 분산(위험) σ^2의 조합을 연결한 곡선을 말한다. 세 가지 투자자 유형 중에서 이성적 투자자라고 볼 수 있는 위험회피형 투자자의 무차별효용곡선은 [그림 4-2]의 (2), (3)과 같이 원점에 대하여 볼록한 모양을 보인다. 왜냐하면 보다 높은 수준에서의 위험증가가 있을 때 투자수익의 더 큰 증가가 있지 않으면 전과 동일한 만족을 느끼지 못하는 것이 정상적 투자자이기 때문이다.

같은 위험회피형의 투자자라도 위험회피도, 즉 위험의 증가에 따라 보상을 바라는 정도에는 서로 차이가 있게 된다. 위험회피도가 클수록 무차별효용곡선의 기울기는 가파르게 나타날 것이다. [그림 4-2]의 (2)처럼 기울기가 가파른 경우는 극히 위험을 회피하는 보수적인 투자자(more risk averse)의 예로서, 일정한 위험증가가 있을 때 보다 많은 기대수익 증가를 요구하는 경우이다. 반면 (3)처럼 기울기가 덜 가파른 경우는 공격적인 투자자(less risk averse)의 예로서, 기대수익의 증가가 위험증가에 미치지 못하더라도 만족하는 경우를 나타낸다.

제 3 절 이자율

1 요구수익률

투자자들은 투자수익과 투자위험을 모두 고려하여 투자를 결정해야 한다. 그러면 투자위험을 감안할 때 어느 수준의 투자수익이면 만족할까? 투자수익률이 높으면 높을수록 좋을 것이다. 그러나 앞서 지적한 것처럼 현실의 투자세계에서는 투자수익과 위험 사이에는 상반관계(trade off)가 존재한다. 따라서 투자위험을 감안할 경우 최소한의 투자수익률을 투자결정의 기준으로 삼을 수밖에 없다.

투자자가 어느 특정 투자대상에 투자할 때 기대하는 최소한의 만족할 수 있는 수익률을 요구수익률(required rate of return)이라고 부른다. 최소한 만족할 수 있는 수익률은 성격(위험 등)이 유사한 다른 투자대상으로부터 얻을 수 있는 수익률은 되어야 할 것이므로 **기회투자수익률**을 의미하기도 한다. 요구수익률은 투자자산들의 적정한 투자가치를 평가하거나 직접 투자결정하는 기준이 된다. 투자자산으로부터 예상되는 기대수익률이 최소한 만족할 수 있는 요구수익률을 상회하면 과소평가된 것으로 판단되어 투자결정을 쉽게 할 수 있기 때문이다.

그러면 투자가치평가의 기준이 되는 요구수익률, 혹은 기회투자수익률의 정도를 좌우하는 요소에는 어떤 것이 있는가?

제1장에서 투자란 확실한 현재의 소비를 희생하여 이에 대한 보상으로 불확실한 미래의 이득을 바라는 행위라고 정의했는데, 이러한 투자의 속성으로부터 최소한 만족할 수 있는 요구수익률이 얼마나 되어야 하는지를 유도해 볼 수 있다.

첫째는 시차보상이다. 현재의 소비 일부를 희생한 대가로 얻어지는 미래의 투자수익은 시간적 경과 속에서 기다려야 얻어지는 것이므로 최소한 시간적 차이에 대한 보상이 필요하기 때문이다. 이 시차보상에 대한 가격은 시장에서 구체적으로 이자율로 표시된다. 그래서 기다리는 데 대한 보상인 이자율수준이 높아지면 소비를 미래로 연기하여 저축하는 경향이 높아지고, 반대로 이자율이 낮아지면 오늘(현재) 소비하는 경향이 높아진다. 정기예금이나 국공채와 같은 투자대상은 이와 같은 시차보상의 성격이 제일 강한 투자대상이다.

둘째는 위험보상이다. 미래에 얻어지는 투자수익은 불확실한 것이므로 적절한 위험보상이 있지 않으면 투자하지 않을 것이기 때문이다. 이와 같은 위험보상의 성격이 강한 대표적 투자대상은 주식인데, 위험보상에 대한 시장가격은 위험보상률

〈표 4-5〉 투자행위의 기본속성, 선택문제, 요구수익률의 관계

투자행위의 기본속성	선택문제	요구수익률
투자수익 : ① 시간적 틀 ② 불확실성/위험	시차선호의 문제 위험선호의 문제	시차보상 : 이자율 위험보상 : 위험보상률

(risk premium)로 측정할 수 있다.

이러한 의미에서 투자자들이 투자할 때 기대하는 최소한의 요구수익률이나 기회투자수익률의 근거가 되는 것은 정기예금이나 단기국공채와 같은 무위험자산(risk-free asset)의 이자율과 적절한 위험보상률의 합이 될 것이다.

$$
\begin{aligned}
\text{요구수익률} &= \text{시차보상} + \text{위험보상} \\
&= \text{이자율(무위험자산수익률)} + \text{위험보상률}
\end{aligned}
$$

요약하면 투자행위의 기본속성과 선택문제, 그리고 본절에서 설명한 요구수익률의 관계는 〈표 4-5〉와 같이 정리할 수 있다.

2 이자율의 결정요인

이자율과 위험보상률에 영향을 미쳐 요구수익률을 달라지게 하는 구체적 요인들은 무엇인가? 요구수익률을 구성하는 이자율수준의 결정요인에 대한 설명이론에는 대여가능자금이론과 유동성 선호이론이 있다.

대여가능자금이론(loanable-funds theory)에 의하면 시중이자율은 일정기간에 걸친 대여가능자금의 수요와 공급에 의해서 결정된다고 본다. 구체적으로 대여가능자금의 공급은 소득의 일부를 저축할 수 있는 가계 등의 자금잉여주체로부터 나오게 되는데, 자금잉여주체의 자금공급은 현재소비 대 미래소비의 시차선호도 그리고 부의 수준에 좌우된다. 이자율이 높을수록 미래소비의 선호도가 높아져 자금잉여주체들은 현재소비를 줄이고 자금대여를 더 많이 하려고 할 것이다. 즉, 대여자금의 공급과 이자율수준 사이에는 [그림 4-3]의 SL선처럼 正의 관계가 성립한다.

한편 대여자금의 수요는 자신의 소득 이상으로 소비하거나 투자하기 때문에 외부로부터 자금을 차입해야 되는 자금부족경제부문(적자주체)으로부터 있게 되는데, 이자율이 낮을수록 자금부족부문은 더 많이 차입하고자 한다. 대표적인 자금부

[그림 4-3] 이자율수준의 결정 : 대여가능자금이론

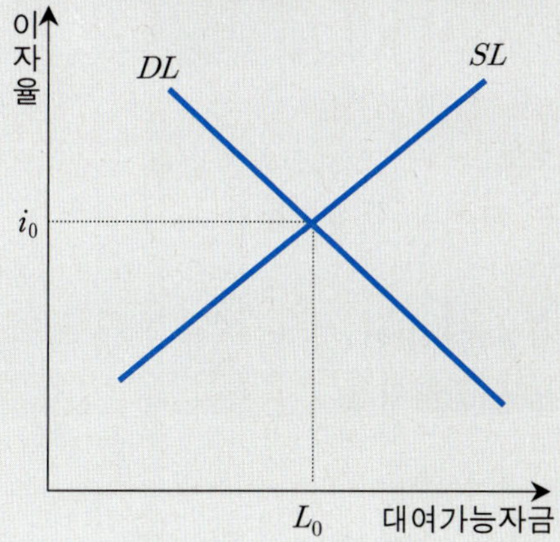

[그림 4-4] 이자율수준의 결정 : 유동성선호이론

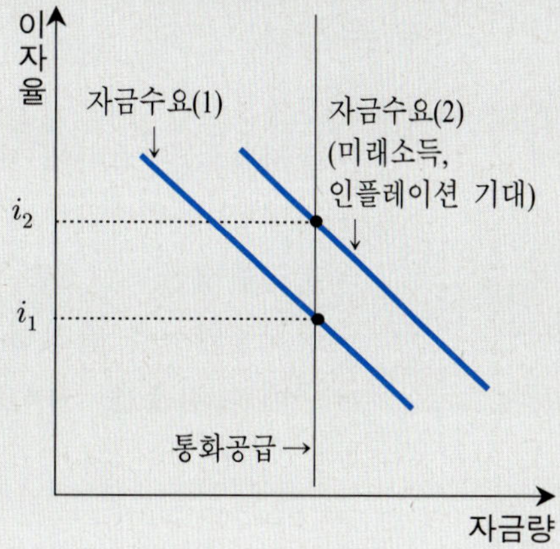

족경제부문인 기업의 경우 여러 투자기회가 있을 때 이자율(자본비용)이 낮을수록 자본의 한계효율이 높아지므로 자금수요가 많아지게 된다. 상대적으로 투자수익률이 높게 예상되는 투자사업이 많을 경우도 자금수요는 많아진다. 그래서 대여자금의 수요와 이자율수준 사이에는 [그림 4-3]의 DL 선처럼 負의 관계가 성립한다.

결과적으로 균형이자율은 대여자금의 공급과 수요가 일치($SL = DL$)되는 i_0 수준에서 결정되고, 이때의 자금의 크기는 L_0 이 된다. 이자율수준의 변동은 공급이나 수요 중 어느 한쪽이 다른 쪽보다도 많아질 때 초래된다. 즉, 자금수요가 증가하면 이자율은 상승하고 자금공급이 증가하면 이자율은 하락한다. 인플레이션이 높을 것으로 기대되는 상황에서는 자금수요를 증가시키고 자금공급은 감소시키게 되므로 이자율이 상승한다.

한편 유동성 선호이론(liquidity preference theory)에 의하면 균형이자율은 일정시점에서의 자금의 수요와 공급에 의해서 결정되는데, 자금의 공급은 중앙은행의 통화공급량(시중은행에 대한 지불준비금의 통제)에 의해서 좌우되고, 자금의 수요는 국민소득과 이자율수준에 영향받는다고 본다. 왜냐하면 자금의 수요는 미래에 소비하기 위한 유동성을 확보할 목적에서 발생하는데, 소득이나 부(국민총생산)가 증가할 것으로 예상되면 유동성 목적의 자금수요가 증가하기 때문이다. 그러나 유동성 목적의 자금보유는 수익률이 영(0)이므로 기회비용이 적지 않은데, 이자율이 높아지면 기회비용이 높아져서 자금수요는 감소하게 된다.

결과적으로 [그림 4-4]에서 보는 것처럼 자금수요는 국민총생산(국민소득)에 비례하고 이자율수준에 반비례하게 된다. 이에 더하여 실질구매력을 감소시키는 인플레이션이 기대되는 상황은 명목이자율을 상승시킨다.

이상에서 설명한 주장들을 종합해 보면 이자율 결정요인은 다음과 같이 요약할 수 있다.

- 투자자들의 소비에 대한 시차선호도
- 기업들이 생산기회에 대해서 갖는 자본의 한계효율
- 총국민생산(미래소득)
- 통화공급량을 결정하는 정부의 재정금융정책
- 구매력 감소를 가져오는 미래 기대인플레이션

3 인플레이션

인플레이션(inflation)이란 일반적으로 물가가 지속적으로 상승하거나 화폐가치가 지속적으로 하락하여 화폐의 구매력을 감소시키는 현상을 말한다. 위에서 설명한 이자율 결정요인 중에서 시중이자율에 큰 영향을 미치는 요인의 하나는 인플레이션이다.

인플레이션과 시중이자율의 관계를 분석하기 위해서는 명목수익률과 실질수익률의 개념을 구분할 필요가 있다. 명목이자율(nominal interest rate)은 인플레이션에 의한 화폐가치의 변동이 고려되지 않은 현금흐름으로부터 계산된 명목상의 이자율이다. 100만원을 투자했는데 명목이자율이 6%라면, 1년 후 명목상의 현금흐름은 106만원이 된다. 명목이자율은 단순히 현금흐름의 증가율이다.

반면 실질이자율(real interest rate)은 화폐가치의 변동(구매력 감소)을 고려하여 계산된 이자율을 말한다. 즉, 구매력을 감안한 현금흐름의 증가율이다. 위의 예(명목이자율이 6%)에서 물가상승률이 4%라면, 물가상승을 고려했을 때 1년 후 받게 되는 실질현금은 약 102만원이라고 할 수 있다. 실질이자율은 명목이자율에서 인플레이션율을 뺀 것만큼 작아진다.

현실경제에서 만약 기대인플레이션율이 높아지면 화폐가치의 하락, 구매력 감소를 보전받기를 원하게 되므로 시중이자율은 상승한다. 물가상승률이 높을 것으로 예상되는 상황에서는 자금수요가 증가하고 자금공급이 감소하므로 이자율을 상승시키는 것이다. 요약하면 향후 예상되는 물가상승률이 높아지면 투자자는 명목이자율이 높아지기를 기대하므로 명목이자율은 실질이자율과 기대인플레이션의 합으로 이루어진다는 피셔효과(Fisher effect)가 존재한다. 만약 실질이자율이 5%인데 기대인플레이션이 3%라면 명목이자율은 8% 정도가 될 것이다.[9)]

$$\text{명목이자율}(R^N) \approx \text{실질이자율}(R^r) + \text{기대인플레이션}(C) \tag{4.10}$$

4 위험의 원천과 위험보상률

대부분의 투자자산들은 정도의 차이만 있을 뿐 미래투자수익률이 불확실한 투자위험이 있다. 위험이 증가하면 투자자들이 원하는 요구수익률은 증가하게 된다. 특정 투자대상이 지니는 투자위험을 감수하는 것에 대한 적절한 위험보상을 원한다. 각종 투자대상들이 지니는 투자위험의 크기와 성격은 다음과 같은 위험요인의 크기에 따라 위험보상의 정도와 요구수익률의 크기가 달라진다.

1) 영업위험

영업위험(business risk)이란 기업의 영업성격 때문에 야기되는 불확실성을 말한다. 기업이 취급하는 제품특성상 경기변동에 취약하거나 계절성을 띰으로써 매출액의 변동성이 큰 경우, 산업 내 경쟁업체간에 경쟁이 치열한 경우, 고정비 부담이 크기 때문에 영업이익의 변동성이 커지는 경우 등이 영업위험이 큰 예이다.

2) 재무위험

재무위험(financial risk)이란 기업의 투자활동에 필요한 자금의 조달방법 때문에 야기되는 불확실성을 말한다. 투자자금을 자기자본보다도 타인자본으로 조달하는 비중이 커질수록 고정적인 이자지급의 부담이 많아져서 순이익흐름의 변동성이 커지고 채무불이행의 위험이 높아진다.

---

9) 기초물가지수를 C_0, 기말물가지수를 C_1, 명목이자율을 R^N, 실질이자율을 R^r, 물가상승률을 $C(=C_1/C_0)-1)$ 라고 표시하면 이 두 가지 수익률은 다음 관계가 성립한다.

$$1+R^r = \frac{C_0(1+R^N)}{C_1} = \left(\frac{1}{1+C}\right)(1+R^N) \tag{4.A}$$

$$(1+R^N) = (1+R^r)(1+C) \qquad \therefore\ R^N = R^r + C + R^r \cdot C$$

위 식의 우변 마지막 항 $R^r \cdot C$의 값은 매우 작으므로 식 4.10과 같이 바꿔 쓸 수 있다.

3) 유동성위험

유동성위험이란 환금성에 어려움이 있거나 적절한 가격수준으로 사고파는 데 있어서 불확실성이 큰 위험을 말한다.

4) 국가위험, 환위험

국가위험(country risk)이란 국제투자시에 특정국가의 정치적 혹은 경제적 불안정과 큰 변혁으로 인하여 초래될 수 있는 불확실성을 말한다. 만약 정치적 변혁을 겪고 있는 나라라면 정치적 · 경제적 불안이 적지 않으므로 요구수익률이 높게 된다. 국제적으로 투자하면서 자국통화가 아닌 외국통화로 투자하면 환위험(exchange rate risk)도 부담하게 된다.

5) 포트폴리오위험

투자위험은 일차적으로 개별기업이 지니는 영업위험이나 재무위험 등에 의해서 발생한다. 그러나 개별자산의 위험은 여러 자산에 분산투자하여 포트폴리오(portfolio)를 구성하게 되면 상쇄되어 없어질 수도 있다. 예를 들어 영업성격이 매우 이질적인 기업의 증권들로 포트폴리오를 구성하면 현금흐름의 변동성이 크게 줄어 투자위험이 작아진다. 다른 투자자산과의 관계를 고려하지 않고, 독립적 상황에서 개별자산으로부터 예상되는 현금흐름의 변동성만을 고려하는 위험을 개별자산위험(stand-alone risk)이라고 부르는 반면에, 다른 자산과의 결합관계에서, 포트폴리오 구성의 관점에서 평가되는 투자위험을 포트폴리오위험(portfolio risk)이라고 한다.[10)]

10) 포트폴리오위험은 제10장 제2절에서 설명하는 "공분산", "상관계수"로 측정하고, 시장위험의 정도는 제12장 제1절에서 설명되는 "β계수"로 측정한다. 이와 관련하여 투자위험의 원천을 시중금리, 환율 등 시장전체 공통요인에 기인하여 초래되는 **시장위험**(market risk)과 개별기업 각각의 호재나 악재로 인하여 초래되는 **기업고유위험**(company specific risk)으로 구분하기도 한다. 또 시장전체 공통의 거시적 변동요인과 연동된 **체계적 위험**(systematic risk)과 신제품개발의 성공이나 실패와 같이 개별기업 고유의 미시적 요인의 변동으로 인하여 발생하는 **비체계적 위험**(non-systematic risk)으로 구분한다. 상세한 설명은 제10장과 제12장 참조.

연습문제

1. 다음 사항에 대하여 설명하라.

시간가치(시간효과)	단리와 복리	보유기간수익률
다기간 보유수익률	산술평균수익률	기하평균수익률
기대수익률	분산(표준편차)	분산계수
투자자의 위험성향	효용(효용함수)	무차별효용곡선
요구수익률	이자율의 결정요인	대여가능자금이론
유동성 선호이론	인플레이션	실질이자율
피셔효과	영업위험	재무위험
유동성위험		

2. 다음 중 잘못 서술되어 있는 문항을 고르고, 그 문항이 잘못 서술되고 있음을 논리적 · 이론적 근거를 제시하여 설명하라.
   (1) 복리계산에서 시간효과란 원본에 대한 이자도 그 다음 기 원금에 포함되어 이에 대해서도 이자가 붙으면서 부가 급증하는 현상을 말한다.
   (2) 목표시점에서 보다 많은 부를 얻게 되는 경우는 높은 이자율(운용수익률), 장기투자의 경우이고, 이자율(수익률)의 변동성은 부의 크기에 영향을 미치지 않는다.
   (3) 다기간 투자수익률의 계산에서 산술평균수익률은 누적된 부의 크기를 보여주므로 투자자가 원하는 부의 증식률을 적절히 측정한다.
   (4) 투자위험을 측정하는 보편적 방법으로는 표준편차와 분산계수가 있다.
   (5) 불확실성의 상황이라면 투자수익과 투자위험 사이에는 상반관계가 존재하므로 기대수익극대화기준으로 투자결정해야 한다.
   (6) 위험회피형의 효용함수는 원점에 대하여 볼록한 형태(convex)로서 투자수익의 증가가 있을 때 체증하는 모양을 보이게 된다.
   (7) X축에 $E(R)$, Y축에 σ^2을 표시하여 효용곡선을 표시하면, 위험회피도가 클수록 무차별효용곡선의 기울기는 완만하게 나타날 것이다.
   (8) 유동성 선호이론에 의하면 이자율은 투자자들의 소비에 대한 시차선호도와 기업들이 생산기회에 대해서 갖는 자본의 한계효율에 의해서 결정된다.
   (9) 명목이자율은 실질이자율과 기대인플레이션의 합으로 이루어진다.

3. [투자수익과 위험에 관련된 주요 개념]
   (1) 산술평균수익률과 기하평균수익률의 차이
   (2) 요구수익률의 결정요인
   (3) 이자율 결정이론
   (4) 위험보상률을 결정짓는 위험의 원천

4. [다기간 보유수익률]

(주)칠성의 주식을 2년 전에 한 주에 20,000원씩 10주를 매수하였다. 1년 전에 주당 1,000원의 배당을 받았고, 주식가격은 한 주에 30,000원이 되었다. 매수 후 2년말 현재 주당 2,000원의 배당을 지급하고 주식가격은 18,000원이 되었다.

(1) 1년차와 2년차의 기간별 수익률을 구하라.

(2) 2년에 걸친 이 투자에 대하여 산술평균수익률을 구하라.

(3) 이 투자의 현재시점까지 누적된 부와 기하평균수익률을 구하라.

5. [산술평균수익률과 기하평균수익률]

세 펀드매니저의 연차별 수익률이 다음과 같다. 각각에 대하여 산술평균수익률과 기하평균수익률을 구하라. 어느 경우가 투자성과가 제일 좋은가?

	1년차	2년차	3년차
펀드매니저 A	50%	50%	−50%
펀드매니저 B	70%	70%	−70%
펀드매니저 C	5%	5%	5%

6. 지금 (주)엔젤에 1,000만원을 투자하려고 하는데, 앞으로 1년간에 걸친 예상투자수익률이 100%(금액기준 2,000만원)가 될 확률이 0.5이고, 투자수익률이 −50%(금액기준 500만원)가 될 확률이 0.5이다.

(1) 기대수익률을 구하라.

(2) 기하평균수익률을 구하고, 미래 예상투자수익률을 추정하는 데 적절하지 못한 이유를 설명하라.

7. [기대수익과 위험의 추정]

(주)챠밍과 (주)바디에 대한 증권분석 결과, 다음과 같이 예상수익률이 추정되었다.

상 황	확 률	(주)챠밍	(주)바디
호황	0.20	0.20	−0.10
정상	0.60	0.10	0.20
불황	0.20	0.00	0.50

(1) 두 주식에 대하여 기대수익률, 표준편차, 범위, 분산계수를 구하라.

(2) 위험회피형의 투자자라면 어느 주식에 투자할 것인가? 그 이유는 무엇인가?

38.25 +0.66 3,300
79.75 0.00 5,136,100
5.25 -1.87 153,100
3.52 +0.57 4,169,300
1.32 0.00

PART Ⅱ

주식투자

CHAPTER

5

경제-산업-기업 분석

기본적 분석의 관점에서 보면 주식투자의 핵심은 주식의 내재가치를 평가하여 과소 또는 과대 평가된 증권을 식별해내는 것이다. 이를 위해서는 먼저 보통주의 투자가치를 원천적으로 결정짓는 요인에 대한 분석이 필요하다. 이들 요인은 국민경제적 · 산업적 · 기업적 요인으로 나누어 볼 수 있다.

본장에서는 경제-산업-기업 분석체계에 따라 기업의 미래이익, 내재가치에 영향을 미치는 요인에 대하여 살펴본다. 다음은 본장의 학습목표로서 이해해야 할 주요 사항들이다.

- 기업의 미래이익과 주가에 영향을 주는 거시경제변수들
- GDP, 이자율, 인플레이션, 환율, 경기순환 등과 주가와의 관계
- 산업의 유망성을 결정짓는 요인에 대한 산업분석
- 기업의 경영성과에 영향을 주는 기업적 요인들에 대한 기업분석
- 기업의 지속가능 경쟁우위, 핵심역량을 평가하는 요소들

삼성전자의 영업실적, 주가에 영향을 미치는 경제-산업-기업적 요인

삼성전자 연간 실적

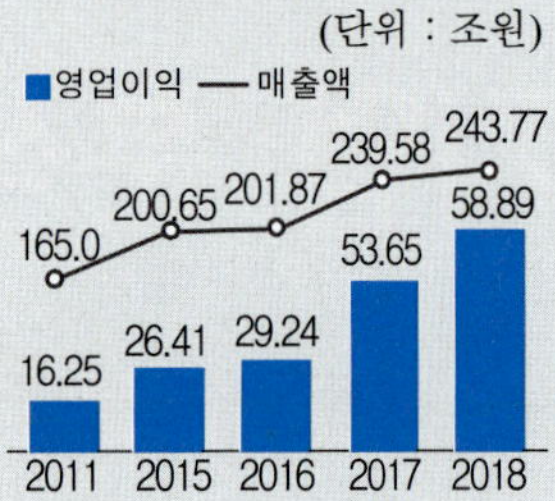

2018년 4분기 부문별 실적

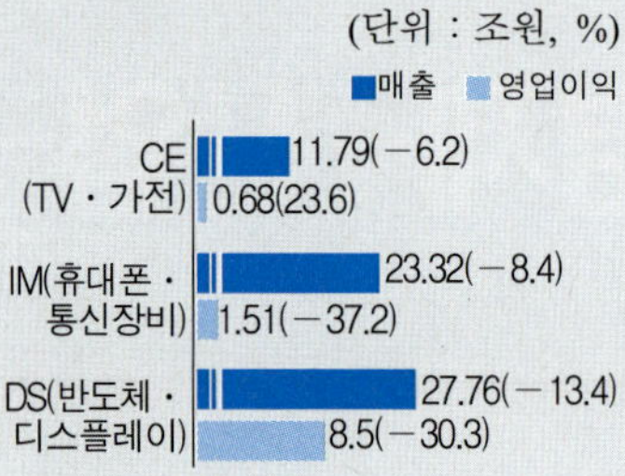

＊괄호 안은 전년 동기 대비 증감률

메모리 반도체 가격

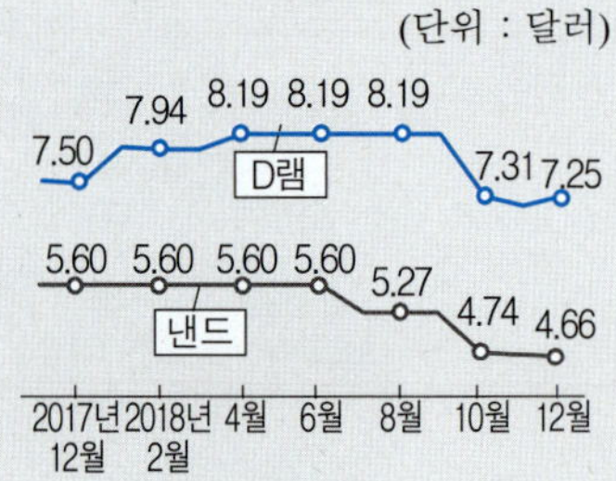

＊D램은 DDR4 8Gb, 낸드는 128Gb MLC 고정거래가 기준.
자료 : D램익스체인지

삼성전자는 2017년도 반도체 경기의 호황으로 매출 239.6조원, 영업이익 53.7조원, 순이익 44.3조원의 영업실적을 올렸다. 이를 반영하여 2017년 11월 2일 57,520원의 최고가를 기록하였다. 그러나 2018년도 전체는 비록 매출은 243.8조원, 영업이익은 58.9조원의 증가세를 보였지만, 이미 2018년도 3/4분기부터 급격한 하락세를 보여, 4/4분기는 전기보다 매출은 10.2%, 영업이익은 28.7% 급락하였다. 이처럼 급격히 악화된 원인은 글로벌 경기둔화, 미·중 무역분쟁, 금리인상과 같은 외부경제적 환경이 악화되었을 뿐 아니라 반도체업 경기가 본격적으로 둔화된 데 기인한다.

반도체업은 2018년도 상반기까지 구글, 아마존과 같은 IT공룡기업들의 빅데이터, 클라우드 사업의 폭발적인 수요증가로 초호황을 보였다. 그러나 하반기에 접어들어 수요가 둔화되고 공급과잉 상황으로 바뀌면서 위 그림에서 보는 것처럼 반도체(낸드, D램)가격이 하락함에 따라 2018년도 4/4분기 실적이 악화된 것이다. 이를 반영하여 주가는 2019년 1월 4일 36,850원의 최저가를 기록하였다. 증권분석가들은 2019년 이후는 반도체 시장규모가 7% 정도 감소하고, 중국의 본격적인 양산체제 돌입으로 경쟁이 격화되면서, 글로벌 반도체업계를 주도해 온 삼성전자, SK하이닉스, 미국의 마이크론 중 1개 업체는 중국업체에 추월당할 것으로 보고 있다. 삼성전자는 반도체부문의 비중이 2018년 상반기에 77.7%의 비중을 차지할 정도로 의존도가 높은 것도 기업전체로는 적지 않은 위험요인이 되고 있다.

기업의 영업실적과 주가에는 다양한 요인이 영향을 미친다. 이들 요인들을 경제적·산업적·기업적 요인으로 분석해 볼 수 있다. 삼성전자의 경우 2018년도 하반기 이후 영업실적과 주가에 영향을 주고 있는 경제적·산업적·기업적 요인은 무엇이라고 생각하는가?

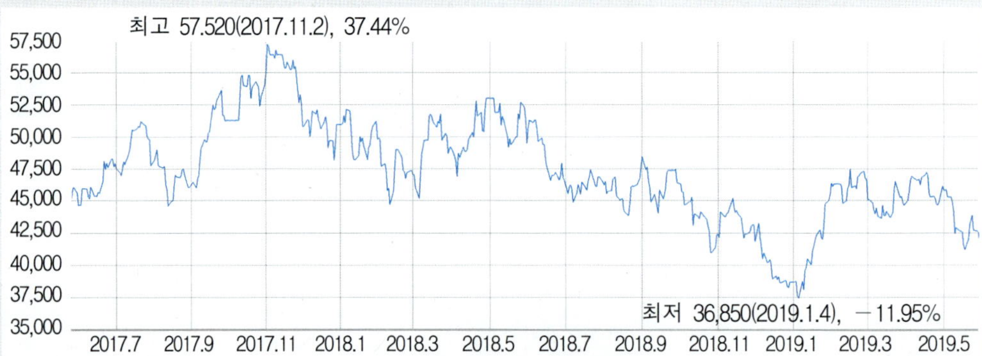

자료 : 삼성전자, 삼성증권, 매경(2018.12.29, 2019.2.1, 2019.3.9)

제 1 절 기본적 분석과 가치투자의 체계

투자결정을 위한 투자분석(증권분석)방법은 기본적 분석, 기술적 분석, 포트폴리오 분석 방법으로 나누어 볼 수 있음을 제1장 제3절에서 설명한 바 있다.

기본적 분석(fundamental analysis)의 주된 특징은 시장에서 가치가 잘못 평가된 증권을 찾기 위해서 개별종목 중심으로 내재가치(intrinsic value)를 분석한다는 점이다. 내재가치를 추정하는 구체적인 기본적 분석의 작업은 다음과 같이 요약된다.

① 증권의 내재가치를 결정짓는 요인들이라고 볼 수 있는 주당이익, 배당, 재무구조, 업계에서의 경쟁적 지위, 성장성, 사업위험 등을 평가한다.
② ①에 근거하여 미래이익을 예측한다.
③ ②에 근거하여 적정주가를 추정한다.

내재가치를 결정짓는 기업의 미래이익은 어떤 요인에 의해서 영향받는가? 기업의 이익은 일차적으로 그 기업이 취급하는 제품들의 판매량, 판매가격, 제반원가에 의해서 결정된다.

이익＝매출액－원가(비용)
　＝(판매량×판매단가)－f(판매량 또는 생산량)

이들 요소에 영향을 미치는 원천적 요인들은 [그림 5-1]과 같이 경제-산업-기

[그림 5-1] 기업의 미래 이익, 위험에 영향을 미치는 요인(경제-산업-기업 분석체계)

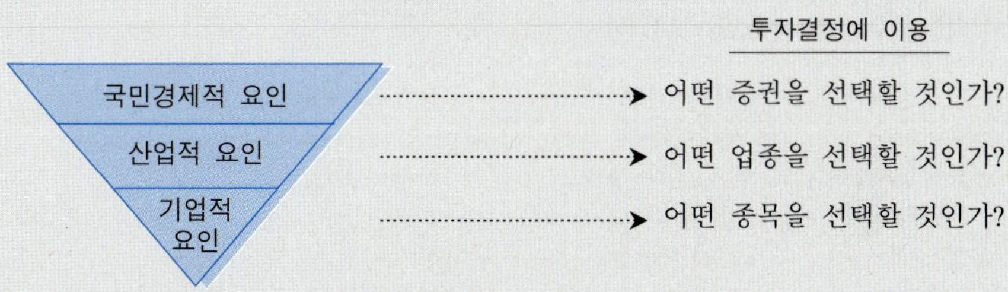

• 미래이익 : 판매량, 판매가격, 비용
• 할인율 : 이자율, 영업위험, 재무위험

업적 요인으로 분류할 수 있다.

기업의 이익흐름을 좌우하는 원천적 요인으로서 국민경제적 요인이란 그 나라 GDP성장률, 1인당 국민소득, 이자율수준, 환율, 인플레이션, 경제의 경기순환 국면, 글로벌 경제상황 등을 말한다. 이러한 국민경제적 요인들은 그 기업의 매출액과 매출원가에 영향을 주어 궁극적으로 특정기업의 이익흐름에 영향을 미친다. 이 요인들은 채권, 주식, 부동산 등 여러 가지 투자자산에 대한 투자비율을 결정하는 자산배분결정시에 주요 고려요인이 되기도 한다.

산업적 요인은 특정기업이 속하는 당해산업의 수요성장률, 시장규모, 경쟁치열도, 비용구조, 수요의 대체가능성 등의 요인을 말한다. 이 요인들은 당해산업의 유망성을 다르게 하고, 궁극적으로는 특정기업의 이익흐름에 영향을 주게 된다. 주식 중에서 어떤 업종이 유망한지를 판단하는 기준이 되기도 한다.

기업적 요인이란 개별기업마다 다른 경쟁력, 생산성, 자산이용의 효율성, 재무효율성 등을 말한다. 비록 유망한 산업 내에 진출하고 있더라도 어떤 특정기업의 종목이 투자가치가 더 높은가를 판단하여 유망종목을 선택해야 하는데, 종목선정의 기준이 되기도 한다.

요약하면 기본적 분석의 목적인 과소 또는 과대 평가된 증권을 식별해내기 위해서는 당해주식의 미래 이익흐름과 그 불확실성을 추정할 필요가 있는데, 이를 위해서는 이의 원천적인 요인이 되는 경제-산업-기업적 요인들을 다각적으로 고려해야 한다. 이러한 측면에서 기본적 분석에서는 경제-산업-기업 분석체계(economy-industry-company analysis framework)에 따라 증권분석을 행한다.

[그림 5-2] 가치투자의 흐름도

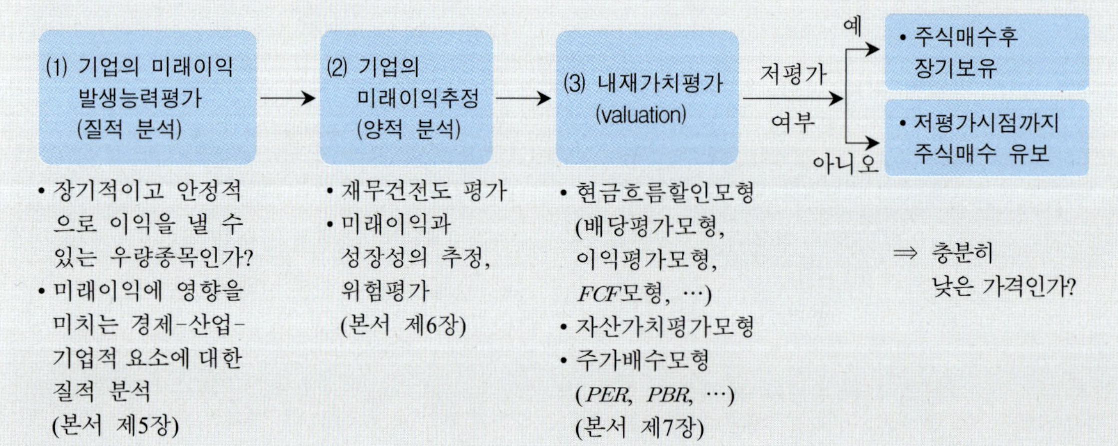

기본적 분석의 증권분석을 적용한 대표적인 주식투자방법은 가치투자(value investing)방법이다. 가치투자방법은 [그림 5-2]와 같은 투자흐름과정으로 요약할 수 있다. 핵심은 장기적이고 안정적으로 이익을 낼 수 있는 우량종목을 충분히 낮은 가격으로 매수하여 장기투자성과를 높이는 방법이라고 할 수 있다.

먼저 '우량종목'은 위에서 살펴본 경제-산업-기업 분석체계에 따라 질적 요소와 재무적(양적) 요소를 고려하여 장기적이고 안정적으로 이익을 낼 수 있는 산업과 개별종목을 말한다. '충분히 낮은 가격'인지에 대한 평가는 먼저 '적정가격'이 평가되어야 할 것이다. 분석대상 종목의 내재가치가 현재의 시장가격보다 높은지 또는 낮은지에 따라 저평가 내지 고평가 여부가 평가되는데, '적정가격' 추정은 [그림 5-2]의 (3)단계에서 보는 것처럼, 여러 방법의 "보통주 평가모형"(제7장에서 설명됨)을 적용한다.

증권의 적정가격은 해당기업의 미래 기대이익과 투자위험을 반영하는 할인율에 의해서 결정되므로 [그림 5-2]의 (2)단계처럼 보통주의 미래 주당이익과 위험도가 계량적으로 추정되어야 한다. 기업의 미래이익은 그 기업이 취급하는 제품들의 판매량, 판매가격, 제반원가에 의해서 결정되는데, 이들 요소에 영향을 미치는 원천적 요인들은 [그림 5-2]의 (1)단계 및 [그림 5-1]과 같이 경제-산업-기업적 요인으로 분류할 수 있다.

마지막으로 증권가격은 때로는 시장상황에 따라 내재적 요인보다는 투자자의 탐욕 등 심리적 요인 때문에 적정가격 이상으로 크게 오를 수도 있고, 반대로 투자자의 심리적인 공포감 때문에 적정가격 이하로 크게 하락할 수 있다([그림 5-3]의 오른쪽 그림). 적정가격에서 일정한 안전마진을 두면 '충분히 낮은 가격'에 매수하게 되므로 투자위험을 줄이는 방법이 되기도 한다.

주식투자의 주제를 다루는 제Ⅱ편에서는 이 가치투자의 흐름도에 따라서 주

[그림 5-3] 가치투자의 특징

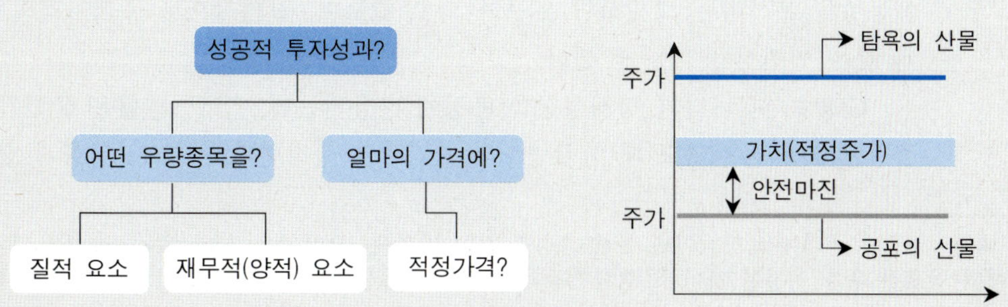

식투자의 과제를 설명한다. 제5장에서는 경제-산업-기업 분석체계, 제6장에서는 재무분석과 이익예측의 방법, 제7장에서는 적정주가 추정방법을 다룬다.

제 2 절 경제분석

증권분석에서의 경제분석(economy analysis)의 초점은 미래 국민경제의 총체적 활동수준과 경기변동의 방향을 예측하고, 주요 거시경제변수들이 특정기업의 미래 이익흐름과 위험, 그리고 궁극적으로는 주식가격에 미치는 영향을 평가하는 것이다. 본절에서는 미래 이익흐름과 주가에 영향을 주는 주요 거시경제변수들에 대하여 살펴본다.

1 주요 거시경제변수

주가에 크게 영향을 미치는 거시경제적 변수로는 국내총생산, 이자율, 인플레이션, 환율, 인구통계적 요인 등을 들 수 있다.

(1) 국내총생산

국내총생산(GDP : gross domestic product)은 일정기간 동안 한 나라의 경제활동에 의해서 창출된 최종 재화와 용역의 시장가치로서, 그 나라의 경제력, 국민소득 평가의 기초가 되고 있다. 국민경제의 흐름을 일관성 있게 체계적으로 나타내므로 경제동향을 분석하는 대표적인 도구가 되고 있으며, 결과적으로 주식가격의 움직임과 깊은 연관성을 지니게 된다.

GDP는 한 나라의 경제성장률 측정에 사용되는데, 경제성장률은 불변가격으로 측정된 GDP의 전년도 대비 금년도의 증가율로 측정한다.[1] GDP성장률과 함께 1인

---

1) GDP가 내외국인들이 국내에서 만들어낸 부를 측정한 것인 반면에, GNP(gross national product)는 내국인들이 국내외에서 창출한 부를 측정한 것이다. 경제활동의 수준을 측정할 때 제조부문으로 범위를 좁혀서 산업생산(industrial production)지수를 사용하기도 한다.

당 국민소득, 실업률 등의 거시경제변수는 구매력을 좌우하는 경제변수가 된다. 경제성장률이 높으면 전반적으로 기업의 매출과 이익이 신장되고 결과적으로 주식시장은 활황 국면을 보인다.

생산물시장(실물경제)과 증권시장(금융경제)은 유기적 관계를 가지면서 성장하게 된다. 이론적으로 보면 장기적으로는 금융경제 성장의 척도인 연평균 주가상승률은 실물경제 성장의 척도인 명목GDP성장률에 접근할 것으로 기대할 수 있다.

주가상승률 = 명목GDP성장률 = 실질GDP성장률 + 물가상승률

개별주식의 주가상승은 그 기업의 미래이익성장률에 의해서 좌우되는데, 기업이익의 성장을 국민경제 전체로 확대해 보면 명목GDP성장률만큼 이론적 주가의 상승을 기대할 수 있다.

GDP성장률 예측을 위해서는 GDP 구성항목들의 추이를 분석하는 것이 필요하다. GDP는 민간소비, 정부소비, 기업의 설비투자, 건설투자 등의 항목으로 구성되는데, 이들 구성항목의 성장률 추이가 얼마나 견실한지를 살펴보아야 한다. 견실한 경제의 성장이란 민간부문의 소비와 기업의 설비투자가 주도하는 성장이다. 민간소비와 기업의 설비투자가 부진하여 경제의 침체가 지속되면 정부가 재정확대를 통해 정부지출을 늘리게 되는 결과를 초래한다.

(2) 이자율

투자결정시 가장 중요하게 고려되는 거시경제변수의 하나는 시중이자율이다. 이자율이 경제에 미치는 영향은 다양하게 나타나는데, 이자율과 유가증권의 가격은 기본적으로 반비례의 관계에 있다. 요구수익률의 가장 중요한 구성요소인 이자율(할인율)이 상승하면 가격은 하락한다. 실제로 시중이자율이 높아지면 이는 저축수단의 상대적 수익률이 높아짐을 의미하므로 주식이나 채권의 유망성이 떨어진다. 이처럼 이자율은 자산의 상대가격에 영향을 미친다.

이자율이 기업부문에 미치는 영향은 금융비용과 실물투자 수준, 그리고 기업이익의 변동성에 미치는 영향으로 나누어 볼 수 있다. 이자율이 상승하면 이는 기업의 금융비용 상승으로 이어지고, 이는 곧 자본의 한계생산성을 하락시키는 결과를 가져오므로 기업의 설비투자는 위축된다. 이자율 상승은 타인자본 의존도가 높은 기업에서는 고정비 증가로 이어지므로 경기상황이나 성장전망에 따라서 이익의 변동성이 커진다.

이자율이 가계부문에 미치는 영향은 자산효과, 대체효과, 소득효과로 구분해 볼 수 있는데, 저금리 상황을 기준으로 설명하면 다음과 같다.

- **자산효과 :** 자산가치 증가로 소비지출이 증가하는 효과
- **대체효과 :** 저축에 대한 보상이 감소함에 따라 저축보다 소비를 늘리는 효과
- **소득효과 :** 이자소득 수령액이 감소함에 따라 소비를 줄이는 효과

이처럼 저금리는 자산효과와 대체효과를 통해 소비를 촉진시키지만, 소득효과에 의해 소비위축을 유발하는 양면성이 있으므로 어느 효과가 더 큰 상황이 될지를 판단해야 한다.

이자율 결정요인에 대해서는 제4장 제3절에서 대여가능자금이론과 유동성 선호이론 중심으로 설명한 바 있다. ① 투자자들의 소비에 대한 시차선호도, ② 기업들이 생산기회에 대해서 갖는 자본의 한계효율, ③ 총국민생산(미래소득), ④ 통화공급량을 결정하는 정부의 재정금융정책, ⑤ 구매력 감소를 가져오는 미래 기대인플레이션 등이 시중자금에 대한 수요와 공급에 영향을 미치는 주요 요인이 되므로 이들 요인이 이자율 변동에 미치는 영향을 분석하는 것이 필요하다.

(3) 인플레이션과 디플레이션

유가 등 주요 원자재 가격의 상승으로 전반적인 물가가 오르면 동일금액으로 살 수 있는 구매량이 줄게 되어 실질구매력의 감소현상이 초래된다. 인플레이션(inflation)이란 물가가 지속적으로 상승하거나 화폐가치가 지속적으로 하락하여 화폐의 구매력을 감소시키는 현상을 말한다. 인플레이션은 일반적으로 공급보다 수요가 많은 초과수요 혹은 경기과열 상황에서 주요 원자재 가격이 상승함으로써 초래된다. 때로는 통화팽창, 환율 요인에 의해서 야기되기도 한다. 1929~1932년의 경제대공항 시기를 제외하면 제2차대전 이후는 20년 이상의 장기적인 가격상승 추세를 보이는 이른바 '원자재 슈퍼사이클(super cycle)'을 보여왔다([그림 5-4] 참조). 1차 원자재 슈퍼사이클은 20세기 초반 미국 경제성장에 따른 수요 확대로, 2차는 세계대전 이후 재건 수요로, 3차는 오일쇼크에 따른 공급 부족으로, 4차는 글로벌 원자재 수요의 3분의 1의 비중을 차지하는 중국과 신흥국의 경제발전으로 인한 수요 확대로 나타난 것이었다.

인플레이션이 진행되면 금리, 부동산 등 대체투자자산의 가격, 소비지출, 기업의 실물투자에 적지 않은 영향을 미친다. 무엇보다도 인플레이션하에서 투자자

[그림 5-4] 원자재 슈퍼사이클

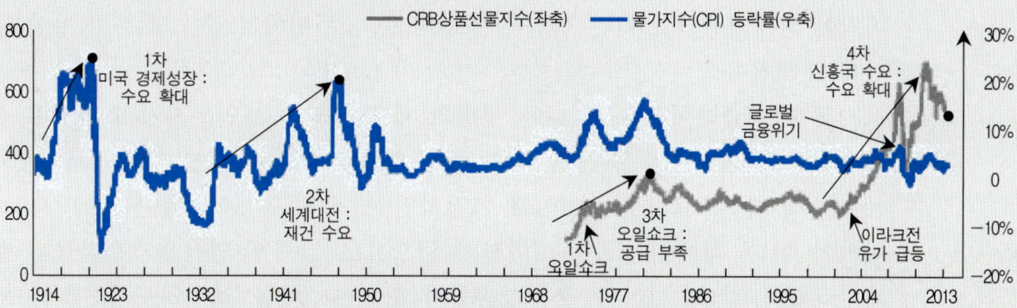

* 주1 : 상품지수의 데이터 기간이 짧아 과거 추이는 미국물가지수(CPI) 등락률로 대체
주2 : 2000년 이후 CRB(Commodity Research Bureau)지수와 미국 CPI 등락률의 움직임이 일치하지 않은 이유는 최근 상품가격변화가 신흥국(중국, 인도 등) 수요와 관련되기 때문임

자료 : 매경이코노미, 2013.8.28~9.3, 하나금융경영연구소

들의 관심은 명목수익률보다는 화폐가치의 변동이 감안된 실질수익률에 있다. 인플레이션하에 투자자들은 명목수익률이 실질수익률에 기대인플레이션을 합한 값 수준으로 보전받기를 원한다(제4장 제3절 피셔효과 참조).[2)]

현실 경제의 인플레이션과 주식수익률의 관계에서 중요한 것은 주식투자가 물가상승률만큼 명목투자수익률에서 보전받는가, 즉 인플레이션 헤지(inflation hedge) 능력이 있는가이다. 1970년대 이전만 하더라도 투자대상으로서 주식은 인플레이션 헤지능력이 있는 것으로 인식되어 왔지만, 그 이후 세계 각국이 오일쇼크 등 높은 인플레이션을 경험하면서, 인플레이션하에서는 실질투자수익률이 하락하는 상황을 경험하고 있다. 그 이유는 다음과 같은 측면에서 찾아볼 수 있다.

첫째, 인플레이션으로 인한 명목이자율의 상승은 기업의 자본비용을 상승시켜 기업으로 하여금 수익성 있는 사업의 투자규모를 줄이게 하고, 이는 증권가격의 하락으로 이어지기 때문이다. 자본비용의 상승은 경제전체로도 재투자금액의 감소, 기업의 성장률 둔화, 실업증가로 이어짐으로써 국민경제를 침체시키고, 경제의 불확실성을 높인다.

둘째, 인플레이션 환경하에서는 상대적으로 비용은 과소계상, 이익은 과대계

---

2) 인플레이션에 대한 사전적 예상은 기대수익률에 반영되겠지만, 사후적으로 인플레이션이 투자자산의 가치에 미치는 영향은 실질인플레이션(real inflation)이 기대인플레이션(expected inflation)과 어느 정도 차이가 발생하는가에 달려 있다.

상되어 법인세의 추가적인 부담, 즉 현금유출을 초래하기 때문이다. 예를 들어 역사적 취득원가 기준으로 추정되는 감가상각비는 과소평가될 수밖에 없기 때문에 이익이 과대계상되고 이는 법인세 부담의 증가로 이어져 주주의 부가 유출되는 결과를 초래한다.

셋째, 인플레이션은 또 다른 형태의 세금이 되어 개인투자자의 납세후 실질투자수익률을 낮추기 때문이다. 예를 들어, 인플레이션이 없는 경우의 투자수익률이 10%일 때 자본소득세율을 20%로 가정하면, 납세후 투자수익률은 10%×(1－0.2)＝8.0%가 된다. 이때에는 인플레이션이 없으므로 납세후 명목투자수익률과 실질투자수익률이 같다. 그러나 물가상승률이 5%이고 이를 보전하도록 명목수익률이 15%가 되었다면 납세후 명목투자수익률은 15%×(1－0.2)＝12%이지만, 인플레이션이 감안된 납세후 실질수익률은 12%－5%＝7%가 된다.

결국 인플레이션은 투자자의 납세후 실질투자수익률을 감소시키고 결과적으로 투자자의 투자의욕을 줄이기도 한다. 이는 민간부문의 부가 정부부문으로 이전되는 결과로서, 인플레이션이 높을수록 이와 같은 부의 이전효과는 확대된다.

인플레이션과 주식수익률의 관계에 대한 실증분석에 의하면, 높은 인플레이션율하에서는 (－)의 상관관계를 갖지만, 낮은 인플레이션율하에서는 (＋)의 상관관계가 있는 것으로 보고하고 있다. 그러나 인플레이션이 개별종목에 미치는 영향은 상이하다. 원자재, 인프라, 시장지배적 사업을 영위하는 기업들은 인플레이션하에서 상대적으로 높은 수익률을 나타내는 종목으로 분석되고 있다.

한편 인플레이션 현상과 반대로 디플레이션 현상이 발생하기도 한다. 디플레이션(deflation)은 전반적인 경기침체 속에서 유가 등 주요 원자재가격과 일반 물가

[그림 5-5] 유가하락의 긍정적 · 부정적 시나리오

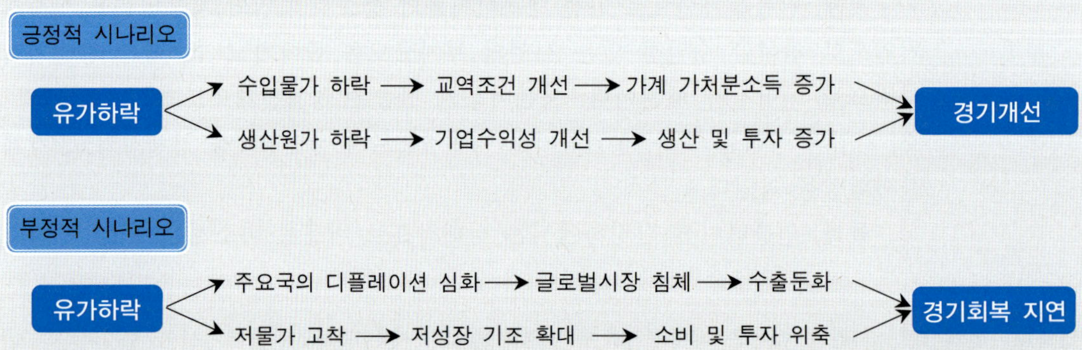

자료 : 한국경제, 2015.1.8

수준이 하락하는 상황을 말한다. 통상적으로 초과공급, 소비지출과 생산의 감소 그리고 실업의 증가 현상이 수반되는 경기침체의 경제상황에서 경험된다.

주요 원자재 가격의 하락은 제품원가(또는 수입물가) 하락으로 인한 기업수익성 개선, 경기개선으로만 이어지는 것이 아니다. 상황에 따라서는 교역국가의 경기침체로 인한 수출둔화, 국내 저물가로 인한 경제성장 둔화, 경기침체로 나타나기도 한다. [그림 5-5]는 유가하락이 가져올 수 있는 두 가지 상반된 시나리오를 정리한 것이다.

(4) 환 율

경제의 글로벌화가 진전되면서 주요국의 경제위기는 다른 나라에도 쉽게 전이되어 그 나라 경제에 큰 충격을 주는 상황이 되기도 한다. 2008년 미국발 금융위기, 2011년 유럽발 재정위기는 세계경제를 악화시키고, 이는 다시 금융과 재정 위기를 불러오는 악순환을 초래하였다. 우리나라처럼 대외의존도가 높은 경제에서는 그로 인한 충격이 적지 않다.

대외거래에서는 자국통화의 타국통화에 대한 교환비율인 환율에 따라 기업의 수익성이 크게 영향받게 된다. 일반적으로 환율이 상승(자국 통화가치의 하락)하면 자국 소비자들이 외국수입품에 대해서 지불하는 대가는 늘게 되지만, 반대로 타국 소비자들은 동일한 구매에 대해서 전보다 적은 소비지출을 하게 된다. 결과적으로 환율상승은 수입을 감소시키고 수출을 증가시키는 경향이 있다. 따라서 환율이 상승하면 단기적으로는 수출비중이 높은 기업은 대외경쟁력 및 채산성이 개선되는 효과가 있다.

반면에 환율은 인플레이션율에도 영향을 미치는데, 만약 환율이 상승하면 수입품의 원가를 상승시키므로 제품가격이 오르고 인플레이션율이 상승한다. 특히 외화표시 부채가 큰 기업은 급격한 환율상승으로 인하여 상당한 환차손을 안게 된다.

환율변동이 외국인의 국내 주식시장에 대한 투자자금의 유출입에 미치는 영향은 다른 경제상황과 연관 지어 판단할 부분이다. 환율상승으로 인하여 수출기업의 수익성 개선효과가 크면, 외국인 투자자금의 순유입을 기대할 수 있다. 그러나 환율이 크게 고평가된 상황에서 환율상승은 통화가치 하락을 예상한 외국자금의 유출이 이어질 것이므로 환율 움직임은 반전될 것이다.

한편 한 나라의 무역에 있어서 수출과 수입 사이에 불균형인 무역적자나 흑자가 발생하는 것은 환율의 움직임에 따라 영향을 받기도 하지만, 반대로 이는 환율의 움직임에 영향을 미치게 되므로 기업수익성을 좌우하는 한 요인이 된다. 이를테면 계속적인 무역적자는 무역결제시 자국통화에 대한 수요보다도 타국통화에 대한 수요가 많은 것을 뜻하므로 자국통화의 가치를 하락(환율상승)시키고 결과적으로 제품가격과 인플레이션율에 영향을 주어 기업수익성에 부정적 영향을 미치게 된다.

환율과 주가의 관계는 대체적으로 환율이 하락(원화값 상승)할 때에는 주식시장이 강세를 보이는, 부(−)의 상관관계가 있는 것으로 나타나고 있다. 환율은 직접적으로는 외환시장에서 수요·공급에 의해 결정되지만, 국제수지, 물가, 금리 등의 복합적인 요인과 연계되어 있으므로 그 영향을 다각적으로 평가해야 한다.

(5) 인구통계적 요인

인구통계적 변화, 라이프스타일의 변화, 기술변화 등도 실물경제 및 주식시장 전반과 특정산업, 특정기업에 적지 않은 영향을 주는 요소들이 되고 있다. 특히 인구통계적 요인은 주식시장 전반과 특정산업에 광범위한 영향을 주는 요소이다.

본래 인구통계적 요인(demographics)은 인구증가율, 인구구조상 소득과 연령분포의 변화, 저출산과 고령화 등의 요인을 말하는데, 이들 인구통계적 요인은 경제의 생산, 소비, 노동, 복지, GDP 수준에 다각적인 영향을 미친다.

인구구조상 35~55세의 연령층은 그 나라 경제활동의 중심축이 되는데, 인구구조상 이 연령층의 비중이 높으면 경제가 활성화되고 이는 주식시장의 활황으로 이어질 가능성이 높다. 반대로 고령화 인구가 크게 늘면 이는 생산가능인구의 감소(demographic onus)로 이어지고, 소비가 크게 줄어드는 등 경제전반의 위축현상이 가속화된다.

[그림 5-6]은 우리나라 연령구조와 65세 이상 인구비중의 변화를 보여주고 있다. 우리나라는 2017년에 65세 이상 인구비중이 14% 이상인 '고령사회'(2026년에는 '초고령사회')에 진입하였다. 고령화는 출산율과 생산가능인구의 하락, 복지재정의 부담 증가로 이어지면서 제반 경제성과가 저조하게 되고, 투자자의 투자행태도 변하게 된다. 우리나라는 특별히 고령화의 속도가 가장 빠르게 진행되면서, 인구구조의 변화가 금융시장에 미치는 영향이 클 것으로 예상된다.

인구구조의 변화와 관련하여 인구비중이 높은 종전(2차 세계대전, 한국전쟁) 후 베이비붐 세대(baby boomer)가 40~50대의 경제의 중심세대를 이루고 있는지, 아니면 은퇴세대가 되는지가 금융시장 전반에 큰 영향을 미친다. 한국에서의 베이비붐 세대는 1955~1963년 사이에 출생한 세대로 2016년 기준으로 한국은 14.6%의 비

[그림 5-6] 우리나라 연령구조와 65세 이상 인구비중의 변화

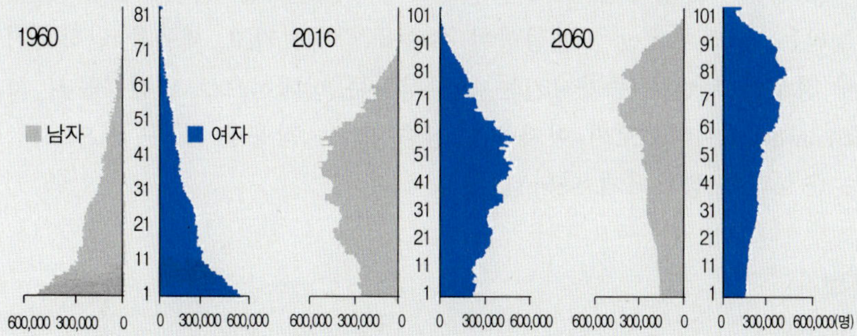

연 도	65세 이상 인구비중(%)
1960	2.9
1970	3.1
1980	3.8
1990	5.1
2000	7.2
2010	11.0
2017	14.2

자료 : 통계청, 장래 인구 추이, 2016.12.

중을 차지하고 있는데, 이 베이비붐 세대의 은퇴가 2010년부터 본격화되고 있다.

베이비붐 세대의 은퇴는 금융시장에 상반되는 영향을 미치기도 한다. 연령 증가에 따라 위험회피 성향이 높아지고, 가계부채가 많은 경제상황에서 은퇴 후의 생활자금 확보를 위해 보유중인 금융자산을 매각하게 될 것이므로 금융자산 가격에 부정적 영향을 미칠 수 있다. 반면에 40대 이전에는 주택을 중심으로 한 부동산 수요가 많지만, 50대 이후에는 유동성이 높은 금융자산 투자를 선호하게 되므로 은퇴인구가 많아지면 증권가격 상승을 가져오는 긍정적인 방향으로 영향을 미칠 수도 있다. 실제로 미국에서는 베이비붐 세대의 영향으로 1960년대 중반부터 1980년대 초까지는 주택가격 상승이 지속되었고, 1990년대 이후는 주가상승이 지속되었다.

2 정부의 경제정책

앞에서 이자율, 인플레이션(물가), 환율 등의 경제적 요인이 기업의 수익성과 증권시장에 미치는 영향에 대하여 살펴보았다. 정부는 적정한 경제운용을 위하여 국내생산과 소비, 이자율, 물가, 환율 등에 영향을 주는 여러 가지 경제정책을 실시한다. 관련되는 정부의 경제정책은 재정정책과 금융정책으로 나눌 수 있다.

(1) 재정정책

정부의 재정정책은 정부지출 및 세제(稅制)와 관련된 정책을 말한다. 이들 재정정책은 경제의 수요측면에 영향을 줌으로써 경기활성화를 촉진시키거나 과열경기를 진정시키는 데 사용된다. 정부는 수요를 진작시키기 위해 사회간접자본에 대한 투자를 크게 늘리는 등 적자예산을 편성하여 세출을 증가시키고, 세율을 인하하기도 한다. 반면에 정부의 차입을 증가시키는 재정적자는 상대적으로 민간부문의 차입기회를 감소(crowd out)시킴으로써 이자율을 상승시키는 작용을 할 수 있으므로 경제에 미치는 순효과는 상반되게 나타날 수도 있다.

(2) 금융정책

금융정책은 시중통화량의 조절을 통하여 이자율에 영향을 줌으로써 궁극적으로 총수요(투자수요, 소비수요), 물가, 경상수지에 영향을 주는 것을 목표로 하고 있다. 금융정책의 수단으로는 국채의 매각과 매입, 시중은행의 지불준비금의 변경, 기준금리의 변경 등이 이용된다.

통화정책의 파급효과는 〈표 5-1〉과 같이 금리(신용)경로, 자산가격경로, 환율경로로 나누어 정리해 볼 수 있다. 통화공급의 증가를 예로 든다면, 이는 시중이자율을 하락시킴(금리효과)으로써 투자와 소비 수요를 증가시켜 경기회복으로 이어지는 측면이 있다. 또 통화공급을 늘리면 시중유동성이 증가되어 주가, 부동산 등 자산가격이 상승하고 이에 따른 소득증가효과로 경기회복에 기여할 수 있다. 그러나 통화팽창이 부실대출 증가, 자산가격의 버블 형성으로 이어진다면 경기회복은 지연되고, 물가불안으로 나타나 그 효과가 상쇄될 수도 있다. 통화정책은 환율에도 영향을 미친다. 통화확대로 금리가 낮아지면 환율상승(통화가치 하락)으로 단기적으로 수출은 증가하고 수입은 감소하여 경상수지 개선에 긍정적 영향을 미칠 수 있다. 그러나 통화가치 하락으로 외국자본이 유출되는 상황이 초래될 수도 있다.

〈표 5-1〉 통화정책의 파급효과(통화확대, 금리인하의 예)

파급경로	과 정	기대하는 긍정적 효과	우려되는 부정적 효과
금리(신용)경로	금융기관 장단기 여수신 금리 → 은행 대출·예금 → 소비·투자	총수요증가 (경기회복)	부실대출 증가
자산가격경로	시중유동성 → 주가·부동산 가격 → 소비·투자	총수요증가 (경기회복)	물가불안 자산버블 형성
환율경로	금리 → 환율 → 단기 수출·수입	경상수지 개선 (수출회복)	외국자본 유출증가

[그림 5-7] 한국과 미국의 기준금리 추이

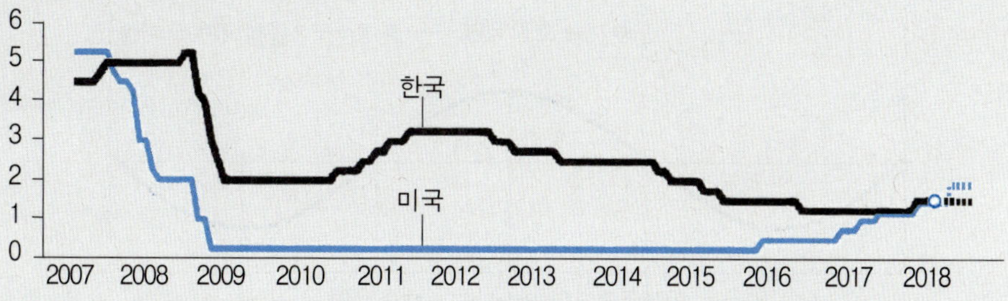

자료 : 한국은행

이상에서 살펴본 것처럼 정부의 **통화(금리)정책-물가(성장)정책-환율정책**은 연계되어 있고, 그 효과는 기대하는 긍정적 효과가 나타날 수도 있고 우려되는 부정적 효과가 나타날 수 있다. [그림 5-7]은 한국과 미국의 금리 추이를 보여주고 있는데, 2009년 이후 주요국은 경기회복을 위해 경쟁적으로 금리인하, 통화의 양적 완화정책을 실행한 바 있었고, 2017년 중반부터는 반대의 금융정책을 시행한 바 있다. 정책효과는 각국의 경제상황에 따라서 금리경로, 자산가격경로, 환율경로를 거치면서 물가, 수출, 경기에 미치는 효과가 서로 다르게 나타날 것이다.

3 경기순환과 경기지표

경기순환은 경제전반의 흐름을 파악하는 데 도움을 준다. 또한 주가는 경기에 선행하는 측면이 있으므로 경기순환을 분석하는 것은 주식시장 예측에 도움을 준다.

(1) 경기순환

경기순환(business cycle)이란 한 나라의 국민경제 전체의 활동수준이 반복적인 규칙성을 지니고 변동하는 경향을 말한다. 일반적으로 경기순환의 국면은 [그림 5-8]에서와 같이 「호황과 불황」 또는 「확장과 수축」으로 2분할 수 있고, 세분하면 「회복 → 활황 → 후퇴 → 침체」의 4개 국면으로 나누어 볼 수도 있다.

이와 같은 경기순환은 여러 가지 유형이 있는 것으로 분석되고 있다. 기업의 재고증감과 관련이 있다고 보는 단기순환, 설비투자의 변동과 관련이 있다고 보는

[그림 5-8] 경기순환의 국면

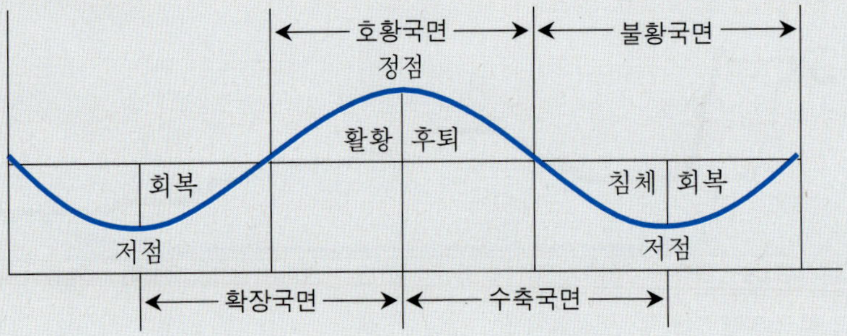

중기순환, 획기적인 기술혁신에 의해서 발생된다고 보는 장기순환 등으로 구분하기도 한다. 이와 같은 경기순환을 초래하는 원인에 대해서는 여러 가지 학설이 있지만, 경제의 수급불균형이 주된 경기순환의 원인이라고 설명할 수 있다.

국민경제의 수급불균형은 총수요의 변화와 생산주체의 공급변화에 의해서 초래된다고 설명할 수 있다. 총수요의 변화를 가져오는 수요충격요인(demand shock)으로는 세율의 인하, 통화량의 증가, 정부지출의 증가, 수출수요의 증가 등을 들 수 있다. 생산주체의 공급변화를 초래하는 공급충격요인(supply shock)으로는 원유가의 상승, 농작물의 흉작, 노동인구구성의 변화, 임금변화 등의 요인처럼 기업의 비용함수나 생산함수의 변화가 가져오는 생산능력과 제품원가에 영향을 주는 요인을 말한다.

한 나라의 경제는 수요충격요인과 공급충격요인이 국민소득 · 물가 · 고용 · 통화량 · 이자율 등에 영향을 미치고 상호작용하면서 경기순환의 각 국면은 여러 가지 특성을 보이는데, 경기순환의 각 국면은 다음과 같이 요약할 수 있다.

경기회복이 시작되기 전에는 매출액과 재고는 불황수준에 머물러 있고 상당한 초과설비능력이 존재하게 된다. 경기후퇴가 계속됨에 따라 경기를 회복시키고자 하는 통화당국의 주도에 의해서 신용조건이 완화되고 이자율이 하락한다. 경기가 침체기임에도 불구하고 경제완화정책으로 주택경기가 조금씩 되살아나고, 경기진작을 위한 정부지출 증가는 경제운영에 강력한 지주역할을 하며, 주식시장도 어느 정도 폭락사태를 겪고 난 후 안정되어 곧 회복하기 시작한다.

소비자는 최악의 상태가 끝났다고 인식하고 긴축생활을 완화한다. 이로 인해 기업의 매출액이 증가하고, 이익 개선의 여건이 호전됨에 따라 경영자는 생산증대 계획을 세우기 시작하여 작업시간과 고용을 늘린다. 이에 따라 근로자의 소득이 증가하고 개인의 소비지출이 늘어난다. 기업은 매출액과 이익이 증가함에 따라 생산시설을 확장한다. 이러한 자본재의 구입은 자본재산업에 더 많은 고용기회와 수입의 기회를 제공하고 근로자에 의한 소비를 창출한다. 이와 같은 경제활동의 확장상황은 계속 누적된다.

이 상황이 계속되면 노동력, 기계 그리고 원재료가 최대한으로 이용되면서 시설조업도는 최고조에 달한다. 이들 생산요소에 대한 수요는 가격과 임금에 상승압박을 가한다. 경영자는 재고와 매출채권, 시설투자에 필요한 소요자금 조달을 위해 차입을 증가한다. 이로 인해 이자율이 상승하고 비용이 판매가격보다 빠른 속도로 상승하게 되어 영업수지가 악화된다. 이는 생산능력이 잠재적 수요를 넘어섰다는 것을 의미하므로 경영자는 공장설비에 대한 주문을 줄이고 재고비율을 감소시키며 근로자수를 줄인다. 소비자는 수입이 감소함에 따라 내구재의 구입을 억제한다. 이와 같은 경제수축의 누적된 과정은 경기후퇴의 방향으로 움직인다.

그간 우리나라에서의 경기순환은 통계청 자료에 의하면 1972년부터 최근까지 10번의 단기순환을 거치고, 11번째 순환사이클이 진행되고 있는 것으로 분석되고 있다([그림 5-9]). 이 기간 동안 우리나라에서 경기순환사이클은 경기확장국면은 32개월, 경기수축국면은 18개월, 1순환사이클은 50개월인 것으로 보고되고 있다. 이는 미국의 1순환사이클이 69.7개월인 것과 비교하면 짧은 편이다.

[그림 5-9] 경기동행지수 순환국면 도표

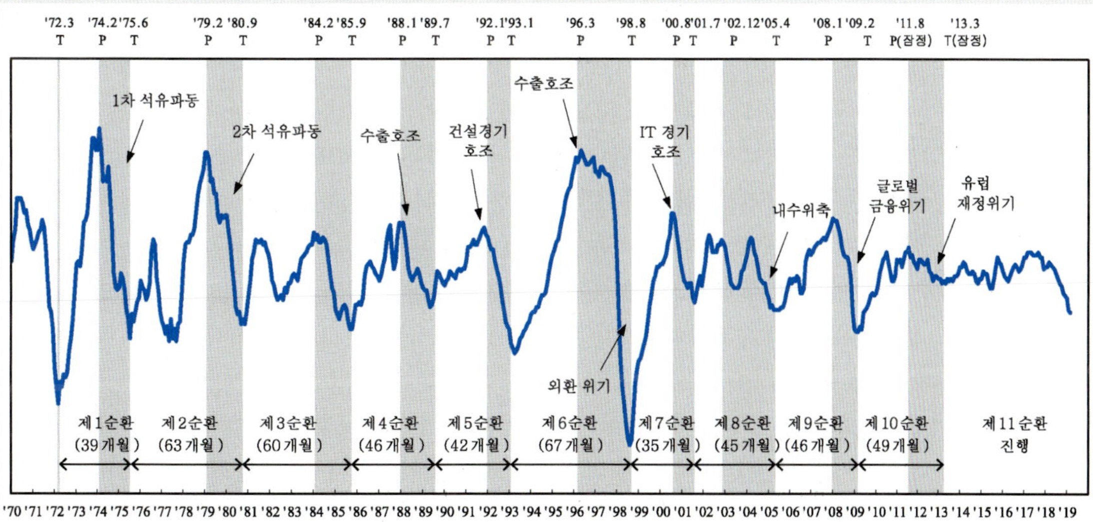

* 음영 부분은 경기하강국면

자료 : 통계청, 2019.5.17

(2) 경기예측

미래 경기흐름의 예측에는 공식적으로 발표되는 경기종합지수와 이를 구성하는 선행지표, 기업실사지수, 기타지표 등을 참고할 수 있다.

1) 경기종합지수

경기종합지수(composite indexes of business indicators)는 국민경제의 각 부문을 대표하고 경기를 잘 반영하는 경제지표로서 경기와의 시차 정도(cyclical timing)에 따라서 경기선행지표(leading indicator), 경기동행지표(coincident indicator), 경기후행지표(lagging indicator)로 구성된다. 통계청에서 발표하는 경기종합지수는 〈표 5-2〉에서 보는 것처럼 고용, 생산, 소비, 투자, 대외, 금융 등 각 부문에서 선정된 선행지표 9개, 동행지표 7개, 후행지표 5개로 작성되는데, 각 구성지표들에 대하여 전월 대비증감률을 계산하고 이를 가중평균하여 경기종합지수를 산출하게 된다. 전월 대비 증감률이 정(+)인 경우는 경기상승, 부(−)인 경우는 경기하강을 의미한다. 그 증감률의 크기에 따라 경기변동의 국면, 전환점과 속도, 진폭을 측정한다.

주식시장 예측시에도 경기선행지표와 경기동행지표로 채택되고 있는 항목들과 같은 경제변수들의 추이를 참고한다. 시설투자증가율, 수출증가율, 취업률(실업률), 재고증감률, 소비증가율 그리고 자본시장변수로서 주가지수 추이와 장단기 금리 스프레드의 추이 분석이 도움을 준다.

주가는 경기변동이 있기 수개월 전부터 이를 반영한다는 **'주가의 경기순환에의 선행성'**에 근거하여 주가동향과 앞으로 전개될 경기순환 사이클을 예측하려는 시도를 하게 된다. 증시의 약세시장에 뒤이어 경기후퇴가 일어나고 또 강세시장에 뒤이어 경기회복이 있게 된다. 따라서 경기후퇴가 예측된다면 경기후퇴에 수개월 앞서서 증권시장의 침체가, 반대로 경기회복이 예측된다면 이에 앞서서 증권시장이 강세시장으로 전환될 가능성이 높다고 판단할 수 있다.

우리나라 주식시장에서 주식지수 등락률과 실물경제의 흐름을 나타내는 경기선행지수와 경기동행지수의 증감률 관계를 실증분석하면 주식가격의 움직임이 경기의 움직임에 3개월 정도 선행하는 것으로 알려지고 있다.[3]

장단기 금리 스프레드의 축소 혹은 확대 추이는 경기예측에 활용되기도 한다. 장단기 금리 스프레드는 일반적으로 국고채 10년물과 국고채 3년물의 금리의 차이로 측정하는데, 이 스프레드가 축소(때로는 역전)되는 것은 앞으로의 경제전망을

---

3) 김영재, "경제금융환경변화와 증권시장의 위상," KRX, KRX Market, 2010.10.

〈표 5-2〉 경기종합지수의 구성지표

[A : 경기선행지표(9개)]

경제부문	지표명	내 용	작성기관
고용	구인구직비율	(신규구인인원÷신규구직자수)×100	한국고용정보원
생산	재고순환지표	생산자제품제조업출하 전년동월비 −생산자제품제조업재고 전년동월비	통계청
소비	소비자기대지수	경기·생활형편·소비지출전망 CSI를 평균	한국은행
투자	기계류내수 출하지수	설비용기계류에 해당하는 99개 품목 (선박 제외)	통계청
	건설수주액(실질)		통계청
대외	수출입물가비율	(수출물가지수÷수입물가지수)×100	한국은행
	국제원자재가격지수 (역계열)	CRB지수(월평균)×기준환율(월평균)	CRB, 서울외국환중개(주)
금융	코스피지수	월평균 주가지수	한국거래소
	장단기 금리차	국고채유통수익률(월평균) −무담보콜금리(1일물, 중개거래, 월평균)	한국은행

[B : 경기동행지표(7개)]

경제부문	지표명	내 용	작성기관
고용	비농림어업 취업자수	취업자수−농림어업취업자수	통계청
생산	광공업 생산지수	광업, 제조업, 전기·가스업(대표품목 633개)	통계청
	서비스업 생산지수	도소매업 제외	통계청
소비	소매판매액지수	소매업, 자동차판매 중 승용차	통계청
	내수출하지수	광업, 제조업, 전기·가스업(내수용)	통계청
투자	건설기성액(실질)		통계청
대외	수입액(실질)	수입액(CIF)÷수입물가지수	관세청

[C : 경기후행지표(5개)]

경제부문	지표명	내 용	작성기관
고용	상용근로자수		통계청
생산	생산자제품 재고지수	광업·제조업(대표품목 519개)	통계청
소비	도시가계 소비지출(실질)	도시가계소비지출÷소비자물가지수	통계청
대외	소비재 수입액(실질)	소비재수입액÷소비재수입물가지수	관세청
금융	회사채 유통수익률	잔존기간 3년물의 보증부 사채 단순평균수익률	금융투자협회

[그림 5-10] 장단기 금리 스프레드의 축소와 경기동행지수의 추이

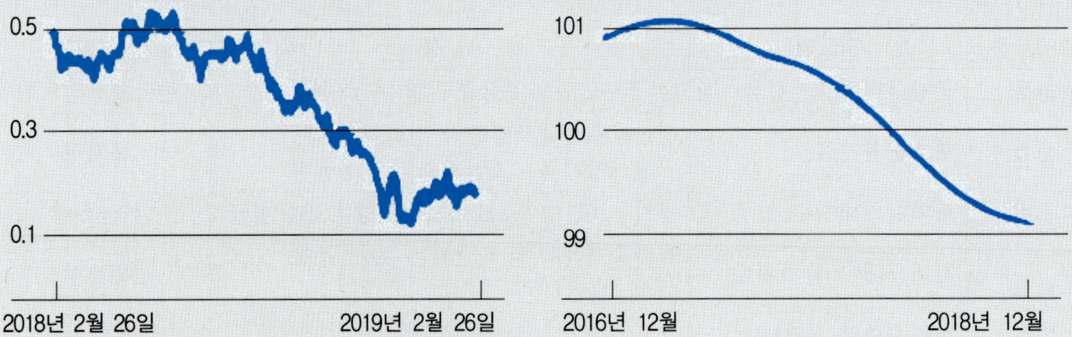

* 국고채 10년물 금리와 3년물 금리의 차로 측정

자료 : 금융투자협회; 매경, 2019.2.27, 2019.3.23

부정적으로 보는 투자자가 늘고 있다는 증후로 보고 경기침체(하강)로, 반대로 스프레드 확대는 경기회복(활황)의 시그널로 판단한다([그림 5-10] 참조).

2) 기업실사지수

미래 경기흐름을 예측하는 다른 방법으로 설문조사를 실시하는 방법이 있다. 정부부문, 기업부문, 가계부문에서의 핵심의사결정자들에게 다음과 같은 내용에 대하여 관계자의 정부지출이나 민간소비지출, 기업의 투자계획에 대한 설문조사를 하여 경기변동의 방향을 예측하는 것이다.

- **정부부문 :** 중앙정부 및 지방자치단체의 예산, 중점사업과 지출계획
- **기업부문 :** 설비투자계획, 내구재에 대한 신규주문계획, 비주거용건설계약, 주거용건설계획(분양계획, 주택자금융자), 재고투자
- **가계부문 :** 내구재에 대한 소비자의 구매의사, 소비자금융, 주택구입계획, 소비재에 대한 구매계획

실사조사 가운데서 가장 자주 실시되고 경기동향을 잘 반영하는 것으로 알려진 것은 기업실사조사이다. 이는 기업가에게 경기(상승, 보합, 하락)에 대한 판단이나 전망에 대하여 실사조사하거나 구체적인 설비투자계획 등에 대하여 조사하는 방법이다. 기업실사조사의 결과를 기간간 상호비교가 용이하도록 계량화한 것이 기업실사지수(*BSI* : business survey index)인데, 식 5.1과 같이 계산한다. 지수의 값이

기준치 100을 경기전환점으로 보고, 이 지수가 100을 초과할 때 경기상승국면으로, 그리고 100 미만일 때 경기하강국면으로 판단한다.

$$BSI = \frac{(\text{상승응답업체수} - \text{하락응답업체수})}{\text{전체응답업체수}} \times 100 + 100 \quad (5.1)$$

그러나 *BSI*는 경기변동의 방향을 파악하는 데 도움이 되지만, 경기변동의 속도나 진폭은 판단할 수 없으며, 지수 자체를 호·불황의 정도로 해석해서는 안 된다는 점에 주의가 필요하다. 또한 *BSI*는 응답자가 호황에서는 낙관적으로, 불황에서는 비관적으로 지나치게 민감한 반응을 보이는 경향이 있으므로 실제의 경기상황보다도 과대 또는 과소 예측된다는 한계점이 있다.

제 3 절 산업분석

기업이 "장기적이고 안정적으로 이익을 낼 수 있는지"는 그 기업이 속해 있는 산업의 특성에 따라 영향받는 바가 적지 않다. 경쟁업체간의 경쟁 치열도나 경기변동에 대한 취약성 등의 산업적 요인들이 경영성과를 크게 좌우하며, 이에 따라 산업간의 주식투자수익률에 있어서도 뚜렷한 차이를 보이게 된다.

1 산업분류

다양한 산업들은 일반적으로 한국표준산업분류기준에 의해 분류되고 있다.[4] 우리나라 유가증권시장에서의 산업분류도 기본적으로 한국표준산업분류기준에 따라 20개 대분류, 63개 중분류로 나누는데, 대분류는 다음과 같이 구분하고 있다.

- **제조업**(음식료, 섬유 의복, 종이목재출판, 화학, 고무 플라스틱, 비금속, 철강금속,

4) 한국표준산업분류기준에 대해서는 통계청(www.kostat.go.kr)과 한국거래소(www.krx.co.kr)-지수-KRX지수산업분류 참조.

기계, 전기전자, 의료정밀, 운송장비, 기타제조)
- 어업 · 광업, 유통업, 전기가스업, 건설업, 운수창고, 통신업
- 금융업(은행, 증권, 보험)
- 서비스(전문기술, 숙박, 교육서비스, 오락 등)

이러한 산업분류는 산업 또는 부문별 로테이션 전략(sector rotation strategy)에 활용되기도 한다. 즉, 경기정점에서는 자원관련 산업, 후퇴기에는 제약 · 생활소비재 산업, 저점에서는 자본재산업, 회복기에는 내구재산업에 로테이션하는 것이다. 또 특정지수를 추종하도록 설계된 상장지수펀드(ETF)에 투자자들이 선호하는 유망산업별 섹터ETF를 만들기도 한다.[5]

산업분석의 핵심은 어떤 산업이 장기적으로 성장성이 있으면서 안정적으로 이익을 낼 수 있는 산업인지를 밝히는 것이다. 이를 위해서 한국은행이나 한국산업은행에서 발표하고 있는 주요 산업의 수익성, 성장성 등의 관련지표를 참고할 수 있다.[6] 그러나 과거 일정기간 일시적으로 수익성이 좋다고 해서 미래의 유망한 산업은 결코 아니다. 근래 들어서 기술혁신의 속도가 빨라지면서 이른바 차세대 성장동력 산업들이 부각되고 있는데 이들 산업 역시 투자자 입장에서 유망산업으로 단정 짓기에는 점검해야 할 여러 부분이 있다.

본격적인 산업분석에 앞서 다음과 같은 점을 염두에 둘 필요가 있다.

- 당해산업이 과거에 어떻게 전개되어 왔는지를 이해하는 것이 경쟁구조, 영업환경을 평가하는 출발점이 된다.
- 사업의 수익성은 궁극적으로는 산업평균에 수렴해 간다. 왜냐하면 장기간 산업평균을 상회하기 어렵기 때문이다.
- 산업에서 최상과 최악의 기업을 비교함으로써 당해산업의 좋고 나쁨에 대한 대체적인 구도를 확인할 수 있다. 예를 들어 산업전체의 $ROIC$(투하자본이익률)의 분포가 변동성이 큰 것으로 나타나면 경쟁이 치열함을, 안정적인 분포를 보이면 덜 경쟁적임을 암시한다.
- 대체적인 산업분석에서 고려할 요소로는 산업을 움직이는 핵심요인, 주요

---

5) ETF는 주가지수수익률을 추종하도록 설계되어 있는데, 그 가운데 산업별 ETF는 특정산업의 지수수익률을 추종하도록 설계된 상장지수펀드이다. 다음은 주요 금융사들이 제시하고 있는 산업별 ETF이다.
건설기계, 금융, 에너지화학, 경기민감, IT, 조선운송, 철강소재, 경기방어, 헬스케어, 미디어통신, 반도체, 자동차, 생활소비재, 소프트웨어. ETF에 대한 상세한 설명은 제12장 제3절 참조.

6) 한국은행에서 발표하는 '기업경영분석' 자료와 한국산업은행의 '재무분석' 자료.

경쟁방식, 산업의 경기변동성, 수요의 변동성, 가격인상 흡수능력, 평균 현금순환기간, 긍정적 또는 부정적인 산업동향의 변화가 있을 때, 그것이 일시적인지 또는 구조적인지의 여부 등이다.

이하에서는 여러 산업 중에서 어떤 업종이 유망한지를 평가할 수 있는 본격적인 산업분석의 이론적 틀로서, 산업의 수요와 공급 분석, 산업의 경쟁구조 분석, 산업수명주기이론에 대하여 검토한다.

2 산업의 수요와 공급 분석

특정산업 제품에 대한 수요가 공급을 압도하면 관련 기업의 수익성은 전반적으로 양호할 것이다. 반대로 공급이 수요를 압도하면 전반적으로 양호하지 못할 것이다. 수요와 공급 요인이 시장상황을 설명하는 기본적 요인이 되므로 특정산업의 특성과 미래 유망성을 평가·예측할 때 수요와 공급 요인 중심으로 분석할 수 있다.

(1) 수요요인

당해 산업제품에 대한 수요기반이 넓고, 신규 수요증가 가능성이 국내외적으로 높으면 당연히 당해산업의 미래 전망은 밝다. 모든 산업에 걸쳐 전개되고 있는 글로벌화, 정보화, 서비스화의 동향과 함께 분석대상 산업의 수요가 안정적으로 확대될 것인지 축소될 것인지를 다음과 같은 측면에서 검토한다.

① 제품수요의 경기변동성 : 당해산업의 제품에 대한 수요기반, 매출과 이익의 성장성처럼 시장규모도 중요하지만 수요의 안정성에 가장 크게 영향을 미치는 제품수요의 경기순환에 대한 민감도 역시 중요한 수요요인이다. 가격이 소비자구매의 주요 고려요인인지의 여부와 가격수준에의 수요민감도를 분석하면 제품수요의 경기변동성, 즉 경기침체기에 고객이 구매를 장기간 미루는 경향(cyclical)이 있는지, 아니면 경기에 민감하지 않은 경향(recession-resistant)이 있는지를 파악하는 데 도움을 준다.

② 제품수요의 항구성(permanence) : 기술변화속도, 구매자집단의 크기와 소득수준(1인당 국민소득과의 상관성), 정부지원이나 규제 여부는 제품수요가 장

기간 지속될 수 있는지에 영향을 미치는 요소들이다.

③ 국내외 수요의 확대가능성 : 고령화 등 인구구조의 변화, 소득구조의 변화, 라이프스타일의 변화, 가치관의 변화, 개성화 · 다양화 · 고급화 등 수요구조의 변화, 산업관련 기술의 변화 등의 요인으로 인해 신규수요가 증가될 가능성을 평가한다. 또 글로벌시장에서의 신규수요, 세계 수요의 질적 변화를 고려할 경우의 해외시장의 수요확대가능성을 평가한다.

(2) 공급요인

공급업체간에 경쟁구조의 기본특성상 출혈경쟁 가능성이 매우 높거나, 공급과잉 상황이면 수익성이 저조할 것이다. 공급측면에서 당해산업이 얼마나 유망하고 호전가능성이 있는지에 대한 평가는 다음과 같은 측면에서 분석될 수 있다.

① 산업의 주된 경쟁방법 : 경쟁방법은 가격경쟁과 비가격경쟁으로 구분할 수 있는데 가격이 주된 경쟁수단인 산업은 출혈경쟁으로 이어지기 쉽다.

② 공급능력과 조업도수준, 비용구조 : 산업전체의 현재와 미래 공급능력이 초과공급 상태이거나 고정비가 높은 비중을 차지하면 가격인하전략을 추진할 가능성이 높아지므로 수익성이 악화된다.

③ 공급자의 구성과 공급집중도 : 독과점 구조이면 선두업체의 가격결정력(price leadership)으로 안정적 수익구조를 추구하지만, 다수 선두업체간의 경쟁력이 대등한 구조에서는 수익구조는 불안정할 수밖에 없다.

④ 기타 : 이 밖에도 대체품의 가격수준, 산업수명주기상의 위치 등의 요소도 산업 전반의 수익성에 영향을 주는 요소가 된다.

3 산업의 경쟁구조 분석

그 기업이 속해 있는 당해산업의 경쟁강도는 **구조적 요인**에 영향받음으로써 산업의 성장성, 수익성 그리고 위험이 크게 영향을 받는다. 일반적으로 기업이 속해 있는 산업의 경쟁강도가 치열하고 구조적으로 취약한 산업이면, 경영성과가 전반적으로 불량한 경향이 있다. 따라서 기업의 장기적인 수익성과 위험도를 예측하기 위해서는 산업의 경쟁강도를 결정짓는 구조적 요인에 대한 분석이 중요하다.

포터(M.E. Porter)는 특정산업의 경쟁강도가 [그림 5-11]에 예시된 다섯 가지의

[그림 5-11] 산업의 경쟁강도를 결정짓는 구조적 요인

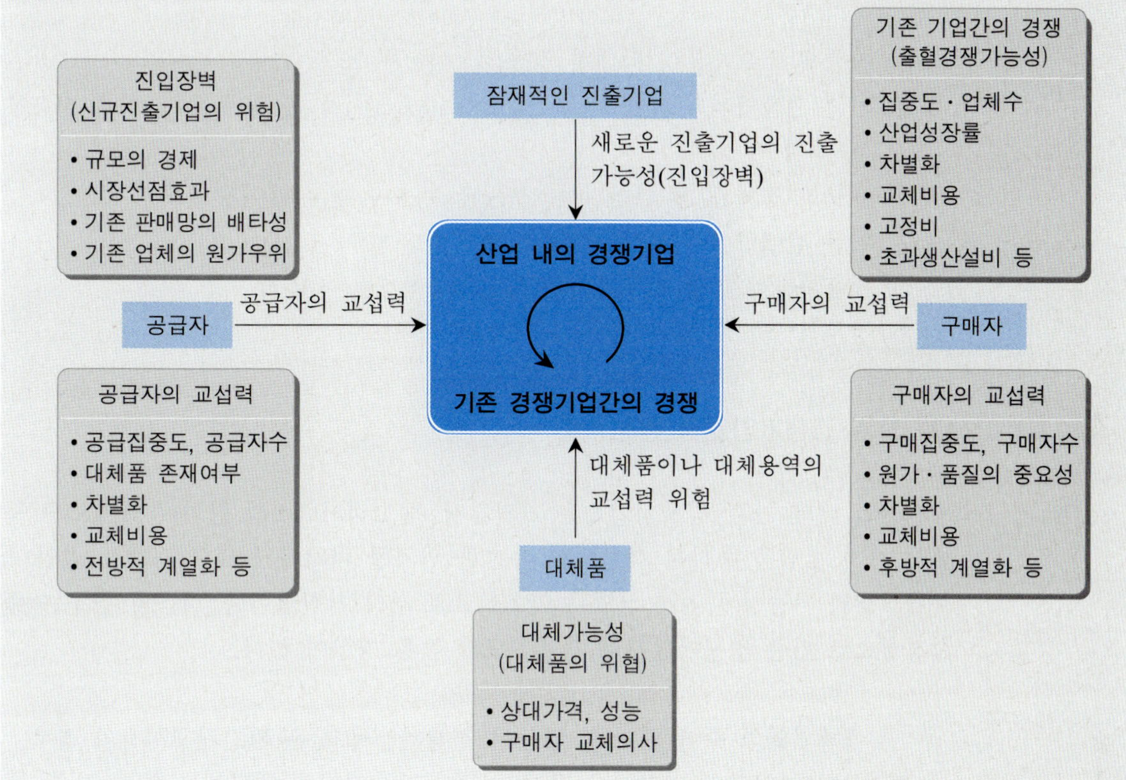

구조적 경쟁요인들에 의해 좌우된다고 보고 있다. 즉, 이들 다섯 가지 구조적 경쟁요인들—진입장벽, 기존 경쟁기업간의 경쟁강도, 대체가능성, 구매자의 교섭력, 공급자의 교섭력—의 총체적인 힘에 의해서 그 산업에서 기대할 수 있는 궁극적인 이윤잠재력이 결정된다고 보고 있다.[7)]

(1) 진입장벽

진입장벽(barriers to entry)이란 신규진입을 막는 장벽요인으로, 특정산업에 새로 진출하고자 하는 기업들의 진입을 어렵게 만드는 장벽을 의미한다. 따라서 진입장벽이 구축되어 있는 당해산업에 이미 진출하고 있는 기업들은 수익성이 높고 영업위험이 적다. 반대로 진입장벽이 낮거나 없는 산업 내의 기업들은 수익성이 저조하

7) 이에 대한 상세한 설명은 다음을 참조. 장영광, 『경영분석』, 무역경영사, 2017, 제8장 ; M.E. Porter, "Industry Structure and Competitive Strategy : Keys to Profitability," *Financial Analysts Journal*(July-Aug. 1980).

고 여러 가지 위험이 높다. 다음은 진입장벽이 높은 경우의 예이다.

① 진출에 소요자본이 막대한 경우(예 : 자동차, 조선…)
② 기존 진출업체의 절대 비용우위(cost advantage)가 큰 경우(예 : 반도체, 항공업, 석유화학…)
③ 규모의 경제가 잘 나타나는 경우(예 : 자동차, 석유화학…)
④ 기존 판매망이 견고한 경우(예 : 병원기구, 맥주…)
⑤ 제품차별화가 잘 이루어지는 경우(예 : 화장품, 제약…)
⑥ 정부의 규제가 많은 경우(예 : 금융업, 카지노…)

(2) 기존 경쟁기업간의 경쟁강도

특정산업 내의 기존 경쟁기업들은 가격경쟁, 대고객서비스의 강화나 품질보증 등 여러 가지 방법을 통하여 시장에서 유리한 위치를 차지하기 위한 경쟁을 벌인다. 출혈경쟁의 가능성이 높은 산업은 구조적으로 취약한 산업이다. 다음의 경우는 출혈경쟁으로 기존 경쟁기업간의 경쟁강도가 높은 경향이 있다.

① 경쟁기업의 수가 많거나, 대등한 경쟁기업이 많은 완전경쟁시장의 경우
② 산업의 성장이 완만하여 경쟁업체 서로의 시장을 쟁탈해야 하는 경우
③ 경쟁방식이 비가격경쟁보다는 가격경쟁의 가능성이 높거나 제품차별화가 잘 이루어지지 않는 경우
④ 고정비가 높은 비중을 차지하거나 공장가동률이 낮아서, 대량생산을 통해 생산단가를 낮추고 가격인하의 경쟁가능성이 높은 경우
⑤ 시설확장이 대규모로 이루어질 수밖에 없는 경우(예 : 석유화학, 시멘트…)

(3) 대체가능성

특정산업에서 경영활동을 벌이는 기업들은 넓은 의미에서 대체품을 생산하는 산업 내의 기업들과 경쟁을 벌이고 있는 셈이다. 대체품의 존재는 제품가격을 결정하는 데 일정한 상한선으로 작용하여 그 기업이 속한 산업의 이익잠재력을 제한한다. 그리고 대체품의 품질이 우수할수록 그 산업에 가해지는 대체품의 가격상한선의 압력이 더욱 강해진다. 석유, 석탄, 세일가스와 같은 대체 에너지원의 상대가격의 변동은 각 산업제품에서 다른 에너지산업으로 수요가 대체됨으로써 당해산업

에 대한 장기적 전망을 어둡게 만들기도 한다. 용기의 재료가 되는 플라스틱과 알루미늄의 대체관계도 마찬가지이다.

(4) 구매자의 교섭력

구매자(최종소비자나 중간단계의 생산 · 판매업)들은 구매가격을 인하시키거나 품질향상 및 서비스 향상을 요구하고 공급업체들을 서로 경쟁시키는 방법 등으로 구매대상산업과의 경쟁을 벌인다. 이러한 행위는 모두 그 산업의 수익성을 감소시키는 결과를 초래한다.

구매자산업과 공급자산업의 관계에서 어느 쪽이 가격결정, 품질조건, 결제조건 등에 있어서 교섭력(bargaining power)이 강한지에 따라서 당해산업의 수익성은 구조적으로 영향받을 수밖에 없다. 다음과 같은 경우는 구매자집단(산업)의 교섭력이 강력하다고 볼 수 있다.

① 구매자의 집중도가 공급자의 집중도에 비하여 높을 경우
② 제품이 규격화되어 있거나 제품차별화가 거의 되어 있지 않을 경우
③ 구매자의 후방적 계열화(backward integration) 가능성이 높을 경우(예 : 맥주업의 병유리 제조업으로의 수직적 계열화 가능성)

(5) 공급자의 교섭력

공급자(산업)는 매출 공급가격의 인상이나 제품 및 서비스의 질을 하락시키는 위협 등으로 교섭력을 강화시킬 수 있는데, 그만큼 상대방 산업의 이익잠재력은 잠식된다. 특히 구매업자가 코스트 상승분을 제품가격 인상으로 흡수할 수 없는 경우에는 공급자의 교섭력이 크게 강화된다. 공급자의 교섭력을 강화시키는 여건은 다음과 같이 구매자들을 강력하게 만드는 경우(위 (4))와 반대의 상황이 될 것이다.

① 몇 개 안 되는 소수기업에 의해 공급능력이 제한되어 있고, 또한 구매자산업보다 집중되어 있을 경우
② 공급자의 제품이 차별화되어 있거나 전환비용(switching cost)이 소요될 경우
③ 공급자에게 전방적 계열화(forward integration)의 가능성이 높을 경우

산업구조분석에서 주의할 점은 앞에서 설명한 이들 경쟁요인들은 특정산업의

경쟁강도와 수익성을 결정짓는 데 모두 작용하지 않는다는 점이다. 실제로는 이 중 소수 몇 개의 요인이 지배적인 영향을 미친다. 예를 들어, 특정산업의 시장에서 매우 확고한 기반을 다져 놓은 기업이라 할지라도 품질이 우수하고 값이 저렴한 대체품이 등장하면 그 산업의 수익률은 저하되고 말 것이다. 분석가가 해야 할 일은 산업의 경쟁강도에 영향을 미치는 장기적이고 구조적인, 소수 몇 개의 산업적 요인을 찾아내는 것이다.

4 산업수명주기이론에 의한 산업분석

어느 제품이든 시간이 경과함에 따라 당해산업의 경쟁상태, 제품의 기술, 소비자의 기호 등이 변하기 때문에 당해산업의 이윤잠재력이나 사업위험도가 달라진다. 이렇듯 새로운 경쟁상황의 전개와 같은 여건변화가 특정제품의 수익성과 위험에 미치는 영향은 몇 단계로 나누어 분석할 수 있다. 이러한 관점의 학설이 **산업(제품) 수명주기**(PLC : product life cycle)이론이다.

일반적으로 산업수명주기는 [그림 5-12]에 나타나 있는 것처럼 도입기, 성장기, 성숙기, 쇠퇴기 등 4단계로 나누어 볼 수 있다. 각 단계별로 제품경영관리기능, 경쟁, 사업위험, 제품 마진, 수익성, 핵심성공요소 면에서의 특징은 〈표 5-3〉과 같이 요약될 수 있는데, 분석대상기업의 산업이 어느 단계에 있는지를 확인하여 산업의 유망성을 평가할 수 있다.

산업수명주기이론은 산업전개의 대체적인 방향에 대해서 설명해 줄 뿐이지 특정산업의 수명주기가 언제 시작해서 언제 다음의 단계로 넘어가는지에 대한 설명은 하지 못한다는 한계점을 가지고 있다. 더욱이 산업수명주기 형태는 기업의

[그림 5-12] 산업수명주기이론

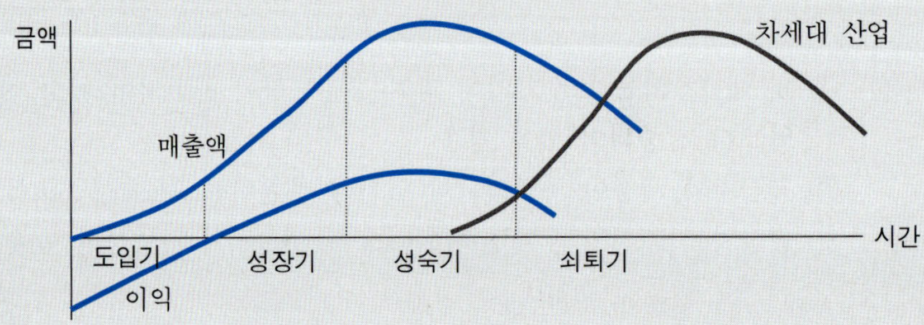

〈표 5-3〉 산업수명주기(PLC)상 단계별 특징

특징 \ 단계	도입기	성장기	성숙기	쇠퇴기
제품	• 제품설계와 개발이 중요 • 품질 열악, 제품 표준화가 안 됨	• 제품기술 및 기능상 차별화되기 시작함 • 디자인과 품질향상이 계속됨	• 품질이 최고수준, 제품의 변화가 줄어듦 • 차별화가 적어지고 제품은 표준화됨	• 차별화가 거의 없음 • 품질이 저하됨
마케팅	• 높은 광고비율, 마케팅비용(A/S 등)이 많이 발생	• A/S비율이 여전히 높음 • 기술적 차별화가 되지 않는 제품은 광고와 유통부문이 중요	• 시장세분화 가속화, 광고, 서비스 경쟁 치열 • 라이프사이클을 늘리려 제품다양화 시도	• 광고 및 마케팅 활동을 하지 않음 • 마케팅비용 감소
제조 및 유통	• 소규모 생산 • 낮은 가동률, 높은 생산원가, 협소한 판매망	• 높은 조업도, 과소설비의 문제대두, 유통경로 확보 경쟁치열 • 대량생산체제	• 점차 낮아지는 조업도, 부분적 설비과잉 • 제품이 다양해져 물적 유통비용이 많이 발생	• 현저히 낮아진 조업도 • 과잉설비 • 유통경로 축소
경쟁 및 사업위험	• 소수기업의 참여 • 사업위험이 높음	• 경쟁업체 증가 • 성장률이 높아지면서 사업위험 감소	• 치열한 가격경쟁 • 일부는 철수 • 업계 재편성 시작됨	• 철수기업 증가 • 경쟁 크게 감소
제품마진 및 수익성	• 높은 가격과 마진 • 낮은 수익성	• 수익성이 높아짐 • 가격은 높은 수준이나 낮아지기 시작함	• 가격하락 • 마진 · 수익성 감소 • 유통업체 마진도 감소	• 낮은 가격과 낮은 마진 • 가격 지속적 하락
핵심 성공요소	• 제품혁신	• 대량생산을 위한 제품 디자인	• 규모의 경제를 통한 비용감소	• 생산시설 합리화, 비용통제

마케팅전략에 따라 연장될 수 있으므로 제품의 판매는 어떤 필연적인 주기에 의해서 이루어지지 않는 측면도 있다. 그리고 산업수명주기이론이 시장 전체에서 발생하는 상황에 관한 분석이라기보다는 특정된 하나의 제품에 대한 분석이므로 시장 전체에서 발생하는 상황을 동시에 분석하지 못하는 한계점도 지니고 있다.

이와 관련하여 산업수명주기분석에서 고려해야 할 부분은 이른바 '**차세대 성장동력산업**'에 대한 전망과 평가이다. 개별기업이 주도적으로 미래 성장산업을 발굴하려고 노력하지만, 정부차원에서도 경제의 견실한 성장을 위하여 성장동력산업을 발굴하고 지원 · 육성한다. 유망 기술과 산업을 소수의 몇 개로 선정할 때에는 미래의 시장성(세계 시장규모), 산업간 파급효과, 글로벌 경쟁력 등이 고려기준이 된다.[8] 증권분석가 입장에서는 이들 산업이 언제 본격적으로 시장수요를 확대하면서 상당기간 동안 안정적인 수익성을 가져다줄 수 있을지를 판단해야 할 것이다.

8) 2010년대 중반 이후 세계경제를 주도할 것으로 보는 유망기술분야, 미래 성장을 주도할 산업으로 정부가 지원 · 육성하는 산업에 대해서는 본장의 '증권카페' 참조.

제4절 기업분석

특정기업의 미래 이익과 성장은 앞에서 설명한 국민경제적 요인과 산업적 요인에 의해서도 영향받지만, 당해기업의 경쟁력이나 재무건전도와 같은 기업적 요인에 의해서 결정되는 바도 크다.

뿐만 아니라 포트폴리오 구성의 맥락에서 볼 때 산업분석을 통하여 장기적으로 유망한 업종(산업)이 판별되었으면 마지막 단계로 종목선택을 위하여 해당업종 내에서 우량기업을 선별하는 기업분석(company analysis)이 필요하다. 어느 특정종목이 “장기적이고 안정적으로 이익을 낼 수 있는 우량종목인지”를 판단하기 위한 기업분석은 지속가능 경쟁우위 평가, 핵심역량 평가, 잠재위험요소 분석으로 나누어 살펴본다.

1 지속가능 경쟁우위 평가

(1) 경영전략

유망산업일지라도 경쟁업체별로 미래전망은 크게 차이가 나게 된다. 미래의 경영성과는 분석대상기업이 당해산업 내 경쟁업체와 비교하여 얼마나 경쟁력이 있는지, 그 경쟁우위가 향후 상당기간 동안 지속가능한지의 여부에 달려 있다.

미래 경영성과에 영향을 주는 기업적 요인 중에서 중요한 것은 경쟁우위를 확보하기 위해 기업이 추구하는 경영전략의 유형과 그 유효성이다. 경영전략은 시장의 수요변화와 같은 외부환경변화에 대응하여 기업 내부의 모든 자원을 효과적으로 배분하는 활동인데, 경영전략의 유형을 포터(Michael Porter)는 다음과 같이 구분하고 있다.[9]

① 비용우위전략(overall cost leadership) : 전체 사업부문에 걸쳐 생산·유통 등에서 규모의 경제를 추구하거나 철저한 원가통제를 통하여 비용구조면에서 경쟁우위를 확보하는 전략

9) M.E. Porter, *Competitive Strategy : Techniques for Analyzing Industries and Competitors*, Free Press, 1980.

② 차별화전략(differentiation) : 제품 또는 서비스 면에서 경쟁업체와 차별되게 품질, 광고, 애프터서비스 등에서 경쟁우위를 확보하는 전략
③ 특화전략(focus) : 당해산업의 전시장 중에서 세분화된 특정시장에서의 비용우위나 차별화전략으로 경쟁우위를 확보하는 전략

기업이 추구하는 경영전략은 모두 성공하는 것이 아니다. 기업의 타 경영정책과 내적인 일관성을 유지해야 하고, 환경변화를 충분히 감안한 것(environmental fit)이어야 하며, 기업이 보유하고 있는 제 자원으로 지원가능한 것(resource fit)이어야 한다. 따라서 필요한 자원과 기술, 조직면에서의 성공요건을 갖추는 것이 성공의 필요조건이다.

가치투자에서는 세분화된 틈새시장에서 특화전략의 성공은 비록 저성장산업이라도 양호한 투자성과를 가져오는 지름길이라고 본다. 저성장산업이지만 특화된 시장에서 저비용 구조로 안정적 이익을 지속적으로 올리는 '저성장 산업 속의 우량기업'이, '고성장산업이지만 출혈경쟁을 벌이는 산업에서 고전하는 기업'보다 훨씬 유망하다. 제4장 제1절에서 설명한 것처럼 수익률이 낮지만 꾸준한 수익률을 올리는 것이 장기성과를 좋게 하는 지름길이 되기도 한다.

(2) 지속가능 경쟁우위의 평가

유망종목의 요건은 높은 이익창출보다도 장기적이고 안정적으로 이익을 내는 능력이다. 이러한 측면에서 지속가능 경쟁우위능력을 평가한다.

산업 내 경쟁지위(competitive position within the industry)를 평가하는 일차적인 지표는 시장점유율과 상대적 성장률이다. 실증분석에 의하면 시장점유율과 기업수익성 간에는 正(+)의 상관관계가 있는 것으로 제시되고 있는데, 시장점유율이 가장 높은 선두주자 기업일수록 원가가 낮거나 제품의 질이 좋을 가능성이 높으므로 수익성이 양호한 경향이 있다. 또 경쟁업체와 비교하여 상대적 성장률이 높으면 시장에서의 지배력이 높아진다. 그러나 이들 지표는 현 시점에서의 경쟁력을 평가하는 척도는 되지만 장기적으로 지속가능한 경쟁우위인지를 평가하는 데 사용하는데는 한계가 있다. 과거의 높은 성장률이 미래에도 지속되리라는 보장이 없고, 빠른 성장은 치열한 경쟁을 불러오기 때문이다. 경쟁우위는 쉽게 소멸할 수 있으므로 경쟁업체가 쉽게 모방(copy)할 수 없는 경쟁우위이어야 한다.

따라서 우량종목 선정의 기준은 '지속가능 경쟁우위'(sustainable competitive advantage)이어야 한다. 그리고 그 원천이 무엇인지를 분석하는 것이 중요하다. 가치

투자의 실제에서는 이와 유사한 개념으로 '경제적 해자'라는 용어를 사용한다. 경제적 해자(economic moats)란 매우 좋은 기업의 성과가 지속되도록 하는 특성으로서, 경쟁기업과의 관계에서 지속적으로 경쟁우위를 유지하게 만드는 난공불락의 방어망을 의미한다. 다음 항목은 지속가능 경쟁우위, 경제적 해자의 원천이 되는 요소들이다.[10]

① 실질적인 제품차별성(real product differentiation) : 경쟁업체보다 지속적인 제품개선, 앞서 가는 기술혁신을 하는 기업은 제품품질의 우수성이나 독창성으로 인해 안정적 마진을 확보할 수 있다. 고객이 가격보다는 제품의 품질을 더 중요시할 정도로 품질의 차별성이 확보되면 고객을 잃지 않으면서 가격을 올릴 수 있는 능력이 증대되어 소위 가격결정력(pricing power)이 높아진다.
이러한 측면에서 당해기업의 신제품개발능력(R&D에 대한 투자비율이 평가지표), 산업내 기술적 리더십, 특허권, 영업권 등의 독점권 보유 유무를 평가하는 것이 도움이 된다. 상당한 R&D비용 지출이 이루어지지 않으면 우위의 지속성 유지가 쉽지 않은 면과 특허기간의 만료시기, 새로운 기술혁신의 동향에 주목할 필요가 있다.

② 인지된 제품차별성(perceived product differentiation) : 실질적인 품질의 우수성과 별개로 소비자에게 강력한 상표충성도, 즉 브랜드파워(brand power)나 명성이 각인되어 있으면 가격결정력을 높여 지속적인 성장과 안정적 수익성 확보를 가능하게 하는 요인이 된다. 그러나 상표충성도가 유지되기 위해서는 지속적인 광고에 대한 투자와 마케팅전략의 일관성 유지가 필요조건이다. 예를 들어 할인판매를 한 적이 없는 명품브랜드가 세일을 시작하면 고객충성도는 급격히 떨어질 것이다.

③ 비용우위(cost advantage) : 같은 제품을 보다 낮은 비용으로 생산·판매할 수 있는 경우는 규모의 경제, 원료의 독점이나 저가 공급, 유리한 입지조건, 정부의 특혜, 자동화, 비용통제의 효율성, 높은 조업도, 월등히 많은 누적된 경험(숙련도 향상으로 경험곡선상의 우위), 온라인 판매를 통한 재고비용과 점포운영 비용의 절감 등의 원천을 들 수 있다. 경쟁업체에 비해 낮은 원가에 지속적으로 생산할 수 있으면 가격을 인하시킬 수 있는 능력, 즉

10) P. Dorsey, *The Five Rules for Successful Stock Investing - Morningstar's Guide*, Morningstar, 2004; R.G. Hagstrom, *The Warren Buffet Way*, Wiley, 3rd. ed., 2014.

가격경쟁력이 높아지므로 이는 강력한 경제적 해자가 된다.

④ 높은 전환비용(switching costs) 창출 : 전환비용은 타사 제품으로 교체할 경우의 불편, 학습훈련 필요성 등 때문에 교체를 망설이게 하는 비용을 말한다. 소비자들이 비록 동일한 품질에 낮은 가격을 제시하더라도 그 업체로 교체하지 못하는 예는 의료장비업이나 정보제공업체 등에서 볼 수 있는데, 높은 교체비용이 발생하도록 만들고 있으면 이는 고객이탈을 방지하는 것(locking in customers)이 되므로 경제적 해자로 강력하게 작용한다.

⑤ 네트워크 경제(network economies)와 높은 진입(성공)장벽 구축 : 경영환경이 온라인 혹은 모바일화하면서 네트워크상에서 고객의 선점은 고객을 장기간 확보할 수 있을 뿐 아니라 이용자가 확산되는 데에서 오는 경제성을 누리게 한다. 강력한 네트워크로 일정기간 동안 경쟁을 차단하거나 배제(locking out competitors)할 수 있는 장치가 있으면 높은 수익성을 지속할 수 있다.

⑥ 사업모델(business model)의 안정성 : 사업모델은 사업가치를 성공적으로 창출하게 하는 업의 방식이다. 기업이 상당한 매출을 올리고 이익을 지속적으로 창출할 수 있는지는 기본적으로 사업모델이 어떤지에 달려 있다. 기술변화가 매우 빠른 사업이나 사업모델이 플랫폼(platform)화하는 예에서처럼 사업모델 자체가 와해되면 단기간에 경쟁우위를 잃고 만다. 반대로 종전과는 전혀 다른 창의적인 사업방식으로 성장성이 높고 안정적인 이익획득이 가능한 경우도 있다. 환경변화에 사업모델의 타당성과 항구성이 영향받는지를 수시로 점검할 필요가 있다.

위에서 제시된 경쟁우위는 장기간 유지가 쉽지 않다. 글로벌 경쟁 압박에 놓이게 되고, 기술혁신으로 라이프사이클이 단축되기 때문이다. 따라서 모방(copy)하기 쉽지 않은 경영자원을 동원하는 것이 필요한데, 자금력이나 시설투자를 이용한 우위력은 모방이 쉽지만 특허, 최적의 입지, 독특한 기업문화, 브랜드파워, 학력수준이 높은 종업원, 기업문화, 효율적 생산프로세스 등의 요인은 모방되기 쉽지 않은 요소이다.[11)]

경쟁우위와 주가의 관계에서 유의할 점은 주가상승은 경쟁우위가 이미 형성된 후가 아니라 경쟁우위가 형성되는 초기 단계일 때 이루어진다는 점이다.

11) 장세진, 『글로벌경쟁시대의 경영전략』, 박영사, 2010(제6판), p.238.

(3) 복합기업의 성장잠재력

다수의 사업을 벌이고 있는 복합기업(multi-business firm)은 사업위험이 다수 사업에 분산되어 있으므로 경영의 안정성에 기여할 수 있다. 사업 종류가 많을수록 환경의 좋고 나쁨이 서로 상쇄되어 결합변동성이 크게 감소할 수 있기 때문이다. 그러나 기업의 자원이 핵심역량의 부문에 집중되지 못하는 데에서 오는 낭비요소가 적지 않을 수 있다.

복합기업에서는 성장잠재력도 제품포트폴리오의 관점에서 평가해야 한다. 여러 사업(제품)라인들이 성장잠재력이 있는 시장에서 얼마나 경쟁력이 있는지는 사업(제품)라인별로 매출액구성의 비중, 시장점유율, 성장률, 마진, 경기순환성, 시장의 안전성 등의 요소들을 기업전체의 성장잠재력과 수익의 안정성 관점에서, 그리고 향후 추진할 사업모델의 타당성과 항구성을 평가하는 것이 필요하다.

기업의 경영자원에는 제약이 있으므로 여러 제품라인 또는 사업단위들이 현금 자원의 효율적 배분이라는 관점에서 경쟁력 있는 사업단위에 집중적으로 사용되고 있는지 아니면 분산되어 자원이 낭비되고 있는지를 평가하는 것이 필요하다. BCG(보스턴 컨설팅그룹)의 제품포트폴리오분석(PPM : product portfolio management)은 이를 평가할 수 있는 분석체계를 제시해 주는데, 먼저 시장수요성장률과 상대적 시장점유율, 두 가지 변수를 기준으로 전략사업단위(SBU : strategic business unit)별로 현금창출 사업단위인지, 중점투자대상의 사업단위인지를 평가한다.[12)]

2 핵심역량 평가

'지속가능 경쟁우위'요소와 함께 '핵심역량' 중심으로 분석대상기업이 우량종목인지를 판단해 볼 수 있다. 핵심역량(core competence)이란 고객에게 가치를 높이거나 그 가치가 전달되는 과정을 경쟁업체에 비하여 더 효율적으로 할 수 있는 특정한 방법의 능력을 말한다.

핵심역량을 앞서 설명한 경쟁우위의 경영전략을 실행할 수 있는 경영자원이

---

12) PPM에 따르면, 사업단위를 Cash Cow(수요성장률은 평균 이하이지만 선두주자), Star(수요성장률은 평균 이상이면서 선두주자), Question Mark(수요성장률은 평균 이상이지만 후발주자), Dog(수요성장률은 평균 이하이면서 후발주자)로 사업단위를 구분한 다음, Cash Cow 사업단위에서 창출하는 현금으로 선별된 소수 Question Mark 사업단위에 집중투자하여 Star 사업단위로 만들 수 있는지를 평가한다. BCG의 PPM에 대한 보다 상세한 설명은 경영전략 관련 서적을 참조할 것.

〈표 5-4〉 경영자원과 경영관리기능별 핵심역량

[경영자원]

경영자원	핵심역량
물적자원	공장 설비의 규모, 위치, 원자재 획득
금융자원	차입능력, 내부자금의 크기, 자금동원 및 투자능력
기술자원	특허권, 저작권 등의 독점권, 기술인력
무형자산	브랜드, 소비자 신뢰도, 명성, 기업문화
인적자원	우수인력, 교육훈련, 종업원들의 충성도와 사기, 조직의 유연성

[경영관리기능]

기능별 분야	핵심역량
생산	생산기술의 우수성, 제조공정의 효율성과 유연성, 품질관리
연구개발	신제품개발능력, 신제품개발속도, 모방능력
마케팅	디자인능력, 브랜드파워, 고품질 명성, 시장변화에 대한 빠른 대응
판매와 유통	판매촉진의 효과성, 물류의 효율성과 신속성, 서비스의 품질
경영정보	MIS시스템과 네트워크의 효율성
경영조직 및 경영관리	사업단위/기능 간 통합과 조정능력, 전략적 통제, 재무시스템의 효과성, M&A능력, 경영진의 리더십, 보상시스템, 효과적인 의사소통과 통제, 환경변화에 대한 유연성

[그림 5-13] 가치사슬과 핵심역량

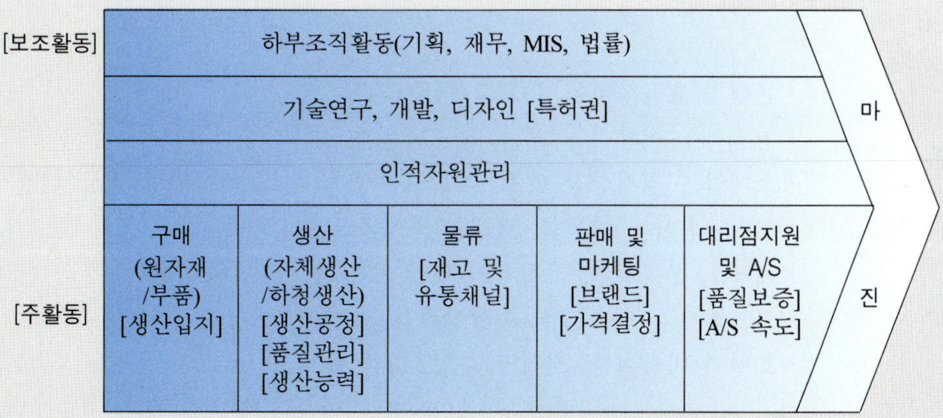

자료 : M.E. Porter, 상게서

나 기능별 경영관리, 가치사슬 기준별로 정리해 보면 〈표 5-4〉와 같다.

핵심역량을 포터(M.E. Porter)가 제시한 가치사슬이라는 개념([그림 5-13])으로 분석할 수 있다. 여기서 가치사슬(value chain)이란 구매, 생산, 물류, 마케팅, A/S의 주활동과 이를 지원하는 보조활동(기획 · 재무 등의 하부조직활동, 인적자원관리활동, 기술연구 · 개발활동)이 체인처럼 연결되어 마진을 창출하는 기업경영의 체계를 말한다. 가치사슬로 보면 기업의 마진을 높이는 핵심역량이 어느 부문에서 창출되는지를 분명히 할 수 있다는 장점이 있다.

핵심역량평가의 중심이 되는 것은 최고경영진에 대한 평가이다. 'CEO주가'라는 말이 있듯이 기업의 최고경영진은 전략적 의사결정의 주체로서 과거의 기업성과와 장기성장의 주역이라고 할 수 있으므로 경영자에 대한 분석은 중요하다. 경영진의 능력은 ① 경쟁력 유지능력(매출액성장률, 시장점유율의 유지와 그 안정성), ② 시설확장능력, ③ 이익률(마진) 유지능력, ④ 생산효율 유지능력, ⑤ 자금조달능력, 금융기관과의 관계, ⑥ 종업원, 노동조합과의 관계, ⑦ 현대적 관리기법의 적용능력, ⑧ 정부와의 관계, ⑨ 연구개발, 신제품개발 능력, ⑩ 후계자 양성능력과 같은 측면에서 평가할 수 있다.

핵심역량은 이를 지표화한 핵심성과지표(KPI : key performance index)로 평가하기도 한다. KPI 적용에는 사업가치를 성공적으로 창출하는 근본 요인인 업(業)의 근본(business fundamentals)이 무엇인지를 분명히 하고 계량화할 필요가 있다. 신체의 건강상태를 측정할 때 먼저 혈압을 체크하는 것처럼 KPI는 업의 펀더멘털이 개선 또는 악화되고 있는지를 모니터하는 방법으로 사용된다. 이의 변화가 있을 때 그것이 일시적인지 아니면 지속적인지를 판단해야 한다. 다음은 주요 업에서의 KPI의 한 예이다.

- 은행 : 효율성비율, ROA, 평균자금코스트
- 항공사 : 이용가능 좌석마일, 탑승률, 교통량, 여유시설
- 소매업 : 경쟁상점 매출, 기본면적당 매출, 고객 1인당 평균 매출
- 인터넷회사 : 이동률, 트래픽
- 매체 : 구독자수, 구독자당 평균 수입과 비용, 해약률
- 카드회사 : 순손실률, 손실상각률, 부실률, 지급률
- 호텔 : 비공실률, 객실당 수입, 평균 숙박료

3 잠재위험요소 평가와 SWOT분석

기업이 경쟁우위를 유지해 왔더라도 이를 잃을 수도 있는 상황이 기업 내외적으로 갑자기 벌어지기도 한다. 분석기업이 당면할 수도 있는 중요 위험요소의 종류와 위험의 발생빈도, 그 수준에 따른 영향 등에 대하여 다각적인 분석이 있어야 한다. 다음은 분석가가 점검해야 할 잠재적 위험요소들이다.

- 초과생산능력 또는 과잉공급 상황 국면으로의 갑작스러운 전환
- 새로운 기술의 출현(변화)으로 원가경쟁력 상실, 시장규모의 축소
- 특허만료, 관련 법률/규제 변화
- R&D 실패, 상품화 또는 사업개발 실패, M&A 실패, 빠른 제품진부화, 신제품 출시의 지연
- 새로운 경쟁자의 출현, 브랜드파워의 약화
- 공급자(산업)의 영향력 증대, 소수 고객(업체)에의 과도한 의존
- 편중된 지역 분포의 제약
- 경영지배권(지배구조)의 불안정성, 노사관계의 악화

잠재위험요인에 대한 예측은 분석자에 따라 낙관적 성향인지 또는 비관적 성향인지에 따라 중요 요인을 간과하거나 반대로 과장할 수 있다. 이와 같은 주관성

[그림 5-14] 삼성전자에 대한 SWOT분석

강점(Strength)

- 휴대폰, TV, DRAM, 디스플레이 부문 세계시장 선도
- 반도체부문의 차별적인 원가경쟁력
- 높은 기술력, 세계 2위 특허권 보유
- 프리미엄 제품(브랜드)의 이미지
- 부품-완성품 간의 안정적 수급관계

기회(Opportunity)

- 신흥시장에서의 높은 수요성장률
- 신규 스마트시장의 성장잠재력
- IoT, 차량 인포테인먼트 분야에서의 신규수요
- 정보기기의 고용량으로 새로운 성장동력 부상

약점(Weakness)

- 성장성이 높은 저가시장에서의 경쟁 열위
- 취약한 지배구조
- 적대적 M&A 가능성

위협(Threat)

- 높은 경기변동성의 제품에 글로벌 경제침체의 부정적 영향
- 중국업체들의 저가 공세 및 경쟁상황 악화
- 백색가전, 휴대폰 시장은 성숙단계 진입

의 문제를 줄이는 한 방법은 보험회사의 관점에서 잠재위험요인이 발생하는 빈도와 나쁜 상황의 심각성, 그것이 초래할 재무적 비용을 평가하는 것이다.[13]

이상에서 설명한 여러 가지 측면에서의 분석과 평가는 SWOT분석으로 요약하여 투자대상으로서의 매력도에 대한 종합적인 결론을 내릴 수 있다. SWOT분석은 경쟁업체와 비교할 때의 내부능력 면에서의 강점(strength)과 약점(weakness), 그리고 환경변화 면에서의 기회(opportunity)와 위협(threat)을 분석하는 것이다. 경제와 산업분석을 통하여 파악된 경쟁구조, 고객, 공급자에 대한 분석은 OT분석에 반영하고, 경쟁업체와 비교한 핵심역량에 대한 분석은 SW분석에 요약한다. [그림 5-14]는 그 한 예로서 삼성전자에 대한 SWOT분석내용을 제시한 것이다.

13) M. Shearn, *The Investment Checklist(The Art of In-Depth Research)*, Wiley, 2012.

증권카페

미래 주도 기술과 차세대 성장동력 산업

증권투자자들은 수익률이 높을 종목의 선택을 위해, 미래 유망산업을 여러 가지 방향으로 탐색한다. 본문에서 설명한 "포터의 산업구조분석", "산업수명주기이론", "산업의 수요 · 공급이론"은 기존의 특정산업을 평가하는 데 유효한 분석수단이 된다. 그러나 미래의 유망 기술과 산업을 새로이 찾고 발굴하는 데에는 면밀히 예측과 전략적 판단이 필요하다.

미래를 주도할 기술과 산업

국가경제를 주도할 성장동력의 미래 기술은 특정기업이 홀로 개발하는 데는 엄청난 재원과 리스크가 있다. 따라서 정부가 주도하여 개발하거나, 기업이 참여하도록 유인정책을 사용하기도 한다. 유망 기술과 산업을 소수의 몇 개로 선정할 때에는 미래의 시장성(세계 시장규모), 산업간 파급효과, 글로벌기업과 비교한 한국기업의 경쟁력 등이 고려기준이 된다.

2010년대 중반 이후 세계경제를 주도할 것으로 보는, 각국이 주목하는 유망기술분야가 다음과 같이 제시되고 있다.

1) 바이오 건강 : 바이오 의학기술, 디지털 병원
2) 에너지 : 재생에너지, 스마트그리드, 식물성 대체연료
3) 운송, 무인화 : 무인자동차, 무인항공기, 무인잠수정, 로봇, 미래형 초고속열차
4) 인지개발 : 지능, 감정을 컴퓨터로 구현하는 지능구현기술
5) 지능인프라 : IT기술로 사회인프라를 효율적으로 운영하는 기술로서, 교통혼잡 등 사회적 비용의 절감효과가 기대되는 분야

정부는 2016년 미래 성장을 주도할 다음의 13개 산업을 선정하고 약 4조원의 정부예산을 지원하기로 한 바 있다. 미래를 주도할 산업군에 어떤 산업인지 참고할 수 있는 자료이다(자료 : 산업통상자원부).

1) 첨단소재 가공시스템
2) 자율주행 자동차
3) 무인항공기시스템
4) 웨어러블 디바이스
5) 국민안전 건강로봇
6) 플라스틱 화학소재
7) 미래산업 티타늄소재
8) 생체모사 디바이스
9) Well-life 건강관리
10) 가상훈련시스템
11) 극한 해양플랜트
12) CO_2발전시스템
13) 직류송배전시스템

2018년에 들어서 정부는 4차산업혁명시대를 주도하는 빅데이터, 인공지능(AI), 사물인터넷(IoT), 5세대(5G)통신 그리고 바이오산업에 걸쳐 플랫폼이 될 핵심 인프라 생태계 구축에 민간부분이 하지 못하는 영역에 10조원을 투자할 계획을 발표하였고, 또한 빅데이터, 공유경제, 수소경제, 바이오헬스 분야의 혁신 성장에 제약이 되고 있는 규제를 없애는 정책을 발표한 바 있다(자료 : 매경, 2018.10.5).

미래 기술과 상용화의 벽

이러한 기술이 상용화되기까지는 유용성의 계곡(연구개발), 경제성의 계곡(사업화), 수용성의 계곡(양산, 산업화)의 거쳐야 할 여러 고비가 있으므로 미래 유망산업 예측시에는 이러한 측면에 주의해야 한다(자료 : 삼성경제연구소).

첫째는, 기술과 시장의 벽이다. 새로운 기술이 본격적으로 신시장을 형성할 때까지는 몇 단계의 소위 "죽음의 계곡"을 거쳐야 한다는 점이다. 예를 들어, 인스턴트커피의 경우 이의 제조공정 기술개발은 1930년대 이미 이루어졌지만, 이것이 상용화된 것은 1950년대 이후였다.

둘째는, 산업수명사이클이 짧아져 선발주자의 이익 획득의 불확실성이 높아지고 있다는 점이다. 또한 산업의 경쟁자는 계속적으로 변하므로 변화를 적극적으로 수용하고, 새로운 전략방향을 모색해야 한다는 점이다.

셋째는, 신기술의 사업이 성공하기 위해서는 그 비즈니스의 개념 확장 또는 변화에 대한 문제의식을 가져야 한다. 자신의 기업이 고객에게 주는 핵심가치가 무엇인지를 기술변화와 함께 질문해야 한다.

넷째는, 경쟁을 넓게, 그리고 좁게 정의하면서 현재의 경쟁자뿐 아니라 미래의 경쟁자를 예상하고, 수익성에 미치는 세부요인을 평가해야 한다는 점이다. 마이클 포터의 표현대로 "새"의 눈과 "벌레"의 눈을 가지고 경쟁환경의 변화를 예측하는 것이 필요하다.

기술혁신과 전략적 선택

이른바 4차산업혁명시대를 주도하는 분야에서 선도기업의 흥망성쇠는 기업의 전략적 선택이 얼마나 중요한지를 말해주고 있다. 빠른 기술혁신으로 산업수명사이클이 짧아짐으로써 선발주자의 이익 획득의 불확실성이 높아지고 때로는 몰락의 길을 가기도 한다.

미국의 5대 기술주로 꼽히는 이른바 FAANG(Face book, Apple, Amazon, Netflix, Google)은 놀라운 성장세를 보이다가 2018년 11월에 들면서 주가가 20~40%씩 폭락하였다. 많은 시장전문가들 사이에 2000년 닷컴주식의 붕괴가 재연되는 것이 아닌지 불안감이 팽배했다. 금리인상, 정부규제강화, 미중 무역분쟁 등의 경제환경이 악화되고, 기술혁신주의 '지속가능성장'에 대한 신뢰가 약화된 결과였다. 반면에 MS(마이크로 소프트)는 상당기간 경쟁력 상실에 고전하다가 사티아 나델라 CEO 이후 회사의 경쟁 키워드를 오픈(개방)으로 표방하며 경쟁업체에게 OS를 전폭적으로 개방하고 핵심분야를 '윈도'에서 '클라우드 컴퓨팅'으로 전환하는 경영전략이 성공적으로 결실을 맺으며 2014~2019년 5월 사이에 시가총액이 3배나 상승하는 실적을 보였다. 빠른 기술혁신의 흐름 속에서 전략적 선택이 얼마나 중요한지를 잘 보여주는 사례가 되었다(자료 : 매경, 2019.5.8, 2018.11.21).

전략적 선택의 중요성은 저성장산업에서도 마찬가지이다. 피터 린치(Peter Lynch)의 "저성장산업에서 우량기업을 찾아라!"라는 조언처럼, 고성장산업만이 유망산업이 아니고, 수요가 둔화되고, 비록 저성장산업에 속해 있지만 펀더멘털이 뛰어난 기업을 발굴할 수 있으면 높은 수익률을 올릴 수 있다. '저성장산업 속의 우량기업들'이란 ① 틈새시장의 강자, ② 저비용 구조, ③ 승자독식의 기업을 가리킨다. 저성장산업이지만 특화된 시장에서 새로운 성장동력의 발굴을 통해 블루오션(blue ocean)에서 변신하고 있는 기업이, 고성장산업이지만 레드오션(red ocean)에서 고전하는 기업보다 훨씬 낫다.

연습문제

1. 다음 사항에 대하여 설명하라.

경제-산업-기업 분석체계	가치투자	GDP성장률
이자율	자산효과	소득효과
인플레이션	디플레이션	환율
인구통계적 요인	재정정책	금융정책
경기순환	수요충격요인	공급충격요인
경기종합지수	기업실사지수	산업분류
산업의 수요와 공급 분석	산업의 경쟁구조 분석	산업수명주기이론
지속가능 경쟁우위	경제적 해자	핵심역량
핵심성과지표	잠재위험요소	SWOT분석

2. 다음 중 잘못 서술되어 있는 문항에 대해서는, 잘못 서술되고 있음을 논리적 · 이론적 근거를 제시하여 설명하라.

(1) 경제성장률은 명목가격으로 측정된 GDP의 전년 대비 금년도의 증가율로 측정한다.
(2) 장기적으로는 금융경제 성장의 척도인 연평균 주가상승률은 실물경제 성장의 척도인 실질GDP성장률에 접근할 것으로 기대할 수 있다.
(3) 이자율이 상승하면 이는 기업의 금융비용 상승으로 이어지고, 이는 곧 자본의 한계생산성을 하락시키는 결과를 가져오므로 기업의 설비투자는 위축된다.
(4) 이자율이 하락하면 가계부문에서는 금융자산의 가치하락으로 소비지출이 감소한다.
(5) 인플레이션은 투자규모를 증가시키고, 납세후 실질투자수익률을 높인다.
(6) 주요 원자재 가격의 하락은 제품원가(또는 수입물가) 하락으로 인하여 기업수익성 개선, 경기개선으로 이어진다.
(7) 환율이 상승(원화값 하락)하면 수출은 단기적으로는 하락하고, 외국인의 주식투자자금 유입을 촉진시킨다.
(8) 50대 이후에는 유동성이 높은 금융자산 투자를 선호하게 되므로 베이비붐 세대의 은퇴로 은퇴인구가 많아지면 증권가격 상승에 긍정적 영향을 미친다.
(9) 경기순환에 영향을 주는 공급충격요인으로는 세율의 인하, 통화량의 증가, 정부지출의 증가, 수출수요의 증가 등을 들 수 있다.
(10) 기업실사지수는 경기선행지표, 경기동행지표, 경기후행지표로 구성된다.
(11) 산업수명주기에서 이윤이 가장 높은 단계는 성숙기이다.
(12) 산업구조상 진입장벽이 높은 경우는 경쟁방식에서 가격경쟁의 가능성이 높거나 제품차별화가 잘 이루어지지 않는 경우이다.
(13) 고정비 비중이 높거나 공장가동률이 낮으면 비가격경쟁의 가능성이 높아진다.
(14) 기업이 경쟁우위를 확보하기 위해서 추구될 수 있는 경영전략은 전반적 원가우위 전략, 차별화전략, 재무전략으로 그 유형을 구분할 수 있다.
(15) 강력한 브랜드파워나 명성이 형성되어 있거나 낮은 원가의 생산이 지속적으로 가능한 경우는 강력한 경제적 해자가 된다.

3. 경제분석과 관련하여 다음 사항에 대하여 설명하라.
   (1) 주가에 영향을 주는 거시경제변수
   (2) 환율과 주가의 관계
   (3) 금리와 주가의 관계
   (4) 주식투자의 인플레이션 헤지능력
   (5) 인구통계적 특성과 주가
   (6) 경기순환의 과정과 각 국면에서의 특성

4. 산업분석과 관련하여 다음 사항에 대하여 설명하라.
   (1) 특정산업의 유망성을 평가할 수 있는 분석체계
   (2) 특정산업에서 경쟁의 심화를 결정하는 요인

5. 기업분석과 관련된 다음 사항에 대하여 설명하라.
   (1) 지속가능 경쟁우위(경제적 해자의 원천)를 평가할 때 고려되어야 하는 요소
   (2) 경쟁업체와 비교한 핵심역량
   (3) 잠재위험요소

6. 상장업체 중에서 1개 회사를 선정하여 다음 사항에 답하라.
   (1) 선정회사의 미래 경영성과에 크게 영향을 미칠 주요 경제변수들을 찾아, 이들 변수가 어떤 방향으로 영향을 미칠지를 설명하라.
   (2) 선정회사가 속해 있는 산업의 특성을 구조적 측면에서 강약점을 제시하라.
   (3) 선정회사의 경쟁우위, 지속적으로 안정적 이익을 낼 수 있는 능력, 위험요소에 대하여 설명하고, SWOT분석을 통해 위의 사항을 요약 제시하라.

7. [장기투자의 유효성]

1999년 3월 당시 불었던 펀드열풍 속에서 '바이코리아펀드'는 12조원의 자금을 모으면서 '국민펀드'가 되었다. 그러나 곧 'IT버블'이 꺼지면서 1년 만에 수익률은 −40%의 실적을 보였다. 대부분의 펀드투자자들은 손실을 보고 환매를 하였다. 펀드설정 당시에 비해 10분의 1의 투자자만이 남게 되었다. 2012년 3월말까지 오면서 44.01%의 수익률을 보인 기간도 있었고, −22.28%의 수익률을 보인 기간도 있었다. 분기별로는 46분기 중 18분기의 수익률이 마이너스였으므로 실망한 투자자들은 지속적으로 환매충동을 느낄 수 있었다. 그러나 13년간 장기투자했던 투자자는 436.92%의 수익률을 올렸다. 동기간 동안의 KOSPI상승률이 233%였던 것과 비교하면 우수한 성적표이다(자료 : 매경, 2012.4.10).

이 자료를 놓고 '장기투자는 유효한 투자전략인지'에 대하여 각자의 의견을 제시하라.

CHAPTER

6

재무분석과 이익예측

제 1 절 재무건전도의 평가

제 2 절 이익예측

제 3 절 성장률의 추정

앞의 제5장에서는 기업의 미래이익과 주식가격에 영향을 미칠 국민경제-산업-기업적 요인들에 대하여 살펴보았다. 본장에서는 두 가지 주제를 다룬다. 하나는 분석종목이 우량종목인지를 재무적 측면에서 평가할 수 있는 분석체계에 관한 것이다. 다른 하나는 다음 제7장에서 다루게 될 보통주의 적정가격을 평가하는 데 주된 투입정보가 되는 미래이익과 성장률 추정에 관한 것이다. 다음은 본장의 학습목표로서 이해해야 할 주요 사항들이다.

- 재무제표를 이용한 재무건전도의 평가방법
- *ROE*, *ROIC* 변동원인분석, 현금창출능력분석, 재무제표의 질에 대한 평가
- 시계열자료를 이용한 이익예측의 방법
- 추정손익계산서 작성을 통한 이익예측의 방법
- 성장기회의 평가와 성장률 추정방법

주제 생각하기

경제적 해자와 재무지표

주주의 부는 배당수입과 주가상승(하락)으로 인한 시세차익(차손)의 크기에 달려 있다. 배당수입과 주가상승(하락)의 크기는 종국적으로는 기업이 얼마나 많은 이익을 벌어들이는지에 좌우된다. 현실적으로도 주가는 해당기업이 벌어들일 이익의 예상치를 반영하며 움직인다. 많은 투자(재무) 관련 문헌에서는 엄격한 통계적 분석을 통해 이익증가율과 주가상승률 사이에 높은 상관관계가 존재함을 보고하고 있다. 아래 왼쪽 [그림 1]은 삼성전자의 2013~2018년간 이익증가율과 주가상승률의 움직임을 보여주고 있는데, 대체적으로 양자 사이에 정의 상관관계가 존재함을 보여주고 있다(여기서 이익증가율은 예측치 기준이 아니고, 실적치 기준이다).

[그림 1] 삼성전자 연간 실적과 주가상승률 (단위 : %)

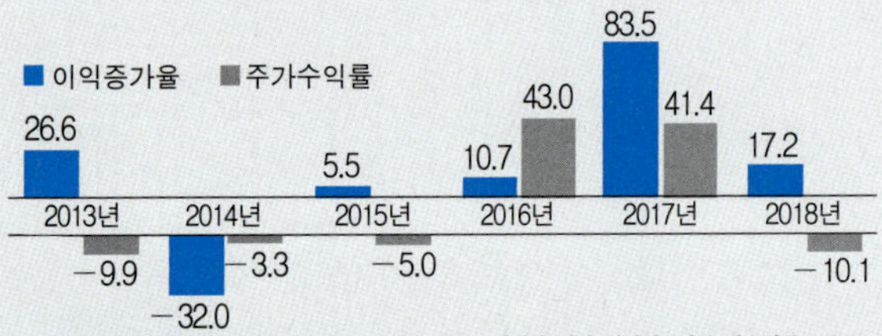

* 이익증가율은 전년 대비 영업이익증가율. 주가수익률은 전년말 대비 해당연도말 누적수익률. 2018년의 경우 영업이익은 증권사 3곳 이상 추정치 평균

[그림 2] 내년 삼성전자 영업이익 증권사 추정치 (단위 : 조원)

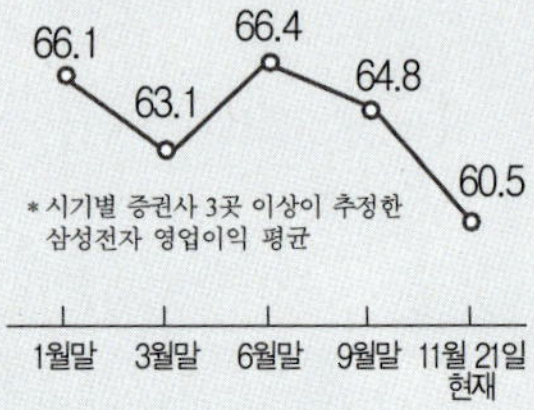

[그림 3] 삼성전자 주가 (단위 : 원)

자료 : 삼성증권, 에프앤가이드, 매경(2018.3.1, 2018.11.22)

주식시장에서 이익추정을 통한 주가예측의 작업은 애널리스트(analyst)의 몫이다. 이들 증권분석가들은 ① 경제분석에 주력하는 경제분석가(economist), ② 산업과 기업 분석에 주력하는 기업분석가(analyst), ③ 경제분석과 기업분석의 의견에 자신의 견해를 합쳐 투자방향을 정하는 투자전략가(strategist)의 세 부류로 나눌 수 있는데, 애널리스트 업무에서 가장 큰 비중을 차지하는 것은 미래이익예측에 근거하여 적정주가를 추정하고, 매수 · 매도의 투자추천을 하는 것이다.

[그림 2]는 2018년 분기별로 증권사 애널리스트들의 내년도 이익예측치를, [그림 3]은 삼성전자 주가 추이를 보여주고 있다. 삼성전자 영업이익의 78%를 차지하고 있던 반도체업이 이 기간에 초과수요에서 초과공급의 상황으로 바뀌고, D램과 낸드 가격이 23%, 42%씩 하락하면서 전문가들은 영업이익이 크게 하락할 것으로 전망하였다.

이러한 이익예측치를 만들어내기 위해서는, 일차적으로 앞의 제5장에서 설명한 경제-산업-기업 분석체계와 연관 지어 기업의 이익과 주가에 영향을 미치는 질적 요인(경제적 해자)을 고려하고, 이차적으로는 재무건전도를 평가한다. 재무건전도 분석은 재무비율분석을 통해 이익창출능력, 안정성, 이익변동의 원인, 현금창출능력, 기초자료인 재무제표의 질을 평가하는 작업이 핵심이다. 최종적으로는 이에 근거하여 여러 가지 계량적 방법이나 추정재무제표 작성을 통해 지속가능이익(정상적 주당이익)을 추정하는 작업을 한다.

기업의 재무건전도를 평가할 때 재무제표로부터 어떤 재무정보를 얻어 낼 수 있는가? '장기적으로 안정적인 이익을 낼 수 있는 우량종목'을 선별해내는 데 유용한 재무지표에는 어떤 것이 있는가? 이익예측시에 사용되는 방법에는 어떤 것이 있는가? 미래성장률은 어떻게 추정하는가?

애널리스트의 예측치는 사후적 실제치와 차이를 보이는데, 예측오차는 어느 경우 커지는가?

제 1 절 재무건전도의 평가

가치투자의 관점에서 볼 때, 재무제표에 기초하여 재무건전도를 평가하는 것은 종목선정에 중요한 의미가 있다. 첫째, 우량종목을 선정하는 데 제5장에서 다룬 질적인 측면만의 분석에는 한계가 있기 때문이다. 재무건전도 분석은 질적 분석을 보강해 준다. 둘째, 장기투자를 전제로 하는 가치투자방법에서 재무건전도 분석은 위험관리의 중요한 수단이 되기 때문이다. 가치투자방법에서는 장기투자기간 동안 투자대상기업의 증권가격이 언젠가는 내재가치로 회복되는 것을 가정하고 있는데, 재무건전도가 극도로 악화되어 회복되지 못하고, 부실기업 내지 상장폐지의 상황이 되면 소기의 투자목표를 달성할 수 없게 된다.

특정기업의 재무건전도 평가는 일차적으로 재무제표에 의존하게 된다. 손익계산서, 재무상태표 등의 재무제표는 몇 가지 한계점을 갖고 있음에도 불구하고 기업의 경영성과와 재무상태를 체계적으로 전달해 주는 정보원이 되기 때문이다.

본절에서는 기업의 재무건전도를 평가하는 전통적 분석방법인 재무비율분석, 이익창출능력의 원천을 평가하는 ROE, $ROIC$ 변동원인분석, FCF와 현금창출능력분석, 재무제표의 질에 대한 평가에 대하여 설명한다.

1 재무비율분석

기업의 재무건전도를 평가하는 실용적 방법은 재무비율분석이다. 재무상태표와 손익계산서에서 두 항목을 대응시켜 비율로 계산하면 기업의 경영내용에 대한 다양한 정보를 얻어낼 수 있다. 〈표 6-1〉은 재무비율을 투자론의 두 가지 핵심개념인 투자수익과 투자위험에 관한 정보를 제공하는 비율군으로 분류하여 그 계산방법과 정보내용을 요약한 것이다.

(1) 이익창출능력과 자산이용효율성

투자수익과 관련된 정보를 얻을 수 있는 재무비율은 수익성비율과 활동성비율이다. 먼저 수익성비율은 기업의 이익창출능력을 평가할 수 있는 재무비율인데, 기본적으로 투자수익을 투하자본(자산)으로 나눈 ROI(return on investment)로 측정한다.

〈표 6-1〉 **주요 재무비율의 정보내용**

주요 재무비율			계산방법	정보내용
기업 수익력 평가 비율	수익성 비율	• 자기자본순이익률(ROE)	$\frac{\text{순이익}}{\text{자기자본}}$	주주의 지분에 대한 자본사용의 효율성
		• 총자본영업이익률(ROA)	$\frac{\text{영업이익}}{\text{총자본}}$	타인자본의존도에 관계없이 영업활동상의 이익창출능력
		• 매출액영업이익률(ROS)	$\frac{\text{영업이익}}{\text{매출액}}$	매출액 대비 영업활동상의 비용효율성
		• 매출액순이익률(ROS)	$\frac{\text{순이익}}{\text{매출액}}$	매출에 대한 순마진의 크기, 재무효율성을 측정
		• 투하자본 세후 영업이익률($ROIC$)	$\frac{\text{영업이익}(1-\text{법인세율})}{\text{투하자본}(=\text{총자산}-\text{영업외자산})}$	영업활동에 투여된 자산에 대한 영업활동에서의 이익발생능력
	활동성 비율	• 매출채권회전율	$\frac{\text{매출액}}{\text{매출채권}}$	매출채권의 현금화속도, 효율적 이용도
		• 매출채권 평균회수기간	$\frac{\text{매출채권}}{\text{매출액}}\times 365$	매출채권의 현금화속도, 효율적 이용도를 날짜수로 측정
		• 재고자산회전율	$\frac{\text{매출원가}}{\text{재고자산}}$	재고자산의 현금화속도, 재고자산투자의 적정성
		• 총자산회전율	$\frac{\text{매출액}}{\text{총자산}}$	총자산이 수익창출에 이용되는 투자효율성
기업 위험 평가 비율	안전성 비율	• 부채비율(B/S)	$\frac{\text{총부채}}{\text{자기자본}}$	부채의존도(재무구조의 건전성)
		• 이자보상비율	$\frac{\text{영업이익}+\text{감가상각비}}{\text{지급이자}}$	이자지급능력
		• 현금흐름보상비율	$\frac{\text{영업이익}+\text{금융비용}+\text{감가상각비}}{\text{금융비용}+\text{당기상환요부채액}/(1-t)}$	원리금상환능력
	유동성 비율	• 유동비율	$\frac{\text{유동자산}}{\text{유동부채}}$	단기채무에 대한 변제능력
		• 당좌비율	$\frac{\text{당좌자산}}{\text{유동부채}}$	재고자산의 유동성이 의문시될 경우 단기유동성을 측정
		• 주당현금흐름	$\frac{\text{순이익}+\text{감가상각비}}{\text{발행주식수}}$	기업활동으로부터의 자금창출능력

투자수익을 영업이익으로 측정하면 핵심영업활동(생산, 판매, 관리활동)의 성과에 한정하여 이익발생능력을 평가하는 것인 반면에, 순이익은 재무(영업외)활동까지 포함하여 평가한다는 점에 유의할 필요가 있다.

이러한 이유 때문에 **매출액영업이익률**은 동일한 영업(사업)을 하는 경쟁업체간의 경쟁력을 평가할 때 적절하다. 이와 함께 매출액영업이익률(영업마진)의 절대적

[그림 6-1] 글로벌 경쟁사의 영업이익률 비교

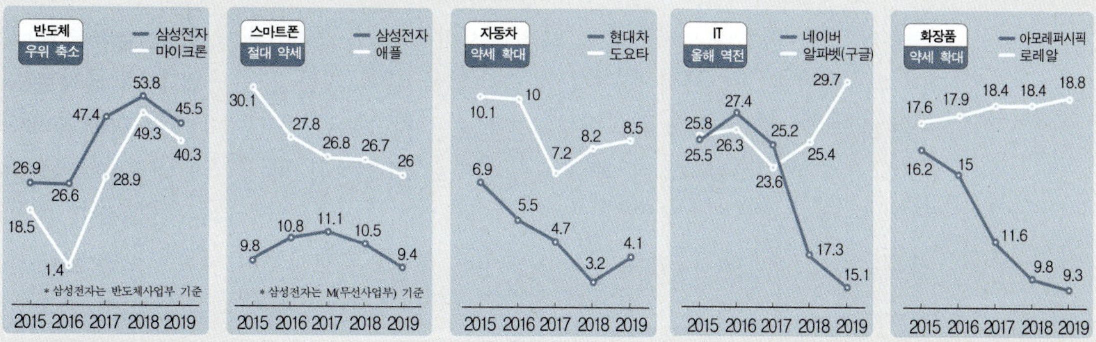

자료 : 매경, 2018.11.9

수준뿐 아니라 이의 안정적 유지여부는 제5장에서 설명한 경제적 해자가 구축되고 있는지를 판단하는 한 방법이 된다. 매출액순이익률은 비록 동종업체가 아니더라도 재무효율성까지 감안한 총괄적인 경영성과를 비교하는 데 적절하다.

한편 기업의 총자산 중에서 투자자산, 단기금융상품 등의 비영업자산을 제외하고 그 기업의 영영활동에 직접 사용되고 있는 자본을 투하자본(invested capital)이라고 하는데, 이 투하자본과 세후영업이익을 대응시킨 **투하자본 세후영업이익률**(*ROIC*)은 핵심영업활동에서의 이익창출능력을 평가하는 데 사용된다.[1]

활동성비율은 기업이 투자하고 있는 자산의 이용(투자)효율성에 관한 정보를 제공해 준다. 측정은 매출액을 매출채권, 재고자산, 총자산 등의 자산으로 나누어 구해지는 회전율로 표시하는데, 이들 자산 1단위를 투자하여 몇 배의 매출을 올리는지를 뜻한다. 매출액이 100억원인데 매출채권이 25억원이면 매출채권회전율은 4회전이 되는데, 매출채권 1원 투자에 대해서 4원의 매출을 올리는 것을 의미한다. 회수기간으로 표시하면 약 90일 만에 매출채권이 한 번 현금화됨을 뜻한다.

---

1) 재무건전도 평가에 관한 보다 상세한 설명은 장영광, 『경영분석』, 무역경영사, 제5판, 2017, 제3, 4장 참조.
자본제공자에게 *ROIC*는 영업활동에의 투하자본이용의 효율성을 직접 평가하는 비율이므로 매출액이익률보다 더 의미가 있다. 예를 들어 A사는 순이익 100,000원, 매출액 1,000만원, 투하자본 100만원이고, B사는 순이익 500,000원, 매출액 500만원, 투하자본 1,000만원이라고 하자. 매출액순이익률은 A사 1%, B사 10%이지만, *ROIC*는 A사 10%, B사 5%이다. A사는 매출액과 대비한 수익성은 저조하지만, 투하자본과 대비한 수익성은 양호하다. 투하자본 대비 수익성을 중시하는 자본제공자에게는 A사의 이익발생능력이 우월하다.

(2) 투자위험-안전성과 유동성

투자위험과 관련 재무비율에는 레버리지비율과 유동성비율이 있다. 레버리지비율은 부채차입과 관련하여 안전성, 지급능력에 관한 정보를 나타낸다. 부채의존도를 측정하는 부채비율(B/S 또는 D/E)이 높으면 지급불능, 파산가능성이 높아질 뿐 아니라 고정적인 지급이자의 부담으로 이익의 변동성이 커지는 위험성도 높아진다. 지급불능의 상황이 가져오는 위험을 평가하기 위해서는 이자지급능력이나 원리금 상환능력을 평가할 수 있는 이자보상비율, 현금흐름보상률이 지속적으로 낮아지고 있는지를 체크할 필요가 있다.

무부채 혹은 낮은 부채차입의 이점은 파산위험이 낮은 점 이외에도 유리한 사업기회가 있을 때 이에 대한 투자여력, 재무적 융통성을 갖게 된다는 점이다. 기업이 부채차입을 늘리고 있으면 그 용도(손실보전, 기업인수, 특별배당, 신제품개발 등)가 무엇인지를 파악할 필요가 있다. 또 부채상환의 만기구조, 추가적인 부채차입여력 그리고 리스, 지급보증/제품보증, 구매계약, 연금채무 등 부외부채(off-balance sheet debt)가 주는 재무적 부담을 평가해야 한다.

투자위험 평가와 관련하여 기업의 고정비 발생 수준을 감안한 레버리지분석(leverage analysis)을 병행하는 것이 도움을 준다. 고정비는 고정적 인건비, 감가상각비, 임차료 등의 영업고정비 및 지급이자와 같은 재무고정비로 구분된다. 이들 고정비가 많은 비용구조이면 이익의 변동성이 커지는 이른바 손익확대효과(leverage effect)가 발생한다. 레버리지의 정도는 재무비율로 측정하는 대신 레버리지도(degree of leverage)로 측정하는데, 영업레버리지도는 매출액증감률과 영업이익증감률, 재무레버리지도는 영업이익증감률과 순이익증감률을 대비하여 측정한다. 영업레버리지가 높은 경우는 노동집약적 사업, 자본지출이 많은 사업, 원자재/생산비용 비중이 높은 사업, 재고투자가 많이 요구되는 사업이다. 영업레버리지가 높으면서 부채레버리지도 높으면 그만큼 변동성이 확대되고 파산 확률도 높아진다.

유동성비율은 단기채무에 대한 지급능력, 단기에 현금화시킬 수 있는 능력에 대한 정보를 준다. 재고자산을 현금화하는 데 문제가 있는 사업이나 상황이면 이를 제외한 당좌자산과 대비하여 지급능력을 평가하는 것이 적절하다. 유동자산에서 유동부채를 차감한 것을 **순운전자본**(net working capital)이라고 하는데, 운전자본을 과다하게 보유하는 것은 지급능력(유동성)을 높이지만, 수익성에는 부정적 영향을 미친다. 이러한 관점에서 현금이 과다하게 잠겨 있는 유동자산의 현금화 속도를 파악하는 것이 필요하다.

특정정보를 파악할 수 있는 재무비율이 계산되면 기업간 상호비교분석과 기

〈표 6-2〉 **H중공업의 재무제표** (단위 : 백만원)

재무상태표				
항 목	2015	2016	2017	2018
I. 유동자산	8,499.5	12,617.6	10,609.9	10,875.2
1. 당좌자산	6,352.0	6,975.3	5,715.1	6,582.4
현금과 예금	953.8	667.5	632.6	624.5
단기금융상품	2,657.5	1,808.9	109.0	7.0
매출채권	2,740.7	4,498.9	4,973.5	5,950.9
2. 재고자산	1,119.2	2,263.3	1,928.6	2,084.2
3. 기타유동자산	1,028.4	3,379.1	2,966.2	2,208.6
II. 비유동자산	8,324.6	12,662.8	14,262.7	18,013.0
1. 투자자산	2,971.8	3,224.4	4,866.4	9,089.3
2. 순유형고정자산	4,968.8	6,190.0	8,145.5	8,000.2
3. 무형고정자산	236.0	262.3	288.5	306.0
4. 기타비유동자산	165.6	2,986.2	962.3	617.4
자산총계	16,824.1	25,280.4	24,872.6	28,888.1
I. 유동부채	10,887.6	16,473.9	12,909.1	13,377.2
매입채무	1,495.2	2,337.3	1,427.6	1,927.6
단기차입금	0.0	0.0	585.3	3,115.0
유동성장기부채	187.3	0.0	0.0	0.0
선수금	8,583.5	10,177.4	8,013.3	6,142.7
기타유동부채	621.6	3,959.2	2,882.9	2,191.9
II. 비유동부채	444.9	3,211.3	2,155.1	1,691.9
사채	0.0	0.0	299.1	299.5
장기차입금	1.6	3.3	5.2	32.8
기타비유동부채	443.3	3,208.0	1,850.8	1,359.6
부채총계	11,332.6	19,685.2	15,064.2	15,069.1
III. 자본금	380.0	380.0	380.0	380.0
자본잉여금	2,771.4	2,818.6	2,869.6	2,954.5
자본조정	−696.7	−1,762.0	−1,697.8	−1,705.5
기타포괄손익누계액	68.0	−498.5	1,752.7	2,137.1
이익잉여금	2,867.1	4,657.1	6,503.9	10,052.9
자본총계	5,491.5	5,595.2	9,808.4	13,819.0
부채 및 자본총계	16,824.1	25,280.4	24,872.6	28,888.1

손익계산서			
항 목	2016	2017	2018
I. 매출액	19,957.1	21,142.2	22,405.2
(매출액증가율%)	28.5	5.9	0.06
II. 매출원가	16,812.0	17,997.4	17,734.8
III. 매출총이익	3,145.1	3,144.8	4,670.3
IV. 판매비와 관리비	938.9	922.2	1,230.9
V. 영업이익	2,206.2	2,222.6	3,439.4
VI. 영업외수익	3,827.1	3,309.6	3,083.9
이자관련금융수익	279.9	167.3	162.5
외환관련이익	817.8	748.6	374.6
지분법이익	771.5	479.6	1,273.6
기타수익	1,957.9	1,914.1	1,273.2
VII. 영업외비용	3,083.6	2,884.1	1,739.0
이자관련금융비용	6.5	34.1	80.4
외환관련손실	762.3	606.8	453.6
지분법손실	151.6	194.6	37.4
기타비용	2,163.3	2,048.5	1,167.6
(영업외수지)	743.5	425.5	1,344.9
VIII. 세전계속사업이익	2,949.6	2,648.1	4,784.3
IX. 법인세비용	693.0	501.6	1,023.2
X. 계속사업이익	2,256.7	2,146.5	3,761.1
XI. 중단사업이익	0.0	0.0	0.0
XII. 당기순이익	2,256.7	2,146.5	3,761.1
XIII. *EPS* (주당이익 : 원)	29,693	28,243	61,807
감가상각비	340.3	445.6	440.0
EBITDA	2,597.0	268.2	3,879.4
배당성향(%)	13.3	9.8	11.4

〈표 6-3〉 H중공업의 주요 재무비율

재무비율		2015	2016	2017	2018	산업평균
수익성	총자산영업이익률(%)	11.7	10.5	8.9	12.8	7.2
	자기자본순이익률	35.4	40.7	27.9	31.8	18.6
	매출액영업이익률	11.3	11.1	10.5	15.4	9.5
	매출액순이익률	11.2	11.3	10.2	16.8	7.1
	투하자본세후영업이익률	13.4	9.8	10.1	16.0	12.0
활동성	매출채권회전율(회)	5.8	5.5	4.5	4.1	3.6
	평균회수기간(일)	62.8	66.2	81.8	89.0	101.4
	재고자산회전율(회)	13.8	11.8	10.1	11.2	14.1
	비유동자산회전율(회)	2.0	1.9	1.6	1.4	1.4
	총자산회전율(회)	1.0	0.9	0.8	0.8	0.7
유동성	유동비율(%)	76.4	77.2	79.1	81.7	83.3
	당좌비율	59.1	48.7	43.2	46.8	74.8
레버리지	부채비율(%)	203.9	279.8	225.6	127.5	220.3
	차입금의존도	1.3	0.5	1.8	8.7	20.7
	이자보상비율(배)	153.6	339.4	65.2	42.8	615.6
성장성	매출액증가율(%)	23.7	28.5	5.9	6.0	0.5
	영업이익증가율	99.2	26.0	0.7	54.7	41.1
	순이익증가율	143.6	30.0	−4.9	75.2	66.2
	총자산증가율	29.5	50.3	−1.6	16.1	−1.6

간간 추세분석 등의 경영분석기법을 활용하여 기업의 재무적 강약점을 평가한다.

상호비교분석은 산업평균비율이나 경쟁업체비율과 상호비교하여 재무건전도가 양호한지, 불량한지를 평가하는 것을 말한다. 반면에 추세분석은 특정 재무비율의 과거 수년간의 증감추세를 분석하여 재무건전도가 개선되고 있는지 악화되고 있는지를 평가하는 것이다.

〈표 6-2〉는 H중공업의 재무제표인데, 이로부터 주요 재무비율을 계산하면 〈표 6-3〉과 같다. H중공업은 산업평균과 비교하면 이익발생능력은 양호한 편이지만 재고자산 이용의 효율성과 유동성은 양호하지 못한 편이다. 3년간의 추세분석에서는 2017년에는 전반적으로 재무건전도가 악화되었지만 2018년에는 개선되는 추세를 보이고 있음을 알 수 있다.

2 ROE, ROIC 변동원인분석

자기자본순이익률(*ROE* : return on equity)은 순이익을 자기자본으로 나누어, 주주의 몫에 대한 순수한 이익발생능력을 나타내는 재무비율로서 주주 입장에서 제일 관심을 갖는 수익성지표이다. 가치투자의 실제에서는 우량종목의 최소 기준으로 *ROE* 15% 이상의 조건을 제시하기도 한다.[2)]

자기자본순이익률(*ROE*)을 증권분석에서 중요시하는 다른 이유는, *ROE*를 기업경영의 핵심내용을 나타내는 세 가지 지표로 나누어 이익발생능력의 원천, 수익성의 변동원인을 분석할 수 있기 때문이다. 즉, 다음과 같이 원가통제의 효율성을 나타내는 매출액순이익률, 자산이용의 효율성을 나타내는 총자산회전율 그리고 자본조달의 안전성 정도를 나타내는 부채비율의 결합관계에서 이를 분석할 수 있다.

$$\text{자기자본순이익률} = \frac{\text{순이익}}{\text{자기자본}}$$

$$= \left(\frac{\text{순이익}}{\text{매출액}}\right) \times \left(\frac{\text{매출액}}{\text{총자산}}\right) \times \left(1 + \frac{\text{부채}}{\text{자기자본}}\right) \quad (6.1)$$

$$= (\text{매출액순이익률}) \times (\text{총자산회전율}) \times \{1 + (\text{부채비율})\}$$

$$\downarrow \qquad\qquad \downarrow \qquad\qquad \downarrow$$

$$\begin{bmatrix}\text{원가통제의} \\ \text{효율성}\end{bmatrix} \quad \begin{bmatrix}\text{자산이용의} \\ \text{효율성}\end{bmatrix} \quad \begin{bmatrix}\text{자본조달의} \\ \text{안전성}\end{bmatrix}$$

이와 같은 *ROE*분석을 Du Pont system 분석이라고도 하는데, *ROE*를 이들 세 가지 재무비율의 결합관계에서 분석하면서 경쟁기업과 상호비교하거나 과거 수년간의 추세분석을 하면, 이익창출능력의 원천과 수익성 변동원인을 평가할 수 있다. 예를 들어 A사와 B사에 대하여 *ROE*구성요소가 다음과 같다고 하자.

	ROE		(매출액순이익률)		(총자산회전율)		(1+부채비율)
A사 :	20%	=	2%	×	5.0회전	×	(1+1.0)
B사 :	20%	=	20%	×	0.5회전	×	(1+1.0)

---

2) P. Dorsey, *The Five Rules for Successful Stock Investing - Morningstar's Guide*, Morningstar, 2004; R.G. Hagstrom, *The Warren Buffet Way*, 3rd. ed., Wiley, 2014.

A사와 B사의 자료를 보게 되면 양사 모두 자기자본순이익률(*ROE*)이 20%로 동일하지만, A사의 이익발생능력은 자산이용의 효율성이 매우 높은 데 기인하고, 반면에 B사의 그것은 높은 마진에 기인함을 알 수 있다.

ROE 변동원인분석을 다음과 같이 세 부분으로 나누어 실시하면 더 상세한 변동원인이 어디에 있는지를 파악할 수 있다.[3)]

① 매출액순이익률의 변동원인은 [개별비용항목/매출액]을 추정, 비용이 과다(과소)하게 발생하는 **비용항목**을 적출하여 비용효율성 변동원인을 분석
② 총자본회전율의 변동원인은 [개별자산항목/매출액] 또는 개별자산회전율을 추정, 과다(과소)투자를 유발하는 **자산항목**을 적출하여 자산투자효율성의 변동원인을 분석
③ 부채레버리지의 변동원인은 [단기/장기부채/총자본]을 추정, **자본조달**의 안정성을 위협하는 단기부채의 의존도를 평가. 높은 *ROE*가 높은 레버리지에 기인하는 것은 바람직하지 못한 경우가 많으므로 이러한 가능성을 분석

수익성비율 설명에서 투하자본 세후영업이익률(*ROIC*)은 투하자본과 세후영업이익을 대응시킨 수익성비율로서 핵심영업활동에서의 이익창출능력을 평가하는 데 유용함을 설명하였다. 이 *ROIC*도 *ROE*원인분석방법과 유사한 방법으로 매출액을 매개로 하여 분해하면 다음과 같이 비용효율성을 나타내는 영업마진과 자산투자효율성을 나타내는 투하자산회전율로 나누어 원인을 분석할 수 있다.

$$
\begin{aligned}
ROIC &= \frac{NOPLAT(\text{세후영업이익})}{IC} \\
&= \underset{\substack{(\text{영업마진}) \\ (\text{비용효율성})}}{\frac{\text{영업이익}}{\text{매출액}}} \times \underset{\substack{(\text{자산회전율}) \\ (\text{자산투자효율성})}}{\frac{\text{매출액}}{\text{투하자본}}} \times (1-\text{법인세율}) \qquad (6.2)
\end{aligned}
$$

*ROIC*원인분석체계에 의하면 *ROIC*를 높이기 위해서는 영업마진(비용효율성)과 자산회전율(자산투자효율성)의 제고가 필요한데, 영업마진과 자산회전율을 높여

---

3) 부채레버리지가 *ROE*에 미치는 영향은 다음 관계식에서 분석할 수 있다(여기서, *ROA* : 총자산영업이익률, i : 평균차입이자율, B/S : 부채비율, t : 법인세율). $ROE=[ROA+(ROA-i)B/S](1-t)$
부채레버리지(B/S)가 *ROE* 증가에 기여하기 위해서는 $ROA>i$의 조건이 필요하다(상게서 p.79 참조).

서 경제적 해자를 구축하는 기본방향은 다음과 같이 요약할 수 있다.[4)]

① 영업이익마진 증대
- 지배적 시장위치에서 고품질 · 고마진의 고가격 전략 구사
- 강력한 비용절감으로 제품원가의 경쟁우위 제고

② 자산투자효율성 증대
- 현금순환이 빠르도록 매출채권과 재고자산에 대한 효율적 관리
- 한계투자수익률이 낮은 사업의 과감한 처분

3 *FCF* 와 현금창출능력분석

재무비율분석에서 수익성이 양호한 것으로 분석되더라도 이는 현금창출능력이 양호함을 의미하는 것이 아니다. 회계이익은 현금흐름과 상이하기 때문이다.

기업의 현금창출능력은 잉여현금흐름 기준으로 평가할 수 있다. 잉여현금흐름(*FCF* : free cashflow)은 '영업활동 현금흐름'에서 미래를 위한 투자소요액까지 차감한 현금흐름을 말한다.[5)]

먼저 영업현금흐름(operating cashflow)은 기업이 핵심경영활동, 즉 생산 · 판매 · 관리의 주된 영업활동에서 벌어들인 현금흐름이고, 이를 납세후 기준으로 측정한 것이 세후영업현금흐름이다. 이와 같은 세후영업현금흐름을 차년도 이후에도 지속적으로 창출할 수 있기 위해서는 영업활동과 관련된 비유동자산과 순운전자본에 대한 자산투자가 필요하다.

*FCF*는 세후영업현금흐름에서 신규투자액, 즉 투하자본(*IC* : invested capital, 순운전자본투자액과 비유동자산투자액)까지 차감한 현금흐름이다. 이 *FCF*는 미래를 위한 투자소요액까지 차감하고 채권자와 주주들이 자신의 몫으로 분배받을 수 있는 최종적인 현금흐름, 현재의 기업경영을 유지하는 데 필요한 재투자를 한 후 남

---

4) Pat Dorsey는 상게서에서 가치투자의 지표로서 *ROIC*를 종합적인 산업 유망성을 평가하는 데 유용한 지표로 제시하고 있다. 미국에서는 *ROIC* 20% 이상은 유망산업군, 5% 이하는 불황산업군으로 분류하기도 한다. 또 *ROIC*는 투자자본과 이익의 연계성이 떨어지는 사업(지식기반산업, 자금관리업, 정보서비스, 비자본집약산업)의 경우 유용성이 떨어진다는 점에 유의할 필요가 있다. 그리고 고성장사업은 투자가 많이 필요하기 때문에 성장기업과 성장둔화기업의 비교시에는 저성장사업의 *ROIC*가 높게 표시된다는 점이다. 지속적으로 재투자가 필요한 사업의 경우도 *ROIC*가 낮은 경향이 있다.

5) *FCF* 를 가치평가에 활용하는 내용에 대한 상세한 설명은 다음 제7장 참조.

는 현금의 크기가 된다.

$$FCF = \text{세후영업현금흐름} - \text{투하자본증감액(비유동자산과 순운전자본 증감액)} \quad (6.3)$$

단, 세후영업현금흐름 = 영업이익(1 − 법인세율) + 감가상각비
투하자본증가액(ΔIC) = Δ 영업비유동자산 + Δ (영업관련)순운전자본
= Δ 영업비유동자산 + (Δ 매출채권 + Δ 재고자산 − Δ 무이자유동부채)

(+)의 *FCF*는 사업확장에 필요한 자금을 외부금융에 의존하지 않고 조달 여력이 있음을 의미하고, (−)의 *FCF*는 차입이나 주식발행을 해야 함을 의미한다. *FCF*가 많은 것으로 측정되면 이는 세후영업현금흐름이 많은 데 기인할 수도 있고, 미래를 위한 투자소요액이 적은 데 기인할 수도 있다. 이 중 투자소요액이 적은 데에 기인할 경우는 그 해석에 주의가 필요하다. 필요한 시설투자를 연기하여 *FCF*가 많은 것은 긍정적으로 평가되기 어렵다. 반대로 *FCF*가 적은 것이 투자소요액이 많은 데에 기인하면 그 이유가 사업의 특성상 그런지 시설투자가 해당연도에 집중되어 그런지를 파악해야 한다. 후자의 경우는 투자소요액이 지속적으로 많게 되는지를 판단해야 한다. 항공업의 예처럼 지속적으로 사업유지에 필요한 자본지출을 많이 필요로 하는 사업은 *ROIC*가 높지 못하다.[6] 가치투자의 실제에서는 *FCF* 대 매출액의 비율 5% 이상을 우량기업의 조건으로 제시하기도 한다. 투자결정에서 *FCF*를 활용하는 방법은 [그림 6-2]와 같이 *FCF*를 *ROE*와 연관지어, 고*FCF*-고*ROE* 사업은 낮은 사업위험군으로, 저*FCF*-저*ROE* 사업은 높은 사업위험군으로 분류하는 것이다.

[그림 6-2] *FCF*-*ROE* 분석

	저*ROE*	고*ROE*
고*FCF*		낮은 사업위험군
저*FCF*	높은 사업위험군	

6) 미래 사업유지에 필요한 자본지출액 규모의 추정이 어려우면 감가상각비를 근사치로 삼아 추정할 수 있다. 감가상각비는 현상유지하는 경우의 투자소요액에 상응하는 금액이 되기 때문이다.

4 재무제표의 질에 대한 평가

재무제표로부터 계산되는 다양한 재무비율은 기업의 수익성, 효율성, 안정성 등을 평가할 수 있는 유용한 정보를 제공해 준다는 점에서 재무제표는 재무건전도를 평가하는 기초자료로서 그 유용성이 널리 인정되고 있다.

그러나 재무제표는 그 자체가 신빙성이 있어야 할 뿐 아니라 특정거래나 경제적 사건에 대하여 다양한 회계처리방법이 적용되고 있기 때문에 기업간의 상호비교가능성(comparability)에 한계가 있을 수 있고, 통일성(uniformity)이 결여될 수도 있다. 투자정보로서 재무제표의 유용성을 높이기 위해서는 다음과 같은 관점에서 재무제표의 질, 구체적으로는 이익의 질과 자산·부채의 질을 평가할 필요가 있다.

(1) 이익의 질

이익의 질은 다음 세 가지 관점에서 평가할 수 있다.

첫째, 얼마나 보수적인 회계처리(conservative accounting)를 했는지를 평가한다. 회계처리방법에 따라 매출은 과대계상, 비용은 과소계상되기도 한다. 고객에게 제품이 인도되기 전에 매출을 조기 인식한다든지, 비용지출을 수년간에 걸쳐 상각하는 자본화 방식을 취하여 비용발생을 이연시키는 등의 예는 영업성과를 과대위장하는 결과를 가져온다. 다음은 이익추정에서 보수적 회계처리를 하는 예이다.[7]

- 불량 매출채권을 과감하게 대손처리
- 내용수명을 늘리는 방법으로 감가상각비를 인위적으로 줄이지 않거나, 초기에 감가상각을 많이 계상하는 가속상각의 회계처리
- 영업권이나 무형자산에 대한 조기 상각 또는 비용처리

---

7) 공격적 회계처리는 매출채권, 감가상각비, 영업권, 특별이익 등에 대한 회계처리가 이와 반대되게 회계처리하는 것이 될 것이다. 이 밖에도 공격적 회계(때로는 회계조작)를 발견하는 방법은 다음과 같다.

① 현금흐름이 감소하는 데 순이익이 증가하는 경우 : 신용완화로 매출은 늘지만 현금은 회수되지 않거나 (매출채권의 미회수) 연금회계처리 등 비현금성항목의 회계로 순이익이 증가하는 예

② 일회성항목이 많은 경우 : 잘못된 결정으로 인한 손실을 구조조정을 통해 일시에 상각시키는 예

③ 기업인수가 많은 경우

④ 핵심영업활동에서 창출되는 영업이익증가와 구분하여 금융투자수입 등 투자이익의 증가가 많은 경우

- 이익유연화를 위해 광고비, 연구개발비 등의 임의적 비용항목을 줄이지 않거나, 특별이익이나 비현금이익 항목의 계상을 억제

둘째, 다년간 반복될 수 있는 반복적 이익(recurring earnings)인지, 아니면 일회성의 비반복적, 일시적 이익(transitory earning)인지를 판단하여 이익의 지속가능성을 평가한다. 합병차익이나 환율변동으로 인한 기대하지 않은 외환차익 등과 같은 비반복적, 일회성의 이익이 많으면 이익의 질이 높다고 할 수 없다.

셋째, 기업의 장기수익력과 밀접한 관계가 있는 재량적 비용지출의 크기와 지출시기에 주의하여 분석할 필요가 있다. 기업이 지출하는 비용은 강제적 비용(compulsory expenses)과 재량적 비용(discretionary expenses)으로 나눌 수 있다. 전자는 재료비나 인건비처럼 정상적인 영업활동을 하면서 지출해야만 하는 비용을 말하고, 후자는 경영자의 재량적 판단으로 지출을 연기할 수도 있고 당장 집행할 수도 있는 비용을 말한다. 재량적 비용항목으로는 고정설비투자로 발생하는 감가상각비, 연구개발비, 인력개발비 등이 있다. 기업이 재량적 비용항목의 지출을 미루면 단기실적은 상대적으로 높겠지만, 장기실적은 그 반대일 것이다. 그 기업의 미래 장기수익력 증가와 밀접한 관계가 있는 것은 재량적 비용항목이므로, 재량적 비용항목이 적절히 지출되고 있는지를 분석하여 이익의 질을 평가할 필요가 있다.

(2) 자산 · 부채의 질

자산 · 부채의 질은 다음 관점에서 평가할 수 있다.

첫째, 기업이 보유한 자산들의 시장가치가 장부가치와 얼마나 차이가 나는지를 평가한다. 우수한 인적자원과 영업권, 상표권, 특허권 등 무형자산이 많을수록 시장가치가 장부가치를 상회하게 된다. 반대로 구형설비이거나 기술적으로 진부화된 비유동자산, 오래된 재고자산, 수익창출능력을 상실한 자산이 많을수록 장부가치는 과대계상된다.

둘째, 재고자산의 은폐가능성, 매출채권의 회수가능성, 비유동자산에 대한 자산재평가의 실시시기 등을 고려하여 자산의 질을 평가한다.

셋째, 부채상환의 강제성과 상환기일, 관계회사에 대한 채무보증 등 부외부채(off-balance sheet debt)의 정도, 추가적인 부채차입여력의 면에서 부채의 질을 평가한다.

제 2 절 이익예측

1 이익예측의 의의

가치투자에서는 '장기적이고 안정적으로 이익을 낼 수 있는 우량종목을 충분히 낮은 가격으로 매수하여 장기투자성과를 높이는 투자관리방법'을 모색한다. 제5장에서는 우량종목이 되기 위한 질적 측면에 대해, 제6장 제1절에서는 재무적 측면에 대하여 살펴보았다. 다음 단계는 적정가격 추정(제7장의 주제)에 필요한 미래이익의 예측치를 추정하는 것이다.

적정가격을 결정하는 가장 중요한 요소는 기업의 미래이익이다. 미래이익에 대한 예측력에 따라 증권의 내재가치 추정치가 달라지고 결과적으로 과대평가 혹은 과소평가된 종목의 식별능력도 영향을 받는다.

현대 자본시장이론에서는 시장평균 정도의 예측력으로는 초과수익을 얻기 힘들다고 본다. 왜냐하면 이용가능한 정보가 신속·정확하게 주가에 반영되는 효율적 시장에서는 이익의 시장평균 예측치는 이미 주가에 반영되어 있으므로, 시장평균보다도 더 잘 예측할 수 있어야 초과수익을 얻을 수 있기 때문이다.[8] 특히, 미래이익의 변화의 방향과 크기를 시장평균보다도 정확히 예측할 수 있을 때, 초과수익이 가능하다. 이는 증권분석에서 정확한 이익예측이 얼마나 중요한지를 말해준다.

이익예측의 신뢰성도 높아야 한다. 이익예측의 신뢰성을 높이기 위해서는 정상적 주당이익에 근거한 추정이 필요하다. 정상적 주당이익(normalized *EPS*)이란 그 기업이 정상적인 상황에서의 영업활동으로부터 기대할 수 있는 주당이익을 말한다. 정상적 주당이익은 앞의 절에서 설명한 '이익의 질'을 고려한 주당이익이기도 하다. 즉, ① 일회성이 아닌 상당기간 동안 지속적이고 반복적으로 벌어들일 수 있는 지속가능이익, ② 수익을 과대계상, 비용을 과소계상하지 않는 보수적 회계처리방법 기준의 이익, ③ 기업의 미래 장기수익력 증가와 밀접한 관계가 있는 재량적 비용지출액을 포함하여 추정하는 것이 이익예측의 신뢰성을 높인다.

---

8) 효율적시장에서 주가는 예측오차(=실제이익−예상이익)에 반응한다. 예상치 못하게 적자에서 흑자로 전환(턴어라운드)하거나 저성장에서 고성장 기업으로 바뀔 때처럼 이익변화가 클수록 주가변동이 크다.

2 이익예측방법

기업의 미래이익을 예측하는 방법으로는 시계열예측방법, 추정손익계산서상의 개별항목추정법, 시장점유율-마진율의 이용법을 통한 예측방법 등을 들 수 있다.

(1) 시계열예측방법

시계열예측방법(time-series forecasting)은 과거 일정기간 동안의 시계열자료로부터 체계적인 패턴을 찾아냄으로써 미래이익을 예측하는 방법이다.

가장 쉽게 이용되는 시계열예측방법은 기계적 외삽법(mechanical extrapolation)으로, 과거추세의 연장선상에서 내년도의 이익예측치를 구하는 것이다. 이 예측방법은 가장 간편한 방법이지만, 단순한 추세의 연장선상에서 예측치를 추정하기 때문에 이익의 구성부문에서 항구적인 부문과 일시적인 부문을 구분하고 있지 않다. 따라서 예측오차가 크게 발생할 수 있다. 신뢰성 있는 이익예측이 되기 위해서는 과거이익의 시계열자료로부터 항구적 이익부분을 분리시켜 이를 예측치로 삼는 것이 타당하다.

시계열자료로부터 항구적 이익을 분리시켜 이익을 예측하는 방법으로 평균회귀모형, 마팅겔모형, 서브마팅겔모형 등이 있다.

평균회귀모형(mean reverting model)은 과거 일정기간 동안의 평균이익을 구하여 이를 미래이익으로 예측하는 방법이다. 즉,

$$E(E_{t+1}) = \frac{1}{t}(E_t + E_{t-1} + \cdots\cdots + E_2 + E_1) \tag{6.4}$$

단, $E(E_{t+1})$: 차기연도 이익의 기대치

E_t : 과거 t기의 실제이익

이같이 추정하는 논리는 t기에 실적이 좋은 기업은 $t+1$기에는 실적이 좋지 못한 경향이 있다는 사실에 근거하고 있다. 많은 기업들은 높은 경쟁 때문에 계속적으로 양호한 영업실적을 보일 수 없다는 논리에 근거한 추정방법이다. 예를 들어, 대체적으로 2,000원의 주당이익을 기록했던 기업이 최근 연도에 2,500원의 주당이익을 올렸으면 500원의 이익은 반복되지 않을 일시적 이익부분으로 간주하는 것이다. 이 모형은 성장기회가 극히 적은 기업의 이익예측에 적합한 면이 있다.

마팅겔모형(martingale model)은 최근 연도의 이익을 차기연도의 이익예측치로

보는 방법이다. 즉,

$$E(E_{t+1}) = E_t \tag{6.5}$$

이러한 관점의 예측은 차기연도 이익이 최근 연도의 이익수준에서 일정수준으로 상승할 확률과 하락할 확률이 동일하다는 논리에 근거하고 있다. 앞의 예의 경우 500원의 이익증가를 항구적인 증가로 보고 차기연도의 이익을 2,500원으로 예측하는 것이다. 이 모형을 랜덤워크모형(random walk model)이라고도 한다.

서브마팅겔모형(submartingale model)은 최근 연도의 이익에 성장추세를 감안하여 차기연도의 이익을 예측하는 방법이다. 즉,

$$E(E_{t+1}) = E_t + d \tag{6.6}$$

단, d : 성장추세가 감안된 이익증가액

(2) 추정손익계산서상 작성법

1) 매출액 예측

추정재무제표 작성을 통한 이익예측방법의 시작은 매출액이 적절히 예측되었다는 전제하에서 진행되는 매출액기준 예측(sales driven forecast)방법이다. 재무제표를 구성하는 주요 항목들이 매출액에 비례한다고 가정하여 개별항목을 추정하는 것이다. 그만큼 매출액 예측이 중요하다.

매출액 예측은 제5장에서 설명한 예측기간 동안 그 기업의 경영성과에 영향 미칠 주요 경제변수(환율, 이자율, 경제성장률 등)의 동향, 당해산업의 경쟁구조, 그 기업 비즈니스모델의 적정성과 항구성, 그리고 기업의 경제적 해자의 구축 정도 및 경쟁우위에 대한 분석을 토대로, 주요 사업부문별 또는 제품별 각각에 대하여 예측하는 것이 필요하다.

매출액, 주요 비용항목 그리고 영업마진을 추정할 때에는 질적 측면을 충분히 고려하는 것이 중요하다. 질적인 측면에서 많은 요소를 고려할 수 있지만, 핵심적인 부분은 예측기간 동안 기업의 경쟁우위(competitive advantage)유지능력이다. 이러한 질적 요소에 대한 종합적인 평가와 함께, 앞에서 설명한 시계열예측방법 등의 계량적 방법을 적용하여 매출액 예측을 행한다. 매출액 예측의 결과는 **매출액증가율**로 요약되는 것이 후속 예측작업에 도움이 된다.

2) 주요 비용, 이익 항목의 추정

손익계산서를 구성하는 개별항목을 추정하는 방법으로는 매출액백분율법, 회귀분석법, 예산비용법을 이용할 수 있다.

매출액백분율법(percent of sales method)은 매출액 예측이 상기 요소들을 고려하여 여러 가지 방법(추세분석, 인과모형에 의한 예측, 새로운 경제동향과 산업동향의 고려)에 의해서 이루어지면, 재무제표의 각 구성항목을 매출액 대비 백분율로 표시하고, 이 매출액구성비가 계속 유지될 것으로 가정하여 다음과 같이 예측한다.

$$\text{매출액에 비례하는 비용의 추정치} = \text{추정매출액} \times \frac{\text{비용항목}}{\text{매출액}} \tag{6.7}$$

$$\text{추정영업이익} = \text{추정매출액} \times \frac{\text{영업이익}}{\text{매출액}} \tag{6.8}$$

$$\text{추정순이익} = \text{추정매출액} \times \frac{\text{순이익}}{\text{매출액}} \tag{6.9}$$

매출액백분율법은 매출액 대비 매출구성항목의 비율이 과거의 역사적 관계가 유지될 것으로 가정하여, 추정매출액에 매출액이익률을 곱하여 추정순이익(추정영업이익)을 구한다. 회계이익은 지속가능영업이익(지속가능순이익) 기준이어야 한다.

회귀분석법(regression analysis)에 의한 예측방법은 주요 비용항목과 이익항목이 매출액과의 선형적 관계가 과거의 관계처럼 유지될 것으로 가정하여 다음과 같이 회귀분석에 의하여 그 관계를 추정하는 것이다.

$$\text{매출원가 구성항목} = a + b(\text{매출액})$$
$$\text{판매관리비 구성항목} = a + b(\text{매출액})$$

예산비용법(budget expense method)은 재량적 지출항목처럼 매출액과의 역사적 비율관계가 유지되지 않는 비용항목들에 대해서는 경영계획이나 목표치를 고려하여 추정하는 방법이다. 예를 들어 감가상각비나 광고비와 같은 비용항목은 기업의 시설투자결정이나 광고전략에 좌우되고 매출액에 비례하지 않는 경우가 많다. 또한 기술혁신이나 국제화와 같은 기업환경의 변화로 인하여 마진율이 달라질 것으로 예상되면, 이를 개별적으로 고려하는 것이 합리적이다.

이상에서 소개한 예측방법으로, 주요 비용과 이익 항목을 추정하는 방법을 손익계산서의 양식에 따라서 표시하면, 〈표 6-4〉와 같이 정리할 수 있다.

〈표 6-4〉 추정손익계산서에 의한 이익예측

항목		내용
매출액 (−)매출원가	………	(판매단가×판매수량) : 거시경제동향, 산업동향, 기업 내부의 핵심역량, 경영전략, 공장 확장계획 등 장기경영계획을 고려하여 매출액과 매출원가항목 추정, 역사적 관계가 유지되는 경우는 매출액백분율법, 회귀분석법 이용
(매출총이익) (−)판매비와 관리비	………	판매예산 · 관리비예산을 감안하여 추정, 역사적 관계가 유지되는 경우는 매출액백분율법, 회귀분석법 이용
(영업이익)	………	역사적 관계가 유지되는 경우는 (추정매출액×매출액영업이익률)
(−)이자지급액	………	(자금소요액=주식발행+부채차입) (이자지급액=부채차입×평균이자율)
(±)기타영업외수익(비용)		
(세전 계속사업이익)		
(−)법인세비용	………	(법인세비용전순이익×법인세율)
(±)중단사업이익(손실)		
(법인세비용후순이익)	………	역사적 관계가 유지되는 경우는 (추정매출액×매출액순이익률)
(주당이익 *EPS*)	………	{추정 보통주이익÷(기발행주식수+신규발행주식수)}

(3) 시장점유율 – 마진율의 이용법

앞서 설명한 추정손익계산서의 작성에 의한 이익예측은 번거롭고 많은 작업을 요한다는 단점이 있다. 이익예측의 간편한 방법 한 가지는 매출액 예측을 전제로, 이에 예상되는 시장점유율과 마진율을 곱하여 곧바로 이익추정치를 구하는 것이다.

식 6.10에서 보는 것처럼 연구기관이나 업계의 자료(기준연도의 산업 전체의 매출액과 성장률자료)에 근거하여 산업 전체의 매출액추정치를 얻은 다음 여기에 그 기업의 과거추세, 시장상황, 마케팅능력을 감안하여 예상 시장점유율을 곱하면, 미래 t기에 예상되는 매출액추정치를 구할 수 있게 된다.

이제 이 매출액추정치에 그 기업의 경영력과 과거패턴 등을 감안하여 매출액영업이익률 또는 순이익률을 곱하면 구하고자 하는 이익예측치를 얻게 된다.

$$E_t = S_0(1+g)^t \cdot SOM_t \cdot M_t \tag{6.10}$$

단, E_t : t기의 순이익, S_0 : 산업의 당기 매출액
g : 산업의 수요성장률, SOM_t : t기의 시장점유율
M_t : t기의 매출액순이익률

제3절 성장률의 추정

1 성장기회의 평가

기업의 성장률은 주식가치를 결정짓는 중요한 요인의 하나이다. 성장성이 높으면 시세차익은 커진다. 기업이 미래 얼마나 성장성이 있는지에 대한 추정은 그간의 성장배경과 추세 그리고 제5장에서 다룬 산업분석과 기업분석을 토대로 시도하게 된다. 가치투자에서 중요한 것은 '**지속가능성장성**'을 평가하는 것이다. 성장은 적지 않은 위험(불확실성)을 수반하게 되므로 어느 한 해에 달성할 수 있는 성장률에 초점을 맞추는 것이 아니라 얼마의 성장률로 얼마나 많은 해 동안 계속 성장할 수 있느냐에 초점을 맞추어야 한다. '지속가능성장'에 대한 평가는 다음 몇 가지 측면에서 살펴볼 수 있다.

1) 매출성장의 원천

'지속가능성장성'을 평가하는 한 방법으로 매출성장의 원천을 다음과 같이 나누어 볼 수 있다.

- 기존 제품 판매의 증가를 통해 경쟁업체보다 많은 매출을 올리는 성장
- 강한 브랜드파워로 가격결정력을 가지고 가격인상을 통한 매출성장
- 비용절감을 통한 가격인하로 발생하는 매출성장
- 기존 시장이 포화된 상태에서의 신제품 판매를 통한 성장
- 타회사 인수, M&A를 통한 성장

더 많은 제품을 새로운 시장에 팔아 지속가능한 성장을 기하는 경우가 높은 질의 성장이고, 비용절감이나 회계처리 변경에 의한 경우가 낮은 질의 성장이다.

2) 매출성장 대비 이익성장의 비교

조작가능성이 적고 지속가능한 매출성장이 이익성장을 가져온다. 이익성장이 매출성장을 앞지를 수 있지만 중장기적으로 지속가능하지 못하다. 성장은 외형성장이 아니라 종국에 이익증가로 나타나지 않으면 실패한 것이 된다.

이처럼 미래성장률을 계량화시켜 예측할 때 주의할 것은 산업수명주기, 산업의 경쟁구조의 변화뿐만 아니라 그 기업의 영업성격의 구조적 변화와 같은 질적인 측면도 충분히 고려해야 한다는 점이다.

지속가능성장률을 구하는 다른 방법은 유보자금의 증가로 자기자본이 많아지면, 부채비율을 동일하게 유지할 경우 추가적인 부채차입 여력이 생기는 것을 감안하는 것이다.

이제 자산투자증가액은 사내유보자금과 부채차입의 합이므로 차기매출액 S_1, 매출액증가액 ΔS, 매출액이익률 M, 사내유보율 f, 부채비율(B/S) L, 자산투자 대 매출액비율(총자산회전율의 역수)을 T라고 표시하면 다음 관계가 성립한다.

$$g = \frac{M \times f \times (1+L)}{T - \{M \times f \times (1+L)\}} \quad (6.14)$$

이 관계식은 제1절에서 설명한 것처럼 기업의 경영내용을 가장 잘 나타내는 매출액순이익률·총자본회전율·부채비율과의 관계에서 기업의 성장률을 추정하는 것이므로, 성장률과 기업성과 변수 사이의 관계를 보는 유용한 면이 있다.

예제

지난 5년간에 걸친 (주)AAA의 *ROE*분석자료를 이용하여 미래성장률을 추정하고자 한다.

연 도	*ROE*(%)		매출액순이익률(%)		총자산회전율(회)		재무레버리지($1+B/S$)
2015	29.2	=	6.6	×	1.5	×	2.95
2016	45.0	=	7.7	×	1.7	×	3.44
2017	40.3	=	8.0	×	1.6	×	3.15
2018	21.8	=	6.9	×	1.4	×	2.26
2019	21.0	=	7.4	×	1.3	×	2.18

(주)AAA가 그간 산업평균을 크게 상회하는 *ROE*를 이룩할 수 있었던 요인 중의 하나는 이익의 모두를 사내유보(배당성향=0)시켰기 때문이다.

지난 5년간의 실적과 향후 산업전망, 경쟁상황의 변화, 회사의 경쟁력, 재무전략 등을 감안할 때, 주요 재무변수에 대하여 다음과 같이 예상하고 있다. 이 상태는 앞으로 지속가능한 것으로 보고, (주)AAA의 지속가능성장률을 추정하고자 한다.

사내유보율=80% 매출액순이익률=6.0%
총자산회전율=1.2회전 재무레버리지=2.00(부채비율=100%)

(1) 이 회사의 ROE를 구하라. 내부금융만으로 성장하는 경우 지속가능성장률은 얼마인가?
(2) 부채비율을 동일하게 유지하여 추가적인 부채차입 여력이 생기는 것을 감안한 지속가능성장률을 추정하라.

풀이

(1) ROE=(매출액순이익률)×(총자산회전율)×(재무레버리지)

$=(0.06)\times(1.2)\times(1+1.0)=0.144(14.4\%)$

g=(사내유보율)×(ROE)$=(0.8)\times(14.4\%)=11.52\%$

(2) 부채차입 여력이 생기는 것을 감안한 지속가능성장률

$$g=\frac{M\times f\times(1+L)}{T-\{M\times f\times(1+L)\}}=\frac{0.06\times0.8\times2.0}{0.833-(0.06\times0.8\times2.0)}=\frac{0.096}{0.737}=0.130(13.0\%)$$

(여기서 $T=1/1.2=0.833$)

연습문제

1. 다음 사항에 대하여 설명하라.

재무비율분석	*ROE* 변동원인분석	*ROIC*분석
잉여현금흐름(*FCF*)	재무제표의 질	이익예측방법
정상적 주당이익	지속가능이익	시계열예측방법
기계적 외삽법	평균회귀모형	마팅겔모형
랜덤워크모형	서브마팅겔모형	매출액백분율법
회귀분석법	지속가능성장률	

2. 다음 중 잘못 서술되어 있는 문항에 대해서는, 잘못 서술되고 있음을 논리적・이론적 근거를 제시하여 설명하라.

(1) 이익발생능력을 측정할 때 경영성과를 영업이익으로 측정하면 핵심영업활동(생산, 판매, 관리 활동)의 성과와 함께 재무(영업외)활동까지 포함하여 평가하게 된다.

(2) 매출액순이익률은 경쟁업체간의 경쟁력, 경제적 해자가 구축되고 있는지를 판단할 때 적절하다.

(3) 자산의 이용(투자)효율성에 관한 정보는 매출액을 특정자산으로 나누어 구해지는 회전율로 계산되는데, 투하자본세후영업이익률이 대표적 비율이다.

(4) 고정비가 많은 비용구조이면 이익의 변동성이 커지는 이른바 손익확대효과가 발생하고, 영업레버리지도는 영업이익증감률과 순이익증감률을 대비하여 측정한다.

(5) 자기자본순이익률(*ROE*)의 변동원인은 매출액순이익률, 자기자본회전율, 부채레버리지의 결합관계에서 분석한다.

(6) *ROIC*를 높이기 위해서는 자산이용효율성과 투하자산회전율의 제고가 필요하다.

(7) *FCF*가 적은 것이 투자소요액이 많은 데에 기인하면 현금창출능력에 대한 평가가 긍정적이다.

(8) 정상적 주당이익은 '이익의 질'을 고려한 주당이익으로서, 반복적으로 벌어들일 수 있는 지속가능이익, 보수적 회계처리방법 기준의 이익, 기업의 미래 장기수익력 증가와 밀접한 관계가 있는 임의적 비용지출액을 포함하여 추정한 것을 말한다.

(9) 시계열자료로부터 항구적 이익을 분리시켜 이익을 예측하는 방법으로는 평균회귀모형, 마팅겔모형, 매출액백분율모형을 들 수 있다.

(10) 이익예측방법으로 마팅겔모형은 t기에 실적이 좋은 기업은 $t+1$기에는 실적이 좋지 못한 경향이 있다는 사실에 근거하고 있다.

(11) '지속가능성장성'의 관점에서 더 많은 제품을 새로운 시장에 팔아 지속가능한 성장을 기하는 경우가 낮은 질의 성장이고, 비용절감 또는 M&A에 의한 경우가 높은 질의 성장이다.

(12) 내부금융만으로 성장에 필요한 재원을 조달하는 경우 지속가능성장률은 배당성향에 매출액순이익률을 곱하여 추정할 수 있다.

3. [재무분석, 이익예측]

재무분석, 이익예측과 관련된 다음 사항에 대하여 설명하라.

(1) 특정기업의 재무건전도를 평가할 수 있는 주요 재무제표와 이들의 의미
(2) 기업의 *ROE*, *ROIC* 변동원인을 분석할 수 있는 체계
(3) 매출액 예측의 방법
(4) 추정손익계산서에 의한 이익예측방법
(5) 정상적 주당이익 추정시 고려할 요소

4. [이익예측]

(주)천지의 지난 7년간의 주당이익은 다음과 같았다. 증권분석결과 내년도 성장률은 10%로 예상된다.

(단위 : 원)

4,500	5,500	6,000	4,000	5,200	5,800	5,000

이 기업의 내년도 주당이익을 예측하고자 한다. 이익예측모형으로서 평균회귀모형, 마팅겔모형(랜덤워크모형), 서브마팅겔모형에 의한 내년도 이익의 추정치를 제시하라.

5. [성장률 예측]

2014년 주당이익은 2,000원이었는데, 2019년의 주당이익은 3,800원이었다. 이러한 성장추세가 계속되리라고 전망된다면 이 기업의 성장률은 얼마로 예상되는가?

6. [재무분석과 지속가능성장률]

(주)사랑은 주당순이익 중 60%를 배당해 왔다. 지난 수년간의 실적과 향후 전망을 토대로 한 주요 재무변수에 대한 예상은 다음과 같다. 이 상태는 앞으로 지속가능한 것으로 보고 있다.

매출액순이익률=5.0%	총자산회전율=2.0회전	부채비율=50%

(1) *ROE*를 구하고, 내부금융만으로 성장하는 경우 지속가능성장률을 추정하라.
(2) 부채비율을 동일하게 유지하여 추가적인 부채차입 여력이 생기는 것을 감안한 지속가능성장률을 추정하라.

7. [추정재무제표 작성과 이익예측]

상장회사 중 한 회사를 택하여 내년도의 추정재무제표 작성을 작성하고, 내년도의 주당이익을 추정하라. 이를 위해서 기준이 되는 매출액 예측, 개별항목 추정의 근거를 제시하라. 매출액백분율법에 의한 추정과 큰 차이가 있는 부분이 있다면 차이가 나는 이유를 설명하라.

CHAPTER

7

보통주 평가모형

제 1 절 보통주 평가모형들
제 2 절 수익가치평가모형
제 3 절 주가배수평가모형
제 4 절 잉여현금흐름평가모형
[보 론] *FCF* 모형, *FCFE* 모형, *RIM* 모형의 비교

앞의 제5장에서는 보통주 이익과 주가에 영향을 미치는 국민경제-산업-기업적 요소에 대해서, 제6장에서는 재무분석과 보통주 미래이익 예측방법에 대하여 살펴보았다. 이제 기본적 분석의 마지막 작업은 추정된 미래이익과 성장률 추정치에 기초하여 적정주가를 평가하는 것이다. 본장에서는 기본적 분석에서 이용하는 보통주의 투자가치를 평가하는 평가모형들에 대하여 살펴본다. 구체적으로 수익가치를 기준으로 투자가치를 평가하는 배당평가모형과 이익평가모형, 자산가치 기준의 주당순자산모형, *PER* 모형이나 *PBR* 모형 등의 주가배수평가모형(상대가치평가모형) 그리고 *FCF* 모형에 대해서 다룬다. 다음은 본장의 학습목표로서 이해해야 할 주요 사항들이다.

- 수익가치에 근거한 보통주 가치평가방법
- 자산가치에 근거한 보통주 가치평가방법
- 공모주식의 발행가격 추정방법
- *PER*, *PBR*, *PSR*, *EV*/*EBITDA* 를 이용한 상대가치평가방법
- *FCF* 모형을 이용한 보통주 가치평가방법

주제 생각하기

글로벌 IT 선도기업들의 시가총액, 주식가치는 적정한가?

2018년 글로벌 IT업계의 화두는 '어느 회사가 시가총액 $1조의 벽을 제일 먼저 깨느냐?' 하는 '꿈의 시총 경쟁'이었다. 애플은 2018년 8월 2일에 시가총액이 $1.17조(주당가격 $176.24)가 되면서 $1조의 벽을 제일 먼저 넘어섰다. 이날 경쟁사들의 시가총액은 아마존 $8,946억, MS $8,264억, 알파벳(구글 모회사) $8,524억, 페이스북 $5,092억이었다.

아래 표에서 보는 것처럼, 애플의 시가총액이 2007년 5월 30일에 $1,000억(주당가격 $16.97) 이었으니까, 11.2년 만에 10.38배(연 23.24%)의 주가상승을 기록한 것이다. 아마존은 애플에 이어 2018년 9월 4일에 $1조(주당가격 $2,050.50)의 고지를 넘어섰다. 10.8년에 6.67배의 상승으로 19.20%의 연평균수익률을 기록하였다.

한편 삼성전자와 SK하이닉스는 글로벌 금융위기의 영향을 받아 2008년 10월 전후에 주가가 저점을 기록하였고, 2018년초에 전례 없는 반도체 호경기로 최고가를 기록하였는데, 이 기간 삼성전자는 9.1년에 7.14배의 주가(시가총액 기준)상승(24.10%의 연평균수익률), SK하이닉스는 9.6년에 16.93배의 상승(34.27%의 연평균수익률)을 시현하였다.

	시가총액 변동			주가상승배수 연평균수익률(%)	*PER***
애플	2007.5.30 $1,000억(주당 $16.97)	⇒	2018.8.2 $1.17조(주당 $176.24)	11.2년에 10.38배 연 23.24%	16.7배
아마존	2008.11.20 $1,500억(주당 $35.03)	⇒	2018.9.4 $1.0조(주당 $2,050.50)	10.8년에 6.67배 연 19.20%	90배
삼성전자	2008.10.24 48.1조원(주당 8,150원)*	⇒	2017.11.1 343.3조원(주당 57,220원)	9.1년에 7.14배 연 24.10%	7.2배
SK 하이닉스	2008.11.24 3.373조원(주당 5,850원)*	⇒	2018.5.23 71.126조원(주당 95,300원)	9.6년에 16.93배 연 34.27%	3.7배

(주) 시가총액 변동의 크기를 측정한 기간은 대략 10년 내외의 기간이다. 각 사별로 시작점은 글로벌 금융위기의 영향으로 2008년 전후 주가가 저점인 시점이고, 최종점은 2018년 전후 주가가 최고점인 시점이다.

* 삼성전자, SK하이닉스는 수정주가임. ** 2018.6.27 기준

자료 : 한경, 2018.8.4 ; KB자산운용

2019년 5월 시점에서의 현주가는 애플 $176.24, 아마존 $2,050.50, 삼성전자 57,520원, SK하이닉스 97,700원이다. 각 사별로 미래전망을 할 때, 애플의 경우는 스마트폰 시장의 수요가 성숙단계에 접어들면서 주가 신장은 크게 둔화될 것으로 보는 전문가들이 많다. 아마존은 클라우드, AI분야에 한발 앞선 투자로 신성장동력을 마련하고, 헬스케어와 유통(무인 슈퍼마켓 '아마존고') 분야에서 사업영역을 크게 넓히면서 2018년 한 해만 111%의 주가상승을 보이는 등, 높은 성장세가 지속될 것으로 전망하고 있다. 삼성전자와 SK하이닉스는 단기간은 반도체의 공급과잉으로 조정을 보이겠지만, 5G 등 신규수요의 증가로 상승세로 전환될 것으로 전망하기도 한다.

적정주가는 어떻게 추정하는가? 위의 전망을 고려한다면, 현시점에서의 주가(시가총액)는 적정한가?

*PER*은 각 사가 벌어들이는 주당이익 한 단위에 대한 주가수준을 측정한 것인데, *PER* 기준으로 보면 아마존 90배는 과대평가되었다고 생각하는가? 반대로 SK하이닉스는 3.7배인데, 과소평가되었다고 보는가?

제 1 절 보통주 평가모형들

제 II 편(제5~7장) '주식투자'에서는 가치투자(value investment)의 관점에서 주식투자의 문제를 다루고 있다. 가치투자의 과정은 "장기적이고 안정적으로 이익을 낼 수 있는 우량종목을 발굴하여 충분히 낮은 가격으로 매수하는 것"으로 요약할 수 있다. 이 과정을 단계별 흐름도로 나타낸 것이 제5장 [그림 5-1]이었는데, 주요 단계는 다음과 같이 요약된다.

1단계 : 경제-산업-기업 분석(미래 이익발생능력에 영향을 미치는 요인 분석)
2단계 : 미래이익 예측과 성장률 추정(가치평가에 필요한 투입정보의 추정)
3단계 : 내재가치의 평가(2단계에서 추정된 예측치를 토대로 적정주가 도출)

1단계의 내용 중 질적 측면에 대해서는 제5장에서, 재무적 측면에 대해서는 제6장 제1절에서 다루었다. 2단계의 내용은 제6장 제2~3절에서 살펴보았다. 이제 이를 토대로 3단계의 내재가치를 평가하는 방법에 대해 살펴본다.

1 보통주 평가모형의 구분

과대 혹은 과소 평가된 보통주를 찾기 위해서 보통주의 내재가치를 추정하는 모형은 다음과 같이 나누어 볼 수 있다.

(1) 자산가치에 근거한 보통주 평가모형
(2) 수익가치에 근거한 보통주 평가모형(현금흐름할인법)
  ① 배당평가모형 : 정률성장모형, 제로성장모형, 고속성장모형
  ② 이익평가모형
  ③ 잉여현금흐름(*FCF*)모형
(3) 주가배수를 활용한 상대가치평가모형 : *PER*, *PBR*, *PSR*, *EV*/*EBITDA*

먼저 자산가치모형과 수익가치모형의 구분은 미래는 고려하지 않고 청산을 가정한 현시점의 가치를 기준으로 평가하느냐, 아니면 미래 영업활동에서 창출되는 가치를 기준으로 평가하느냐의 차이에 따라 평가방법을 나눈 것이다.

보통주가치를 추정하는 한 방법은 회사의 청산을 가정하여 보통주가 지니는 최소한의 가치인 기업의 청산가치에 근거하여 평가하는 것이다. 청산을 가정하면 미래는 없는 것이므로 보통주주에게 귀속되는 몫은 현시점에서 회사가 보유하고 있는 자산가치가 될 것이다. 이러한 상황을 가정하여 발행회사의 주당순자산을 구하여 이론적 투자가치를 평가할 수 있다.

대부분의 회사는 계속기업으로서 미래 계속적인 영업을 통하여 보통주주에게 귀속되는 몫을 창출한다. 계속기업을 가정한 주식가치(계속기업가치)는 미래 벌어들이는 현금흐름에 달려 있게 되므로, 보통주가치를 추정할 수 있는 한 방법은 회사가 창출하는 미래현금흐름을 적절한 할인율로 할인한 현재가치, 즉 수익가치를 구하는 것이다. 제2절과 제4절에서 수익가치평가모형에 대해 다룰 것이다.

그러나 자산가치를 구하거나 투자로 인한 미래현금흐름의 현재가치를 보통주의 내재가치로 보는 방법은 실용적이지 못할 때가 많다. 그래서 실용적인 보통주 평가모형이 제시되고 있는데, 제3절에서 설명될 *PER*, *PBR*, *PSR* 등의 주가배수(multiples)를 활용한 상대가치평가방법이 이에 속한다.

2 자산가치

회사가 현시점의 청산을 가정한 청산가치(liquidation value)에 근거하여 평가한다면, 보통주주의 몫은 어떻게 추정할 수 있는가?

만약 주식회사가 청산하는 상황이 되면 미래 본 영업으로부터 창출되는 가치는 없으므로 보통주주에게 귀속되는 가치는 전적으로 회사가 보유하고 있는 자산가치에 달려 있다. 그런데 재산권 행사의 우선순위에 있어서 선순위 지분증권(senior claims)인 부채와 우선주를 차감한 금액이 먼저 변제되고 보통주 주주들에게는 잔여재산이 돌아간다. 주주들에게 돌아갈 잔여재산의 가치를 재무상태표상에서 추정한다면 회사의 총자산 중 채권자의 몫인 총부채와 우선주를 차감한 잔여분인 순자산(net worth, 보통주 자본총계)이 된다.[1)]

이는 다음과 같이 1주당으로 계산한 주당순자산이 주당장부가치(*BPS* : book value per share)로서 보통주 1주에 귀속될 자산가치가 된다. 이를 자산가치평가

1) 정확하게 추정할 때에는 영업권과 같은 무형자산, 타인지급보증과 같은 부외부채 등의 항목도 차감한다. 그러나 무형자산이 많은 기업은 자산가치평가모형에 의한 적정주가추정이 적절하지 못한 면이 있다. 반면에 비상장회사에도 적용할 수 있다는 장점이 있다.

(asset-based valuation)모형이라고 한다.

$$\text{주당순자산 } BPS = \frac{\text{보통주 자본총계(=총자산−총부채−우선주)}}{\text{발행주식수}} \tag{7.1}$$

자산가치가 급등락하는 경제상황에서나, 자원개발업체와 같은 업종에서는 자산가치가 중요한 면이 있다. 시장가치 기준으로 측정된 자산가치는 보수적으로 추정한 내재가치의 한 기준이 될 수 있다. 그러나 역사적 취득원가회계 등 일정한 회계관행에 의해서 장부가치 기준으로 순자산가치가 추정되면 실제 시장가치와 큰 차이를 보일 수 있는 문제점이 있다. 자산가치는 개별자산의 단순한 합계에 지나지 않기 때문에 기업의 원천적 이익발생능력을 평가할 수 없다는 한계점이 있다.

주당순자산가치의 한계점을 보완하는 한 방법은 순자산의 대체원가(replacement cost)를 추정하는 것이다. 실제로 순자산의 대체원가는 주식의 시장가치와 크게 차이 나는 경우가 많지 않다. 만약 양자간에 큰 차이를 보이게 되면 기업인수의 표적이 되거나, 새로운 기업들이 당해산업에 진입함으로써 시장가치에 변화가 초래되기 때문이다. 이 양자를 비율(주식의 시장가치÷대체원가)로 표시한 것을 "토빈의 q"라고 하는데, 이 비율이 1과 얼마나 괴리가 있는지가 바로 이러한 측면을 나타내게 된다.

그러나 수익가치, 즉 미래 이익발생능력에 근거한 내재가치 추정방법은 주관적이기는 하지만 이러한 한계점을 극복할 수 있다. 증권시장에서 증권의 내재가치는 실제의 수요와 공급의 균형을 통한 가격기구를 통하여 객관화되는 과정을 거치므로 다음에 설명하는 수익가치에 근거한 평가모형들이 의미를 지니게 된다.

3 수익가치

회사가 미래 정상적인 영업을 한다는 계속기업(going concern)을 가정하면, 보통주주에게 귀속되는 보통주가치는 이익발생능력, 즉 영업활동에서 창출되는 현금흐름에 좌우된다. 그런데 미래 기간별 예상되는 투자수입은 현재가 아닌 미래의 서로 상이한 시점에서 발생하고, 또한 불확실성의 정도가 다른 현금흐름이다.

따라서 현재의 경제적 희생(투자액)과 미래의 경제적 이득(투자수입)을 비교평가하기 위해서는 현금흐름의 시차를 조정하는 것과 미래투자수입의 불확실한 정도를 반영시키는 두 가지 작업이 필요하다. 수익가치는 회사가 창출하는 미래현금흐름을 불확실성의 정도가 반영된 적절한 할인율로 할인한 현금흐름할인가치(*DCF* :

discounted cashflow), 즉 현재가치(present value)를 구하여 추정한다.

이제 미래 t기에서의 투자수입(현금흐름)이 CF_t 만큼 예상되고, 이 현금흐름에 대한 적절한 할인율을 r이라고 하면 투자가치(PV_0)는 다음 식과 같이 추정된다.

$$PV_0 = \frac{CF_1}{(1+r)} + \frac{CF_2}{(1+r)^2} + \cdots\cdots + \frac{CF_t}{(1+r)^t} \tag{7.2}$$

위의 식에 따라 현재가치(DCF)를 구하여 보통주가 지니는 내재가치를 평가하는 절차를 요약하면 다음과 같다.

① 미래 기간별 주당이익을 예측하고 배당성향을 고려한 주당배당을 추정하여 주식투자자에게 돌아오는 기간별 투자수입을 추정한다.
② 이 현금흐름은 불확실하므로 그 불확실성을 반영한 요구수익률을 추정한다.
③ 기간별 현금흐름을 요구수익률로 할인하여 현재가치를 구한다.

예제

(주)AAA에 대한 증권분석 결과, 이 주식에 투자하면 1년 후 1,760원, 2년 후 1,900원, 3년 후 2,014원의 배당수입, 그리고 3년말의 매각대금(주가)은 25,000원 수준으로 예상하고 있다. 주식투자자의 요구수익률(기회투자수익률)이 14%일 경우 이 주식의 이론적 가치는 얼마인가?[2)]

풀이

$$S_0 = \frac{1{,}760}{(1.14)} + \frac{1{,}900}{(1.14)^2} + \frac{2{,}014}{(1.14)^3} + \frac{25{,}000}{(1.14)^3} = 21{,}240\text{원}$$

제 2 절 수익가치평가모형

미래현금흐름의 현재가치(DCF), 수익가치를 구하여 내재가치를 추정하는 모형으로는 배당평가모형, 이익평가모형, 잉여현금흐름(FCF)모형이 있다. 배당평가모형, 이익평가모형에 대해서는 본절에서 그 활용법을 살펴보고, 잉여현금흐름(FCF)모형

2) 이자율 r, 기간 n일 때 n시점의 현재가치(식 7.2)를 계산할 때에는 본서 [부록 1]의 〈표 A-2〉 단일금액 1원의 현재가치를 참조한다. EXCEL을 활용하여 현재가치를 추정하는 방법 : [=NPV(할인율, 현금흐름영역)]

에 대해서는 제4절에서 설명한다.

1 배당평가모형

주식투자자가 투자가치를 부여할 수 있는 근거가 되는 미래현금흐름은 투자기간 중에 지급받는 배당의 크기와 매도시점에서의 처분가격이다. 따라서 이 미래배당투자수입(d_t)과 매도가격(P_n)을 주식투자자의 요구수익률(k_e)로 할인하여 식 7.3처럼 현재가치를 추정하면 보통주의 내재가치가 구해진다.

$$S_0 = \frac{d_1}{(1+k_e)^1} + \frac{d_2}{(1+k_e)^2} + \cdots\cdots + \frac{d_n}{(1+k_e)^n} + \frac{P_n}{(1+k_e)^n} \qquad (7.3)$$

단, S_0 : 현재시점에서의 주식의 이론적 가치, d_t : t기에서의 배당수입
k_e : 주식투자자들의 요구수익률, P_n : n시점에서의 매도가격

여기서 n년도 매도가격 P_n은 $(n+1)$년도 이후의 배당수입에 대한 현재가치이다.

$$P_n = \frac{d_{n+1}}{(1+k_e)^1} + \frac{d_{n+2}}{(1+k_e)^2} + \cdots\cdots + \frac{d_\infty}{(1+k_e)^\infty}$$

따라서 주식의 내재가치는 식 7.4처럼 영속적인 배당수입에 대한 현재가치라고 할 수 있다. 이를 배당평가모형(dividend valuation model)이라고 한다.

$$S_0 = \frac{d_1}{(1+k_e)^1} + \frac{d_2}{(1+k_e)^2} + \cdots + \frac{d_n}{(1+k_e)^n} + \cdots = \sum_{t=1}^{\infty} \frac{d_t}{(1+k_e)^t} \qquad (7.4)$$

예제

주식 Z의 금년도 주당이익(EPS_0)은 6,000원이고 배당성향은 40% (d_0 =2,400원)이다. 주식투자자의 요구수익률(기회투자수익률)은 12%이다. 증권분석가들은 배당성향이 40%로 유지될 것으로 예상하고, 1년 후의 주당배당(d_1)=2,580원, 2년 후의 주당배당(d_2)=2,760원, 3년 후의 주당배당(d_3)=2,850원, 그리고 3년말의 주가는 50,475원 수준이 될 것으로 예상하고 있다. 주식 Z의 이론적 가치를 구하라.

풀이

$$S_0 = \frac{2{,}580}{(1.12)} + \frac{2{,}760}{(1.12)^2} + \frac{2{,}850}{(1.12)^3} + \frac{50{,}475}{(1.12)^3} = 42{,}459\text{원}$$

식 7.4의 배당평가모형은 미래배당흐름의 성장률에 대한 가정에 따라서 정률성장모형, 제로성장모형, 다단계(고속)성장모형으로 나누어 볼 수 있다.

(1) 정률성장모형

미래배당흐름이 매년 일정하게 성장한다고 가정하면, 식 7.4의 배당평가모형은 현실적인 응용성이 높아진다. 만약 기업의 이익과 배당이 매년 g%만큼 일정하게 계속적으로 성장하고, 요구수익률(k_e)이 일정하다고 가정하면, 주식의 내재가치는 다음과 같이 표시된다.

$$S_0 = \frac{d_0(1+g)}{(1+k_e)} + \frac{d_0(1+g)^2}{(1+k_e)^2} + \frac{d_0(1+g)^3}{(1+k_e)^3} + \cdots\cdots + \frac{d_0(1+g)^\infty}{(1+k_e)^\infty}$$
$$= \sum_{t=1}^{\infty} \frac{d_0(1+g)^t}{(1+k_e)^t} \quad (7.5)$$

여기서 만일 k가 g보다 크다(즉 $k > g$)고 가정하면, 식 7.5는 등비가 $(1+g)/(1+k)$인 무한등비수열이므로 이의 합을 내면 내재가치는 식 7.6과 같다.

$$S_0 = \frac{d_1}{k_e - g} = \frac{d_0(1+g)}{k_e - g} \quad (7.6)$$

식 7.6은 기업의 이익과 배당이 매년 g% 만큼 일정하게 성장한다고 가정할 경우의 주식의 이론가치를 나타낸 것으로서 **정률성장모형**(constant growth model) 또는 **고든**(Myron J. Gordon)**모형**이라고 한다. 이 모형에 의하면 ① 기대배당이 클수록, ② 요구수익률이 낮을수록, ③ 배당의 기대성장률이 높을수록 주식가치는 커진다.

이 정률성장모형은 배당흐름이 매년 일정한 비율로 지속적으로 성장한다는 가정 이외에도 다음과 같은 가정을 하고 있다.

① 성장에 필요한 자금을 내부자금만으로 조달(internal financing)한다.
② 투자자금의 생산활동을 통한 재투자수익률(r)이 항상 일정하다.
③ 사내유보율(f)과 배당성향($1-f$) 또한 일정하다.
④ 결과적으로 내부금융만으로 성장할 경우의 성장률($g = f \cdot r$)도 변함없다.
⑤ 요구수익률(할인율, k_e)이 일정하며, $k_e > g$이다.

여기서 내부금융만으로 가능한 성장률(g)을 제6장에서 설명한 것처럼 **지속가능성장률**(sustainable growth rate)이라고 하는데, 이는 사내유보율(f)과 재투자수익률(r)의 곱($f \cdot r$)으로 추정한다.3) 여기서 재투자수익률은 내부금융의 경우이므로 자기자본순이익률(ROE)로 측정할 수 있다.

$$\text{지속가능성장률 } g = (\text{사내유보율}) \cdot (\text{재투자수익률}) = f \cdot r = f \cdot ROE \quad (7.7)$$

따라서 식 7.6의 정률성장모형은 다음과 같이 추정할 수 있다.

$$S_0 = \frac{d_0(1+g)}{k_e - g} = \frac{E_0(1-f)(1+g)}{k_e - f \cdot r} \quad (7.8)$$

단, E_0 : 0기에서의 주당이익

기업이 어느 정도의 성장이 없이 현상유지만 하는 제로성장기업인 경우는 식 7.6에서 $g=0$인 경우이므로 내재가치는 다음과 같이 구해진다. 이를 **제로성장모형**(zero growth model)이라고 한다.

$$S_0 = \frac{d_0}{k_e} \quad (7.9)$$

예제

A회사의 지난 6년간의 주당순이익, 주당배당금, 배당성향, ROE 추이가 다음과 같다. 향후 이 회사의 배당성향, ROE수준은 과거 평균수준이 영구적으로 지속될 것으로 예상하고 있다. 최근 1,400원의 배당금(d_0)을 지급했고, 요구수익률은 15%이다.

---

3) $g=f \cdot r$이 성립되는 것은 다음과 같이 증명된다. 지금 E_t : t시점의 이익, I_{t-1} : $t-1$시점의 투자액, r : 재투자수익률, f : 사내유보율이라고 표시하면, t시점의 이익 E_t는 $E_t = E_{t-1} + r \cdot I_{t-1}$과 같이 표시된다.
여기서 내부자금만 가지고 투자자금을 조달하면, 투자액 $I_{t-1} = f \cdot E_{t-1}$이 된다.
따라서 $E_t = E_{t-1} + r \cdot f \cdot E_{t-1} = E_{t-1}(1+f \cdot r)$ 이다. 결과적으로 이익성장률 $g = \frac{E_t}{E_{t-1}} - 1 = f \cdot r$이 된다.
성장률 g가 요구수익률 k보다 크면, 이 모형을 적용할 수 없다. 어느 기업의 지속가능성장률이 매우 높은 수준을 장기간 유지하기 어려운 것이 현실이므로 미래예측시 이를 감안할 필요가 있다. 장기적 지속가능성장률로 그 나라 경제의 GDP성장률을 참고하기도 한다.

	2014	2015	2016	2017	2018	2019	평 균
EPS(원)	1,580	1,040	1,440	1,860	2,220	2,400	1,757
DPS(원)	920	600	820	1,280	1,320	1,400	1,057
배당성향(%)	58	58	57	69	60	58	60
ROE(%)	22	18	21	26	28	29	25

(1) 주어진 예상치에 근거하면, 지속가능성장률은 얼마인가?

(2) 이 주식의 내재가치는 얼마인가?

(3) 성장률이 제로인 제로성장기업이면 내재가치는 얼마인가? (1)에서 추정한 성장률과 0% 성장률이 내재가치에 미친 영향을 평가하라.

풀이

(1) 주어진 예상치, 배당성향=60% (사내유보율=40%), *ROE*=25%에 근거하면,
지속가능성장률 $g = f \cdot ROE = (0.4)(25\%) = 10\%$

(2) 정률성장모형에 의해서 내재가치를 추정하면,

$$S_0 = \frac{d_1}{k_e - g} = \frac{1{,}400(1+0.10)}{0.15-0.10} = \frac{1{,}540}{0.05} = 30{,}800\text{원}$$

(3) 성장률=0%이면, 식 7.6 또는 7.9에서 $S_0 = 1{,}400/0.15 = 9{,}333$원
성장률 10%인 경우의 내재가치 30,800원과 비교하면, 3.3배 낮음.

(2) 다단계성장모형

미래배당흐름의 성장률이 항상 일정하다고 가정하는 정률성장모형은 비현실적일 때가 많다. 기업의 성장률은 많은 기업들에서 보는 것처럼 처음 수년간은 매우 높은 성장률을 기록하다가 점차 유망한 투자기회를 찾는 것이 어려워지면서 둔화된다. 따라서 배당평가모형에 이처럼 몇 단계의 성장률 변화를 반영시키면 모형의 유효성이 높아질 것이다. 이처럼 몇 단계의 성장률 변화를 감안한 평가모형을 다단계성장모형(고속성장모형 : multi-stage growth or supernormal model)이라고 한다.

이제 기업성장이 두 단계로 나뉘어 초기 n년 동안은 g_1% 만큼 고속성장하고, 그 이후에는 평균성장률 g_2% 수준으로 일정하게 계속 성장한다고 가정하면 그 평가모형은 다음처럼 표시된다.

$$S_0 = \sum_{t=1}^{n} \frac{d_0(1+g_1)^t}{(1+k_e)^t} + \sum_{t=n+1}^{\infty} \frac{d_0(1+g_1)^n(1+g_2)^{t-n}}{(1+k_e)^t} \tag{7.10}$$

여기서 $n+1$년 이후 g_2%의 정률로 성장하는 기간에 대한 가치는 식 7.6(정률성장모형)에 의해서 구할 수 있으므로 식 7.10은 다음과 같이 표시된다.

$$S_0 = \frac{d_0(1+g_1)}{k_e - g_1}\left[1-\left(\frac{1+g_1}{1+k_e}\right)^n\right] + \frac{d_0(1+g_1)^n(1+g_2)}{(1+k_e)^n(k_e-g_2)} \tag{7.11}$$

예제

Z주식의 최근 주당이익은 7,200원이고, 주당배당이 3,840원이며, 요구수익률(k)이 9%이다. 앞으로 처음 3년간의 성장률은 20%이고, 그 이후로는 4%로 일정하게 성장할 것으로 전망되는 경우에 이 주식의 이론적 가치를 구하라.

풀이

- 4년차 이후 4%의 성장률이 지속될 경우 4년초 시점의 가치는 다음과 같이 구해진다.
  4년말 예상배당금 $= 3{,}840(1+0.2)^3(1+0.04) = 6{,}900$원

  4년초 시점의 주식가치(정률성장모형을 적용) $= \dfrac{d_4}{k-g} = \dfrac{6{,}900}{0.09-0.04} = 138{,}000$원 (①)

- 처음 3년 20% 고속성장하는 경우의 배당금 $3{,}840(1.2)^t$을 계산하여 이의 현재가치를 계산하고 ①의 결과의 현재가치를 포함시키면 내재가치는 다음과 같이 구해진다.

$$\begin{aligned} S_0 &= \sum_{t=1}^{3}\frac{3{,}840(1+0.2)^t}{(1+0.09)^t} + \frac{(3{,}840)(1+0.2)^3(1+0.04)}{(1+0.09)^3(0.09-0.04)} \\ &= \frac{4{,}608}{(1.09)} + \frac{5{,}530}{(1.09)^2} + \frac{6{,}636}{(1.09)^3} + \frac{6{,}900}{(1.09)^3(0.05)} \\ &= 120{,}560\text{원} \end{aligned}$$

(3) 민감도분석과 배당평가모형의 적용

식 7.6, 7.8의 배당평가모형에서 보면 주식가치가 미래 주당이익, 배당성향(사내유보율)과 재투자수익률이 반영된 성장률, 위험도가 반영된 요구수익률과 같은 기본적 변수(fundamentals)에 의해서 결정됨을 확인할 수 있다.

주식가치는 이 변수들 중에서 배당의 성장률(g)과 요구수익률(k)의 변화에 민감하다. [그림 7-1]의 (a)는 주식가치의 성장률에 대한 민감도를, (b)는 주식가치의 요구수익률에 대한 민감도를 나타낸 것이다. 이 그림에서 확인할 수 있는 것처럼, 배당평가모형에 의하여 추정된 주식가치는 낮은 요구수익률 수준(10% 정도 이하), 높은 성장률 수준(15% 정도 이상)에서는 추정오차가 클 수 있음을 암시한다.

[그림 7-1] 성장률과 요구수익률 변화에 따른 주식가치의 민감도

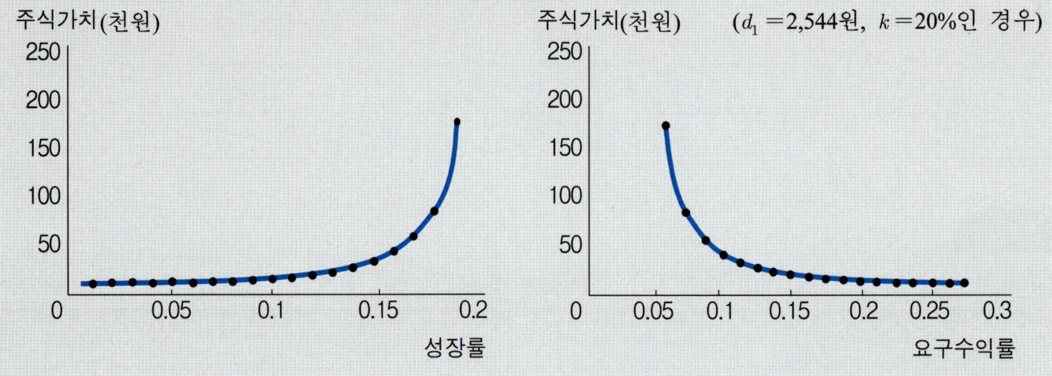

(a) 주식가치의 성장률에 대한 민감도 (b) 주식가치의 요구수익률에 대한 민감도

배당평가모형의 가정과 민감도분석의 결과로부터 유추하면, 가치평가모형으로서 배당평가모형은 다음과 같은 경우에는 적용에 적절하지 않은 면이 있다.

첫째, 배당성향의 변동성이 큰 기업들에 적절하지 못하다. 예를 들어 앞의 예제에서의 A회사(배당성향이 60% 내외)와 다음의 B회사 중에서, 배당성향(주당이익 대 주당배당의 비율)의 변동성이 큰 B회사는 A회사보다도 배당평가모형의 적용이 적절하지 못하다.

		2014	2015	2016	2017	2018	2019
B회사	*EPS*	2,620	3,720	780	1,760	3,160	8,520
	DPS	2,000	2,000	2,000	2,000	2,000	2,000
	배당성향	76%	54%	256%	114%	63%	23%

둘째, 배당모형은 성장이 둔화된 성숙단계에 있는 기업에 적절한 반면에, 기대성장률이 그 나라 경제의 GDP경제성장률보다도 크게 높은 경우에는 그 높은 성장률을 유지(sustainable)하기 어렵기 때문에 적용이 적절하지 못한 면이 있다. 고성장 신생기업의 경우는 2단계(3단계) 고속성장모형을 적용하는 것이 바람직하다.

내재가치 추정에 사용되고 있는 기대성장률이 지속가능성장률 수준 이상인지는 현재의 주식가격으로부터 역으로 유추된 **내재성장률**(implied growth rate)을 계산하여 판단할 수 있다(다음 예제 참조).

예제

(주)나눔의 현재 주당배당은 4,000원인데, 영구적으로 매년 5%씩 증가할 것으로 예상된다. 한편 이 주식에 대한 요구수익률은 12%이고, 현재 주가는 90,000원이다.

(1) 이 주식의 내재가치는 얼마인가?

(2) 현재의 주가가 정당화될 수 있는 성장률인 내재성장률을 구하고, 그 의미를 설명하라.

풀이

(1) $S_0 = \dfrac{d_1}{k_e - g} = \dfrac{4{,}000(1.05)}{0.12-0.05} = 60{,}000$원

(2) 내재성장률 추정 : $90{,}000 = \dfrac{4{,}000(1+g)}{0.12-g}$ 여기서 g를 구하면, $g=7.23\%$

현재 주가 90,000원 수준이 정당화되기 위해서는 이 회사의 배당이 영구적으로 매년 7.23%씩 성장해야 한다. 과연 이 회사가 이 수준의 성장을 지속할 수 있을지를 판단해야 한다.

2 이익평가모형

배당평가모형에 의해서 주식가치를 평가할 때 문제가 되는 것은 배당을 전혀 하지 않거나 극히 적게 하는 기업의 주식을 평가할 경우이다. 이러한 경우 보통주를 평가하는 한 방법은 배당도 궁극적으로 보면 기업의 주당순이익에서 지급되므로 주당이익을 기초로 하여 내재가치를 구하는 것이다. 이를 이익평가모형(earning valuation model)이라고 한다.

이제 t기에 있어서의 주당이익을 E_t라고 하고 k_e를 주당이익에 대한 요구수익률이라고 하면 현재시점의 주식가치는 다음과 같이 표시할 수 있다.

$$S_0 = \frac{E_1}{(1+k_e)^1} + \frac{E_2}{(1+k_e)^2} + \cdots + \frac{E_n}{(1+k_e)^n} + \cdots = \sum_{t=1}^{\infty} \frac{E_t}{(1+k_e)^t} \quad (7.12)$$

단, E_t : t기의 주당이익, k_e : 주당이익에 대한 요구수익률

가장 간단한 이익평가모형은 성장이 없는 것으로 보고, 평균적인 주당이익수준이 매기에 일정하다고 가정하는 것이다. 이제 매기의 이익흐름이 평균적으로 E 수준이라고 하고 이에 대한 요구수익률을 k_e라고 하면, 이론적인 주식가치는 다음과 같이 표시된다.

$$S_0 = \frac{E}{(1+k_e)} + \frac{E}{(1+k_e)^2} + \cdots + \frac{E}{(1+k_e)^n} + \cdots \infty = \frac{E}{k_e} \tag{7.13}$$

이 모형에서 매기의 주당이익이 E수준에 머물 것으로 가정한 것은 사실 기업의 재투자수익률(r)이 요구수익률(k_e)과 동일한 수준이어서 실질적으로 성장기회가 없는 것을 가정한 것이다.

그러나 기업의 재투자수익률이 요구수익률을 상회함으로써 일정한 성장기회를 기대할 수 있는 경우에는 이론적 주식가치는 상승하게 된다.

이제 식 7.8의 정률성장모형을 성장기회가 없는 경우의 현재가치 부분과 미래성장기회의 현재가치 부분으로 구분해 보면, 식 7.14와 같은 성장기회가 고려된 이익성장모형이 도출된다.

$$\begin{aligned} S_0 &= \text{성장기회가 없는 경우의 현재가치} + \text{미래 성장기회의 현재가치} \\ &= \frac{E_1}{k_e} + \frac{E_1}{k_e}\left[\frac{f(r-k_e)}{k_e - f \cdot r}\right] \end{aligned} \tag{7.14}$$

단, S_0 : 이론적 주식가치, f : 사내유보율
E_1 : 기말 예상 주당이익, r : 재투자수익률
k_e : 주주의 요구수익률

이 모형에서 앞의 부분(E_1/k_e)은 주당이익을 모두 배당하여 재투자하지 않음으로써 성장기회가 없는 경우의 현재가치를 나타낸다. 뒤의 부분은 이익의 일부를 사내유보시켜 요구수익률을 상회하는 재투자수익률을 가져오는 성장기회의 현재가치($PVGO$: present value of growth opportunity)를 나타낸다.

이 모형에서 보면, 주식가치를 결정짓는 변수가 E_1, f, r, g, k_e 임을 확인할 수 있는데, $r > k_e$ 인 기업이 사내유보율을 높일 때 $PVGO$가 증가하여 주식가치가 높아짐을 보여주고 있다.

예제

지금 A, B사 모두 기말주당이익(E_1)은 1,000원이 예상된다. 그러나 A사는 재투자수익률과 요구수익률이 12.5%로 동일하고, 이익의 전부를 배당 지급한다. 반면에 B사는 재투자수익률이 15%, 사내유보율이 60%로서 이익의 성장기회를 가지고 있다.

(1) A사의 주식가치는 얼마인가?

(2) B사의 성장률과 주식가치는 얼마인가? 성장기회의 현재가치는 얼마인가?

(3) 만약 A사가 B사처럼 이익의 60%를 사내유보(배당성향 40%)시킨다면 성장률은 얼마이고, 주식 가치는 어떻게 달라지는가?

풀이

(1) A사는 $k_e = r = 12.5\%$로서 성장기회가 없으므로

$$S_0 = \frac{E_1}{k_e} = \frac{1,000}{0.125} = 8,000\text{원}$$

(2) B사의 성장률 : $g = f \cdot r = 0.6 \times 0.15 = 0.09$

주식가치 S_0 = 성장기회가 없는 경우의 현재가치 + 성장기회로부터의 현재가치

$$= \frac{E_1}{k_e} + \frac{E_1}{k_e}\left[\frac{f(r-k_e)}{k_e - f \cdot r}\right] = 8,000 + 8,000\left[\frac{0.6(0.15-0.125)}{0.125-0.09}\right] = 8,000 + 3,428 = 11,428\text{원}$$

성장기회의 현재가치($PVGO$) : 3,428원

(3) A사가 사내유보율을 높일 경우 성장률 : $g = f \cdot r = (0.6)(0.125) = 0.075$

그러나 기대배당 $d_1 = E_1(1-f) = 1,000(0.4) = 400$원

$$\therefore\ S_0 = \frac{d_1}{k-g} = \frac{400}{0.125-0.075} = 8,000\text{원}$$

$k = r$인 경우는 사내유보율을 높이더라도 주식가치에 변함이 없다.

3 최초공모주식(IPO) 발행가격의 결정

신규 상장기업의 최초공모주식(IPO : initial public offerings)이 얼마의 가격으로 발행되어야 하는지는 증권투자자, 금융투자회사, 발행회사, 증권감독기관 모두에게 있어서 중요한 문제이다. 너무 높은 가격으로 발행되면 공모물량이 소화되지 못하여 자본조달에 차질을 볼 수 있고 그로 인해 금융회사는 적지 않은 자금부담을 질 수 있다. 만약 낮은 가격으로 발행하면 반대의 상황이 될 것이다.

그간의 조사에 의하면 최초공모주식의 가격은 대체로 적정가격 이하로 발행(underpricing)되는 경향이 있어, 많은 나라에서 적지 않은 초과수익을 얻는 것으로 나타나고 있다. 우리나라 또한 최초공모주식의 투자수익이 높은 것으로 알려져 있다. 최초공모주식의 초과수익이 가능한 것은 신규 발행증권에 대한 수요가 공급보다 많다는 점, 발행회사가 공모주식의 미매각에 따른 발행위험을 축소하려는 경향에 기인하는 것으로 분석되고 있다.

공모가격의 결정은 우리나라의 경우 IPO 발행회사와 대표주간회사가 기관투

자자들을 대상으로 공모희망가격(밴드)을 제시하고 물량을 100% 소화시킬 수 있다고 판단되는 공모가격의 수준을 조사하는 수요예측(book building)방법을 통하여 이루어진다.[4] 공모희망가격 제시를 위한 가치평가방법은 다음 절에서 설명하는 상대가치평가방법과 기존의 「유가증권 인수업무에 관한 규정」에서 제시하고 있는 본질가치(자산가치와 수익가치의 가중평균)를 추정하는 평가방법이 사용된다.

공모가격 추정의 근간이 되는 자산가치, 수익가치, 상대가치 추정방법은 식 7.15, 7.16, 7.17과 같다. 이 평가방법들은 앞의 항에서 설명한 여러 가지 주식평가모형을 활용하고 있는데, 코스닥시장에서 등록 후 최초 매매기준 가격결정시에 한 기준으로도 활용되고 있다.[5]

본질가치는 식 7.16, 7.17과 같이 먼저 자산가치와 수익가치를 구한 다음, 이들에 0.4와 0.6의 가중치를 주어 식 7.15와 같이 추정한다.

$$\text{본질가치} = \text{자산가치}(0.4) + \text{수익가치}(0.6) \tag{7.15}$$

여기서 자산가치와 수익가치는 다음과 같이 추정된다.

$$1\text{주당 자산가치} = \frac{\text{순자산}}{\text{발행주식수}} \tag{7.16}$$

단, 순자산=최근 사업연도의 총자산−(실질가치가 없는 무형비유동자산
+부채총계+법인세+임원상여금+배당금+퇴직급여충당금 …)

$$1\text{주당 수익가치} = \frac{\text{주당추정이익}}{\text{자본환원율}} \tag{7.17}$$

단, 주당추정이익 : [추정경상이익+유상증자추정이익−(우선주배당조정액
−법인세)]÷발행주식총수
추정경상이익 : 기업의 향후 2년간의 추정재무제표 작성에 의하여 산출
(향후 1차년도에 3, 2차년도에 2의 가중치 부여)
유상증자추정이익 : 공모예정금액에 정기예금이자율을 곱한 금액
자본환원율 : 분석 당시 금융기관의 1년만기 정기예금이자율의 1.5배

여기서 추정하는 자산가치는 앞서 설명한 주당순자산가치(식 7.1)와 같은 내용

4) 신규상장절차는 제3장 제1절에서 설명한 것처럼 상장예비심사신청 → 상장예비심사 → 공모 → 신규상장신청의 순으로 진행되는데, 공모의 단계에서 수요예측을 실시하고 공모가격을 결정한다.

5) 이 공모가격 추정방법은 상장법인이 비상장법인과 합병할 때 적용하는 '비상장법인의 합병가액 산정기준'이기도 하다. 우리나라 IPO에서는 주로 *PER*, *EV/EBITA* 등의 주가배수법(제3절에서 설명)이 주로 사용된다.

이고, 수익가치는 성장기회 없는 경우의 이익평가모형(식 7.13)과 유사한 내용이다.

최종 사정가액은 아래와 같이 구해지는 상대가치의 30% 할인가액과 유사회사 주가의 평균치 중에서 적은 것도 고려한다.

$$1\text{주당 상대가치} = \text{유사회사의 주가} \times \left[\frac{\text{발행회사의 주당경상이익}}{\text{유사회사의 주당경상이익}} + \frac{\text{발행회사의 주당순자산}}{\text{유사회사의 주당순자산}} \right] \div 2 \tag{7.18}$$

단, 유사회사의 주가 : 분석기준일의 전일 소급 1개월간의 종가의 산술평균주가와 분석기준일 전일의 종가 중 낮은 것을 기준으로 함. 상대가치가 유사회사 주가평균을 상회하면 유사회사 주가평균을 기준

유사회사 : 발행회사의 업종, 자본금 규모, 매출액 등을 전반적으로 감안하여 상장법인 중에서 유사한 회사를 주간사가 선정

제 3 절 주가배수평가모형

앞의 제2절에서 설명한 수익가치평가모형은 미래 기대현금흐름과 적정한 할인율의 추정을 전제로 주식의 내재가치를 추정하는 방법이었다. 그러나 이 방법은 실용적이지 못한 면이 있다. 주식분석의 출발과 근간은 되지만, 미래현금흐름을 예측하고 적정 할인율을 추정하는 과정은 주관적 판단으로 인해 추정오류가 발생하기 쉽다.

오래전부터 증권실무에서는 실용적인 한 방법으로 *PER*(주가수익비율), *PBR*(주당순자산비율) 등 주가배수를 활용한 주식평가방법을 많이 사용하고 있다. 주가배수(multiples)는 주가를 주당이익, 주당순자산 등 가치변수로 나누어 계산하는데, 주가가 주당이익, 주당순자산 등의 가치변수 몇 배 수준에 와 있는지, 주식 한 주로 기업의 이익, 자산 등 가치척도를 얼마나 구매할 수 있는지를 나타낸다.

$$\text{주가배수} = \frac{\text{주가(Price)}}{\text{가치변수(주당이익, 주당순자산}\cdots)} \tag{7.19}$$

주식가격은 기업마다 차이를 보이는데, 주가배수는 결국 가치변수로 나누어

주가를 표준화(standardizing)시킨 결과가 되어, 적절한 비교대상과 이들 배수를 비교하면, 상대적으로 주가가 높은 수준인지 또는 낮은 수준인지를 평가할 수 있게 된다. 이러한 의미에서 상대가치평가방법(relative valuation model)이라고 한다.[6]

상대비교의 대상은 경쟁업체, 산업평균, 과거 일정기간의 평균 주가배수를 이용한다. 일차적으로 비교대상보다 주가배수가 낮으면 과소평가, 높으면 과대평가된 것으로 판단한다. 본절에서는 PER, PBR, PSR, $EV/EBITDA$ 등 주가배수의 가치평가 활용법을 설명한다.

1 PER, PBR, PSR, EV/EBITDA

(1) 주가수익비율(PER)

주가수익비율(PER : price earning ratio)은 주가를 주당순이익으로 나눈 것이다.

$$PER = \frac{\text{주가(Price)}}{\text{주당순이익}(EPS)} \tag{7.20}$$

이 지표는 일차적으로 기업이 벌어들이고 있는 한 단위의 이익에 대해 증권시장의 투자자들이 얼마의 대가를 지불하고 있는가를 뜻한다. 기업의 단위당 이익발생능력(수익가치)에 대한 상대적 주가수준을 나타낸 것이다. 주당이익에 비하여 주가가 몇 배인지를 나타낸다는 의미에서 이익승수(earnings multiples)라고도 한다.

예를 들어, S전자의 경우 주당이익이 2,000원, 현재의 주가는 40,000원이고, 동종산업으로서 A전자의 경우 주당이익이 4,000원, 현재의 주가가 40,000원이라면 PER은 S전자가 20배수, A전자가 10배수가 된다. 1원의 이익발생능력에 대해서 투자자들이 20배, 10배의 대가를 지불하고 있으므로, 일단 S전자는 상대적으로 과대평가, A전자는 과대평가된 것으로 해석될 수 있다.

그러나 이와 같은 차이가 나는 원인이 무엇 때문인지를 분석해 볼 필요가 있다. 왜냐하면 주당이익 1원은 명목상 화폐가치로 볼 때 똑같겠지만, 주가배수가 다른 것은 PER이 이익의 질(earning quality)적 차이를 반영하기 때문이다. 각 주식들 간에 PER이 차이나는 질적 요인(cross-sectional difference)은 구체적으로 다음과 같

---

6) 가치투자에서는 주가배수가 낮은 주식을 **가치주**(value stock), 높은 주식을 **성장주**(growth stock)라고 부른다.

〈표 7-1〉 (a) 한국 주식시장에서 *PER*의 추이

	2009	2010	2011	2012	2013	2014	2015	2016	2017	2018	평 균
KOSPI	23.68	17.80	10.90	12.92	14.95	15.32	15.07	13.92	12.99	9.58	14.71
KRX100	13.4	15.0	11.9	12.5	12.0	11.1	11.0	10.0	11.1	8.70	12.42

(b) *PER*의 경쟁업체간, 국가간 비교

경쟁업체간 비교 (2018.5.24)	삼성전자	SK하이닉스	애플	인텔	마이크론	인비디아
	7.6	4.6	14.5	16.3	5.6	33.7
국가간 비교 (2018.1.23)	한국	미국	일본	중국	선진국지수	이머징지수
	8.9	18.5	15.1	14.1	17.1	13.0

자료 : www.krx.co.kr/통계/지수/PER, PBR추이, 2019.5.3; 한경, 2018.5.24; 매경, 2018.1.23

은 점에 의해서 설명될 수 있다.

① 기업의 미래성장률의 차이
② 영업위험, 재무위험의 차이
③ 회계처리방법(이익추정의 일관성, 보수성, 예측가능성)의 차이
④ 이익발생능력(시장에서의 경쟁적 지위, 경영자 능력 등)의 지속가능성 차이

이처럼 *PER*은 그 기업의 이익발생능력에 대한 질적 평가, 투자자의 신뢰도지수(confidence index)를 나타낸 것으로 해석할 수 있다. 앞에서 본 예의 경우 S전자가 미래성장률, 투자위험, 회계이익이 과대계상되는 정도, 지속가능성 등의 면에서 이익의 질에 대한 신뢰도가 A전자보다 높을 가능성을 고려해야 한다.

〈표 7-1〉(a)에 KOSPI지수와 KRX100지수 구성종목의 지난 10년간의 *PER* 추이가 제시되어 있는데, 2018년말의 *PER*은 과거평균에 비하여 크게 낮은 것으로 나타나고 있다. 일차적으로 현재 우리나라 주식시장의 주가가 전반적으로 과소평가된 것으로 판단될 수 있지만, 상기한 요인, 즉 한국경제의 성장가능성, 위험, 회계투명성, 지속가능성 등을 고려해야 할 것이다. 또 〈표 7-1〉(b)에는 삼성전자와 글로벌 경쟁업체들의 *PER*, 그리고 한국과 비교대상국가의 *PER*이 제시되어 있는데, 삼성전자나 한국의 *PER*이 낮아서 과소평가된 것으로 판단될 수 있지만, 앞에서 설명한 질적 요인들에 대한 분석이 보완되어야 할 것이다.

각 주식들간에 *PER*이 차이나는 가장 큰 원인은 각 기업의 미래성장률의 차이라고 할 수 있다. 기대성장률의 차이가 *PER*수준에 적절히 반영되고 있는지를

판단할 수 있는 방법은 PER을 기대성장률로 나누어 측정한 PEG(PER to growthrate)를 비교해 보는 것이다. 이러한 측면 때문에 PEG는 IT · 게임 · 바이오 등 성장산업의 주식평가에 그 유용성이 높다.

$$PEG = \frac{PER}{\text{기대성장률}}$$

만약 A기업의 PER이 20배수, 기대성장률이 10%이고, B기업의 PER이 30배수, 기대성장률이 20%라면, PEG는 각각 2와 1.5가 된다. 기대성장률을 감안하면 B기업이 과소평가되었다고 판단할 수 있다.

기대성장률을 감안한 PER의 비교는 [그림 7-2]와 같은 매트릭스 형태로 평가할 수 있다. 기대성장률이 높은데 PER이 낮으면 저평가, 기대성장률이 낮은데 PER이 높으면 고평가된 것으로 판단하는 것이다.

가치평가방법의 하나로 PER의 변화를 상대적으로 비교하는 **상대적 PER평가방법**을 적용해 볼 수 있다. 즉, 개별증권의 PER과 증시 전체의 평균PER 혹은 산업평균 PER을 상호 비교하여, 시장(산업)평균보다 상대적으로 주가 상승 혹은 하락의 정도가 큰지, 작은지를 평가한다. 또 현재의 PER과 과거의 일정기간의 평균PER을 상호 비교함으로써 주가의 상대적 회복수준을 평가하기도 한다.

PER의 역수인 **E/P비율**(earning yield)을 구하여 일드갭분석에 활용하기도 한다. 주가는 그 주식에 대한 투자액이고, 주당이익은 종국에는 주주에게 귀속되는 투자이익이라고 할 수 있으므로 E/P비율은 주식의 기대수익률이라고 할 수 있다. E/P로 측정된 주식의 기대수익률과 국고채수익률(3년만기)의 차이를 **일드갭**(yield

[그림 7-2] PEG에 의한 평가

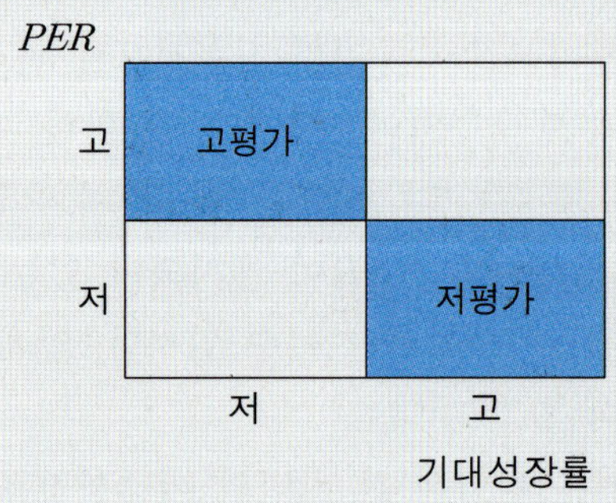

[그림 7-3] 한국 주식시장에서 일드갭의 추이

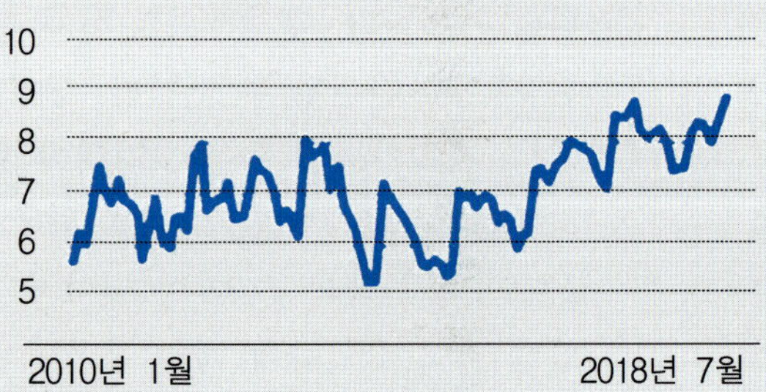

* 일드갭은 E/P비율(PER의 역수)에서 3년만기 국고채수익률을 차감하여 측정

gap)이라고 한다. 일드갭은 위험자산 주식과 안전자산 국고채 간의 상대적 매력도를 평가하는 방법이 된다. 만약 일드갭이 커지면, 상대적으로 주식의 기대수익률이 높으므로 과소평가된 것으로 판단할 수 있다([그림 7-3] 참조). E/P비율은 고성장기업의 경우 주식투자수익률로는 과소계상되는 면이 있으므로 적용에 유의할 필요가 있다.

(2) 주당순자산비율(PBR)

주당순자산비율(PBR : price to book value ratio)은 주가를 자기자본의 주당장부가치인 주당순자산(BPS=보통주 자본총계 / 발행주식수)으로 나눈 비율이다.

$$PBR = \frac{\text{주가(Price)}}{\text{주당순자산}(BPS)} = \frac{\text{자기자본 시장가치(Market value)}}{\text{자기자본 장부가치(Book value)}} \tag{7.21}$$

여기서 순자산(보통주 자본총계)은 총자산에서 보통주보다 우선권이 주어지는 선순위 지분증권(senior claims)인 부채와 우선주를 차감한 금액이다. PER이 수익가치에 대비한 상대적 주가수준을 나타내는 지표인 반면에, PBR은 자산가치에 대비한 상대적 주가수준을 측정한 지표라는 데 근본적인 차이점이 있다. 또한 PER이 주가와 수익의 flow관계를 나타내는 데 비하여, PBR은 주가와 순자산의 stock 관계를 나타내는 지표가 된다는 점에서 차이가 있다.

이 식의 분자 분모에 발행주식수를 곱하면, 자기자본의 시가총액과 자기자본의 장부가치의 비율이 되는데, 이처럼 총액기준으로 표시한 비율은 M/B비율이라고도 한다. 결국 PBR은 분자에 시장가치를, 분모에 장부가치를 대응시킨 것이므로 보통주의 주당가치를 평가함에 있어서 자기자본의 시장가치와 장부가치의 괴리의 정도를 평가하는 자기자본평가지표(equity valuation index)인 것이다.

PBR이 투자지표로서 중요도가 높아지고 있는 이유는 ① 투자전략적으로 PBR(M/B비율)이 낮은 포트폴리오일수록 초과수익이 크다는 실증분석결과가 많다는 점, ② 고주가 시대에서는 PER이 높아지고 그 변동성이 커지면서 투자지표로서의 유효성이 떨어진 반면에 PBR은 그렇지 않은 점, ③ 인플레이션 경제하에서와 산업에 따라서는 자산가치가 중요한 점 때문이다.

재무상태표상에 보통주 1주에 귀속되는 주당순자산가치(장부가치)가 실질가치를 정확히 반영하게 되면 PBR은 1이 되어야 할 것이다. 그러나 대부분 기업들의 PBR은 주가(시장가치)와 주당순자산(장부가치)이 같지 않으므로 1이 아니다. PBR

이 '1' 이하이면 시장가치가 청산가치에 못 미치므로 과소평가, 또는 경쟁업체보다 낮으면 상대적으로 과소평가된 것으로 결론내리는 것은 조심할 필요가 있다. 기업간 혹은 국가간 *PBR*에 차이를 보이는 것은 기업(국가)마다의 주당순자산의 질적 차이, 즉 기업의 생산성, 현금창출능력, 주요 자산들에 대한 효율적 이용도, 자산의 노후화 정도 등이 다르기 때문이다.

〈표 7-2〉에 제시된 우리나라 주식시장에서 주요 지수의 지난 10년간의 *PBR* 추이와 국가간 *PBR*에 근거하여 우리나라 주식시장이 과소평가된 것으로 판단할 수도 있다. 그러나 *PER*에 대한 설명에서와 마찬가지로 자산의 효율적 이용도, 생산성, 노후화 정도 등 질적 측면을 종합적으로 검토할 필요가 있다.

*PBR*의 결정요인의 하나는 다음 항의 '가치평가모형에서의 주가배수 결정요인'에서 설명되겠지만 *ROE*인 것으로 분석되고 있다. *ROE*와 *PBR*을 [그림 7-4]와 같이 연계시켜 고*ROE*·저*PBR* 주식은 저평가된 것으로, 저*ROE*·고*PBR*

〈표 7-2〉 (a) 한국 주식시장에서 *PBR*의 추이

	2009	2010	2011	2012	2013	2014	2015	2016	2017	2018	평 균
KOSPI	1.34	1.50	1.19	1.25	1.20	1.11	1.10	1.00	1.11	0.87	1.17
KRX100	1.49	1.65	1.27	1.35	1.28	1.12	1.16	1.00	1.17	0.87	1.24

(b) *PBR*의 국가간 비교(2018.8.18 기준)

한 국	미 국	일 본	중 국	홍 콩	전세계
0.9	3.12	1.20	1.44	1.15	2.11

자료 : www.krx.co.kr/통계/지수/PER, PBR추이, 2019.5.3; 매경, 2018.8.18

[그림 7-4] *ROE*-*PBR* 분석

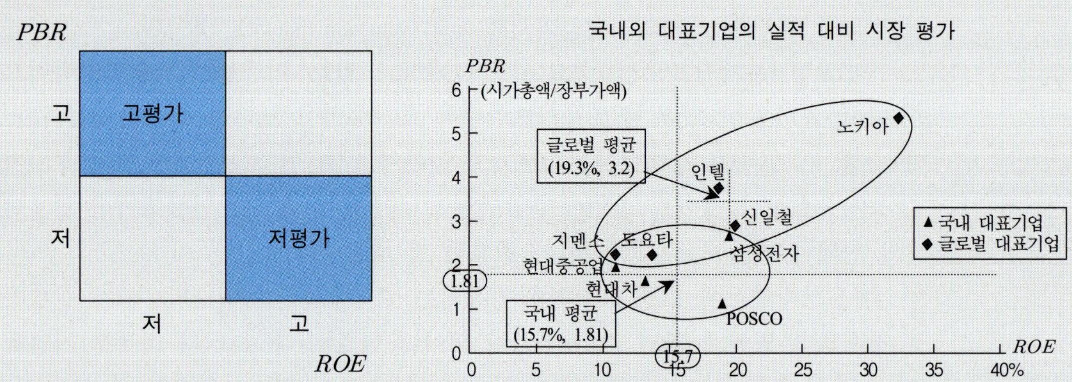

주식은 고평가된 것으로 판단할 수 있다. 재무비율로는 PBR을 ROE로 나눈 PBV비율을 사용하여 분석할 수 있다.

(3) 주가매출액비율(PSR)

주가매출액비율(PSR : price sales ratio)은 주가를 주당매출액으로 나눈 것으로, 기업의 외형적 척도인 주당매출액과 비교한 상대적 주가수준을 평가하는 지표이다.

$$\frac{P}{S} = \frac{\text{주가}}{\text{매출액} \div \text{발행주식수}} \tag{7.22}$$

기술주 중에는 처음 수년간 이익을 내지 못하여 수익가치를 평가할 수 없는 경우가 많다. 또 이들 기업은 우수한 인적자원은 많지만 비유동자산 투자가 작아 자산가치를 평가하기가 어렵기도 하다. 따라서 앞에서 소개한 수익가치평가모형이나 PER모형 또는 PBR모형을 적용하기 어렵다. 또 경제가 극도로 악화되어 대부분 주식의 수익가치와 자산가치가 크게 하락한 상황에서는 PER모형이나 PBR모형은 가치평가모형으로서의 유용성이 떨어지는 면이 있다. PSR과 다음에 설명하는 $EV/EBITDA$, $PCFR$과 같은 주가배수는 이러한 면을 보완할 수 있는 가치평가모형이다.

(4) $EV/EBITDA$, $PCFR$

기업도산이 크게 증가할 정도로 경제상황이 악화되는 기간에서는 현금흐름의 중요성이 더욱 높아진다. 또한 주가수준이 극도로 낮아진 상황이어서 주당이익, 주당순자산, 주당매출액에 기초한 상대가치평가가 별다른 의미가 없는 것으로 지적되곤 한다. $EV/EBITDA$, $PCFR$ 비율은 현금흐름을 고려하고 있어 이러한 상황에서 유용성이 높다.

$EV/EBITDA$비율은 다음과 같이 기업전체가치(EV : enterprise value)를 $EBITDA$ (earning before interest, tax, depreciation & amortization)로 나눈 것이다.

$$\frac{EV}{EBITDA} = \frac{\text{기업가치}}{\text{이자·세금·감가상각비 차감전 이익}} \tag{7.23}$$

단, EV(기업가치) : 주식의 시가총액(=주가×발행주식수)
+순차입금(=총차입금−현금 · 투자유가증권)
$EBITDA$: 이자비용, 법인세비용, 유 · 무형자산 감가상각 차감전 순이익

EV는 기업전체가치로서 기업이 벌어들이는 현금흐름에 대해 지분을 주장할 수 있는 보통주 주주, 우선주 주주, 채권자의 시장가치를 합하여 계산한다. 구체적으로 주식의 시가총액(=주가×발행주식수), 우선주 시장가치, 순차입금(=총차입금−현금 · 투자유가증권)을 합한 금액이다.

$EBITDA$는 세전영업이익($EBIT$) 수준에 비현금성비용 항목인 감가상각비를 합한 것이므로 결국 세전기준 영업현금흐름을 측정한 것이다. 따라서 $EV/EBITDA$비율은 현금흐름의 크기를 감안할 경우 기업가치가 상대적으로 얼마나 높은지를 측정한 것이다.

〈표 7-3〉(a)에서 글로벌 경쟁업체의 $EV/EBITDA$비율을 보면, 우리나라 기업들의 이 배수가 낮은 것을 볼 수 있다. 가치평가에서 $EV/EBITDA$비율의 장점은 사업부분별로 가치를 추정하여 전체를 합하는 방법으로 기업가치를 평가할 수 있다는 점이다. 〈표 7-3〉(b)는 이 예를 보여주는데, 삼성전자의 5대 사업부문별로 비교대상기업의 타깃$EV/EBITDA$비율을 반영하여 사업부의 가치를 추정한 다음, 이를 모두 합하여 삼성전자 전체의 가치를 도출하고 있다.

현금흐름 기준의 다른 주가배수로서 **$PCFR$비율**을 사용하기도 하는데, 다음과

〈표 7-3〉 (a) 글로벌 경쟁업체의 $EV/EBITDA$비율의 비교(2018.7.2 기준)

삼성전자	SK하이닉스	마이크론	TSMC	인 텔
2.4	1.9	3.1	7.2	8.2

(b) $EV/EBITDA$를 활용한 기업가치 추정

사 업	$EBITDA$	타깃$EV/EBITDA$(배)	비교대상기업	사업가치
반도체	60.0	3.8	SK하이닉스, 마이크론, 인텔 등	228.0
디스플레이	7.4	10	LG디스플레이, BOE 등	74.0
스마트폰	19.7	5	애플, LG전자, HTC 등	98.5
가 전	4.4	5	LG전자, 월풀, 소니 등	22.0
하만(전자장치)	0.9	5	글로벌 전장업체	4.5

* 삼성전자의 5대 사업부 각각에 대하여 사업가치를 추정하는 작업은 각 사업부의 $EBITDA$에 적정(타깃) $EV/EBITDA$를 곱하여 추정함. 적정(타깃)$EV/EBITDA$는 비교대상기업의 이 비율의 평균치를 사용함.
자료 : www.krx.co.kr/통계/지수/PER, PBR추이, 2019.5.3 ; 매경, 2018.7.2

같이 주가를 주당현금흐름으로 나누어 평가한다.

$$\frac{P}{CF} = \frac{\text{주가}}{\text{주당현금흐름}} \tag{7.24}$$

단, 주당현금흐름(CF) : [당기순이익 + 현금유출 없는 비용(감가상각비 등)
− 현금유입 없는 수익] / 발행주식수

여기서 주당현금흐름(CF)은 일반적으로 당기순이익(NI)에 감가상각비와 같은 비현금성항목(NCC : non-cash charges)을 가감하여 측정한다.

2 주가배수를 이용한 적정주가의 추정

주가배수에 가치변수를 곱하면 주가가 추정되는 관계에 근거하여 내재가치를 추정할 수 있다. 이를테면 PER(주가 20,000원/주당이익 2,000원)이 10배수이고, 주당이익이 2,000원일 경우, 이를 곱하면 주가 20,000원의 값이 된다.

$$P(\text{주가}) = \text{주가배수}(PER,\ PBR,\ PSR \cdots) \times \text{가치변수}(\text{주당이익, 주당순자산, 주당매출액}\cdots) \tag{7.25}$$

그런데 적정주가를 추정할 때 적용하는 주가배수는 현재의 실제 주가배수가 아니라, 정상적 상황에서 기대되는 **적정주가배수**(normalized multiples)이다. 현재의 실제 주가배수는 과소 또는 과대하게 형성될 수 있어서 적정주가배수가 아닐 수 있다고 가정하는 것이다. 그래서 적정주가는 적정PER, 적정PBR, 적정PSR에 주당이익, 주당순자산, 주당매출액을 각각 곱하여 추정한다.[7)]

$$P^*(\text{적정주가}) = \frac{P^*}{E}(\text{적정주가수익비율}) \times E(\text{주당이익}) \tag{7.26}$$

$$P^*(\text{적정주가}) = \frac{P^*}{B}(\text{적정주당순자산비율}) \times B(\text{주당순자산}) \tag{7.27}$$

---

7) 주당이익에 PER을 곱할 때, 추정하고자 하는 적정주가가 미래 n시점의 주가(P_n^*)라면 주당이익은 n시점의 주당이익($E_n = E_0(1+g)^n$)을 적용한다.

$$P^*(\text{적정주가}) = \frac{P^*}{S}(\text{적정주가매출액비율}) \times S(\text{주당매출액}) \tag{7.28}$$

단, P^* : 특정시점의 적정주가, E : 특정시점의 주당이익
B : 특정시점의 주당순자산, S : 특정시점의 주당매출액
P^*/E : 적정 PER, P^*/B : 적정 PBR
P^*/S : 적정 PSR

주가배수를 이용하여 적정주가를 추정할 경우 분석의 요체가 되는 것은 적정 주가배수를 추정하는 것이다. 적정주가배수는 두 가지 방향에서 추정해 볼 수 있다. 비교기업(comparable firms)의 주가배수를 적용하는 방법과 가치평가모형에서 적정 주가배수 결정요인을 도출하는 방법이다.

(1) 비교기업 주가배수의 적용

유사기업의 주가배수를 적정 주가배수로 참조할 때에는 구체적으로 다음과 같은 방법을 적용해 볼 수 있다.

① 주관적으로 영업과 재무적 특성이 유사한 기업들의 주가배수를 이용
② 동종산업 또는 주요 경쟁업체의 평균주가배수를 이용
③ 당해기업의 과거 수년간의 평균주가배수를 이용

예를 들어, 삼성전자의 적정주가를 주가배수모형을 적용하여 추정한다면, 전자업 전체의 평균주가배수나, 전자업 내의 주요 경쟁업체의 평균주가배수를 적정주가배수로 대용하는 것이다. 또는 삼성전자의 과거 수년간의 주가배수에 회귀할 것으로 가정하여 삼성전자 과거 수년간의 평균주가배수를 이용할 수 있다.

(2) 가치평가모형에서 주가배수 결정요인 도출

주식의 이론적 가격이 배당평가모형에 의해서 잘 설명된다고 보고 이 모형으로부터 주가배수 결정요인을 도출할 수 있다. 이를 내재적 주가배수(intrinsic multiples)라고 부르기도 한다. 때로는 듀퐁시스템(ROE)분석에서 결정요인을 도출하기도 한다.

[적정PER의 결정요인]

$$\frac{P^*}{E}=\frac{\text{배당성향}(1-f)}{\text{요구수익률}(k)-\text{성장률}(g)}=\frac{1-f}{k-f\cdot r} \qquad (7.29)^{8)}$$

단, f : 사내유보율, $1-f$: 배당성향, r : 재투자수익률(ROE)

[적정PBR의 결정요인]

$$\begin{aligned} PBR &= \frac{\text{자기자본 시장가치}}{\text{자기자본 장부가치}} \\ &= \frac{\text{순이익}}{\text{자기자본 장부가치}}\times\frac{\text{자기자본 시장가치}\div\text{발행주식수}}{\text{순이익}\div\text{발행주식수}} \\ &= (\text{자기자본순이익률 } ROE)\times(P/E) \qquad (7.30) \\ &= \frac{\text{순이익}}{\text{매출액}}\times\frac{\text{매출액}}{\text{총자본}}\times\frac{\text{총자본}}{\text{자기자본}}\times(P/E) \\ &= (\text{마진})\times(\text{활동성})\times(\text{부채레버리지})\times(\text{이익승수}) \end{aligned}$$

$$\begin{aligned} PBR(M/B) &= ROE\times(P/E)=\frac{ROE\times(1-f)}{k-g}=\frac{ROE-f\cdot ROE}{k-g} \\ &= \frac{ROE-g}{k-g} \qquad (7.31)^{9)} \end{aligned}$$

[적정PSR의 결정요인]

$$\frac{P}{S}=\frac{M\times(1-f)(1+g)}{k-g} \qquad (7.32)^{10)}$$

단, M : 매출액순이익률(=순이익/매출액)

---

8) 정률성장모형 $P_0=\frac{d_1}{k-g}=\frac{E_1(1-f)}{k-g}=\frac{E_1(1-f)}{k-f\cdot r}$의 관계에서 P^*/E를 구하면 식 7.29를 얻는다. 적정PER을 구하는 다른 한 방법은 이들 g, $1-f$, k변수와 PER의 선형적 관계를 회귀분석한 결과를 이용하는 것이다. 예를 들어 $P/E=8.2+1.50g+6.7(1-f)-0.20\sigma$와 같은 회귀분석 결과의 추정식을 예측(predicted)PER 도출에 이용한다. 또 정률성장모형이나 다음에 설명하는 FCF모형에 의해 추정된 이론주가(내재가치)를 주당이익으로 나눈 기본적(fundamental) PER을 이용하기도 한다.

9) 식 7.29에서 이론적 PER은 $(1-f)/(k-g)$이고 $g=f\cdot ROE$이므로 적정 PBR(또는 M/B비율)은 식 7.31의 관계에서 평가될 수 있다.

10) 주당이익(E_0)=주당매출액(S)×매출액순이익률(M)이므로 $P_0=\frac{E_0(1-f)(1+g)}{k-g}=\frac{S\times M\times(1-f)(1+g)}{k-g}$의 관계에서 식 7.32를 얻는다. 식 7.32에서 PSR은 마진(매출액순이익률)수준에 따라 크게 영향받음을 알 수 있다. [그림 7-2]와 유사한 방법으로 매출액순이익률과 P/S 기준으로 고마진 · 저P/S 주식은 상대적으로 저평가된 것으로, 저마진 · 고P/S 주식은 상대적으로 고평가된 것으로 판단할 수 있다.

3 주가배수모형의 유용성과 한계점

주가배수모형에 공통적으로 적용할 수 있는 유용성은 설명한 *PER* 등의 주가배수가 모두 간단한 회계정보를 이용하여 쉽게 이용할 수 있다는 점이다. 앞에서 설명한 바와 같이 단순히 주당이익 등과 비교하여 적정주가수준을 추정하거나 수익가치, 자산가치를 감안하여 상대적 주가수준을 평가할 때 매우 유용하게 사용될 수 있다. 배당할인모형, 다음 절에서 설명하는 *FCF*모형, *RIM*모형 등에서와 같이 자본비용이나 잔존가치의 추정이 필요하지 않다.

그간 증권투자의 실제에서도 시장이 비효율적인 것을 전제하여 저*PER*주식의 포트폴리오가 투자수익이 높다고 보고, *PER*의 크기에 기초한 투자전략이 구사되기도 하였다. 이와 같은 측면은 학계의 실증분석의 연구결과에 의해서 뒷받침되고 있는데, 바수(S. Basu) 등은 저*PER*주식일수록 투자수익률이 높은 것을 실증적으로 보이고 있다(제15장 제2절 참조).

반면에 주가배수모형의 공통적 한계점은 기본적으로 상대가치평가방법이라는 점이다. 이를테면, 과열된 시장 상황에서는 대부분 주식의 주가배수(*PER* 등)는 높은 수준일 터인데, 이 높아진 주가배수를 적정주가배수의 기준으로 삼을 경우 주가배수가 산업평균보다 낮다는 이유로 과소평가 판정을 내리는 오류를 범할 수 있다. 침체된 시장에서는 이와 반대되는 오류를 범할 수 있다.

한편 *PER*의 계산상의 문제점을 이해하고 계산방법을 개선하면 주가예측의 신뢰성을 높일 수 있다. 다음은 *PER*의 유용성을 높이는 방법들이다.

① 분자의 주가자료의 시점 선택 : 분자의 주가자료를 대응시킬 때 특정일의 종가를 사용하거나 일정기간 동안의 주가평균을 사용하는 방법이 있다. 후자의 방법이 분모의 주당이익 정보내용을 적절히 반영한다는 장점이 있다.

② 분모의 주당이익 자료의 선택 : 공식 발표 *PER*은 최근(과거) 사업연도의 주당이익자료를 사용하여 계산한다. 그러나 차기의 예측된 주당이익을 이용할 수 있다. 최근 주당이익을 사용한 *PER*을 실적*PER*(trailing *PER*)이라고 하고, 예측된(또는 차기) 주당이익을 이용한 *PER*을 예상*PER*(forward *PER*)이라고 한다. 주가는 미래의 예상이익을 반영한 것이기 때문에 예상 *PER*을 이용하는 것이 논리적으로 합당한 면이 있다.[11]

11) 예상(forward)*PER*과 실적(trailing)*PER*의 괴리는 전반적인 기업실적이 안 좋은 상황에서 좋아질 것으로 예상되는 상황이나 애널리스트들이 미래를 너무 낙관적으로 예측할 때 발생한다.

③ 지속가능이익 기준의 *PER* : 주당이익(*EPS*)은 비반복적 부분과 반복적, 지속가능한 부분으로 나누어 볼 수 있는데, 일시적 손익을 제외시킨 지속가능 주당이익(persistent *EPS*) 기준의 지속가능*PER*을 적용하는 것이 더 예측력이 있다.

④ 발행주식수 계산의 문제 : 보통 현재 발행주식수를 기준으로 하지만, 전환증권의 발행이 있으면 주식으로 전환될 경우 발행주식수가 증가하므로 주당이익을 희석화(diluted)시킬 주식수를 포함시키는 것이 합리적이다.12)

⑤ 경기순환기업의 *PER*, 부실기업의 *PER*의 적용 : *PER*의 크기는 분자보다는 분모(주당이익)의 크기에 따라 민감하게 변동하는 경향이 있다. 경기순환에 취약한 기업이나 매우 적은 이익을 낸 부실기업의 *PER*은 그만큼 변동성이 커서 *PER*의 신뢰성이 떨어진다.13)

요약하여 주가배수의 유용성과 사용상의 유의점을 정리하면 〈표 7-4〉와 같다.

〈표 7-4〉 주가배수모형의 유용성과 유의점 비교

주가배수모형	기본모형	유용성	유의점
*PER*모형	$P^* = \frac{P^*}{E} \times E_0$	• 간단한 회계정보를 이용	• 주당이익추정은 회계처리방법에 따라 달라짐 • 주가자료, 주당이익 측정의 문제 • 경기변동에 취약한 기업, (−)의 이익예상기업에 적용이 어려움
*PBR*모형	$P^* = \frac{P^*}{B} \times BPS$	• 간단한 회계정보를 이용 • (−)이익기업에 적용가능 • 비유동자산이 많거나, 자산가치가 높은 기업에 유용	• 주당순자산 추정은 회계처리방법(R&D회계)에 따라 차이 • 자산으로 잡히지 않는 자산항목이 많은 경우 적용에 한계
*PSR*모형	$P^* = \frac{P^*}{S} \times SPS$	• (−)이익, 자산가치가 문제되는 기업에 적용가능 • 회계처리방법에 적게 영향	• 매출액은 기본적으로 기업성과 추정치가 아님 • 비용구조차이를 반영하지 못함
EV/EBITDA *PCFR*	$P^* = \frac{P^*}{CF} \times CFPS$	• 현금흐름은 조작이 쉽지 않음 • (−)이익기업에 적용가능 • 영업이익기준 *CF*는 재무구조 차이가 문제되지 않음	• 운전자본투자, 자본지출액이 많은 경우 왜곡 여지가 있음

12) 전환을 감안하지 않은 *EPS*를 Basic *EPS*, 희석화되는 것을 감안한 *EPS*를 Diluted *EPS*라고 부른다.

13) 실제로 *PER*은 경기 역행적 성격이 있다. 즉, 경기저점에서는 *EPS*가 크게 낮아 *PER*은 높게 나타나는 반면에, 경기고점에서는 *EPS*가 커짐에 따라 *PER*은 낮게 나타나는 면이 있다. 이와 같이 *PER*과 이익성장률의 음(−)의 상관관계를 몰로도브스키 효과(Molodovsky Effect)라고 한다. 경기변동에 따른 *PER*의 변동성 문제를 줄이는 방법으로, 역사적 평균*EPS*와 평균*ROE*를 적용하는 방법이 사용될 수 있다.

예제

2018년말 기준 삼성전자의 주가는 38,674원, 주당이익은 6,024원, 실적 PER은 6.4배이다. 한편 삼성전자의 과거 5년간의 평균 PER은 10.7이고, 예상 주당이익은 4,273원이다. 글로벌 경쟁사의 PER이 다음과 같을 경우, 주가배수모형을 적용하면 삼성전자의 적정주가를 얼마로 평가할 수 있는가?

삼성전자	SK하이닉스	애 플	인 텔	마이크론	평 균
6.4	4.6	14.5	16.3	5.6	9.5

풀이

(1) 산업평균을 이용할 경우 : $P_0^* = P^*/E \times E_1 = 9.5 \times 4{,}273 = 40{,}594$원

(2) 과거평균을 이용할 경우 : $P_0^* = P^*/E \times E_1 = 10.7 \times 4{,}273 = 45{,}721$원

제4절 잉여현금흐름평가모형[14)]

1 잉여현금흐름(FCF)모형의 기본체계

본장 제2절에서 설명한 수익가치평가모형(배당할인모형 또는 이익평가모형)은 주식가치평가에 여러 가지 제약이 있다. 이들 모형은 기본적으로 순이익기준의 평가여서, 재무구조, 배당정책 등에 의해서 영향받는다는 한계점을 지닌다. 뿐만 아니라 이들 모형의 성장률에 대한 가정(요구수익률 > 성장률)이 매우 제한적이어서 적용할 수 없는 경우가 많다. 또 주주에게 배분되는 가치의 크기를 표시할 뿐, 가치창출의 원천이 무엇인지를 보여주지 못하고 있다.

이러한 한계점을 줄이는 평가모형으로서 DCF법의 다른 형태인 FCF모형을 사용할 수 있다. FCF모형은 증권전문가 그룹(증권애널리스트, M&A분석가 등)에서 심층적 가치평가방법으로 활용되는 모형이다. FCF모형은 자산운용의 관점에서 영업이익기준의 현금흐름에 근거하여 주식가치를 평가하는 모형이다.

잉여현금흐름(FCF : free cashflow)모형을 먼저 개관하면, 미래 t기에서의 현금

14) 본절에서 소개되는 FCF 모형은 전문가 그룹에서 사용되는 가치평가모형으로서 재무, 회계에 대한 약간의 심층지식이 요구되는 주제이다.

흐름을 FCF로 추정하고 이를 가중평균자본비용($WACC$)으로 할인하여 먼저 기업 전체가치(V_0)를 평가한다. 여기서 분자의 현금흐름은 주주에게 직접 돌아가는 배당흐름(d)이 아니고 주주와 채권자 모두에게 돌아가는 FCF라는 점, 그리고 분모의 할인율이 자기자본비용(k_e)이 아니고 가중평균자본비용($WACC$)인 점에서 앞서 설명한 배당(또는 이익)평가모형과 차이가 있다. 적정 주식가치(S_0)는 이렇게 구해지는 기업전체가치(V_0)에서 부채가치(B_0)를 차감하여 자기자본가치를 구한 다음, 이를 발행주식수로 나누어 추정한다.

$$V_0 = \sum_{t=1}^{\infty} \frac{FCF_t}{(1+WACC)^t} \tag{7.33}$$

$$\text{주당주식가치}(S_0) = \frac{(V_0 - B_0)}{\text{발행주식수}} \tag{7.34}$$

이제 모형의 중요 구성요소별로 살펴보면, 먼저 잉여현금흐름(FCF : free cash-flow)은 제6장에서 설명한 것처럼 본업활동에서 창출해낸 세후영업이익에서 신규투자액(투하자본 증가액)을 차감한 현금흐름을 말한다.

$$\text{잉여현금흐름}(FCF) = \text{세후영업이익} - \Delta\,\text{영업투하자본} \tag{7.35}$$

여기서 세후영업이익($NOPLAT$: net operating profit less adjusted tax)은 기업의 핵심 영업활동(생산 · 판매 · 관리)에서 벌어들인 경영성과치인 영업이익($EBIT$)을 납세후 기준으로 측정한 금액이다. 즉, $NOPLAT$는 $EBIT$(이자법인세 차감전 이익)에서 조정된 세금을 차감하여 측정한다. 간단하게 세전영업이익에 (1－법인세율)을 곱하여 계산하기도 한다.

영업투하자본(IC : invested capital)은 기업이 영업이익을 벌어들이기 위해 기업의 핵심경영활동, 즉 생산 · 판매 · 관리 등의 영업활동에 투하된 자금을 의미하는데, 다음과 같이 측정한다.

$$\begin{aligned}&\text{영업관련 비유동자산} + \text{(영업관련) 순운전자본}\\ &\quad = \text{영업비유동자산(순액)} + \text{(적정수준의 현금 · 예금} + \text{매출채권}\\ &\qquad + \text{재고자산} - \text{무이자발생 유동부채)}\end{aligned} \tag{7.36}$$

영업투하자본(IC)을 측정하기 위해서는 기업의 자산을 영업(본업)과 직접 관련된 영업자산과 그렇지 않은 영업외자산으로 구분해야 한다. 여기서 영업외자산(non-operating assets)이란 영업활동에 직접 투여되지 않은 자산으로서, 비유동자산 중에서는 투자자산(투자부동산, 출자금, 관계회사주식 등), 건설중인 자산, 이연자산 등을 말하며, 유동자산 중에서는 시장성유가증권, 적정수준 이상의 예금 등을 말한다. 그러나 이와 같은 영업외유동자산을 제외한 자산의 금액이 모두 영업활동에 투자되었다고 볼 수는 없다. 왜냐하면 유동부채 중에서 외상매입금, 미지급금 등의 항목과 같은 무이자발생부채는 투하자본의 부담을 줄여주기 때문이다. 따라서 영업관련 순운전자본을 추정할 때에는 적정수준의 현금·예금, 매출채권, 재고자산을 합한 다음, 무이자발생 유동부채를 차감한다.

따라서 FCF 추정은 다음과 같이 요약된다.[15)]

$$\begin{aligned} FCF &= NOPLAT(\text{세후영업이익}) \\ &\quad - \Delta IC(\text{영업투하자본(영업비유동자산}+\text{영업순운전자본)의 순증가액}) \\ &= EBIT(1-\text{법인세율}) - \Delta[\text{영업비유동자산}+(\text{적정수준의 현금·예금} \\ &\quad +\text{매출채권}+\text{재고자산}-\text{무이자발생 유동부채})] \end{aligned} \tag{7.37}$$

분모에 할인율로 사용되는 가중평균자본비용($WACC$)은 다음 식과 같이 원천별 자본비용에 그 자본조달원의 조달비중에 따라 가중한 것이다.[16)]

$$WACC = k_d(1-t)\cdot\frac{B}{B+S} + k_e\cdot\frac{S}{B+S} \tag{7.38}$$

단, k_d : 세전부채비용, k_e : 자기자본비용
S : 자기자본의 시장가치, B : 부채의 시장가치
t : 법인세율

이제 기업의 FCF가 매년 g%만큼 정률적으로, 영구적으로 성장한다면 배당의 정률성장모형과 마찬가지 방법으로 다음과 같이 추정할 수 있다.[17)]

15) FCF를 측정할 때, 실제는 처음 두 항의 계산이 [세후영업현금흐름 $-\Delta$영업총비유동자산]의 계산인데, 이는 [{$EBIT$(1−법인세율)+감가상각비}−{영업비유동자산투자(순액)+감가상각비}]이므로, 감가상각비 부분이 소거되어 $NOPLAT-\Delta$영업비유동자산(순액)으로 계산한 것이다.

16) 가중평균자본비용의 상세한 추정방법은 장영광·송교직, 『현대재무관리』, 신영사, 2014, 제8장 참조.

17) 식 7.41처럼 FCF가 매년 g%만큼 정률적으로, 영구적으로 성장한다고 가정하지 않고, 처음 수년간은 높은 성장률을 지속하다가 그 이후에는 성장률이 일정률로 둔화된다고 가정하는 보다 현실적인 2단계 FCF모형에 대해서는 [보론]을 참조할 것.

$$V_0 = \frac{FCF_1}{WACC - g} \tag{7.39}$$

[비교 : 배당의 정률성장모형 $S_0 = \frac{d_1}{k_e - g}$]

2 잉여현금흐름(*FCF*)모형의 특징과 장점

이상에서 살펴본 바와 같이 *FCF*모형은 주주에게 직접 돌아오는 배당이나 이익흐름에 근거하여 주식가치를 추정하는 전통적 주식평가방법과 달리 영업흐름접근법으로서, *FCF*는 그 특징을 다음과 같이 요약할 수 있다.

① 핵심경영활동인 생산 · 판매 · 관리의 주된 영업활동, 영업이익 창출과 직접 연관된 영업현금흐름이다. 따라서 기업의 부채의존도, 자본조달방법(재무활동)에 영향받지 않는 현금흐름이다.

② 미래 가치창출에 필요한 신규투자액까지 차감한 현금흐름이다. 신규투자액인 투하자본증가액(Δ영업순운전자본＋Δ영업비유동자산)은 차년도 이후에 부가가치창출력을 유지하기 위한 금액이다.

③ 신규투자액(투하자본증가액)까지 차감하고, 자본제공자인 채권자에게 이자를 지급하며 주주들에게 배당할 수 있는, 배분의 원천이 되는 현금흐름이다.

*FCF*모형은 다음과 같은 장점을 지닌다.

- 영업현금흐름은 배당정책 등에 영향을 받지 않는다. 배당을 지급하지 않는 기업에도 가치평가가 가능하다.
- 영업현금흐름은 재무구조(부채비율)의 차이에 영향을 받지 않는다.
- 가치창출의 구체적 원천이 *ROIC*(영업마진, 투하자본회전율), *WACC*, g 중심으로 명시적으로 제시되고 있다.
- 영업현금흐름에 근거한 가치평가방법은 전체 기업에서 특정부문이나 특정사업부의 가치를 부문별로 추정할 수 있는 유연성이 있다.
- 실증적으로 영업현금흐름은 무엇보다도 주가와 더 높은 상관관계를 보인다.

한편 *FCF*모형은 다른 모형과 비교할 때 다음과 같은 한계점이 지적되고 있다.

- 추정해야 할 투입정보가 많다. 특히 $WACC$ 추정시 자기자본비용 추정 이외에도 부채비용과 자본구성비의 추정에 기술적 난점이 있다.
- 전체 기업가치 중 잔존가치가 큰 비중을 차지하는데, 잔존가치는 예측기간 이후의 FCF성장률에 민감하다.
- 다년간 투자를 많이 하는 기업은 투자소요액이 세후영업이익보다 많아 FCF가 (−)를 보인다. 이러한 경우 장기간 추정이 필요한데, 예측기간이 길어지면 추정오차가 커진다.

예제

(주)BTS의 최근 세전영업이익은 2,000억원, 투하자본(영업비유동자산과 영업운전자본 순투자액)은 740억원이었다. 이 회사가 발행한 세전부채비용은 6.0%이며 주식에 대한 요구수익률은 12%이다. 또 목표부채비율(B/S)은 100%이다. 법인세율은 30%이고 FCF는 매년 6%씩 영구적으로 증가할 것으로 예상된다. 한편 부채의 시장가치는 3,314억원, 보통주 발행주식수는 300백만주이다.

(1) 이 회사의 금년 FCF_0는 얼마인가?
(2) 이 회사의 $WACC$는 얼마인가?
(3) 이 회사의 기업가치와 주식가치는 얼마인가?

풀이

(1) $FCF_0 = NOPLAT - \Delta IC = 2{,}000\text{억원}(1-0.3) - 740\text{억원} = 660\text{억원}$

(2) $WACC = k_d(1-t)\left(\frac{B}{B+S}\right) + k_e\left(\frac{S}{B+S}\right) = 6.0(1-0.3)\left(\frac{1}{2}\right) + 12.0\left(\frac{1}{2}\right) = 2.1\% + 6\% = 8.1\%$

(3) $V_0 = \frac{FCF_1}{WACC-g} = \frac{660\text{억원}(1.06)}{0.081-0.06} = 33{,}314\text{억원}$

$$S_0 = \frac{V_0 - B_0}{\text{발행주식수}} = \frac{33{,}314\text{억원} - 3{,}314\text{억원}}{300\text{백만주}} = \frac{30{,}000\text{억원}}{300\text{백만주}} = 10{,}000\text{원}$$

3 주식평가모형의 비교와 적용

본장에서 주식의 적정가격 추정모형으로서 수익가치평가모형(배당평가모형, 이익평가모형, FCF모형), PER, PBR 등의 주가배수모형(상대가치평가모형)에 대하여 설명하였는데, 어느 가치평가모형이 보다 유효한 모형인가?

어느 모형을 적용할 것인지는 다음과 같은 선택기준을 고려할 필요가 있다.

① 평가대상기업의 특성에 보다 부합하는 모형을 선택해야 할 것이다.
② 주어진 자료의 이용가능성과 질을 고려한다.
③ 모형의 특징과 장단점을 고려하여 평가목적에 부합한 모형을 선택한다.

본장에서 설명한 제반 평가모형에 대하여 그 장단점을 정리하면 〈표 7-5〉와 같다.

〈표 7-5〉 제반 주식가치평가모형의 장단점 비교

종 류	기본모형	장 점	단 점
배당평가모형	$S_0=\sum_{t=1}^{\infty}\frac{d_t}{(1+k_e)^t}$	• 추정이 간편	• 무배당기업에 적용불가 • 배당은 변동성이 큼 • 가정(내부금융의 가정 등)의 비현실성
이익평가모형	$S_0=\sum_{t=1}^{\infty}\frac{E_t}{(1+k_e)^t}$	• 추정이 간편	• *EPS*는 회계처리방법에 따라 달라짐 • 재무구조차이에 영향을 받음 • 가정(내부금융의 가정 등)의 비현실성
[주가배수모형] *PER*모형 *PBR*모형 *PSR*모형 *EV*/*EBITDA* *PCFR*	P_0^*=적정주가배수×가치변수(주당순이익, 주당순자산…)	• 간단한 회계정보를 이용 • 적정주가 추정이 간편 • 자본비용, 잔존가치 추정이 불필요 • 간단하면서 주식수익률의 설명력이 높음 * 개별 주가배수의 유용성은 〈표 7-4〉 참조	• 상대가치방법의 한계(비교기준의 적정주가배수와 상대적으로 높은지, 낮은지를 보고 과대 · 과소 평가 판단) • 가치변수 추정은 회계처리방법에 따라 달라짐 * 개별 주가배수의 유의점은 〈표 7-4〉 참조
*FCF*평가모형	$V_0=\sum_{t=1}^{\infty}\frac{FCF_t}{(1+WACC)^t}$	• 회계처리방법 선택에 영향받지 않음 • 재무구조와 배당정책 차이에 영향받지 않음	• 추정이 복잡함 • 잔존가치의 비중이 높음
FCFE 평가모형	$S_0=\sum_{t=1}^{\infty}\frac{FCFE_t}{(1+k_e)^t}$	• 부채비용을 고려하지 않아도 됨(다음 페이지 [보론] 참조)	• 재무구조와 배당정책 차이에 영향받음

보론 FCF모형, FCFE모형, RIM모형의 비교

본장 제4절 식 7.39에서 설명한 *FCF*모형은 기업의 *FCF*가 매년 g%만큼 정률적으로, 영구적으로 성장한다고 가정한 것으로서 현실적이지 못한 면이 있다. 대부분의 기업은 처음 수년간은 높은 성장률을 보이다가 일정기간 이후에는 성장률이 둔화되기도 한다. 또 실무적으로 미래의 *FCF*를 무한정으로 예측할 수 없다. 현실적인 방법은 미래현금흐름을 발생시키는 기간을 예측기간과 예측기간 이후의 기간, 2단계로 나누어 예측해 보는 것이다. 본 [보론]에서는 '2단계 *FCF*모형'을 설명하고, 순이익기준의 '주주잉여현금흐름(*FCFE*)모형' 그리고 '초과이익모형(*RIM*)'에 대해서 설명한다.

1 2단계 FCF모형

식 7.39와 같이 *FCF*가 매년 g%만큼 정률적으로, 영구적으로 성장한다고 가정하지 않고, 처음 수년간은 높은 성장률을 지속하다가 그 이후에는 성장률이 일정률로 둔화된다고 가정하는 것이 보다 현실적이다. 2단계 *FCF*모형은 일정 예측기간(예를 들어 5년)을 설정하여 그 기간 동안의 *FCF*는 매기마다 추정하고, 예측기간 이후(예를 들어 5년 이후)의 *FCF*는 잔존가치로 압축하여 추정하는 모형이다.

이제 예측기간과 예측기간 이후의 기간, 2단계로 구분하여 *FCF*모형을 적용한다면, 그 가치평가 체계는 다음과 같이 표시할 수 있다.

$$V_0 = \sum_{t=1}^{n} \frac{FCF_t}{(1+WACC)^t} + \frac{CV_n}{(1+WACC)^n} + \text{영업외가치} \qquad (7.40)$$

$$\text{주당주식가치}(S_0) = \frac{(V_0 - B_0)}{\text{발행주식수}} \qquad (7.34)$$

미래 예측기간 t기간에 걸친 잉여현금흐름(FCF_t)을 추정하여, 이것을 가중평균자본비용($WACC$)으로 할인한 현재가치를 구하는 것은 앞에서 설명한 것과 같다. 2단계 모형에서는 이것에 추가하여, 잔존가치와 영업외가치를 추정해야 한다.

잔존가치(CV : continuing value)는 명시적 예측기간 이후 현금흐름의 현재가치로서 존속가치라고도 부른다. 예측기간 이후에 FCF가 g_c%만큼 정률로 성장한다고 가정하면 주식의 정률배당성장모형에서와 같이 n시점의 잔존가치를 다음과 같이 추정할 수 있다.

$$CV_n = \frac{FCF_{n+1}}{WACC - g_c} \tag{7.41}$$

이 밖에도 잔존가치 추정방법으로는 예측기간 끝 시점에서 예상되는 자산의 대체원가나 청산가치를 잔존가치로 보는 방법, PER 등 주가배수를 이용하는 방법 등을 적용할 수 있다.

영업외가치(non-operating value)는 기업의 핵심경영활동 이외의 부문에서 지니고 있는 가치를 말한다. 기업전체가치(V_0)를 추정하는 최종단계에서 영업외가치가 더해지는 이유는 예측기간의 FCF의 현재가치와 잔존가치의 현재가치는 기업의 본업(영업)활동에 한정하여 창출되는 가치만을 측정했기 때문이다. 그러나 영업가치를 추정하는 단계에서 제외되었던 장·단기 금융자산, 투자자산 등도 기업가치를 구성하는 중요한 부문이다. 따라서 영업가치를 추정할 때 제외되었던 영업외자산(non-operating assets)을 합하여 기업전체가치 추정에 포함되도록 해주어야만 한다.

이제 식 7.40에서 보는 것처럼 예측기간의 현재가치뿐만 아니라 예측기간 이후의 잔존가치(CV_n)를 $WACC$로 할인한 현재가치 그리고 영업외가치를 모두 합산하여 기업전체가치(V_0)를 추정한다.

기업전체가치(V_0 : firm value)가 추정되었으면 부채가치(B_0 : debt value)를 차감하여 자기자본가치(equity value)를 구한다. 부채가치는 주주입장에서 볼 때, 기업이 창출한 가치에 대해서 청구권을 보통주주보다도 먼저 행사하게 되는 채권자지분을 말한다. 회사채, 차입금 시장가치, 운영리스, 우선주 시장가치, 비지배주주지분(minority interests), 스톡옵션 등이 이에 해당된다.

최종적으로 주당주식가치(적정주가)는 식 7.34와 같이 기업전체가치(V_0)에서 부채가치(B_0)를 차감한 자기자본가치를 발행주식수로 나누어 추정하게 된다.

2 주주잉여현금흐름($FCFE$)모형

이상에서 설명한 FCF모형에서 FCF는 기업전체에 귀속되는 잉여현금흐름($FCFF$: free cash-flow to the firm)이고, 할인율은 가중평균자본비용($WACC$)이었다. 이와는 달리 잉여현금흐름을 '주주에게 돌아가는 잉여현금흐름($FCFE$: free cash-flow to equity)' 기준으로 추정하고, 할인율은 자기자본비용(k_e)을 적용하여 주식가치(S_0)를 평가할 수 있다. 이것이 주주잉여현금흐름($FCFE$)모형이다.

$$S_0 = \sum_{t=1}^{\infty} \frac{FCFE_t}{(1+k_e)^t} \tag{7.42}$$

분자의 주주에게 돌아가는 현금흐름인 주주잉여현금흐름($FCFE$)은 순이익기준의 현금흐름에서 투하자본증가액을 차감하고, 추가적으로 신규 부채차입액과 부채상환액을 가감하여 추정한다.[18)]

$$\begin{aligned} FCFE =& \text{세후순이익}(NI) + \text{비현금항목}(NCC) \\ & - \Delta\text{투하자본(영업비유동자산} + \text{영업순운전자본)} \\ & + \text{신규 부채차입액} - \text{기존부채상환액} \end{aligned} \tag{7.43}$$

최종적으로 주식가치를 추정할 때 $FCFE$를 할인하는 할인율로는 CF가 주주에게 귀속되는 현금흐름이므로 자기자본비용(k_e)을 사용한다. 이제 기업의 $FCFE$가 매년 g%만큼 정률적으로, 영구적으로 성장한다면 영구연금 정률성장의 경우이므로 주식가치는 식 7.44와 같이 추정할 수 있다.

$$S_0 = \frac{FCFE_1}{k_e - g} \tag{7.44}$$

만약 미래현금흐름의 발생기간을 예측기간과 예측 후 기간, 2단계로 구분하는

---

18) 이상의 관계를 고려하면, FCF와 $FCFE$를 도출하는 방법은 다음과 같다.

① 당기순이익(NI)으로부터 FCF 도출

FCF=순이익(NI)+감가상각비 등의 비현금항목(NCC)+이자지급액(I)$(1-t)$
−(Δ영업비유동자산(FA)+Δ영업순운전자본(WC))

② FCF에서 $FCFE$ 도출

$FCFE = FCF - I(1-t)$+신규부채차입액($Debt$)−기존부채상환액(Rep)

것이 더 적절한 경우이면, 다음 식 7.45에 의해서 추정할 수 있다.

$$S_0 = \sum_{t=1}^{n} \frac{FCFE_t}{(1+k_e)^t} + \frac{CVE_n}{(1+k_e)^n} + B_0 \tag{7.45}$$

단, $FCFE$: 주주잉여현금흐름, k_e : 자기자본비용

CVE_n : n시점의 자기자본의 잔존가치, B_0 : 기초 자기자본

3 초과이익모형(RIM)

기업가치는 그 기업의 세후영업이익($NOPLAT$)이 자본비용액($WACC$)을 상회할 때 창출된다. 경제적 부가가치(EVA : economic value added)는 세후영업이익($NOPLAT$)과 자본비용액($WACC$)의 차이를 말한다. EVA는 다음과 같이 투하자본세후영업이익률($ROIC = NOPLAT / IC$)과 자본비용률($WACC$)의 차이에 투하자본(IC)을 곱하여 구하기도 한다.

$$\begin{aligned} EVA &= \text{세후영업이익}(NOPLAT) - \text{자본비용액} \\ &= ROIC \cdot IC - WACC \cdot IC \\ &= IC \cdot (ROIC - WACC) \end{aligned} \tag{7.46}$$

단, EVA : 경제적 부가가치

$NOPLAT$: 세후영업이익(net operating profit less adjusted tax)
즉, 영업이익에서 영업이익기준 법인세를 차감한 것

$WACC$: 자본비용률(%)

IC : 투하자본(invested capital = 영업비유동자산 + 영업순운전자본)

$ROIC$: 투하자본세후영업이익률($= NOPLAT / IC$)

EVA는 기업전체 관점에서의 가치창출액을 측정해 준다. 이와 유사한 개념으로 주주 입장에서의 가치창출의 크기는 다음과 같이 초과이익(RI : residual income 또는 ER : excess return)으로 측정한다. 여기서 초과이익(RI)은 기초자기자본(B_0)에 자기자본순이익률(ROE)과 자기자본비용(k_e)의 차이를 곱하여 추정한다.

$$RI = B_0 \cdot (ROE - k_e) \tag{7.47}$$

초과이익모형(RIM : residual income model)에서 주식가치는 초과이익의 현재가치가 되므로 다음 식 7.48과 같이 추정한다.

$$S_0 = \sum_{t=1}^{n} \frac{RI_t}{(1+k_e)^t} + \frac{CVE_n}{(1+k_e)^n} + B_0 \tag{7.48}$$

단, RI : 초과이익($= B_0 \cdot (ROE - k_e)$), B_0 : 기초 자기자본

CVE_n : n시점의 자기자본의 잔존가치, ROE : 자기자본순이익률

k_e : 자기자본비용

증권카페

가치투자의 실제

가치투자의 특징

가치투자의 대가인 워런 버핏(Warren Buffett)은 "기업가치는 보이지 않는다. 그러나 존재한다. 시장의 가격은 기업의 가치를 좇는 그림자일 뿐이다"라고 말하면서 가치평가(valuation)의 중요성을 강조한다. 가치투자방법이 다른 투자방법보다도 우수한 투자성과를 보이는 것은 몇 가지 투자원칙을 철저히 적용한 데 기인한다. 가치투자방법을 추구하는 사람마다 강조점이 조금씩 상이하지만 공통점을 묶으면 다음과 같이 요약할 수 있다.

- 투자철학은 "장기적이고 안정적으로 이익을 낼 수 있는 우량기업을 낮은 가격에 매입하는 것"이다.
- 부의 형성원리는 복리의 위력과 장기투자에 있다. 10%로 10년간 재투자하는 것보다 50년간 재투자하면 5배가 아닌 45배의 부의 증가가 있다.
- 복리효과를 고려하면 변동성이 큰 상품보다는 수익률이 꾸준한 상품이 유리하다. 1%의 거래비용의 차이도 엄청난 부의 차이를 가져온다.
- 가치투자에서의 위험관리는 1) 우량종목을 골라 적정가격을 평가하는 것, 2) 장기보유하는 것, 3) 안전마진(margin of safety)을 두고 투자하는 것이다.

워런 버핏의 투자원칙

가치투자자의 대가로 정평이 나 있는 워런 버핏의 투자방식은 주식에 투자하는 것이 아니라, 기업에 투자한다는 철학을 가지고, 기업의 사업내용과 장기전망을 분석한 뒤 소수종목에 집중(focus investing)하여 내재가치를 추정하는 방법이다. Robert G. Hagstrom은 "The Warren Buffet way"(3rd ed., Wiley, 2014)에서 워런 버핏의 투자원칙을 다음과 같이 크게 네 가지 요소, 세분하면 12원칙으로 정리하고 있다.

- 기업요소 : 싸다고 무조건 매수대상으로 삼아서는 안 된다. 주가가 아니라 기업을 봐야 한다. 사업내용이 이해하기 쉽고 장기적인 전망이 밝은지 따져라. 잘 아는 업종에 투자하라. 실리콘밸리에서 벤처사업의 현재 성공확률은 3%에 불과하다. 첨단기술주 거품과 같은 유행에 휩쓸리지 말라. 파생상품은 거래하지 말라.

  1) 기업의 활동이 단순하고 이해하기 쉬운 기업에 투자하라.
  2) 일관되고 오랜 역사를 가진 기업에 투자하라.
  3) 장기적인 전망이 밝은 기업에 투자하라.

- 경영진요소 : 투자자 입장에 선 회사를 찾아라. 경영진이 합리적이고 솔직한지를 확인해야 한다. 그 투자기업의 경쟁자를 분석하라.

  4) 경영진이 합리적인 기업에 투자하라.
  5) 경영진이 주주들에게 정직한 기업에 투자하라.
  6) 경영진이 제도적 관행에 도전할 용기가 있는 기업에 투자하라.

• 재무요소 : 1개년도의 재무성과가 아니라, 4~5년 평균 재무성과에 근거한 회사의 *ROE*, *FCFE*, *ROS*, 시장가치 증가율을 중시하라.

7) 자기자본순이익률(*ROE*)이 높은 기업에 투자하라.
8) 회사의 주주잉여현금흐름(*FCFE*)이 높은 기업에 투자하라.
9) 매출액순이익률이 높은 기업에 투자하라.
10) 사내유보금 이상으로 시장가치를 창출하는 기업에 투자하라.

• 가치요소 : 내재가치를 따져라. 내재가치가 현재의 주가보다 싸면 사라. 특히 사업전망을 쉽게 예측 못하는 분야는 위험하다. 매수한 기업가치를 믿는 장기투자를 선호하라.

11) 회사의 내재가치를 판단하라.
12) 주가가 내재가치보다 훨씬 낮을 경우에만 매입하라.

워런 버핏은 ① 장기적인 사업전망, ② Economic Moat, ③ 정직한 경영진, ④ 복리의 위력, ⑤ 지속가능성장성, ⑥ 안전마진, ⑦ 10~20개 소수종목, ⑧ 매도의 원칙, ⑨ 인내심을 강조하고 있다.

워런 버핏의 투자성과

가치투자의 구루로서 워런 버핏은 실제의 투자성과에서도 놀라운 성적표를 보이고 있다. 워런 버핏이 1965년 2,000주를 $7.50에 매입하면서 시작된 투자액은 2017년 12월 18일에 버크셔 해서웨이의 주가가 주당 $30.01만이 되면서 53년간 108만8천%의 수익률(연평균 19.1%)의 경이로운 성과를 기록하였다. 이 기간동안 투자회사 가치가 하락한 것은 단지 두 해(2001년과 2008년)에 불과했다. 동일 기간 S&P 500지수에 투자했을 경우는 1만5,500%의 수익률(연평균 9.9%)이었는데, 가치가 하락했던 해가 11차례이었던 것과 비교하면 엄청난 성과이다. 시장상황이 좋았던 2017년 한 해만 순이익이 $449.4억(약 48.5조원)에 달했다.

보험, 철도, 보험회사 등에 투자하고 있는 지주회사인 버크셔 해서웨이가 현재 포트폴리오 투자하고 있는 주요 종목에는 아멕스, BOA, 코카콜라, 웰즈파고 등이 있고, 근래에는 아마존과 애플도 포함되었다.

'좋은 종목을 보유하고 기다려야 한다는 투자원칙'을 고수하고 있는 워런 버핏은 주주에게 보내는 연례 주주서신에서 최근 실적과 운영방침, 투자방향을 설명하고 있다. 2018년 주주서신에서는 눈에 띄는 세 가지를 강조한 바 있다. ① 수수료의 중요성으로, 1942년에 S&P 500에 투자하여 5,288배의 수익을 올렸어도 1%의 수수료를 떼면 수익은 절반으로 준다고 설명하고 있다. ② '금 투자'에 대한 투자성과로서, 이 기간에 '금 투자'를 했을 경우는 1%에 못 미치는 수익률을 올렸을 뿐이다. ③ 자산이 많은 저*PBR* 주식 투자는 경기침체기에 풍부한 *CF*를 창출할 것이다. 가치투자의 투자원칙을 재차 강조하고 있다.

버크셔 해서웨이의 지분 30% 이상을 보유했던 워런 버핏은 약 17%의 지분을 자선재단에 기금으로 출연한 바 있는데, 현재의 지분가치는 약 $800억으로 알려졌다.

(자료 : Robert G. Hagstrom, 상게서 ; 매경, 2017.12.20, 2018.2.26, 2019.3.5)

연습문제

1. 다음 사항에 대하여 설명하라.

자산가치	청산가치	자산가치평가모형
수익가치	계속기업가치	배당평가모형
정률성장모형	다단계(고속)성장모형	이익평가모형
성장기회의 현재가치	최초공모주식가치	주가배수모형
주가수익비율(*PER*)	*PEG*, *E*/*P* 비율	주당순자산비율(*PBR*)
주가매출액비율(*PSR*)	*EV*/*EBITDA*비율	실적*PER*, 예상*PER*
몰로도브스키 효과	잉여현금흐름(*FCF*)모형	세후영업이익
영업투하자본	가중평균자본비용	영업외가치
주주잉여현금흐름(*FCFE*)		

2. 다음 중 잘못 서술되어 있는 문항에 대해서는, 잘못 서술되고 있음을 논리적 · 이론적 근거를 제시하여 설명하라.

(1) 수익가치평가모형으로는 배당평가모형, 이익평가모형, 주당순자산모형을 들 수 있다.
(2) 정률성장모형은 성장에 필요한 자금을 직접금융으로 조달함을 가정한다.
(3) 지속가능성장률은 사내유보율과 매출액이익률의 곱으로 추정한다.
(4) 배당평가모형은 배당성향의 변동성이 크거나 성장률이 낮은 기업들에 적절하지 못하다.
(5) *PER*은 자산가치, *PBR*은 수익가치를 고려한 상대적 주가수준을 평가할 수 있다.
(6) *PBR*은 자기자본순이익률과 *PER*수준에 좌우된다.
(7) $r > k_e$인 기업이 배당성향을 높이면 *PVGO*가 증가한다.
(8) 적정주가배수를 적용할 때 동종산업, 또는 주요 경쟁업체의 평균주가배수를 이용하는 방법이 상대가치평가방법의 한계점을 줄이는 방법이다.
(9) *PSR*의 수준을 평가할 때에는 *ROE*와 연관지어 평가한다.
(10) *FCF*는 기업의 부채의존도, 자본조달방법(재무활동)에 따라 영향받는다.
(11) *FCF*모형의 한계점은 전체 기업가치 중 잔존가치가 큰 비중을 차지하는데, 잔존가치는 예측기간 이후의 *FCF*성장률에 민감하다는 점이다.
(12) *FCFE*모형에서는 *FCFE*를 할인하는 할인율로 가중평균자본비용을 사용한다.

3. [가치투자방법]

'증권카페'에 소개되고 있는 자료에 근거하여 가치투자방법의 특징에 대하여 설명하라.

4. [주식평가모형]

주식가치평가에 활용되는 제 평가모형을 제시하고, 각각에 대해 그 특징과 장단점을 설명하라.

5. [주식가치평가]

(1) 현재 2,000원의 배당금(d_0)을 지급하고 있는 S기업의 사내유보율은 30%, 자기자본순이익률(ROE)은 20%인데, 이 수준을 앞으로 계속적으로 유지하리라고 전망된다. 요구수익률이 16%라면 이 주식의 지속가능성장률과 이론적 주가는 얼마인가?

(2) 최근의 주당이익(EPS_0)이 3,600원이고, 주당배당(DPS_0)이 1,920원이며 요구수익률(k)이 9%인 주식이 있다. 앞으로 처음 3년간의 성장률은 20%이고, 그 이후로는 4%로 일정하게 성장할 것으로 전망될 경우 이 주식의 이론적 가치는 얼마인가?

(3) G사의 내년도 기대주당이익(EPS)은 6,000원, 자기자본이익률(ROE)은 20%, 사내유보율은 70%, 그리고 요구수익률은 15%이다. 이 주식의 성장기회의 현재가치($PVGO$)는 얼마인가?

(4) (주)삼성택배의 보통주에 대한 할인율은 13%이다. 기대ROE는 15%, 기대EPS는 1,000원, 사내유보율이 60%이다. 배당성장모형이 타당하다고 가정할 때 적정P/E비율은 얼마인가?

(5) (주)더함은 당분간 배당을 지급하지 않다가 5년 후 말부터 주당 2,000원의 배당을 지급할 것으로 기대된다. 그리고 배당을 시작한 후에는 매년 6%씩 배당을 늘려갈 것으로 기대된다. 이 회사의 요구수익률이 10%일 때, 주식가치는 얼마인가?

6. [IPO의 가치평가]

(주)길림은 기업공개를 통하여 50만주를 공모하려고 하는데, 그 발행가격을 「유가증권 인수업무 규정」에 기초하여 산정하고 있다. 다음의 자료는 최근 (주)길림의 재무상태표(B/S)이고, 추정손익계산서(I/S)에 의하면 향후 2년간에 걸친 총배당가능액은 45억원으로 추정된다.

재무상태표

(주)길림 2018.12.31

유동자산	300억	유동부채	200억
비유동자산	300억	비유동부채	100억
		자 본 금	200억*
		유보이익	100억
총 자 산	600억	부채 및 자본	600억

* 기존발행주식총수 = 100만주

1년 만기 정기예금금리를 10%라고 가정할 때 (주)길림이 150억원을 추가로 공모할 경우

(1) 수익가치는 얼마인가?

(2) 자산가치는 얼마인가?

(3) 최종적으로 발행가격을 얼마로 산정해야 할 것인가?

7. [계속기업가치와 청산가치]

국내 스마트폰 3위 업체인 팬택이 법정관리(기업회생절차) 중 기업 존폐의 기로에 서게 되었다. 팬택이 워크아웃중이었던 2014년 1월에는 산업은행 등 채권단의 자금지원이 있어서 정상적으로 영업을 계속한다는 전제하의 기업가치인 계속기업가치(3,824억원)가 파산할 경우의 가치인 청산가치(1,895억원)보다 높았다. 그러나 2014년 스마트폰 영업환경이 어려워지면서 청산가치(1,500억원)가 계속기업가치(1,100억원)보다 높아졌다. 청산가치, 계속기업가치란 무엇이며 무엇에 근거해서 추정된 가치인가? 또 어떻게 추정하는가?

8. [바이오 · 제약주의 거품 논쟁]

2018년 전후 바이오 · 제약주 붐이 일면서 거품 논란이 제기된 바 있다. PER이 셀트리온 62.83, 삼성바이오로직스 212.64, 한미약품 96.52 등을 보였다. 다음은 주요국 바이오 관련 주식의 PER과 ROE 자료이다. 이들 자료로부터 평균 적정PBR을 구하여 과대평가된 정도에 대하여 의견을 제시하라.

	한국 제약 · 바이오	미국 제약	MSCI 유럽 제약	일본 제약	S&P 제약	평 균 (한국 제외)
PER(배)	55.3	15.2	15.2	24.7	40.6	23.9
ROE(%)	4.9	57.4	31.5	10.0	24.8	30.9

자료 : 매경, 2017.11.24, 2019.1.24

9. [FCF모형에 의한 가치평가]

A회사는 10,000주를 발행하고 있다. 이 회사의 잉여현금흐름은 1년 후 1천만원, 2년 후 1천5백만원, 3년 후 2천만원이 될 것으로 예상되고 있다. 또한 4년차부터는 3년차 FCF에서 매년 정률적으로 3%의 성장이 예상된다. 시장성유가증권, 투자자산 등 비영업자산은 2억원, 이자지급 부채는 3억원을 보유하고 있다. 세전부채비용은 10%, 유효법인세율은 20%, 자기자본비용은 16%, 목표부채비율은 100%이다. 이 주식의 적정가격은 얼마인가?

PART

III 채권투자

제 8 장 채권평가

제 9 장 채권투자전략

CHAPTER

8

채권평가

채권은 정기적으로 이자를 지급받고 만기일에는 원금을 상환받는다는 점에서 외견상으로는 확정소득의 성격을 지닌 증권(fixed-income securities)이다. 그러나 채권은 주식보다는 투자위험이 낮지만, 채권투자 역시 채무불이행위험, 금리변동에 의한 채권가격 변동위험 등 여러 가지 투자위험에 노출되어 있다.

채권은 개인투자자보다는 기관투자자들의 투자비중이 높다. 기관투자자들이 이자율변동에 적절히 대응하지 못하면 정해진 부채상환에 응하지 못할 수도 있고, 반대로 이자율변동에 적극적으로 대처하면 주식투자에 못지않은 투자성과를 올릴 수도 있다.

본장에서는 채권가격평가방법, 채권수익률의 측정방법, 채권수익률에 영향을 미치는 요인들에 대한 분석을 다룬다. 특히 채권의 만기, 발행주체의 지급불능위험이 채권수익률과 어떤 관계를 가지는지에 대해서 설명한다. 다음은 본장의 학습목표로서 이해해야 할 주요 사항들이다.

- 채권의 이론가격을 평가하는 방법
- 채권가격과 채권수익률의 관계, 채권의 가격위험
- 채권수익률의 계산방법과 만기수익률, 채권의 재투자위험
- 채권수익률의 결정요인
- 채권의 만기와 채권수익률의 관계(기간구조)
- 지급불능위험, 채권수익률 스프레드와 결정요인

주제 생각하기

채권투자에서 고려해야 할 요소들

채권은 자산운용사, 보험회사, 연기금조합과 같은 기관투자자들의 포트폴리오 구성에서 매우 높은 비중을 차지하고 있다. 국민연금의 경우도 2018년 전체 운용자금 중 국내채권에 48.7%, 해외채권에 4.2%를 투자하여 4.85%, 4.21%의 수익률을 올렸다.

한국거래소에 상장된 채권의 규모는 2018년말 1,721조원의 규모로서, 상장주식의 시가총액 1,643조원을 조금 상회하는 규모이다. 거래규모 기준으로 보면, 채권은 2018년 4,762조원, 주식은 2,801조원이 거래되면서 채권의 거래규모가 주식 거래규모의 1.7배에 달했다. 거래회전율은 채권이 2.77회, 주식이 1.71회로서, 채권투자의 회전율이 높다.

채권을 발행주체 기준으로 국채, 지방채, 특수채(통안채, 금융채, 비금융채), 회사채로 구분하면, 다음 표에서 보는 것처럼 상장액 기준으로는 통안채, 회사채, 국채 순으로 비중이 높지만, 거래액 기준으로는 국채의 비중이 73.9%로서 압도적으로 높다. 이는 1998년에 국채전문유통시장이 개설되고 전자거래의 활성화로 유동성이 높아진 데 기인하는데, 장내 거래비중도 90%에 육박하고 있다.

채권종류별 상장 및 거래비중(2018년 기준) (단위 : %)

구 분	국 채	지방채	통안채	금융채	비금융채	회사채	총 액
상장액 기준	20.2	0.5	28.5	16.6	9.0	25.2	상장총액 1,721조원
거래액 기준	73.9	0.2	12.7	3.4	2.3	7.5	거래총액 4,762조원

자료 : KRX, Korea Exchange Fixed Income Market Guide, 2019

거래비중이 가장 높은 국고채를 만기 기준으로 보면, 다음 표에서 보는 것처럼 상장액 기준으로는 10년채, 20년채의 비중이 높지만, 거래액 기준으로는 3년채의 비중이 높다.

국고채의 만기별 비중(2018년 기준) (단위 : %)

구 분	3년채	5년채	10년채	20년채	30년채
상장액 기준	8.3	18.4	36.1	20.7	15.9
거래액 기준	59.9	18.9	14.9	2.2	3.3

자료 : 상게서

채권투자에서는 일차적으로 다양한 채권 중에서 만기와 지급불능위험을 고려하여 어떤 채권에 얼마나 투자할 것인지를 결정해야 한다. 또 채권은 직면하게 되는 투자위험에서 통제불가능한 이자율위험(가격위험, 재투자위험)과 통제가능한 채무불이행위험(신용위험)이 위험관리의 핵심이다. 정부의 긴축금융정책으로 금리가 상승 기조에 있다든지, 반대로 금융완화정책으로 금리하락이 예상된다면 채권가격의 변동성은 더 커지므로 채권투자관리가 쉽지 않다.

채권가격 변동에 영향을 미치는 요인은 무엇인가? 채권수익률 변동과 채권가격 변동은 어떤 관계가 있는가? 채권수익률은 어떻게 측정하고 채권수익률의 결정요인은 무엇인가? 이자율변동으로 초래되는 가격위험이나 재투자위험이란 무엇이며, 무엇에 영향을 받는가? 채권의 만기, 액면이자율 수준은 채권의 투자위험과 투자성과에 어떤 영향을 주는가?

제 1 절 채권가격평가모형

투자대상으로서 채권은 제2장 제3절에서 살펴본 것처럼 그 종류가 다양하다. 발행주체 기준으로 보면 국채, 지방채, 특수채, 금융채 그리고 회사채로 구분되고, 이자지급방법과 주기적 현금흐름 유무에 따라 이표채, 할인채, 복리채로 구분된다. 또 전환사채(CB)나 신주인수권부사채(BW)와 같은 옵션부채권도 있다.

어떤 채권이든지 채권투자시에는 이자지급액, 만기, 지급불능위험 등을 고려하여 채권의 적정가격을 평가해야 한다. 또 채권투자에서는 채권수익률 기준으로 투자판단을 하므로 채권가격과 채권수익률의 관계에 대한 이해가 필요하다. 본절에서는 이들 중심으로 채권가격의 평가문제를 다룬다.

1 채권의 이론가격

채권의 종류는 다양하지만, 먼저 정기적으로 이자를 지급하고 만기에 원금을 일시에 상환하는 전형적인 채권(이표채)을 중심으로 채권의 투자가치를 평가하는 방법에 대해서 살펴보자.

증권의 이론적 가치는 보유기간 동안 투자자가 얻게 되는 투자수입(현금흐름)을 투자자의 기회투자수익률(요구수익률)로 할인한 현재가치이다. 따라서 채권의 이론적 가치도 발행자가 채무이행을 다한다고 가정하면 채권투자자가 가치를 부여할 수 있는 현금흐름은 정기적인 이자수입액과 만기 때의 원금이므로 이를 채권투자자의 요구수익률로 할인한 현재가치로 계산할 수 있다. 따라서 다음 식과 같이 정기적인 이자수입의 현재가치와 원금의 현재가치의 합이 채권의 이론가격이다.

$$\begin{aligned} B_0 &= \frac{C}{(1+r)^1} + \frac{C}{(1+r)^2} + \cdots\cdots + \frac{C}{(1+r)^n} + \frac{F}{(1+r)^n} \\ &= \sum_{t=1}^{n} \frac{C}{(1+r)^t} + \frac{F}{(1+r)^n} \end{aligned} \tag{8.1}$$

단, B : 채권의 이론가격, C : 이자지급액 = 액면가 × 액면이자율

F : 액면가액, r : 채권투자자의 요구수익률, n : 만기

위 식에서 보는 것처럼 채권발행자가 채무이행을 다한다면 채권의 가치는 일차적으로 액면이자율(C), 액면가액(F), 만기(n), 채권의 요구수익률(r)에 의해서 결정된다. 이 중 액면이자율과 액면가액은 원금이 상환될 때까지 고정불변인 반면에, 만기와 채권수익률은 가변적이다. 만기는 시간이 흐름에 따라서 발행 이후 점차 짧아지고, 채권수익률은 공금리수준, 만기차이 혹은 원리금 지급불능의 위험정도에 따라 변하기 때문이다.

예제

다음 채권들의 가격을 추정하라(현가계수와 연금현가계수는 본서 〈부록〉에 있는 표를 이용할 것).[1)]

(1) 회사채 A : 액면가 10,000원, 액면이자율 연 5% 이자후급, 만기 5년으로서 유사한 채권에 대한 채권수익률(요구수익률)은 6%

(2) 국공채 B : 액면가 100,000원, 만기 5년의 할인채(중도이자지급을 생략하는 대신 만기까지의 이자의 현가만큼 할인하여 발행되는 채권), 유사한 국공채에 대한 채권수익률(요구수익률)은 5%

풀이

(1) 회사채 A의 가격

$$B_0 = \frac{500}{(1.06)} + \frac{500}{(1.06)^2} + \cdots\cdots + \frac{500}{(1.06)^5} + \frac{10,000}{(1.06)^5}$$

$= 500(6\%,\ 5년\ 연금현가계수) + 10,000(6\%,\ 5년\ 현가계수)$

$= 500(4.2124) + 10,000(0.7473) = 9,579원$

(2) 국공채 B의 가격

$$B_0 = \frac{100,000}{(1.05)^5} = 100,000(5\%,\ 5년\ 현가계수) = 100,000(0.7835) = 78,350원$$

2 채권가격과 채권수익률의 관계

채권의 이론적 가치를 결정짓는 요소들 중에서 가장 중요한 것은 채권수익률(r)이다. 그러면 채권수익률과 채권가격은 어떤 관계를 지니는가?

---

1) 미래 일정시점의 금액을 현재시점의 가치로 환산하는 현재가치 계산은 [부록]에서 현가계수를 이용하지만, 채권의 이자수입처럼 일정기간 동일금액이 반복적으로 들어오는 경우는 연금현가계수를 사용한다.
한편 EXCEL을 이용한 채권가격 추정은 다음의 EXCEL함수를 이용한다.
(1) PRICE함수 이용 : [=PRICE(채권매입일, 채권만기일, 표면이자율, 만기수익률, 원금반환율, 연이자지급횟수)]
(2) NPV함수 이용 : [=NPV(할인율(만기수익률), 기간별 현금흐름영역)]
제8장과 제9장에서 다루어지는 채권투자에서의 EXCEL활용은 신영사 홈페이지의 EXCEL파일자료 참조.

액면가 10,000원, 연 10% 이자후급, 만기 3년인 채권을 예로 그 관계를 살펴보자. 이제 공금리 변동 등의 이유 때문에 채권시장에서의 채권수익률이 ① 10%인 경우, ② 7%인 경우, ③ 13%인 경우가 되었다고 할 때, 세 가지 각각의 경우에 대해서 식 8.1을 이용하여 채권의 이론적 가치를 구하면 다음과 같다.

[채권의 만기=3년, 액면가=10,000원, 액면이자율=10%]

① 채권수익률이 10%인 경우

$$B_0 = \frac{1{,}000}{(1.10)^1} + \frac{1{,}000}{(1.10)^2} + \frac{1{,}000}{(1.10)^3} + \frac{10{,}000}{(1.10)^3}$$

$= 1{,}000(2.4868;\ 10\%,\ 3\text{년 연금현가계수}) + 10{,}000(0.7513;\ 10\%,\ 3\text{년 현가계수})$

$= 10{,}000$원

② 채권수익률이 7%로 하락했을 경우

$$B_0 = \frac{1{,}000}{(1.07)^1} + \frac{1{,}000}{(1.07)^2} + \frac{1{,}000}{(1.07)^3} + \frac{10{,}000}{(1.07)^3}$$

$= 1{,}000(2.6243;\ 7\%,\ 3\text{년 연금현가계수}) + 10{,}000(0.8163;\ 7\%,\ 3\text{년 현가계수})$

$= 10{,}787$원

③ 채권수익률이 13%로 상승했을 경우

$$B_0 = \frac{1{,}000}{(1.13)^1} + \frac{1{,}000}{(1.13)^2} + \frac{1{,}000}{(1.13)^3} + \frac{10{,}000}{(1.13)^3}$$

$= 1{,}000(2.3612;\ 13\%,\ 3\text{년 연금현가계수}) + 10{,}000(0.6931;\ 13\%,\ 3\text{년 현가계수})$

$= 9{,}292$원

이 예에서 보듯이 채권가격은 채권수익률과 액면이자율 중 어느 쪽이 큰가에 따라 다음과 같이 결정됨을 볼 수 있다.

채권수익률(r) = 액면이자율(c) : 액면가 수준의 채권가격(at par)
채권수익률(r) < 액면이자율(c) : 액면가보다 높은 채권가격(at premium)
채권수익률(r) > 액면이자율(c) : 액면가보다 낮은 채권가격(at discount)

이 관계에서 몇 가지 사실을 확인할 수 있다. 첫째는 채권가격과 채권수익률이 반비례관계에 있다는 점이다. 채권수익률은 채권투자에서 할인율이 되는데 채권수익률이 상승하면 채권가격은 하락하고, 채권수익률이 하락하면 채권가격은 상승한다. [그림 8-1]에서 보는 것처럼 원점에 대해서 볼록한(convex) 모양으로 움

[그림 8-1] 채권가격과 채권수익률의 관계 (액면이자율=10%, 액면가=10,000원인 채권)

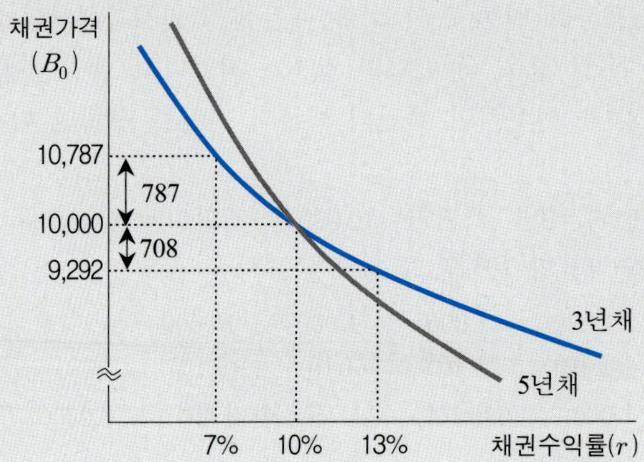

〈표 8-1〉 만기가 길어질 경우 채권수익률과 채권가격의 관계

채권수익률	만기 3년 채권의 가격	만기 5년 채권의 가격
r=10%일 때	10,000원	10,000원
r=7%로 하락할 경우	10,787	11,230
r=13%로 상승할 경우	9,292	8,945

직이며, 채권수익률이 높은 수준보다 낮은 수준에서 일정한 채권수익률 변동에 대한 채권가격의 변동폭이 크다.

둘째는 채권수익률이 변동할 때 채권가격의 변동폭은 채권의 만기가 길어질수록 커진다는 점이다. 앞의 채권의 예에서 다른 발행조건(액면가 10,000원, 액면이자율 10%)은 동일한데 만기가 5년인 채권이 있다면, 채권수익률이 10%, 7%, 13%로 변동할 때 채권가격은 〈표 8-1〉과 같이 3년 만기인 채권보다 더 큰 폭으로 변동한다.

셋째는 [그림 8-1]과 〈표 8-1〉에서 보면 수익률 하락으로 인한 가격상승폭은 동일한 크기의 수익률 상승으로 인한 가격하락폭보다 크다는 점이다.

요약하면, 채권가격은 채권수익률의 변동에 대하여 반대방향으로 움직이는데, 일정한 폭의 채권수익률 변동이 있을 때 만기가 긴 채권, 즉 장기채일수록 가격변동폭이 커진다. 또한 동일한 채권수익률의 변동이 있을 때 하락할 경우가 상승할 때보다 가격변동폭이 크다. 이것이 채권투자의 가격위험(price risk)의 성격이다.

제 2 절 채권수익률

앞의 절에서는 채권의 지급이자율, 만기, 액면가 그리고 채권수익률이 주어지면 채권의 이론가격을 구하는 방법을 살펴보았다. 이렇게 구해진 이론적 채권가격과 실제가격을 비교하면 과소 혹은 과대 평가여부를 평가할 수 있다.

채권투자결정의 다른 방법은 채권가격 기준이 아닌 채권수익률 기준으로 하는 방법이다. 즉, 채권수익률을 구하여 이를 적정 채권수익률과 비교하여 과소 혹은 과대 평가여부를 판단하는 방법이다.

1 채권수익률의 계산과 의미

채권수익률은 금융시장에서 그 채권에 대한 수요・공급에 의해서 결정되는 유통금리체계이다. 채권수익률의 계산은 투자성과를 평가할 때 사후적으로 기준을 삼는 실현수익률과 매입당시 사전적으로 예상하는 약정수익률로 나누어 볼 수 있다.

사후적 실현(복리)수익률(realized return)은 다른 투자대상에 대한 투자와 마찬가지로 매도 n시점에서의 누적된 부(w_n)를 매입 0시점의 투자액(w_0)으로 나눈 값을 n제곱근하면 계산된다. 예를 들어 3년 전에 1,000만원 투자한 채권투자액이 현재 1,600만원의 부로 증식되었다면 실현수익률은 연 17.0%가 된다.[2)]

$$r = \sqrt[n]{w_n / w_0} - 1 = \sqrt[3]{1{,}600/1{,}000} - 1 = 17.0\%$$

그러나 채권투자에서 호가기준으로 사용되는 것은 사전적으로 예상되는 약정수익률(promised yield)로서, 만기수익률을 채권수익률로 사용하고 있다. 또 만기수익률 이외에도 다음과 같은 여러 가지 수익률 개념이 사용되고 있으므로 이들의 차이를 엄격히 구분하여 사용해야 한다.

2) 제4장에서 설명한 것처럼 1,000만원이 1,600만원이 되었다면 1.6배 상승한 것인데, 재투자기회를 전제한 복리수익률로 구한다면 1.6의 3제곱근을 계산해야 한다. $1{,}000(1+r)^3 = 1{,}600$에서 r수익률이 실현수익률이 된다.

(1) 명목수익률

명목수익률(nominal yield)은 이자지급액을 액면가로 나눈 것으로, 결국 액면이자율과 같은 것이다. 기업이 액면가 기준으로 채권을 발행한 경우에는 기업의 타인자본비용을 구성하게 되는데, 이러한 의미에서 **발행자수익률**이라고도 한다. 이것은 인플레이션을 고려하지 않은 명목상의 투자수익률(nominal return)과 구분해야 한다.

(2) 직접이율

이자지급액을 시장가격으로 나눈 것을 **직접이율**(current yield), **경상수익률**이라고 한다. 채권투자시의 경상수입인 이자지급액을 투자액인 매입가격으로 나눈 것인데, 채권투자수익률 중에서 시세차익수익률을 제외하고 이자수입 부분의 투자수익률을 계산한 것이다. 단기채권 투자자의 투자수익률이 된다. 자본비용 계산의 기준으로 사용되기도 한다.

(3) 만기수익률

1) 만기수익률의 의의

만기수익률(YTM : Yield to Maturity)은 채권을 현재가격으로 매입하여 만기일까지 보유한다고 가정할 경우 기대되는 **약정수익률**(promised yield)을 의미한다. 채권을 현재가격으로 매입하여 만기일 이전에 매각할 수도 있지만 만기일까지 계속 보유하고 또한 지급불능의 상황이 발생하지 않는다고 가정하면, 만기일까지의 현금흐름은 정기적으로 지급받는 이자수입과 만기일에서의 원금상환으로 구성된다. 만기수익률은 이들 현금흐름에 대하여 화폐의 시간가치를 고려하여 계산되는 기대(예상)수익률을 말한다. 따라서 만기수익률은 다음 식 8.2로 표시되는 것처럼 채권투자로부터의 현금흐름의 현재가치와 현재의 채권시장가격을 일치시켜 주는 할인율이다. 즉, 채권투자에서 **내부수익률**(IRR : internal rate of return)이 된다.[3]

---

3) 내부수익률은 현금유출액의 현재가치와 현금유입액의 현재가치를 일치시켜 주는 할인율로서, 서로 상이한 시점에서 발생하는 현금흐름의 크기와 화폐의 시간가치가 고려된 평균투자수익률이다.

$$\frac{CI_1}{(1+r)}+\frac{CI_2}{(1+r)^2}+\cdots+\frac{CI_n}{(1+r)^n}=\frac{CO_1}{(1+r)}+\frac{CO_2}{(1+r)^2}+\cdots+\frac{CO_n}{(1+r)^n}$$

단, r : 내부수익률(IRR), CI_n : n시점의 현금유입액, CO_n : n시점의 현금유출액

내부수익률 계산은 기간별 상이한 투자금액의 크기에 가중치가 주어져 수익률이 계산되므로 **금액가중평균수**

$$P_0 = \frac{C}{(1+r)} + \frac{C}{(1+r)^2} + \cdots\cdots + \frac{C}{(1+r)^n} + \frac{F}{(1+r)^n} \tag{8.2}$$

단, P_0 : 채권의 현재시장가격, r : 내부수익률 = 만기수익률(YTM)

채권시장에서 가장 보편적으로 이용하는 채권수익률은 이 내부수익률인 만기수익률을 지칭한다. 만기수익률은 채권의 만기까지의 이자수입뿐 아니라 시세차익(차손)의 크기와 발생시점까지 고려한, 현재가치 기준으로 측정된 예상수익률이다.

2) 만기수익률의 계산방법

만기수익률을 계산하는 데에는 다음 방법을 사용할 수 있다.[4)]

① **시행착오법** : 만기수익률은 그 채권의 내부수익률이므로 식 8.2에서 우변의 현재가치가 좌변의 시장가격과 같게 되는 할인율은 시행착오법(trial and error method)에 의해 구할 수밖에 없다. 다음 예제의 채권수익률을 시행착오법으로 구하면 21.75%이다.

② **근사법** : 만기수익률을 구하는 데 시행착오법을 사용하면 시간이 많이 소요되고 번거롭다는 단점을 지닌다. 근사법은 식 8.3과 같이 연평균 투자수입을 평균투자액으로 나누어 근사치를 구하는 방법이다. 즉, 평균투자액은 채권가격과 원금의 합을 2로 나눈 금액만큼 채권에 평균적으로 투자된 것으로 간주하고, 연평균 투자수입은 연평균 이자수입과 연평균 매매차익의 합으로 보고 계산한다. 다음 예제의 채권을 근사법으로 구하면 21.4%이다.

$$r = \frac{\text{연평균 투자수입}}{\text{평균투자액}} = \frac{C + (F - P_0)/n}{(P_0 + F) \div 2} \tag{8.3}$$

익률(amount-weighted rate of return)이라고도 한다. 기간별로 투자금액이 크게 상이한 경우의 투자수익률 계산에 유용하다.

4) 위의 두 방법 이외에 채권수익률표와 EXCEL을 이용할 수 있다.

① 채권수익률표(bond yield tables) : 채권은 발행될 때부터 원금과 정기적인 이자지급액의 크기가 확정되어 있으므로 채권시장에서 사전적으로 만들어 사용하고 있는 채권수익률표를 이용한다.

② EXCEL을 이용한 만기수익률 추정방법 : (1) [=IRR(현금흐름영역, 근사치수익률)], (2) [=RATE(기간, 정기불입액, 현재가치, 미래가치, 지급시점, 추정값)]. 여기서 기간은 총이자지급횟수, 정기불입액은 이자수령액(+), 현재가치는 채권의 현재가격, 미래가치는 액면가(원금), 지급시점은 현금흐름의 시점이 기말이면 0, 기초이면 1 처리를 의미한다.

예제

액면가(F)=10,000원, 액면이자율(c)=연 18%, 만기 3년인 회사채가 있는데, 현재의 시장가격은 9,230원이다. (1) 명목수익률, (2) 경상수익률, (3) 만기수익률을 구하라.

풀이

(1) 명목수익률 : 1,800/10,000=18%
(2) 경상수익률 : 1,800/9,230=19.5%
(3) 만기수익률

① 시행착오법 : 아래 식에서 우변의 현재가치가 9,230원이 되는 할인율(내부수익률)을 시행착오법에 의하여 구하면 r=21.75%이다.

$$9{,}230=\frac{1{,}800}{(1+r)}+\frac{1{,}800}{(1+r)^2}+\frac{1{,}800}{(1+r)^3}+\frac{10{,}000}{(1+r)^3} \Rightarrow r=21.75\%$$

② 근사법 : 식 8.3에 의해서 근사법으로 구하면 21.4%가 된다.

$$r=\frac{1{,}800+(10{,}000-9{,}230)\div 3}{(9{,}230+10{,}000)\div 2}=\frac{1{,}800+257}{9{,}615}\fallingdotseq 21.4\%$$

시행착오법에 의해서 정확히 구하는 것과 큰 차이가 없음을 볼 수 있다. 시행착오법에 의하여 내부수익률을 구할 때에도 먼저 근사법에 의해서 개략치를 구하게 되면 근접한 내부수익률이 어느 범위인지를 파악할 수 있으므로 많은 시간이 절약된다.

③ EXCEL : [=RATE(기간, 정기불입액, 현재가치, 미래가치, 지급시점, 추정값)]에 해당되는 값을 대입하면, 즉 [=RATE(3, 1,800, −9,230, 10,000, 0, 0.1)] 처리하면, r=21.75%

3) 만기수익률과 재투자가정

채권투자시에 이용되는 만기수익률은 그 수익률이 확실히 얻어지거나 실현되는 실현수익률(realized return)이 아니고 약정수익률(promised yield)이라는 점에 유의해야 한다. 환언하면 만기수익률은 중도에 발생하는 현금흐름(이자수입)이 만기수익률과 동일한 수준으로 재투자되었을 때에만 얻어질 수 있는 수익률이다. 만기수익률의 계산은 중도에 발생하는 현금흐름이 동일한 수익률의 투자기회에 계속적으로 재투자된다는 재투자가정(reinvestment assumption)에 기초하고 있기 때문이다.

이해를 돕기 위해 앞의 예제에서 만기수익률이 21.75%인 채권을 예로 들면 다음과 같다. 0시점에서 9,230원을 투자하여 3년 후에 누적된 부, 즉 총투자수익이 16,660원이 되었다면 이 경우의 실현(복리)수익률은 다음과 같이 21.75%가 된다.

$$\text{실현수익률}=\sqrt[3]{16{,}660/9{,}230}-1=21.75\%$$

그런데 3년 후 총투자수익 16,660원은 [그림 8-2]에서 보는 것처럼 매년 1,800

[그림 8-2] 만기수익률의 재투자가정

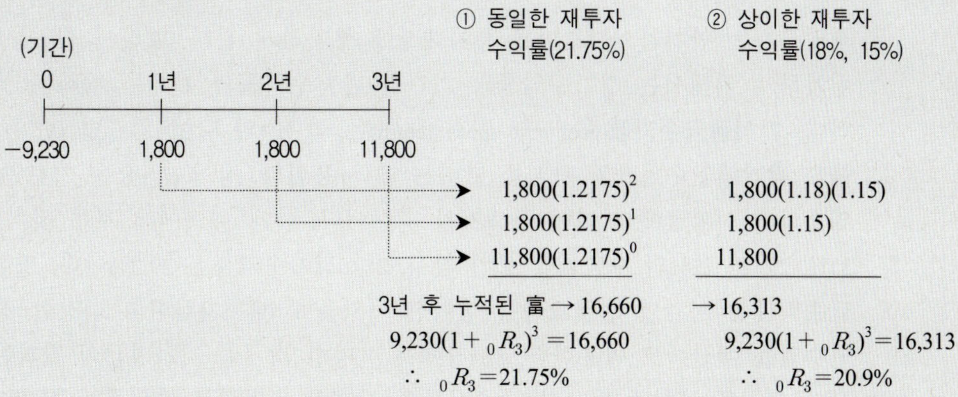

원의 이자수입이 있을 때마다 잔여기간 동안 만기수익률인 21.75% 수준의 다른 투자기회에 계속적으로 재투자했을 때 얻어지게 된다.

$$1{,}800(1.2175)^2+1{,}800(1.2175)^1+11{,}800(1.2175)^0=16{,}660\text{원}$$

그러나 만일 재투자수익률이 3년에 걸쳐 동일하게 21.75%가 아니고, 1년 후에 18%, 2년 후에 15%가 된다면, 재투자되어 증식된 부의 총액은 [그림 8-2]에서 보는 것처럼 16,313원이 된다.

$$1{,}800(1.18)(1.15)+1{,}800(1.15)+11{,}800=16{,}313\text{원}$$

따라서 실현수익률은 21.75%가 아니고 다음과 같이 20.9%가 된다.

$$\text{실현수익률}=\sqrt[3]{16{,}313/9{,}230}-1=20.9\%$$

이처럼 금리변동 등의 사건으로 인하여 이자수입에 대한 재투자수익률이 변하게 되면 결과적으로 실제 실현수익률은 채권매입 당시의 약정수익률인 만기수익률과 차이가 발생한다. 이처럼 중도 이자수입을 채권매입 당시보다 낮은 수익률에 재투자하게 되어 실현수익률의 하락이 발생할 위험을 안게 되는데, 이것을 채권투자의 재투자위험(reinvestment risk)이라고 한다.

(4) 기하평균수익률

채권투자는 만기가 서로 다른 투자대상에 투자하게 된다. 따라서 채권투자성과를 평가하기 위해서는 장기수익률과 기간별 단기수익률의 관계를 밝히는 것이 필요하다. 기하평균수익률(geometric mean return)은 식 8.4와 같이 기간별 (단기)채권수익률과 장기채권수익률의 관계를 밝히는 데 사용된다. 장기수익률은 기간별 (단기)수익률의 기하평균에 의해서 구해지기 때문이다. 아래 예제에서 보는 것처럼 1기간 37%, 2기간 22%의 수익률을 보인 경우, 2년 장기수익률은 29.3%이다. 또한 기하평균수익률은 기간별 현금흐름을 상이한 이자율에 재투자한다고 가정할 경우의 채권수익률 계산에도 이용한다. 제4장에서 설명한 것처럼 기하평균의 결과는 누적된 부의 크기를 보여주므로 부의 증식률을 적절히 측정하는 수익률이 되기도 한다.[5)]

예제

중도이자지급이 없는 어느 순수할인채권의 가격이 각 시점에서 다음과 같았다.

$t_0 = 6{,}000$원, $\quad t_1 = 8{,}200$원, $\quad t_2 = 10{,}000$원

甲과 乙은 단기투자전략(rollover strategy)을 구사하는 투자자인데, 甲은 0시점에서 6,000원에 매입하여 1시점에서 8,200원에 매각하고, 乙은 1시점에서 8,200원에 매입하여 2시점에서 10,000원에 매각하였다. 한편 丙은 장기매입보유전략(buy and hold strategy)을 구사하는 투자자로서 0시점에서 이 채권을 6,000원에 매입하여 2시점에서 10,000원에 매각하였다. 단기투자자 甲과 乙의 기간별 (단기)수익률과 2년간 장기투자한 丙의 연평균수익률을 비교하라.

풀이

甲의 단일기간수익률 $_0r_1 = \dfrac{8{,}200}{6{,}000} - 1 = 0.37$

乙의 단일기간수익률 $_1r_2 = \dfrac{10{,}000}{8{,}200} - 1 = 0.22$

丙(장기투자자)의 연평균투자수익률 $_0R_2 = \sqrt[2]{(1.37)(1.22)} - 1 = 0.293$

또는 $_0R_2 = \sqrt[2]{\dfrac{10{,}000}{6{,}000}} - 1 = 0.293$

* 기하평균수익률은 복리에 의한 수익률계산으로서 단리에 의한 수익률계산인 **단순평균수익률** $\left[r = \left(\dfrac{P_n}{P_0} - 1\right) \div n\right]$과 큰 차가 생김. 이 예제의 경우 단순평균수익률은 $r = \left[\left(\dfrac{10{,}000}{6{,}000}\right) - 1\right] \div 2 = 33.3\%$임.

5) EXCEL을 이용한 기하평균수익률의 추정방법 : [=GEOMEAN((1+기간수익률), (1+기간수익률)……)−1]. 금액기준의 추정은 [=GEOMEAN(현금흐름영역)]

이제 현시점으로부터 t 시점까지의 장기(연평균)수익률을 ${}_0R_t$ 라고 하고, ${}_{t-1}r_t$ 를 $t-1$ 시점에서 t 시점까지의 단일기간(단기)수익률이라고 하면, 양자 사이에는 다음과 같은 기하평균의 관계가 성립해야 할 것이다.[6] 왜냐하면 1년마다 사고파는 단기투자자의 각 기간별 수익률은 2년 이상 장기간에 걸쳐 투자한 장기투자자의 연평균 투자수익률과 같아야 하기 때문이다.

$$(1+{}_0R_t)^t = (1+{}_0r_1)(1+{}_1r_2)(1+{}_2r_3)\cdots(1+{}_{t-1}r_t)$$

$$\therefore\ {}_0R_t = \sqrt[t]{(1+{}_0r_1)(1+{}_1r_2)\cdots(1+{}_{t-1}r_t)} - 1 \tag{8.4}$$

단, ${}_0R_t$: 현재(0)시점에서 t년 후에 만기가 되는 채권의 장기(연평균)수익률
${}_{t-1}r_t$: 미래 $t-1$시점과 t시점 사이의 단기수익률

한편 미래 기간별로 서로 다른 단기이자율이 예측된다면 채권의 이론적 가격도 다음과 같이 추정할 수 있다.

$$B_0 = \frac{C}{(1+{}_0r_1)} + \frac{C}{(1+{}_0r_1)(1+{}_1r_2)} + \frac{C}{(1+{}_0r_1)(1+{}_1r_2)(1+{}_2r_3)} + \cdots + \frac{C}{(1+{}_0r_1)(1+{}_1r_2)\cdots(1+{}_{n-1}r_n)} + \frac{F}{(1+{}_0r_1)(1+{}_1r_2)\cdots(1+{}_{n-1}r_n)}$$

2 채권수익률의 결정요인

지금까지는 채권수익률이 주어지면 채권가격을 이론적으로 평가할 수 있음을 살펴보았다. 그러면 채권수익률은 어떤 요인들에 의해서 결정되는 것일까?

---

6) 장기(연평균)수익률 ${}_0R_t$와 기간별 수익률 ${}_{t-1}r_t$의 구분은 현물이자율과 선도이자율의 구분과 유사하다. 본래 현물이자율(spot interest rates)은 투자자에게 현금흐름이 단 한 번 있게 되는 경우의 이자율로서 현물거래에서 계약과 계약의 실행이 동일시점에서 모두 이루어지는 경우의 이자율 ${}_0R_n$ 을 가리킨다. 반면에 선도이자율(forward interest rates)은 미래 특정기간 동안의 기간별 이자율로서 계약하는 시점과 계약을 실행하는 시점이 서로 상이할 경우 적용되는 선도거래에서의 이자율을 말한다.

현시점에서 보는 1년 후의 선도이자율은 $n-1$년 후에 차입하여 n년 후에 상환하는 대출계약(선물계약)을 지금 체결할 때 적용하는 이자율 ${}_{n-1}r_n$ 을 말한다. 현물이자율과 선도이자율은 다음 관계에 있다.

$$(1+{}_0R_n)^n = (1+{}_0R_{n-1})^{n-1}(1+{}_{n-1}r_n) \quad \therefore \text{ 미래 기간별 (선도)이자율은 } {}_{n-1}r_n = \frac{(1+{}_0R_n)^n}{(1+{}_0R_{n-1})^{n-1}} - 1$$

채권수익률은 크게 시중금리와 같은 기업외적 요인과 채권의 만기, 발행주체의 지급불능위험과 같은 기업내적 요인 등 두 가지 요인에 의해서 결정된다.

(1) 기업외적 요인 : 시중금리

채권수익률에 가장 큰 영향을 미치는 기업외적 요인은 시중금리이다. 시중금리의 결정요인에 대해서는 제4장 제3절에서 설명한 바 있다. 이들 내용을 종합해 보면 다음과 같이 요약할 수 있다. 이들 요인에 의해서 시중금리가 변동하면 채권가격은 이와 반대방향으로 움직이게 된다.

- 투자자들의 소비에 대한 시차선호도
- 기업들이 생산기회에 대해서 갖는 자본의 한계효율
- 총국민생산(미래소득)
- 통화공급량을 결정하는 정부의 재정금융정책
- 구매력감소를 가져오는 미래 기대인플레이션 등

(2) 기업내적 요인

채권수익률은 채권의 만기와 같은 발행조건이나, 발행주체가 지니는 지급불능위험과 같은 기업내적 요인들에 의해서도 영향을 받는다.

1) 채권의 만기

제1절에서 설명한 것처럼 장기채권일수록 채권가격변동위험이 크고 유동성위험이 커진다. 채권의 만기, 즉 장기채권인지 단기채권인지에 따라 채권수익률은 달라지는 것이다. 또한 미래 이자율이 상승할 것으로 예상되면 장기수익률에 이러한 예상이 반영될 것이므로 만기 차이에 따라 채권수익률에 차이가 있을 수 있다. 채권분석에서는 채권의 만기와 채권수익률의 관계를 기간구조라고 부르고 있는데, 이에 대해서는 제3절에서 상술하기로 한다.

2) 발행주체의 위험

채권의 발행주체인 기업의 원리금 지급능력이 의문시되고, 현금흐름의 변동성이 크면 채권투자자의 요구수익률은 높아질 것이다. 이 밖에도 채권의 면세조건, 수의상환조건, 전환조건 등 채권의 발행조건과 환금성에 따라 투자자의 요구수익률이 달라지므로 이들 요인 또한 채권수익률에 영향을 주게 된다. 채권분석에서는 채권의 발행조건, 발행주체가 지니는 위험수준에 따라 수익률에 체계적 차이가 나는 것을 위험구조라고 부르는데, 이에 대해서 제4절에서 상술하기로 한다.

채권수익률은 상기한 것처럼 시중금리의 변동과 같은 기업외적 요인과 채권발행주체의 지급불능위험, 채권의 만기와 같은 기업내적 요인에 의하여 영향받게 된다. 따라서 채권투자자의 요구수익률은 다음과 같이 구성된다고 할 수 있다.

채권투자자의 요구수익률 = 시중금리 + 만기프리미엄 + 지급불능위험프리미엄

채권수익률의 변동과 역의 관계에 있는 채권가격의 변동도 이들 요인과의 관계에서 분석되어야 한다.

제 3 절 채권수익률의 기간구조

채권수익률의 차이를 가져오는 기업내적 요인의 하나는 채권의 만기이다. 채권만기의 장·단기 여부에 따라서 채권수익률에 차이가 나는 이유에 대해서는 여러 가지 이론이 있다. 본절에서는 채권의 만기와 채권수익률의 관계를 설명하는 이론들을 설명한다.

1 기간구조와 수익률곡선

채권수익률의 기간구조(term structure of bond yield)란 어느 일정시점에서 채권의 다른 조건(발행조건, 과세조건, 위험 등)은 모두 동일하고 만기만 상이한 채권들의 채권수익률과 만기의 관계를 말한다.

예를 들어 한국산업은행에서 발행하는 금융채권에는 만기가 각기 다른 채권들이 많은데, 이들 채권들은 발행주체가 동일하고 발행조건이 같지만, 채권수익률이 같지 않다. 만기 이외의 다른 조건은 동일하므로 채권수익률에 차이가 나는 이유는 만기의 차이 때문이라고 볼 수 있다.

〈표 8-2〉 주요 채권별 만기별 수익률 추이 (단위 : %)

	2000	2004	2008	2012	2014	2015	2016	2017	2018
예금은행 수신금리	7.01	3.75	5.71	3.43	2.43	1.74	1.48	1.56	1.87
통안채 364일	6.83	3.31	3.25	3.14	2.09	1.70	1.44	1.54	1.86
통안채 2년	6.87	3.32	3.50	3.16	2.10	1.76	1.45	1.74	2.05
국고채 3년	6.70	3.28	3.41	3.13	2.10	1.79	1.44	1.80	2.10
국고채 5년	6.91	3.39	3.77	3.24	2.28	1.97	1.53	2.00	2.31
국고채 10년	7.21	3.81	4.22	3.45	2.60	2.30	1.75	2.28	2.50
회사채 3년(AA$^-$)	8.13	3.72	7.72	3.77	2.44	2.08	1.89	2.33	2.65
회사채 3년(BBB$^-$)	11.82	8.13	12.02	9.34	8.28	8.00	7.93	8.55	8.82

(주) 각 연도별 수익률은 월별 만기수익률의 평균임
자료 : 금융투자협회(www.kofiabond.or.kr)/채권금리; 한국은행, 조사통계월보 각년호

〈표 8-2〉에서 '우리나라 채권시장에서 주요 채권별 만기별 수익률 추이'를 보면, 국고채 3년, 5년, 10년 만기채들은 발행조건, 발행위험이 동일하고 만기만 차이가 있는데 수익률의 차이를 보이고 있다. 이 수익률의 차이는 만기로 인한 것이다.

기간구조는 흔히 그림으로 표현하여 분석하는데, 채권들의 만기와 채권수익률의 관계를 그림으로 나타낸 것을 수익률곡선(yield curve)이라고 한다. 일반적으로 횡축에 만기를 표시하고 종축에 만기수익률을 표시하여 특정시점을 기준으로 만기까지의 기간의 차이에 따라 달라지는 채권수익률의 차이를 분석하고 있다.

[그림 8-3]은 수익률곡선의 예를 보여주고 있는데, 어느 시점에서 분석되느냐

[그림 8-3] 수익률곡선

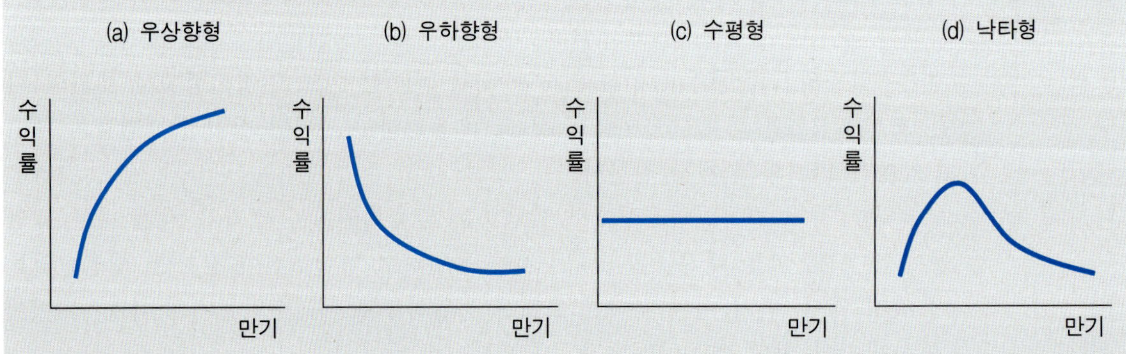

에 따라 우상향형, 우하향형, 수평형, 낙타형 등 상이한 패턴으로 표시된다. 역사적으로 볼 때 수익률곡선은 이자율이 낮을 때 우상향하고, 이자율이 높을 때 우하향하는 경향이 많았는데, 우상향의 모양을 보일 때가 두 배 정도 많았다.

2 기간구조 설명이론

그러면 모든 조건은 동일하고 단지 만기만 상이할 뿐인데 채권수익률이 차이를 보이는 현상이 일어나는 이유는 무엇일까? 수익률곡선이 이처럼 우하향하거나 우상향하는 등의 형태를 보이는 것에 대한 설명으로 세 가지의 기간구조이론이 있는데, 이를 먼저 요약하면 다음과 같다.

① 기대이론 : 장기이자율은 미래 기간별 단기이자율의 움직임에 대한 투자자의 기대에 따라 결정된다는 이론이다.
② 유동성프리미엄이론 : 장기채권은 단기채권보다도 유동성이 낮고 투자위험이 높으므로, 이에 대한 적절한 프리미엄이 지불되어 장기채권일수록 수익률이 높게 형성된다는 이론이다.
③ 시장분할이론 : 채권시장은 만기를 서로 다르게 선호하는 몇 개의 하부시장으로 구성되는데, 채권수익률은 이들 하부시장에서의 수요·공급에 의하여 결정된다는 이론이다.

(1) 기대이론

장기채의 만기수익률은 투자자(시장)의 미래 기간별 단기수익률(이자율)에 대한 기대에 의해서 결정된다는 것이 기대이론(expectation theory)이다. 즉 수익률곡선은 시장에서 앞으로 기간별 단기이자율이 상승할 것으로 기대될 때에는 만기가 길수록 상승세를 보이고, 반대로 기간별 이자율이 하락할 것으로 예상될 때에는 만기가 길수록 낮은 수익률을 보일 것이다.

기대이론에 의한 장기이자율과 단기이자율 간의 관계는 다음과 같이 기하평균의 관계에서 설명할 수 있다. 시장에서 단기이자율이 시간이 경과할수록 상승할 것으로 기대되면 만기가 더 긴 장기채일수록 기대수익률이 높게 형성될 것이다.

$$(1+{}_0R_n)^n = (1+{}_0r_1)(1+{}_1r_2)\cdots\cdots(1+{}_{n-1}r_n) \qquad (8.5)$$

단, ${}_0R_n$: 만기가 n년인 장기채권의 연평균수익률

${}_{n-1}r_n$: 특정연도 $n-1$에서 n시점까지의 기간별 수익률

이 관계식은 n년이 될 때까지 매년 사고파는 단기투자자의 투자수익률과 현재 매입하여 만기 n시점까지 장기 보유하는 투자자의 연평균 기대수익률이 계산상 동일함을 의미한다. 기대이론에서는 어떠한 만기의 채권에 투자하더라도 모든 채권의 그 보유기간 동안의 연평균 기대수익률은 동일하게 됨을 가정하고 있다.

예제

지금(2019년 12월) 증권전문가들이 향후 3년간에 걸쳐 각 연도별 이자율 수준을 다음과 같이 예측하고 있다. 이 자료로부터 장기채의 만기수익률(${}_0R_n$)을 계산하라.

첫째 해(2020년)의 이자율(${}_0r_1$) =3%

둘째 해(2021년)의 이자율(${}_1r_2$) =5%

셋째 해(2022년)의 이자율(${}_2r_3$) =6%

풀이

1년 만기 채권의 수익률

${}_0R_1 = {}_0r_1 = 3\%$

2년 만기 장기채의 수익률

${}_0R_2 = \sqrt[2]{(1+0.03)(1+0.05)} - 1 = 3.995\%$

3년 만기 장기채의 수익률

${}_0R_3 = \sqrt[3]{(1+0.03)(1+0.05)(1+0.06)} - 1 = 4.659\%$

이 관계식에서 확인할 수 있는 것처럼, 향후 단기이자율이 더욱 상승할 것으로 예상되면, 이러한 기대가 반영되어 만기가 더 긴 장기채수익률일수록 더 높게 형성된다. 반대로 더욱 하락할 것으로 예상되면, 만기가 더 긴 장기채수익률일수록 더 낮게 형성된다.

(2) 유동성프리미엄이론

기대이론에서는 투자자는 위험중립적이라고 가정하고, 단기채와 장기채 간에 완전

[그림 8-4] 유동성프리미엄이론

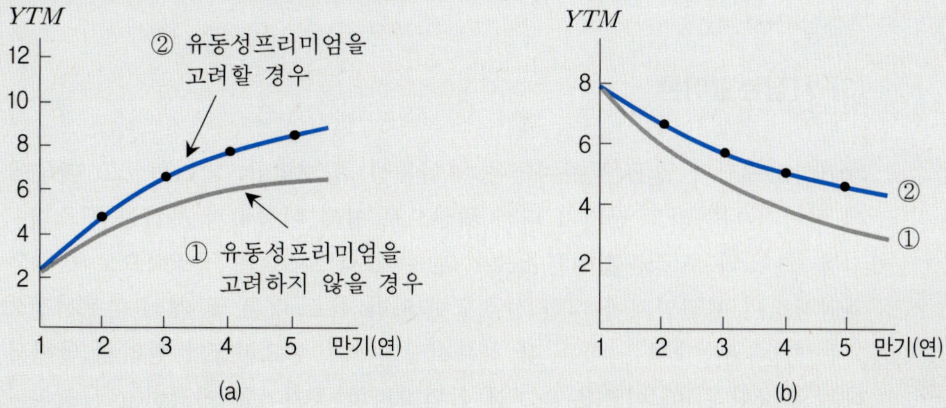

대체관계가 있어 기대수익률에 차이가 없다고 본다. 그러나 장기채일수록 이자율 변동으로 인한 가격변동폭이 크고 원리금 지급불능위험이 높아지게 된다. 또한 일반적인 투자자는 위험중립적이 아니고 위험회피형이므로 장기채가 갖는 더 높은 불확실성에 대하여 적정한 위험보상을 요구할 것이다.

유동성프리미엄이론(liquidity premium theory)은 장기채일수록 미래수익의 불확실성이 커지므로 투자자는 유동성프리미엄을 요구하게 되어 장기채의 수익률이 단기채의 수익률보다도 높아진다는 이론이다. 투자자는 위험을 회피하고 유동성을 선호하므로 단기채에 대한 초과수요가 존재하고, 자금을 조달하는 기업은 장기자금을 원하므로 장기채의 초과공급이 있게 되어 유동성프리미엄은 장기로 갈수록 커진다고 보고 있다(식 8.6).

$$ {}_0R_n = \sqrt[n]{(1+{}_0r_1)(1+{}_1r_2+L_2)\cdots\cdots(1+{}_{n-1}r_n+L_n)} - 1 \qquad (8.6) $$

단, L_n : n시점 이자율에 대한 유동성프리미엄

$L_1 < L_2 < L_3 \cdots\cdots < L_n$

앞의 예제에서 2년 만기채에 대해서는 2%의 프리미엄, 3년 이상의 만기채에 대해서는 3% 프리미엄이 요구된다고 가정하면 기대이론하에서보다 다음과 같이 장기채의 만기수익률은 더욱 높아지게 된다.

$$_0R_2 = \sqrt[2]{(1.03)(1.07)} - 1 = 4.98\%$$
$$_0R_3 = \sqrt[3]{(1.03)(1.07)(1.09)} - 1 = 6.30\%$$

(3) 시장분할이론

채권시장에서의 많은 투자자들은 영업특성, 관계법규, 만기선호도 때문에 수익률에 차이가 나더라도 만기가 다른 채권으로 쉽게 이동하지 못하는 구조적 경직성을 가질 수 있다. 시장분할이론(market segmentation theory)은 구조적으로 경직되어 있는 채권시장이 채권만기에 대한 선호도에 따라 서로 다른 몇 개의 하부시장으로 구성되는데, 채권수익률은 이들 각 하부시장에서의 수요공급의 원리에 의해서 결정된다는 주장이다. 이 이론은 완전한 위험회피형 투자자를 가정하고 시장의 불완전성을 전제하고 있다는 점에서 기대이론과는 극단적인 대조를 이루고 있다.

앞에서 설명한 기간구조에 대한 이론은 실제의 채권포트폴리오의 만기구성시에 참고가 되는 몇 가지 투자전략적 시사점을 지니고 있다.

첫째, 적절한 만기구성을 위해서 미래 기간별 이자율 동향을 고려해야 한다는 점이다. 이를 근간으로 장기채수익률 움직임의 방향을 예측할 수 있기 때문이다.

둘째, 장기채일수록 가격변동위험 등 투자위험이 증가하므로 만기 증가에 따른 위험보상률을 적절히 고려해야 한다는 점이다.

셋째, 만기가 다른 채권들의 각 시장에서의 수요와 공급 동향을 고려해야 한다는 점이다.

[그림 8-5] 시장분할이론

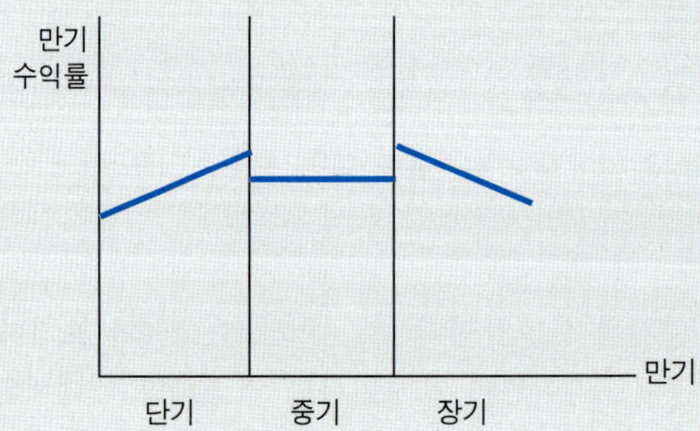

제 4 절 채권수익률의 위험구조

채권은 만기까지의 이자와 원금상환액이 계약에 의해 확정되어 있는 확정소득부적 증권이지만, 투자위험이 없는 것은 아니다. 정부가 발행한 국공채는 채무불이행의 가능성이 거의 없지만, 회사채의 경우는 채권발행기업의 신용도에 따라서 원리금 지급불능의 상황이 나타날 수 있다. 본절에서는 채권의 발행주체가 지니고 있는 위험수준이나 발행조건으로 인한 불확실성에 따라 나타나는 채권수익률의 차이에 대해서 살펴보기로 한다.

1 채권의 위험과 수익률 스프레드

채권의 발행조건이나 발행주체가 지니고 있는 위험수준 때문에 채권수익률에 체계적 차이가 나타나는 것을 채권수익률의 위험구조(risk structure)라고 한다. 또 채권의 위험에 따라 생기는 채권수익률의 차이를 수익률 차 또는 수익률 스프레드(yield spread), 신용스프레드라고 부른다.

수익률 스프레드는 만기가 같은 채권들간의 수익률 차이로 측정된다. 예를 들어, 3년 만기 국공채의 수익률이 5%이고 3년 만기 C카드(주) 발행의 회사채 수익률이 11%라면 수익률 차이 6%는 발행주체인 C카드(주)의 위험수준이 수익률에 반영된 것으로 볼 수 있다.

〈표 8-2〉에서 2018년 3년 만기 국고채 수익률, 회사채 AA$^-$등급의 수익률, 회사채 BBB$^-$등급의 수익률은 각각 2.10%, 2.65%, 8.82%인데, 수익률 차이 0.55%, 6.72%는 신용위험의 차이가 반영된 것이다. 채권시장 전체로 볼 때, 국고채와 회사채(AA$^-$신용등급 등) 수익률의 차이를 측정한 수익률 스프레드가 확대 혹은 축소되는 추이를 보면 경제의 불확실성이 커지고 있는지 작아지고 있는지를 판단하는 자료가 된다.

수익률 스프레드는 [그림 8-6]에서 보는 것처럼 지급불능프리미엄과 위험프리미엄으로 나눌 수 있다. 전자는 채무불이행의 가능성에 대한 위험프리미엄이고, 후자는 기대수익의 불확실성에 대한 위험프리미엄이다. 구체적으로 수익률 스프레드를 구성하는 위험프리미엄 중 지급불능프리미엄(default premium)은 해당채권의 발행주체가 채무이행을 다할 경우의 약정수익률(promised yield)에서 채무불이행의 가

[그림 8-6] 채권수익률의 위험구조

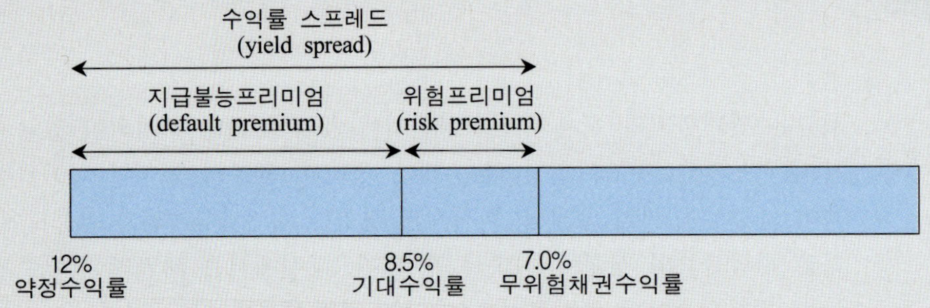

능성을 고려한 경우의 기대수익률(expected yield)의 차이로 측정될 수 있다.

지급불능프리미엄＝채무이행시의 약정수익률－채무불이행시의 기대수익률

한편 위험프리미엄(risk premium)은 지급불능위험을 지닌 채권의 기대수익의 변동성에 대한 프리미엄을 말한다. 구체적으로는 위험채권의 기대수익률과 동일한 만기의 무위험채권의 채권수익률의 차로 측정된다. 예를 들어 채무불이행의 가능성을 고려한 기대수익률이 8.5%였는데, 이와 동일한 만기를 지닌 무위험채권(국공채)의 수익률이 7.0%라면 위험프리미엄은 1.5%가 된다.

2 수익률 스프레드의 원인

이와 같은 수익률 차(스프레드)를 가져오는 위험의 구체적인 원인에는 어떤 것이 있는가? 채권의 위험을 구성하는 요인들 중에서 채권의 발행주체 혹은 발행조건과 관련된 것으로는 다음에 설명하는 지급불능위험, 미래현금흐름의 불확실성, 수의상환위험, 유동성위험, 과세조건 등이 있다.

1) 지급불능위험(default risk)

채권의 발행기업이 원금이나 이자를 약속대로 지급하지 못하게 될 가능성을 말한다. 채무와 관련하여 담보나 보증여하에 따라서 채무불이행으로 인한 손실가능성은 달라진다. 채무불이행의 가능성이 높아지면 채권의 기대수익률은 약속수익률보다도 낮게 된다.

2) 미래현금흐름의 불확실성

비록 발행기업이 지급불능의 상황까지 가지 않더라도 경기변동에 취약한 기업이라면 현금흐름의 변동성이 높아져 채무자로서의 신용도는 낮아진다.

3) 수의상환위험

채권의 발행조건에는 발행회사(기관)가 채권의 만기가 도래하기 전에 일정한 가격으로 원금을 상환할 수 있는 권리를 갖는 수의상환조건(call provision)을 명시할 수 있다. 채권에 수의상환조건이 부여되면 채권소유자에게는 원래의 채권계약에 따라 예상되는 투자수익을 실현하지 못할 가능성이 있으므로 실현될 기대수익률과 약속수익률 사이에는 차이가 있게 된다.[7)]

4) 유동성위험

시장성이 낮아 채권을 적절한 가격으로 단시일에 매각할 수 없는 위험으로 환금성위험을 말한다. 우리나라의 도로채권 등 국공채 가운데는 환금성이 낮아 적정가격 이하로 팔리고 있는 채권이 많은데, 이와 같이 유동성위험 때문에 기대수익률이 낮아지는 경우가 있다.

5) 과세조건

채권수익률은 만기가 같더라도 세금과 관련된 조건의 차이 때문에 수익률에 차이가 있게 된다. 이를테면 이표채 투자로부터의 이자소득에 대해서는 높은 이자소득세가 부과되나 할인채의 경우는 면세(또는 낮은 자본소득세 부과)되므로 투자수익률의 차이가 날 수 있다. 이러한 과세조건의 차이가 수익률 스프레드를 가져온다.

3 채권의 등급평정

(1) 채권등급평정의 의의

투자자 입장에서 보면 무보증채권과 같은 일반채권은 담보부채권이나 보증채권과

---

7) 수의상환수익률(YTC : yield to call)을 구하는 방법은 만기수익률을 구하는 방법과 동일하게 계산하되, 만기 대신에 수의상환까지의 기간으로, 만기금액 대신 수의상환금액으로 대체하여 내부수익률을 계산하면 된다. EXCEL을 이용할 경우는 [=RATE(수의상환기간, 기간중 이자수령액, 현재가격, 수의상환금액, 지급시점(0 또는 1), 추정값)]으로 구한다.

는 달리 원리금 지급이 불확실하므로 채권발행주체의 원리금 지급능력을 적절히 평가할 필요가 있다. 더욱이 신용도의 차이만큼 채권수익률의 차이에 반영되고 있는지를 잘 판단하는 것은 채권투자에 있어서 초과수익의 여지를 가능하게 하므로 채권발행주체의 신용도와 채권자보호능력을 평가하는 것은 매우 중요한 작업이 된다.

채권등급평정(bond ratings)이란 채권발행주체가 지니는 신용도를 원리금 지급능력에 따라 등급을 매기는 것을 말한다. 구체적으로 채무불이행의 발생가능성 및 채무불이행에 따른 손실의 정도를 중립적 위치에서 객관적으로 평가하고 그 평가결과를 간략한 기호로 표시하는 것을 말한다.

여러 가지 지급불능에 관련된 질적·재무적 측면을 감안하여 채권을 평정하

〈표 8-3〉 **채권등급기준**

구 분	평정기준	S&P 등급	Moody's 등급	등급별 업체수[1]	2019년 6월 현재 주요 기업[2]
AAA	원리금 지급능력이 최고 수준	AAA	Aaa	173	삼성전자, 국민은행, 현대차 등
AA	원리금 지급확실성이 매우 높지만 AAA 증권에 비해 다소 열등함	AA^+ AA AA^-	Aa1 Aa2 Aa3	423	LG전자, 롯데쇼핑, 신세계, 포스코, 삼성물산, SK하이닉스 등
A	원리금 지급확실성은 높지만 장래 환경변화에 따라 다소 영향을 받기 쉬운 면이 있음	A^+ A A^-	A1 A2 A3	329	현대중공업, 한솔제지, SK케미칼, CJ, 대우건설, 태광실업 등
BBB	원리금 지급확실성은 인정되지만 장래 환경변화에 따라 저하될 가능성을 내포하고 있음	BBB^+ BBB BBB^-	Baa1 Baa2 Baa3	65	대한항공, 금호타이어, 두산, 한솔테크닉스 등
BB	원리금 지급능력에 문제가 없으나 장래의 안전성은 보장할 수 없는 투기적인 면이 있음	BB^+ BB BB^-	Ba1 Ba2 Ba3	42	쌍방울, 화승소재 등
B	원리금 지급능력에 문제가 있고 투기적인 면이 강함	B	B	49	금호전기, 손오공, 현진소재 등
CCC	채무불이행이 발생할 위험요소를 내포하고 있음	CCC	Caa	11	금호산업, 남광토건 등
CC	채무불이행이 발생할 위험이 큼	CC	Ca	–	
C	현재 이자지급이 연기되고 있고 채무불이행의 위험이 매우 높음	C	C	3	
D	원금 또는 이자가 지급불능상태	D			

주 : 1) 한국기업평가, 한국신용평가, NICE신용평가 3사를 모두 합한 등급별 회사의 수(2019.6.30 기준)
2) 한국기업평가(주)(www.rating.co.kr)의 무보증 선순위 회사채의 등급기준
자료 : 금융투자협회 채권정보센터(www.kofiabond.co.kr)/신용평가정보/등급별 통계

는 작업은 개인투자자에게는 매우 어려운 일이다. 따라서 권위 있는 신용조사기관에 의해서 채권의 등급평정이 이루어지고 있다. 채권등급평정은 Moody's, Standard & Poor's, Fitch Investors Service 등의 기관에 의해서 행해지고 있다.

이들 기관의 등급은 〈표 8-3〉에 나타난 것과 같은 평정기준에 의해서 최상급 AAA등급에서 최하급 C, D등급까지 크게 9~10등급으로 나눈 후, S&P사는 각 등급에서 +, −를 부여하고, Moody's는 1, 2, 3 기호를 부여하여 등급을 세분화시키고 있다. 어느 기관이든 BBB(Baa)등급 이상을 원리금 상환능력 면에서 위험이 적은 투자적격의 채권, 우량채권(investment bonds)으로 분류하고, BB 이하는 투기등급, 불량채권(speculative grade bonds, junk bonds)으로 평가하고 있다.

우리나라에서의 회사채에 대한 채권등급결정도 〈표 8-3〉과 비슷한 기준을 설정하여 한국기업평가(주), 한국신용평가(주), NICE신용평가(주) 등에 의해서 이루어지고 있다. 일반사채, 신주인수권부사채, 전환사채의 발행은 이러한 등급기준으로 평정등급이 A급 이상인 법인에 한정하고 있다.

(2) 채권등급평정의 평가요소

채권등급평정의 핵심은 특정채권의 만기일까지의 원리금 적기 상환의 확실성 정도를 평가하여 등급화하는 것이다. 따라서 채권등급평정에서 고려되는 평가요소는 원리금 적기 상환의 확실성 정도를 평가할 수 있는 항목들이 된다.

특정채권의 원리금 적기 상환의 확실성 정도는 외부여건 변화에 대한 발행기업의 채권보호 능력에 달려 있는데, [그림 8-7]에 요약된 것처럼 발행기업의 영업위험, 재무위험 그리고 채권의 발행조건에 의해 결정된다고 볼 수 있다.

[그림 8-7] 채권등급평정시의 주요 평가항목의 체계

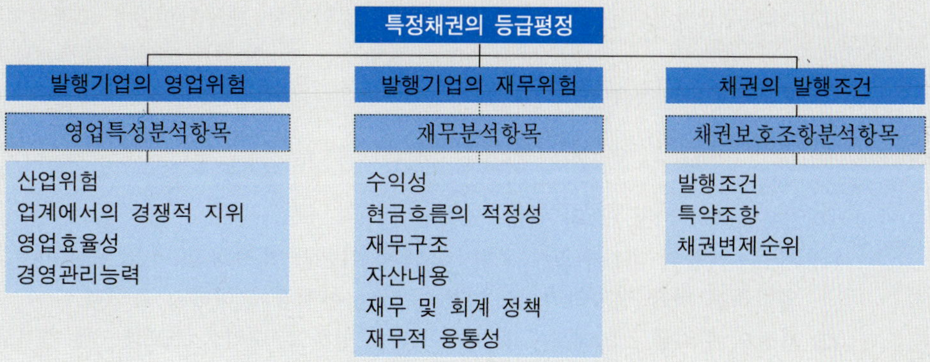

연습문제

1. 다음 사항에 대하여 설명하라.

채권가격평가모형	채권가격과 채권수익률의 관계	채권가격위험
채권수익률	실현수익률	약정수익률
직접이율(경상수익률)	만기수익률	재투자가정과 재투자위험
기하평균수익률	현물이자율	선도이자율
채권수익률의 결정요인	기간구조	수익률곡선
기대이론	유동성프리미엄이론	시장분할이론
위험구조	수익률(신용) 스프레드	지급불능프리미엄
채권등급평정		

2. 다음 중 잘못 서술되어 있는 문항에 대해서는, 잘못 서술되고 있음을 논리적 · 이론적 근거를 제시하여 설명하라.

(1) 채권수익률이 액면이자율보다 높으면 채권가격은 액면가를 상회한다.
(2) 할인채는 재투자위험이 없다.
(3) 단기채권일수록 채권수익률의 일정한 변화율에 대하여 채권가격의 변화율이 크다.
(4) 순수할인채권보다는 액면이자부채권(이표채)이 채권수익률의 일정한 변화율에 대하여 채권가격의 변화율이 크다.
(5) 채권투자에서의 만기수익률은 실현수익률이다.
(6) 중도 이자수입을 채권매입 당시보다 낮은 수익률에 재투자하게 되어 실현수익률의 하락이 발생할 위험을 채권의 가격위험이라고 한다.
(7) 수익률곡선은 채권의 위험과 채권수익률의 관계를 그림으로 나타낸 것이다.
(8) 기대이론에서는 어떠한 만기의 채권에 투자하더라도 모든 채권의 그 보유기간 동안의 연평균 기대수익률은 동일하게 됨을 가정하고 있다.
(9) 유동성프리미엄가설에 따르면 장기이자율은 미래 단기이자율에 대한 기대에 의해서 결정된다.
(10) 경제의 불확실성이 높아지면 신용스프레드는 줄어든다.
(11) BB(Ba)등급 이상은 원리금 상환능력 면에서 위험이 적은 투자적격의 채권이다.
(12) 채권등급평정에는 전적으로 발행기업의 영업위험, 재무위험만을 고려하여 평가한다.

3. [채권수익률의 결정요인]

채권수익률의 결정요인에 대하여 설명하라.

4. [채권수익률의 기간구조와 위험구조]

(1) 채권수익률의 기간구조에 관한 세 가지 이론을 제시하고 이들 이론이 투자결정에서 의미하는 바를 설명하라. 또 이들 주장의 한계점에 대해서 논하라.
(2) 채권의 수익률 스프레드(yield spread)를 설명하고, 수익률 스프레드를 가져오는 요인들

을 제시하라.

5. [채권가격의 계산]

액면가 100,000원, 액면이자율 연 10% 이자후급, 만기 5년의 채권이 있다. 만기수익률이 12%라면 이 채권의 이론적 가격은 얼마인가?

6. [만기수익률의 계산]

액면가(F)가 10,000원, 액면이자율이 연 10%, 만기가 5년인 채권이 9,000원에 팔리고 있다. 이 채권의 만기수익률을 근사치, EXCEL로 추정한 값을 제시하라.

7. [기하평균수익률의 계산]

이근면 씨는 지난 3년간 연도별로 다음과 같은 수익률을 올렸다. ① 산술평균수익률과 ② 연간 기하평균수익률은 각각 얼마인가?

2017년	2018년	2019년
22%	−25%	11%

8. [채권수익률의 계산]

연말에 600원의 연이자를 후급하는 채권의 각 만기별 채권가격이 다음과 같다.

(연)	0	1	2	3(만기)
채권가격	9,700원	9,750원	9,850원	10,000원

(1) 이 채권의 각 기간별 연평균투자수익률을 구하라.
(2) 0시점에서 매입하여 2시점에서 매각하였을 경우의 연평균수익률을 구하라.
(3) 0시점에서 매입하여 3시점에서 매각하였을 경우의 연평균수익률을 구하라.

9. [미래 기간별 이자율의 예측]

수익률곡선으로부터 서로 다른 만기를 가지는 채권들의 만기수익률(YTM)이 다음과 같다.

1년채 $YTM=8\%$	2년채 $YTM=10\%$	3년채 $YTM=11\%$

(1) 기간구조를 설명하는 기대가설을 가정할 때, 미래 기간별 단기(2년째, 3년째)이자율을 계산하라.
(2) 1년 후에 3년채의 수익률은 얼마가 될 것인가?
(3) 2년 이상의 장기채에 대해서는 유동성프리미엄이 일률적으로 1%가 적용되고 있다고 할 경우 미래 기간별 단기이자율을 구하라.

CHAPTER

9

채권투자전략

채권투자위험 가운데 시중이자율 변동으로 인하여 야기되는 위험은 회피할 수 없는 위험으로서, 채권투자성과를 좌우하는 결정적 요인이다. 채권투자전략의 핵심은 통제불가능한 이자율변동에 대처하거나 이를 유리하게 이용하는 방안을 강구하는 것이다.

본장에서는 이자율변동위험에 대응하는 채권포트폴리오의 구성전략에 관하여 살펴본다. 다음은 본장의 학습 목표로서 이해해야 할 주요 사항들이다.

- 채권투자위험 발생원인과 채권투자성과
- 이자율변동과 채권투자성과
- 채권투자위험의 측정방법
- 듀레이션의 의미와 채권투자관리 및 투자전략(채권면역전략 등)에의 활용방법
- 자산 · 부채 종합관리(ALM)의 의미와 방법
- 적극적 채권투자전략의 방법

주제 생각하기

국고채 만기 30년물 투자의 엇갈린 희비

우리나라 채권시장은 2018년말까지 통화긴축 기조로 금리상승의 기대가 높은 편이었다. 그러나 2019년에 들면서 경기하강을 염려하여 금리인하의 기대가 살아나고 있다. 채권금리가 상승 기조에서 하강 기조로 바뀜에 따라 장기채권이 단기채권 수익률의 변동폭보다 커지면서 채권투자에서 시세 차익 또는 차손이 적지 않게 발생하고 있다. 비슷한 상황이 2012~2014년에 발생한 바 있다.

금리하락 추세가 이어지는 가운데 2012년 9월 11일 최초로 30년 만기의 국고채가 발행되면서 장기채 투자를 통해 자본이득을 얻고자 하는 투자열풍이 불었었다. 당시 예금금리 3.1~3.3%, 10년물 국고채 금리는 2.98%였는데, 30년물이 3.02%로 발행되었다. 이 금리수준에서 만약 금리가 1% 하락하면 채권가격은 19~20% 상승이 기대되었으므로 개인투자자, 소위 슈퍼리치의 자금이 몰렸다. 금리하락을 예상한 투자자들의 자본이득을 얻기 위한 수요가 몰리면서 10년물이 20년물과 금리차이는 0.06%인데, 30년물과 금리차이는 0.03%가 되는 금리역전 현상이 발생했다.

그러나 국내외 정치 · 경제 상황이 돌변하여 예상과 달리 1~2개월 후(2012년 11월)에 금리가 오르게 되는 상황으로 반전되었다. 결과적으로 장기채권 투자자들이 큰 자본손실을 입게 된 것이다. 이때 10월물은 2.97%로 발행되었는데, 1개월도 되지 않아 0.13% 상승(3.10%, 아래 그림)하면서 약 4.6%(10억원 투자에 4,600만원)의 평가손실이 발생하였다.

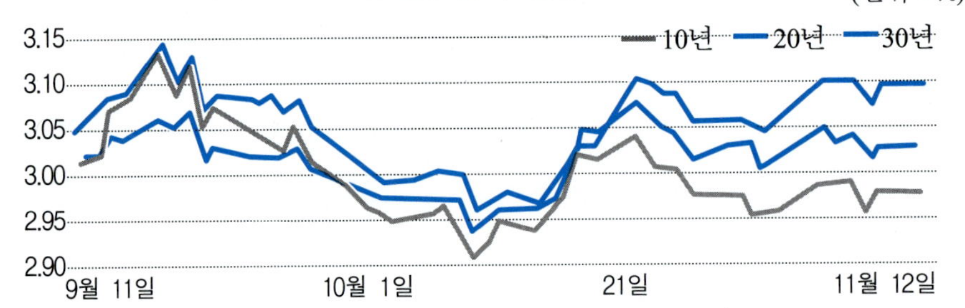

자료 : 금융투자협회

반대로 국고채 금리가 다시 하락하는 상황으로 인해 30년 만기 국고채 투자를 통해 큰 폭의 자본이득을 얻게 되는 일이 2014년 기간중 벌어졌다. 기준금리가 2014년중 두 차례 인하(2013년 5월 2.5%에서 2014년 8월 2일 2.25%로, 10월 15일 2%로)되면서 국고채 금리가 2013년말 3.9%에서 2014년 12월 2.8~2.9% 수준으로 하락하였다. 이 기간에 투자한 채권투자자는 10개월 후인 2014년 12월에 20% 수준의 평가이익이라는 '대박'의 경험을 하게 되었다.

위의 사례와 같이 채권가격이 급등락하는 상황은 어떠한 경우에 발생하는가?

수입금의 상당부분을 채권에 운용해야 하는 기관투자자라면 갚아야 할 부채의 상환일정과 금액을 고려하여 어떤 채권운용전략이 필요한가? 또 채권투자위험을 최소화하는 투자전략은 무엇인가? 채권투자수익을 극대화하는 적극적 투자전략에는 어떤 것이 있는가?

제 1 절 채권투자의 위험과 측정

채권수익률은 채권의 만기나 지급불능위험과 같은 기업내적 요인과 시중이자율 변동과 같은 기업외적 요인에 의해서 변동한다. 그러나 이 가운데서 채권투자성과를 좌우하는 가장 결정적인 요인이면서 통제가 불가능한 위험의 원천이 되는 것은 시중이자율의 변동이다. 이러한 이유로 기업외적 요인인 시중이자율이 변동할 때 채권가격이 어떤 영향을 받는가 하는 양자의 관계를 이해하는 것이 성공적인 채권투자전략의 핵심이다.

1 채권투자위험의 성격

채권투자관리의 어려움은 이자율변동으로 인하여 사후적인 채권투자성과(실현수익률)가 채권매입 당시의 약정수익률과 일치되기 어렵다는 데 있다. 앞의 장에서 설명한 것처럼 체계적인 채권투자관리를 시도하지 않으면 매입당시의 약정수익률이 실제의 실현수익률과 차이가 발생할 수밖에 없는 이유는 다음과 같다.

채권투자성과를 구성하는 요소는 〈표 9-1〉에서 보는 것처럼 이자수입, 이자에 대한 재투자수입, 처분가격(시세차익)으로 구분할 수 있다. 이 가운데 이자수입은 채권계약의 성격상 이자율변동이 있더라도 달라지지 않는다.

그러나 이자에 대한 재투자수입과 처분가격은 이자율변동에 대하여 상반되게 나타난다. 이자율이 하락하면 재투자수입금이 줄게 된다. 이자율변동이 이자에 대한 재투자수입에 미치는 효과를 재투자수입효과(income effect)라고 하는데, 이 효과는 正(+)의 방향으로 나타난다. 그리고 이자율변동으로 인하여 재투자수입이 달라지는 투자위험을 재투자위험(reinvestment risk)이라고 한다. 이자율 하락으로 인해 미래 현금흐름이 낮은 수익률로 재투자되어 재투자수입금이 감소하고 실현수익률이

〈표 9-1〉 약정수익률과 실현수익률이 차이나는 원인

채권투자성과	이자율 증가시	이자율 하락시	투자위험
이자수입	불변	불변	
이자에 대한 재투자수입	+	−	재투자위험
처분가격(시세차익)	−	+	가격위험

하락하는 위험을 뜻한다.

한편 이자율변동이 채권가격에 미치는 효과를 자본효과(capital effect)라고 하는데, 앞장에서 설명한 것처럼 이 효과는 負(−)의 방향으로 나타난다. 그리고 이자율변동으로 인하여 채권가격이 변동하는 투자위험을 가격위험(price risk)이라고 한다.

이자율변동에 따라서 이자수입의 재투자수입효과와 자본효과는 상반되는 방향으로 나타나며 그 크기가 같지 않기 때문에 약정수익률과 실현수익률은 차이가 나게 된다.

채권투자에 있어서 재투자위험의 크기를 좌우하는 것은 만기와 액면이자율 수준이다. 만기가 길수록 채권투자의 누적투자수익(total return) 중에서 이자에 대한 이자수입(재투자수입)이 차지하는 비중이 커진다. 즉 장기채일수록 재투자위험이 높다. 또한 액면이자율이 높을수록 채권의 누적투자수익은 이자의 재투자수입금에 크게 영향을 받는다. 반면에 할인채의 경우 만기까지 보유할 때에는 재투자위험이 없다.

2 채권가격정리

채권투자위험 중 가격위험의 특성은 채권가격정리를 통해서 잘 이해할 수 있다. 채권가격정리(bond price theorem)는 채권의 만기와 지급이자율 수준에 따라 이자율변동이 있을 때 채권가격이 어떻게 변동하는지 그 관계를 나타낸 것으로, 채권투자전략의 논리적 근거가 된다.

이하에서는 말킬(B. Malkiel)의 다섯 가지 채권가격정리를 중심으로 채권가격변동에 영향을 주는 요인들을 설명하고 투자전략적 의미를 살펴보기로 한다.[1)]

① 기본관계 : 채권가격은 이자율(만기수익률)에 반비례한다.
이자율이 오르면 채권투자자의 요구수익률, 즉 채권에 대한 할인율이 높아지므로 채권의 현재가치는 하락하게 된다. 이 관계는 투자전략적 의미에서 이자율이 하락될 것으로 전망되면 채권투자(매입)를 늘리고, 상승할 것 같으면 공매의 방법을 사용하는 것이 유리함을 뜻한다.

② 만기의 영향 I : 만기가 긴 채권일수록 일정한 이자율변동에 대한 가격변동이 크다.

---

1) B.G. Malkiel, "Expectations, Bond Prices, and the Term Structure of Interest Rates," *Quarterly Journal of Economics* 76, May 1962, pp.197～218.

[그림 9-1]과 〈표 9-2〉는 제8장 제1절의 예를 정리한 것인데, 3%의 이자율 증감이 있을 때 3년채보다 5년채의 경우가 가격변동폭이 크다. 이를 정리 ①과 함께 투자전략적으로 고려하면 이자율 하락시에는 장기채권에 대한 투자를 증가시켜 시세차익을 극대화시키고, 이자율 상승시에는 단기채권의 잦은 교체를 통해 직접이율을 높이는 것이 유리함을 뜻한다.

③ 만기의 영향 II : 이자율변동에 따른 채권가격변동폭은 만기가 길수록 증가하나 그 증감률은 체감한다.

[그림 9-1]과 〈표 9-2〉에서 보는 것처럼, 만기가 길어질수록 일정한 이자율

[그림 9-1] 채권가격, 이자율, 만기의 관계

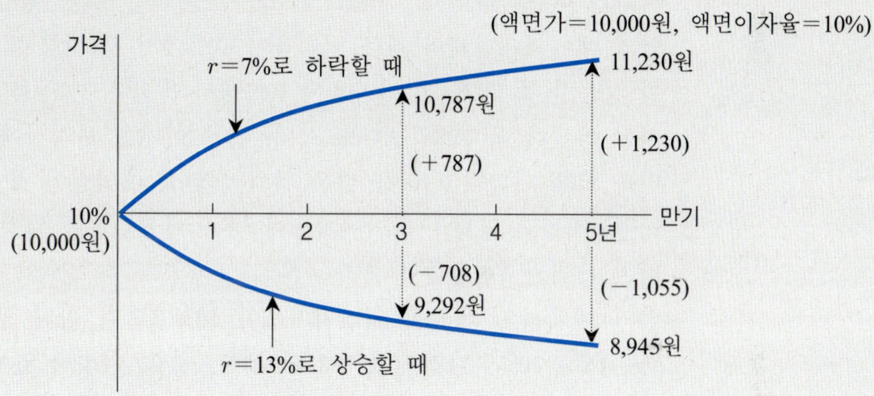

〈표 9-2〉 **채권가격과 만기, 액면이자율, 채권수익률의 관계** (액면가=10,000원)

만 기	액면 이자율	채권수익률 r=10%일 때의 채권가격	채권수익률 r=7%		채권수익률 r=13%	
			채권가격	가격변동률	채권가격	가격변동률
3년	0%	7,513	8,163	+8.6%	6,931	−7.8%
	5	8,757	9,475	+8.2%	8,111	−7.4%
	10	10,000	10,787	+7.9%	9,292	−7.1%
	15	11,243	12,099	+7.6%	10,472	−6.9%
	20	12,487	13,412	+7.4%	11,653	−6.7%
5년	0	6,209	7,130	+14.8%	5,428	−12.6%
	5	8,105	9,180	+13.3%	7,186	−11.3%
	10	10,000	11,230	+12.3%	8,945	−10.6%
	15	11,895	13,280	+11.6%	10,703	−10.0%
	20	13,791	15,330	+11.2%	12,462	−9.6%

변동에 대한 가격변동의 절대폭은 커지지만 그 증감률은 체감한다. 이것은 투자전략적으로 시세차익을 높이는 데 있어서 만기가 너무 긴 장기채권의 효익은 적어짐을 뜻한다.

④ 이자율변동폭의 영향 : 이자율의 하락으로 인한 가격상승폭이 같은 폭의 이자율 상승으로 인한 가격하락폭보다도 크다.

이자율(만기수익률)의 변동이 매우 작을 때에는 상승 또는 하락에 관계없이 가격변동률은 거의 동일하다. 그러나 이자율변동이 매우 클 때에는 가격변동률이 동일하게 되지 않는데, 이자율의 하락으로 인한 가격상승률이 같은 폭의 이자율 상승으로 인한 가격하락률보다도 크다. 이자율과 채권가격의 관계가 원점에 대하여 볼록한 곡선의 형태, 볼록성(convexity)의 모양으로 표시되기 때문이다.

앞의 예에서 3년채의 경우 이자율이 10%에서 3%만큼 하락하여 채권가격이 상승한 폭 787원은 이자율이 10%에서 똑같은 3%만큼 상승하여 채권가격이 하락한 폭 708원보다도 크다. 이는 이자율 하락시에 채권투자성과가 더욱 크게 나타나고 더욱 많은 양의 채권을 매입함이 유리함을 뜻한다.

⑤ 액면이자율의 영향 : 액면이자율이 낮은 채권일수록 일정한 이자율변동에 따른 채권가격변동률이 크다.

앞의 예에서의 채권은 액면이자율이 10%였으나 만약 액면이자율이 0%, 5%, 15%, 20%였다면, 〈표 9-2〉의 셋째, 넷째, 다섯째 열에서 보는 것처럼 일정한 이자율변동에 따른 가격변동률은 커진다. [그림 9-2]는 이를 그림으

[그림 9-2] 채권가격과 액면이자율의 관계

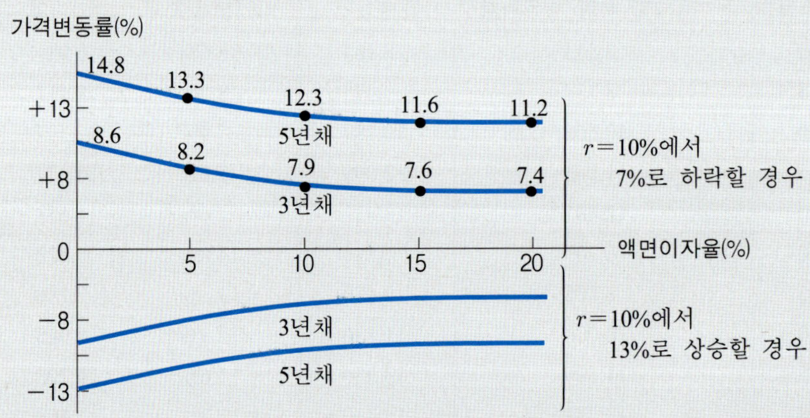

로 나타낸 것인데, 투자전략적으로 액면이자율이 낮은 채권일수록 투자위험은 높지만, 높은 매매차익을 얻을 수 있음을 뜻한다. 결국 중도이자지급이 없는 순수할인채권(pure discount bond)의 경우가 가격변동률이 제일 크다.

요약하면, 채권가격은 이자율변동에 반비례하는데, 채권의 만기가 길어질수록 그리고 액면이자율이 낮을수록 가격이 크게 변동한다. 즉 일정한 조건하에서는 이자율이 변동할 때 장기할인채의 채권가격변동이 가장 크다.

3 가격변동위험의 측정

이자율변동과 채권가격변동의 관계는 앞에서 설명한 채권가격정리에서 개념적으로 이해될 수 있지만, 보다 정교한 채권포트폴리오관리에는 한계가 있다. 예를 들어 액면이자율 5%, 만기 5년인 채권과 액면이자율 6%, 만기 6년 채권 중에서 어떤 채권이 가격변동성이 큰가? 채권투자의 체계적인 위험관리를 위해서는 만기와 액면이자율 모두를 고려하는 종합적이고 계량적인 척도가 필요하다. 이제 채권투자의 가격변동위험을 계량적으로 측정할 수 있는 가격탄력성과 듀레이션에 대하여 살펴보기로 한다.

(1) 채권의 가격탄력성

채권의 가격탄력성(yield elasticity)은 이자율변화에 따른 채권가격변동의 민감도를 말하는 것으로 다음 식 9.1과 같이 채권가격변화율에 대한 이자율변화율의 상대비율로 측정할 수 있다.[2] 다음 예제의 [그림]에 나타나 있는 호의 기울기가 채권가격의 탄력성이 된다.

---

2) 구체적으로 채권의 가격탄력성은 점탄력성과 호탄력성의 두 가지로 구할 수 있다. 먼저 호탄력성으로 구해보면, 식 9.2와 같다. 호탄력성은 가격변화율을 구할 때 기준가격 대신에 기초나 기말의 평균가격을 사용하여 평균적 변화율을 계산한다는 점이 특징이다.

$$el_{it} = \frac{P_e - P_0}{\frac{1}{2}(P_e + P_0)} \div \frac{(1+r_e)-(1+r_0)}{\frac{1}{2}(1+r_e+1+r_0)} = \frac{P_e - P_0}{\frac{1}{2}(P_e + P_0)} \div \frac{r_e - r_0}{1+\frac{1}{2}(r_e+r_0)} \quad (9.1)$$

단, P_e : 변화된 기말가격, P_0 : 기초가격, r_e : 변화된 기말이자율, r_0 : 기초이자율

$$el_{it} = \frac{\text{채권가격변화율(\%)}}{\text{이자율변화율(\%)}} = \frac{\Delta P / P_0}{\Delta r / r_0} \tag{9.2}$$

단, el_{it} : t시점에서 i채권의 가격탄력성
r_0 : 기준시점의 이자율, Δr : 이자율변화율
P_0 : 기준시점의 채권가격, ΔP : 채권가격의 변동액

예제

액면가(F)=10,000원, 만기(n)=3년, 액면이자율(c)=12%인 채권이 있다. 시장이자율이 현재 8%에서 10%로 올랐다면 이 채권가격의 호(弧)탄력성은 얼마인가?

풀이

시장이자율이 8%일 때의 채권가격

$$P_0 = \frac{1{,}200}{(1.08)^1} + \frac{1{,}200}{(1.08)^2} + \frac{11{,}200}{(1.08)^3} = 11{,}032\text{원}$$

시장이자율이 10%로 상승했을 경우의 채권가격

$$P_e = \frac{1{,}200}{(1.10)^1} + \frac{1{,}200}{(1.10)^2} + \frac{11{,}200}{(1.10)^3} = 10{,}497\text{원}$$

따라서 호탄력성은 다음과 같다.

$$el_{it} = \frac{10{,}497 - 11{,}032}{(10{,}497 + 11{,}032)/2} \div \frac{0.10 - 0.08}{1 + (0.10 + 0.08)/2} = -2.7$$

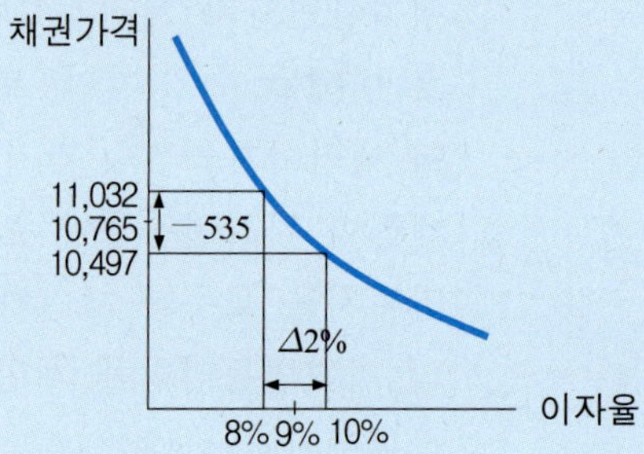

이 채권은 한 단위의 이자율변동이 있을 때 2.7배의 가격변동이 있는 채권임을 뜻한다.

(2) 듀레이션

이자율과 채권가격의 관계를 분석할 수 있고, 채권의 가격변동성을 측정할 수 있는 또 하나의 방법은 듀레이션을 이용하는 것이다.

1) 듀레이션의 의의

듀레이션(duration)은 채권투자의 투자수입(이자수입 및 원금상환)의 현재가치와 그 현금흐름의 유입시기를 고려한, 투자원금의 가중평균회수기간을 말한다. 환언하면 채권의 원금뿐만 아니라 이자수입까지 고려하여 상환기간을 현재가치로 표시한 것이 듀레이션이다. 이러한 의미에서 평균상환기간이라고도 부른다.

채권의 표면적 만기는 오로지 채권의 원금상환만을 고려한 것이고 이자지급은 고려하지 않은 것이다. 채권투자수입은 원금과 이자수입 두 가지로 구성되므로 원

금뿐만 아니라 이자지급의 크기와 그 시기 그리고 화폐의 시간가치까지 고려하는 것이 상환기간을 정확히 표시하는 방법이다. 예를 들어, 연 9% 이자지급의 5년 만기 A채권과 연 12% 이자지급의 5년 만기 B채권이 있을 때 평면적인 만기는 5년으로 동일하지만, B채권이 A채권보다도 많은 이자수입에 의해서 투자액이 더 빨리 회수된다. 결국 듀레이션은 각 기간에 들어오는 현금흐름(이자수입과 원금)의 현재가치에 가중하여 투자원금의 만기를 표시한 **가중평균만기**(weighted average term to maturity)라고 할 수 있다.

앞의 2항 '채권가격정리'에서 만기가 긴 장기채일수록 그리고 액면이자율이 낮은 채권일수록 일정한 이자율변동이 있을 때 가격변동이 커짐을 설명하였는데, 듀레이션은 만기와 액면이자율 두 가지를 동시에 고려하여 가격변동성을 계량적으로 측정하는 데 이용되고 있다. 또 제2절 1항 '채권면역전략' 설명의 기초가 된다.

2) 듀레이션의 계산

듀레이션은 1938년 맥콜리(F.R. Macaulay)가 개발한 개념인데 다음 식 9.3과 같이 만기까지의 각 기간에, 채권만기 내의 각 기간에 들어오는 현금흐름의 현재가치가 채권가격에 대하여 차지하는 비율(가중치)을 곱하여 구한 가중평균만기(평균상환기간)를 계산한 것이다.[3]

$$dur = \sum(\text{기간}) \cdot \frac{\text{기간별 현금흐름의 현재가치}}{\text{채권가격}}$$

$$= 1 \times \frac{C_1/(1+r)}{P} + 2 \times \frac{C_2/(1+r)^2}{P} + \cdots\cdots + n \times \frac{(C_n + P_n)/(1+r)^n}{P}$$

$$= \sum_{t=1}^{n} (t) \cdot \frac{C_t/(1+r)^t}{P} \tag{9.3}$$

단, dur : 채권의 듀레이션(평균상환기간), n : 만기

t : 이자나 원금의 현금흐름이 있는 시점, r : 채권수익률(이자율)

C_t : t시점에서의 현금흐름, P : 채권의 현재가치(가격)

3) 듀레이션을 EXCEL로 구하는 함수식은 [=DURATION(채권매입일, 만기일, 액면이자율, 시장이자율, 연간이자지급횟수, 일자계산 기준)]이다.

예제

앞에서 예로 든 채권(F=10,000원, C=12%, n=3년, r=8%)의 듀레이션을 계산하라.

풀이

① 기간(연)	② C_t	③ 현재가치계수	④ 현재가치	⑤ 구성비(가중치)	①×⑤
1	1,200	0.926	$1,111^{20}$	0.10072	0.10072
2	1,200	0.857	$1,028^{40}$	0.09322	0.18644
3	11,200	0.794	$8,892^{80}$	0.80606	2.41818
			$11,032^{40}$	1.0	Σ=2.70

또는 $dur=(1\text{년})\times\frac{1,200/(1.08)}{11,032}+(2\text{년})\times\frac{1,200/(1.08)^2}{11,032}+(3\text{년})\times\frac{11,200/(1.08)^3}{11,032}\fallingdotseq 2.70(\text{년})$

위의 예제에서의 채권은 표면적 만기가 3년인 채권이지만 기간중의 이자지급까지 포함한 현금흐름을 현재가치로 계산하여 투자액이 회수되는 평균상환기간을 구하면 약 2.7년인 채권이다. 이것은 투자로 인한 전체적인 현금흐름($11,032^{40}$원) 중에서 1년차 현금흐름($1,111^{20}$원)이 차지하는 비중은 0.10072, 2년차($1,028^{40}$원)와 3년차($8,892^{80}$원)의 비중은 각각 0.09322, 0.80606이므로, 이 연차를 현금흐름의 현재가치 비중에 가중치를 주어 가중평균하면 상환기간은 2.70년이 된다는 의미이다.

3) 듀레이션과 만기의 관계

듀레이션을 구하는 식 9.3으로부터 듀레이션은 액면이자율, 만기수익률, 만기까지의 기간에 따라 달라짐을 볼 수 있다. [그림 9-3]은 이들의 관계를 보여주고 있다.

먼저 듀레이션과 액면이자율의 관계를 보면, 앞의 예제에서 보는 것처럼 이자지급을 하는 이표채의 경우에는 듀레이션(2.7년)이 표면적 만기(3년)보다도 작다. 그러나 중도에 이자지급이 없는 **순수할인채권**이라면 듀레이션은 채권의 표면적 만기와 동일한 3년이 된다. 1년과 2년에는 현금흐름이 없으므로 1년과 2년에는 가중치가 전혀 주어지지 않고 모든 가중치가 3년차에 주어지기 때문이다. 일반적으로 만기가 긴 채권이 듀레이션도 길지만, 액면이자율이 높으면 듀레이션은 짧아진다.

액면이자율이 각기 상이한 채권들의 듀레이션과 만기의 관계를 나타낸 [그림 9-3]을 보면, 할인채의 듀레이션은 45°대각선에 표시된다. 한편 영구채의 듀레이션은 만기에 관계없이 일정($(1+r)/r$의 값)하며 이표채의 듀레이션은 만기가 길어짐에 따라, 액면이자율이 낮아짐에 따라 증가하나 그 증감률은 체감한다.

[그림 9-3] 듀레이션(dur)과 만기(n)의 관계

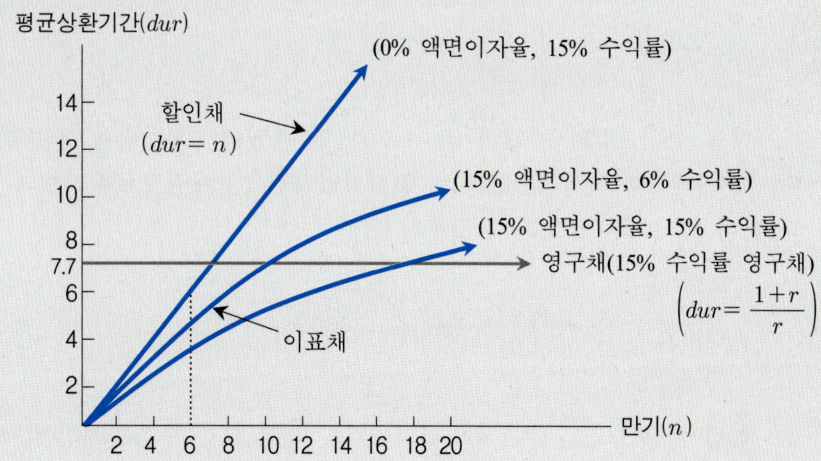

듀레이션의 크기를 결정짓는 요인들의 관계는 다음과 같이 요약할 수 있다.

- 액면이자율이 0인 할인채권의 듀레이션은 표면적 만기와 동일하다.
- 만기가 동일한 채권간에는 액면이자율이 높을수록 듀레이션은 낮다.
- 액면이자율이 동일한 채권간에는 만기가 긴 채권일수록 듀레이션은 큰데, 할증부채권일수록 크다.
- 이표채의 경우 만기수익률이 낮을수록 듀레이션은 높다.

한편 듀레이션과 채권의 가격탄력성은 다음 식 9.4와 같은 관계를 갖는다.[4)]

$$el_{it} \cong \frac{\Delta P / P_0}{\Delta r / r} = -\, dur_{it}\left(\frac{r}{1+r}\right) \tag{9.4}$$

따라서 어느 채권의 듀레이션이 구해지면 일정한 이자율의 변동에 대한 가격 변동폭을 다음 관계식에서 측정할 수 있게 되므로 채권포트폴리오관리에 유용하게 활용할 수 있다.

---

4) 이렇게 측정되는 탄력성은 점탄력성 기준이다. 식 9.4는 채권가격을 구하는 공식(제8장 식 8.1)에서 채권가격을 채권수익률(r)로 편미분하여 도출된 결과이다.

$$\frac{\Delta P}{P_0} = -dur_{it}\left(\frac{\Delta r}{1+r}\right)$$

$$\Delta P = -dur_{it}\left(\frac{\Delta r}{1+r}\right)\cdot P_0 \tag{9.5}$$

예를 들면, 앞의 예제의 $dur = 2.7$년인 채권에 100억원을 투자했다고 가정할 때, 이자율이 8%에서 10%로 2% 인상되었다면 이 채권포트폴리오의 가치는 다음과 같이 약 5억원 정도가 감소하게 된다.

$$\Delta P = -(2.7)\left(\frac{0.02}{1.08}\right)(100\text{억}) \fallingdotseq -5\text{억(원)}$$

한편 식 9.3으로 구한 dur을 $1+r$로 나눈 값을 **수정듀레이션**(dur^m으로 표시)이라고 한다(앞의 예제에서의 채권은 수정듀레이션 dur^m이 2.5년이 된다). 따라서 채권의 가격변동폭을 수정듀레이션을 사용하여 표시하면 다음과 같다.

$$\Delta P = -dur^m \cdot \Delta r \cdot P_0 \tag{9.6}$$

식 9.6에서 볼 수 있는 것처럼 듀레이션이 큰 채권일수록 일정한 이자율변동에 대한 가격변동폭은 커지게 된다. 그런데 다른 조건(만기)이 일정할 경우 듀레이션이 제일 큰 것은 순수할인채권이므로, 순수할인채권이 이자율변동에 대한 가격변동폭이 제일 크다.

4) 듀레이션의 채권투자전략에의 활용

이자율변동위험은 채권투자의 위험 가운데서 채권투자성과를 좌우하는 가장 결정적인 위험인데, 이에 대응하는 채권투자전략은 다음과 같이 나눌 수 있다.

① **방어적 투자전략**: 이자율변동위험을 최소화시키거나 제거시킴으로써 채권투자위험을 극소화시키는 전략을 말한다. 다음 절에서 설명하는 채권면역전략은 듀레이션을 활용하는 방어적 투자전략이다.

② **적극적 투자전략**: 미래이자율 예측을 전제로 하여 이자율변동이 채권가격에 미치는 영향을 유리하게 이용하거나 또는 수익률 차를 획득하여 채권투자수익을 극대화하고자 하는 전략을 말한다. 제3절에서 적극적 투자전략에 대해 설명한다.

제2절 방어적 채권투자전략

1 채권면역전략

(1) 채권면역전략의 의의

앞의 제1절 1항에서 설명한 것처럼 만약 별도의 투자관리를 시도하지 않으면, 매입당시의 약정수익률이 실현되지 못하게 된다. 이자율변동에 따라서 나타나는 이자수입의 재투자수입효과(재투자위험)와 채권가격이 변동하는 자본효과(가격위험)가 서로 반대방향으로 나타나면서 그 크기가 같지 않기 때문이다. 따라서 이자율변동에 따른 채권가격변동위험을 줄이지 않으면, 특히 상당한 자금을 채권투자에 운용하는 기관투자자는 자금운용에 큰 차질을 빚게 된다. 채권투자의 위험을 최소로 줄이고자 하는 대표적 방어적 투자전략은 채권면역전략이다.

채권면역전략(bond immunization strategy)은 이자율변동으로 인하여 상반되게 나타나는 이자수입의 재투자수입효과와 자본효과를 동일하게 중화시켜 이자율변동위험을 제거하는 방어적 채권투자전략을 말한다. 결국 시장이자율의 불리한 변동이 있더라도 채권매입 당시의 예상 또는 목표 수익률을 실현시키는 투자방법이다.

(2) 채권면역의 방법

1) 캐시매칭

이자율변동위험을 제거시키는 가장 원시적인 방법으로 캐시매칭(cash matching)을 들 수 있다. 이 방법은 목표시점에서 원하는 부(현금)를 틀림없이 회수할 수 있도록 순수할인채권이나 복리채에 투자하는 것이다. 예를 들어 2년 후에 121억원의 富를 확보하고자 하는데 현재 10% 수익률의 2년 만기 순수할인채가 1단위당 100,000원에 팔리고 있으면 이에 100,000단위 투자하는 것이다. 순수할인채는 중도현금흐름에 대한 재투자위험이 없으므로 면역이 된다.

그러나 이 캐시매칭방법의 한계점은 자금스케줄과 기간이 일치하는 할인채가 별로 존재하지 않기 때문에 현실적으로 이용하기 어려운 점이다. 그렇지만 다음에 설명하는 듀레이션을 이용하는 면역전략을 사용하면 이러한 제약을 받지 않는다.

2) 듀레이션을 이용한 채권면역전략

듀레이션을 이용하여 이자율변동위험을 제거시키는 채권면역전략은 구체적으로 투자자가 정해 놓은 **목표투자기간과 동일한 듀레이션을 가진 채권에 투자**하는 것이다. 예를 들어, 어느 채권투자자가 2.7년 후에 자금이 필요한데 그때까지 이자율변동위험을 제거하고 싶으면 듀레이션이 2.7년인 채권에 투자하면 된다.

이제 투자자의 목표투자기간과 동일한 듀레이션을 가진 채권에 투자하게 되면 이자율변화에 관계없이 채권매입 당시에 예상했던 부가 실현되는지를 보기 위해서 목표투자기간을 2.7년으로 가정하고, 앞에서 예로 든 채권(액면가 10,000원, 액면이자율 연 12%, 만기 3년, 채권수익률 8%, 듀레이션 2.7년)을 예로 들어보기로 한다. 예상했던 부가 확보되었는지에 대한 평가는 총투자수익(total return)기준, 즉 투자기간 끝 시점(2.7년 후 시점)에서의 누적된 부를 기준으로 살펴볼 수 있다.[5)]

먼저 채권수익률이 그대로 8%가 유지되면 2.7년 후의 누적된 부는 다음과 같이 이자관련소득 2,634원과 2.7년에서의 매도대금 10,944원을 합한 13,578원이다.

① 이자소득과 이의 재투자수입(이자수입이 있을 때마다 남은 기간(1.7년과 0.7년) 동안 재투자수익률 8%로 재투자) :

$1,200(1.08)^{1.7}+1,200(1.08)^{0.7}=1,368+1,266=2,634$원

② 2.7년 시점에서의 매각대금(8%로 0.3년 할인) :

$11,200/(1.08)^{3-2.7}=10,944$원

∴ 2.7년 후의 총투자수익 = ① + ② = $2,634+10,944=13,578$원

만약 금리변동이 발생하여 채권수익률이 8%에서 10%로 인상되었을 경우 2.7년 후의 투자자의 부가 변함이 없는지를 보면, 이자관련소득은 2,694원, 2.7년에서의 매각대금은 10,884원이 되어 총투자수익은 13,578원으로 동일하게 된다.

---

5) 채권의 투자성과는 재투자수익률에 따라 크게 영향을 받는다. 예상되는 재투자수익률하에서 최종적인 투자성과를 평가할 수 있는 방법이 필요한데, 이자수입, 이자에 대한 재투자수입금, 채권의 매도가격을 최종시점 기준으로 측정한 것이 총투자수익(누적된 부)이다. 이는 실현수익률을 측정하는 기준이라고도 할 수 있다. 총투자수익(total return)은 투자기간말 수평수익(horizon return)이라고도 하는데, 다음과 같이 측정된다.
① 기간중 총이자수입과 예상되는 특정 재투자수익률하에서의 이자에 대한 이자수입을 합하여 이자관련 투자수입을 계산한다.
② 투자기간말 예상매각가격은 그 이후의 원리금수입을 채권매각시점에서 예상되는 시장수익률로 잔여기간을 할인한 현재가치를 구하여 계산한다.
③ ①과 ②의 계산결과를 합하여 총투자수익을 구한다.
④ 실현수익률을 다음과 같이 추정한다. 실현수익률 = $\sqrt[h]{총투자수익/최초매입가격}-1$ (단, h : 투자기간)

① 이자소득과 이의 재투자수입(이자수입이 있을 때마다 남은 기간 재투자수익률 10%로 재투자) :

$1,200(1.10)^{1.7}+1,200(1.10)^{0.7}=1,411+1,283=2,694$원

② 2.7년 시점에서의 매각대금(10%로 0.3년 할인) :

$11,200/(1.10)^{3-2.7}=10,884$원

∴ 2.7년 후의 총투자수익 = ① + ② = 2,694 + 10,884 = 13,578원 : 불변

채권수익률이 8%에서 10%로 상승하게 되면 매각대금이 60원 줄어드는 자본손실이 발생하지만, 이자수입의 재투자수입은 60원 증가하는 재투자소득증가효과가 발생하여 결국 양자의 효과는 서로 중화된다. 결과적으로 시장이자율이 8%를 그대로 유지할 경우의 부와 시장이자율이 변동되었을 경우(여기서는 10%로 변동한 예를 들었지만 어떤 수준으로 변동해도 마찬가지임)의 부는 동일하게 되어 이자율변동위험을 제거시키는 채권면역이 가능하게 된다.

이처럼 채권포트폴리오를 구성할 때 투자자의 목표투자기간과 일치하는 듀레이션을 가지는 채권에 투자하면 시장이자율이 어떻게 변하더라도 목표투자기간에 가서 채권을 처분하게 될 때 당초의 목표수익률을 그대로 확보할 수 있게 된다.

(3) 자산 · 부채 종합관리(ALM)에의 응용

자산운용회사, 연기금 등의 금융투자회사들은 수입금의 상당부분을 채권 등의 유가증권에 운용한다. 이때 이들 기관들의 자산(채권 등)운영자금의 원천은 고객(이용자)들로부터 나온 것이므로 언젠가는 갚아야 할 부채이다. 따라서 갚아야 할 부채의 상환일정과 금액을 적절히 고려하여 여러 유가증권 등에 운용해야 한다. 이처럼 갚아야 할 부채의 금액 그리고 상환일정과 연계시켜 자산운용의 효율적 관리를 도모하는 것을 **자산 · 부채 종합관리**(ALM : asset liability management)라고 한다.

듀레이션의 개념은 채권면역에 이용되기도 하지만 자산 · 부채 종합관리에도 활용된다. 금융회사가 이자율변동위험에 적절히 대처하지 못하면 채무의 만기(상환일정)가 도래할 때 자금부족이 발생할 수도 있다.

이제 듀레이션이 ALM에 활용되는 예를 살펴보기 위해 다음과 같이 자산 · 부채를 가지고 있는 금융회사의 예를 들어보자.

	자 산	부 채
자산(또는 부채)가액	500억원	500억원
수익률(이자율)	10%	8%
듀레이션	5년	3년

이 금융회사는 고객들로부터의 예금(부채)에 대하여 8%의 이자를 지급하고 있는데 듀레이션은 3.0년이다. 이 자금을 10%의 수익률, 듀레이션이 5.0년인 대출자금(자산)에 운용하고 있다. 이제 정부의 1% 금리인상으로 인하여 예금과 대출 금리를 동시에 1%씩 올려 9%, 11%로 정했다면 이 금융회사의 부채와 자산에 미치는 영향은 어떠한가?

식 9.5를 이용하면 부채와 자산 가치의 변동액이 다음과 같음을 알 수 있다.

$$\Delta \text{자산} = -5.0\left(\frac{0.01}{1.10}\right)(500\text{억원}) \fallingdotseq -22.73\text{억원}$$

$$\Delta \text{부채} = -3.0\left(\frac{0.01}{1.08}\right)(500\text{억원}) \fallingdotseq -13.89\text{억원}$$

결국 1%의 이자율 상승으로 인하여 자산가액의 감소가 부채가액의 그것보다 크므로 자산운용에 큰 차질이 있게 된다. 자산가액의 감소를 최소한 부채가액의 감소수준으로 줄이기 위해서는 자산(대출)의 듀레이션을 3.06년으로 줄이는 조치가 필요하다.[6] 일반적으로 이자율 상승시에는 부채의 듀레이션이 자산의 듀레이션보다 크도록 하는 것이 유리하고, 이자율 하락시에는 반대의 경우가 유리하다.

(4) 채권면역전략의 한계점

이상에서 설명한 채권면역전략은 이자율변동위험을 제거시키는 투자기법으로서 유용성이 높지만, 일반적인 적용에 현실적인 문제점들이 없는 것은 아니다.

첫째, 채권면역전략에서는 채권의 지급불능위험이나 중도 수의상환위험은 없다고 가정하고 이자율변동위험에만 국한하고 있으나, 사실 채권투자의 경우 지급불능위험 등은 배제할 수 없으므로 목표투자기간에 이르러 목표했던 부가 형성되

6) 자산가액의 감소를 부채가액의 감소 수준(13.89억원)으로 줄이는 dur 수준은 다음과 같이 구해진다.

$$-dur\left(\frac{0.01}{1.10}\right)500\text{억원} \fallingdotseq -13.89\text{억원} \qquad \text{여기서, } dur = 3.06\text{년}$$

지 않을 가능성이 있다.

둘째, 채권면역전략은 수익률곡선이 수평적으로 변동되더라도 수평이동(parallel shift)하는 것을 가정하고 있다는 점이다. 그러나 현실은 그렇지 못하므로 완벽한 면역이 이루어지기 힘들다. 사실 완벽하게 이자율변동위험을 제거시키기 위해서는 이자율이 변경될 때마다 모든 채권의 듀레이션이 조금씩 변하므로 채권포트폴리오를 재면역(reimmunization)시켜야 한다는 불편이 따른다. 포트폴리오 재구성에 따르는 거래비용의 증가 또한 문제점의 하나가 되고 있다.

이러한 문제점에도 불구하고 앞서 지적한 것처럼 듀레이션을 이용한 채권면역전략이 캐시매칭의 방법보다도 현실적 적용력이 높고, 상대적으로 평가할 때 이자율변동위험을 제거하는 효율적인 투자관리방법이라고 할 수 있다.

2 그 밖의 방어적 채권투자전략

듀레이션을 이용한 채권면역전략과는 다르게 전통적으로 간편하게 이용되어 온 채권투자전략으로서 사다리형 만기구성전략, 바벨형 만기구성전략, 인덱싱전략이 있다.

(1) 사다리형 만기구성전략

사다리형 만기(laddered maturity)구성전략은 보유채권의 최장만기를 정해두고 이 기간 안에 각 만기별 채권을 균등하게 보유하는 전략을 말한다. 예를 들어, 최장만기로 10년이 설정되었다면 1년, 2년… 10년 만기의 채권을 모두 균등하게 보유하는 전략이다. 이자율변동이 단기채와 장기채에 미치는 영향이 대조적이므로, 이 전략은 각 만기별 채권을 균등하게 보유함으로써 채권투자의 위험을 평준화시키는 효과를 얻는 전략이라고 말할 수 있다.

(2) 바벨형 만기구성전략

바벨형 만기(barbell maturity)구성전략은 아령 모양처럼 채권포트폴리오에서 중기채는 제외시키고 단기채와 장기채 두 가지만으로 만기를 구성하는 전략이다. 투자특성이 모호한 중기채를 포트폴리오에서 제외시키고 단기채와 장기채만으로 구성하면, 수익성은 낮지만 유동성이 높고 위험이 낮은 단기채의 장점과, 반대로 위험은 높지만 수익률이 높은 장기채의 장점이 더 잘 중화되어 유동성과 수익성이 동시에 확보될 수 있는 이점이 있다.

(3) 인덱싱전략

인덱싱(indexing)전략은 채권지수(bond index)를 구성하는 채권포트폴리오의 성과를 복제하는 전략이다. 주식시장의 인덱스펀드(제12장 참조)가 상장주식 전체에 투자하여 시장평균수익률을 추적하는 것처럼 채권시장의 인덱스펀드, ETF에 대한 투자는 채권전체의 시장평균수익률을 추적하는 전략이다.[7)]

인덱싱전략의 기준이 되는 채권지수(bond index)는 주식투자에서의 주가지수의 역할처럼 채권시장의 전반적인 가격흐름에 대한 정보를 제공해 주고 채권투자성과의 기준(benchmark), 자산배분의 기초로 활용된다. 현재 우리나라에서 작성되고 있는 채권지수에는 KRX채권지수, KIS채권지수, NICE채권지수, KOFIA채권지수 등이 있다. 이 가운데 KRX채권지수는 다음과 같이 작성된다.[8)]

- **산출시점**： 2006년 3월 1일을 기준(100)으로 하여 지수 산출
- **채권가격**： 채권평가회사 3사의 평균가격을 모두 지수 산출에 적용
- **편입종목**： 상장채권 9,000여 종목으로 구성. 제외되는 종목은 신용평가회사로부터 BB+ 이하인 종목, 채권의 잔존만기가 3개월 미만인 종목, 주권관련채권, 물가연동채권, 옵션부채권 등
- **가중치**： 시가총액(＝발행잔액×시가/10,000)
- **만기별 구분체계**
  - －대구분： 3개월～1년, 1～2년, 2～3년, 3～5년, 5～10년, 10년 이상(6종)
  - －중구분： 3～6개월, 6개월～1년, 1년～1년 6개월 등(13종)
  - －세구분： 3～6개월, 6～9개월, 9개월～1년 등(19종)

---

7) 채권지수는 주가지수처럼 지수산정이 용이하지 않다. 그 이유는 ① 주식의 종류는 제한적인 반면, 채권지수는 발행사별, 채권유형별, 신용등급에 따라 종류가 많고 다양한 점, ② 주식은 만기가 존재하지 않지만 채권은 개별 채권의 만기도래, 중도상환, 신규발행 등의 요인으로 종목의 편출입이 수시로 발생하는 점, ③ 주식은 유동성이 풍부해서 시장가격을 수시로 파악할 수 있으나, 채권의 경우는 거래가 활발하지 않아 가격산정이 어려운 채권이 많다는 점, ④ 주가지수는 자본손익만 반영하지만, 채권은 주요 수익원이 이자수익이어서 금리변동에 따른 자본손익과 함께 작성(결과적으로 지수가 지속적으로 상승하는 구조)해야 하는 점이다.

8) 한국거래소(KRX), 한국의 채권시장, 2015.2, p.367

- **발행자별 구분체계**
  - 대구분 : 국공채, 금융채, 회사채(3종)
  - 중구분 : 국채, 지방채, 특수채, 통안채, 은행채, 기타 금융채 등(9종)
  - 소구분 : 국고채, 국민주택 1·2·3종, 서울도시철도공채 등(33종)
  - 세구분 : 은행채 AAA, 회사채(무보증) A+, ABS BBB- 등(63종)
- **수익원천별 지수** : 채권투자수익은 이자수입, 이자의 재투자수익, 가격상승 하락으로 인한 자본손익으로 이루어지는데, 이자의 재투자수익은 재투자수익률을 콜금리, 제로금리를 기준으로 하는 콜 재투자지수, 제로 재투자지수 등(총 5개 지수)
  - 순가격지수(clean price index) : 경과이자를 제거한 자본손익지수
  - 시장가격지수(gross price index) : 자본손익에 경과이자를 포함한 가격지수
  - 재투자지수 : 콜 재투자지수, 제로 재투자지수(2종)
  - 총수익지수(total return index) : 자본손익, 경과이자수익, 이자의 재투자수익 모두를 포함한 지수

국고채지수가 개발되면서 일반투자자의 채권ETF 투자가 가능해졌다. 종전에는 국고채의 매매가 국채전문유통시장에서 10억원 단위, 장외에서 100억원 단위로 이루어져 일반인은 참여하기 매우 어려웠지만, 채권ETF의 출시로 1좌당 5만원~10만원 수준의 소액으로도 국고채에 투자할 수 있게 되었기 때문이다. 뿐만 아니라 소액의 채권ETF 투자를 통해 분산투자 효과, 안정적인 수익원의 확보, 거래비용의 절감, 환금성의 확보 등의 효과를 누릴 수 있게 되었다.

제 3 절 적극적 채권투자전략

적극적 채권투자전략(active or aggressive bond portfolio strategy)은 채권시장이 효율적이지 못하다는 가정하에서 위험부담을 하더라도 초과수익의 여지가 큰 종목에 투자하거나 이자율변동을 유리하게 이용할 수 있는 투자시점을 포착하여 채권투자수익을 극대화시키고자 하는 전략이다. 가장 많이 사용되는 전략은 이자율예측에 의한 채권포트폴리오 구성전략이고, 이 외에도 수익률곡선타기전략, 상황적합적 면

역전략, 채권스왑을 적용하기도 한다.

(1) 이자율예측에 의한 채권포트폴리오 구성전략

이자율예측에 의한 채권포트폴리오 구성전략은 일정 투자기간에 걸친 운용수익률을 높이기 위해서는 기말에서의 시장이자율을 정확히 예측하는 것이 관건이다. 왜냐하면 단일기간에 걸친 채권투자자의 운용수익률은 기간중의 이자수입과 기말에서의 처분가격에 달려 있는데, 기말 처분가격은 그 시점에서의 시장이자율이 얼마냐에 따라서 좌우되기 때문이다. 이자율과 채권가격은 반비례 관계에 있으므로 미래이자율이 하락할 것으로 예상되면 시세차익이 가능하지만, 이자율이 상승할 것으로 예상되면 그렇지 못하다.

따라서 기본적으로 '채권가격정리'에서 설명한 것처럼 장기채일수록 그리고 액면이자율이 낮을수록 일정한 이자율변동에 대한 채권가격변동이 커지므로, 투자전략적으로 이자율의 하락이 예상되면 장기채 또는 할인채에 대한 투자가 위험부담이 커지지만 보다 큰 시세차익을 기대할 수 있다.

반대로 이자율 상승이 예상되면 채권가격이 하락할 것이므로 단기채권으로 자주 교체하여 수익률 상승의 위험부담을 줄이며 직접이율을 높여 나가는 방법이 유리하다. 이와 같은 전략은 미래이자율 예측의 정확성 여부에 따라 투자성과가 달라진다. 만약 미래이자율 예측이 빗나가 반대의 상황이 되면 오히려 투자손실이 커지게 된다.

미래이자율을 예측하기 위해서는 이자율 움직임과 유기적 관계가 있는 경기동향, 물가, 시중자금의 수급상황 등 경제상황의 추이와 정부의 재정금융정책 등 주요 정책의 동향을 고려할 필요가 있다.

(2) 수익률곡선타기전략

수익률곡선타기전략은 수익률곡선(yield curve)상에서 채권의 잔존기간이 짧아지면서 시간경과효과로 발생하는 수익률 하락으로 인한 채권가격상승을 유리하게 이용하는 전략이다. 채권의 수익률곡선을 분석하면 채권의 만기의 차이로 인하여 채권수익률의 차이가 상이할 수 있음을 제8장 제3절 채권수익률의 기간구조에서 설명한 바 있다. 두 시점간에 수익률변동이 있을 때 이로 인한 채권가격변동은 두 부분에 의해서 이루어진다. 하나는 순수수익률변동에 의한 것(yield change effect)이고 다른 하나는 단지 시간의 경과에 따른 것(time effect)이다. 이 전략은 채권의 만기가 시간경과에 따라 짧아질 때 이 기간 동안의 이자수입뿐만 아니라 수익률이 낮아짐으로 인하여 발생하는 가격상승효과까지 얻고자 하는 전략인 셈인데, 수익률곡선이 상승하는 모양을 보일 때 유효하다.

(3) 상황적합적 면역전략

상황적합적 면역(contingent immunization)**전략**은 이자율변동의 상황이 유리하지 않으면 면역전략을 사용하지만, 초과수익을 얻을 수 있는 유리한 상황으로 전개되면 적극적으로 채권포트폴리오를 관리해 나가는 전략을 말한다. 따라서 방어적 전략과 적극적 전략이 혼합된 전략이라고 할 수 있다.

상황적합적 면역전략에서는 상황전개에 따라 초과수익을 높이기 위해서 두 가지 전략적 변수를 완화시키게 된다. 즉 전형적 채권면역전략에서는 목표투자수익률과 목표투자기간이 고정되어 있으나, 상황적합적 면역전략에서는 최초의 목표수익률에서 약간 낮은 투자수익률을 허용하고, 투자자금을 회수하는 목표투자기간 설정에서도 일정기간의 범위를 두어 약간의 융통성을 부여하게 된다.

(4) 채권스왑

채권스왑(bond swap)은 채권의 수익률, 만기, 세금관계, 앞으로의 시장이자율변동 등 채권가격에 영향을 주는 요인들을 고려하여 현재 보유하고 있는 채권을 수익성이 더 좋다고 판단되는 새로운 채권으로 교체하는 것을 말한다. 채권스왑은 초과수익을 가능하게 하는 특별한 정보를 근거로 하여 위험을 감수하면서 일종의 투기적 목적으로 시도된다. 채권스왑은 구체적으로 다음과 같이 적용한다.

① **이자율예상스왑**: 채권가격변동이론에 기초하여, 미래이자율의 하락이 예상된다면 만기가 짧거나 액면이자율이 높은 채권을 매각하고 장기채나 액면이자율이 낮은 채권으로 교체함으로써 자본이득을 높이는 스왑이다.

② **동종채권과의 스왑**: 동일한 조건의 새로운 채권이 대량으로 발행되는 경우와 같이 일시적인 시장의 수요·공급의 불균형이 생기면, 수익률이 상이하게 형성될 수 있다. 낮은 만기수익률(높은 가격)의 채권을 매도하고 높은 만기수익률(낮은 가격)의 채권으로 교체하여 자본이득을 얻을 수 있다.

③ **이종채권과의 스왑**: 채권의 발행조건, 지급불능위험과 같은 질적 요소에 차이가 있는 이종채권들 사이의 수익률 차이(yield spread)는 경기변동의 국

면에 따라서 확대되거나 축소되는 경향이 있는데, 이 시점을 파악하여 교체매매를 계속함으로써 초과수익을 누릴 수 있다.
일반적으로 경기국면이 호황에서 불황으로 전환할 때에는 이자율 하락과 함께 수익률 스프레드가 커지는 경향이 있다. 이처럼 수익률 스프레드가 확대될 것으로 예상되는 상황에서는 수익률이 높은 저급채권에서 수익률이 낮은 고급(장기)채권으로 교체하는 것이 유리하다. 왜냐하면 불황이 되면서 이자율이 하락하면 장기채로서 수익률이 낮은 고급(낮은 위험)채권의 경우가 가격상승효과가 크기 때문이다. 반대로 수익률 스프레드가 축소될 것으로 예상되는 상황에서는 수익률이 낮은 채권에서 높은 채권으로 스왑하는 것이 유리하다. 이 같은 교체매매를 이종채권과의 교체 또는 질적 스왑(quality swap)이라고도 한다.

④ 세금스왑 : 채권투자소득이 있을 때 적용세율은 소득의 종류와 그 수준 그리고 개인인지 법인인지에 따라서 달라지므로 세금을 고려한 납세후 투자수익률을 높이도록 투자채권을 교체하는 것을 말한다.

이상에서 설명한 채권스왑전략은 초과수익을 높이는 방법이 되지만, 상당한 투자위험을 감수해야 하는 측면을 염두에 두어야 한다. 또한 채권스왑은 단기매매차익을 얻을 목적으로 빈번한 교체매매가 이루어지기 때문에 거래비용이 증대되는 문제점이 있다. 따라서 스왑거래로부터 매매차익이 거래비용을 상회하는지를 검토해야 한다.

연습문제

1. 다음 사항에 대하여 설명하라.

이자율변동위험	재투자위험	가격위험
채권가격정리	볼록성	채권의 가격탄력성
듀레이션	수정듀레이션	방어적 채권투자전략
채권면역전략	캐시매칭	총투자수익
자산·부채종합관리	적극적 채권투자전략	수익률곡선타기전략
상황적합적 면역전략	채권스왑	

2. 다음 중 잘못 서술되어 있는 문항에 대해서는, 잘못 서술되고 있음을 논리적·이론적 근거를 제시하여 설명하라.

(1) 시중금리가 변동할 때 장기채일수록 채권가격의 변동은 작다.

(2) 이자율 하락으로 인해 미래현금흐름이 낮은 수익률로 재투자되어 재투자수입금이 감소하고 실현수익률이 하락하는 위험을 가격위험이라고 한다.

(3) 이자율변동에 따른 이자수입의 재투자수입효과(재투자위험)와 채권가격이 변동하는 자본효과(가격위험)가 서로 반대방향으로 나타나는 것만은 아니다.

(4) 이자율의 절대수준이 높을 경우가 일정한 이자율변동에 대한 가격변동률이 크다.

(5) 액면이자율이 낮은 채권일수록 일정한 이자율변동에 따른 채권가격변동률이 작다.

(6) 평균상환기간(duration)은 만기와 액면이자율이 동시에 고려된 상환기간으로서, 각 기간에 들어오는 현금흐름의 크기로 가중하여 계산된 평균상환기간이다.

(7) 만기가 긴 채권이 듀레이션도 길지만, 액면이자율이 높으면 듀레이션은 길어진다. 순수할인채권의 듀레이션은 그 채권의 만기보다 짧다.

(8) 듀레이션이 큰 채권일수록 가격변동은 작다.

(9) 채권면역전략은 이자율변동이 채권가격에 미치는 영향을 유리하게 이용하거나 또는 수익률 차를 획득하여 채권투자수익을 극대화하고자 하는 전략을 말한다.

(10) 채권면역전략은 채권의 지급불능위험이나 중도 수의상환위험은 없다고 가정하고 이자율변동위험에만 국한하고 있다.

(11) 이표채는 어떤 경우라도 매입시의 만기수익률(약정수익률)을 실현시킬 수 없다.

(12) 일반적으로 이자율 상승시에는 부채의 듀레이션이 자산의 듀레이션보다 작도록 하는 것이 유리하고, 이자율 하락시에는 반대의 경우가 유리하다.

(13) 이자율이 하락할 것으로 예상되는 경우의 적극적 채권투자전략은 액면이자율이 높은 단기채의 보유비중을 늘린다.

(14) 시중이자율이 1% 감소했을 때 4년 만기 순수할인채권보다 10년 만기 6% 이표채의 채권가격이 크게 변동한다.

(15) 투자자의 목표투자기간과 동일한 만기를 가진 채권에 투자하게 되면 이자율변화에 관계없이 채권매입 당시에 예상했던 부가 실현된다.

(16) 채권스왑의 한 방법으로 수익률 스프레드가 확대될 것으로 예상되면 수익률이 낮은 고급채권에서 수익률이 높은 저급(장기)채권으로 교체하는 것이 유리하다.

3. [채권투자의 위험]

채권투자성과를 좌우하는 요인들을 제시하고, 채권투자성과의 변동성을 초래하는 투자위험에 대해서 설명하라.

4. [채권가격변동위험과 채권가격정리]

채권가격의 변동성을 측정하는 방법에는 어떤 것이 있는지를 설명하라. 또 채권가격위험의 특성을 다루고 있는 채권가격정리에 대해서 설명하라.

5. [채권면역전략의 내용]

채권면역전략을 통하여 이자율변동위험을 제거하는 구체적인 방법에 대하여 설명하라. 또 자산·부채종합관리에 어떻게 활용될 수 있는지를 설명하라.

6. [듀레이션과 채권가격의 변동]

채권 A와 B는 액면가액이 10,000원인 순수할인채권이다. 채권 A는 만기 1년이고 현재가격은 9,091원이다. 또 채권 B는 만기 3년이고 현재가격은 6,931원이다.

(1) 두 채권의 만기수익률을 구하라.
(2) 채권수익률이 1% 상승할 때의 가격변동액을 추정하라.
(3) 채권 B에 100억원을 투자한 펀드매니저가 있다. 이자율이 12%에서 10%로 하락했다면 이 채권의 가치는 얼마나 변동하는가?

7. [듀레이션과 채권가격변동성의 측정]

다음과 같은 특징을 지니는 채권이 있다.

액면가=10,000원	지급이자(연후급)=600원
채권수익률=7%	만기=3년

(1) 이 채권의 Macaulay 듀레이션을 구하라.
(2) 채권수익률이 6.5%로 하락할 경우 이 채권의 가치는 얼마나 변동하게 되는가?
(3) 위의 결과와 관계없이 수정 듀레이션이 2.5라고 하면, 채권수익률이 7%에서 8%로 상승할 경우 채권가격은 얼마나 변동하는가?

PART

IV 포트폴리오 관리

CHAPTER

10 포트폴리오 기대수익과 위험

보편적 위험관리방법은 단일종목에 집중투자하지 않고 다수종목에 분산투자하는 방법과 주식, 채권 등 서로 다른 자산에 투자자금을 나누는 적절한 자산배분방법이다. 경제의 불확실성이 높아지고 자산가격의 변동성이 더욱 확대되는 투자환경 속에서, “투자위험”을 줄이는 것이 무엇보다 중요한 현안 과제가 되고 있다. 그러면 어떻게 포트폴리오를 구성하는 것이 투자위험을 더 많이 줄일 수 있을까? 효율적 분산투자방법은 무엇일까?

체계적인 분산투자방법은 일찍이 1952년 마코위츠(H. Markowitz)에 의해서 제시된 바 있다. 본장에서는 마코위츠의 현대 포트폴리오 이론을 중심으로 포트폴리오 분석의 특징, 최적포트폴리오 구성의 기초가 되는 기대수익과 위험의 측정방법, 최적투자결정의 체계에 대해서 다룬다. 다음은 본장의 학습목표로서 이해해야 할 주요 사항들이다.

- 포트폴리오 분석방법의 특징
- 포트폴리오 이론에서 제시하고 있는 최적투자결정 체계
- 2종목 포트폴리오 구성에서 기대수익과 위험의 측정방법
- 투자위험 감소의 원리
- 최소분산 포트폴리오의 구성방법

주제 생각하기

투자위험을 줄이는 포트폴리오 구성

다수 증권에 '분산투자'하면 일부 종목에서 수익률의 급락이 있더라도 이를 상쇄시키는 급등종목도 있게 되므로 변동성을 최소화시킬 수 있게 된다. 투자위험을 줄이는 보편적인 방법은 '분산투자(diversification)'이다.

윤소망 씨는 자신이 보유하고 있는 투자자산에 대한 위험관리와 관련하여 다음 세 가지 사항을 고민하고 있다.

첫째는 두 종목으로 구성되는 포트폴리오 중에서 투자위험을 최소화시키는 방안에 관한 것이다. 윤씨는 본서 제Ⅱ편에서 설명한 가치투자방법에 따라 '장기적이고 안정적으로 이익을 낼 수 있는 우량종목'을 다각적인 증권분석방법을 통해 다음과 같이 9개 종목으로 압축하고, 이들에 대한 예상 기대수익률과 수익률의 위험(표준편차)을 과거 40개월간의 수익률 자료를 참고하여 아래 표와 같이 추정하였다.

종목명	삼성전자	아모레퍼시픽	SK하이닉스	롯데칠성	현대모비스	현대차	엔씨소프트	강원랜드	신한지주
기대수익률	0.00718	0.03265	0.01858	0.01211	−0.00527	−0.00578	−0.01020	0.00745	0.00265
표준편차	0.06148	0.08276	0.07339	0.09774	0.06323	0.06666	0.11415	0.06642	0.06068

포트폴리오 위험관리 측면에서 고민하는 사항은 다음과 같다.

- 9개 종목 중에서 2개 종목을 고른다면 어떤 종목을 고를 것인가? 그 이유는?
- 삼성전자와 아모레퍼시픽, 2종목으로 포트폴리오를 구성할 경우 투자비율을 각각 얼마로 해야 하는가?
- 목표 기대수익률 연 12%를 달성할 수 있는 결합 중에서 투자위험을 가장 낮게 하는 포트폴리오(2종목에 대한 투자비율)는 어떻게 구성되는가?
- 목표 기대수익률에 관계없이 투자위험을 최소로 하는 포트폴리오(최소분산 포트폴리오)는 투자비율을 어떻게 하면 구성되는가?

둘째는 새로이 해외펀드 투자를 고려중인데, 해외투자에 따른 high risk 문제이다. 윤씨는 그간 한국대표가치주펀드에 장기간 투자해 오면서 low risk-low return 투자철학을 고수해 왔다. 자산운용사의 고성장 씨로부터 high risk-high return의 브라질펀드를 권유받고, 윤씨는 투자수익이 증가할 가능성이 있지만 투자위험이 커지는 것을 염려하고 있다. 과연 투자위험은 낮추면서 기대수익은 높이는 포트폴리오 구성방법이 있는가? 여러분이 고성장 씨라면 어떻게 설명하겠는가?

셋째는 low return의 국공채 투자를 할 것인가의 문제이다. 증권회사에서는 KOSPI 수익률을 추종하는 인덱스펀드에 50%의 투자자금을, 무위험자산(risk-free asset)인 국공채펀드에 50%의 투자자금을 투자하는 포트폴리오안을 제시하고 있다. 안정성을 중시하는 투자철학을 가지고 있지만, 투자수익이 너무 낮을 것을 염려하고 있다. 기존의 인덱스펀드에 추가 투자하는 것보다 투자성과가 과연 더 나아질 것이라고 말할 수 있는가?

제 1 절 포트폴리오 분석과 최적투자결정의 체계

1 포트폴리오 분석의 의의

포트폴리오(portfolio)라는 용어는 "서류를 끼우는 홀더(holder)" 또는 "보유 유가증권의 일람표"를 지칭하는 말로 사용되기도 한다. 투자이론에서는 자산관리와 관련하여 "하나 이상 다수의 자산이나 증권의 결합", 다수 주식으로 구성되는 "분산투자안", 주식, 채권, 부동산 등 여러 투자자산에 대한 투자비율을 결정하는 "자산배분안"의 의미로 포트폴리오라는 말을 사용한다.

포트폴리오 관리(portfolio management)란 다수의 투자자산에 분산투자하는 활동을 체계적으로 계획하고 실행하며 사후통제하는 것을 말한다. 포트폴리오 관리의 일차적 목표는 분산투자를 통한 투자위험의 감소에 있다. 그러나 투자수익과 투자위험은 상반관계(trade off)에 있으므로, 일정한 기대수익에 대해서 위험을 최소화시키거나, 일정한 위험에 대해서 기대수익을 최대화시키는 효율적 분산투자를 하는 것이 포트폴리오 관리의 궁극적 목표가 된다.

투자대상의 투자가치를 분석하는 증권분석의 방법은 제1장에서 설명한 것처럼 기본적 분석, 기술적 분석, 포트폴리오 분석의 방법으로 구분할 수 있다. 이 가운데 포트폴리오 분석의 주된 특징은 투자자산의 투자가치 평가를 포트폴리오 구성의 관점에서 한다는 점이다.

사실 투자대상의 투자가치를 분석하는 데 있어서, 제Ⅱ편에서 다룬 기본적 분석에서처럼 투자대상을 개별적으로 분석하는 것과 다수 증권의 포트폴리오 구성의 관점에서 분석하는 것은 큰 차이가 있다. 왜냐하면 다수의 증권 중에서 어느 특정증권이 지니는 투자위험은 나머지 타 증권과의 상관관계에 따라 달라지기 때문이다. 이를테면 비록 개별주식으로는 최우량증권이 아니더라도 영업실적이 반대로 나타나는 성격의 두 증권에 분산투자하면 결합변동성은 크게 줄게 된다. 주식, 채권 등 두 개 이상의 자산에 분산투자하게 되면 일정한 투자수익을 얻으면서 투자위험을 줄이는 효율적 분산투자방법이 가능하다.

1960년대 이전의 전통적 투자론에서는 단일자산의 평가에 초점이 맞추어졌지만, 현대 포트폴리오 이론에서는 둘 이상의 자산에 분산투자했을 때의 투자수익과 위험에 주는 영향을 중심으로 투자결정 문제를 다룬다. 따라서 포트폴리오 분석에서는 개별자산을 독립적으로 평가하는 것은 충분하지 못한 것으로 본다. 단지 개별자산은 전체 포트폴리오의 투자수익과 위험에 어떤 영향을 미치는가라는 관점에서만 그 의미를 지닌다.

포트폴리오 분석의 또 하나의 특징은 분석의 초점이 효율적 위험저감(risk diversification)의 방법과 최적포트폴리오 구성방법을 찾는 데 있다는 점이다. 일정한 기대수익에 대해서 위험을 최소화시키는 효율적 분산투자의 방법을 강구하는 것이 포트폴리오 관리의 주된 목표인 만큼, 여러 투자자산에 어떻게 분산투자하는 것이 투자위험을 효율적으로 감소시키고 투자자의 만족을 극대화시키는 최적포트폴리오 구성방법인지를 찾는 것이 주된 내용이 된다. 따라서 투자위험 통제(risk control)에 역점을 두는 방어적 투자관리에 이용되는 경우가 많다.

2 최적투자결정의 체계

포트폴리오 이론에서 제시하는 최적포트폴리오의 선택방법은 다음 세 단계로 요약할 수 있다.

① 자산(개별종목 또는 포트폴리오)의 예상수익률 자료를 생성하여, 이로부터 그 자산의 투자가치를 기대수익률과 분산(표준편차)으로 측정한다.
② 이를 근거로 하여 지배원리를 충족하는 효율적 포트폴리오를 선택한다.
③ 이 중에서 투자자의 위험선호도에 적합한 최적포트폴리오를 선택한다.

(1) 기대수익률과 위험의 측정

투자자산의 가치는 그 투자자산으로부터 예상되는 기대수익과 위험의 두 가지 요인에 의해서 결정된다고 할 수 있다. 기대수익이 높으면 투자가치가 높지만, 그 기대수익이 미래에 실현되지 않을 가능성, 즉 위험이 높으면 투자가치는 하락한다.

V(증권의 가치)$=f$(기대수익, 위험)

수많은 투자자산 중에서 최적의 투자자산이 선정되기 위해서는 기대수익과 위험이 계량적으로 측정될 필요가 있다. 이들이 계량적으로 측정되면 우열이 가려짐으로써 최적의 투자자산이 선정될 수 있기 때문이다.

위험을 고려한 투자결정방법의 기초에 대해서는 이미 제4장 제1절에서 설명

〈표 10-1〉 주식 X, Y, Z의 수익률의 확률분포

미래상황	확 률	예상수익률(r_i)		
		주식 X	주식 Y	주식 Z
비관	0.25	−0.20	0.00	0.20
중립	0.50	0.20	0.10	0.10
낙관	0.25	0.60	0.20	0.00

한 바 있는데, 그 내용을 요약하면 다음과 같다.

미래는 발생가능상황을 확실히 예측할 수 없는 불확실성(위험)의 상황인데, 다만 인간이 할 수 있는 최선의 방법은 몇 가지 가능한 상황별로 예상투자수익, 투자수익의 확률분포를 추정하는 것이다. 즉, 미래 일어날 몇 가지 상황별 시나리오를 설정하여 각 상황에서의 미래이익을 추정하고, 이에 근거하여 내재가치와 예상투자수익률을 추정하는 것이다. 제4장의 [그림 4-1]에 제시되어 있는 예는 낙관, 중립, 비관의 세 가지 대내외적 경제상황의 시나리오별로 국내성장률, 유가, 환율 등에 대한 예측을 실시하고 이에 근거한 영업이익을 추정(제6장에서 설명한 이익예측의 방법 적용)한 다음, 여러 주식가치평가모형에 근거하여 예상되는 영업이익이 실현될 경우의 내재가치를 추정(제7장의 보통주평가모형 적용)한 결과의 확률분포이다.

〈표 10-1〉은 이와 같은 과정을 거쳐 추정된 예상수익률의 확률분포의 다른 예이다. 이제 이처럼 미래수익률의 확률분포가 추정되면 투자대상의 수익성과 위험을 기대수익률과 분산으로 측정하여 투자가치를 계량적으로 평가한다.

미래 기대수익의 정도를 측정하는 기대수익률(expected rate of return)은 실제의 수익률이 가질 수 있는 여러 가지 값들의 평균적인 값으로 추정한다(식 10.1).

$$E(R) = \sum_{i=1}^{m} r_i p_i \tag{10.1}$$

단, $E(R)$: 개별자산의 기대수익률
p_i : 상황 i가 발생할 확률(일어날 상황은 m 가지)
r_i : 상황 i가 발생할 때의 수익률

X, Y, Z의 기대수익률을 식 10.1에 의하여 구하면 다음과 같다.

$$E(R_X) = (-0.20)(0.25) + (0.20)(0.50) + (0.60)(0.25) = 0.20$$
$$E(R_Y) = (0.00)(0.25) + (0.10)(0.50) + (0.20)(0.25) = 0.10$$

$$E(R_Z) = (0.20)(0.25) + (0.10)(0.50) + (0.00)(0.25) = 0.10$$

투자위험(risk)은 미래 불확실한 상황에서의 수익률의 변동성(variability), 즉 기대수익률이 실현되지 않을 가능성이라고 정의할 수 있는데, 이 위험의 크기는 다음 식 10.2 및 10.3과 같이 분산(variance) 혹은 표준편차(standard deviation)라는 통계량으로 추정한다. 이들 통계량은 평균으로부터의 큰 편차를 지닐수록 변동성이 큰 것으로 반영되는 특징이 있다.

$$\sigma^2 = E[r - E(R)]^2 = \sum_{i=1}^{m} [r_i - E(R)]^2 \cdot p_i \tag{10.2}$$

$$\sigma = \sqrt{\sum_{i=1}^{m} [r_i - E(R)]^2 \cdot p_i} \tag{10.3}$$

단, σ^2 : 수익률의 분산, σ : 수익률의 표준편차

주식 X, Y, Z에 대하여 식 10.2와 10.3에 의하여 분산, 표준편차를 측정하면 다음과 같다. 주식 X는 주식 Y와 Z에 비하여 기대수익과 위험 모두 높다. 주식 Y와 Z는 확률분포는 다르지만 기대수익과 위험이 동일한 주식임을 알 수 있다.

$$\sigma_X^2 = \sum [r_i - E(R)]^2 \cdot p_i$$
$$= (-0.20 - 0.20)^2\, 0.25 + (0.20 - 0.20)^2\, 0.50 + (0.60 - 0.20)^2\, 0.25 = 0.08$$
$$\therefore \ \sigma_X = \sqrt{0.08} = 28.28\%$$

$$\sigma_Y^2 = (0.00 - 0.10)^2\, 0.25 + (0.10 - 0.10)^2\, 0.50 + (0.20 - 0.10)^2\, 0.25 = 0.0050$$
$$\therefore \ \sigma_Y = \sqrt{0.0050} = 7.07\%$$

$$\sigma_Z^2 = (0.20 - 0.10)^2\, 0.25 + (0.10 - 0.10)^2\, 0.50 + (0.00 - 0.10)^2\, 0.25 = 0.0050$$
$$\therefore \ \sigma_Z = \sqrt{0.0050} = 7.07\%$$

이처럼 포트폴리오 분석에서는 기대수익은 평균기대수익률로, 위험은 분산에 의해서 측정하여 투자가치를 평가한다. 증권의 가치는 기대수익률과 분산에 의해서 결정된다고 보는 것이다.

$$V(\text{증권의 가치}) = f\left[E(R),\ \sigma^2\right] \tag{10.4}$$

〈표 10-2〉 주식 X, Y, Z의 기대수익률과 표준편차

	주식 X	주식 Y	주식 Z
기대수익률 $E(R)$	20%	10%	10%
표준편차 σ	28.28%	7.07%	7.07%

[그림 10-1] 주식 X, Y, Z의 확률분포(정규분포 가정)

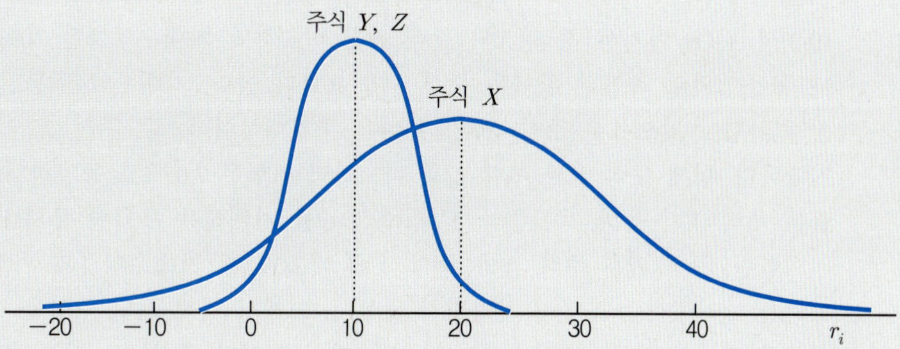

수익률의 확률분포로부터 평균과 분산의 두 모수만 추정되면 투자대상의 가치를 평가할 수 있고, 투자결정의 기준으로 삼을 수 있다는 의미에서 이를 평균·분산기준(MV기준 : mean variance criterion)이라고 한다.

이처럼 투자결정의 기준으로 평균기대수익률과 분산만을 고려한다는 것은 수익률의 확률분포가 정규분포인 것을 가정한 것이다. [그림 10-1]은 주식 X와 Y를 정규분포를 가정하여 나타낸 것이다. 여기서 표준정규분포를 적용하면 평균±1표준편차의 구간에 있을 확률은 68.27%이다.[1] 따라서 주식 X의 경우(기대수익률=20%, 표준편차=28.28%) 20%±28.28%의 구간, 즉 투자수익률이 −8.28~48.28%일 확률이 68.27%임을 뜻한다. 이것은 수익률이 −8.28% 이하로 얻어질 가능성은 약 16%(=(100%−68.27%)/2=15.865%), 즉 6번 중에 1번쯤 될 수 있음을 의미한다.

---

1) 표준정규분포에 의하면 표준정규분포값 Z=(관찰치값−평균값)/(표준편차)에 의해서 측정한다. 그리고 Z=1, 2, 3에 대하여 다음과 같은 신뢰도 구간을 갖는다.

(평균)±1표준편차 : 68.27%, (평균)±2표준편차 : 95.54%, (평균)±3표준편차 : 99.97%

개별증권 수익률의 확률분포는 비대칭(비정규)분포인 경우가 많다. 그러나 포트폴리오를 구성하면 그 수익률의 확률분포는 정규분포에 근접하기 때문에 정규분포의 가정하에서 분석한다.

(2) 지배원리와 효율적 증권의 선택

위에서 불확실성하에서 투자대상들의 투자가치는 결국 기대수익률과 위험(표준편차)에 의하여 평가할 수 있음을 설명하였다. 그러면 이들 두 요인을 선택기준으로 삼아 여러 증권 가운데 어떻게 최적증권을 선택하는가? 최적포트폴리오를 선정해 나가는 두 번째 단계는 지배원리를 적용하여 효율적 증권을 선택하는 것이다.

이제 투자대상으로서 〈표 10-3〉에 나타나 있는 다섯 개의 주식(이 중 주식 X, Y는 위에서 예로 든 것임)을 예로 들어보자. 이들 주식을 그림으로 나타내면 [그림 10-2]와 같다. 여기서 주식 X와 주식 P를 비교하면 기대수익률은 20%로 동일하나, 표준편차로 측정된 위험은 주식 P가 X보다 높다. 기대수익은 동일한데 주식 X의 위험이 낮으므로 주식 X가 더 나은 투자대상이다. 즉, 주식 X가 주식 P를 지배한다. 이제 주식 Y와 주식 Q를 비교하면 위험은 7.07%로 동일하나, 기대수익률은 주식 Y가 높다. 즉, 주식 Y가 주식 Q를 지배하는 우월한 투자대상이다.

한편, 주식 R은 주식 X와 주식 Y에 비교할 때 기대수익률과 위험 두 가지 요인을 고려해서는 우열이 가려지지 않는다. 그래서 다섯 개의 주식을 평균·분산 기준에 근거하여 투자대상으로서 우열을 가리면 일단 주식 P, Q는 선택대상에서

〈표 10-3〉 개별주식의 기대수익률과 위험

주식 / 기대수익과 위험	X	Y	P	Q	R
기대수익률(%)	20	10	20	8	16
표준편차(%)	28.28	7.07	36	7.07	20

[그림 10-2] 지배원리에 의한 효율적 증권의 선택

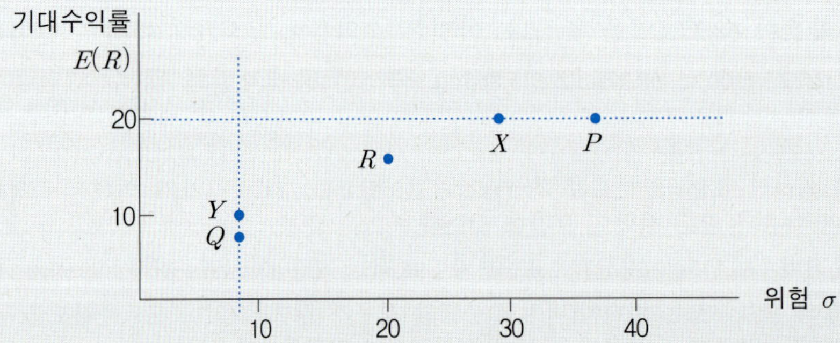

제외되고, 주식 X, Y 그리고 R만이 고려대상이 된다. 이와 같은 방법, 즉 위험이 동일한 투자대상들 중에서는 기대수익이 가장 높은 것을 선택하고, 기대수익이 동일한 투자대상들 중에서는 위험이 가장 낮은 투자대상을 선택하는 방법을 지배원리(dominance principle)라고 한다.

지배원리에 의한 증권선택방법은 개별주식만이 아니고 포트폴리오 선택에도 그대로 적용된다. 그래서 포트폴리오 기대수익과 위험이 측정되었을 때 지배원리를 만족하는 포트폴리오를 효율적 포트폴리오(efficient portfolio)라고 부른다.

(3) 투자자의 위험에 대한 태도와 최적증권의 선택

이제 지배원리를 충족시키는 효율적 증권으로 주식 X, Y, R이 선택되었는데, 우열이 가려지지 않는 이들 중에서 어느 증권을 최종적으로 선택할 것인가? 이들 효율적 증권들은 객관적으로는 우열이 가려지지 않는 증권들이므로 결국 투자자의 주관적 위험에 대한 태도에 따라 최종선택을 할 수밖에 없다. 위험회피도가 낮은 공격적 투자자 유형은 주식 X를 선호할 것이고, 위험회피도가 높은 보수적 투자자 유형은 주식 Y를 선호할 것이다.

이처럼 투자자의 위험에 대한 태도까지 고려하여 최종적으로 선택된 포트폴리오를 최적포트폴리오(optimal portfolio)라고 한다. 이것이 마지막 세 번째 단계이다. 최적포트폴리오의 도출에는 투자자가 기대수익과 위험을 동시에 고려할 때 주관적으로 느끼는 만족도로 표시되는 효용함수(utility function)의 추정이 필요한데, 구체적인 효용함수 추정방법은 제11장 제4절에서 설명한다.

제2절 포트폴리오의 기대수익과 위험

제1절에서는 개별주식을 예로 들어 투자자산의 최적 선택방법의 체계에 대하여 설명하였다. 이러한 투자자산의 최적 선택방법은 다수 자산으로 구성되는 포트폴리오의 최적 선택에도 그대로 적용된다. 개별주식의 경우와 마찬가지로 포트폴리오의 확률분포로부터 기대수익률과 분산을 추정하여 효율적 포트폴리오(efficient portfolio)와 최적포트폴리오(optimal portfolio)를 결정하면 된다.

그런데 문제는 포트폴리오 수익률의 확률분포는 이를 구성하고 있는 개별자산의 단순한 합으로 나타나지 않는다는 점이다. 본절에서는 두 증권 X, Y로 구성되는 포트폴리오의 기대수익과 위험의 측정방법을 살펴본다.

1 포트폴리오 기대수익률

포트폴리오 기대수익률 $E(R_p)$는 본래 기대수익률을 구하는 방법과 마찬가지로 식 10.5와 같이 각 상황에서 가능한 포트폴리오 수익률 r_{p_i}에 그 상황이 일어날 확률 p_i를 곱한 다음 이를 모두 합하여 추정한다.

$$E(R_p) = \sum_{i=1}^{m} r_{p_i} p_i \qquad (10.5)$$

단, $E(R_p)$: 포트폴리오의 기대수익률
p_i : 상황 i가 발생할 확률(일어날 상황은 m가지)
r_{p_i} : 상황 i가 발생할 때의 포트폴리오 예상수익률

여기서 증권 X, Y에 대한 투자비율을 w_X, w_Y, 각각 i상황에서의 예상수익률을 r_{X_i}, r_{Y_i}로 표시하면 상황 i에서의 포트폴리오 예상수익률 r_{p_i}는 다음과 같이 계산된다.

$$r_{p_i} = w_X \cdot r_{X_i} + w_Y \cdot r_{Y_i}$$

포트폴리오 기대수익률을 구하는 일반적이고 쉬운 방법은 식 10.6처럼 개별증권 기대수익률을 투자금액의 비율로 가중평균하여 구하는 것이다. 따라서 증권 X와 주식 Y로 구성되는 두 종목 포트폴리오 기대수익률은 식 10.7과 같이 구한다.

$$E(R_p) = \sum_{j=1}^{n} w_j \cdot E(R_j) \qquad (10.6)$$

$$E(R_p) = w_X \cdot E(R_X) + w_Y \cdot E(R_Y) \qquad (10.7)$$

단, w_j : 개별증권 j에 대한 투자비율, $E(R_j)$: 개별증권 j에 대한 기대수익률

만약 증권 X와 증권 Y의 기대수익률이 각각 20%, 10%인데, 60 : 40의 투자비율로 투자하는 포트폴리오의 기대수익률은 16%이다.

2 포트폴리오 위험(분산)

포트폴리오 분산(portfolio's variance)은 본래 분산을 구하는 방법대로, 포트폴리오 수익률의 확률분포로부터 각 상황에서 얻게 되는 포트폴리오의 발생가능한 수익률(r_{p_i})과 포트폴리오 기대수익률 간의 차이의 제곱에 각 상황이 발생할 확률(p_i)을 곱하여 모두 합하면 구해진다. 유의할 점은 이렇게 측정되는 포트폴리오 분산은 위에서 설명한 포트폴리오 기대수익률처럼 단순히 개별증권의 분산을 가중평균해서는 구해지지 않는다는 점이다.

$$\sigma_p^2 = \sum_{i=1}^{m} [r_{p_i} - E(R_p)]^2 \cdot p_i \quad (10.8)$$

단, σ_p^2 : 포트폴리오 분산, $E(R_p)$: 포트폴리오 기대수익률
p_i : i상황이 발생할 확률, r_{p_i} : i상황에서의 포트폴리오 예상수익률

포트폴리오 분산(두 종목 X와 Y)은 다음 식 10.9를 이용할 수 있다.

$$\sigma_p^2 = w_X^2 \sigma_X^2 + w_Y^2 \sigma_Y^2 + 2 w_X w_Y \sigma_{XY} \quad (10.9)$$[2]

단, w_X : 증권 X에 대한 투자비율, w_Y : 증권 Y에 대한 투자비율
σ_X^2 : 증권 X의 분산, σ_Y^2 : 증권 Y의 분산
σ_{XY} : 증권 X와 증권 Y 간의 공분산

포트폴리오를 구성했을 때 결합변동성의 감소에 가장 크게 미치는 요소는 식 10.9에서 공분산 σ_{XY}이다. [그림 10-3]처럼 증권 X와 Y가 같은 방향으로 움직이는 성향의 증권이라면 그 결합변동성은 별로 줄어들지 않는 반면에, 두 증권이 [그림 10-4]처럼 서로 다른 방향으로 움직이는 성향의 증권이라면 그 결합변동성

2) 식 10.9의 증명은 다음과 같다. 본래의 분산은 다음과 같이 측정된다.

$\sigma_p^2 = E[r_p - E(R_p)]^2$ …… ①

주식 X와 주식 Y로 구성되는 포트폴리오의 경우, r_p와 $E(R_p)$는 다음과 같다.

$r_p = w_X \cdot r_X + w_Y \cdot r_Y$, $E(R_p) = w_X \cdot E(R_X) + w_Y \cdot E(R_Y)$

따라서 ①의 결과는 다음과 같다.

$\sigma_p^2 = E[w_X \cdot r_X + w_Y \cdot r_Y - w_X \cdot E(R_X) - w_Y \cdot E(R_Y)]^2 = E[w_X(r_X - E(R_X)) + w_Y(r_Y - E(R_Y))]^2$

$= E[w_X^2(r_X - E(R_X))^2 + w_Y^2(r_Y - E(R_Y))^2 + 2w_X w_Y(r_X - E(R_X)) \cdot (r_Y - E(R_Y))]$

그런데 $E(r_X - E(R_X))^2 = \sigma_X^2$, $E(r_Y - E(R_Y))^2 = \sigma_Y^2$, $E[(r_X - E(R_X)) \cdot (r_Y - E(R_Y))] = \sigma_{XY}$(공분산)이므로, 식 10.9의 결과를 얻는다. $\sigma_p^2 = w_X^2 \sigma_X^2 + w_Y^2 \sigma_Y^2 + 2w_X w_Y \sigma_{XY}$ (식 10.9)

[그림 10-3] 증권 X, Y의 결합

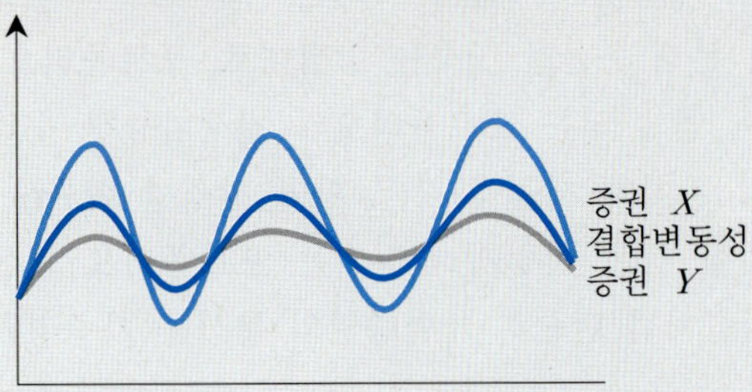

[그림 10-4] 증권 X, Z의 결합

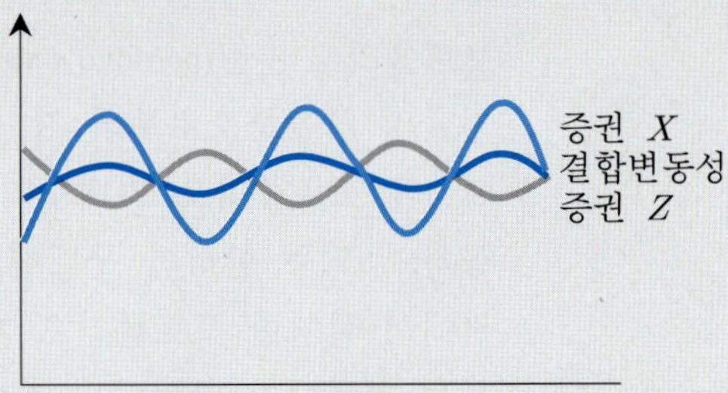

은 크게 줄게 된다. 포트폴리오를 구성하는 개별증권들간의 수익률이 움직이는 서로의 관계를 모두 고려하여 결합변동성을 측정하는 통계량, 공분산(covariance)은 구체적으로 식 10.10과 같이 정의되는데, 포트폴리오를 구성하는 각 증권수익률과 기대수익률 간의 편차와 편차의 곱의 기대치로 측정된다.

$$\sigma_{XY} = E[(r_X - E(R_X))(r_Y - E(R_Y))] \tag{10.10}$$

만약 수익률의 움직임이 같은 방향이면 두 편차의 곱은 정(+)의 값을 지니고, 반대방향이면 두 편차의 곱은 부(−)의 값을 갖게 된다. 이렇게 두 편차를 곱하면 포트폴리오로 결합될 때 수익률의 변동성이 줄어드는 정도가 측정된다.

두 종목간의 수익률 움직임의 상관관계는 상관계수(correlation coefficient)로도 측정할 수 있다. 이를 측정하는 상관계수 ρ_{XY}는 다음과 같이 정의된다.

$$\rho_{XY} = \frac{\sigma_{XY}}{\sigma_X \cdot \sigma_Y} \tag{10.11}$$

단, ρ_{XY} : 증권 X와 Y 사이의 상관계수, σ_{XY} : 증권 X와 Y 사이의 공분산
σ_X : 증권 X의 표준편차, σ_Y : 증권 Y의 표준편차

구성종목들간의 수익률의 움직임이 공분산에 의해서 측정되면 취할 수 있는 값이 무한하지만, 상관계수는 공분산을 각각의 표준편차의 곱으로 나누어 표준화시킨 통계량으로서 $-1 \leq \rho_{XY} \leq +1$의 값을 취하게 된다. $\rho_{XY} = +1$인 경우를 완전 정(+)의 상관관계, $\rho_{XY} = -1$인 경우를 완전 부(−)의 상관관계를 갖는다고 말한다.

$\sigma_{XY} = \sigma_X \cdot \sigma_Y \cdot \rho_{XY}$이므로 포트폴리오 위험(분산)을 상관계수를 이용하여 측정하게 되면 다음 식 10.12에 의해서도 구해진다.

$$\sigma_p^2 = w_X^2\sigma_X^2 + w_Y^2\sigma_Y^2 + 2w_Xw_Y\sigma_X\sigma_Y\rho_{XY} \quad (10.12)$$

위의 식에서 보면, 포트폴리오 위험(분산)은 ① 개별증권의 위험(σ_X^2, σ_Y^2), ② 각 증권에 대한 투자금액의 비율(w_X, w_Y), ③ 구성증권간의 공분산(σ_{XY})에 의해서 결정됨을 확인할 수 있다.

예제

다음은 〈표 10-1〉에서 예로 든 주식 X, Y, Z의 예상수익률과 개별주식으로서 기대수익률 및 위험(표준편차) 자료이다.

경제상황	확 률	예상수익률		
		주식 X	주식 Y	주식 Z
불황	0.25	−0.20	0.00	0.20
정상	0.50	0.20	0.10	0.10
호황	0.25	0.60	0.20	0.00
	[기대수익률]	20%	10%	10%
	[표준편차]	0.2828	0.0707	0.0707

(1) 다음과 같이 구성종목과 투자비율을 달리하여 포트폴리오를 구성하고자 한다. 각 포트폴리오의 기대수익률, 위험(분산)을 구하라(①에 대해서는 식 10.5와 10.6, 그리고 10.8과 10.9를 모두 적용하여 동일한 결과를 얻는지 비교하라. 식 10.9를 적용할 때에는 공분산, 상관계수를 계산할 것).

① 주식 X와 주식 Y에 대하여 50% : 50% 투자한 포트폴리오

② 주식 X와 주식 Z에 대하여 50% : 50% 투자한 포트폴리오

③ 주식 X와 주식 Z에 대하여 20% : 80% 투자한 포트폴리오

(2) 위의 (1)의 결과를 토대로 투자위험이 감소하는 두 가지 원리를 제시하라.

풀이

(1) [포트폴리오 기대수익률]

① 주식 X(50%)와 주식 Y(50%)로 구성되는 포트폴리오의 기대수익률

i) 식 10.5에 의한 추정 : $E(R_p) = \sum_{i=1}^{m} r_{p_i} \cdot p_i \qquad r_{pi} = w_X \cdot r_{X_i} + w_Y \cdot r_{Y_i}$

i=불황 : $r_{p_i} = (0.5 \times -0.20) + (0.5 \times 0.00) = -0.10$

i=정상 : $r_{p_i} = (0.5 \times 0.20) + (0.5 \times 0.10) = 0.15$

i=호황 : $r_{p_i} = (0.5 \times 0.60) + (0.5 \times 0.20) = 0.40$

$E(R_p) = (-0.10 \times 0.25) + (0.15 \times 0.5) + (0.40 \times 0.25) = 15.0\%$

ii) 식 10.6에 의한 추정 : $E(R_p) = \sum_{j=1}^{n} w_j \cdot E(R_j) = w_X \cdot E(R_X) + w_Y \cdot E(R_Y)$

$E(R_p) = (0.5 \times 0.20) + (0.5 \times 0.10) = 15.0\%$

식 10.5와 10.6 모두 동일한 $E(R_p)$ 결과를 얻는다.

② 주식 X(50%)와 주식 Z(50%)로 구성된 포트폴리오의 기대수익률

$E(R_p)=w_X \cdot E(R_X)+w_Z \cdot E(R_Z)=(0.5\times0.20)+(0.5\times0.10)=15.0\%$

③ 주식 X(20%)와 주식 Z(80%)로 구성된 포트폴리오의 기대수익률

$E(R_p)=(0.2\times0.20)+(0.8\times0.10)=12.0\%$

[포트폴리오 위험]

① 주식 X(50%)와 주식 Y(50%)로 구성된 포트폴리오 분산과 표준편차

i) 식 10.8에 의한 추정 : $\sigma_p^2=\sum_{i=1}^{m}[r_{p_i}-E(R_p)]^2\cdot p_i \qquad E(R_p)=15.0\%$

i=불황 : $r_{p_i}=(0.5\times-0.20)+(0.5\times0.00)=-0.10$

i=정상 : $r_{p_i}=(0.5\times0.20)+(0.5\times0.10)=0.15$

i=호황 : $r_{p_i}=(0.5\times0.60)+(0.5\times0.20)=0.40$

$\sigma_p^2=(-0.10-0.15)^2 0.25+(0.15-0.15)^2 0.50+(0.40-0.15)^2 0.25=0.03125$

$\therefore\ \sigma_p=\sqrt{0.03125}=0.1768=17.68\%$

ii) 식 10.9에 의한 추정 : $\sigma_p^2=w_X^2\sigma_X^2+w_Y^2\sigma_Y^2+2w_Xw_Y\sigma_{XY}$

주식 X와 Y 간의 공분산 : $\sigma_{XY}=0.25(-0.20-0.20)(0.00-0.10)+0.5(0.20-0.20)(0.10-0.10)$
$+0.25(0.60-0.20)(0.20-0.10)=0.02$

주식 X와 Y 간의 상관계수 : $\rho_{XY}=\dfrac{0.02}{(0.2828)(0.0707)}=+1$

$\sigma_p^2=(0.5)^2(0.2828)^2+(0.5)^2(0.0707)^2+2(0.5)(0.5)(0.02)=0.03125$

$\therefore\ \sigma_p=\sqrt{0.03125}=0.1768=17.68\%$

식 10.8과 10.9 모두 동일한 σ_p^2 결과를 얻는다.

② 주식 X(50%)와 주식 Z(50%)로 구성된 포트폴리오 분산과 표준편차

i) 주식 X(50%)와 주식 Z(50%)로 구성된 포트폴리오 $E(R_p)=15.0\%$

$\sigma_p^2=(0.00-0.15)^2\,0.25+(0.15-0.15)^2\,0.50+(0.30-0.15)^2\,0.25=0.01125$

$\therefore\ \sigma_p=\sqrt{0.01125}=0.1061=10.6\%$

ii) 주식 X와 Z 간의 공분산, 상관계수

$\sigma_{XZ}=0.25(-0.20-0.20)(0.20-0.10)+0.5(0.20-0.20)(0.10-0.10)$
$+0.25(0.60-0.20)(0.00-0.10)=-0.02$

$\rho_{XZ}=\dfrac{-0.02}{(0.2828)(0.0707)}=-1$

$\sigma_p^2=(0.5)^2(0.2828)^2+(0.5)^2(0.0707)^2+2(0.5)(0.5)(-0.02)=0.0115$

$\therefore\ \sigma_p=\sqrt{0.0115}=10.6\%$

③ 주식 X(20%)와 주식 Z(80%)로 구성된 포트폴리오 분산과 표준편차

i) 주식 X(20%)와 주식 Z(80%)로 구성된 포트폴리오 $E(R_p)=12.0\%$

$\sigma_p^2=(0.12-0.12)^2 0.25+(0.12-0.12)^2 0.50+(0.12-0.12)^2 0.25=0.0$

$\therefore\ \sigma_p = \sqrt{0.0} = 0.0\%$

ii) $\sigma_{XZ} = -0.02,\ \rho_{XZ} = -1$

$\sigma_p^2 = (0.2)^2(0.2828)^2 + (0.8)^2(0.0707)^2 + 2(0.2)(0.8)(-0.02) = 0.00$

$\therefore\ \sigma_p = \sqrt{0.0} = 0.0\%$

(2) 위의 (1)의 결과에서 보듯이 포트폴리오 $(X+Z)$는 기대수익률은 15%로 동일하지만, 포트폴리오 $(X+Y)$보다 위험을 크게 감소시키는 효율적 포트폴리오가 된다. 이러한 위험감소의 원인은 **구성종목간의 상관관계**에 있다. 주식 X와 Y가 결합될 때에는 두 주식 모두가 같은 방향으로 수익률이 움직이므로 [그림 10-3]과 같이 결합수익률의 변동성은 그대로 남게 된다. 그러나 주식 X와 Z가 결합될 때에는 두 주식의 수익률이 움직이는 방향이 반대가 되므로 [그림 10-4]와 같이 개별주식의 위험은 서로 상쇄되어 결합수익률의 변동성은 크게 감소한다. 상관관계가 작은 주식들로 포트폴리오를 구성하면 현격한 위험감소효과를 누릴 수 있음을 알 수 있다.

투자위험을 감소시키는 두 번째 요인은 **투자금액의 비율**이다. 비록 동일주식 X와 Z로 포트폴리오를 구성하지만 투자금액의 비율이 50 : 50인 경우보다 20 : 80일 때 위험이 현격히 줄 뿐 아니라, 위험이 큰 주식투자이지만 마치 정기예금의 경우처럼 위험이 전혀 없는 투자성과($\sigma_p = 0.0\%$)를 기대할 수도 있게 된다.

제3절 투자위험 감소의 원리

앞절에서는 포트폴리오의 기대수익률과 위험(분산)을 측정하는 방법, 그리고 예제를 통하여 투자위험을 줄이는 두 가지 요인은 '구성자산간의 상관관계'와 '투자금액 비율의 조정'임을 확인하였다. 본절에서는 이들 두 요인에 대하여 구체적으로 살펴보고, 최소분산 포트폴리오의 구성방법에 대하여 설명한다.

1 구성종목간의 상관관계

식 10.12에서 볼 수 있는 것처럼 두 개의 증권으로 구성되는 포트폴리오의 위험(분산)은 포트폴리오를 구성하는 개별증권의 분산 이외에, 구성증권간의 상관관계 여하에 따라서 달라진다.

$$\sigma_p^2 = w_X^2\sigma_X^2 + w_Y^2\sigma_Y^2 + 2w_X w_Y \sigma_X \sigma_Y \rho_{XY}$$

그러면 구체적인 상관계수 ρ_{XY} 여하에 따라서 포트폴리오 위험이 어떻게 변하는지를 살펴보기로 하자. 상관계수는 앞절에서 설명한 것처럼 $-1 \leq \rho_{XY} \leq +1$의 값을 취하는데, 두 증권수익률의 상관관계의 정도에 따라 [그림 10-5]와 같은 몇 가지 형태로 나누어 생각할 수 있다.

①의 경우는 완전 정(+)의 상관관계($\rho_{XY} = +1$)를 나타내는 것으로서 한 증권(X)의 수익률 변동이 있을 때 다른 증권(Y)의 수익률이 같은 방향으로 비례적으로 변동하는 관계이다. ②의 경우($0 < \rho_{XY} < +1$)는 양자가 같은 방향으로 움직이는 정(+)의 상관관계이나, 양자가 완전하게 직선적인 관계가 아닌 경우이다. ③의 경우($\rho_{XY} = 0$)는 아무런 상관성이 없는 경우이다. ④의 경우($-1 < \rho_{XY} < 0$)는 음(−)의 상관관계를 가지나, 양자가 완전한 반비례적인 관계가 아닌 경우이다. ⑤의 경우($\rho_{XY} = -1$)는 완전한 반비례적, 완전 음(−)의 상관관계인 경우를 나타낸 것이다.

이제 두 증권의 상관관계가 $\rho_{XY} = +1$, $\rho_{XY} = -1$, $\rho_{XY} = 0$인 경우에 대하여 포트폴리오 위험(분산)의 크기를 비교해 보자.

[그림 10-5] 구성증권간의 상관관계

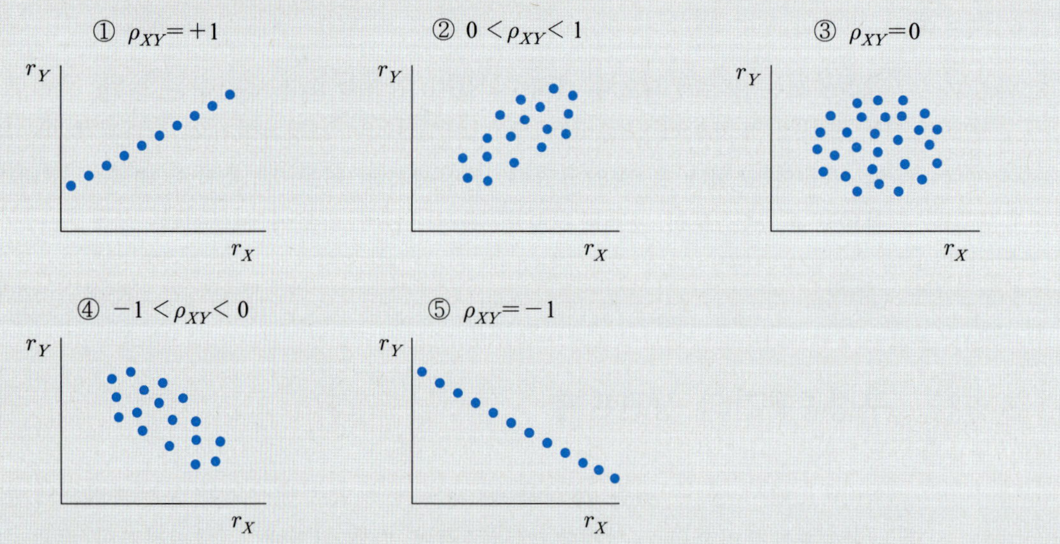

1) 상관관계가 완전 정(+)일 경우

두 증권간의 상관관계가 완전 정(+)의 관계에 있을 경우, 식 10.12에서 $\rho_{XY}=+1$인 경우이므로 포트폴리오 위험이 다음과 같이 표시된다.

$$\sigma_p^2 = (w_X \sigma_X + w_Y \sigma_Y)^2$$
$$\therefore \ \sigma_p = w_X \sigma_X + w_Y \sigma_Y \qquad (10.13)$$

두 증권의 수익률이 완전 정(+)의 상관관계를 가지고 있으면, 포트폴리오 위험(표준편차)은 개별증권의 표준편차를 투자비율에 따라서 가중평균한 수준이 된다. 이는 분산투자하더라도 투자위험이 감소되지 않음을 의미한다.

2) 상관관계가 완전 음(−)일 경우

두 증권간의 상관관계가 완전 음(−)의 관계에 있을 경우, 즉 $\rho_{XY}=-1$일 경우의 포트폴리오 위험은 식 10.12로부터 다음과 같이 표시된다.

$$\sigma_p^2 = (w_X \sigma_X - w_Y \sigma_Y)^2$$
$$\therefore \ \sigma_p = |w_X \sigma_X - w_Y \sigma_Y| \qquad (10.14)$$

완전 음의 관계에 있는 포트폴리오 위험은 개별증권의 표준편차에 투자비율을 곱한 것들의 절대차(差)가 되므로 현격하게 줄어든다. 때로는 포트폴리오 위험이 영(0)인 경우도 가능하다.

3) 상관관계가 영(0)일 경우

두 증권간의 상관관계가 0인 경우, 즉 $\rho_{XY}=0$일 경우에는 식 10.12에서 $2w_X w_Y \sigma_X \sigma_Y \rho_{XY}$ 부분이 없어지므로 다음과 같이 위험이 줄어든다.

$$\sigma_p^2 = w_X^2 \sigma_X^2 + w_Y^2 \sigma_Y^2$$
$$\therefore \ \sigma_p = \sqrt{w_X^2 \sigma_X^2 + w_Y^2 \sigma_Y^2} \qquad (10.15)$$

여기서 확인할 수 있는 것처럼 포트폴리오를 구성하는 개별종목간의 상관관계가 $\rho_{XY}=+1$의 관계에 있는 경우에는 투자위험이 줄지 않지만, 그 밖의 경우에는 분산투자를 통하여 투자위험을 줄일 수 있게 된다. 분산투자의 효과는 상관관계가 낮을수록 크게 나타나 $\rho_{XY}=-1$일 경우가 위험감소효과가 가장 크다.

2 투자비율의 조정

포트폴리오 위험의 감소는 앞에서 설명한 것처럼 상관관계가 작은 종목들간의 결합을 통해서도 가능하지만, 투자자금의 비율을 적절히 조정함으로써도 가능하다. 종목간의 상관관계가 주어졌을 때 투자비율이 달라짐에 따라 포트폴리오 위험이 변하는 것을 보기 위해서 앞의 예제에서 예로 든 주식 X와 Y 그리고 주식 X와 Z로 구성된 포트폴리오의 경우를 보기로 하자.

주식 X와 Y는 상관계수 $\rho_{XY}=+1$(공분산은 0.02)인 관계에 있다. 이제 투자비율을 X에 100%, Y에 0%(X에 전액투자) 투자하는 것으로부터 시작하여 X에 대한 투자비율을 줄이고 Y에 대한 투자비율을 늘리면서 80 : 20, 50 : 50, 20 : 80, 0 : 100, −20 : 120으로 조정할 경우, 포트폴리오의 기대수익률과 표준편차를 식 10.7과 10.12를 이용하여 구하면 〈표 10-4〉의 ②란과 같이 계산된다.

주식 X에 대한 투자비율이 줄어들고 대신 Y에 대한 투자비율이 높아질수록 포트폴리오 기대수익률과 위험이 비례적으로 동시에 감소함을 볼 수 있다. 분산투자의 효과가 나타나지 않음을 보게 된다.

한편, 상관계수 $\rho_{XZ}=-1$(공분산은 −0.02)의 관계에 있는 주식 X와 Z로 포트폴리오를 구성하여 투자비율을 같은 방법으로 달리하게 되면, 포트폴리오의 기대수익률과 위험은 〈표 10-4〉의 ③란과 같이 계산된다. 여기서 특기할 만한 점은 앞에서도 지적한 것처럼 X에 20%, Z에 80% 투자하여 얻게 되는 포트폴리오 수익률의 위험(σ_p)은 영(0)이 된다는 점이다. 어떤 상황이 벌어지든 항상 기대수익률은 12%이면서 수익률의 변동성은 없게 되어 분산투자의 효과가 가장 크게 나타난다.

〈표 10-4〉 포트폴리오의 기대수익률과 위험 : 투자비율이 조정될 때

① 투자금액의 비율		② $\rho_{XY}=+1$일 때		③ $\rho_{XZ}=-1$일 때		④ $\rho_{XG}=0$일 때	
w_X	w_Y	$E(R_p)$	σ_p	$E(R_p)$	σ_p	$E(R_p)$	σ_p
100%	0%	20.0%	28.2%	20.0%	28.2%	20.0%	28.2%
80	20	18.0	24.0	18.0	21.2	18.0	22.6
50	50	15.0	17.6	15.0	10.6	15.0	14.6
20	80	12.0	11.4	12.0	0.0	12.0	8.0
0	100	10.0	7.0	10.0	7.0	10.0	7.0
−20*	120*	8.0	2.8	8.0	14.0	8.0	10.2

* 투자비율이 −20 : 120인 경우는 주식 X를 공매(公賣)하여 그 자금을 더하여 주식 Y에 100% 이상을 투자하는 경우이다.

끝으로 주식 X와 상관관계가 영(0)인 주식 G(기대수익률=10%, 표준편차=7.0%)로 포트폴리오를 구성하게 되면 투자비율에 따라 달라지는 포트폴리오의 기대수익률과 위험은 〈표 10-4〉의 ④란과 같이 계산된다. 여기에서도 투자위험이 크게 줄어듦을 볼 수 있다.

3 최소분산 포트폴리오의 구성

포트폴리오를 구성하는 주식간의 상관관계가 일정할 때 투자비율의 조정에 따른 포트폴리오의 기대수익률과 위험(표준편차)의 변화(〈표 10-4〉에 나타난 결과)를 그림으로 표시한 것을 포트폴리오 결합선(combination line)이라고 부른다.

앞에서 예로 든 주식 X와 $Y(Z, G)$로 구성된 포트폴리오에서 각각의 투자비율에 근거하여 포트폴리오 결합선을 그리면 [그림 10-6]과 같이 표시된다.

주식 X와 Y로 포트폴리오가 구성될 때($\rho_{XZ}=+1$인 경우)에는 그림에서 보는 것처럼 투자비율이 X에서 Y로 많아지면서 기대수익률과 위험이 비례적으로 줄게 된다. 반면에 주식 X와 Z로 포트폴리오가 구성되면($\rho_{XZ}=-1$인 경우) $E(R_p)$보다 σ_p가 더 많이 감소하다가 투자비율이 $X:Z=20:80$일 때 σ_p가 최소가 된 다음, 다시 포트폴리오 위험은 커진다.

현실의 자본시장에서 거래되는 대부분 증권들간에는 $0 \le \rho_{XZ} \le +1$의 상관관계를 보인다. 이와 같은 경우는 호(弧) XY처럼 표시된다. 투자비율이 달라질 때 기

[그림 10-6] 포트폴리오 결합선과 최소분산 포트폴리오

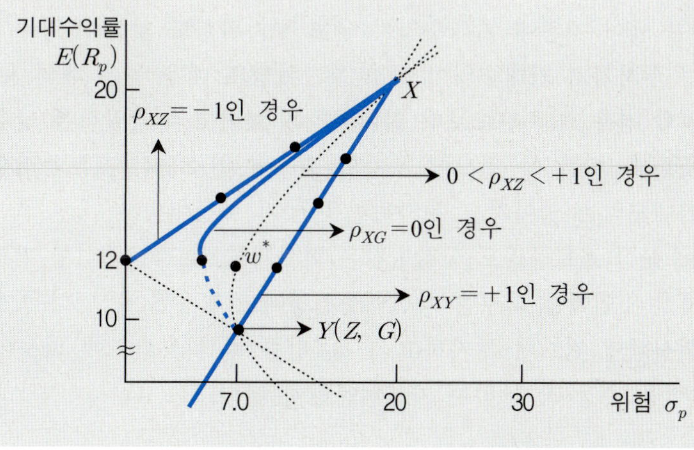

대수익률과 위험이 이제는 선형의 형태로 변화하지 않고 곡선의 형태로 변화하게 되는데, w^*되는 점에서 위험이 최소가 된다. 투자비율이 이 w^*수준을 넘어서면 기대수익률은 감소하더라도 위험은 다시 증가하므로 비효율적 포트폴리오가 된다.

이처럼 포트폴리오 결합선상에서 위험이 최소가 되는 포트폴리오를 **최소분산 포트폴리오**(MVP : minimum variance portfolio)라고 한다. 주식 X와 Y의 두 주식으로 이루어지는 최소분산 포트폴리오는 다음 식 10.16에 의해서 구해진다.

$$w_X^* = \frac{\sigma_Y^2 - \sigma_{XY}}{\sigma_X^2 + \sigma_Y^2 - 2\sigma_{XY}} = \frac{\sigma_Y^2 - \sigma_X \sigma_Y \rho_{XY}}{\sigma_X^2 + \sigma_Y^2 - 2\sigma_X \sigma_Y \rho_{XY}} \tag{10.16}$$

주식 X에 w^*만큼 투자할 때 위험이 가장 적은 포트폴리오를 얻게 되는 것이다. 예를 들어, 주식 X와 $Z(\rho_{XZ} = -1)$로 포트폴리오를 구성한다면 최소분산 포트폴리오는 $w^* = 20\%$일 때, 즉 주식 X에 20%, 주식 Z에 80%$(= 1 - w^*)$ 투자함으로써 최소분산 포트폴리오를 얻게 된다.

$$w_X^* = \frac{(0.07)^2 - (-0.02)}{(0.2828)^2 + (0.0707)^2 - 2(-0.02)} = 0.20$$

식 10.16에 의해서 추정되는 최소분산 포트폴리오 구성방법은 실제의 위험관리와 자산배분결정에 함축하는 바가 크다. 최소분산 포트폴리오가 도출될 수 있음은, 상관관계/투자비율 여하에 따라서는 기존의 투자자산(포트폴리오)보다 기대수익이 높고 투자위험이 높은 투자자산(포트폴리오)을 추가시켰을 때, 포트폴리오 기대수익이 높아지면서 투자위험은 감소하는 투자성과를 창출할 수 있음을 의미한다.

예를 들어 기존에 기대수익이 낮고 투자위험도 낮은 우량주 B펀드에 투자하고 있는 투자자가 기대수익이 높고 투자위험도 매우 높은 해외 S펀드에 추가적으로 투자할 경우, 기존펀드보다 기대수익은 높이고 투자위험은 낮추는 방법이 가능함을 뜻한다. 이들 두 펀드에 투자할 경우의 최소분산 포트폴리오는 기존펀드 B보다 기대수익은 높아지고 투자위험은 낮기 때문이다.

최소분산 포트폴리오 구성방법은 회사채형 펀드와 주식형 펀드에 얼마씩 나누어 투자할 것인지를 다루는 자산배분결정에도 활용될 수 있다. [그림 10-7]에서 w^*만큼 회사채형 펀드에 투자하고, $1 - w^*$만큼 주식형 펀드에 나누어 투자하는 것이 투자위험을 가장 작게 하는 자산배분안이 된다.

[그림 10-7] 최소분산 포트폴리오의 자산배분결정에의 활용

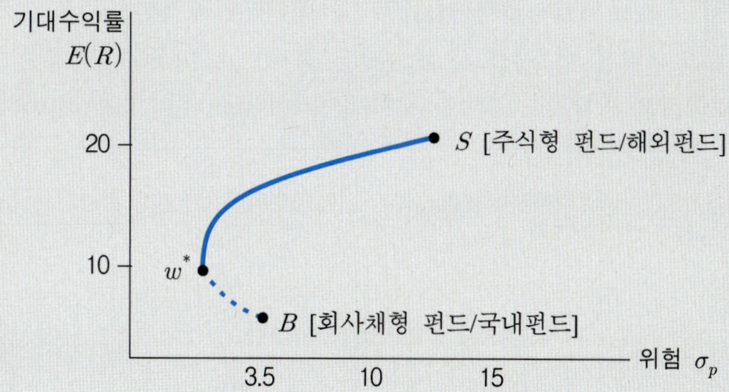

예제

이제 본장 제2절과 제3절에서 다룬 내용을 다음 예제를 통해서 포트폴리오 구성문제들을 종합적으로 적용해 보자. 주식 X와 Y의 미래수익률에 관한 자료가 다음과 같이 구해졌다.

상 황	확 률(p_i)	주식 $X(r_X)$	주식 $Y(r_Y)$
Ⅰ	0.25	18%	25%
Ⅱ	0.25	14	30
Ⅲ	0.25	22	−6
Ⅳ	0.25	−6	15

(1) 개별주식 X와 Y에 대해서, 각각의 기대수익률과 위험(분산)을 구하라.

(2) 두 주식간의 공분산, 상관계수를 구하라.

(3) X에 대한 투자금액의 비율이 100%, 75%, 50%, 25%, 0%, −25%로 조정될 때 포트폴리오 결합선을 구하라.

(4) 투자위험이 최소가 되는 최소분산 포트폴리오를 구하라.

풀이

(1) 주식 X와 Y의 기대수익률과 분산(표준편차)

$E(R_X) = 18\%(0.25) + 14\%(0.25) + \cdots\cdots + (-6\%)(0.25) = 12\%$

$E(R_Y) = 25\%(0.25) + 30\%(0.25) + \cdots\cdots + 15\%(0.25) = 16\%$

$\sigma_X^2 = E[r_X - E(R_X)]^2 = (0.18 - 0.12)^2 0.25 + (0.14 - 0.12)^2 0.25 + \cdots = 0.0116 \quad \therefore\ \sigma_X = 10.77\%$

$\sigma_Y^2 = E[r_Y - E(R_Y)]^2 = (0.25 - 0.16)^2 0.25 + (0.30 - 0.16)^2 0.25 + \cdots = 0.0191 \quad \therefore\ \sigma_Y = 13.80\%$

(2) 주식 X, Y 간의 공분산, 상관계수

$cov(r_X,\ r_Y) = E[(r_X - E(R_X))(r_Y - E(R_Y))]$

$= 0.25(0.18 - 0.12)(0.25 - 0.16) + 0.25(0.14 - 0.12)(0.30 - 0.16) + \cdots\cdots = -0.0030$

$\rho_{XY} = cov(r_X, r_Y) / \sigma_X \cdot \sigma_Y = -0.0030 / (0.1077)(0.1380) = -0.2018$

(3) 투자비율이 달라질 때의 포트폴리오 결합선

조정되는 투자비율의 수치를 $E(R_p)$와 σ_p^2을 구하는 식 10.7과 10.9에 대입하면 다음 표와 같이 값이 구해지고, 포트폴리오 결합선은 그림과 같다. [여기서 $cov(r_X, r_Y) = -0.0030$, $\rho_{XY} = -0.2018$]

주식 X에 대한 투자비율(w_X)	주식 Y에 대한 투자비율(w_Y)	포트폴리오 기대수익률($E(R_p)$)	포트폴리오 위험 (σ_p)
100%	0%	12.0%	10.77%
75	25	13.0	8.12
50	50	14.0	7.85
25	75	15.0	10.15
0	100	16.0	13.80
−25	125	17.0	17.99

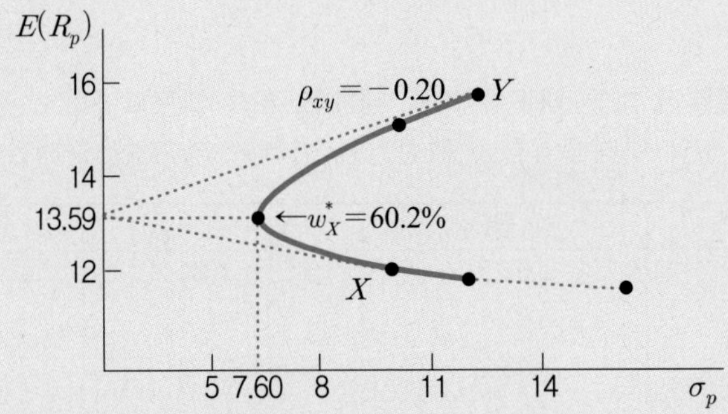

(4) 최소분산 포트폴리오

$$w_X^* = \frac{\sigma_Y^2 - \sigma_{XY}}{\sigma_X^2 + \sigma_Y^2 - 2\sigma_{XY}} = \frac{0.01905 - (-0.0030)}{0.0116 + 0.01905 - 2(-0.0030)} = 0.602$$

주식 X에 60.2%, 주식 Y에 39.8% 투자할 경우 투자위험이 최소가 된다. 이 MVP의 기대수익률과 위험을 추정하면 $E(R_p) = 13.59\%$, $\sigma_p^2 = 0.00578\%$, $\sigma_p = 7.605\%$

예제

다음 자료는 SK하이닉스, LG화학, 셀트리온, 신세계, KOSPI의 36개월간(2016.5.31~2019.4.30) 주식투자수익률의 자료이다. 이 주식들의 미래수익률이 과거자료와 유사한 패턴을 보일 것이라 가정하자.

(1) 네 주식에 대하여 기대수익률과 표준편차를 구하라.

(2) 네 주식 서로의 상관계수를 추정하라.

(3) 두 종목으로 분산투자할 경우 위험감소효과가 가장 크게 나타나는 포트폴리오와 가장 작게 나타나는 포트폴리오를 제시하라.

(4) (1)과 (2)에서 구한 SK하이닉스와 LG화학의 기대수익률, 표준편차, 상관계수의 값을 사용하여 이들 두 종목으로 구성되는 최소분산 포트폴리오(MVP)를 제시하라. 투자금액의 변화에 따른 포트폴리오 결합선을 그림으로 제시하라.[3)]

일 자	SK하이닉스	LG화학	셀트리온	신세계	KOSPI
2016. 5.31	0.0193	−0.0916	−0.0150	−0.0191	−0.0054
2016. 6.30	0.1213	−0.0414	−0.0307	−0.0621	−0.0066
2016. 7.31	0.0599	−0.0656	0.0800	−0.0690	0.0230
2016. 8.31	0.0579	0.1052	0.0256	0.1117	0.0091
2016. 9.30	0.0979	−0.1134	−0.0038	−0.1144	0.0044
2016.10.31	0.0197	0.0205	−0.0019	0.0245	−0.0175
2016.11.30	0.0453	−0.0846	−0.0364	−0.0300	−0.0124
2016.12.31	0.0411	0.1418	0.0959	−0.0252	0.0214
2017. 1.31	0.1834	0.0038	−0.0694	0.0000	0.0201
2017. 2.28	−0.1397	0.0771	0.0129	0.1253	0.0116
2017. 3.31	0.0782	0.0381	−0.1191	−0.0435	0.0323
2017. 4.30	0.0670	−0.0705	−0.0056	0.0683	0.0207
2017. 5.31	0.0541	0.0973	0.0648	0.1745	0.0624
2017. 6.30	0.1676	−0.0371	0.1856	−0.0592	0.0187
2017. 7.31	−0.0210	0.1197	−0.0590	0.0364	0.0046
2017. 8.31	0.0386	0.1445	0.0590	−0.2096	−0.0166
2017. 9.30	0.1893	0.0337	0.2100	0.0103	0.0131
2017.10.31	−0.0085	0.0289	0.1980	0.1607	0.0525
2017.11.30	−0.0680	0.0341	0.1449	0.2258	−0.0188
2017.12.31	−0.0039	−0.0304	0.1195	0.0443	−0.0036
2018. 1.31	−0.0400	0.0645	0.3562	0.1339	0.0393
2018. 2.28	0.0439	−0.1204	0.1113	0.0000	−0.0557
2018. 3.31	0.0569	0.0065	−0.1315	0.0414	0.0076
2018. 4.30	0.0386	−0.0684	−0.1328	0.1551	0.0280
2018. 5.31	0.1001	−0.0616	−0.0205	0.0502	−0.0374
2018. 6.30	−0.0860	−0.0149	0.1338	−0.0893	−0.0408
2018. 7.31	0.0070	0.1173	−0.1114	−0.1901	−0.0134
2018. 8.31	−0.0390	−0.0243	−0.0055	−0.0228	0.0120
2018. 9.30	−0.1270	−0.0014	0.0953	0.1107	0.0087
2018.10.31	−0.0694	−0.0519	−0.3115	−0.3381	−0.1436
2018.11.30	0.0203	−0.0043	0.0964	0.1184	0.0326

3) 이와 관련된 주식들의 주가자료, 그리고 본서에서 다루고 있는 포트폴리오 구성방법을 EXCEL로 적용하는 예시는 신영사 홈페이지(http://www.shinyoungsa.co.kr) 자료실에 제시되어 있다.

여기서 제시되고 있는 종목별 수익률은 주가자료에서 연속(continuous)복리수익률을 계산한 것이다. 기간별 이산(discrete)수익률 r_d는 $[(t+1$기 주식가격$/t$기 주식가격$)-1]$을 계산하여 추정하지만, 연속복리수익률 r_c는 $ln[t+1$기 주식가격$/t$기 주식가격$]$을 계산하여 추정한다.

2018.12.31	−0.1401	0.0043	−0.0559	−0.1281	−0.0270
2019. 1.31	0.2001	0.0588	−0.0159	0.0327	0.0772
2019. 2.28	−0.0542	0.0593	−0.0685	0.0764	−0.0043
2019. 3.31	0.0583	−0.0648	−0.1221	0.1673	−0.0253
2019. 4.30	0.0627	−0.0138	0.1581	0.0074	0.0290

풀이

(1) 기대수익률과 표준편차(월간 수익률)

	SK하이닉스	LG화학	셀트리온	신세계	KOSPI
기대수익률	0.02866	0.00542	0.02307	0.01319	0.00277
표준편차	0.08531	0.07135	0.12376	0.11710	0.03727

(2) 상관계수행렬

	SK하이닉스	LG화학	셀트리온	신세계
SK하이닉스	1.0000			
LG화학	−0.1413	1.0000		
셀트리온	0.0225	0.1401	1.0000	
신세계	−0.0425	0.0827	0.3667	1.0000

(3) 위험감소효과가 가장 큰 경우 : SK하이닉스+LG화학
위험감소효과가 가장 작은 경우 : 신세계+셀트리온

(4) SK하이닉스와 LG화학, 두 종목 포트폴리오의 최소분산 포트폴리오(MVP)의 구성 :
(1)과 (2)에서 SK하이닉스의 월간 기대수익률과 표준편차는 0.02866, 0.08531
LG화학의 월간 기대수익률과 표준편차는 0.00542, 0.07135
두 종목간의 상관계수=−0.1413(공분산=−0.0009)
식 10.16에 의해 MVP의 투자비율을 구하면,

$$w_X^* = \frac{\sigma_Y^2 - \sigma_{XY}}{\sigma_X^2 + \sigma_Y^2 - 2\sigma_{XY}} = \frac{(0.07135)^2 - (-0.009)}{(0.08531)^2 + (0.07135)^2 - 2(-0.0009)} = 0.4224$$

SK하이닉스에 대한 투자비율=42.24%, LG화학에 대한 투자비율=57.76%
MVP의 기대수익률=0.0152, 표준편차=0.0026

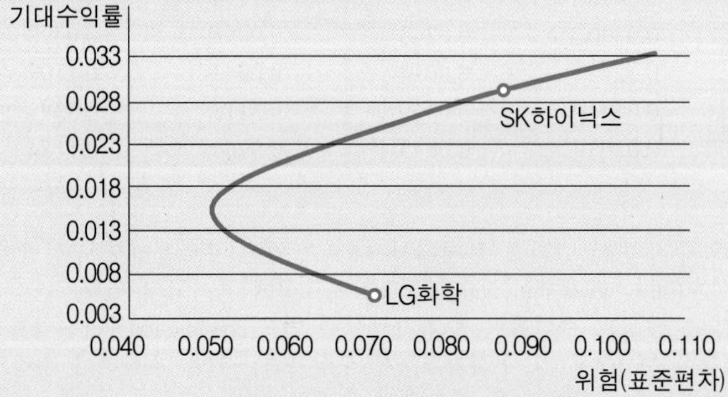

연습문제

1. 다음 사항에 대하여 설명하라.

포트폴리오 관리	최적투자결정의 체계	평균 · 분산기준
정규분포	지배원리	효율적 포트폴리오
최적포트폴리오	포트폴리오 기대수익률	포트폴리오 분산
공분산	상관계수	투자비율
투자위험 감소의 원리	포트폴리오 결합선	최소분산 포트폴리오(MVP)

2. 다음 중 잘못 서술되어 있는 문항에 대해서는, 잘못 서술되고 있음을 논리적 · 이론적 근거를 제시하여 설명하라.
   (1) 포트폴리오 이론에서 제시하는 최적포트폴리오의 선택방법을 세 단계로 나눌 때 첫째 단계는 개별자산의 예상수익률 자료를 생성하여, 이로부터 그 자산의 투자가치를 기대수익률과 분산(표준편차)으로 측정하는 것이다.
   (2) 개별적으로 최우량주식인 것들을 모아 포트폴리오를 구성한 경우가 개별적으로는 우량주식이 아닌 증권들로 구성된 포트폴리오의 투자성과보다 반드시 우월하다.
   (3) 수익률의 분산은 실제의 수익률이 가질 수 있는 여러 가지 가능한 값들의 평균적인 값으로 계산한다.
   (4) 포트폴리오 기대수익률은 개별증권의 기대수익률을 산술평균하여 구한다.
   (5) 포트폴리오 분산은 개별주식의 분산을 가중평균하여 추정한다.
   (6) 투자결정의 기준으로 평균기대수익률과 분산만을 고려한다는 것은 수익률의 확률분포가 정규분포인 것을 가정한 것이다.
   (7) 지배원리를 만족하는 포트폴리오를 최적포트폴리오라고 부른다.
   (8) 공분산은 상관계수를 각각의 표준편차의 곱으로 나누어 표준화시킨 통계량이다.
   (9) 투자위험을 줄이는 두 가지 요인은 '구성자산간의 상관관계'와 '공분산'이다.
   (10) 구성자산간의 상관관계가 +1인 경우 투자금액 비율 여하에 따라서 포트폴리오 위험은 크게 줄 수 있다.
   (11) 최소분산 포트폴리오 구성방법은 회사채형 펀드와 주식형 펀드에 얼마씩 나누어 투자할 것인지를 다루는 자산배분결정에 활용될 수 있다.

3. [포트폴리오 기대수익률과 위험]
   두 주식 X, Y에 관한 다음의 자료에 근거하여 답하라.

	$E(R)$	$\sigma(R)$	상관계수
X	10%	12%	$\rho_{XY}=0.2$
Y	18%	14%	

   (1) 주식 X, Y에 50 : 50 투자한 포트폴리오의 기대수익률과 표준편차(위험)는 얼마인가?
   (2) 최소분산 포트폴리오를 구성할 때, 주식 X에 대한 투자비율은 얼마인가?

4. [상관관계와 포트폴리오 위험]

(1) 주식 A의 표준편차는 0.5이고 주식 B의 표준편차는 0.3이다. 주식 A와 B는 완전 정(+)의 상관관계를 갖는다. 마코위츠의 포트폴리오 이론에 따라, 포트폴리오 표준편차를 최소화시키기 위해서 각각에 얼마씩 투자해야 하는가?

(2) 만약 투자자가 완전 음(−)의 상관관계를 갖는 두 자산($\sigma_D=0.3$, $\sigma_E=0.4$)을 갖고 있다면, 모든 위험을 제거할 최적포트폴리오 투자비율은 얼마인가?

(3) 기존에 저수익 저위험의 우량펀드를 보유하고 있는 투자자가 고수익 고위험의 해외펀드에 추가 투자할 경우 투자위험은 낮추면서 기대수익은 높이는 포트폴리오 구성 방법을 제시하라.

5. [포트폴리오 기대수익과 위험, 최소분산 포트폴리오]

투자기회로서 다음과 같은 수익률의 확률분포를 가지는 주식 1, 2, 3이 있다.

시장여건	확 률	주식 1	주식 2	주식 3
양호	1/4	16%	4%	20%
정상	1/2	12	6	14
불량	1/4	8	8	8

(1) 각 주식의 기대수익률과 표준편차 그리고 두 주식으로 포트폴리오를 구성할 경우의 공분산(σ_{12}, σ_{23}, σ_{13})과 상관관계(ρ_{12}, ρ_{23}, ρ_{13})를 구하라.

(2) 각 주식에 대한 투자금액의 비율을 다음과 같이 조정할 때의 포트폴리오 기대수익률과 위험(분산)을 구하라.

① 포트폴리오 A : 1/2(주식 1)+1/2(주식 2)

② 포트폴리오 B : 1/2(주식 1)+1/2(주식 3)

③ 포트폴리오 C : 1/2(주식 2)+1/2(주식 3)

(3) (2)의 ①(포트폴리오 A)에 있어서 최소분산 포트폴리오를 구하라.

6. [상관관계와 위험감소효과]

다음 자료는 현대차, 현대모비스, 강원랜드, 엔씨소프트의 10개월간의 월간 투자수익률의 자료이다. ① 네 주식에 대하여 기대수익률과 표준편차, ② 네 주식 서로의 상관계수, ③ 두 종목으로 분산투자할 경우 위험감소효과가 가장 크게 나타나는 포트폴리오와 가장 작게 나타나는 포트폴리오를 제시하라.

	1월	2월	3월	4월	5월	6월	7월	8월	9월	10월
현대차	−0.0638	0.0615	0.0272	−0.1158	0.0631	0.0594	0.0306	0.0686	0.0080	0.0079
현대모비스	−0.0105	0.0937	−0.0177	−0.2070	0.1310	−0.0430	0.0037	0.0181	0.0248	0.0461
강원랜드	0.0661	0.0499	−0.0451	−0.0080	0.1094	−0.0950	−0.0998	−0.0320	0.0285	0.0226
엔씨소프트	−0.0867	0.0356	0.0934	0.0557	−0.0557	0.0314	0.0511	−0.0511	0.1647	0.0732

CHAPTER

11

효율적 분산투자

앞의 장에서는 포트폴리오 이론에서 제시하고 있는 최적투자결정의 체계 그리고 2개 종목으로 구성되는 포트폴리오의 위험감소원리에 대하여 다루었다. 본장에서는 n종목으로 확대하여 효율적 포트폴리오와 최적포트폴리오 구성방법을 다룬다. 다음은 본장의 학습목표로서 이해해야 할 주요 사항들이다.

- n종목 포트폴리오의 기대수익과 위험 측정방법
- 마코위츠가 제시한 효율적 포트폴리오의 구성방법
- 투자종목수가 증가할 때의 위험저감효과와 위험관리에의 함축
- 위험자산의 효율적 포트폴리오 구성
- 투자자의 위험성향을 고려한 최적포트폴리오 구성방법
- 무위험자산이 포함될 경우의 효율적 포트폴리오 구성방법
- 최적 자산배분의 방법

주제 생각하기

위험관리와 위험성향

투자위험은 구성종목간의 상관관계와 투자비율을 적절히 조정하는 방법 이외에도 포트폴리오를 구성하는 종목수를 늘림으로써 감소시킬 수 있다. 그러면 얼마나 많은 종목에 분산투자해야 하는가? 또 포함되는 종목수가 계속 증가하면 투자위험은 어떤 모양으로 줄게 되는가?

구성종목수가 많아지면 호재로 인하여 (+)의 수익률을 내는 종목도 있고, 반대로 악재로 인하여 (−)의 수익률을 내는 종목도 있게 되어, 개별고유기업의 위험은 서로 상쇄될 가능성이 높아진다. 수십 개의 특성 있는 주식들로 구성되는 펀드에 투자하면 이러한 측면에서의 위험은 상당 부분 줄일 수 있게 된다. 그러나 금리나 환율 변동으로 발생하는 위험은 전 종목에 전반적으로 영향을 미치는 위험요소로서 통제불가능하다.

이제 다음과 같은 특징의 가치주펀드와 성장주펀드를 선별하였다. 이 두 펀드에 투자자금을 얼마씩 배분해야 하는가? 그 배분기준은 무엇인가?

	가치주펀드	성장주펀드	국공채펀드
기대수익률	10%	30%	3.0%
표준편차	15%	55%	0.0%

이에 더하여 자산배분에 국공채도 포함시키고자 한다. 국공채펀드는 비록 무위험자산이라고 할 수 있지만 기대수익률이 3% 수준이어서 투자수익이 너무 낮을 것을 염려하고 있다. 국공채펀드가 포함되면 투자성과가 나빠지는가? 포함시킨다면 두 펀드와 국공채펀드, 세 자산에 대한 투자비율을 어떻게 결정해야 하는가?

최종적으로는 투자자의 개인적 위험성향, 즉 얼마나 위험회피형인지를 파악하여 자신에 맞는 포트폴리오를 구성해야 한다. 다음은 투자자의 위험성향을 평가할 수 있는 기준 중의 하나이다. 나의 위험성향은 이 중에서 어떤 것이며, 이를 감안한 최적포트폴리오는 어떻게 구성해야 하는가?

투자자의 위험성향 평가

구 분	투자성향
보수안정추구형	확실한 원금보전과 환금성을 고려하여 포트폴리오를 구성한다.
안정추구형	일정부분 위험을 허용하지만 대부분 원금이 보호되는 자산에 투자한다.
안정수익추구형	고수익의 주식형 상품과 안정수익의 채권형 상품에 균형 있게 투자한다.
수익추구형	채권형도 포함시키지만 고위험의 주식형 상품의 비중을 높인다.
적극수익추구형	높은 투자수익을 위해 고위험의 주식이나 파생상품에 투자한다.

제 1 절 n 종목의 효율적 포트폴리오

앞의 장에서는 두 개의 주식으로 결합된 포트폴리오의 기대수익률과 위험을 측정하고, 투자위험이 감소되는 원리에 대해서 설명하였다. 그러면 세 개 이상 다수(n 종목)의 주식들을 결합할 때 포트폴리오 기대수익률과 위험은 어떻게 측정되고, 분산투자효과는 어떻게 나타날 것인가?

1 n 종목 포트폴리오의 결합선

다수의 주식이 결합되면 두 개의 주식으로 결합될 때보다는 복잡하겠지만, 기본적으로 두 개의 주식의 결합관계로 생각할 수 있다. 예를 들어, X, Y, Z 세 주식이 있을 때, 세 주식 포트폴리오의 기대수익률과 위험은 먼저 X와 Y 두 개의 주식으로 구성된 포트폴리오를 마치 하나의 주식처럼 보고, 이를 나머지 주식 Z와의 결합관계로 보게 되면, 세 주식의 결합관계를 마치 두 주식의 결합관계처럼 파악할 수 있게 된다.

이 원리를 [그림 11-1]에 표시되어 있는 세 주식 X, Z, T의 결합관계를 예로 들어 살펴보기로 하자. 먼저 주식 X와 T를 결합하면 그 투자비율의 변화에 따라 두 종목의 포트폴리오 결합선은 곡선 XET를 따라 나타날 것이다. 또 주식 T와 Z를 결합하면 투자비율의 변화에 따라 곡선 TFZ의 포트폴리오 결합선을 얻는다.

[그림 11-1] 다수 주식을 결합할 때의 포트폴리오 결합선과 최소분산 포트폴리오

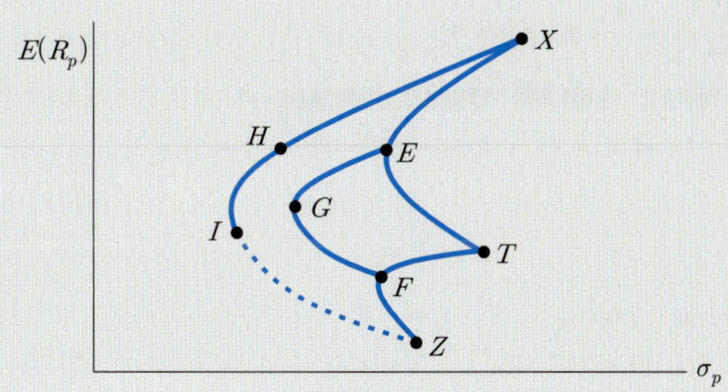

이제 X와 T의 결합 중에서 E포트폴리오 그리고 T와 Z의 결합 중에서 F포트폴리오를 결합하면 새로운 포트폴리오 결합선 EGF를 얻는데, 곡선 EGF선상의 포트폴리오는 E와 F를 결합한 것이므로 두 종목의 결합 포트폴리오로 볼 수 있지만, 실제로는 개별주식 X, T, Z 세 주식을 모두 결합한 셈이 된다. 이와 같은 원리로 X, T, Z를 동시에 결합하면 곡선 $XHIZ$와 같은 포트폴리오 결합선을 얻을 수 있다. 결합방법에 따라서는 곡선 EGF선상의 포트폴리오보다 우월한 포트폴리오를 얻을 수 있게 된다.

결론적으로 곡선 $XHIZ$선상의 주식결합은 주식 X, T, Z를 결합할 때 얻을 수 있는 포트폴리오 중에서는 일정한 기대수익률하에서 위험이 가장 적은 포트폴리오군이 된다. 이처럼 일정한 기대수익률에서 위험이 가장 적은 포트폴리오군을 최소분산 포트폴리오 집합(minimum variance portfolio set)이라고 부른다.

그러나 이 최소분산 포트폴리오 집합(곡선 $XHIZ$) 중에서 곡선 XHI부분만이 일정한 위험(표준편차)에서 기대수익률이 보다 높은데, 이처럼 최소분산 포트폴리오 집합 중에서 곡선 XHI부분처럼 동일한 위험수준에서 기대수익률이 보다 높은 포트폴리오 집합을 효율적 포트폴리오 집합(efficient portfolio set) 또는 효율적 투자선(efficient frontier)이라고 부른다. 특히 이 중 포트폴리오 I는 위험이 가장 적은 포트폴리오로서 최소분산 포트폴리오(global minimum variance portfolio)라고 한다. 반면에 곡선 IZ부분은 비효율적 포트폴리오 집합이 된다.

2 n종목 포트폴리오의 기대수익과 위험 측정

이처럼 세 종목 이상으로 구성되는 포트폴리오도 두 종목의 결합관계로 분석할 수 있음을 설명하였다. 그러면 n종목으로 구성되는 포트폴리오의 기대수익과 위험은 구체적으로 어떻게 측정되는가?

이제 주식 1, 2, 3, ⋯ n으로 구성되는 포트폴리오의 기대수익률과 위험(분산) 계산을 식으로 나타내기 위해서 다음과 같이 기호를 사용하기로 하자.

$E(R_1)$, $E(R_2)$, ⋯⋯ $E(R_n)$: 주식 1, 2, ⋯ n의 기대수익률
σ_1^2, σ_2^2, ⋯⋯ σ_n^2 : 주식 1, 2, ⋯ n의 분산
σ_{12}, σ_{23}, ⋯⋯ $\sigma_{n-1,\,n}$: 주식 1과 2, 2와 3, ⋯ $n-1$과 n 간의 공분산
w_1, w_2, ⋯⋯ w_n : 주식 1, 2, ⋯ n에 대한 투자비율

주식 1과 2로 구성되는 두 종목 포트폴리오의 기대수익률과 분산은 식 10.7과 10.9에서 설명한 것처럼 다음과 같이 측정된다.

$$E(R_p) = w_1 E(R_1) + w_2 E(R_2)$$
$$\sigma_p^2 = w_1^2 \sigma_1^2 + w_2^2 \sigma_2^2 + 2w_1 w_2 \sigma_{12}$$

주식 1, 2, 3으로 구성되는 세 종목 포트폴리오의 기대수익률과 분산은 마찬가지 원리로 다음과 같이 측정된다.

$$E(R_p) = w_1 E(R_1) + w_2 E(R_2) + w_3 E(R_3) \quad (11.1)$$

$$\begin{aligned} \sigma_p^2 &= var(w_1\sigma_1 + w_2\sigma_2 + w_3\sigma_3) \\ &= \underbrace{w_1^2\sigma_1^2 + w_2^2\sigma_2^2 + w_3^2\sigma_3^2}_{\text{① 개별주식 고유위험}} + \underbrace{2(w_1w_2\sigma_{12} + w_1w_3\sigma_{13} + w_2w_3\sigma_{23})}_{\text{② 타주식과의 공분산위험}} \end{aligned} \quad (11.2)$$

포트폴리오의 기대수익률은 포트폴리오를 구성하는 개별주식의 기대수익률에 그 주식에 대한 투자비율을 곱하여 모두 합한 것이 된다. 포트폴리오의 분산은 식 11.2에서 보는 것처럼 포트폴리오를 구성하는 개별주식 고유위험(개별주식 분산에 투자비율의 자승을 곱한 크기)과 타주식과의 공분산위험(구성 두 주식간의 공분산에 투자비율을 곱한 크기)이라는 두 부분으로 구성되어 있음을 볼 수 있다.

이를 확장하여 n개의 주식으로 구성되는 포트폴리오의 기대수익률과 분산을 구하면 다음과 같은데, 그 추정방법은 식 11.1 및 11.2와 동일하다.

$$\begin{aligned} E(R_p) &= w_1 E(R_1) + w_2 E(R_2) + \cdots\cdots + {}_n E(R_n) \\ &= \sum_{j=1}^{n} w_j E(R_j) \end{aligned} \quad (11.3)$$

단, w_j : 주식 j에 대한 투자비율, $E(R_j)$: 주식 j의 기대수익률

$$\begin{aligned} \sigma_p^2 &= w_1^2\sigma_1^2 + w_2^2\sigma_2^2 + w_3^2\sigma_3^2 + \cdots\cdots + w_n^2\sigma_n^2 \\ &\quad + 2(w_1w_2\sigma_{12} + w_1w_3\sigma_{13} + \cdots\cdots + w_{n-1}w_n\sigma_{n,\,n-1}) \end{aligned} \quad (11.4)$$

식 11.4에서도 $[w_1^2\sigma_1^2 \cdots w_n^2\sigma_n^2]$의 부분은 개별주식 고유위험으로 구성되는 부분이고, $[w_1w_2\sigma_{12} \cdots w_{n-1}w_n\sigma_{n-1,\,n}]$의 부분은 타주식과의 공분산위험으로 구성되는 부분이다.

이제 $w_1^2\sigma_1^2 = w_1 w_1 \sigma_{11}$, $w_n^2\sigma_n^2 = w_n w_n \sigma_{nn}$이므로, 임의의 두 종목을 i, j라고 하면, 우변의 모든 항은 공통요소로서 두 종목 투자비율($w_i w_j$)에 두 종목간의 공분산(σ_{ij})을 곱한 항으로 구성됨을 볼 수 있다.

따라서 포트폴리오 분산은 다음과 같이 표시된다.

$$\sigma_p^2 = \sum_{i=1}^{n}\sum_{j=1}^{n} w_i w_j \sigma_{ij} \tag{11.5}$$

또는, $\sigma_p^2 = \sum_{i=1}^{n}\sum_{j=1}^{n} w_i w_j \sigma_i \sigma_j \rho_{ij}$

단, w_i, w_j : 주식 i, j에 대한 각각의 투자비율
σ_{ij} : 주식 i, j 간의 공분산, ρ_{ij} : 주식 i, j 간의 상관계수

이를 알기 쉽게 공분산행렬로 나타내면 〈표 11-1〉과 같다. 이들 모든 칸의 합은 식 11.4와 일치한다. 〈표 11-1〉에서 ▬ 표시된 대각선(diagonal)상의 칸들은 $i = j$인 경우로서 동일종목간의 공분산($w_i w_i \sigma_{ii}$)을 나타내는 것이므로 결국 특정 개별주식의 분산($w_i^2\sigma_i^2$)값을 나타낸 것이다. 이는 n종목으로 구성되는 포트폴리오 위험 중에서 개별주식 고유의 특성에 의해서 발생되는 위험의 크기이다. 이처럼 $i = j$인 경우의 수는 n개가 된다.

반면에 ▬ 표시되지 않은 대각선 위와 아래에 있는 칸들(off-diagonal)은 $i \neq j$인 경우로서 다른 주식과의 공분산을 나타낸 것이다. 이는 포트폴리오 위험 중에서 다른 주식들과의 모든 상관관계, 즉 시장의 전반적인 요인에 의해서 발생되는 위험의 크기라고 할 수 있다. 이처럼 $i \neq j$인 경우의 수는 $n(n-1)$개 만큼인데, 모두 2

〈표 11-1〉 n종목 경우의 포트폴리오 위험 : 공분산행렬

주식 j \ 주식 i	1	2	3	4	……	n
1	$w_1^2\sigma_1^2$	$w_2 w_1 \sigma_{21}$	$w_3 w_1 \sigma_{31}$	$w_4 w_1 \sigma_{41}$	…………	$w_n w_1 \sigma_{n1}$
2	$w_1 w_2 \sigma_{12}$	$w_2^2\sigma_2^2$	$w_3 w_2 \sigma_{32}$	$w_4 w_2 \sigma_{42}$	…………	$w_n w_2 \sigma_{n2}$
3	$w_1 w_3 \sigma_{13}$	$w_2 w_3 \sigma_{23}$	$w_3^2\sigma_3^2$	$w_4 w_3 \sigma_{43}$	…………	$w_n w_3 \sigma_{n3}$
4	$w_1 w_4 \sigma_{14}$	$w_2 w_4 \sigma_{24}$	$w_3 w_4 \sigma_{34}$	$w_4^2\sigma_4^2$	…………	$w_n w_4 \sigma_{n4}$
⋮	⋮	⋮	⋮	⋮		⋮
n	$w_1 w_n \sigma_{1n}$	$w_2 w_n \sigma_{2n}$	$w_3 w_n \sigma_{3n}$	$w_4 w_n \sigma_{4n}$	…………	$w_n^2\sigma_n^2$

개씩(이를테면 $w_3 w_1 \sigma_{31} = w_1 w_3 \sigma_{13}$) 있으므로 실제의 개수는 $n(n-1)/2$개가 된다.

공분산행렬에서 모든 칸을 $i=j$인 경우와 $i \neq j$인 경우로 분류하여 그 의미가 무엇인지 살펴보았다. 따라서 식 11.4는 특정 개별주식의 분산을 표시하는 부분과 타주식과의 공분산을 나타내는 부분의 합으로 구분하면, 다음과 같이 표시된다.

$$\begin{aligned}\sigma_p^2 &= \sum_{i=1}^{n}\sum_{j=1}^{n} w_i w_j \sigma_{ij} \\ &= \sum_{i=1}^{n} w_i^2 \sigma_i^2 + \sum_{i=1}^{n}\sum_{j=1}^{n} w_i w_j \sigma_{ij} \quad (\text{단, } i \neq j) \\ &= \text{개별주식 고유위험} + \text{타주식과의 공분산위험} \qquad (11.6)\end{aligned}$$

여기서 우변 첫째 항은 공분산행렬에서 대각선상에 위치하는 특정 개별주식의 분산부분(n개)을 표시한 것이고, 둘째 항은 대각선의 위와 아래에 위치하는 타주식과의 공분산부분($n(n-1)$개)을 표시한 것이다.

제 2 절 투자종목수와 위험분산효과

n개 종목으로 포트폴리오를 구성할 경우 포트폴리오 위험이 식 11.6과 같이 표시되면, 종목수의 증가에 따른 위험감소효과는 어떻게 나타나는가?

이제 종목수의 증가에 따른 분산투자효과를 분석하기 위해서 n개의 주식에 투자가능한 금액을 균등하게 배분하여 투자를 한다고 가정하자. 즉, $w_i = w_j = \cdots\cdots = 1/n$이라고 하자. 그러면 포트폴리오 분산 σ_p^2은 다음과 같이 표시된다.

$$\begin{aligned}\sigma_p^2 &= \sum_{i=1}^{n} w_i^2 \sigma_i^2 + \sum_{i=1}^{n}\sum_{j=1}^{n} w_i w_j \sigma_{ij} \\ &= \sum_{i=1}^{n}\left(\frac{1}{n}\right)^2 \sigma_i^2 + \sum_{i=1}^{n}\sum_{j=1}^{n}\left(\frac{1}{n}\right)\left(\frac{1}{n}\right)\sigma_{ij} \\ &= \left(\frac{1}{n}\right)^2 \sum_{i=1}^{n} \sigma_i^2 + \left(\frac{1}{n^2}\right)\sum_{i=1}^{n}\sum_{j=1}^{n}\sigma_{ij}\end{aligned}$$

여기에서 개별종목의 분산의 평균을 $\overline{\sigma^2}$, 공분산의 평균을 $\overline{\sigma_{ij}}$ 라고 표시하면, n개의 종목으로 포트폴리오가 구성될 때 분산은 n개이고, 공분산은 $n(n-1)$개이므로 우변 첫째 항에서 $\sum\sigma_i^2 = \overline{\sigma^2}\times n$이고, 둘째 항에서 $\sum\sum\sigma_{ij} = \overline{\sigma_{ij}}\cdot[n(n-1)]$이 된다. 따라서 위의 식을 다음과 같이 다시 쓸 수 있다.

$$\begin{aligned}\sigma_p^2 &= \left(\frac{1}{n}\right)^2\cdot\overline{\sigma^2}\cdot n + \left(\frac{1}{n^2}\right)\cdot\overline{\sigma_{ij}}\cdot n(n-1)\\ &= \left(\frac{1}{n}\right)\cdot\overline{\sigma^2} + \left(1-\frac{1}{n}\right)\cdot\overline{\sigma_{ij}}\end{aligned} \quad \textbf{(11.7)}$$

식 11.7에서 n이 증가함에 따라 우변의 첫째 항은 영(0)의 값에 가까워지고, 둘째 항은 공분산평균 $\overline{\sigma_{ij}}$에 가까워짐을 알 수 있다.

$$\sigma_p^2 = \lim_{n-\infty}\left[\frac{1}{n}(\overline{\sigma^2}-\overline{\sigma_{ij}})+\overline{\sigma_{ij}}\right] \cong \overline{\sigma_{ij}}$$

결국 포함되는 종목의 수가 증가될수록 개별주식고유위험은 영(0)에 가까워지고, 결과적으로 포트폴리오 위험은 각 종목들간의 공분산의 평균에 접근해 간다.

여기서 분산투자의 구성종목의 수 n을 무한대로 증가시켜도 줄어들지 않는 위험이 있음을 알 수 있다. 이는 주식시장 전반의 공통적 요인에 의해서 야기되는 위험으로 **분산불능위험**(non-diversifiable risk), **체계적 위험**(systematic risk)이라고 부른

[그림 11-2] 구성종목수가 포트폴리오 위험에 미치는 영향(미국의 경우)

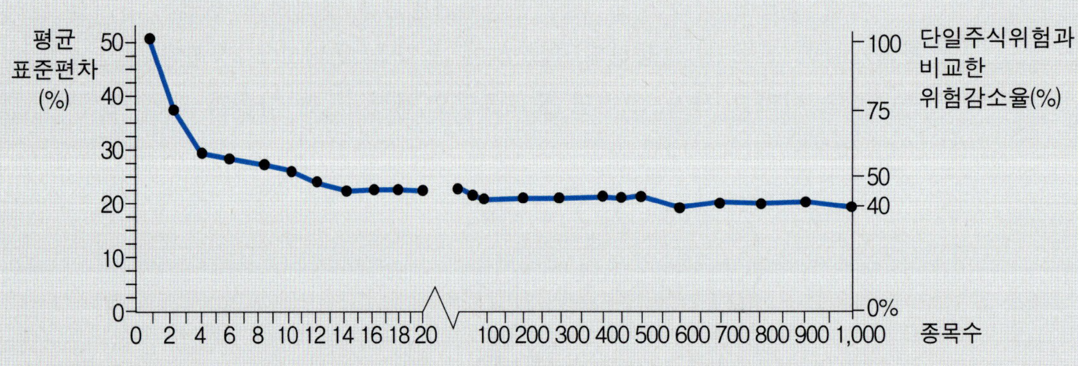

자료 : M. Statman, "How Many Stock Make a Diversified Portfolio," *Journal of Financial and Quantitative Analysis* 22(Sept. 1987).

다. 반면에 종목수가 증가함에 따라 감소하는 위험은 기업고유요인에 의해서 야기되는 **기업고유위험**(firm-specific risk)으로서, **분산가능위험**(diversifiable risk), **비체계적 위험**(non-systematic risk)이라고 부른다.

이와 같이 투자종목의 수가 증가될 때 투자위험이 감소하는 모습은 여러 가지 실증적 자료에서도 확인할 수 있다. [그림 11-2]는 미국 뉴욕증권거래소에 상장된 주식들에 대해 동일한 비율로 포트폴리오를 구성하였을 때, 구성주식의 수에 따라 포트폴리오 분산이 어느 정도 감소되는지를 나타낸 것이다. 다섯 종목 정도까지는 위험분산효과가 현격함을 볼 수 있는데, 네 종목의 경우는 단일종목의 경우보다 위험이 64% 정도 감소하고, 구성주식수가 15종목 정도로 증가하면 분산가능위험의 95% 정도까지 감소시킬 수 있게 된다.

이와 같은 분산투자를 통한 위험감소효과는 글로벌 마켓에서 국제 분산투자할 경우 더욱 크게 나타난다. 사실 분산투자대상 주식을 1개국에서 여러 국가로 확대시키면 각국의 자본시장 사이에는 상관관계가 상대적으로 낮기 때문에 국내 분산투자로서는 제거할 수 없었던 체계적 위험의 일부까지도 제거되는 효과를 얻게 된다. [그림 11-3]은 미국 내의 주식만으로 분산투자한 경우의 위험에 비해 국제 분산투자할 경우의 위험이 절반 이하로 감소하고 있음을 보여주고 있다.

이와 같은 포트폴리오 위험의 감소효과로부터 다음과 같은 결론을 내릴 수 있다.

첫째, 분산가능위험(개별기업 고유위험)의 감소효과는 종목수가 증가할 때 체감하면서 나타난다. 15종목 내외로 구성하면 분산가능위험의 상당부분이 제거된다.

[그림 11-3] 국제 분산투자의 위험감소효과

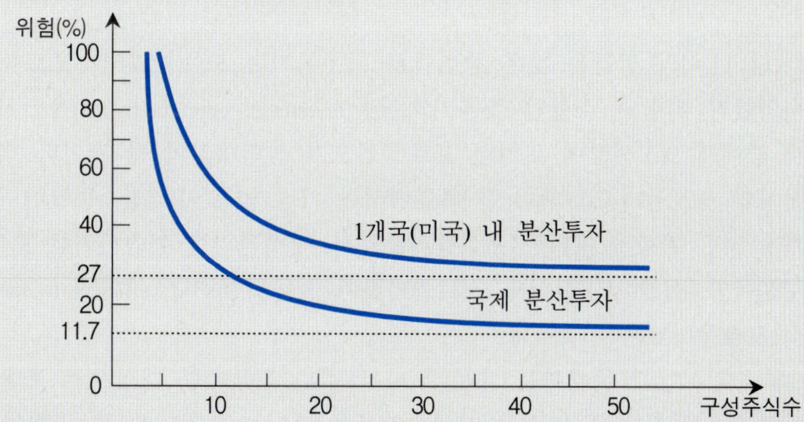

자료 : B.H. Solnik, "Why Not Diversify Internationally Rather Than Domestically?" *Financial Analysts Journal* (July~Aug. 1974).

둘째, 여러 종목에 분산투자하는 경우 투자위험관리(risk management)의 주된 대상은 시장위험이지 개별주식의 고유위험이 아니라는 점이다. 환원하면 분산투자종목의 수가 일정수준 이상으로 많아지게 되면 분산가능 개별주식위험보다는 시장위험을 집중적으로 관리하는 위험관리가 필요하다는 점이다.

셋째, 투자위험에 대한 적절한 보상은 분산불능위험인 체계적 위험에 한정해야 한다는 점이다. 특정주식이 포트폴리오 위험에 미치는 영향은 특정 개별주식위험의 크기가 아니라 타주식과의 공분산(상관관계)에 좌우되므로, 적절한 위험보상률은 수익률의 총분산이 아니라 공분산에 의해서 결정되어야 한다.

제 3 절 위험자산의 효율적 포트폴리오

증권시장에는 선택가능한 수많은 증권들이 있다. 구성종목들간의 상관관계와 다양한 투자비율의 결합까지를 고려한 포트폴리오 결합선은 수없이 도출될 수 있다. 이 중에서 지배원리를 만족시키는 효율적 포트폴리오는 어떻게 구성될 수 있는가?

1 효율적 포트폴리오의 도출

[그림 11-4]의 점들은 많은 증권들로 이루어지는 모든 가능한 포트폴리오의 기대수익률과 위험의 조합인 투자기회집합(investment opportunity set)을 나타내고 있다. 이 중에서 XY선상에 위치한 포트폴리오가 선택대상이 될 것이다. 왜냐하면 XY선상의 포트폴리오는 동일한 위험에서는 가장 높은 수익률, 동일한 수익률에서는 가장 낮은 위험을 지니는 포트폴리오로서, 지배원리를 충족시키는 포트폴리오이기 때문이다. 이들 XY선상의 포트폴리오가 효율적 투자선(efficient frontier) 또는 효율적 포트폴리오선인 것이다.

증권시장에 존재하는 모든 투자기회(포트폴리오)를 대상으로 효율적 투자선을 구하기 위해서는 ① 일정한 기대수익률을 가지는 투자기회 중 위험이 최소이거나, ② 일정한 위험수준에서 기대수익률이 최대인 것을 구하면 된다. 이 해를 발견하는 한 방법으로 경영과학에서는 2차계획법(quadratic programming)을 사용하고 있다.[1]

[그림 11-4] 위험자산의 효율적 포트폴리오

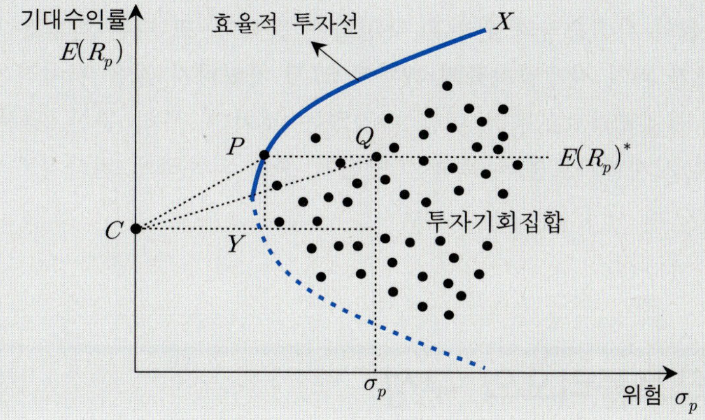

효율적 포트폴리오를 도출하는 다른 한 방법은 다음 식 11.8과 같이 포트폴리오 목표기대수익률 $E(R_p)^*$에서 임의의 C값을 차감한 초과수익률을 포트폴리오 표준편차 σ_p로 나눈 비율인 θ값이 최대화되는 포트폴리오를 구하는 것이다.

$$\text{maximize} \quad \theta = \frac{E(R_p)^* - C}{\sigma_p}$$
$$\text{subject to} \quad \sum_{j=1}^{n} w_j = 1.0 \tag{11.8}$$

일정한 목표기대수익률 $E(R_p)^*$를 달성하는 포트폴리오 중에서 가장 왼쪽에 위치하는 효율적 포트폴리오는 임의의 C값에 대하여 $[E(R_p)^* - C]$를 σ_p로 나눈 기울기가 가장 큰 것([그림 11-4]에서 Q보다 P의 기울기가 높음)이기 때문이다.

2 투입정보의 추정

이상에서 설명한 바와 같은 방법(마코위츠 포트폴리오 선택모형)으로 효율적 포트폴리오를 구성하기 위해서는 식 11.3과 11.4에 관련된 투입정보를 만들어내는 것이 필요하다. 즉, n개의 자산 각각에 대하여 기대수익률 $E(R_j)$를 n개, 분산 σ_j^2를

1) 2차계획법의 적용에 대해서는 장영광 · 이영주, 『현대투자론』, 제6판, 2017, pp.183～184 참조.

n개, 각 자산들간의 공분산 σ_{ij}를 $n(n-1)/2$개만큼 추정하는 것이 필요하다. 이들 정보를 만드는 한 가지 방법은 본서 제Ⅱ편에서 소개된 증권분석의 방법을 통하여 개별자산의 기대수익과 위험을 추정하는 것이다. 또 다른 방법은 미래 예상수익률의 분포가 과거 시계열자료의 패턴과 크게 차이나지 않을 것이라는 가정하에 과거 역사적 시계열자료로부터 이를 추정하는 것이다. 특히 분산, 공분산 자료의 생성은 과거 시계열자료를 이용하는 방법에 주로 의존하게 된다.[2)]

제4절 최적포트폴리오의 구성

제3절에서는 [그림 11-4]의 호(弧) XY와 같은 효율적 포트폴리오를 찾는 방법에 대해서 살펴보았다. 이제 마지막 작업은 이 중에서 투자자의 위험에 대한 주관적 태도를 만족시키는 최적포트폴리오(optimal portfolio)를 찾는 것이다. 본절에서는 투자자의 위험성향에 따른 최적포트폴리오의 선택방법을 살펴보기로 한다.

1 최적포트폴리오의 선택

제3절에서 설명한 방법대로 찾아진 효율적 포트폴리오는 객관적으로는 우열이 가려지지 않는 포트폴리오이다. 따라서 이들 가운데 어떤 포트폴리오를 최종적으로 선택하느냐는 결국 투자자의 주관적 위험에 대한 태도에 달렸다.

투자자의 위험성향은 투자자가 기대수익과 위험 중에서 어느 쪽을 중시하는지를 측정하는 효용함수로 표시할 수 있다. 기대수익과 위험이 동시에 고려되어 투자자가 주관적으로 느끼는 만족도가 효용(utility)의 크기이고, 이를 지수 또는 점수로 나타낸 것이 효용함수(utility function)이다.[3)]

이제 투자자의 위험성향은 X축에 $E(R)$, Y축에 σ^2을 표시하여 동일한 효용을 가져다주는 기대수익 $E(R)$과 분산(위험) σ^2의 조합을 연결한 무차별효용곡선

2) EXCEL을 적용하여 SK하이닉스, LG화학, 셀트리온, 신세계 4개 주식으로 구성되는 효율적 포트폴리오 구성 방법의 예시는 신영사 홈페이지(http://www.shinyoungsa.co.kr) 자료실에 제시되어 있는 설명을 참조한다.

3) 투자자의 주관적 위험에 대한 태도에 대해서는 본장 [보론] '위험성향과 효용함수'를 참조한다.

[그림 11-5] 위험자산의 최적포트폴리오

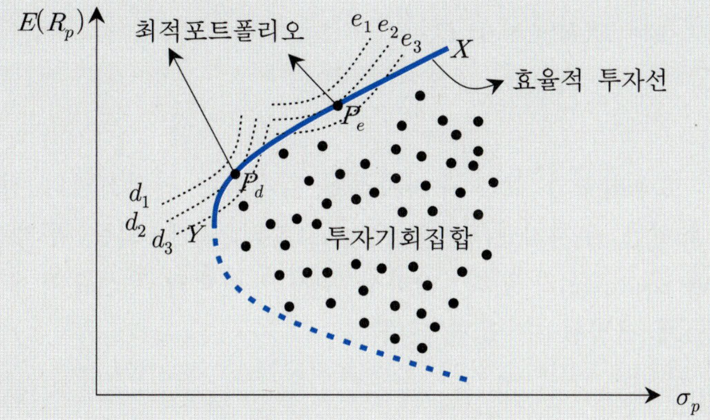

(indifferent utility curve)으로 구분 표시할 수 있다. 투자자의 위험성향은 위험회피형(risk averter), 위험중립형(risk neutral), 위험선호형(risk seeker)의 세 가지로 구분할 수 있는데, 보편적으로는 위험의 일정한 증가가 있을 때 그 이상의 투자수익 증가가 있어야 동일한 만족도를 느낄 것이므로 위험회피형이 이성적인 투자자 유형이다.

위험회피형 투자자의 무차별효용곡선은 [그림 11-5]에서 d_1, d_2, d_3 혹은 e_1, e_2, e_3와 같이 원점에 대하여 볼록한 모양을 보인다. 그런데 같은 위험회피형의 투자자라도 위험의 증가에 따라 보상을 바라는 정도에는 서로 차이가 있다. d_1, d_2, d_3의 무차별곡선처럼 그 기울기가 보다 더 가파르게 나타나는 경우는 보수적인 투자자(more risk averse)의 예이고, 반면 e_1, e_2, e_3처럼 기울기가 덜 가파른 경우는 공격적인 투자자(less risk averse)의 예이다.

수많은 투자자산들 중에서 일차적으로 지배원리를 만족하는 자산이 효율적인 투자자산이다. 이들 중에서 최종적으로 어느 증권을 선택할 것인가의 문제는 이들 무차별효용곡선과 만나는 포트폴리오를 찾으면 된다. 이제 호 XY상의 효율적 포트폴리오와 투자자의 위험성향을 나타내는 무차별곡선 d_1, d_2, d_3 혹은 e_1, e_2, e_3가 접하는 포트폴리오가 최적포트폴리오가 된다. 즉, 효용곡선 d와 같은 성향의 소극적 투자자는 P_d의 포트폴리오를, 효용곡선 e와 같은 성향의 적극적 투자자에게는 P_e의 포트폴리오가 효용을 극대화하는 최적포트폴리오가 된다.

최적포트폴리오를 도출하기 위해서는 위험회피형 투자자의 행태를 설명하는 효용함수가 도출되어야 한다. [보론]에서 설명될 2차 효용함수($U(w)=a+bw-cw^2$), 로그효용함수($U(w)=\log w$), 멱효용함수($U(w)=\sqrt{w}$)를 사용할 수 있다(w는 부의 크기). 여기서는 위험회피형 투자자의 행태를 설명하기 위해 다음의 효용함수를 예로

최적포트폴리오의 구성문제를 살펴보자.[4)]

$$u = E(R) - 0.01\, C \cdot \sigma^2 \tag{11.9}$$

단, C : 위험회피계수

이 효용함수의 값은 투자자들이 감지하는 위험회피의 정도까지 반영된 것으로서 확실한 투자자산(무위험자산)으로부터 얻게 되는 투자수익, 즉 확실성등가(certainty equivalent)가 된다. 따라서 투자안 선택의 우선순위가 명확하게 그리고 일관성 있게 결정될 수 있게 된다.

2 위험회피성향의 측정

식 11.9에서 위험회피계수(C)는 어떻게 추정할 수 있는가? 실무적 한 방법은 〈표 11.2〉에 제시되어 있는 것과 같은 설문조사를 통하여 위험회피성향을 측정하고, 산출한 점수에 근거하여 효용함수의 위험회피계수를 측정하는 것이다.

이 예에서는 설문조사의 결과로부터 점수산정과 판정 그리고 위험회피계수를 다음과 같이 도출한다.

[점수산정]

자신의 점수=(답 a. 체크개수×1점)+(답 b. 체크개수×2점)+(답 c. 체크개수×3점)

[판정]

9～15점 : 보수적 투자자, 16～21점 : 중립적 투자자, 22～27점 : 공격적 투자자

[설문조사 점수 대비 위험회피계수(C) 도출의 한 예]

위험 성향	점 수	위험 회피계수	위험 성향	점 수	위험 회피계수	위험 성향	점 수	위험 회피계수
공	26～27	1	중	20～21	4	보	14～15	7
격	24～25	2	립	18～19	5	수	12～13	8
적	22～23	3	적	16～17	6	적	9～11	9

4) 위험회피계수 C에 0.01을 곱하는 것은 $E(R)$과 σ^2을 % 수치로 입력하기 위한 조정치이다.

〈표 11-2〉 설문 : "나는 얼마나 위험회피형인가?"

다음 9개의 질문에 대한 답으로서 a, b, c 중에서 본인의 성향을 가장 잘 나타내는 것에 표하시오.

(1) 특정주식 매수 60일 후 주가가 20% 하락하였다. 해당기업의 경영내용에 근본적인 변화가 없다면 어떻게 할 것인가?
  a. 더 하락할 것을 염려하여 매도한다(손절매).
  b. 주가가 회복되기를 기다린다.
  c. 싸다고 판단하여 더 매수한다.

(2) (1)과 같은 상황이되, 최초 목표투자기간이 3년이면 어떻게 할 것인가?
  a. 매도한다. b. 기다린다. c. 더 매수한다.

(3) (1)과 같은 상황이되, 최초 목표투자기간이 5년이면 어떻게 할 것인가?
  a. 매도한다. b. 기다린다. c. 더 매수한다.

(4) (1)과 같은 상황이되, 최초 목표투자기간이 8년이면 어떻게 할 것인가?
  a. 매도한다. b. 기다린다. c. 더 매수한다.

(5) 특정주식을 매수한 1달 후, 주가가 25% 상승하였다. 경영내용에 변화가 없다면 어떻게 할 것인가?
  a. 매도하여 이익을 실현시킨다.
  b. 더 오를 것을 기대하여 매도시점을 미룬다.
  c. 더 오를 것을 기대하여 더 매수한다.

(6) 10년 후에 있게 될 퇴직에 대비하여 투자하는 경우 어떤 투자대상에 투자할 것인가?
  a. MMF와 같은 유동성이 높은 금융상품
  b. 채권형(안정형) 펀드와 주식형(성장형) 펀드에 50 : 50 투자
  c. 장기적으로 주가변동폭은 크지만 주가상승이 크리라 예상되는 성장주에 투자

(7) 큰 상을 수여받는다고 할 때 다음 중 어떤 상을 선호하는가?
  a. 현금 400만원을 받는 상
  b. 현금 1,000만원을 받을 확률이 50%인 상
  c. 현금 3,000만원을 받을 확률이 20%인 상

(8) 매우 좋은 투자기회가 생겼는데, 자기자본만으로 부족할 경우 대출을 받아 투자하겠는가?
  a. 절대로 하지 않는다. b. 할지도 모르겠다. c. 물론 한다.

(9) 3년 후 기업공개할 예정인 회사가 종업원들에게 자사주 청약을 받고 있다. 그때는 지금의 청약가격보다도 10배 정도 상승할 것으로 전망된다. 중도처분은 불가하다고 할 경우 당신이라면 얼마만큼 청약에 응할 것인가?
  a. 전혀 청약하지 않는다. b. 2개월치의 봉급 c. 4개월치의 봉급

제5절 무위험자산과 최적 자산배분

이상에서는 수익률의 변동성이 큰 주식과 같은 위험자산(risky assets)만으로 포트폴리오를 구성할 때의 최적투자결정 문제를 살펴보았다. 한편 투자관리의 핵심 중 한 가지는 주식, 회사채, 국공채, 부동산 등 투자수익과 투자위험이 질적으로 상이한 각급 투자자산에 투자자금을 포괄적으로 어떻게 배분할 것인가를 결정하는 자산배분(asset allocation)의 문제이다. 자산배분문제는 주식과 같은 위험자산과 국공채와 같은 무위험자산에의 투자비율의 결정문제로 압축할 수 있다.

본절에서는 포트폴리오를 구성할 때 정기예금이나 단기국공채와 같은 무위험자산에도 투자자금의 일부를 할애하여 자산배분을 시도하는 경우의 최적 자산배분, 최적포트폴리오의 구성문제를 다룬다.

1 무위험자산과 효율적 포트폴리오

무위험자산(risk-free asset)은 어떠한 상황에서도 확정된 수익이 보장되어 수익률의 변동이 없기 때문에 그 위험(수익률의 표준편차)이 영(0)인 투자자산을 말한다. 즉,

$$E(R_f)=R_f\ ,\ \sigma(R_f)=0$$

단, $E(R_f)$, $\sigma(R_f)$: 무위험자산의 기대수익률과 표준편차
R_f : 무위험이자율(risk-free rate)

일반적으로 실세금리의 정기예금이나 단기국공채와 같은 투자대상들이 무위험자산으로 인식되고 있다. 그러나 이러한 자산들도 엄밀한 의미에서 보면 위험이 없는 것이 아니다. 정기예금도 인플레이션하에서는 실질투자수익률이 달라지므로 실질수익이 확정되어 있다고 할 수 없으며, 국공채는 이자율변동에 따라 채권가격이 변동하는 이자율변동위험을 지니고 있다.

그럼에도 불구하고 이러한 투자자산들은 명목수익률이 확정되어 있고, 만기가 짧은 단기국공채는 이자율변동위험이 매우 적다고 할 수 있으며, 특히 지급불능위험이 없으므로 일반적으로 이들 투자자산들을 무위험자산으로 간주하고 있다.

무위험자산이 포트폴리오 구성에 포함되면 위험자산만으로 포트폴리오를 구

[그림 11-6] 무위험자산이 포함될 때의 효율적 포트폴리오 : 자산배분선(CAL)

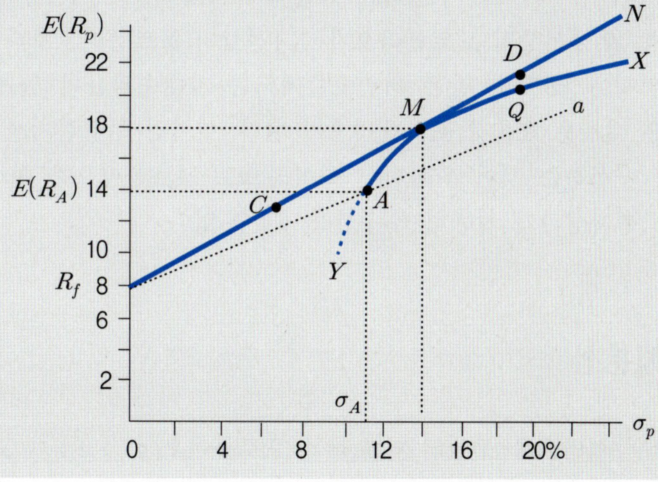

성할 때보다도 월등한 투자성과를 기대할 수 있다. 왜 그런지를 살펴보기로 한다.

먼저 위험자산만으로 포트폴리오를 구성한다면, 수많은 투자기회집단이 있지만 이론적으로 보면 앞절에서 설명한 것처럼 [그림 11-6]의 호 XY상에 나타나 있는 효율적 포트폴리오가 최상의 투자대상이다. 이제 이들 위험자산의 효율적 포트폴리오의 하나인 A에 투자자금의 w를 투자하고 무위험자산(기대수익률이 무위험이자율 R_f이고, 위험이 0인 투자자산)에 나머지 투자자금 $(1-w)$를 투자할 경우의 기대수익률은 식 11.10과 같다. 또 위험(표준편차)을 구해보면 ${\sigma_{R_f}}^2=0$, $\sigma_{AR_f}=0$이므로 식 11.11과 같이 표시된다. 왜냐하면 이 포트폴리오는 두 자산으로 구성되는 경우이므로 식 10.7과 식 10.9를 그대로 적용할 수 있기 때문이다.

$$E(R_p)=w\cdot E(R_A)+(1-w)R_f=R_f+w[E(R_A)-R_f] \qquad (11.10)$$

$$\sigma_p^2=w^2\sigma_A^2+(1-w)^2{\sigma_{R_f}}^2+2w(1-w)\sigma_{AR_f}=w^2\sigma_A^2$$

$$\therefore \sigma_p=w\cdot\sigma_A \qquad (11.11)$$

단, w : 위험 있는 주식포트폴리오 A의 투자비율
$1-w$: 무위험자산에 대한 투자비율
R_f : 무위험이자율
$E(R_A)$: 위험 있는 주식포트폴리오 A의 기대수익률
σ_A^2 : 위험 있는 주식포트폴리오 A의 분산
σ_{AR_f} : 주식포트폴리오 A의 수익률과 무위험이자율 간의 공분산

이제 무위험자산을 포함시켜 포트폴리오를 구성할 경우 얻게 되는 투자기회선 R_fA와 주식만으로 구성되는 효율적 포트폴리오(호 YA상의 포트폴리오)를 비교해 보자. R_fA선상의 포트폴리오가 YA선상의 포트폴리오보다 같은 기대수익률에서는 위험이 낮으며, 같은 위험수준에서는 기대수익률이 높게 되어, 투자성과가 더 나은 새로운 효율적 포트폴리오가 된다. 이처럼 무위험자산을 포함시켜 포트폴리오를 구성하는 것이 위험자산 주식만으로 포트폴리오를 구성하는 것보다도 기대되는 투자성과가 월등히 우수함을 볼 수 있다.

2 자산배분선

위에서 주식만으로 구성되는 효율적 포트폴리오(호 YA상의 포트폴리오)와 무위험자산을 포함시킨 포트폴리오(R_fA선상의 포트폴리오)를 비교할 때, 무위험자산을 포함시키는 후자의 경우가 월등히 높은 투자성과를 기대할 수 있음을 확인하였다. 마찬가지 논리로 R_f에서 호 XY에 접선을 그었을 때 표시되는 투자선 R_fMN이 R_fA보다 더 효율적이다. 이때 포트폴리오 M은 위험자산 포트폴리오 중에서 유일하게 효율적 포트폴리오가 된다. 포트폴리오 A나 Q 등은 더 이상 효율적 포트폴리오가 아니다. 따라서 R_fMN은 투자자금의 일부를 무위험자산펀드(R_f)에 투자하고 나머지를 주식포트폴리오 M에 투자할 때 가장 효율적인 포트폴리오의 기대수익률과 표준편차의 관계가 표시된 것이다. 위험자산 M포트폴리오와 무위험자산 R_f의 두 자산에 나누어 투자하는 것이 가장 우수한 투자성과를 만들어낸다는 두 펀드 이론(two-fund theorem)의 결론을 얻게 된다.

R_fa선상이나 R_fMN선상의 포트폴리오는 투자금액의 비율이 어떻게 조정되더라도 이러한 포트폴리오는 투자위험(σ_p)을 한 단위 증가시킬 때 얻게 되는 위험보상률($E(R_p)-R_f$)이 항상 일정하다. 이때의 비율, 즉 직선 R_fa, R_fMN의 기울기를 총변동성보수율($RVAR$: reward-to-variability ratio)이라고도 부르는데, R_fMN선상에 있는 포트폴리오의 $RVAR$비율이 R_fA 등 다른 선상에 있는 포트폴리오와 비교할 때 가장 크다.

$$RVAR = \frac{E(R_p) - R_f}{\sigma_p} \tag{11.12}$$

R_fMN선상의 포트폴리오는 무위험자산펀드와 위험자산 M펀드의 두 펀드로

구성되는 것인데, 이들 두 펀드에 얼마씩 투자하는 것이 최적인가는 투자자 개인들의 주관적인 위험성향에 달려 있다. 점 M은 투자자금 전부를 주식펀드에 투자하고 무위험자산에는 전혀 투자하지 않은 경우(공격적 투자자 유형)이고, 점 B는 전액을 무위험자산에 투자한 경우(보수적 투자자 유형)이다. 점 C는 두 펀드에 50%씩 투자한 경우이다.5)

이처럼 $R_f MN$상의 어느 점을 택하느냐 하는 문제는 결국 무위험자산과 위험자산의 배분문제를 결정하는 것이므로 무위험자산이 포함될 때의 투자기회선인 $R_f MN$(또는 $R_f a$)선을 자산배분선(CAL : capital allocation line)이라고도 부른다.

3 최적 자산배분

이상에서 무위험자산을 포함시킬 경우 효율적 포트폴리오의 구성문제를 살펴보았다. 궁극적으로 $R_f MN$선상의 모든 점들이 가장 높은 총변동성보수율($RVAR$)을 가져다주는 효율적 포트폴리오였다. 그러면 최종적으로 두 펀드에 투자자금을 어떻게 배분하는 것이 최적이겠는가?

이에 대한 해답은 결국 투자자의 위험회피도에 달려 있다. 위험회피도가 높은 투자자일수록 주식펀드에 대한 투자비율을 줄이고 무위험자산에 대한 투자비율을 높일 것이다. 이론적으로 이야기하면 투자자의 위험회피도를 나타내는 무차별효용곡선과 투자기회선 $R_f MN$이 접하는 점의 포트폴리오가 만족을 극대화시키는 최적포트폴리오가 된다.

위험회피도가 낮은 공격적 투자자는 e_1, e_2, e_3 등으로 표시되는 무차별효용곡선과 투자기회선 $R_f MN$이 만나는 e를 최적포트폴리오로 선택할 것이다. 이러한 유형의 투자자는 무위험이자율 R_f 수준으로 자금을 차입하여 주식펀드 A에 투자하는 차입포트폴리오를 구성할 것이다. 반면에 상대적으로 위험회피도가 높은 보수적 투자자는 d_1, d_2, d_3 등으로 표시되는 무차별효용곡선과 투자기회선 $R_f MN$이 만나는 d를 최적포트폴리오로 선택할 것이다.

이제 무위험자산이 포함될 때 투자자의 만족을 극대화시키는 최적포트폴리오

---

5) $R_f MN$ 중에서 $R_f M$선상의 포트폴리오는 투자자가 R_f수준의 이자율로 금융기관에 자금을 빌려준 것과 다름이 없으므로 **대출포트폴리오**(lending portfolio)라고 부른다. 반면에 점 D와 같이 MN선상의 포트폴리오는 본래의 투자자금에 R_f수준의 이자율로 차입한 자금을 더하여 M포트폴리오를 구성하는 경우이므로 **차입포트폴리오**(borrowing portfolio)라고 부른다. 여기서는 차입이자율과 예금이자율을 동일하다고 설명하였으나 상이한 경우도 이 논리적 관계는 유지된다.

[그림 11-7] 무위험자산을 포함할 경우의 최적포트폴리오 선택

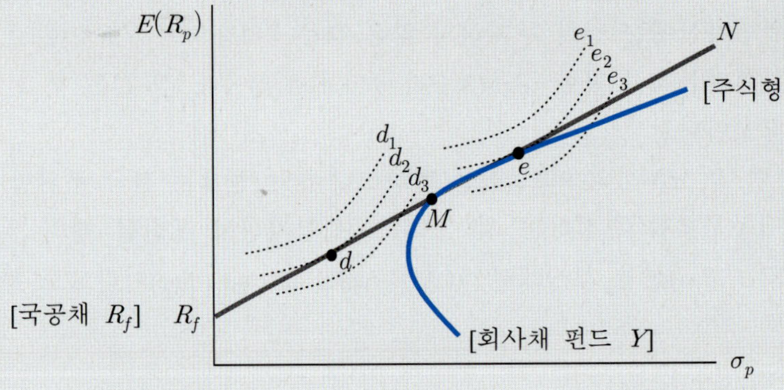

구성의 문제는 (1) 무위험자산을 포함시키는 것을 전제로 위험자산 포트폴리오 중에서 가장 효율적 포트폴리오([그림 11-7]의 M포트폴리오)를 발견한 다음 이 두 펀드에 대한 최적 자산배분비율을 찾는 문제와 (2) 자산배분의 일환으로 위험성향을 감안하여 단순히 무위험자산펀드와 이미 주어진 주식펀드([그림 11-7]의 M과 같은 위험자산펀드)에 배분하는 문제로 나누어 다룰 수 있다.

(1) 위험자산에 대한 투자비율의 결정

무위험자산을 포함시키는 것이 투자성과가 월등히 나은 포트폴리오가 된다는 결론을 얻었는데, 그러면 수많은 위험자산들로 구성되는 포트폴리오 중에서 가장 효율적 포트폴리오([그림 11-7]에서 M)를 어떻게 발견할 수 있는가?

이제 문제를 단순화하기 위해서 위험자산으로 X(예를 들어 주식형 펀드), Y(회사채 펀드) 두 자산이 있고, 무위험자산으로 R_f 수익률의 국공채가 있다고 가정해 보자. [그림 11-7]에서 M포트폴리오는 $RVAR$이 가장 큰 포트폴리오였다. 따라서 식 11.13을 극대화시키는 것이 목적함수가 될 것이다.

$$\text{maximize} \qquad RVAR = \frac{E(R_p) - R_f}{\sigma_p} \tag{11.13}$$

한편 위험자산 X와 Y로 구성되는 포트폴리오의 기대수익률과 분산은 각각 식 11.14와 11.15로 표시될 수 있으므로, 이를 식 11.13에 각각 대입한 다음 최적 조건식을 찾으면 최적의 투자비율은 식 11.16과 같이 구해진다.[6)]

$$E(R_p) = w_X E(R_X) + w_Y E(R_Y) \tag{11.14}$$

$$\sigma_p = [w_X^2 \sigma_X^2 + w_Y^2 \sigma_Y^2 + 2 w_X w_Y \sigma_{XY}]^{\frac{1}{2}} \tag{11.15}$$

$$w_X^* = \frac{[E(R_X) - R_f]\sigma_Y^2 - [E(R_Y) - R_f]\sigma_{XY}}{[E(R_X) - R_f]\sigma_Y^2 + [E(R_Y) - R_f]\sigma_X^2 - [E(R_X) - R_f + E(R_Y) - R_f]\sigma_{XY}}$$

$$w_Y^* = 1 - w_X^* \tag{11.16}$$

(2) 최적 자산배분

위에서 무위험자산의 포함을 전제로, 위험자산들로 구성되는 포트폴리오 중에서 가장 효율적 포트폴리오([그림 11-7]에서 M)를 도출하였으므로, 이제는 투자자 개인의 주관적 위험성향을 감안하여 위험자산의 효율적 포트폴리오(M)와 무위험자산(R_f)에의 최적투자비율을 구하는 것이 필요하다.

투자자의 효용함수는 앞에서 제시한 것과 같이 기대수익률과 분산의 상반관계로 표시되는 식 11.9와 같이 표시된다고 가정하자. 한편 주어진 위험자산펀드 M과 함께 무위험자산펀드 R_f를 포트폴리오 구성에 포함시키는 경우 포트폴리오의 기대수익률과 위험은 각각 식 11.17 및 11.18과 같다.

$$u = E(R) - 0.01\, C \cdot \sigma^2 \tag{11.9}$$

단, C : 위험회피계수

$$E(R_p) = R_f + w\,[E(R_M) - R_f] \tag{11.17}$$

$$\sigma_p^2 = w^2 \sigma_M^2 \tag{11.18}$$

따라서 만족을 극대화시키는 조건식은 식 11.19와 같이 표시된다.

$$\begin{aligned} \text{maximize } u &= E(R) - 0.01\, C \cdot \sigma^2 \\ &= R_f + w\,[E(R_M) - R_f] - 0.01\, C \cdot w^2 \sigma_M^2 \end{aligned} \tag{11.19}$$

---

6) 자산 Y에 대한 투자비율은 $1 - w_X$로 표시할 수 있으므로 w_Y를 $1 - w_X$로 대체한 다음, $RVAR$을 w_X에 대하여 편미분하여 그 값이 0이 되는 w_X를 찾으면 식 11.16이 도출된다.

따라서 식 11.19를 만족시키는 최적의 투자비율(w^*)을 구하면 다음과 같다.[7]

$$w^* = \frac{E(R_M) - R_f}{0.02C \cdot \sigma_M^2} \quad (11.20)$$

이 결과에서 보면 위험자산(주식펀드)에 대한 최적의 투자비율은 투자자의 위험회피도(C)와 위험자산의 위험(분산 σ_M^2)에 반비례하고, 위험자산에 대한 위험보상률($E(R_M) - R_f$)에 비례하는 것을 확인할 수 있다.[8]

예제

지금 투자대상으로서 기대수익과 위험이 다음과 같이 예상되는 주식 X와 Y가 있고, 이자율이 5%인 무위험자산이 있다.

$E(R_X) = 8\%$, $E(R_Y) = 13\%$

$\sigma_X^2 = 144$, $\sigma_Y^2 = 400$, $\sigma_{XY} = 72$

(1) 지금 세 자산에 투자하는 것을 전제로 하였을 때, 먼저 주식 X와 Y로 구성되는 포트폴리오 가운데서 가장 효율적인 포트폴리오를 구성하고자 한다. 주식 X, Y의 구성비율을 계산하고 또한 이 포트폴리오의 기대수익과 위험을 계산하라.

(2) (1)에서 구한 위험자산의 효율적 포트폴리오와 무위험자산을 결합시켜 포트폴리오를 구성하고자 한다. 투자자의 효용함수가 다음과 같이 표시되고 위험회피계수가 10인 투자자가 있다면 최적포트폴리오는 어떻게 구성되는가?

$u = E(R) - 0.01C \cdot \sigma^2$ (단, C : 위험회피계수)

풀이

(1) 위험자산의 효율적 포트폴리오는 $RVAR$이 가장 큰 것이므로 식 11.16에 의해서 구한다.

$$\text{maximize } RVAR = \frac{E(R_p) - R_f}{\sigma_p}$$

$$E(R_p) = 0.08w_X + 0.13w_Y \qquad \sigma_p = [144w_X^2 + 400w_Y^2 + 2w_Xw_Y72]^{\frac{1}{2}}$$

$$w_X^* = \frac{(8-5)400 - (13-5)72}{(8-5)400 + (13-5)144 - (8-5+13-5)72} = 0.40$$

---

7) 식 11.9에서 만족을 극대화시키는 최적투자비율을 찾는 것은 식 11.19를 w에 대하여 편미분하여 0이 되는 w값을 구하면 된다. 이 식을 w에 대하여 편미분하면 $E(R_M) - R_f - 0.02\,w\,C\,\sigma_M^2$을 얻으므로 최적투자비율 w^*는 식 11.20과 같다.

8) EXCEL을 적용하여 SK하이닉스, LG화학, 셀트리온, 신세계 4개 주식으로 구성되는 최적포트폴리오 구성방법의 예시는 신영사 홈페이지 자료실에 제시되어 있는 설명을 참조한다.

$w_Y^* = 1 - w_X^* = 0.60$

식 11.14와 11.15를 이용하여 이 효율적 포트폴리오의 기대수익률과 표준편차를 구하면

$E(R_p) = 11\%, \qquad \sigma_p = 14.2\%$

(2) 두 펀드에 대한 최적투자비율을 식 11.20에 의해서 구하면 다음과 같다.

$$w^* = \frac{E(R_p) - R_f}{0.02\, C\sigma_p^2} = \frac{11-5}{0.02(10)(14.2)^2} = 0.149$$

따라서 주식포트폴리오에 대한 최적투자비율은 14.9%이므로 무위험자산에 대한 투자비율은 85.1%(=1.0−0.149)이다.

주식포트폴리오를 구성하는 주식 X, 주식 Y에 대한 투자비율이 각각 40%, 60%이므로 최종적으로 주식 X에 대한 투자비율(w_X^*)은 5.96%(=0.149×0.4), 주식 Y에 대한 투자비율(w_Y^*)은 8.94%(=0.149×0.6)가 된다.

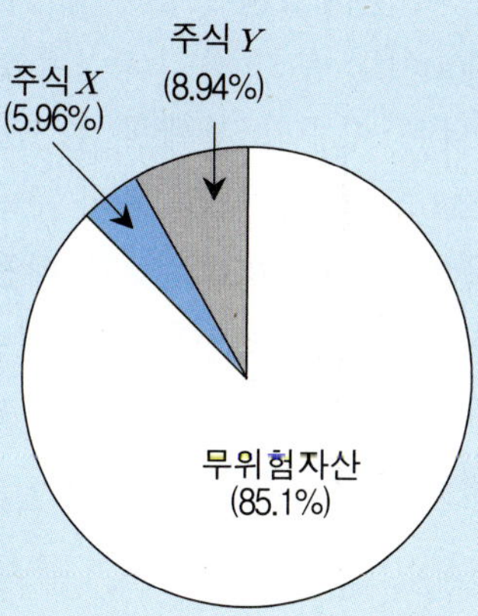

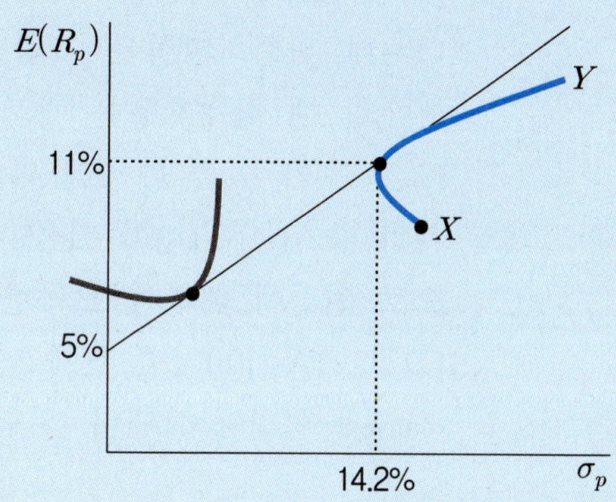

보론 위험성향과 효용함수

1 효용이론과 투자자의 유형별 특성

효용함수는 투자자산의 기대수익과 위험이 주어졌을 때 위험회피의 정도에 따라 달라지는 만족의 정도를 지수 또는 점수로 나타낸 것이다. 따라서 투자자의 위험성향을 여러 형태의 효용함수로 설명할 수 있다. 투자자의 위험에 대한 태도를 위험회피형, 위험중립형, 위험선호형 세 가지 유형으로 나누어 구분할 경우, 이들 세 가지 유형의 특성을 효용이론의 관점에서 다음과 같이 설명할 수 있다.

① [그림 11A-1]과 같이 부가 증가할 때 한계효용(효용의 증가율)은 사람마다 다른데, 위험회피형은 [그림 11A-1](a)처럼 부가 증가(동시에 위험도 증가함을 의미)할 때 한계효용은 체감한다. 낮은 수준의 부에서 한 단위 부의 증가($w_0 \rightarrow w_1$)가 있을 때 효용의 증가(ΔU_0)보다도 높은 부의 수준에서 동일한 부의 증가($w_2 \rightarrow w_3$)가 있을 때 효용의 증가(ΔU_2)가 낮기 때문이다. 결과적으로 원점에 대하여 오목한(concave) 형태를 보인다. 반면에 위험선호형은 [그림 11A-1](b)처럼 한계효용이 체증하는 모양, 즉 원점에 대하여 볼록한(convex) 형태를 보인다. 위험중립형은 한계효용이 일정하다.

[그림 11A-1] 투자자의 유형과 효용함수의 형태

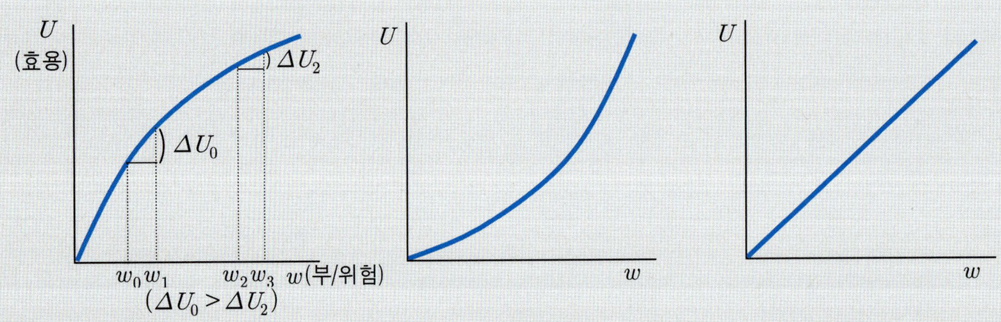

(a) 위험회피형 (b) 위험선호형 (c) 위험중립형

* 이 그림에서 수평축은 부(w)의 수준을, 수직축은 효용(U)을 표시하고 있는데, 수평축에서 부의 증가는 곧 위험의 증가를 의미하기도 한다.

② 공정게임(fair game)은 위험보상률(risk premium)이 0일 것으로 전망(기대초과수익=0)되는 위험투자안을 말하는데, 위험회피형의 투자자는 공정게임을 택하지 않을 것이다. 공정게임의 한 예로, 다음과 같은 특성의 주식 X와 주식 Y, 그리고 무위험자산 국공채 B에 대한 투자자 유형별 채택 여부를 보자.

상 황	확 률	위험자산 주식 X	위험자산 주식 Y	무위험자산 국공채 B
Ⅰ	0.25	−8%	16%	8%
Ⅱ	0.50	12	8	
Ⅲ	0.25	32	0	
	기대수익률	12%	8%	8%

이 자료로부터 각각의 기대수익률을 구하면 12%, 8%, 8%이다. 위험자산 주식 Y와 무위험자산 국공채 B의 기대수익률은 8%로 동일하다. 결국 주식 Y는 기대 위험보상률이 0인 위험투자안이므로 공정게임이다. 이 같은 상황에서 국공채 B 대신 주식 Y를 택하려고 하는 사람이 있을 것인가?

위험회피형의 투자자는 주식 Y처럼 위험보상률이 0인 투자안을 택하지 않을 것이다. 반면에 위험선호형은 비록 위험보상률은 0이지만, 0.25의 확률로 16%의 높은 투자수익의 가능성이 있기 때문에 이 같은 공정게임을 택하려 할 것이다. 위험중립형의 투자자는 위험으로 인한 손해에는 상관치 않고 오로지 기대수익에 준하여 투자결정을 하므로 공정게임에 무관할 것이다.

③ 확실성등가부(CEW : certainty equivalent wealth)란 위험에 노출된 부(富)이지만 동일한 효용가치를 가지는, 무위험에 해당되는 확실한 부를 말하는데, 불확실성하의 기대부 $E(w)$와 확실성등가부(CEW) 중에서 어느 쪽이 더 큰지에 따라 평가할 수 있다. 예를 들어, "위험에 노출된 기대부 100" 대신 "확실한 80"에 대해 동일한 만족도를 느끼는 사람에게는 이 "80"이 위험에 노출된 "100"에 대한 확실성등가부이다. 따라서 위험회피형의 투자자에게는 위험이 노출된 상태에서 기대되는 부인 $E(w)$보다 확실한 부(CEW)가 작을 것이다.

반대로 "위험에 노출된 기대부 100" 대신 "확실한 110"에 대해 동일한 만족도를 느끼는 사람도 있을 수 있다. 위험선호형 투자자가 이에 해당되는데, 위험에 노출된 상황에서 "110" 이상의 이득을 얻을 기회를 포기하기 때문에 기대부보다도 더 높은 확실성등가부를 요구할 것이다. 따라서 위험선호형 투자자의 경우는 $E(w) < CEW$ 로 표현될 것이다.

위험회피형 : $E(w) > CEW$
위험중립형 : $E(w) = CEW$
위험선호형 : $E(w) < CEW$
단, $E(w)$: 위험에 노출된 부의 기대치, CEW : 확실성등가부

세 가지 유형별 투자자의 특성을 요약하면 다음과 같이 정리할 수 있다.

투자자 유형	한계효용 증감률	공정게임 채택여부	기대부와 확실성등가부
위험회피형	체감	거절	기대부 > 확실성등가부
위험선호형	체증	채택	기대부 < 확실성등가부
위험중립형	일정	무관	기대부 = 확실성등가부

2 효용함수의 형태와 최적선택

투자이론에서는 이상적인 투자자 유형으로서 위험회피형의 투자자를 가정하고 있다. 위험회피형 투자자의 행태를 표시하기 위해 다음과 같은 형태의 효용함수가 사용되고 있다(w는 부의 크기).

2차 효용함수 : $U(w) = a + bw - cw^2$
로그(대수)효용함수 : $U(w) = \log w$
멱효용함수 : $U(w) = \sqrt{w}$

효용함수 중에서 위의 2차 효용함수 또는 로그(대수)효용함수는 다음 [그림 11A-2]와 같이 부(w)의 증가가 있을 때 한계효용이 체감하는 모양을 나타내기 때문에 앞에서 설명한 위험회피형의 효용함수로 사용되고 있다.

효용이론(utility theory)에 의하면 기대효용(expected utility)이 가장 큰 투자안을 택하면 항상 올바른 투자결정을 할 수 있다. 왜냐하면 비록 위험이 있는 투자대상이지만 이 효용함수의 점수로 표시되는 수치는 투자자들이 감지하는 위험회피의 정도까지 반영된 것이므로 확실한 투자자산(무위험자산)으로부터 얻게 되는 투자수익, 즉 확실성등가(certainty equivalent)가 되기 때문이다. 따라서 모든 투자자산의 기대수

[그림 11A-2] 위험회피형 투자자의 위험성향을 반영하고 있는 효용함수

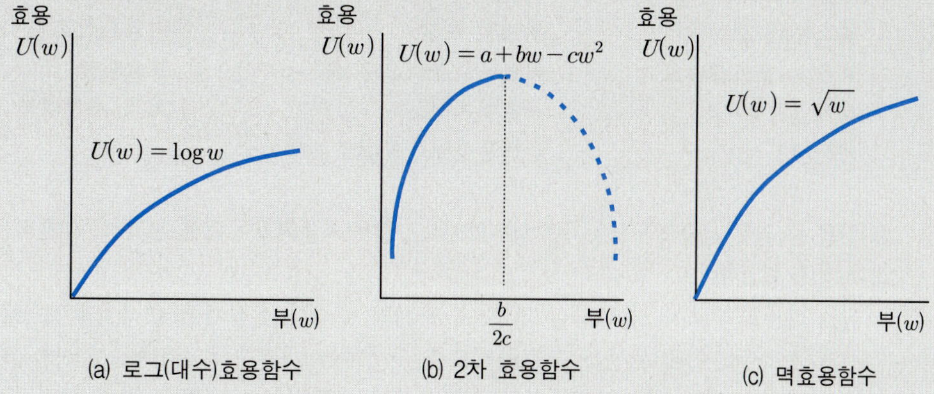

익과 위험이 동시에 고려되어 확실성등가로 요약되므로 투자안 선택의 우선순위가 명확하게 그리고 일관성 있게 결정될 수 있다.

예를 들어, 투자자의 효용함수 $u = E(R) - C \cdot \sigma^2$가 다음과 같이 표시되고, 다음과 같은 투자자산들이 있을 경우, 어느 투자자산이 제일 좋은 투자안인가?

효용함수 : $u = E(R) - 0.02\sigma^2$

단, u : 효용의 값, $E(R)$: 기대수익률

σ^2 : 분산, 0.02 : 위험회피계수(C)

구 분 \ 투자안	국공채 A	주식 B	수익증권 C
기대수익률($E(R)$)	7%	20%	15%
표준편차(σ)	0%	20%	10%

이상의 3개의 투자자산에 대하여 이 식에 $E(R)$, σ^2의 값을 대입하여 위험회피 정도까지 감안된 효용의 값을 구하면 다음과 같다. 효용함수의 값이 수익증권 C가 가장 크므로, 이 투자자에게는 수익증권 C가 제일 좋은 투자자산이다.

국 공 채 A : $U = 7 - 0.02 \times 0^2 = 7$

주 식 B : $U = 20 - 0.02 \times 20^2 = 12$

수익증권 C : $U = 15 - 0.02 \times 10^2 = 13$

연습문제

1. 다음 사항에 대하여 설명하라.

n종목 포트폴리오 결합선	n종목 포트폴리오 기대수익률	n종목 포트폴리오 분산
최소분산 포트폴리오	체계적 위험	위험분산효과
효율적 포트폴리오	최적포트폴리오	효용함수
무차별효용곡선	무위험자산	최적 자산배분
자산배분선(CAL)	총변동성보수율($RVAR$)	

2. 다음 중 잘못 서술되어 있는 문항에 대해서는, 잘못 서술되고 있음을 논리적 · 이론적 근거를 제시하여 설명하라.

(1) 다수의 주식이 결합되는 경우도 두 개의 주식의 결합관계로 생각할 수 있다.

(2) 포트폴리오의 분산은 포트폴리오를 구성하는 개별주식 분산에 투자비율의 자승을 곱한 크기와 구성 두 주식간의 공분산에 투자비율을 곱한 크기의 합이다.

(3) 마코위츠모형에 의하여 100개의 주식으로 포트폴리오의 분산을 추정할 때 필요한 계산량은 100개의 분산과 9,900개의 공분산이다.

(4) 분산투자의 구성종목의 수를 무한대로 증가시켜도 줄어들지 않는 위험은 개별기업 고유요인에 의해서 야기되는 위험으로 비체계적 위험이라고 부른다.

(5) 여러 종목에 분산투자하는 경우 투자위험관리의 주된 대상은 시장위험이지 개별주식의 고유위험이 아니다.

(6) 분산투자대상 주식을 여러 국가로 확대시키더라도 국내 분산투자로서는 제거할 수 없었던 체계적 위험의 일부는 제거할 수 없다.

(7) 목표기대수익률에서 임의의 C값을 차감한 초과수익률을 포트폴리오 표준편차 σ_p로 나눈 비율인 θ값이 최대화되는 포트폴리오를 구하면 효율적 포트폴리오가 도출된다.

(8) 위험회피형 투자자의 무차별효용곡선은 그 기울기가 보다 덜 가파르게 나타나는 경우는 보수적인 투자자의 예이고, 더 가파른 경우는 공격적인 투자자의 예이다.

(9) 투자자의 위험성향을 효용함수로 측정하면 일관성 있게 최적포트폴리오 선택이 가능한 것은 효용함수의 점수가 확실성등가가 되기 때문이다.

(10) 주식펀드 A와 국공채펀드 B가 있을 때, 양자에 나누어 투자하는 것보다 주식펀드 A에 투자자금 전부를 투자하는 것이 투자성과(기대수익과 위험)가 양호할 수 있다.

(11) 주식펀드 A와 국공채펀드 B가 있을 때, 주식펀드 A에 대한 투자비율을 증가시킬 경우 $RVAR$은 증가한다.

(12) 대출포트폴리오란 무위험이자율 수준으로 차입하여 주식펀드에 100% 이상 투자하는 포트폴리오이다.

(13) 위험자산에 대한 최적의 투자비율은 투자자의 위험회피도(C)와 위험자산의 위험(분산)에 비례하고, 위험자산에 대한 위험보상률에 반비례한다.

3. [효율적 포트폴리오의 구성]

효율적 포트폴리오와 최적포트폴리오를 구성함에 있어서 무위험자산이 존재하지 않는 경우와 존재하는 경우 어떻게 다른지를 비교 설명하라.

4. [무위험자산과 $RVAR$]

펀드매니저인 김 부장은 기대수익률이 17%, 표준편차가 27%인 주식형 펀드 포트폴리오를 관리하고 있다. 현재 정기예금(무위험자산)의 이자율은 연 12%이다.

(1) 투자금액의 70%를 이 펀드에 투자하고, 30%를 정기예금에 투자하면, 이 포트폴리오 기대수익률과 표준편차는 각각 얼마인가?

(2) 김 부장이 관리하고 있는 포트폴리오의 $RVAR$(reward-to-variability ratio)은 얼마인가?

5. [무위험자산 포함시의 자산배분]

다음과 같은 성장형 G펀드와 안정형 S펀드가 있다.

펀 드	기대수익률	표준편차	상관계수
성장형 G펀드	22%	32%	0.15
안정형 S펀드	13	23	

(1) 이 두 펀드로 포트폴리오를 구성할 때 투자기회는 어떻게 나타나는지 그림으로 나타내고 최소분산 포트폴리오를 구성하라.

(2) 이제 9% 수익률의 무위험자산 국공채 RF펀드도 포트폴리오 구성에 편입시키고자 한다. 이 경우 투자기회선을 그림으로 나타내고, 효율적 포트폴리오를 구성하라.

(3) (2)에서 구해진 포트폴리오의 총변동성보수율($RVAR$)은 얼마인가?

6. [효율적 포트폴리오와 최적포트폴리오의 구성]

제10장 [연습문제] 6번에 제시되어 있는 '현대차, 현대모비스, 강원랜드, 엔씨소프트'의 10개월간의 월간 투자수익률을 이용하여 다음을 도출하라.

(1) 4종목으로 구성되는 효율적 포트폴리오를 도출하라.

(2) 4종목으로 구성되는 최적포트폴리오를 도출하라.

(3) 이들 4종목의 주식과 연 4% 수익률의 국공채를 대상으로 구성되는 최적포트폴리오를 제시하라.

CHAPTER

12

단일지표모형

앞장에서 설명한 마코위츠모형에 비하여 계산량을 현격히 줄여주는 단순화된 모형이 본장에서 설명하는 단일지표모형이다. 본장에서는 단일지표모형을 이용한 효율적 포트폴리오 구성방법에 관하여 다룬다. 다음은 본장의 학습목표로서 이해해야 할 주요 사항들이다.

- 포트폴리오 선택방법의 단순화가 필요한 이유
- 증권특성선에서 추정되는 베타(β), 알파(α), 잔차수익률(ϵ)의 의미와 측정방법
- 체계적 위험과 비체계적 위험의 구분
- 마코위츠의 완전공분산모형과 샤프의 단일지표모형의 차이
- 인덱스펀드 구성과 ETF

주제 생각하기

시장위험관리

개별주식 고유위험은 다수 증권에 분산투자하면 줄어드는 위험이지만, 포트폴리오 구성종목 전체에 공통적으로 영향을 미치는 금리, 환율, 인플레이션, 경제성장률 등 거시적 요인이 초래하는 투자위험, 시장위험은 분산불능위험이다. 이러한 이유 때문에 시장위험관리는 투자위험관리의 요체가 된다.

개별증권을 선택할 때에도 시장위험에 민감한 종목과 그렇지 않은 종목에 대한 구분이 유용하다. 경기변동성, 부채의존도, 수출의존도가 높거나 고정비가 많은 비용구조의 기업은 금리, 환율 등의 시장요인의 변동에 민감하게 반응하고, 주식가격의 변동성이 크다. 시장전체에 대한 민감도가 큰 종목은 강세장에서 다른 주식보다 주가상승률이 높지만, 약세장에서는 주가하락률이 큰 경향을 보인다. 앞으로의 시장이 강세장 혹은 약세장이 예상되는지에 따라 종목선정을 달리하는 투자전략을 실행할 수 있다.

시장전체에 대한 민감도가 큰 종목인지 낮은 종목인지를 어떻게 구분할 수 있는가? 그 정도를 어떻게 계량적으로 측정할 수 있는가?

인덱스펀드와 ETF

많지 않은 수의 종목에 투자하면서도 시장의 전 종목에 투자한 효과를 얻는 방법은 없을까?

시장전체의 평균적 수익률 또는 특정지수 수익률을 추종할 수 있도록 설계된 상품에 인덱스펀드(index fund)와 ETF(exchange traded fund, 상장지수펀드)가 있다. 인덱스펀드는 간접투자상품이지만, ETF는 직접투자대상으로 설계된 상품이다. 특히 ETF는 인덱스펀드와 다르게 거래소에서 주식처럼 거래되면서 거래세가 면제되어 거래비용이 저렴하고, 시장조성자가 있으므로 유동성이 높으며, 신용거래가 가능하다는 장점이 있다. 이러한 장점 때문에 ETF의 거래규모, 순자산총액, 상장종목수가 크게 늘고 있다. ETF는 한국거래소에 첫 상장이 된 2002년에는 하루 평균거래대금이 KOSPI의 1.1%에 불과했으나, 2018년 이후는 KOSPI 거래대금의 22%를 상회(글로벌 4위)할 정도가 되었다(자료 : KRX, ETF Monthly, 2019.6).

ETF 거래 추이

연 도	2002	2010	2012	2016	2017	2018	2019년 5월
ETF 일평균거래규모(억원)	328	1,102	5,442	7,900	9,792	14,619	15,288
KOSPI거래대금 대비 비중(%)	1.1	2.0	11.3	17.5	18.4	22.3	28.4
ETF 순자산총액	344	6,058	14,718	35,611	35,611	41,007	40,563
ETF 상장종목수(개)	4	64	135	256	325	413	428

거래종목수도 2002년에는 KOSPI를 추종하는 ETF 등 4개 종목에 불과했지만 2019년 5월에는 428개 종목으로 확대되고 있다. 2019년 5월말 현재 거래대금 기준 상위 1위의 종목은 지수변동의 2배의 수익(손실)이 나도록 설계되어 있는 'KODEX레버리지'이고, 2위는 'KODEX200', 3위는 지수의 상승 하락과 반대방향으로 수익이 나도록 설계되어 있는 'KODEX인버스'이다.

어떻게 설계하면 인덱스펀드, ETF처럼 시장지수 혹은 특정 섹터지수를 추종할 수 있는가? 레버리지ETF가 2배의 수익(손실)을 내지 못하는 상황이 발생한다면 그 이유는 무엇인가?

제 1 절 증권특성선

1 단일지표모형의 필요성

앞장에서 설명한 분산투자방법은 마코위츠(H. Markowitz)가 제시한 방법으로서, 완전공분산모형이라고 한다. 효율적 포트폴리오의 도출과정에서 포트폴리오 위험을 식 12.1과 같이 모든 종목간의 공분산을 계산해야 하는 방법이기 때문이다.

$$\sigma_p^2 = \sum_{i=1}^{n}\sum_{j=1}^{n} w_i w_j \sigma_{ij} \tag{12.1}$$

구체적으로 마코위츠모형에 의하면 n종목으로 포트폴리오를 구성할 때, 계산에 필요한 정보량은 앞장 〈표 11-1〉의 n종목 공분산행렬에서 보는 것처럼, 개별종목 기대수익률 n개, 개별종목 분산 n개, 개별종목간의 공분산 $n(n-1)/2$개이다. 예를 들어, 1,000개 종목으로 구성되는 포트폴리오를 구성하기 위해서는 1,000개의 기대수익률, 분산 그리고 (1,000×999) / 2=499,500개의 공분산 계산이 필요하다. 더욱이 최종적인 효율적 포트폴리오(투자선)를 구하기 위해서는 투자비율에 따라 달라지는 수많은 결합의 포트폴리오를 고려해야 하므로 그 계산량은 매우 방대하다.

마코위츠모형은 이처럼 이론적으로는 공분산매트릭스만 정확히 추정된다면 효율적 투자선을 찾아내는 가장 완벽한 방법이지만, 현실적으로 적용하기 어려운 기술적 문제점을 지니고 있다. 이와 같은 마코위츠모형의 기술적 문제점을 해결하고자 현실적으로 단순한 다른 방법으로 제시된 것이 샤프의 단일지표모형이다.

단일지표모형(single index model)은 n종목의 개별종목들간의 모든 공분산을 고려하는 대신에 시장전체의 움직임을 나타내는 단일시장지표 사이와의 공분산만을 고려한 단순화된 모형이다. 이러한 의미에서 단순시장모형(simplified market model) 또는 시장모형(market model)이라고도 부른다.

2 투자수익률 변동의 원천

단일지표모형에서는 현실적으로 유용성이 높은 포트폴리오 구성방법을 제시하기 위하여 자산수익률의 움직임에 대한 몇 가지 가정을 내세우고 있다.

단일지표모형에서는 자산의 투자수익 변동이 기본적으로 두 가지 원천에 의해서 발생된다는 것을 전제로 하고 있다. 그 하나는 시장전체 공통요인(market common factor)의 변동에 연관된 부분이고, 다른 하나는 시장전체와 무관한 개별기업 특유요인(company specific factor)에 의해서 발생되는 부분이라는 것이다.

$$\text{개별자산 가격변동} = \text{시장전체 공통요인에 연관된 가격변동} + \text{개별기업 특유요인에 연관된 가격변동} \tag{12.2}$$

이 가정은 일정기간에 있어서 어느 개별자산의 투자수익률에 영향을 주는 사건에는 두 가지 유형이 있음을 뜻한다.

첫째, 거시적 사건(macro event)으로서, 기대하지 못했던 인플레이션, 공금리의 변화, 정국의 불안정, 석유와 같은 주요 원자재 가격의 변화 등을 들 수 있다. 이와 같은 유형의 사건들은 그 영향력이 광범위하여 정도의 차이만 있을 뿐 거의 모든 자산에 영향을 미친다. 개별자산의 가격변동은 이와 같은 시장전체의 공통적인 요인에 대하여 민감도의 차이만 있을 뿐 시장공통요인과 연관되어 있다.

둘째, 모든 자산에 전반적인 영향을 주지 않는 특정기업의 미시적 사건(micro event)이다. 예를 들어 특정기업의 신제품개발 성공, 노사분규, 공장의 화재와 조업중단 등의 사건을 말한다. 이와 같은 미시적 사건은 시장전체(포트폴리오) 수익률에는 영향을 미치지 않지만 특정 개별자산의 투자수익률 변동에 영향을 주게 된다.

이처럼 자산수익률 변동의 원천을 두 가지로 구분할 수 있고, 시장공통요인은 종합주가지수와 같은 시장지표(market index)로 나타낼 수 있다고 가정하여, 직선식으로 표시한 것이 단일지표모형 또는 시장모형이다.

3 증권특성선

이제 식 12.2의 개념을 주식 j의 수익률이 단 하나의 공통요인인 시장수익률과 선형적인 관계를 갖는 식으로 나타내면, 식 12.3과 같은 직선식으로 표시할 수 있다.

$$R_{jt} = \alpha_j + \beta_j R_{mt} + \epsilon_{jt} \tag{12.3}$$

단, R_{jt} : 주식 j의 t시점에서의 수익률(확률변수)

R_{mt} : 시장지표의 t시점에서의 수익률(확률변수)

α_j : 회귀계수 절편, β_j : 회귀계수 기울기, ϵ_{jt} : 잔차항(확률변수)

[그림 12-1] 증권특성선

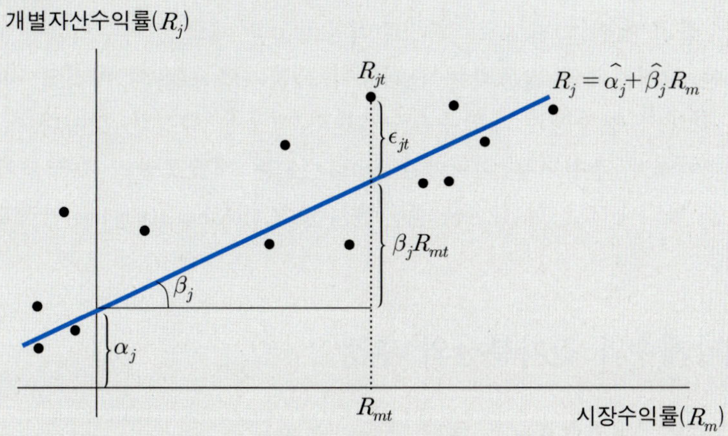

이 단일지표모형을 그림으로 나타내면 [그림 12-1]과 같다. 여기서 각 점들은 수직축에 개별자산 j의 수익률 R_j를 종속변수로, 수평축에 시장전체 수익률을 대표하는 시장지표(종합주가지수)의 수익률 R_m을 독립변수로 하여 대응시킨 것이다.

여기서 R_j를 R_m에 관하여 회귀분석(최소자승법에 의해 절편, 기울기를 추정)하면 [그림 12-1]에서 보는 것처럼 양자 사이의 관계를 나타내는 직선식의 절편(α_j)과 기울기(β_j)를 구할 수 있다.

$$R_j = \hat{\alpha}_j + \hat{\beta}_j R_m \tag{12.4}$$

단, ˆ는 회귀계수 추정치

식 12.4에서 기울기 베타계수(β_j)는 시장수익률의 변동에 대한 주식 j의 수익률의 평균적인 민감도(average sensitivity to market movement)를 나타낸다. 즉, 시장전체의 수익률에 영향을 주는 거시적 사건이 발생했을 때 특정주식이 이에 대하여 민감하게 반응하는 정도는 기업마다 다른데, 이를 계량적으로 측정한 것이 β계수이다. 기울기 베타계수(β_j)는 시장수익률의 변동(ΔR_m)에 대한 특정 주식수익률의 변동(ΔR_j)의 비율을 표시한 것이다.

만약 어느 주식의 기울기 베타(β_j)가 1.5라면, 시장수익률 R_m이 10% 증감할 때 그 주식의 수익률은 평균적으로 15% 증감하게 됨을 의미한다. 만약 베타(β_j)가 0.5라면, 시장수익률 R_m이 10% 증감할 때 그 주식의 수익률은 평균적으로 5% 증감하게 됨을 뜻한다. 베타계수가 큰 주식일수록 시장수익률의 변동(거시적 사건의 발생)에 보다 민감하게 반응하는 특성이 있음을 의미한다.

한편 절편 알파(α_j)는 시장수익률이 0일 때의 초과수익률을 나타낸다. 또 잔차 ϵ_{jt}는 시장전체의 변동과는 관계없이 특정기업 고유의 미시적 사건(호재 또는 악재)에 의해서 영향받는 개별주식수익률의 변동을 측정한 것이다.

이렇게 추정되는 회귀계수 β_j, α_j, ϵ_j는 개별증권의 수익률과 위험에 관한 특성을 나타내므로 식 12.4를 증권특성선(CL : characteristic line)이라고 부른다.

4 베타계수와 잔차분산의 추정

앞에서는 증권특성선의 베타, 알파, 잔차항의 의미를 살펴보았다. 그러면 실제로 주가수익률 자료로부터 이러한 회귀계수들을 어떻게 추정하는가?

이제 [그림 12-1]에서 주식 j의 수익률(R_j)과 시장수익률(R_m)을 대응시킬 때 이들 양자의 관계를 가장 잘 대표하는 직선(best fitted line)은 이 선으로부터 모든 점들의 거리(잔차)의 합을 최소로 하는 식을 찾는, 최소자승법(OLS : ordinary least square)이라고 하는 통계적 방법을 사용하여 추정한다. 결론적으로 기울기(β_j)와 절편(α_j)은 다음과 같이 추정된다.

$$\hat{\beta}_j = \frac{\sum[R_{jt} - E(R_j)]\,[R_{mt} - E(R_m)]}{\sum[R_{mt} - E(R_m)]^2} = \frac{\sigma_{jm}}{\sigma_m^2} \tag{12.5}$$

$$\hat{\alpha}_j = \overline{R}_j - \hat{\beta}_j \overline{R}_m \tag{12.6}$$

단, $\overline{R}_j$: 주식 j의 평균수익률, $\overline{R}_m$: 시장지수의 평균수익률
σ_m^2 : 시장수익률의 분산, σ_{jm} : 주식 j의 수익률과 시장수익률의 공분산

한편 식 12.3의 잔차(residuals) ϵ_{jt}는 주식수익률의 변동 중에서 시장전체와 연관되지 않은 개별기업 고유위험의 크기인데, 이는 주식 j의 t시점에서 증권특성선으로부터 수직적 거리이므로 다음과 같이 측정된다.

$$\epsilon_{jt} = R_{jt} - (\hat{\alpha}_j + \hat{\beta}_j R_{mt}) \tag{12.7}$$

단, ϵ_{jt} : 주식 j의 t시점에서의 잔차
R_{jt} : 주식 j의 t시점 실제수익률, R_{mt} : 시장수익률의 t시점 실제수익률
$\hat{\alpha}$: 증권특성선의 절편 추정치, $\hat{\beta}$: 증권특성선의 기울기 추정치

이 식의 우변 괄호 안은 증권특성선이 상술한 방법에 의해서 추정되었을 때 t 시점에서의 시장수익률이 R_{mt}일 경우 기대되는 주식 j의 기대수익률이다. 따라서 잔차 ϵ_{jt}는 실제수익률과 기대수익률의 차이를 측정한 것이 된다. 최종적으로 잔차 분산(residual variance) $\sigma^2(\epsilon_j)$는 위와 같이 개별기간에 대해서 측정된 잔차를 제곱하여, 모든 기간에 걸쳐 이 값을 합한 값($\sum_{t=1}^{n} \epsilon_{jt}^2$)으로 추정한다.

예제

특정 주식수익률과 시장수익률의 관계는 본래 미래의 수익률 예측자료에 근거하여 추정되어야 한다. 그러나 실무에서는 미래의 사전적 자료(ex ante data)를 예측하는 대신에 과거의 사후적 자료(ex post data)상의 시계열적 패턴이 미래에도 계속된다는 가정하에서 과거의 시계열 자료를 이용한다. 여기서는 제10장 예제에서 제시된 SK하이닉스, LG화학, 셀트리온, 신세계, KOSPI의 36개월간(2016.5.31~2019. 4.30)의 월간 투자수익률 자료를 이용하기로 한다. 이 자료로부터 다음 사항을 추정하라.

(1) 먼저 신세계, KOSPI의 기대수익률과 표준편차를 구한 다음, 신세계 주식의 β, α를 추정하고 이의 의미를 설명하라. 또 증권특성선을 그림과 함께 제시하라.

(2) 2019년 3월 31일의 잔차 $\sigma^2(\epsilon_j)$를 추정하고, 그 의미를 설명하라.

(3) LG화학의 β, α를 추정하고, 신세계 주식의 특성과 비교하라.

풀이

(1) i) 신세계의 기대수익률, 표준편차의 추정(제10장 예제의 결과) :

	신세계	KOSPI
기대수익률(월간)	1.32%	0.28%
표준편차(분산)	11.71% (0.0137)	3.73% (0.0014)

ii) 신세계 주식의 β 추정 :

신세계와 KOSPI의 공분산과 β계수 :

$\sigma_{jm}=[(-0.0191-0.0132)(-0.0054-0.0028)+(-0.0621-0.0132)(0.0066-0.0028)\cdots]\div 36=0.002376$

$\therefore$ 신세계의 β계수 : $\hat{\beta}_j=\dfrac{\sigma_{jm}}{\sigma_m^2}=\dfrac{0.002376}{0.0014}=1.711$

신세계의 β계수가 1.711이라는 것은 시장수익률이 10% 증감할 때 신세계 투자수익률은 평균적으로 17.11%만큼 증감할 정도로 시장전체 변동에 민감한 성향이 있음을 뜻함.

iii) 신세계 주식의 α 추정 : $\hat{\alpha}_j=\overline{R_j}-\hat{\beta}_j\overline{R_m}=0.0132-1.711(0.0028)=0.0084$

iv) 신세계의 증권특성선 : $\alpha=0.0084$, $\beta=1.711$이므로 $R_j=0.0084+1.711R_m$

(2) 신세계의 2019년 3월 잔차수익률 :

(2019년 3월, 신세계의 실제수익률은 16.73%, 시장수익률은 −2.53%)

$\epsilon_{jt}=R_{jt}-(\hat{\alpha}_j+\hat{\beta}_j R_{mt})=0.1673-[0.0084+1.711(-0.0253)]=0.1673+0.0342=0.2015$

2019년 3월의 경우 신세계의 시장수익률에 대한 평균적인 민감도(β계수)를 고려하면 당월의 시장수익률이 −2.53%일 때 −3.42%의 기대수익률을 예상할 수 있었다. 그러나 실제수익률은

16.73%이어서, 그 차이(잔차) 20.15%는 신세계의 개별기업 고유의 호재로 인하여 발생한 것으로 해석할 수 있다.

신세계와 LG화학의 증권특성선

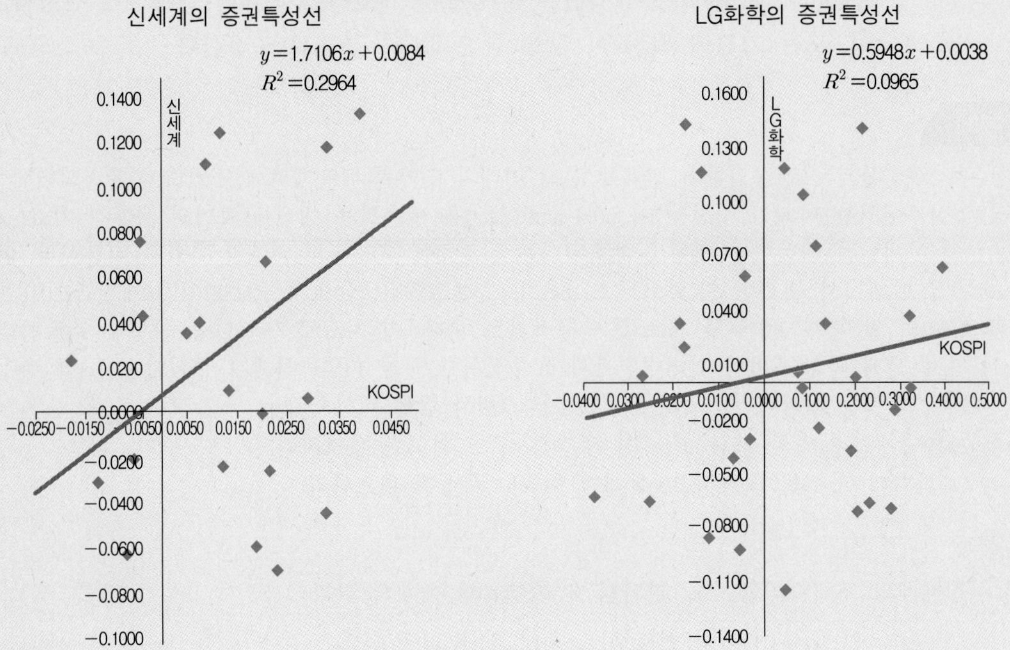

(3) LG화학에 대해서도 마찬가지 방법으로 추정하면,

i) LG화학의 기대수익률, 표준편차의 추정(제10장 예제의 결과) :

	LG화학	KOSPI
기대수익률(월간)	0.542%	0.277%
표준편차(분산)	7.14% (0.0051)	3.73% (0.0014)

ii) LG화학의 β 추정 : LG화학과 KOSPI의 공분산 $\sigma_{jm}=0.000826$

LG화학의 β계수 : $\hat{\beta}_j=\dfrac{\sigma_{jm}}{\sigma_m^2}=\dfrac{0.000826}{0.0014}=0.595$

iii) LG화학의 α 추정 : $\hat{\alpha}_j=0.00542-0.595(0.00277)=0.0038$

iv) LG화학의 증권특성선 : $R_j=0.0038+0.595R_m$

신세계의 β계수는 1.711로서 시장변동에 대한 민감도가 평균 이상으로 높은 공격적 증권인 반면에, LG화학의 β계수는 0.595로서 시장변동에 대한 민감도가 평균보다 낮은 방어적 증권이라는 특성을 갖는다.

제 2 절 단일지표모형에 의한 포트폴리오 선택

앞절에서는 포트폴리오 선택시 실용적으로 이용되는, 단순화된 단일지표모형의 의미와 가정 그리고 추정방법을 설명하였다. 그러면 단일지표모형에 의해서 포트폴리오를 구성하면 과연 실용적이면서 단순화된 투자결정을 할 수 있는지 살펴보자.

1 단일지표모형에 의한 포트폴리오 분산의 측정

(1) 체계적 위험과 비체계적 위험

주식투자수익률의 움직임이 시장전체의 공통요인과 개별기업의 특유요인 두 가지 원천에 의해서 영향받는 것을 가정하면, 주식 j의 분산은 다음 식에 의해서 추정할 수 있게 된다.[1)]

$$\sigma_j^2 = \beta_j^2\,\sigma_m^2 + \sigma^2(\epsilon_j) \text{ =[체계적 위험]+[비체계적 위험]} \qquad (12.8)$$

단, σ_j^2 : 증권수익률의 분산, $\sigma^2(\epsilon_j)$: 잔차항의 분산
β_j : 시장모형에서 추정되는 기울기, 베타계수

식 12.8의 우변 첫째항 $\beta_j^2\,\sigma_m^2$을 체계적 위험(systematic risk)이라고 부르는데, 특정주식의 변동성 가운데 시장포트폴리오의 분산(위험)에 연동된 위험의 크기를 측

---

1) 주식 j의 분산을 구하는 식은 $\sigma_j^2 = E[R_j - E(R_j)]^2$ 이다. 그런데 식 12.3의 단일지표모형 $R_j = \alpha_j + \beta_j R_m + \epsilon_j$와 증권특성선 $E(R_j) = \alpha_j + \beta_j E(R_m)$을, 분산을 구하는 식에 대입하면 식 12.8을 얻는다.

한편 단일지표모형에서의 가정은 개별주식수익률의 움직임이 시장전체의 공통요인과 개별기업의 특유요인 두 가지 원천에 의해서 영향받는다는 가정 이외에도 다음 가정을 하고 있다.

① $E(e_i) = 0$; 개별기업 고유요인에 초래되는 잔차수익률은 (+)이거나 (−)일 수 있지만 그 기대치는 0이다.

② $cov(e_i, R_m) = 0$; 개별기업 고유요인에 초래되는 잔차수익률과 시장수익률은 무관하다.

③ $cov(e_i, e_j) = 0$; 어느 i특정주식에 영향을 주는 미시적 사건은 다른 j주식에는 영향을 주지 않고, 특정 개별주식의 변동성이 오로지 하나의 공통요인인 시장요인과의 관계에 의해서만 설명된다.

③의 가정에 의하면 개별주식 i와 j의 공분산 σ_{ij}도 시장요인과의 관계에서 설명될 수 있는데, σ_{ij}는 시장수익률의 분산에 각각의 베타를 곱하여 구할 수 있다. $\sigma_{ij} = \beta_i\,\beta_j\,\sigma_m^2$

정한 것이다. 그리고 우변 둘째항 $\sigma^2(\epsilon_j)$는 잔차분산 혹은 비체계적 위험(residual variance, unsystematic risk)이라고 부르는데, 이는 시장전체 변동에 관련 없는 주식 j의 고유요인에 연관된 위험을 측정한 것이다.

(2) 포트폴리오 분산의 측정

단일지표모형을 이용하면 개별주식의 분산(총위험)이 체계적 위험과 비체계적 위험으로 나누어 측정되고, 베타와의 관계에서 측정될 수 있음을 보았다. 이와 같은 관계는 개별주식뿐 아니라 포트폴리오의 경우에도 그대로 성립한다. 다음 관계식은 단일지표모형 가정하에서 포트폴리오 분산 σ_p^2을 측정하는 식이다.

$$\sigma_p^2 = \beta_p^2 \ \sigma_m^2 + \sigma^2(\epsilon_p) \tag{12.9}$$

우변의 첫째항은 시장공통요인에 연관된 포트폴리오의 체계적 위험이고, 둘째항은 개별 포트폴리오 특유요인에 관계된 비체계적 위험이다.

여기서 포트폴리오 베타(β_p)는 다음 식과 같이 포트폴리오를 구성하는 개별주식의 베타계수(β_j)를 그 주식에 대한 투자비율에 따라 가중평균하면 구해진다.

$$\beta_p = \sum_{j=1}^{n} w_j \cdot \beta_j \tag{12.10}$$

예를 들어 $\beta_A = 2.0$인 주식 A에 80% 투자하고, $\beta_B = 1.5$인 주식 B에 20% 투자할 경우, 두 주식 A, B로 구성되는 포트폴리오 베타(β_p)는 다음과 같이 1.90이 된다.

$$\beta_p = w_A \cdot \beta_A + w_B \cdot \beta_B = (0.8 \times 2.00) + (0.2 \times 1.50) = 1.90$$

한편 포트폴리오 잔차분산 $\sigma^2(\epsilon_p)$는 아래 식처럼 개별주식의 잔차분산에 그 주식에 대한 투자비율의 자승을 곱하여 추정한다.

$$\sigma^2(\epsilon_p) = \sum_{j=1}^{n} w_j^2 \ \sigma^2(\epsilon_j) \tag{12.11}$$

2 단일지표모형과 포트폴리오 선택

이제 포트폴리오 베타 β_p와 포트폴리오 잔차분산 $\sigma^2(\epsilon_p)$를 측정하는 식 12.10과 12.11을 식 12.9에 대입하면 단일지표모형에 의한 포트폴리오 분산 σ_p^2은 식 12.12에 의해서 측정할 수 있다.

$$\sigma_p^2 = (\sum_{j=1}^{n} w_j \cdot \beta_j)^2 \sigma_m^2 + \sum_{j=1}^{n} w_j^2 \cdot \sigma^2(\epsilon_j) \tag{12.12}$$

이처럼 단일지표모형에 의해 포트폴리오 분산 σ_p^2을 구하는 식 12.12는 앞장에서 설명한 마코위츠모형(식 11.6)과 함께 최소분산 포트폴리오(MVP)를 찾아낼 때 위험의 측정값으로 사용할 수 있다.

식 12.12와 식 11.6을 비교하면 어떤 차이가 있는가? 식 12.12에 의해서 포트폴리오 위험이 측정되면 계산량이 현격히 줄어든다는 장점이 있다. 왜냐하면 마코위츠모형(식 11.6)에 의해 위험을 측정할 때 n개의 분산과 $n(n-1)/2$개의 공분산 계산이 필요하지만, 식 12.12의 단일지표모형이 사용되면 n개의 베타계수와 n개의 잔차분산, 그리고 1개의 시장수익률 분산, 합하여 $2n+1$개만 계산하면 되기 때문이다. 예를 들어 1,000종목으로 포트폴리오를 구성할 때 마코위츠모형에 의하면 499,500개의 공분산 계산이 요구되었지만, 단일지표모형에 의하면 1개의 시장수익률 분산과 1,000개의 베타계수, 1,000개의 잔차분산만 계산하면 된다. 이처럼 단일지표모형을 이용하면 계산량을 현저히 줄일 수 있다.

요약하면 마코위츠모형이나 샤프의 단일지표모형은 모두 투자자가 효율적 분산투자를 하는 데 필요로 하는 최소분산 포트폴리오의 구성에 도움이 되는 모형들

〈표 12-1〉 단일지표모형과 마코위츠모형의 비교

	샤프의 단일지표모형	마코위츠의 완전공분산모형
① 평균수익률	$E(R_j)=\alpha_j+\beta_j E(R_m)$	$E(R_j)=\sum r_{ij}\cdot p_i$
② 개별주식의 분산	$\sigma_j^2=\beta_j^2\,\sigma_m^2+\sigma^2(\epsilon_j)$	$\sigma_j^2=\sum\,[R_i-E(R_j)]^2$
③ 주식 i와 j 간의 공분산	$\sigma_{ij}=\beta_i\,\beta_j\,\sigma_m^2$	$\sigma_{ij}=\sigma_i\sigma_j\rho_{ij}$
④ 포트폴리오의 분산	$\sigma_p^2=\beta_p^2\sigma_m^2+\sigma^2(\epsilon_p)$ $=[\sum w_j\beta_j]^2\sigma_m^2+\sum w_j^2\sigma^2(\epsilon_j)$	$\sigma_p^2=\sum_{i=1}^{n}\sum_{j=1}^{n} w_i w_j \sigma_{ij}$ $=\sum_{i=1}^{n} w_i^2\sigma_i^2+\sum_{i=1}^{n}\sum_{j=1}^{n} w_i w_j\sigma_{ij}$ $(i=j)$ $(i\neq j)$

이지만, 두 모형은 최소분산 포트폴리오를 찾는 과정에서 포트폴리오 분산을 추정하는 방법에 차이가 있다.

양 모형의 가정상의 차이를 보면 마코위츠모형은 증권수익률의 형성과정이나 주식들간의 공분산에 관한 일체의 가정을 필요로 하지 않는다. 따라서 계산의 정확성 면에서 완벽하다. 반면에 단일지표모형은 모든 주식들간의 공분산을 단 하나의 공통요인인 시장요인에 연동된 부분과 그렇지 않은 부분으로 나누고, 잔차분산은 주식간에 상관관계가 없음을 가정하고 있으므로, 이 가정의 현실성 여하에 따라서 단일지표모형은 최적포트폴리오의 선택모형으로서 정확성이 달라진다.

이상에서의 설명을 종합하여 단일지표모형에 의한 포트폴리오 선택방법과 마코위츠모형에 의한 선택방법을 비교하면 〈표 12-1〉과 같다.

제 3 절 단일지표모형의 활용

개인투자자들은 투자금액이 소액이고, 다수 종목에 대한 심도 있는 증권분석이 용이하지 않기 때문에 분산투자를 통한 위험관리가 쉽지 않다. 본절에서 설명하는 인덱스펀드, ETF 투자는 여러 종목을 나누어 사는 불편함이 없이 한 번에 지수에 포함되어 있는 많은 종목에 분산투자할 수 있을 뿐 아니라 거래의 편의성, 비용면에서 장점을 지닌 현실적인 투자대안이 된다. 인덱스펀드, ETF(상장지수펀드)는 단일지표모형을 활용한 것으로서 본절에서는 이에 대해 설명한다.

1 인덱스펀드와 ETF(상장지수펀드)

인덱스펀드(index fund)는 주가지수 등 특정지수를 추종하여 특정지수의 수익률이나 시장전체의 평균적 수익률을 얻는 것을 목표로 하는 펀드를 말한다. 시장평균수익률을 확보하는 원시적인 방법은 종합주가지수에 편입되는 모든 종목에 시가총액 구성비율로 투자한 펀드를 구성하는 것이다. 그러나 수많은 종목을 일정기간마다 사고파는 데에는 거래비용, 관리비용이 막대하고, 시가총액의 구성비도 매번 바뀌게 되므로 시장수익률을 따라가는 것이 거의 불가능하다.

따라서 보다 간편한 방법이 요구되는데, 그 한 방법은 종목의 수를 줄이면서 그 포트폴리오의 베타(β_p)가 1이 되도록 하는 것이다. 베타가 1이 되면 시황의 변동이 있더라도 평균적으로 종합주가지수의 수익률을 추적할 수 있기 때문이다. 예를 들어 다음 표의 주식 A, B, C에 대하여 30 : 50 : 20의 투자비율로 투자하면 포트폴리오 베타가 1.3이 되지만, 10 : 50 : 40의 투자비율로 투자하게 되면 포트폴리오 베타는 1.0이 된다.

주 식	베타계수	투자비율(1)	투자비율(2)
A	2.0	0.3	0.1
B	1.2	0.5	0.5
C	0.5	0.2	0.4
포트폴리오 베타		1.3	1.0

그러나 포트폴리오 베타가 1이더라도 포트폴리오 잔차분산이 크면 시장평균수익률을 추적하지 못할 가능성이 남아 있게 된다. 따라서 우수한 인덱스펀드를 만드는 데 더욱 중요한 것은 포트폴리오 잔차분산 $\sigma^2(\epsilon_p)$가 가능한 한 최소가 되도록 하는 것이다. 잔차분산이 최소화될수록 시장평균수익률을 정확히 추적할 가능성이 높아지기 때문이다.

요약하면 인덱스펀드의 구성은 다음 식 12.13과 같이 포트폴리오의 베타가 "1"이 되도록 하면서 잔차분산이 최소가 되도록 하는 포트폴리오를 찾는 것이다.

$$\begin{aligned} \text{minimize} \quad & \sigma^2(\epsilon_p) = \sum w_j^2 \, \sigma^2(\epsilon_j) \\ \text{subject to} \quad & \beta_p = \sum w_j \, \beta_j = 1.0 \\ & \sum w_j = 1.0 \end{aligned} \tag{12.13}$$

인덱스펀드와 같이 시장평균수익률을 확보하는 다른 투자방법으로 ETF 투자방법이 있다.[2] 인덱스펀드는 간접투자상품이지만, 상장지수펀드(ETF : exchange traded fund)는 지수를 구성하는 종목(현물주식 바스켓)에 대해 직접투자하는 상품으로 설계되어 있어서, 일반 주식처럼 실시간으로 거래된다는 특성을 지닌다. 따라서 ETF를 매수하면 추종하는 지수의 등락폭만큼 수익률을 내게 되어, 해당 주가지수를 구성

2) 시장평균수익률을 확보하기 위하여 파생상품을 이용하는 방법이 있다. 제16장에서 소개되겠지만, 구체적으로 지수선물을 매수하고 국공채에 투자하는 포트폴리오를 구성하는 것이다.

〈표 12-2〉 인덱스펀드, ETF, 개별주식투자의 비교

구 분	인덱스펀드	ETF	개별주식투자
투자성격	지수움직임에 연동된 수익증권, 뮤추얼펀드에 대한 간접투자	지수를 구성하는 종목(주식 바스켓)에 대한 직접투자	특정 개별종목 하나에만 직접투자
투자위험	개별종목위험 분산제거, 시장위험만 감수	개별종목위험 분산제거, 시장위험만 감수	개별기업 · 산업 · 시장위험을 그대로 감수
거래비용	판매 · 운용보수료(1.5% 내외) 지급	거래세(0.3%) 면제, 매매수수료만 부담, 낮은 거래비용	거래세 부담
유동성	낮음	높음	높음
신용거래	불가능	가능	가능
투자관리의 다양성	*NAV*와의 가격괴리가 큼	*NAV*와의 가격차이가 작음, 선물옵션과 연계 위험관리	극히 제한적

하는 종목 전체를 매수하는 것과 동일한 효과를 얻을 수 있다.

〈표 12-2〉는 투자관리 면에서 ETF의 장점을 요약한 것이다. 개별주식에 투자하는 경우에는 시장위험뿐 아니라 개별기업 고유위험까지 감수해야 하지만, ETF와 인덱스펀드는 시장위험만 감수하게 된다. 그러나 인덱스펀드와 다르게 ETF는 거래소에서 주식처럼 거래되면서 거래세가 면제되어 거래비용이 보다 저렴하고, 시장조성자가 있어 유동성이 높으며, 신용거래가 가능하다는 장점이 있다. 이 밖에도 투자전략적인 면에서 *NAV*(순자산가치) 대비 가격괴리가 작은 장점이 있고, 선물 · 옵션과 연계된 차익거래, 위험관리에 다양하게 적용될 수 있다. 이러한 장점 때문에 ETF는 거래규모가 급증하고 있는데, ETF 발행 및 거래와 관련된 상세한 내용, 그리고 다양한 ETF 상품에 대해서는 본장의 '증권카페-패시브펀드의 총아-ETF에 투자하기'를 참조하기 바란다.

2 베타계수의 예측과 추정베타의 조정기법

단일지표모형은 앞절에서 지적한 가정상의 한계점에도 불구하고 1항에서 살펴본 것처럼 인덱스펀드, ETF 구성 등에 활용되고 있다. 그러나 단일지표모형이 투자결정에 보다 유용하게 활용되기 위해서는 이 모형에의 투입정보인 베타계수의 추정과 예측이 정확해야 한다.

먼저 베타계수의 추정과 관련된 이슈의 하나는 베타의 불안정성 문제이다. 베

타계수를 투자결정에 활용할 때, 통상적으로 과거 일정기간 동안의 개별주식수익률과 시장수익률의 역사적 자료를 회귀시켜 측정한 역사적 베타(historical beta)를 많이 사용하는데, 역사적 베타는 예측오차가 적지 않게 발생한다는 문제점이 있다. 과거기간과는 다르게 기업특성(제품믹스, 재무구조 등)이 변하면 개별 주식수익률의 시장전체 변동에 대한 민감도, 즉 베타계수도 달라질 수 있다. 실제로 여러 기간을 구분하여 측정한 베타는 불안정한 패턴을 보이기도 한다.

이와 같은 **베타추정의 예측오차를 줄이는 방법**으로는 두 가지 방법을 사용해 볼 수 있다. 하나는 개별종목을 대상으로 하지 않고 포트폴리오의 구성종목수를 증가시켜 포트폴리오 베타를 추정하는 것이고, 다른 방법은 '메릴 린치의 조정베타', '기본적 베타' 추정 등 계량적 베타수정기법을 이용하는 것이다.

메릴 린치(Merrill Lynch)의 조정베타(adjusted beta)는 베타계수가 장기적으로 1에 회귀하는 성향이 있다는 실증분석 결과에 기초한 추정방법이다. 즉, 설립된 지 얼마 되지 않은 기업들은 단일업종에서의 전문화 등 위험이 많은 전략을 택하여 베타계수가 높으나, 기업연륜이 더해질수록 경영다각화를 시도함으로써 사업위험이 경제 평균수준의 전형적 기업이 되기 때문에 이를 반영한 베타계수는 1에 수렴해 가는 경향이 있다고 보는 것이다. 이는 시계열자료로부터 추정된 표본베타에 2/3의 가중치를 주고 평균베타인 1에 1/3의 가중치를 주어 베타를 조정하여 사용한다.

$$\text{조정베타} = \text{표본베타}\left(\frac{2}{3}\right) + 1 \cdot \left(\frac{1}{3}\right) \tag{12.14}$$

기본적 베타(fundamental beta)는 기본적 기업특성변수(firm characteristics)로서 기업의 자본구조 · 자본집약도 · 제품특성 · 이익의 안전성 · 기업규모 등이 β의 결정요인이라고 보고, 다음의 예처럼 t기의 $\beta(\beta_t)$와 $t-1$기의 여러 가지 기업특성변수(X_n)를 다중회귀분석하여 추정한 베타이다.

$$\beta_t = a_0 + a_1 X_1 + a_2 X_2 + \cdots\cdots + a_n X_n + \epsilon_t \tag{12.15}$$

증권카페

패시브펀드의 총아 – ETF에 투자하기

아래 그림은 ETF 발행 및 유통의 흐름도를 요약한 것이다. ETF는 설정을 원하는 투자자가 지정참가회사(AP : Authorized Participants)를 통해 설정에 필요한 주식바스켓을 집합투자업자(운용회사)에 납입하면 집합투자업자가 이를 확인한 후 발행하게 된다. 이렇게 발행된 ETF가 한국거래소에 상장되면 일반주식과 동일한 방식으로 투자자들간에 거래된다. 한편 유통시장에서는 지정판매회사 중 1개사 이상이 유동성공급자(LP : Liquidity Provider)로 지정되어 ETF의 원활한 거래를 돕는다.

ETF 발행 및 유통 흐름도

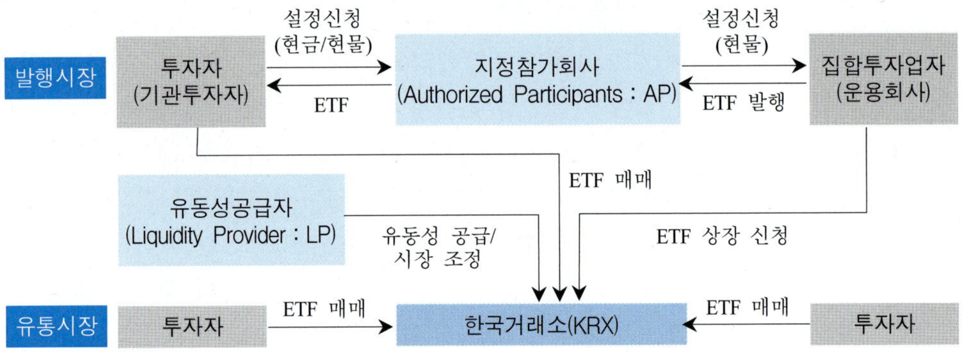

자료 : 한국은행, 우리나라 금융제도, 2018.

이렇게 발행 유통되는 ETF는 특히 개인투자자에게 여러 가지 장점이 있다. 〈표 12-2〉에 정리되어 있는 여러 가지 장점 이외에 ETF는 1주당 가격이 [주가지수×100]의 가격으로, 10주 단위로 거래되므로 소액자금(KOSPI 200지수가 100이면 1만원)으로도 시장전체에 대한 직접투자효과(특히 분산투자효과)를 얻을 수 있다. 통상적인 펀드는 비상장되어 있고 90일 전에는 환매수수료를 부담해야 하는데, ETF는 상장되어 있어 개인 주식거래계좌를 통해 손쉽게 거래할 수 있고 거래비용이 낮다. 증권거래세(0.3%)가 면제되고, 1.0~1.5% 정도의 판매 및 운용 보수료를 부담하는 일반펀드와는 달리 ETF는 0.05~0.15% 정도의 수수료만 부담하는 등 거래비용이 저렴하다.

이처럼 ETF는 적은 투자금액으로 지수를 구성하는 많은 종목에 분산투자할 수 있다는 위험관리의 실용성뿐 아니라, 거래의 편의성 그리고 상대적으로 저렴한 거래비용 때문에 거래가 급증하면서, 액티브펀드(active fund)에서 유출된 자금이 ETF 패시브펀드(passive fund)로 유입되고 있는 상황이다.

2019년 5월말 현재 ETF의 순자산 총액이 40.5조원, 상장종목수가 428개로 증가하였다. 하루 거래대금이 1.53조원에 달할 정도로 거래규모가 커지면서, KOSPI에서 차지하는 비중이 2015년에 13.0%에서 2018년에는 22.3%로 증가하였다. 투자성과 면에서 보면 2018년말 현재로 ETF평균수익률이 1년 기준은 21.7%, 2년 기준은 29.0%, 3년 기준은 32.2%를 기록하였다.

ETF는 패시브펀드의 총아로서 그 상품종류가 다양해지고 있어 다양한 투자관리에 활용될 영역이 넓어지고 있다. 아래 그림에서 보는 것처럼, 상품유형을 크게 분류하면 국내주식형이 50% 정도이고, 해외주식형 15%, 국내외 레버리지 인버스형 20%, 국내채권형 6%, 기타 5%이다.

ETF 상품유형별 상장 현황

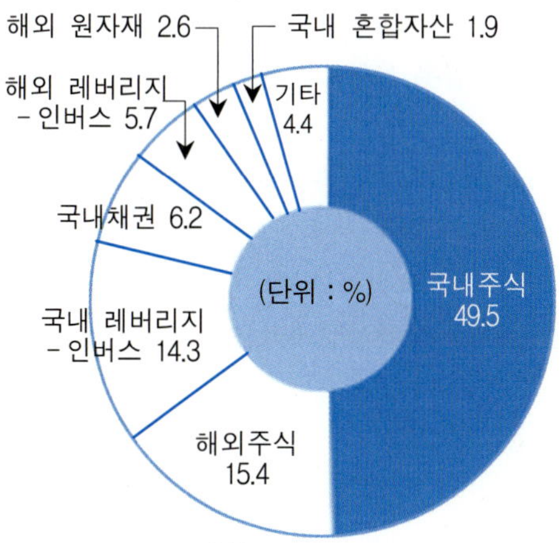

* 2019.3.19 기준

자료 : 매경, 2019.3.25

급증하는 ETF 거래대금

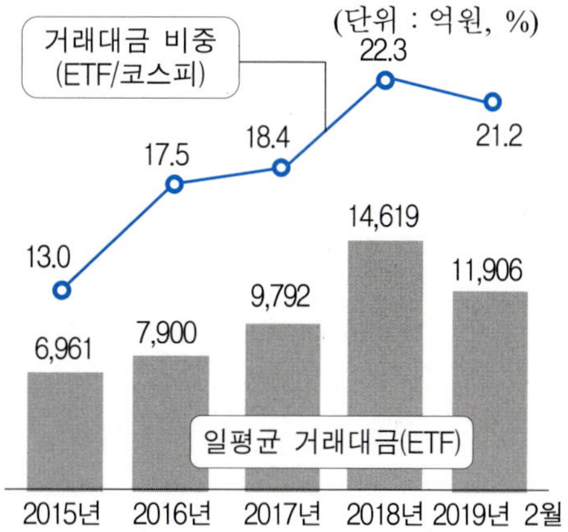

자료 : 한국거래소

자산운용업계에서 ETF 상품의 점유율은 삼성자산운용, 미래에셋자산운용… 순인데, 운용액이 급증하는 ETF 상품에는 다음과 같은 특징을 지닌 스마트베타 ETF, 레버리지 인버스 ETF, 섹터 ETF, 총수익(total return) ETF 등이 있다. ETF는 본래 '패시브'펀드 형태로 운용되었지만, 이들 ETF는 '액티브형'이 되면서 투자자의 다양한 투자욕구에 부응하고 있다.

- **스마트베타 ETF :** 일반적인 ETF는 시가총액이나 구성종목 비중에 따라 기계적으로 특정지수를 추종하지만, 스마트베타 ETF는 중장기적으로 시장보다 높은 수익률을 올릴 것으로 보는 가격추세(모멘텀), 가치(밸류), 이익성장성(quality), 배당(일드), 변동성, 기업규모 등의 테마별로 추가수익을 추구하는 ETF이다. 지수 산출은 시가총액식 지수가 아닌 동일가중 기준으로 하고, 시기별 전략별로 특정종목 비중을 늘리거나 줄이는 방식으로 운영하는 액티브형 ETF이다.
- **레버리지 인버스 ETF :** 레버리지 ETF는 수익률이 지수의 일정배율에 연동되고, 인버스 ETF는 지수변동의 반대방향으로 수익률이 정해진다. 투자위험이 높은 액티브형 ETF이다.
- **섹터 ETF :** 4차산업혁명, 바이오, 헬스케어, 필수소비재 등의 분야처럼 향후 높은 성장, 각광받을 것으로 예상되는 특정업종에만 투자하는 ETF이다.
- **총수익(total return) ETF :** 배당관련 ETF와는 다르게, 가격변동과 배당수익을 반영한 지수에 배당을 분배받지 않고 재투자하는 총성과 기준의 ETF이다.

연습문제

1. 다음 사항에 대하여 설명하라.

완전공분산모형	단일지표모형	증권특성선
베타계수	잔차분산	체계적 위험
비체계적 위험	포트폴리오 베타	인덱스펀드
ETF	역사적 베타	조정베타
기본적 베타		

2. 다음 중 잘못 서술되어 있는 문항에 대해서는, 잘못 서술되고 있음을 논리적 · 이론적 근거를 제시하여 설명하라.

(1) 단일지표모형은 n종목의 개별종목들간의 모든 공분산을 고려하는 모형이다.

(2) 단일지표모형에서는 자산의 투자수익 변동을 시장전체 공통요인의 변동에 연관된 부분과 시장전체와 무관한 개별기업 특유요인에 의한 부분으로 구분한다.

(3) 베타(β_j)가 1.5인 증권은 1.2인 증권보다 강세시장에서 가격상승이 항상 크다.

(4) 개별증권수익률과 시장수익률의 관계를 나타내는 직선식은 자본시장선이다.

(5) 베타(β_j)는 체계적 위험의 지수이고, 체계적 위험의 크기는 $\beta_j^2 \sigma_j^2$이다.

(6) 총위험은 체계적 위험과 분산불능위험으로 구분할 수 있다.

(7) 베타계수는 총위험의 척도이고, 표준편차는 체계적 위험의 척도이다.

(8) 포트폴리오 베타(β_p)는 포트폴리오를 구성하는 개별주식의 베타계수(β_j)를 주가비중에 따라 가중평균하면 구해진다.

(9) 단일지표모형에서는 두 증권 잔차분산간의 공분산은 영(0)임을 가정하고 있다.

(10) 인덱스펀드(index fund)는 포트폴리오의 베타가 1이 되도록 설계하면 차질 없이 시장전체의 평균수익률을 확보할 수 있다.

(11) 개별주식에 투자하면 시장위험뿐 아니라 개별기업 고유위험까지 감수해야 하지만, ETF와 인덱스펀드 투자는 시장위험만 감수하면 된다.

(12) 인덱스펀드와 ETF는 직접투자상품인 점에서는 유사하지만, 인덱스펀드는 거래비용이 가장 저렴하고, 유동성이 높으며, 신용거래가 가능하다.

3. [단일지표모형에 의한 계산량]

한라투신에서는 100개 주식으로 평균-분산기준의 효율적 포트폴리오를 구성하고자 한다.

(1) 마코위츠모형에 의해서 효율적 포트폴리오를 찾으려면 얼마나 많은 기대수익률, 분산, 공분산의 투입정보가 필요한가?

(2) 단일지표모형에 의해서 시도한다면 어떻게 달라지는가?

4. [양 모형의 비교]

포트폴리오 선택모형으로서 단일지표모형은 마코위츠모형에 비하여 어떤 특성과 장단점을 지니는가?

5. [단일지표모형에 의한 기대수익과 위험의 측정]

주식 A, B에 대한 자료가 다음과 같고, 시장지수의 표준편차는 26%이다.

주 식	기대수익률(%)	베 타	잔차분산
A	14	0.6	$(32)^2$
B	25	1.3	$(37)^2$

(1) 두 주식의 표준편차는 각각 얼마인가?

(2) 다음과 같은 투자비율로 포트폴리오를 구성하려고 한다.

주식 A : 0.33　　　주식 B : 0.38　　　국공채 : 0.29 ($R_f=9\%$)

이 포트폴리오의 기대수익률, 표준편차, 베타, 체계적 위험, 비체계적 위험을 구하라.

(3) 단일지표모형이 타당하다고 가정할 때, 주식 A와 주식 B 간의 공분산을 구하라.

6. [포트폴리오 베타와 체계적 위험]

다음 주식 A와 B에 60%, 40%씩 투자하여 포트폴리오를 구성하였다.

주 식	β_i	잔차분산	분 산
A	0.5	0.04	0.0625
B	1.5	0.08	0.2825

(1) A와 B에 60 : 40으로 투자할 경우의 포트폴리오 베타는 얼마인가?

(2) 이 자료에 근거하여 시장수익률의 분산과 주식 A의 체계적 위험을 구하라.

7. [총위험, 체계적 위험, 비체계적 위험]

(1) 주식 X의 시장지수와의 상관계수는 0.6이다. 주식 X의 총위험 중 비체계적 위험의 비중은 얼마인가?

(2) KOSPI수익률의 표준편차는 0.00016이다. 주식 Y의 베타계수는 1.8이고, KOSPI수익률과의 상관계수는 0.8이다. 주식 Y의 표준편차는 얼마인가?

(3) 단일지표모형이 타당하다고 가정한다. 주식 A와 주식 B의 베타계수는 각각 2.0, 0.5이고 시장지수의 분산은 0.09이다. 주식 A와 주식 B 간의 공분산은 얼마인가? 또 주식 A의 잔차분산 $\sigma^2(\epsilon_A)$가 0.16이라면 주식 A의 분산은 얼마인가?

8. [베타추정]

(1) β(베타)를 추정할 때 과거수익률 자료(역사적 정보)를 이용하여 추정하는 방법을 설명하고 이와 같은 추정방법이 지니는 문제점에 대해서 논하라.

(2) 베타의 불안정성은 왜 초래되는가?

(3) 기본적 베타(fundamental beta)란 무엇인가?

9. [위험의 분해]

신세계와 LG화학의 증권특성선 도출과 관련된 수익률 자료에 대한 회귀분석에서 다음과 같은 결과를 얻었다. 시장수익률의 분산(σ_m^2) = 0.00139이다.

- 신세계 : 기울기(β계수) = 1.711, 절편(α) = 0.0084, 결정계수(R^2) = 0.296
  신세계 수익률의 분산(σ_j^2) = 0.0137
- LG화학 : 기울기(β계수) = 0.595, 절편(α) = 0.0038, 결정계수(R^2) = 0.0966
  LG화학 수익률의 분산(σ_j^2) = 0.0051

(1) 신세계와 LG화학의 총위험을 분해하고, 체계적 위험의 비중을 평가하라.
(2) 단일지표모형이 타당하다고 가정할 때, 신세계와 LG화학 간의 공분산을 구하라.

CHAPTER

13

자본자산가격결정모형(CAPM)

투자론에서 다루어지는 주요 주제의 하나는 적정가격 추정의 문제이다. 포트폴리오 이론에서는 투자자산의 투자위험을 고려한 적정가격의 결정문제를 다룬다. 본장에서는 투자위험을 반영하여 균형가격이 어떻게 결정되는지를 다루는 모형인 CAPM에 대하여 설명한다. 다음은 본장의 학습목표로서 이해해야 할 주요 사항들이다.

- 자본자산가격결정모형(CAPM)의 의의와 가정
- 자본시장선(CML)에서의 위험과 기대수익의 관계
- 시장포트폴리오의 의미
- 적정가격 평가기준으로서 β위험
- 증권시장선(SML)에서의 위험과 기대수익의 관계
- 투자위험을 감안한 요구수익률의 측정
- CML과 SML의 관계와 차이
- CAPM의 실제 투자결정에의 활용
- 차익거래가격결정이론(APT)의 기초가 되는 차익거래, 차익포트폴리오
- CAPM, APT, 다요인모형의 비교

주제 생각하기

투자위험-투자수익의 관계 : 어떤 위험인가?

투자위험이 높으면 이를 보상할 정도로 투자수익이 높아야 한다. 위험이 큰데도 기대수익률이 높지 못하면 투자자들이 투자하려 하지 않을 것이므로 결과적으로 기대수익률에는 투자위험이 반영되는 균형관계가 성립될 것이다. 문제는 "위험 중에서 어떤 성격의 위험이 균형수익률에 반영되는가" 하는 점이다.

앞의 제10장~제12장에서 설명한 것처럼 투자위험은 개별자산위험, 포트폴리오 위험, 개별기업 고유위험, 시장위험, 체계적 위험, 비체계적 위험으로 나누어 생각해 볼 수 있다. 제12장에서는 체계적 위험만이 보상받아야 할 적절한 위험이고, 베타계수가 체계적 위험의 한 척도임을 설명하였다.

다음은 제10장에서 제시되었던 SK하이닉스, LG화학, 셀트리온, 신세계, KOSPI의 36개월간(2016.5.31~2019.4.30) 주식투자수익률 자료로부터 추정된 기대수익률과 위험관련 추정치이다.

종 목	기대수익률 (연 %)	수익률의 표준편차(%)	총위험 (분산)	베타계수	체계적 위험 ($\beta_j^2\sigma_m^2$)	비체계적 위험 (잔차분산 ϵ_j^2)
SK하이닉스	34.40	29.55	0.0873	0.793	0.0105	0.0768
LG화학	6.51	24.72	0.0611	0.595	0.0059	0.0552
셀트리온	27.69	42.87	0.1838	1.408	0.0330	0.1508
신세계	15.82	40.57	0.1646	1.711	0.0488	0.1158
KOSPI	3.33	12.91	0.0167	1.000	0.0167	0.0000

투자위험-투자수익의 관계에서 볼 때 위의 주식들 중에서 어떤 주식이 위험 대비 기대수익률이 높은가? 어떤 위험을 기준으로 할 때 그러한 평가를 내리는가?

시장위험보상률

제4장에서도 설명한 것처럼 투자자들이 특정 투자자산에 투자할 때 기대하는 최소한의 투자수익률, 요구수익률은 무위험이자율에 적정한 위험보상률(risk premium)을 더하여 추정한다. 여기서 적정한 위험보상률은 시장위험보상률(시장수익률－무위험이자율)과 개별자산의 위험지수에 의해서 좌우된다. 현대 자본시장이론에서는 베타계수가 개별자산의 위험지수로서 체계적 위험의 정도를 적절히 측정하고 있다고 설명한다. 그러면 시장위험보상률(market risk premium)은 무엇에 근거하여 추정하는가? 시장위험보상률이 어느 정도인지를 추정하는 것은 투자론의 중요한 실증적 과제가 되고 있다. Fernandez et al.(2013)의 조사(Market risk premium used in 82 countries in 2012 : A survey with 7,192 answers)에 의하면 2012년도 주요국의 시장위험보상률을 다음과 같이 추정하고 있다.

국 가	미 국	독 일	영 국	프랑스	일 본	중 국	대한민국	그리스	홍 콩
시장위험보상률(%)	5.5	5.5	5.5	5.9	5.5	8.7	6.7	9.6	6.4

시장위험보상률은 얼마 수준으로 보아야 적정한가? 과연 베타계수에 기초한 위험보상률의 추정은 합당한가? CAPM은 기대수익과 위험의 관계를 적절히 설명하고 있는가? 베타(β) 이외의 요인으로서 자본자산의 가격을 설명하는 주요 요인은 없는가? APT와 다요인모형은 가격결정모형으로서 어떤 면을 보완하고 있는가?

제 1 절 자본자산가격결정모형의 의의와 가정

자본자산가격결정모형(CAPM : capital asset pricing model)은 자본시장이 균형상태를 이룰 때 자본자산의 위험과 기대수익의 관계를 예측하는 모형이다.

여기서 자본자산(capital asset)이란 미래 수익에 대해 청구권(claim)을 가지는 자산을 말하는데, 주로 주식, 회사채 등의 유가증권을 가리킨다. 또한 균형상태(equilibrium condition)라는 것은 거래되는 자본자산에 대한 수요와 공급이 일치되도록 가격이 형성된 상태를 말한다. 그러므로 CAPM은 개별투자자들이 앞장에서 설명한 효율적 분산투자를 하고, 시장전체가 수요와 공급이 일치되는 균형상태에 있을 때 증권과 같은 자본자산의 균형가격이 위험을 반영하여 어떻게 결정되는가를 예측하는 모형이라고 할 수 있다.

CAPM은 샤프(W.F. Sharpe, 1964), 린트너(J. Lintner, 1965), 모신(J. Mossin, 1965)에 의해서 거의 같은 시기에 독자적으로 제시되었다. 자본자산의 위험과 수익률 사이에 존재하는 균형관계를 설명하는 이들 이론모형은 최근까지 현실의 증권시장에서 증권의 가격결정구조를 설명하는 데 있어서 매우 유용한 것으로 평가되고 있다.

먼저 CAPM을 이해하는 데에는 이 모형의 도출에 필요한 여러 가지 가정에 주의할 필요가 있다. CAPM의 가정을 요약하면 다음과 같다.

① [가정 1] 평균·분산기준의 가정 : 포트폴리오를 선택하고 투자결정을 내릴 때 유일한 투자기준은 기대수익, 분산－두 가지 요소만이다.

② [가정 2] 동질적 미래예측의 가정 : 모든 투자자는 투자기간이 같고 미래증권수익률의 확률분포에 대하여 동질적으로 예측을 한다.

③ [가정 3] 완전시장의 가정 : 개인투자자는 자본시장에서 가격순응자이고, 자본과 정보의 흐름에 마찰이 없으며, 거래비용과 세금이 존재하지 않는다.

④ [가정 4] 무위험자산의 존재 가정 : 투자위험이 전혀 없는 무위험자산(risk-free asset)이 존재하며 모든 투자자들은 무위험이자율 수준으로 얼마든지 자금을 차입하거나 빌려줄 수 있다.

⑤ [가정 5] 균형시장의 가정 : 자본시장이 수요와 공급이 일치하는 균형상태에 있다.

이들 가정은 비현실적이지만 이와 같은 가정들을 내세우는 것은 일차적으로 위험이 기대수익에 미치는 영향을 명확히 파악하기 위한 것이다. 다행스러운 것은 현실적 측면을 감안하여 이들 가정을 완화하더라도 CAPM이 성립한다는 점이다. 즉, 현실적으로 존재하는 거래비용, 세금, 이질적 예측, 상이한 이자율 등을 전제하더라도 CAPM의 기본 골격은 그대로 유지된다.

자본시장이 균형상태를 이룰 때 자본자산의 기대수익과 위험의 관계를 밝히는 CAPM에는 자본시장선(CML)과 증권시장선(SML)이 있다.

제 2 절 자본시장선

1 시장포트폴리오

자본시장선(CML : capital market line)은 개인투자자들이 투자대상으로서 위험 있는 주식뿐만 아니라 정기예금이나 국공채와 같은 무위험자산도 포함시키고 효율적 분산투자를 할 경우, 균형상태의 자본시장에서 효율적 포트폴리오의 기대수익과 위험의 선형관계([그림 13-1]에서 직선 $R_f MN$의 관계)를 표시한 것이다. 이 관계를 이해하기 위해 먼저 시장포트폴리오 M의 의미를 살펴보자.

[그림 13-1] 자본시장선(CML)

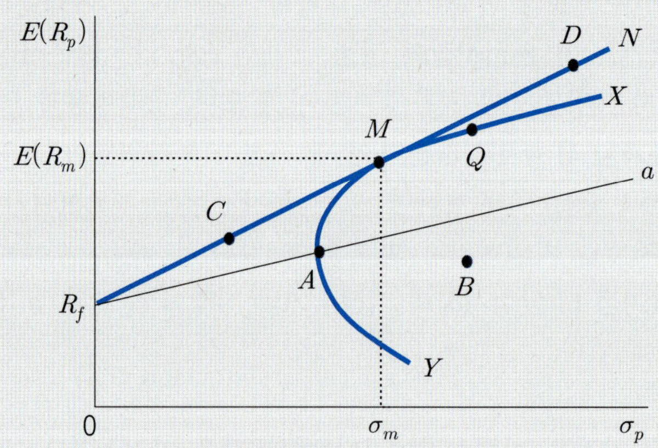

제11장에서는 효율적 포트폴리오를 구성하는 방법을 두 가지로 나누어 살펴본 바 있다. 하나는 주식과 같은 위험자산만으로 포트폴리오를 구성하는 경우로서, 마코위츠모형에 의해서 일정한 기대수익하에서 위험을 최소화시키는 효율적 투자선(efficient frontier)을 찾아내는 것이었다. [그림 13-1]은 제11장의 [그림 11-6]과 동일한 그림인데, 호 XY가 위험자산만으로 구성되는 효율적 포트폴리오였다.

다른 하나는 투자대상으로서 위험 있는 주식뿐만 아니라 위험이 없는 정기예금이나 국공채($E(R_f)=R_f$, $\sigma(R_f)=0$)에도 투자하여 효율적 포트폴리오를 구성하는 경우이다. 제11장 제5절에서 얻은 결론은 무위험자산이 존재하고 무위험이자율로 무제한적으로 차입과 예금이 가능하다고 가정(가정 4)할 때 무위험자산을 포트폴리오에 편입시키는 것이 더욱 우월한 투자성과를 얻게 한다는 점이었다. 이를테면 위험자산만으로 포트폴리오가 구성될 때에는 호 XY상의 A, Q 등이 모두 효율적 포트폴리오이지만, 무위험자산도 포함되면 이들은 더 이상 효율적인 투자대상이 되지 못한다. R_f에서 호 XY에 접선을 그어서 얻어지는 R_fMN이 호 XY를 지배하는 새로운 효율적 포트폴리오가 된다.

이들 R_fMN상의 포트폴리오는 무위험자산에 일부 투자하고 나머지 자금은 위험자산에 나누어 투자하는 것을 나타낸다. 여기서 M포트폴리오를 시장포트폴리오(market portfolio)라고 하는데, 시장포트폴리오 M의 성격은 다음과 같이 요약할 수 있다.

첫째, 시장포트폴리오는 위험 있는 주식포트폴리오(마코위츠의 효율적 프론티어) 중에서 유일하게 효율적인 포트폴리오이다. [그림 13-1]의 포트폴리오 A, Q, M 중에서 어느 것이 효율적인지를 보는 방법은 제11장에서 총변동성보수율($RVAR$)이라고 불렀던 $[E(R_p)-R_f]/\sigma_p$의 크기를 비교하는 것이다. 시장포트폴리오 M은 $RVAR$이 가장 큰 효율적 포트폴리오이다.

둘째, 시장포트폴리오가 유일한 효율적 포트폴리오라면 이성적 투자자들은 자신들의 위험선호도와 관계없이 모두 동일하게 시장포트폴리오를 선택하게 된다. 위험자산들의 효율적 결합은 개별투자자들의 위험선호도에 관계없이 항상 일정하며, 위험선호도에 따라 변하는 것은 무위험자산과 시장포트폴리오 M에의 투자비율뿐이다. 이를 토빈의 분리정리(Tobin's separation theorem)라고 한다.

셋째, 시장포트폴리오는 결국 모든 위험자산을 포함하는 완전분산투자된 포트폴리오이고, 개별주식에 대한 투자비율(w_j)은 시장전체 주식의 총시장가치에 대한 개별주식의 총시장가치(=개별주식가격×발행주식수)의 비율대로 구성된다.[1)]

---

1) 투자자들이 위험자산들의 기대수익과 위험에 대하여 동질적 예측(가정 2)을 하게 되면 최적포트폴리오를 구

넷째, 이러한 특성의 시장포트폴리오는 엄격한 의미에서 볼 때 현실의 자본시장에서는 발견하기가 어렵지만, 종합주가지수는 시장포트폴리오의 변화양상을 비교적 잘 보여주고 있으므로, 종합주가지수를 시장포트폴리오의 특성을 가장 잘 나타내는 현실적인 대용치(proxy)로 사용하고 있다.

2 자본시장선

이상에서 설명한 것처럼 투자자들이 투자자금을 무위험자산과 완전분산투자된 위험자산의 효율적 M포트폴리오에 나누어 투자하게 될 때, 자본시장이 균형상태에 이르게 되면 이 효율적 포트폴리오의 기대수익과 위험 사이에는 일정한 선형적인 관계가 성립하는데, 이 관계가 표시된 것이 자본시장선(CML)이다.

그러면 자본시장선에서는 기대수익과 위험의 관계를 구체적으로 어떻게 규정하고 있는가? 자본시장선상에 있는 무위험자산과 시장포트폴리오는 위험과 기대수익 면에서 각각 $(0, R_f)$, $(\sigma_m, E(R_m))$으로 표시되므로, 자본시장선은 이를 잇는 직선식인 식 13.1과 같이 표시된다. 이 자본시장선은 효율적 포트폴리오의 기대수익률 $E(R_p)$이 표준편차 σ_p에 선형적으로 비례함을 보여주고 있다.

$$E(R_p) = R_f + \frac{E(R_m) - R_f}{\sigma_m}\sigma_p \tag{13.1}$$

단, $E(R_m)$: 시장포트폴리오의 기대수익률
σ_m : 시장포트폴리오의 표준편차

여기서 기울기 $[E(R_m) - R_f]/\sigma_m$은 시장에서 위험 1단위에 대한 위험보상률(risk premium)의 정도를 나타낸 것으로서 위험의 균형가격(equilibrium price of risk)이라고 부른다. 균형시장에서는 어느 투자자들에게나 이 위험보상률이 동일하다.

성하는 개별주식에 대한 투자비율은 총시장가치의 구성비율대로 모두 동일하게 유지하게 된다. 만약 이와 같은 비율대로 구성되지 않으면 특정주식에 대하여 초과수요나 초과공급이 있음을 의미하게 되어 해당주식의 가격이 상승하거나 하락하기 때문이다. 결과적으로 시장이 균형상태하에서는 시가총액의 비율대로 구성되고, 시장포트폴리오는 모든 위험자산을 포함하는 완전분산투자된 효율적 포트폴리오인 것이다.

제 3 절 증권시장선

1 개별증권의 위험

앞에서 설명한 자본시장선(CML)은 무위험자산도 투자대상에 포함시켜 완전분산투자했을 때 효율적 포트폴리오들의 기대수익률과 위험(표준편차)의 선형적 관계를 나타낸 것이었다. 그러나 자본시장선은 완전히 분산투자가 되지 않은 비효율적 포트폴리오나 개별주식의 기대수익률과 위험의 관계는 설명하지 못하고 있다. 이를테면 [그림 13-1]에서 A, B와 같은 비효율적 투자대상의 기대수익률과 위험의 관계는 자본시장선으로 설명되지 못한다.

증권시장선(SML : security market line)은 비효율적인 투자대상까지 포함한 모든 투자자산의 기대수익과 위험의 관계를 나타낸 것이다. CAPM의 핵심이 되는 증권시장선을 도출하기 위해서 먼저 개별증권의 위험이 어떻게 평가되는지를 살펴보기로 하자.

모든 투자자들은 앞절에서 설명한 것처럼 효율적 포트폴리오를 구성하고자 시장포트폴리오를 구성하려 할 것이므로, 개별주식의 위험은 시장포트폴리오의 위험에 어떤 영향을 주는지에 따라서 판단해야 한다. 환언하면 개별증권의 위험을 평가할 때에는 그 효율적 시장포트폴리오의 분산에 대한 개별증권의 기여도에 근거해야 한다. 여기서 시장포트폴리오의 분산 σ_m^2은 식 13.2와 같이 시장의 모든 자산들간의 공분산에 투자금액의 비율을 곱하여 모두 합한 것이다.

$$\sigma_m^2 = \sum_{i=1}^{n}\sum_{j=1}^{n} w_i w_j \sigma_{ij} \tag{13.2}$$

시장포트폴리오의 위험 중에서 개별주식 j의 영향(기여도)은 $w_j \sigma_{im}$으로 표시할 수 있다. 따라서 시장포트폴리오 위험 σ_m^2 중에서 개별주식 j가 차지하는 비율은 다음과 같게 된다.

$$\text{주식 } j\text{가 시장포트폴리오 위험에서 차지하는 비율} = \frac{w_j \sigma_{jm}}{\sigma_m^2} = w_j \frac{\sigma_{jm}}{\sigma_m^2} = w_j \cdot \beta_j \tag{13.3}$$

이 식에서 σ_{jm}/σ_m^2 부분은 제12장 단일지표모형에서 설명한 베타(β)계수(시장 전체 수익률 변동에 대한 개별주식 수익률 변동의 민감도)이다. 따라서 시장포트폴리오 위험에 대해 개별주식이 기여하는 정도는 그 주식의 β계수에 투자금액의 비율을 곱한 것이 된다.[2]

결국 베타(β)계수는 시장포트폴리오와의 공분산 σ_{jm}을 σ_m^2으로 나누어 표준화시킨 것인데, 개별주식의 위험이 시장포트폴리오 위험에 미치는 영향을 측정하는 위험척도가 된다. 실제로 공분산 σ_{jm}보다도 β계수가 직관적으로 쉽게 이해할 수 있으므로 많은 경우 β계수를 개별주식 위험의 척도로 이용하고 있다.

개별주식의 위험이 β계수로 측정되어야 한다는 점은 제12장 단일지표모형에서도 규명해 볼 수 있다. 단일지표모형에 의하면 어느 주식이든 분산(총위험)은 두 가지 부분, 즉 체계적 위험($\beta_j^2\sigma_m^2$)과 잔차분산($\sigma^2(\epsilon_j)$)으로 나누어지는데, 투자자에게 중요한 위험은 β계수로 대표되는 체계적 위험이다. 왜냐하면 잔차분산은 분산투자의 종목수가 많아지면 사라지기 때문이다. 따라서 분산가능한 위험인 잔차분산은 자본자산의 가격결정 혹은 기대수익률 결정에 아무런 영향을 미치지 않게 된다. 오로지 체계적 위험을 나타내는 β계수만이 가격결정에 반영되어야 한다.

2 증권시장선 : 기대수익과 β 계수의 관계

β계수가 개별증권 위험의 적절한 척도이고, 체계적 위험을 나타내는 β계수만이 가격결정에 반영되어야 한다면, 베타계수와 증권의 기대수익률 사이에는 어떤 관계가 성립해야 하는가?

(1) 개별증권의 가격결정구조

시장포트폴리오가 효율적이라면 베타와 기대수익률 사이에는 완전한 선형관계가 성립한다. 즉, 베타(체계적 위험지수)가 높을수록 기대수익률이 높아지는 선형관계가 성립한다. 베타계수와 기대수익률 간에 이와 같은 선형적 관계가 성립하는 것은 앞절에서 설명한 자본시장선(CML)으로부터 도출해 볼 수 있다.

[그림 13-2](a)에서 CML은 제2절에서 설명한 것처럼 위험자산의 포트폴리오에

---

2) σ_{jm}/σ_m^2 부분에서 σ_m^2은 모든 주식에 대해서 동일하게 주어지는 것이므로 특정주식의 위험은 시장포트폴리오와의 공분산 σ_{jm}에 의해서도 측정될 수 있다.

[그림 13-2] 증권시장선의 도출

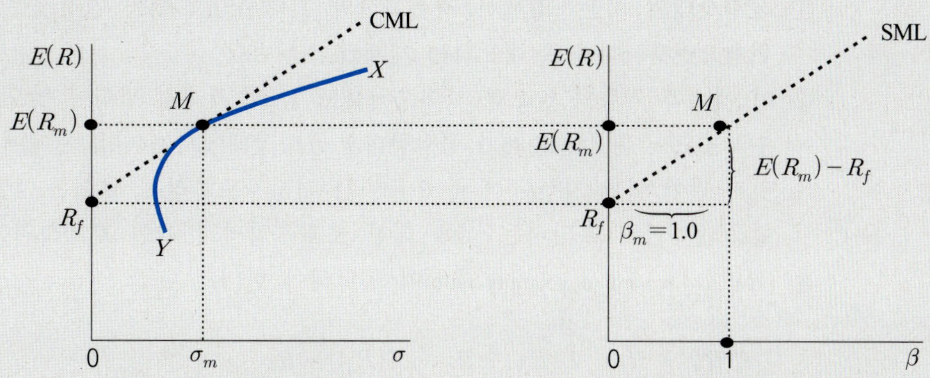

(a) 자본시장선 (b) 증권시장선

서 가장 효율적인 시장포트폴리오 M과 무위험자산의 결합으로 이루어지는 효율적 투자선을 나타낸 것이다. CML은 기대수익률 $E(R)$과 표준편차 σ의 공간에서 양자의 선형관계로 표시된다. 이 직선은 R_f에서 위험자산만으로 구성되는 최소분산 포트폴리오에 그은 접선인데, 절편은 R_f이고 기울기는 $[E(R_m) - R_f] / \sigma_m$이다. 완전분산투자된 효율적 포트폴리오만 CML상에 존재한다.

반면에 증권시장선(SML)([그림 13-2](b))상에 위치하는 것은 효율적이든 비효율적이든 모든 포트폴리오뿐만 아니라 개별주식들도 표시된다. 또한 SML은 기대수익률 $E(R)$과 베타계수(β)의 공간에서 직선으로 표시되는데, 이때의 절편은 무 위험자산의 β가 영(0)이므로 R_f가 될 것이고, 기울기는 시장포트폴리오의 베타(β_m)가 1이고, 높이는 $[E(R_m) - R_f]$가 될 것이므로 $[E(R_m) - R_f] / 1.0$, 즉 $E(R_m) - R_f$가 된다. 결과적으로 도출된 식 13.4를 증권시장선이라고 부른다.3)

$$E(R_j) = R_f + [E(R_m) - R_f] \cdot \beta_j \tag{13.4}$$

단, $E(R_j)$: 주식 j의 기대수익률, R_f : 무위험자산의 수익률
$E(R_m)$: 시장포트폴리오의 기대수익률, β_j : 주식 j의 베타계수($=\sigma_{jm} / \sigma_m^2$)

3) 여기에서는 이해하기 쉬운 방법으로 설명하였다. 본격적인 증명은 다음 문헌을 참조한다.
W.F. Sharpe, "Capital Asset Prices : A Theory of Market Equilibrium under Conditions of Risk," *Journal of Finance* 19(September 1964), pp.425~442.

이 증권시장선이 투자결정에 의미하는 바는 다음과 같다.

① 균형상태의 자본시장에서 자본자산의 기대수익(가격)을 결정짓는 적절한 위험요인은 β계수로 대표되는 **체계적 위험**이다.

② 이 체계적 위험이 높으면 기대수익률도 높고, 체계적 위험이 낮으면 기대수익률도 낮은 **선형관계**가 성립한다.[4] 균형상태에서는 다음 관계에서 보는 것과 같이 어느 자산(주식 A, B …)이든 시장포트폴리오 M이든, 체계적 위험을 한 단위 부담하는 것에 대한 초과수익의 비율인 **체계적위험보수율**($RVOL$: reward to volatility ratio)이 동일해야 한다.

$$\frac{E(R_A)-R_f}{\beta_A}=\frac{E(R_B)-R_f}{\beta_B}=\frac{E(R_M)-R_f}{\beta_M} \qquad (\beta_M=1.0) \tag{13.5}$$

③ 개별자산의 **위험보상률**(risk premium)은 시장위험보상률 $[E(R_m)-R_f]$과 베타계수에 의해서 결정된다. **시장위험보상률**(market risk premium)은 모든 종목에 공통적으로 적용되는 시장전체에 대한 평균적인 위험보상률이다. 식 13.4의 SML을 식 13.6과 같이 초과수익률 형태로 표시해 보면, 시장위험(σ_m^2)을 감수하는 것에 대한 무위험이자율을 상회하는 초과수익 $[E(R_m)-R_f]$의 비율이다.[5]

$$E(R_j)-R_f=[E(R_m)-R_f]\cdot\beta_j=\frac{E(R_m)-R_f}{\sigma_m^2}\cdot\sigma_{jm} \tag{13.6}$$

(2) 포트폴리오 베타와 기대수익률

개별주식의 기대수익률이 그 주식의 베타계수에 선형으로 비례한다는 식 13.4의 SML식은 비단 개별주식뿐 아니라 포트폴리오에도 그대로 적용된다. 따라서 포트폴리오의 기대수익률은 다음과 같이 표시할 수 있다.

---

4) 위험과 기대수익의 균형관계를 표시하는데, 여기서는 기대수익을 %의 기대수익률로 표시하고 있다. 만약 가격(금액)으로 측정하여 그 관계를 밝히면 체계적 위험이 높을수록 적정균형가격은 낮아야 함을 의미한다.

5) 시장위험보상률(market risk premium)을 국가별로 추정한 자료는 '주제 생각하기'를 참조한다. 이 추정자료 이외에 미국시장의 경우 과거 수십 년간의 시계열자료로부터 주식의 평균투자수익률에서 재정증권수익률의 차로 계산한 추정치는 약 6% 정도이다. 그 외의 국가에서는 이에 국가위험(country risk premium)을 더하여 추정하기도 한다. 시장위험보상률의 변동은 회사채 신용등급 AAA 수익률과 BBB 수익률의 차이인 수익률 스프레드(yield spreads)의 변동과 상관성이 매우 높은 것으로 알려져 있다.

$$E(R_p) = R_f + [E(R_m) - R_f] \cdot \beta_p \tag{13.7}$$

단, β_p : 포트폴리오 베타계수$(=\sum_{j=1}^{n} w_j\beta_j)$

시장포트폴리오의 베타는 모든 주식의 베타를 가중평균한 것이므로 1이 된다. 따라서 어느 주식이 평균적인 위험 정도만 지니고 있다면 베타(β)계수는 1이 될 것이고 위험보상률 또한 평균적인 위험보상률 수준이 될 것이다.

예제

시장포트폴리오의 기대수익률과 표준편차는 각각 18%와 22%이고, 무위험이자율은 10%이다. 지금 베타계수가 1.10인 주식 A와 베타계수가 1.25인 주식 B에 각각 25 : 75로 투자하여 포트폴리오를 구성하고자 한다. 시장은 균형상태임을 가정한다.

(1) 이 자료에 근거할 때 시장위험보상률은 얼마이며, 증권시장선은 어떻게 표시되는가?

(2) 주식 A와 B로 구성되는 포트폴리오에 대한 위험보상률은 얼마인가?

풀이

(1) 시장위험보상률 = 18% − 10% = 8%, 증권시장선 : $E(R_j) = R_f + [E(R_m) - R_f] \cdot \beta_j = 0.10 + 0.08\beta_j$

(2) 포트폴리오의 위험보상률

- 포트폴리오의 베타 $\beta_p = \sum_{j=1}^{n} w_j\beta_j = 1.10(0.25) + 1.25(0.75) = 1.2125$
- 위험보상률 $E(R_p) - R_f = [E(R_m) - R_f] \cdot \beta_p = 0.08(1.2125) = 9.7\%$

3 CML과 SML의 관계

이상에서 투자자산의 가격결정구조를 설명하는 자본시장선(CML)과 증권시장선(SML)에 대하여 살펴보았다. 이제 이들 두 모형이 어떤 차이점을 지니는지 자세히 살펴보기로 한다.

먼저 도표상으로 보면 시장균형모형으로서 CML은 $E(R)$, σ공간에 표시되고, SML은 $E(R)$, β공간에 표시된다는 점에서 차이가 있다([그림 13-2] 참조). 또 CML상에는 완전분산투자된 효율적 포트폴리오를 대상으로 표준편차(σ)의 함수로서 기대수익률이 표시된 반면에, SML상에는 비효율적인 포트폴리오나 개별자산도 포함한 자산들이 체계적 위험의 척도인 베타계수(β)의 함수로서 기대수익률이 표시된다는 점에서 차이가 있다.

[그림 13-3] CML($E(R)$, σ 공간)에서의 개별주식의 위치와 등베타선

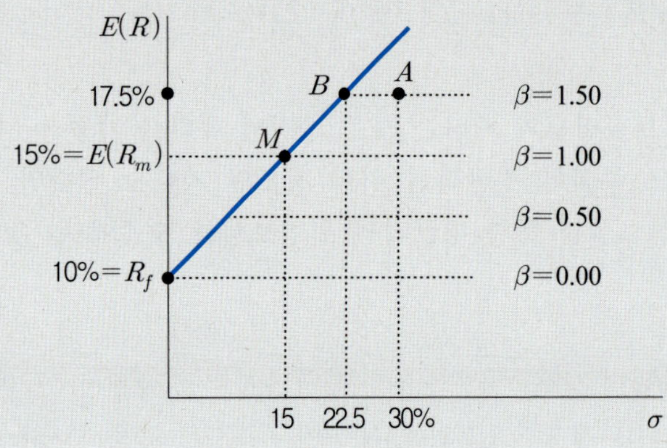

그렇다면 SML선상에 표시되었던 개별증권(포트폴리오)들은 CML공간의 어디에 위치할까? CML선상에는 효율적 포트폴리오만이 위치하게 된다. 개별자산, 비효율적 포트폴리오는 CML선의 오른쪽 아래에 위치하게 된다. 왜냐하면 개별증권은 잔차분산을 지니고 있기 때문이다. 그러나 잔차분산을 갖는 이러한 비효율적인 개별자산이라도 SML공간에서는 SML선상에 위치한다.

이 차이를 보기 위해서 [그림 13-3]에서 A, B 두 주식을 비교해 보자. 지금 주식 A, B와 시장관계자료가 다음과 같다고 가정하자(주식 A, B는 베타가 동일하지만 주식 B의 표준편차가 낮다는 점에 유의할 필요가 있다).

	수익률의 표준편차(σ_j)	분산(σ_j^2)	베타(β_j)
주식 A	30.0%	0.09	1.50
주식 B	22.5%	0.0506	1.50

시장포트폴리오의 기대수익률과 표준편차 : $E(R_m)=15\%$, $\sigma_m=15\%$(분산 $\sigma_m^2=0.0225$)
무위험이자율 $R_f=10\%$

이제 주식 A에 대한 균형기대수익률을 SML에서 구하면 17.5%가 된다.

$$E(R_A)=R_f+[E(R_m)-R_f]\cdot\beta_A$$
$$=0.10+(0.15-0.10)\cdot(1.50)=0.175$$

한편 주식 B는 베타가 1.50인 것은 주식 A와 동일하지만 위험(표준편차)이 적은 것이 특징인데, 주식 B의 기대수익률에는 어떤 변화가 일어날 것인가?

결론적으로 주식 B의 균형기대수익률에는 변화가 오지 않는다. 왜냐하면 베타가 동일하기 때문이다. 기대수익률에 영향을 주는 유일한 특성은 베타(β), 즉 주식의 체계적 위험척도이다.

$$E(R_B)=0.10+(0.15-0.10)\cdot(1.50)=0.175$$

그러면 위험 면에서 주식 A와 B는 어떤 특성의 차이를 지니는가? 먼저, 주식 A의 총위험(분산)은 0.090이고, 체계적 위험은 $(1.50)^2\cdot(0.0225)$를 계산하면 0.0506임을 알 수 있다. 잔차분산 $\sigma^2(\epsilon_A)$는 총위험에서 체계적 위험을 차감($\sigma_A^2-\beta_A^2\sigma_m^2$)하면 0.0394이다. 따라서 주식 A의 위험(분산)을 체계적 위험과 비체계적 위험(잔차분산)으로 구분하면 다음과 같다.

$$\begin{aligned}\sigma_A^2&=\beta_A^2\sigma_m^2+\sigma^2(\epsilon_A)\\0.090&=(1.50)^2\cdot(0.0225)+\sigma^2(\epsilon_A)\\&=0.0506+0.0394\end{aligned}$$

마찬가지 방법으로 주식 B의 위험(분산 0.0506)도 체계적 위험과 비체계적 위험으로 나누어 보면 체계적 위험이 0.0506이고 잔차분산이 영(0)임을 알 수 있다.

$$\begin{aligned}\sigma_B^2&=\beta_B^2\sigma_m^2+\sigma^2(\epsilon_B)\\0.0506&=(1.50)^2\cdot(0.0225)+\sigma^2(\epsilon_B)\\&=0.0506+0.000\end{aligned}$$

결국 주식 B가 비체계적 위험이 영(0)이고 총위험이 낮지만, 체계적 위험은 두 주식이 동일하기 때문에 균형기대수익률은 동일하다. 따라서 CML공간에 이들을 표시하면 [그림 13-3]에서 보는 것처럼 $\beta=1.50$으로 표시된 수평선에 같이 놓이게 되는데, 이 수평선을 **등베타선**(iso-beta line)이라고 부른다. 만약 베타가 0.50이라면 [그림 13-3]에서 $\beta=0.50$이라고 표시된 수평선상에 놓이게 된다.

등베타선상의 어디에 위치하는가는 비체계적 위험(잔차분산)의 크기에 달려 있다. 주식 A처럼 잔차분산이 커질수록 오른쪽에 위치하나, 잔차분산이 0인 주식 B는 정확히 CML선상에 놓이게 된다.

제 4 절 CAPM의 투자결정에의 이용

CAPM은 균형상태의 시장에서 위험과 기대수익의 관계를 설명하고 있으므로 투자결정에 유용하게 사용되고 있다. 이하에서는 CAPM에서의 균형가격형성의 원리를 설명하고, CAPM이 투자결정에 어떻게 활용되는지를 설명한다.

1 CAPM에서의 균형가격의 형성

균형가격은 시장에서 수요·공급이 일치되어 증권가격의 상승을 가져오는 사고자 하는 압력이나, 하락을 가져오는 팔고자 하는 압력이 없는 상태에서 결정된다. 만일 어느 증권의 기대수익률이 너무 높거나 낮아 적정가격이 형성되어 있지 않으면 사거나 팔고자 하는 압력이 곧바로 작용하여 가격은 균형수준으로 돌아오게 된다.

시장에서의 비균형가격이 어떻게 균형가격으로 되는지를 보기 위해서 먼저 주식의 시장가격과 기대수익률의 관계를 표시하면 다음과 같다.

$$E(R)=\frac{E(P_1)+E(D)}{P_0}-1 \tag{13.8}$$

단, $E(R)$: 기대수익률, P_0 : 기초 시장가격
$E(P_1)$: 기말 기대시장가격, $E(D)$: 기간중 기대배당금

이제 균형가격의 형성과정을 [그림 13-4]의 SML에서 보기로 하자. 시장이 균형상태에 있으면 자산의 기대수익률은 체계적 위험에 선형적으로 비례하도록 정확히 SML상에 있어야 한다. 만약 시장이 불균형상태에서 [그림 13-4]에서의 U와 같은 주식이 존재한다면 이 상태는 오래 계속되지 못한다. 왜냐하면 주식 U의 체계적 위험(β_U)수준에서는 U'수준의 수익률이 적절한데, 이보다 높은 수익률을 기대할 수 있으므로 이성적인 투자자라면 이와 같은 과소평가(under-priced)된 주식을 매입하려고 할 것이기 때문이다. 매입하고자 하는 압력이 높게 작용하면 가격은 상승하고 기대수익률은 하락하여 U'수준이 될 것이다.

반대로 주식 O와 같이 체계적 위험(β_O)수준의 수익률보다 낮은 수익률이 예상되는 주식이 존재한다면, 이는 과대평가(over-priced)된 주식이므로 이성적 투자자

[그림 13-4] 증권시장선과 균형가격의 형성

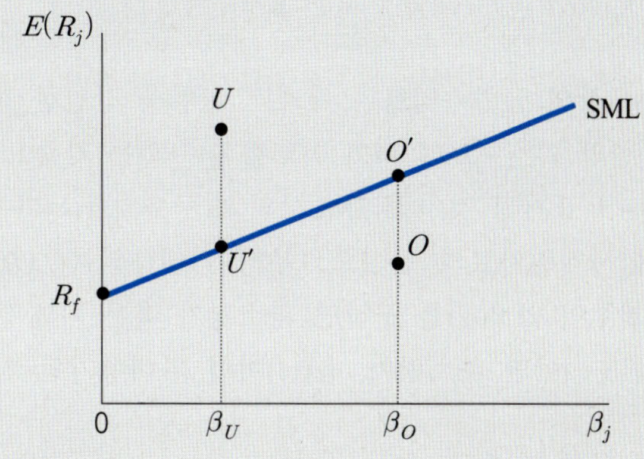

는 이러한 주식을 팔려고 할 것이다. 매도하고자 하는 압력이 높게 작용하면 가격은 하락하고 기대수익률은 O'수준으로 상승 회복하게 될 것이다.

결과적으로 자산가격의 상승을 가져오는 사고자 하는 압력이나, 하락을 가져오는 팔고자 하는 압력이 사라진 균형상태가 되면, 자산의 균형가격은 SML선상을 따라 체계적 위험(베타계수)에 선형적으로 비례하는 관계로 형성될 것이다.

2 CAPM의 투자결정에의 이용

이상에서 설명한 것처럼 SML상의 기대수익률은 균형상태에서 투자위험이 감안된 적정수익률이므로 주식과 같은 위험투자자산에 대한 투자결정문제에 활용될 수 있다. 구체적으로는 특정증권의 요구수익률 추정, 증권의 과대·과소 여부의 평가, 자기자본비용의 추정, 투자성과평가 등에 이용되고 있다.

(1) 요구수익률의 추정과 증권의 과대·과소 여부의 평가

증권시장선(SML)은 투자위험 가운데 체계적 위험만이 위험보상에 반영되어야 하고 균형시장에서의 투자자산의 기대수익률은 이 체계적 위험척도인 β의 크기에 따라 선형적으로 결정된다는 것을 나타낸다. 따라서 식 13.4의 SML을 위험자산에 대한 **요구수익률**(required rate of return) **추정**에 이용할 수 있다.

$$k_j(RRR_j) = R_f + [E(R_m) - R_f] \cdot \beta_j \tag{13.9}$$

단, $k_j(RRR_j)$: 주식 j에 대한 요구수익률

또한 SML상의 균형수익률은 체계적 위험을 감안한 적정균형수익률을 의미하므로 특정자산의 과소·과대 평가 여부를 판단하는 기준으로 쓰일 수 있다. 이를테면 다음 식에서 표시된 것처럼 SML상의 요구수익률(k)과 해당자산에 대한 증권분석이나 과거 시계열자료의 분석으로부터 기대수익률($E(R_j)$)을 추정한 다음, 양자의 차이, 초과수익 알파(α)를 구하면 과소평가 혹은 과대평가 여부를 판단할 수 있다. 이 α가 양(+)이면 과소평가, 음(−)이면 과대평가된 자산이다.

$$\alpha = E(R_j) - k_j \tag{13.10}$$

단, α : 초과수익, 과소평가(+) 과대평가(−)의 크기
$E(R_j)$: 증권분석이나 시계열 분석결과 추정된 예상 기대수익률
k_j : SML상에서 추정된 요구수익률(RRR)

예제

다음은 증권분석의 결과 얻은 A주식의 수익률(R_A)과 시장수익률(R_m)에 대한 예상자료이다. 한편 무위험이자율(R_f)은 6%이다.

상 황	확 률	R_m	R_A
Ⅰ	0.2	0.18	0.30
Ⅱ	0.4	0.15	0.10
Ⅲ	0.3	0.20	0.25
Ⅳ	0.1	−0.10	−0.05

이 자료로부터 (1) 증권시장선(SML)을 도출하고, (2) A주식에 대한 기대수익률과 요구수익률(RRR)을 구하라. 또 (3) A주식이 과소평가되었는지, 과대평가되었는지를 평가하라.

풀이

(1) 시장의 기대수익률 : $E(R_m) = 0.18(0.2) + 0.15(0.4) + 0.20(0.3) + (-0.10)(0.1) = 0.146$

증권시장선의 도출 : $E(R_j) = R_f + [E(R_m) - R_f] \cdot \beta_j$

$= 0.06 + [0.146 - 0.06] \cdot \beta_j = 0.06 + 0.086\beta_j$

(2) i) A주식의 기대수익률

$E(R_A) = 0.30(0.2) + 0.10(0.4) + 0.25(0.3) - 0.05(0.1) = 0.17$

ii) A주식에 대한 요구수익률 $k_A(RRR) = 0.06 + 0.086\beta_j$

β를 구하기 위해서 σ_{jm}과 σ_m^2을 추정하면,

$$\sigma_{jm}=(0.18-0.146)(0.30-0.17)0.2+(0.15-0.146)(0.10-0.17)0.4+(0.20-0.146)(0.25-0.17)0.3$$
$$+(-0.10-0.146)(-0.05-0.17)0.1=0.00748$$

$$\sigma_m^2=(0.18-0.146)^2 0.2+(0.15-0.146)^2 0.4+(0.20-0.146)^2 0.3+(-0.10-0.146)^2 0.1$$
$$=0.007164$$

$$\therefore \beta_j=\frac{\sigma_{jm}}{\sigma_m^2}=\frac{0.00748}{0.007164}=1.044$$

A주식에 대한 요구수익률 $k=0.06+0.086(1.044)=0.14979$

(3) $\alpha=E(R_A)-k_A=0.17-0.14979=0.0202$

→ 요구수익률이 14.979%로서 기대수익률 17%보다 낮으므로 과소평가

(2) 자기자본비용과 주식의 내재가치 추정

SML로부터 특정주식의 요구수익률을 측정할 수 있었다. 주식투자자의 요구수익률은 균형시장에서 주주의 기회투자수익률을 의미한다. 따라서 SML상에서 추정된 기회투자수익률은 자기자본비용(k_e)이 된다.

$$k_e = R_f + [E(R_m) - R_f] \cdot \beta_j$$

앞의 예제에서 A주식의 자기자본비용은 14.98%가 된다.

SML상에 표시되는 요구수익률은 자기자본비용 내지 주주들의 기회투자수익률(k_e)로 이용할 수 있으므로 주식의 내재가치를 구하는 데에도 활용할 수 있다. 이익·배당흐름이 매년 g%만큼 계속적으로 성장할 경우 주식의 이론적 가치는 다음 식(제7장의 배당의 정률성장모형)과 같이 표시되는데, 이 식의 분모 할인율에 SML식에서 추정된 자기자본비용(주주의 기회투자수익률)을 대입하여 주식가치를 추정한다.

$$S_0 = \frac{d_1}{k_e - g}$$

단, S_0 : 주식의 내재가치

d_1 : 차기의 주당배당금

k_e : 주주의 기회투자수익률(자기자본비용)

g : 이익·배당의 성장률(매년 정률적으로 성장한다고 가정)

예제

A주식의 차기 배당금(d_1)이 4,000원, 연간 성장률이 10%로 일정하리라고 예상되고 있다. 한편 무위험이자율(R_f)은 6%, 시장포트폴리오의 기대수익률과 분산은 각각 16%, 0.02이고, A주식과 시장포트폴리오의 공분산(σ_{Am})은 0.03이다. A주식의 요구수익률과 내재가치는 얼마인가?

풀이

(1) A주식의 요구수익률 : SML에 의해서 추정. $\beta_j = \sigma_{jm}/\sigma_m^2 = 0.03/0.02 = 1.5$

$$k_e = R_f + [E(R_m) - R_f] \cdot \beta_j = 0.06 + (0.16 - 0.06) \cdot 1.5 = 0.21$$

(2) A주식의 내재가치

$$S_0 = \frac{d_1}{k_e - g} = \frac{4{,}000}{0.21 - 0.10} = 36{,}364\text{원}$$

(3) 투자성과평가

투자자 자신이나 펀드매니저들에 대한 투자성과 평가는 포트폴리오 관리활동의 중요한 부분이다. 투자성과를 평가할 때에는 부담했던 위험수준도 동시에 고려되어야 하는데, CML이나 SML은 운용한 포트폴리오 위험수준에 상응하는 적정수익률을 나타내므로 이들은 투자성과평가(performance evaluation)의 기준이 되고 있다. 투자성과평가지표로는 다음 지표를 많이 사용한다.

$$\text{샤프지수}[RVAR] = \frac{\overline{R_p} - \overline{R_f}}{\sigma_p}$$

$$\text{트레이너지수}[RVOL] = \frac{\overline{R_p} - \overline{R_f}}{\beta_p}$$

$$\text{젠센지수} \quad \alpha_p = \overline{R_p} - [\overline{R_f} + (\overline{R_m} - \overline{R_f})\beta_p]$$

단, $\overline{R_p} - \overline{R_f}$: 초과수익률(포트폴리오 실제 운용수익률 $\overline{R_p}$와 무위험이자율 $\overline{R_f}$의 차이)
σ_p : 포트폴리오 수익률의 표준편차
β_p : 포트폴리오 베타

샤프지수는 총위험 1단위에 대한 초과수익률의 비율로, 트레이너지수는 체계적 위험 1단위에 대한 초과수익률의 비율로, 젠센지수는 실현수익률과 체계적 위험을 고려한 기대수익률의 절대적 차이로 투자성과를 평가한다. 이에 대한 상세한

내용은 제20장에서 다루기로 한다.[6)]

(4) 요구수익률의 변화

SML을 이용하면 체계적 위험의 정도가 반영된 요구수익률을 측정할 수 있다. 그런데 SML에 의해서 측정되는 특정자산의 요구수익률은 특정기업의 위험의 변화, 시장상황의 변화가 있게 되면 달라지며, 결과적으로 자기자본비용, 내재가치에 영향을 미친다. 요구수익률의 변화를 SML과 연관지어 살펴보면, 다음과 같이 세 가지 경우로 나누어 볼 수 있다.

① 자산위험의 변화로 SML상 이동의 경우 : 개별기업의 영업위험, 재무위험의 변화가 있으면 β의 크기가 달라지고 요구수익률이 달라진다. 이를테면 경기변동에 민감한 제품의 매출액구성비가 높아지거나 부채의존도가 높아지면 체계적 위험이 높아져 요구수익률이 상승한다. 이 경우는 [그림 13-5]에서 '구 SML'선상을 따라 이동하는 모양으로 나타나게 된다.

② 시장위험보상률의 변화와 SML 기울기 변동의 경우 : 경제전반의 불확실성이 높아지거나 낮아지면 투자위험에 대해 보상받기를 바라는 정도는 영향을 받는다. 시장상황 변동으로 시장위험이 증감하면 [그림 13-5]의 '신 SML'선에서처럼 시장위험보상률$[E(R_m)-R_f]$의 크기(SML의 기울기)가 달라

[그림 13-5] 요구수익률, 시장위험보상률의 변화

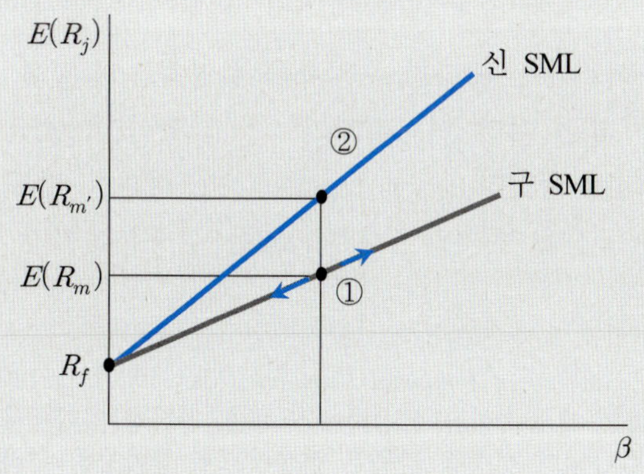

[그림 13-6] 이자율 변동

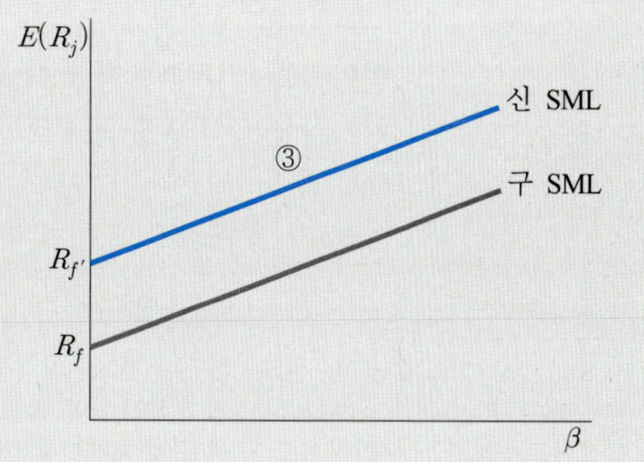

6) 샤프지수는 제11장과 본장에서 설명한 총변동성보수율($RVAR$)과 같고, 트레이너지수는 체계적위험보수율($RVOL$)과 동일하다.

지고 요구수익률의 변동을 초래한다. 시장위험보상률의 상승은 SML 기울기의 상승으로 이어질 때, β계수가 큰 주식의 요구수익률의 상승폭이 β계수가 낮은 주식보다 크다.

③ 이자율 변동과 SML 절편 변동의 경우 : 무위험이자율이 상승하거나 하락하면 요구수익률도 상승하거나 하락한다. 따라서 실질금리와 변동을 초래하는 시중자금 수급의 변동요인이나 기대인플레이션의 변동이 예상되면 요구수익률은 변동한다. 시장위험보상률이 불변인 경우, 결국 무위험이자율의 변동에 의한 요구수익률의 변동은 [그림 13-6]처럼 SML 절편의 이동으로 표현된다.

제 5 절 차익거래가격결정이론(APT)과 다요인모형

1 베타 유용성에 대한 논쟁과 차익거래가격결정이론의 의의

자본자산가격결정모형(CAPM)은 기대수익률이 단일공통요인인 시장포트폴리오의 민감도로 측정되는 체계적 위험척도(β계수)에 선형으로 비례함을 나타내는 시장균형모형이었다. 그러나 1970년대 후반에 들어서 롤(R. Roll)에 의해서 CAPM의 여러 가지 문제점이 제기되었다.[7)]

이어지는 CAPM에 대한 실증분석결과는 베타가 수익률을 설명하는 유일한 위험요인이라는 CAPM의 예측에 배치되는 여러 연구결과가 제시되었다. 1990년대 초 Fama & French(이하 F&F)는 '베타는 죽었다(Beta Is Dead)'는 연구결과를 발표하며 CAPM의 유용성에 대한 강한 의구심을 제기하였다.[8)] F&F는 실증분석기간 평

---

7) R. Roll, "A Critique of the Asset Pricing Theory's Tests," *Journal of Financial Economics*(Mar. 1977), pp.129～176. 롤(R. Roll)은 "CAPM은 시장포트폴리오의 대용지표가 효율적이면 성립하게 되는데, 진정한 의미에서의 시장포트폴리오가 현실적으로 구성될 수 없기 때문에 CAPM의 실증적 검증은 현실적으로 불가능하다"라는 회의적 견해를 제기하면서 CAPM의 현실적 타당성이 많은 비판을 받게 되었다.

8) E.F. Fama & K.R. French, "The Cross-section of Expected Stock Returns," *Journal of Financial Economics* 33(Jan. 1992), pp.427～465 ; E.F. Fama & K.R. French, "Common Risk Factors in the Returns on Stocks and Bonds," *Journal of Financial Economics* 33(Jan. 1993), pp.3～56.

균수익과 베타의 관계는 미약하거나 존재하지 않으며, 증권수익률은 베타 이외에 기업규모(size), P/E비율, B/M비율 변수가 더 설명력이 있다는 증거를 제시하였다.[9]

검증가능한 대안모형으로 제일 먼저 제시된 것은 로스(S.A. Ross)의 차익거래가격결정이론(APT : arbitrage pricing theory)이다.[10] APT는 CAPM과는 달리 다수의 공통요인(지수)과의 선형함수로 표시됨을 나타내는 보다 일반화된 시장균형모형인데, APT의 특징을 요약하면 다음과 같다.

① 균형상태의 시장에서는 추가적인 위험부담이 없이 차익거래에 의한 초과이익(재정이익)의 실현이 불가능하다는 논리에서 기대수익과 위험의 관계를 설명한다.

② CAPM에서처럼 관찰할 수 없는 이론적 시장포트폴리오에 의존하지 않고 현실적으로 관찰가능하고 충분히 분산투자된 포트폴리오의 구성하에서 균형가격결정원리를 설명한다.

③ 자산수익률의 움직임을 단일공통요인인 시장포트폴리오 수익률과의 선형함수로 표시하는 CAPM과는 달리 다수공통요인과의 선형관계로 표시한다.

APT는 균형상태의 시장에서는 추가적인 위험부담 없이 차익거래이익(arbitrage profit)의 실현이 불가능하다는 논리에서 출발하고 있다.

본래 차익거래(arbitrage) 혹은 재정거래란 상품시장에서 동일한 상품은 서로 다른 가격으로 판매될 수 없기 때문에, 만약 상이한 가격으로 거래되고 있다면 싼 것을 매입하고 동시에 비싼 것을 매도하여 일물일가의 법칙(law of one price)이 성립할 때까지 초과이익을 취하고자 하는 계속적인 활동을 말한다.

증권의 경우에도 일물일가의 법칙이 성립하므로 균형상태의 시장에서는 위험수준이 동일한 증권들은 동일한 기대수익률을 가져야 한다. 만약 위험수준은 동일한데 두 증권의 기대수익률이 다르게 형성되어 있으면, 부의 극대화를 추구하는 투자자들은 기대수익률이 낮은 증권을 공매(short sales)하는 동시에 그 매각대금으로 기대수익률이 높은 증권에 투자함으로써 위험부담이 없이 초과이익을 획득할 수 있게 된다. 이러한 차익거래행위는 초과이익이 더 이상 발생하지 않는 상태(no

9) CAPM을 옹호하는 연구들은 F&F의 연구가 실증분석기간이 충분히 길지 않은 점, 표본기업에서 생존편의현상의 발생, 자료들간의 허구적 관련성의 문제를 지적하고 있다.

10) S.A. Ross, "The Arbitrage Theory of Capital Asset Pricing," *Journal of Economic Theory*(Dec. 1976).

arbitrage condition)에 이르기까지 계속되어 수요와 공급이 일치되는 균형상태에 이르면 위험수준이 동일한 두 증권의 기대수익률은 같게 된다.

2 APT의 도출

APT의 근간은 요인모형이다. 요인모형(factor model)이란 자산수익률이 경제성장률, 이자율, 유가 등과 같은 공통요인의 영향을 받아서 변동한다고 보는 수익률생성모형을 말한다.

이제 공통요인을 다수의 k공통요인(예를 들어 경제성장률의 변화, 유가변화 등)으로 확대하면 다요인모형(multi-factor model)이 되는데, 자산 j의 수익률(R_j)을 다음과 같이 표시할 수 있다.[11)]

$$R_j = E(R_j) + \beta_{j1}F_1 + \beta_{j2}F_2 + \cdots\cdots + \beta_{jk}F_k + \epsilon_j \tag{13.11}$$

단, $E(R_j)$: 자산 j의 예상되는 정보에 근거한 기대수익률

β_{jk} : 자산 j수익률의 k요인에 대한 민감도를 측정한 베타계수

F_k : 공통요인 k의 예상치 못한 변동, $k=1, 2, \cdots\cdots, k$

($F_k \equiv$공통요인의 실현된 값−공통요인에 대한 기대값)

ϵ_j : 자산 j의 기업고유요인에 기인하는 수익률 변동

APT의 주요 특징의 하나는 기대수익과 위험의 관계를 설명함에 있어서 CAPM에서처럼 관찰이 가능하지 않은 시장포트폴리오 대신에 관찰이 가능한 충분히 분산된 포트폴리오(well-diversified portfolio)의 구성에 기초하고 있다는 점이다. 그리고 또 다른 특징은 자산수익률의 움직임이 단일공통요인이 아니라 식 13.11에서 보는 것처럼 다수공통요인(multi-factor)의 선형함수로 표시될 수 있음을 전제한다는 점이다.

이제 자산수익률이 식 13.11의 다요인모형에 따라서 형성된다고 할 때, 차익(재정)거래의 실현이 불가능한 균형상태의 시장에서 자산의 기대수익률과 위험 사이의 관계는 어떻게 나타나는가?

이제 추가적인 투자 없이, 추가적 위험부담 없이, 포트폴리오를 구성해 보기로 하자. 균형상태라고 하면 일물일가의 법칙에 의해서 이러한 포트폴리오는 초과

11) 요인모형 도출과 관련된 상세한 설명은 장영광 · 이영주, 『현대투자론』, 제6판, 2017, pp.283～285 참조.

이익을 얻는 것이 불가능해야 한다. 이를 식으로 표시하면 다음과 같다.

① $\sum_{j=1}^{n} w_j = 0$: 추가적 투자가 없다(no net investment).

② $\sum_{j=1}^{n} w_j \beta_{jk} = 0$: 추가적 위험부담이 없다(no net risk).

③ $E(R_p) = \sum_{j=1}^{n} w_j E(R_j) = 0$: 초과기대수익률은 0이어야 한다(no net return).

이는 다음과 같은 의미를 지닌다. 이제 투자자가 어느 개별종목의 투자비중이 매우 적도록 충분히 분산투자된 포트폴리오를 구성하면 잔차분산 $\sigma^2(\epsilon_p)$는 영(0)에 가까워지게 된다($\sigma^2(\epsilon_p)=0$). 결국 공통요인에 대한 민감도를 나타내는 체계적인 위험 β_{p1}, β_{p2} $\cdots$ β_{pk}만이 중요하게 된다.

그러면 체계적 위험 β_{pk}만이 수익률의 움직임에 영향을 미친다면, 균형상태에서 자산의 기대수익률과 체계적 위험 β_{pk} 사이에는 어떠한 관계가 성립하는가?

균형상태에서는 동일한 체계적 위험 β_{pk}(k요인에 대한 민감도)에 대해서 동일한 기대수익률이 형성되어야 할 것이다. 만약 동일한 β_{pk}에 대하여 상이한 수익률이 기대된다면, 투자자들은 수익률이 낮은 것을 공매하고 그 자금으로 수익률이 높은 것을 매입(차익거래)하여 추가적인 투자자금 없이($\sum_{j=1}^{n} w_j=0$) 그리고 전혀 위험부담 없이($\sum_{j=1}^{n} w_j\beta_{jk}=0$) 초과이익을 획득할 수 있을 것이다.

예를 들어 [그림 13-7]에 나타나 있는 것처럼 무위험이자율이 6%이고, 공통요

[그림 13-7] 기대수익률과 체계적 위험의 관계 : 차익거래기회

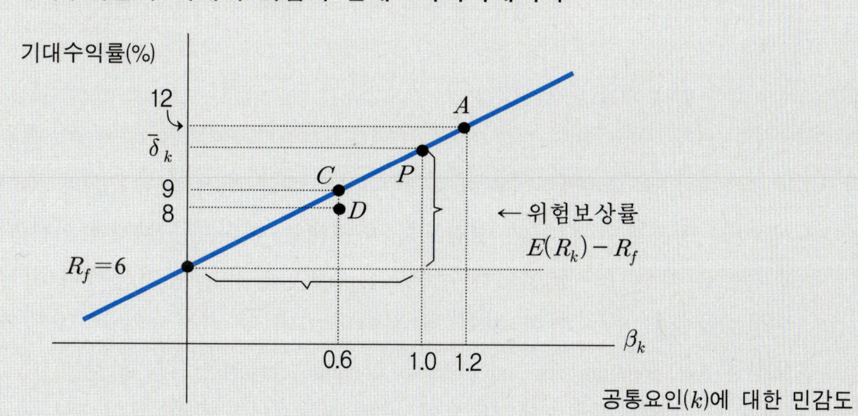

인 1에 대한 민감도 β_1이 1.2인 잘 분산투자된 포트폴리오 A의 기대수익률은 12%이고, β_1이 0.6인 포트폴리오 D의 기대수익률은 8%라고 가정하면 차익(재정)거래 기회가 존재함을 알 수 있다. 왜냐하면 포트폴리오 $A(\beta=1.2)$와 무위험자산($\beta=0$)에 각각 50%씩 투자하여 만들어지는 포트폴리오 C의 β는 D와 마찬가지로 0.6인데, 포트폴리오의 기대수익률은 이보다 높은 9%가 되기 때문이다.

$$\beta_p = 1.2 \times (0.5) + 0 \times (0.5) = 0.6$$
$$E(R_p) = E(R_A) \times (0.5) + E(R_f) \times (0.5) = 12 \times (0.5) + 6 \times (0.5) = 9\%$$

따라서 기대수익률(8%)이 낮은 포트폴리오 D를 공매한 자금으로 기대수익률(9%)이 높은 포트폴리오 C에 투자하면 무위험의 초과이익을 얻을 수 있게 된다.

결론적으로 차익(재정)거래기회가 존재하지 않는 균형상태에서의 기대수익률은 체계적 위험(β)의 크기에 선형으로 비례하여 $R_f A$선상에 놓이게 된다. 다음 식 13.12와 같이 k공통요인 1단위의 체계적 위험에 대한 위험보상률(λ_k)이 동일하게 될 때 $R_f A$상에 존재하는 차익거래 가능성이 해소되는 것이다.

$$\frac{E(R_{A1}) - R_f}{\beta_{A1}} = \frac{E(R_{C1}) - R_f}{\beta_{C1}} = \frac{E(R_{Pk}) - R_f}{\beta_{Pk}} = \lambda_k \text{(상수)} \tag{13.12}$$

단, λ_k : k공통요인 1단위의 체계적 위험(β)에 대한 위험보상률

그러면 최종적으로 자산의 균형기대수익률과 각 공통요인에 대한 베타계수(체계적 위험)의 선형관계를 밝히는 구체적 식(APT)은 어떻게 표시될 것인가?

이제 식 13.12에서 $E(R_{pk}) - R_f = \lambda_k \cdot \beta_{Pk}$의 관계식으로부터 충분히 분산투자된 포트폴리오 P의 경우 공통요인 k에 대하여 다음과 같은 균형식이 성립한다.

$$E(R_p) = R_f + \lambda \cdot \beta_p \tag{13.13}$$

이와 같은 논리를 다수의 공통요인에 대해 적용할 수 있다. 자산의 위험 중에서 여러 공통요인에 대한 민감도를 나타내는 베타계수(체계적 위험)만이 적절한 위험이므로 자산 j의 균형기대수익률은 무위험이자율과 자산 j의 각 요인에 노출된 위험보상률을 모두 합한 것이 될 것이다. 그런데 자산 j의 각 요인에 노출된 위험보상률(risk premium for exposure to common factor)은 각 요인에 대한 위험보상률($E(R_{jk}) - R_f$)에 자산 j의 각 요인 베타계수(β_{jk})를 곱한 것이 된다.

자산 j의 k요인에 노출된 위험보상률(λ_k)
=k요인에 대한 위험보상률×자산 j의 k요인에 대한 베타계수

여기서 k요인에 대한 위험보상률(λ_k)은 k요인에 연관된 위험을 감수하는 데에 대한 대가이다. 이러한 의미에서 요인가격(factor price)이라고 부른다.

따라서 자산 j의 균형기대수익률은 다음과 같이 무위험이자율(R_f)에 더하여 각 k요인에 대한 위험보상률에 자산 j의 k요인에 대한 베타계수를 곱한 것을 모두 합한 것이 된다. 이것이 APT이다.

$$E(R_j) = R_f + [E(R_{F1}) - R_f]\beta_{j1} + [E(R_{F2}) - R_f]\beta_{j2} + \cdots\cdots + [E(R_{Fk}) - R_f]\beta_{jk} \quad (13.14)$$

$$= R_f + \lambda_1\beta_{j1} + \lambda_2\beta_{j2} + \cdots\cdots + \lambda_k\beta_{jk} \quad (13.15)$$

$$= R_f + \sum_{j=1}^{n} \lambda_k\beta_{jk} \quad (13.16)$$

단, λ_k : 요인 k에 대한 위험보상초과이익률($=E(R_{Fk}) - R_f$), 요인가격
$E(R_{Fk})$: 요인 k에 대한 체계적 위험이 1이고, 그 이외의 요인에 대한 체계적 위험은 0인 요인포트폴리오의 기대수익률
β_k : 자산 j의 k공통요인에 대한 민감도(다요인모형에서의 기울기)

결론적으로 APT는 자산수익률이 다요인모형에 따라서 형성된다고 가정했을 때 시장균형하에서의 자산 기대수익률은 자산 j수익률의 공통요인(F_k)에 대한 민감도(β_k)의 선형함수로 표시된다.

이상에서 살펴본 것처럼 CAPM은 사실상 APT에서 공통요인이 하나인 경우에 해당하는 시장균형모형인 반면에, APT는 다수의 공통요인으로 자산의 기대수익률을 설명하려는 보다 일반화된 시장균형모형이다. 이 밖에도 ① CAPM에서는 확률분포가 정규분포이고, 투자자의 선호도가 2차효용함수로 표시됨을 가정하고 있지만, APT는 확률분포나 효용함수에 대하여 특별한 가정을 하고 있지 않은 점, ② CAPM에서는 진정한 시장포트폴리오의 확인을 가정하지만, APT에서는 어떠한 자산의 부분집합(subset)에 대해서도 적용가능한 점 등의 장점이 있다.

APT에 대해서 지적되고 있는 문제점은 APT에 대한 실증분석 결과 얻게 되는 몇 개의 공통요인을 찾을 때 그것의 경제적 의미에 대하여 설명이 어렵고, 실제의 투자결정에 대한 적용가능성이 CAPM보다 떨어진다는 점이다.

예제

다음과 같은 잘 분산된 포트폴리오 "동서"와 "남북"이 있는데, 공통요인인 금리에 대한 민감도(베타)가 다음과 같다. 베타가 2/3인 포트폴리오 "서북"의 기대수익률이 18%라고 하면, 차익거래기회가 존재하는가? 존재하면 어떠한 차익거래전략을 구사할 수 있는가?

포트폴리오	기대수익률	베 타
동서	21%	1.0
남북	9%	0.0

풀이

(1) '동서'에 2/3, '남북'에 1/3 투자한 포트폴리오(동서남북)의 베타(β_p)는 2/3이고, $E(R_p)$는 17%이다.

$\beta_p = 2/3 \cdot (1.0) + 1/3 \cdot (0.0) = 2/3$

$E(R_p) = 2/3 \cdot (0.21) + 1/3 \cdot (0.09) = 0.17$

→ '동서남북' 포트폴리오를 '서북' 포트폴리오와 비교하면 베타계수는 동일하지만, 기대수익률이 1% 낮다. 따라서 차익거래기회가 존재한다.

(2) 과대평가된 '동서남북' 포트폴리오를 공매 후에 과소평가된 '서북' 포트폴리오를 매입하면 차익거래이익이 발생한다.

3 다요인모형

APT의 검증상의 한계점을 극복하는 대체적 모형들이 여러 방향에서 제시되어 왔다. 본절에서는 이러한 대체모형인 다요인모형(multi-factor model)과 Fama & French의 3요인모형 등을 설명한다.

(1) 다요인모형

제12장에서 설명한 단일지표모형은 공통요인으로서 시장지표 하나만을 포함시키고 있기 때문에 증권수익률의 움직임을 충분히 설명하지 못하는 면이 있다. 모형에 다수공통요인을 포함시킴으로써 설명력을 높이는 것이 가능할 수 있다.

다요인모형(multi-factor model) 또는 다지표모형은 증권수익률의 변동을 두 개 이상의 공통요인과의 공분산 관계에서 파악하는 모형이다. 이를테면 증권수익률의 변동을 단일지표모형에서처럼 시장포트폴리오라는 단일공통요인(single index) 이외에도 경제의 산업생산성장률, 인플레이션율, 통화량증가율, 유가변화율 등 다수의 공통요인과의 관계에서 설명할 수 있다.

이제 어느 증권 j의 수익률(R_j)이 k개의 다수공통요인(multi-common factor)과의 공분산 관계에서 설명될 수 있다고 보면, 그 관계는 다음과 같은 다요인모형으로 표시할 수 있다.

$$R_j = \alpha_j + \beta_{j1} F_1 + \beta_{j2} F_2 + \beta_{j3} F_3 + \cdots + \beta_{jk} F_k + \epsilon_j \qquad (13.17)$$

단, F_k : 공통요인 k(k는 요인의 수)의 예상치 못한 변동
β_{jk} : 주식 j의 k공통요인에 대한 민감도
α_j : 요인 이외의 요소에 의해 결정되는 수익률
ϵ_j : 잔차항

여기서 β_{jk}는 주식 j의 k공통요인의 예상치 못한 변동에 대한 민감도를 측정한 것으로서 단일지표모형에서 베타(β)계수의 의미와 동일하다. 만약 F_1, F_2가 예상치 못한 금리변동, 예상치 못한 유가변동이라는 공통위험요인이라면 β_{j1}, β_{j2}는 이들 공통위험요인에 대한 민감도를 측정한 것이 된다.

APT는 앞에서 살펴본 바와 같이 통계적 요인분석기법의 적용결과로 얻게 되는 몇 개의 공통요인들이 구체적으로 어떤 경제적 의미가 있는지를 설명할 수 없다는 근본적 문제점이 있었다. 이 한계점을 극복하는 한 방법은 다수공통위험요인을 사전에 명시하고 다요인모형(식 13.17)을 적용하여 증권수익률의 변동을 설명하는 것이다. 환언하면 식 13.14의 APT에서 공통요인 F_k인 것으로 가정되는 몇 가지 주요 거시경제변수들을 사전에 명시한 다음, 요인포트폴리오를 구성, 각 주식의 요인포트폴리오에 대한 민감도(β_{jk})를 구하고, 주식 또는 포트폴리오 수익률을 이 β_{jk}와의 관계에서 회귀분석을 하는 것이다. 이러한 접근방법의 특징 때문에 거시경제적 위험요인모형(macroeconomic-based risk factor model)이라고 부르기도 한다.

첸 · 롤 · 로스(Chen, Roll & Ross)는 다음 식 13.18에 포함된 거시경제변수들이 증권수익률에 영향을 미친다는 다요인모형을 제시하고 있다.[12)]

$$R_{jt} = \alpha_j + [b_{j1} R_{Mt} + b_{j2} MP_2 + b_{j3} DEI_t + b_{j4} UI_t + b_{j5} UPR_t + b_{j6} UTS_t] + \epsilon_{jt} \qquad (13.18)$$

단, R_M : 시가총액가중 NYSE 주가지수수익률
MP : 미국 산업생산 월간 성장률
DEI : 미국 소비자물가지수로 측정된 인플레이션 변화율

12) N. Chen, R. Roll & S.A. Ross, "Economic Forces and the Stock Market," *Journal of Business* 59(1986).

UI : 인플레이션의 기대치 못한 변동(실제와 기대 인플레이션의 차이)
UPR : 채권 신용위험스프레드의 기대치 못한 변화율
(중급(Baa)회사채수익률과 장기국공채수익률의 차이)
UTS : yield curve의 기대치 못한 변화율(장기와 단기 국공채수익률의 차이)

(2) Fama & French의 3요인모형

거시경제적 공통위험요인 대신 미시적 접근방법으로서 시장수익률 이상의 초과수익률을 가져오는 개별증권특성을 나타내는 위험요인을 찾는 시도를 할 수 있다.

미시경제적 위험요인모형(microeconomic-based risk factor model), 증권특성접근법(characteristics-based approach)이라고 부르기도 하는 이 방법에 의하면, 증권수익률에 영향을 미치는 다수의 증권특성치들을 사전에 명시하고, 이들 특성치에 대한 민감도로서 β_{jk}와 위험가격인 λ를 추정한다. 결국 적절한 증권특성변수만 명시될 수 있다면 APT의 검증절차도 CAPM의 검증방법과 유사하게 시도해 볼 수 있다. 이러한 접근방법의 하나로 증권의 특성변수들을 포함한 다요인모형을 체계적으로 제시한 연구로는 Fama & French의 3요인모형을 들 수 있다.[13] 다음 식 13.19에서 보는 것처럼 시장초과수익률변수 이외에 기업규모변수(SMB), 가치주변수(HML)가 포함되고 있다.

$$(R_{jt}-RFR_t)=\alpha_j+b_{j1}(R_{Mt}-RFR_t)+b_{j2}SMB_t+b_{j3}HML_t+\epsilon_{jt} \quad (13.19)$$

단, RFR_t : 무위험이자율
R_{Mt} : 시장포트폴리오 수익률
$(R_{Mt}-RFR_t)$: 시장포트폴리오 위험프리미엄
SMB : 시가총액기준 소형주 포트폴리오와 대형주 포트폴리오의 수익률 차이
HML : 장부가치 대 시장가치비율(BM : 주당순자산배율PBR의 역수)기준으로 고BM(저PBR)과 저BM(고PBR) 포트폴리오의 수익률 차이

제15장에서 설명될 시장효율성에 관한 실증연구 문헌에 의하면 초과수익을 가능하게 하는 시장의 이례적 현상(market anomalies)으로 기업규모효과(size effect), 주가수익배율효과(PER effect), 주당순자산배율효과(PBR effect) 등이 제시되어 왔다.[14] F&M의 3요인모형에는 이들 증권특성변수가 포함되고 있는 것이다.

---

13) E.F. Fama & K.R. French, "Common Risk Factors in the Returns on Stocks and Bonds," *Journal of Financial Economics* 33(Jan. 1993), pp.3~56.

14) 시장의 이례적 현상에 대한 상세한 논의는 제15장 제2절 참조. 이에 의하면 소형주 포트폴리오 수익률이 대형

이 밖에도 카하르트(Carhart)는 F&M의 3요인모형에 네 번째 공통위험요인으로 가격모멘텀요인(price momentum factor)을 추가하여 다음 식 13.20의 4요인모형을 제시하고 있다.[15]

$$(R_{jt} - RFR_t) = \alpha_j + b_{j1}(R_{Mt} - RFR_t) + b_{j2}SMB_t + b_{j3}HML_t + b_{j4}MOM_t + \epsilon_{jt} \tag{13.20}$$

단, MOM : 가격모멘텀요인(전년도 최고성과 포트폴리오 수익률에서 최저성과 포트폴리오 수익률의 차이)

주 포트폴리오 수익률보다 위험조정 수익률이 높은 기업규모효과(size effect)가 존재하는 것으로 보고하고 있다. 또 PER 또는 PBR이 낮은 가치주(value stock) 포트폴리오 수익률이 PER 또는 PBR이 높은 성장주(growth stock) 포트폴리오 수익률보다 높다는 PER효과, PBR효과를 제시하고 있다.

15) M.M. Carhart, "On Persistence in Mutual Fund Performance," *Journal of Finance* 52(Mar. 1997), pp.57～82. 여기서 **가격모멘텀요인**이란 과거 일정기간 동안 양(+) 또는 음(−)의 수익률을 기록한 주식은 다음 기에도 지속적으로 양(+) 또는 음(−)의 수익률을 내는 경향이 있다는 설명이다. 이 연구에 의하면 3요인모형보다 4요인모형이 설명력을 15% 정도 높이고 있다고 주장하고 있다.

연습문제

1. 다음 사항에 대하여 설명하라.

자본자산가격결정모형	CAPM의 가정	자본시장선(CML)
시장포트폴리오	총변동성보수율($RVAR$)	토빈의 분리정리
위험의 균형가격	증권시장선(SML)	체계적위험보수율($RVOL$)
시장위험보상률	등베타선	적정균형수익률
초과수익 알파(α)	차익거래가격결정이론(APT)	차익(재정)거래
일물일가의 법칙	요인모형	요인가격

2. 다음 중 잘못 서술되어 있는 문항에 대해서는, 잘못 서술되고 있음을 논리적 · 이론적 근거를 제시하여 설명하라.

(1) 자본시장선(CML)은 균형상태에서 모든 자본자산의 기대수익 $E(R)$과 위험 β의 선형관계를 표시한 것이다.
(2) 시장포트폴리오의 $RVAR$보다 큰 효율적 위험자산이 존재한다.
(3) 시장포트폴리오는 시장전체 시가총액에 대한 개별자산의 가격의 비율대로 투자하면 구성할 수 있다.
(4) 극도의 위험회피형의 투자자는 시장포트폴리오를 선택하지 않는다.
(5) 총위험이 큰 주식의 기대수익률은 총위험이 낮은 주식의 기대수익률보다 항상 크다.
(6) SML보다 아래쪽에 위치하는 주식의 기대수익률은 과소평가되어 있으므로 매수하는 것이 바람직하다.
(7) SML은 기대수익(가격)을 결정짓는 적절한 위험요인은 σ로 측정되는 총위험이라고 본다.
(8) SML은 체계적 위험이 높으면 가격으로 측정되는 적정가격은 높아야 됨을 설명한다.
(9) SML의 기울기는 β값에 따라 달라진다.
(10) SML은 기업전체의 요구수익률과 가중평균자본비용의 추정에 활용된다.
(11) SML상에 위치하는 주식은 CML상에 위치하지 않을 수 있다. 시장포트폴리오와의 상관계수가 1인 자산은 CML과 SML이 동일하다.
(12) 위험자산의 기대수익률은 무위험자산의 수익률보다 항상 높아야 한다.
(13) 다른 상황은 변함이 없고, 기대인플레이션율이 높아지리라고 예상되는 상황이면 증권시장선의 Y절편 값은 변화가 없으나, 증권시장선은 시계방향으로 이동한다.
(14) APT는 균형수익률을 시장포트폴리오 단일공통요인과의 선형관계에서 설명한다.
(15) APT는 차익거래기회가 존재한다면 이는 곧 사라진다고 가정한다.

3. [모형의 차이점]

(1) CML과 SML의 차이점에 대하여 설명하라.
(2) CAPM과 APT의 차이점에 대하여 설명하라.
(3) 단일지표모형과 다요인모형의 차이점에 대하여 설명하라.

4. [베타와 요구수익률 추정]

자산 A와 시장수익률(R_m) 자료는 다음과 같다. 그리고 무위험이자율(R_f)은 6%이다.

자 산	기대수익률	위험(σ)	상관계수
A	14%	12%	$\rho_{Am}=0.8$
시장지수수익률	12%	10%	

(1) 자산 A의 베타는 얼마인가?

(2) 자산 A의 요구수익률은 얼마인가?

5. [CAPM과 기대수익률, 적정가격평가]

(1) CAPM이 성립한다고 가정한다. 무위험이자율이 5%이고, 시장포트폴리오의 기대수익률은 10%이다. 베타가 1.5인 증권 A에 40%, 시장포트폴리오에 60% 투자할 경우의 기대수익률은 얼마인가?

(2) 무위험이자율이 6%이고, 시장의 기대수익률은 15%이다. 한 투자자가 베타가 1.2이고, 내년에 배당을 1,000원 하며, 현재 25,000원에 팔리고 있는 자산을 발견했다. 이 투자자가 그 자산이 내년에 30,000원에 거래되리라 생각한다면, 이 자산은 얼마나 고평가 또는 저평가되었는가?

6. [CAPM의 투자결정에의 이용]

자산 A의 수익률(R_A)과 시장수익률(R_m)이 다음과 같이 예상되었다. 무위험이자율(R_f)은 4%이다.

상 황	확률(p_i)	R_A	R_m
Ⅰ	0.2	0.30	0.18
Ⅱ	0.4	0.10	0.15
Ⅲ	0.3	0.25	0.10
Ⅳ	0.1	−0.05	−0.10

(1) 자본시장선(CML)의 관계식을 도출하라.

(2) 증권시장선(SML)의 관계식을 도출하고 이를 도시하라.

(3) 자산 A의 베타(β_A)를 계산하고, 자산 A에 대한 요구수익률을 추정하라.

(4) 자산 A가 과대평가되었는지 과소평가되었는지를 평가하라.

7. [APT와 기대수익률]

APT모형을 이용하여 자산의 기대수익률을 구하고자 한다. 한 분석가는 무위험이자율을 6%로 보고, 공통요인 1, 2에 대한 민감도 $\beta_1=1.5$, $\beta_2=2$ 그리고 요인위험보상률인 λ_1을 0.03, λ_2를 0.02로 보았다. 그가 이 자산에 기대하는 수익률은 얼마인가?

8. [APT에 의한 가격평가]

증권수익률이 APT에서 설명하는 것처럼 움직인다고 가정하자. 다음은 3공통요인과 주식 j의 요인베타 그리고 요인에 대한 위험보상률(요인가격)에 대한 자료이다.

요 인	주식 j의 요인베타	요인위험보상률
인플레이션	1.2	6%
산업생산	0.5	8%
유가	0.3	3%

(1) 무위험이자율이 6%일 때, 차익거래가 사라지는 균형기대수익률은 얼마인가?

(2) 만약 3공통요인에 대한 기대치와 실제결과가 아래와 같이 나타났다면 주식 j의 기대수익률은 어떻게 변화하겠는가?

요 인	기대변화율	실제변화율
인플레이션	5%	4%
산업생산	3%	6%
유가	2%	0%

PART

V 투자시점결정과 증시효율성

CHAPTER

14

기술적 분석

제Ⅱ, Ⅲ편에서 설명한 종목선택과 자산배분결정의 과제는 경기순환이나 시장동향을 잘 감안하여 적절한 투자시점을 포착할 때 더욱 효과적으로 해결될 수 있다.

본장에서는 기술적 분석에 근거하여 투자시점을 포착하려는 여러 투자기법을 다룬다. 다음은 본장의 학습목표로서 이해해야 할 주요 사항들이다.

- 기술적 분석의 가정과 특징
- 다우이론에서 강세시장과 약세시장으로의 전환점 예측
- 기술적 분석에서 주가와 거래량의 관계 파악
- 차트분석을 통하여 주가변동의 패턴을 찾는 방법
- 이동평균선과 같은 기술적 지표를 이용한 투자시점 포착

주제 생각하기

기술적 지표는 주가예측에 도움을 주는가?

마젤란펀드는 1977~1990년, 13년에 걸쳐 2,700%의 수익률을 올렸다. 놀라운 사실은 이 기간 동안 손실을 기록한 해가 한 번도 없었다는 점이다. 그런데 이 펀드에 투자한 개인투자자는 매수 또는 매도 타이밍을 잃어 손실 경험이 적지 않았다.

투자시점 포착을 위해서 여러 가지 기술적 지표를 사용한다. 기술적 지표의 하나로서 상대적 강도지수(RSI)는 14일간(혹은 3일, 7일, 10일)의 평균주가상승폭을 평균주가상승폭과 평균주가하락폭을 합한 값으로 나누어 계산한다. 상대적으로 주가상승(하락)의 진폭 에너지가 계속될 것으로 보고, 투자전략적으로는 RSI값이 70 이상일 때에는 과열국면으로, 30 이하일 때에는 침체국면으로 판단하는 것이다. 그런데 RSI가 매수신호, 매도신호를 보였을 때, 그 이후의 주가변동을 보면 그 절반은 잘못된 신호인 것으로 드러나고 있다. 절반의 성공, 절반의 실패인 것이다. RSI는 주가예측에 도움을 주는가?

골든크로스, 데드크로스 지표는 단·중장기 이동평균선을 이용한 주가예측방법이다. 골든크로스(golden cross)는 단기(20일) 이동평균선이 중기(60일) 이동평균선을 아래로부터 돌파하거나 중기(60일 또는 75일) 이동평균선이 장기(150일 또는 200일) 이동평균선을 아래에서부터 위로 뚫고 올라갈 때 발생하며, 이때 증시는 강세시장으로 전환한다고 본다. 데드크로스(dead cross)는 반대로 중기 이동평균선이 장기 이동평균선을 위에서부터 아래로 뚫고 내려갈 때 발생하며, 증시는 약세시장으로 전환한다고 본다.

문병로 교수는 20일 단기 이동평균선의 60일 중기 이동평균선 상향돌파, 하향돌파의 건수에 대해 분석한 바 있는데, 2000~2010년, 11년 동안 3만5,634건의 골든크로스, 3만6,137건의 데드크로스가 발생하였고, 이 중에서 전환신호를 맞힌 건수는 절반이 되지 못한다는 결과를 제시하고 있다(자료 : 한국경제, 2011.10.21).

기술적 지표에는 어떤 것이 있나? RSI, 이동평균선과 같은 기술적 지표는 주가예측에 도움을 주는가?

기술적 분석은 근본적으로 과거자료(역사적 정보)를 사용하므로 미래예측에는 한계가 있는 것인가?

제 1 절 기술적 분석과 다우이론

투자시점 포착은 투자관리의 중요한 과제 중 하나이다. 투자시점 포착의 문제를 다루는 증권분석방법이 기술적 분석이다. 기술적 분석(technical analysis)은 과거 일정 기간의 주가나 거래량의 체계적인 움직임을 발견하여 주가변동의 반복되는 패턴을 찾음으로써 미래 증권가격을 예측하려는 방법이다.

기술적 분석은 다우이론(Dow theory)이 제시되면서 체계화되었다. 기술적 분석에서 시도되는 투자시점 포착의 방법은 크게 두 가지로 나누어 볼 수 있다. 하나는 증권시장 전체가 앞으로 강세시장이 될 것인지, 약세시장이 될 것인지의 전환시점을 예측하는 일반시장분석이고, 또 하나는 주가도표에 의해서 특정 주식선정에 이용하는 주가도표분석이다.

제1절에서는 기술적 분석을 다른 투자분석과 비교할 때의 특징을 정리하고, 기술적 분석의 효시라고 할 수 있는 다우이론에 대해서 살펴본다. 제2절과 제3절에서는 일반시장분석과 주가도표분석에 대해서 설명한다.

1 기술적 분석의 특징

제5장～제7장에서 설명한 기본적 분석은 주식의 내재가치를 추정하기 위하여 경제동향, 산업구조, 기업특성요인 등 경제적 · 재무적 요인 등을 분석하는 것이다. 그러나 기술적 분석은 내재가치를 결정짓는 기본요인들을 고려하지 않고, 다만 과거의 주가동향, 시장동향, 거래량의 움직임에 관한 자료를 기초로 하여 미래 주가를 예측하고자 하는 기법이다.

기술적 분석은 구체적으로 다음과 같은 기본가정에서 출발하고 있다.

① 주가에는 시장이나 기업에 관한 모든 것이 반영되어 있다. 그리고 이 주가는 수요와 공급에 의해서만 결정된다.

② 주식에 대한 수요 · 공급은 이성적 요인뿐만 아니라 비이성적 · 심리적 요인 등을 포함한 복합적 요인에 의해서 이루어진다.

③ 수요 · 공급 요인에 대한 주가반응은 서서히 이루어지며, 주가의 움직임은 장기적으로 특정한 추세를 형성하면서 변화한다.

④ 수요 · 공급의 변화는 변화의 원인에 관계없이 주가가 움직이는 양상(패턴)을 봄으로써 알아낼 수 있으며 도표(chart)에 의해서 추적될 수 있다.
⑤ 도표에 나타나는 여러 가지 패턴은 스스로 반복하는 경향이 있다.

기술적 분석의 핵심은 증권정보의 파급효과가 즉각적이지 못하고 완만하여 일정기간 이를 소화시키면서 주가가 조정되는데, 이 조정기간의 주가움직임은 같은 방향으로 움직이기 때문에 추세형성기간의 시발점을 잘 파악하면 성공적인 투자를 할 수 있다는 점이다.

이 분석방법의 대부분의 기법은 도표(차트)를 통해 분석한다. 이러한 점에서 기술적 분석에 의해서 증권분석을 시도하는 사람들을 차티스트(chartist)라고 부른다. 기술적 분석은 시장에는 잘못 평가된 증권이 존재한다는 가정과 증권을 개별적으로 분석한다는 점에서는 기본적 분석과는 유사한 면이 있다.

기술적 분석의 장점은 기본적 분석이 지니는 단점, 즉 ① 주로 재무제표에 근거한 평가가 불충분하고, ② 회계처리방법의 다양성 때문에 상호비교 · 기간비교가 어려우며, ③ 주가는 이성적 요인뿐만 아니라 심리적 요인에 의해서도 결정된다는 점을 어느 정도 극복할 수 있다는 점이다.

그러나 단점으로는 ① 주가에 영향을 미치는 정보나 심리적 요인이 미래에도 반복적일 수 없고, ② 설령 예측이 어느 정도 가능하더라도 일정한 추세의 시작과 끝이 어떻게 이루어지는지 알 수 없으며, ③ 사실이 알려진 후에 사후적으로 추세를 확인할 수 있어, ④ 결론적으로 논리적인 타당성이 결여되어 있다는 점 등이 지적되고 있다.

2 다우이론

본래 다우이론(Dow theory)은 증권시장의 장기추세를 확인하여 강세시장(bull market)이나 약세시장(bear market)으로 전환하는 시기를 예측하는 것이 주목적이었다. 이를 위해서 다우는 주가변동을 다음의 세 가지로 구분한 바 있다([그림 14-1] 참조).

- 주변동 : 1～10년에 걸친 증시의 장기추세
- 2차변동 · 부변동 : 보통 2주 내지 수개월에 걸친 중기추세
- 일일변동 : 매일매일의 주가움직임

[그림 14-1] 주가변동의 추세 : 주변동, 부변동, 일일변동

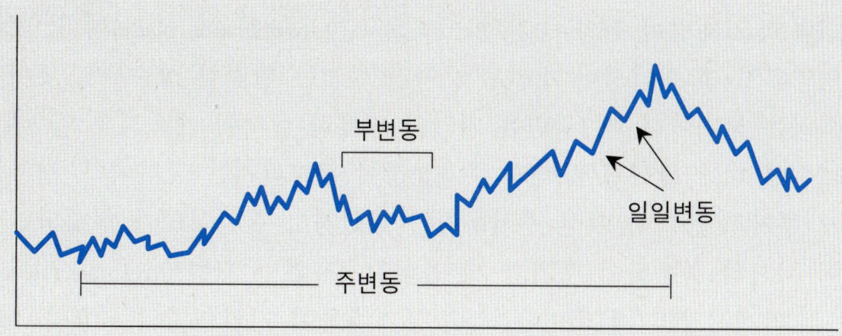

[그림 14-2] 주가변동의 전환점 발견

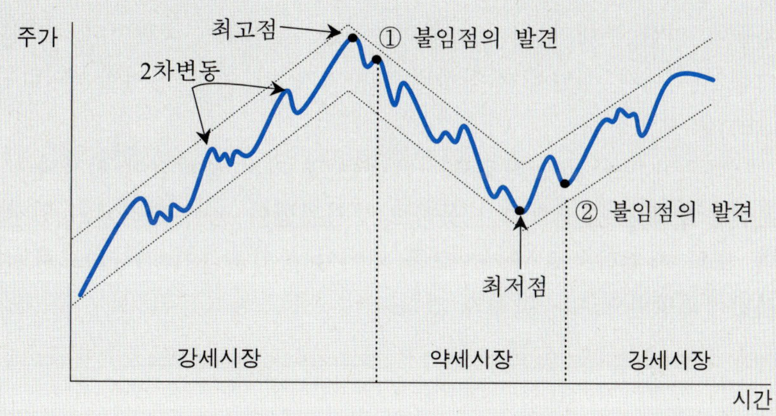

본래의 다우이론은 단기변동은 고려하지 않고, 지금까지의 부(중기)변동들의 변화양상을 분석하여 주(장기)변동으로 바뀌는 시기를 알려주는 신호를 포착하는 데 있었다. 이러한 주변동의 전환을 알려주는 신호는 [그림 14-2]에 표시된 것과 같은 **불임점**(abortive point)으로 보고 있다.

주변동이 상승추세에서 하락추세로 전환되는 경우의 불임점은 [그림 14-2]에서 ①의 경우처럼 2차변동의 최고점이 선행하는 최고점보다 낮을 때이다. 반대로 주변동이 하락추세에서 상승추세로 전환되는 경우의 불임점은 [그림 14-2]에서 ②의 경우처럼 2차변동의 최저점이 선행하는 최저점보다 높을 때를 가리킨다.

한편 주변동의 진행은 강세시장과 약세시장이 각각 세 가지 국면을 계속하면

서 주가변동을 보이므로 적절한 투자시점의 포착이 중요해진다.

강세시장의 제1국면은 선견지명이 있는 소수의 투자자들에 의해서 매수가 증가하고 거래량이 점차 증가하는 매집국면(accumulation phase)이다. 제2국면은 기업의 영업환경 및 수익성이 개선됨에 따라 주가는 완만한 상승세를 보이며 거래량도 증가하는 국면이다. 제3국면은 기업의 양호한 실적이 계속되고 일반투자자들이 주식매수에 대거 참여함에 따라 주가신장이 두드러지는 국면이다. 점차 과열현상 속에서 투기적 동기에 의한 주식투자가 만연하고 불안심리가 형성되면서 팔려는 압력이 서서히 작용하여 주가가 더 올라갈 수 없는 저항선(resistance levels)이 형성된다.

약세시장의 제1국면은 소수 투자자들이 기업수익의 악화를 예견하고 매도를 증가시키면서 거래량은 감소하는 국면이다. 매수세력이 현격히 약화되는 분산국면(distribution phase)이 된다. 제2국면은 매도자들이 낮은 가격에 매도를 서두르면서 주가는 급격히 하락하며 거래량은 우려할 정도까지 감소하는 공황국면(panic phase)을 보인다. 제3국면은 부정적 시장분위기 속에서 주식을 미처 처분하지 못한 투자자들에 의한 투매가 이어져 하락추세가 지속되는 국면이다. 그러나 일부 투자자 그룹 사이에서 매입을 시작하면서 주가가 더 이상 떨어질 수 없는 지지선(support levels)을 형성한다.

다우이론을 실제 적용하는 데에는 몇 가지 문제점이 지적되고 있다. 주변동과 부변동의 구분이 명확하지 못하고 투자위험이 전혀 고려되고 있지 못하다는 점이다. 또한 사후적으로 주가자료를 얻어야 동향분석이 가능하므로 엄격한 의미에서 사전예측방법으로는 한계가 있다.

3 엘리엇 파동이론

엘리엇(Eliot)은 장기간의 주가변동은 일정한 법칙하에 반복적으로 움직인다는 사실을 발표한 바 있다. 엘리엇 파동이론에 의하면 가격변동은 5번의 상승파동과 3번의 하락파동, 모두 8번의 상하파동으로 구성된다고 본다. 1번, 3번, 5번은 상승파동이며, 2번과 4번은 조정파동이다. 1번에서 5번까지 상승국면이 끝나고 하락국면이 시작되면 이 파동들은 다시 3개의 a, b, c 파동으로 이어진다. a, c 파동은 하락파동이며 b파동은 조정파동이다.

한편 각각의 파동은 충격파동과 조정파동으로 구성되는데, 충격파동은 전체적인 시장의 움직임과 같은 방향으로 형성되는 파동이다. 1번, 3번, 5번, a파동 그리고 c파동은 충격파동에 속한다. 반면에 조정파동은 이러한 움직임을 거슬리는 방

[그림 14-3] 엘리엇 파동이론

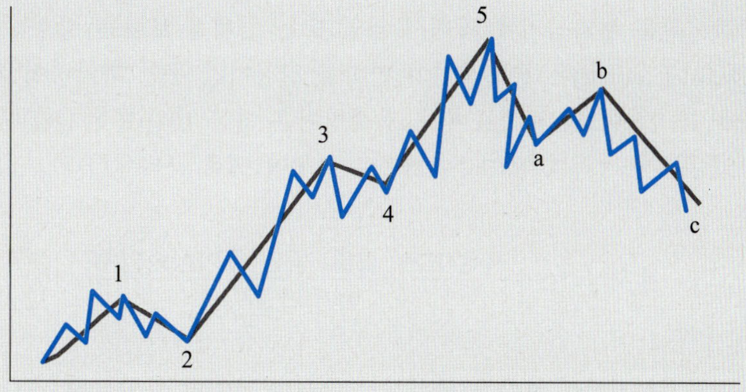

향으로 형성되는 파동으로서, 2번, 4번과 b파동이 이에 속한다.

제 2 절 시장동향분석

미래 주식시장의 전반적인 동향을 예측하려는 투자기법에는 앞에서 설명한 다우 이론 이외에도, 시장이 강세인지 약세인지를 예측하는 ADL분석, 투자심리선 분석, 거래량분석, OBV지표 등이 있다.

(1) ADL분석

시장의 폭(breadth-of-market)이란 증권시장을 상승세 또는 하락세로 이끄는 시장내부 세력의 강도를 말한다. 내부세력의 강도를 측정하는 대표적인 방법은 등락선을 그리는 것이다. 등락선(ADL : advance decline line)은 매일매일의 상승종목수에서 하락 종목수를 차감한 등락차를 누계하여 선도표로 그린 것이다. 이 ADL이 하락하게 되면 시장내부세력이 약화(약세시장)되고 있음을 뜻하고, 상승하게 되면 시장내부 세력이 강화(강세시장)되고 있음을 암시한다.

(2) 투자심리선 분석

주식시장은 투자심리에 의해서 과열 또는 침체를 보이는 경우가 많다. 투자심리선(psychological line)은 투자심리의 변화를 일정기간 동안 파악하여 과열 또는 침체 상황을 파악하여 만든 지표이다. 작성방법은 최근 10일(또는 12일) 동안 전일 대비 상승일수를 누계하여 10(또는 12)으로 나누어 %로 나타낸다.

$$\text{투자심리선} = \frac{\text{10일(또는 12일) 동안 주가상승일수}}{\text{10(또는 12)}} \times 100 \tag{14.1}$$

투자심리선이 50%를 중심으로 75% 이상이면 과열상태로 보고, 25% 이하이면 침체상태로 보며, 25~75% 사이는 정상으로 본다.

(3) 거래량분석

증권가격은 증권의 수요와 공급에 의하여 결정되는데, 증권수급관계는 1차적으로 거래량 동향에 의해서 측정된다. 따라서 거래량이 주가에 선행한다고 할 수 있으므로 거래량 동향분석을 미래 시장동향이나 특정주식의 주가예측에 활용할 수 있다.

주가와 거래량의 상관관계에 대하여 다음과 같은 원리가 제시되고 있다.

① 내리막 시장에서의 거래량 증가는 주가의 지속적인 하락을 의미한다.
② 오르막 시장에서의 거래량 증가는 주가의 지속적인 상승을 의미한다.
③ 내리막 시장에서의 거래량 감소는 상향국면으로의 전환을 암시한다.
④ 오르막 시장에서의 거래량 감소는 하향국면으로의 전환을 암시한다.

매매신호를 찾아내는 데 거래량이동평균선을 이용할 수 있다. 6일 이동평균선의 예는 최근 6일간의 거래량합계를 거래일 6으로 나누어 이동평균을 구한다.

$$\text{거래량(거래대금) 6일 이동평균} = \frac{V_1 + V_2 + \cdots\cdots + V_6}{6} \tag{14.2}$$

단, V_1 : 최근 6일 전의 거래량(거래대금), V_6 : 1일 전의 거래량(거래대금)

매입시점은 거래량이동평균선의 기준기간이 짧은 이동평균선이 긴 이동평균선을 상향돌파하는 경우이고, 하향돌파하면 매도시점이 된다. 거래량분석에서는 6일 이동평균선이 25일 이동평균선을 상향돌파하면 거래량을 증가시키는 추세이고, 반대로 하향돌파하면 거래량을 감소시키는 추세이다. 또 단기가 중기를 돌파하는 것보다 중기가 장기를 돌파하는 때가 더욱 강력한 매매시점이 된다.

(4) OBV지표

OBV(on balance volume)지표는 주가가 상승한 날의 거래량에서 주가가 하락한 날의 거래량을 차감하여 이를 누적적으로 집계하여 구한 것이다. 이 지표에서는 증권에 대한 매집과 분산 활동에 관한 정보가 얻어진다고 본다.

실제의 증권시장은 침체된 시장일지라도 시장의 내부활동을 살펴보면, 한쪽에서는 다가올 강세시장에 대비하여 조금씩 매도물량을 흡수하여 축적해 가는 매집활동이 진행되는 경우가 많다. 이러한 투자형태는 강세시장에서도 마찬가지여서 시장이 천장수준에 접근해감에 따라 그동안 큰 폭의 차익을 획득한 매물들이 크게 늘어난 수요를 조금씩 충족시켜 가면서 처분되는 분산활동이 나타난다.

(5) 번한지표

거래량의 변화를 감안하여 시장동향을 예측하는 데 이용되는 지표로는 거래량회전율과 거래성립률이 기본적인 지표로 쓰이며, 이 두 가지 지표를 동시에 판별할 수 있게 응용된 번한지표가 이용되고 있다. 이들 지표는 다음과 같이 계산된다.

$$\text{거래량회전율} = \frac{\text{당일의 거래량} \times \text{연간 거래일수}}{\text{전체 상장주식수}} \times 100 \tag{14.3}$$

$$\text{거래성립률} = \frac{\text{거래성립종목수}}{\text{전체 상장종목수}} \times 100 \tag{14.4}$$

$$\text{번한지표} = \text{거래량회전율} \times \text{거래성립률} \tag{14.5}$$

거래량회전율은 거래의 양을 나타내고 거래성립률은 거래의 질을 나타내는 지표로 볼 수 있는데, 양자를 곱하여 구해지는 번한지표는 두 가지 측면이 모두 반영된다고 할 수 있다. 번한지표는 높게 나타날수록 증시가 활황을 보여 대부분의 종목에 걸쳐 많은 양의 거래가 이루어짐을 뜻한다. 번한지표가 5% 이하에서는 주가가 바닥권을 형성하여 매입신호로 간주하고, 30% 이상에서는 천장권을 형성하는 경우가 많아 과열의 신호로 간주한다.

(6) 지수 · 거래량 상관곡선(역시계곡선)

일반적으로 주가가 상승하기 전에 거래량이 먼저 증가하게 되고 반대로 주가가 하락하기에 앞서서 거래량이 감소하기 시작한다. 이와 같이 주가와 거래량의 상관관계가 매우 높다. 지수 · 거래량 상관곡선(역시계곡선)은 이 관계를 [그림 14-4]처럼 주가(종축표시)와 거래량(횡축표시)의 이동평균선(통상적으로 25일 이동평균선)의 교차점을 선으로 연결하여 주가예측에 활용한다. 미래 주가는 이 곡선이 시계의 반대방향으로 좌회전한다고 보고 예측한다. 이러한 의미에서 역시계곡선이라고도 한다.

[그림 14-4] 지수 · 거래량 상관곡선(역시계곡선)

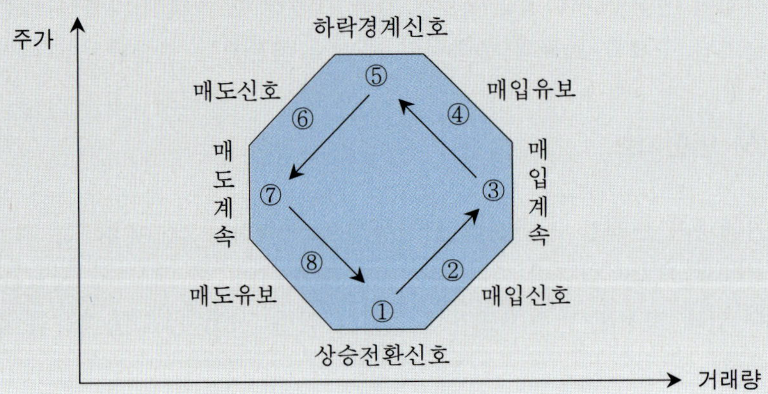

제 3 절 주가도표분석

매매시점 포착에 활용될 수 있는 주가도표(price chart)분석은 크게 둘로 나누어 볼 수 있다. 하나는 다우이론에서처럼 추세선을 중심으로 분석하는 추세분석(trend analysis)이고, 다른 하나는 가격움직임의 체계적인 「패턴」을 발견하여 주가동향을 예측하려는 패턴분석(pattern analysis) 또는 모형분석이다.

1 도표의 종류

기술적 분석에서 많이 활용되고 있는 도표로는 선형도표, 봉형도표, 점수도표 세 가지가 있다.

선형도표(line chart)는 매일매일의 종가를 직선으로 연결한 도표이다. 개별주식의 종가뿐만 아니라 매일매일의 주가지수를 직선으로 연결하여 시장추세를 보여주기도 한다([그림 14-5](a)).

봉형도표(bar chart) 또는 캔들차트(candle chart)는 일정기간 동안의 시가(始價), 종가, 최고가, 최저가를 수직의 막대모양에 나타낸 도표이다. 일별 거래량도 봉으로 표시한다. 봉형도표는 패턴분석에 많이 이용된다([그림 14-5](b)).

점수도표(point and figure chart)는 매일매일의 주가변화를 그대로 나타내는 것이 아니라 가격변동의 일정한 폭(예를 들어 500원, 1,000원)을 정해놓고, 주가가 이 기준폭 이상으로 변동할 때마다 일정한 기호(보통 계속적인 상승은 ×, 하락은 ○표시)로써 가격변동의 방향과 크기를 그려나가는 것이다.

봉형도표에 의한 분석은 특정한 패턴이 발견되더라도 시발점의 선택이 상당히 주관적이라는 결점을 지니고 있는데, 점수도표분석은 시간적 요소를 제거시켜주는 대신에 추세의 전환점을 발견하고 주가가 어느 수준까지 변동할 것인지 그 목표가격까지 예측할 수 있게 해준다는 특징을 지니고 있다.

[그림 14-5] 선형도표, 봉형도표

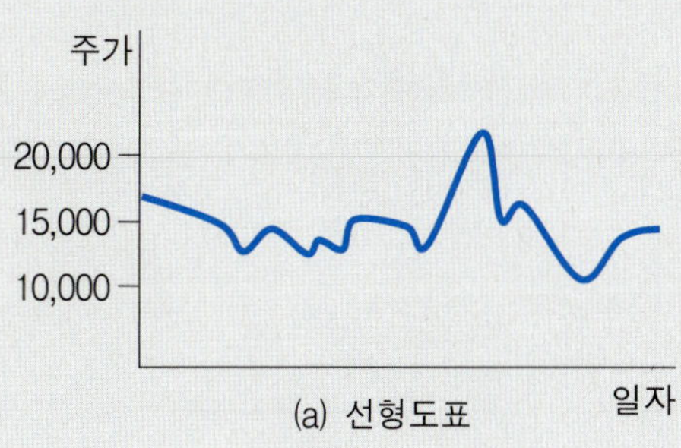

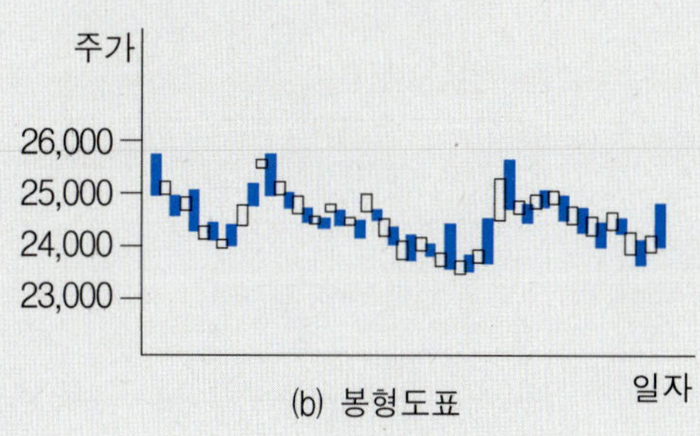

2 패턴분석

도표분석의 목적은 적절한 매매시간을 예측하는 것으로서, 여러 가지 수준에서 예상되는 수요(매입세력)의 강도와 공급(매도세력)의 압력을 파악함으로써 주가동향을

[그림 14-6] 주가도표의 패턴분석

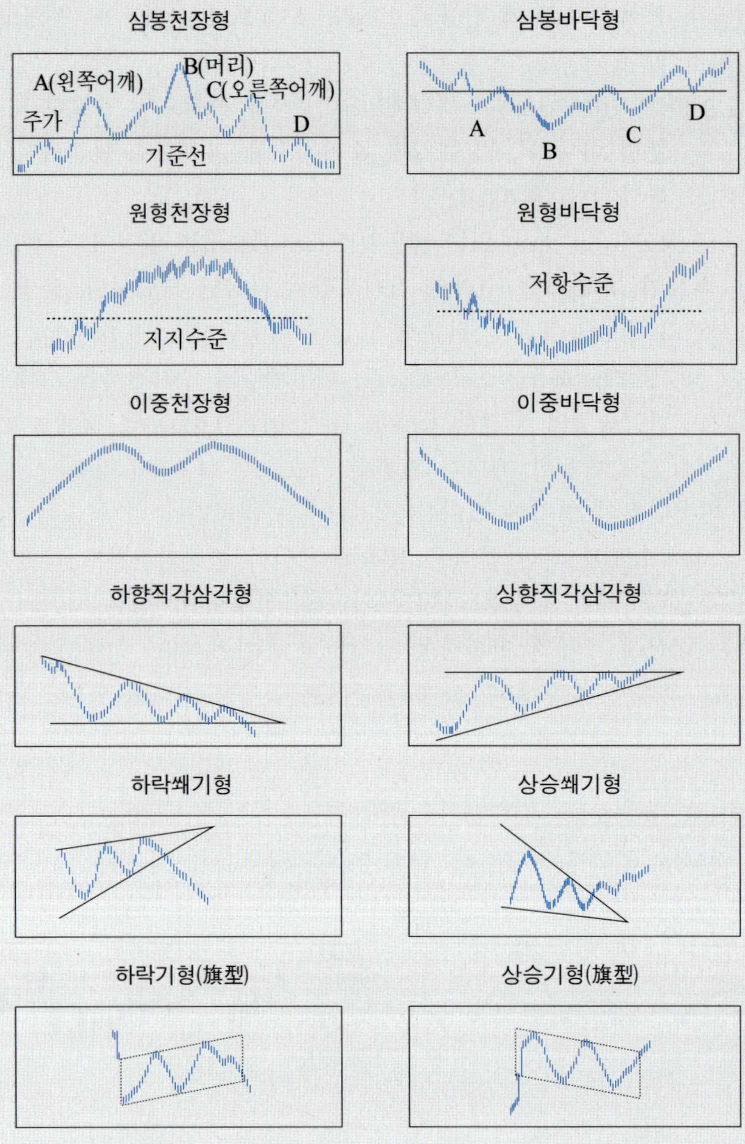

(a) 주가가 천장임을 암시하는 패턴 (b) 주가가 바닥임을 암시하는 패턴

예측하는 데 있다. 패턴분석(pattern analysis)은 주가변동 중에서 시세의 천장권이나 바닥권에서 일어나는 전형적인 패턴을 찾아냄으로써 주가흐름이 상승국면인지 하락국면인지의 전환시점을 포착하는 방법이다.

주가변동의 전형적인 패턴을 찾는 방법은 여러 가지가 있으나, 대표적인 몇 가지를 소개하면 [그림 14-6]과 같은 유형들이 있다. [그림 14-6](a)는 주가변동의 「천장」(top)권을 나타내는 패턴들이고, [그림 14-6](b)는 주가변동의 「바닥」(bottom)권을 나타내는 패턴들이다. 기술적 분석가들은 이처럼 여러 가지 패턴으로부터 주가의 상승・하락동향을 예측하는 근거를 시장에너지의 축적과 분산으로 설명하고 있다. 하나의 예시적 설명을 [그림 14-7]에서 보기로 하자.

먼저 몇 개월 혹은 몇 년이 걸리는 主바닥(major bottom)이 ①처럼 전개되었다면 시장에너지가 상당기간 축적된 것이므로 다음 기의 상승폭은 ②의 모양처럼 뚜렷하게 나타난다. 상승국면에서도 ③과 같은 상승조정국면이 존재한다. 반면에 오랜 기간 계속되는 主천장(major top)이 ④처럼 계속되었다면 시장에너지의 소멸은 쉽게 오게 되므로, 천장이 길고 클수록 하향추세에서의 조정국면도 있게 되고 이 기간이 지나면 다음번 상승을 위한 主바닥 ①이 다시 반복된다.

[그림 14-7] 주가변동원인의 도표적 설명

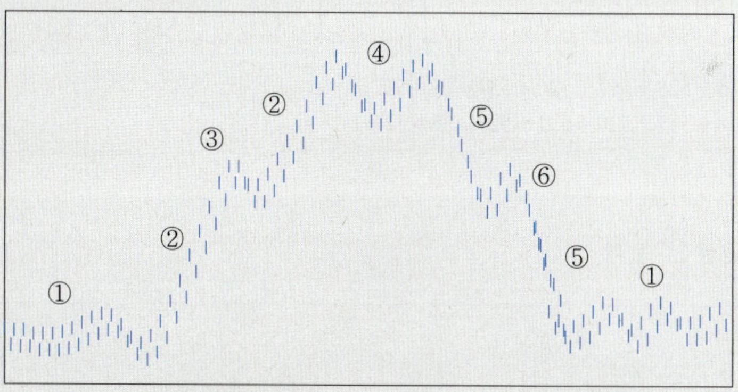

①: 主바닥(에너지축적기간)　④: 主천장(에너지분산기간)
②: 뚜렷한 상승추세　⑤: 뚜렷한 하락추세
③: 상승조정영역(재축적기간)　⑥: 하향조정영역(재분산기간)

3 이동평균분석

이동평균분석은 단기변동에서 나타나는 불규칙성(비정상적인 변동)을 제거하고 시장전체의 유연한 주가흐름, 장기적 변동추세를 파악하기 위해서 시도된다. 본래 이동평균(moving average)은 일정기간 동안의 주가를 단순평균한 것으로 매일매일 가장 최근 날짜의 주가가 추가되고 첫 번째 날짜의 주가가 제외되는 방식으로 계산된다. 만약 〈표 14-1〉의 종합주가지수자료로부터 5일 이동평균을 구하면 3번째 행에 표시한 것과 같다.

이동평균에 의해서 추세분석을 할 때에는 투자목적에 따라서 기간이 달라지는데, 장기추세로는 150일이나 200일 이동평균선, 중기추세로는 75일 이동평균선, 단기추세로는 25일 이동평균선이 많이 이용된다.

이동평균선을 이용하여 주가동향을 예측할 때에는 [그림 14-8]에서 보는 것처럼 주가변동에서 다음과 같은 여러 가지 기본성질을 파악하는 것이 필요하다.

〈표 14-1〉 이동평균의 계산

구분 \ 일자	1	2	3	4	5	6	7	8	9
종합주가지수	515	528	517	520	531	523	531	538	540
5일 이동평균					522	524	524	529	533

5일의 이동평균＝(515＋528＋517＋520＋531)÷5＝522
6일의 이동평균＝(528＋517＋520＋531＋523)÷5＝524

[그림 14-8] 이동평균선 분석

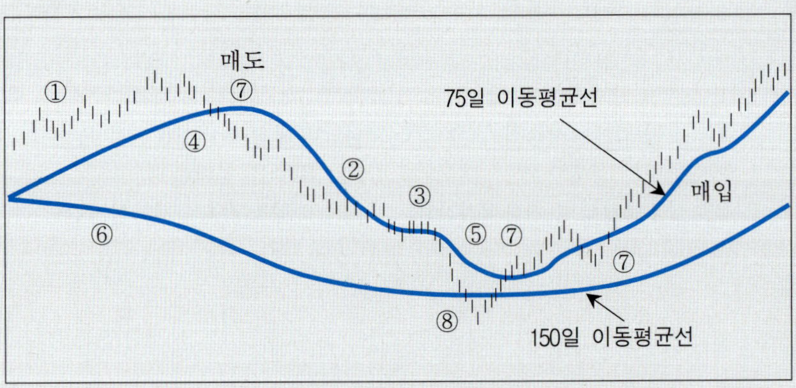

① 강세시장에서는 주가가 이동평균선 위에서 파동을 거듭하면서 상승한다.
② 약세시장에서는 주가가 이동평균선 아래에서 파동을 거듭하면서 하락한다.
③ 아직 방향이 결정되지 않은 경우의 주가는 이동평균선과 밀착하여 파동을 거듭하다가 방향을 결정하여 이동평균선을 이탈한다.
④ 주가가 상승하고 있는 이동평균선을 하향돌파하면 조만간 반전하락한다.
⑤ 주가가 하락하고 있는 이동평균선을 상향돌파하면 조만간 반전상승한다.
⑥ 주가가 이동평균선으로부터 크게 떨어져 있으면 회귀변화가 일어난다.
⑦ 주가가 이동평균선을 돌파할 때에는 매입·매도신호이다.
⑧ 주가가 장기이동평균선을 돌파하면 주추세의 반전을 기대할 수 있다.

한편 단·중장기 이동평균선을 이용하여 주가를 예측할 때에는 골든크로스와 데드크로스를 확인하는 것이 도움이 된다. 골든크로스(golden cross)는 단기(20일) 또는 중기(75일) 이동평균선이 중기(60일) 또는 장기(150일 또는 200일) 이동평균선을 아래에서부터 위로 뚫고 올라갈 때 발생하며, 증시는 강세시장으로 전환한다고 본다. 데드크로스(dead cross)는 반대로 중기 이동평균선이 장기 이동평균선을 위에서부터 아래로 뚫고 내려갈 때 발생하며, 증시는 약세시장으로 전환한다고 본다.

4 이격도분석

이동평균선을 이용한 유효한 투자기법으로서 이격도분석(disparity)이 있다. 이것은 보다 단기적인 투자시점을 포착하기 위한 것으로 지행성(遲行性) 지표인 이동평균선의 결점을 보완하고 있다. 주가와 이동평균선의 관계에서 주가가 이동평균선으로부터 멀리 떨어져서 크게 괴리되는 현상을 이격도가 높아진다고 한다. 이격도는 당일의 주가를 당일의 이동평균치로 나눈 것을 말한다.

$$\text{이격도} = \frac{\text{당일의 주가(종합주가지수)}}{\text{당일의 이동평균주가(이동평균주가지수)}} \times 100 \tag{14.6}$$

주가는 이동평균선으로부터 멀어지면 언젠가는 다시 이동평균선으로 되돌아오려는 경향이 있다. 즉 주가가 이동평균선보다 높아 괴리도가 커지면 다시 이동평균선으로 하향하게 되고, 낮으면 다시 이동평균선으로 상향하려는 특성을 지닌다. 이러한 주가와 이동평균선의 괴리도를 측정하여 지표화한 것이 이격도이다.

증권시장이 상승국면에 있을 경우에는 25 · 75일의 이격도가 98% 수준이면 매입시점으로 보고, 25일의 이격도가 106%, 75일 이격도가 110%가 넘으면 매도시점으로 본다. 반면에 증권시장이 하락국면에 있을 경우에는 25일 이격도가 92%, 75일 이격도가 88% 수준이면 매입시점으로 보고, 25일 이격도가 102%, 75일 이격도가 104% 수준이면 매도시점으로 본다.

5 상대적 강도 분석

상대적 강도(relative strength)란 강세시장이나 약세시장에서 어떤 주식의 가격이 시장전체의 움직임이나 다른 주식의 가격에 비하여 상대적으로 민감하게 변동(상승 혹은 하락)하는 정도를 말한다. 상대적 강도가 높은 주식은 강세시장에서는 다른 주식이나 시장전체보다 빠른 속도로 상승하고, 약세시장에서는 보다 빠른 속도로 하락한다.

상대적 강도를 측정하는 한 방법은 일정기간의 특정주식의 주가변동률을 동종산업(지수)의 변동률로 나눈 것과 시장전체(지수)의 주가변동률로 나눈 것, 가격변동의 민감도를 서로 비교하는 것이다. 강세시장이 예상되면 상대적 강도가 높은 주식에 대한 매입전략이 유효한 것으로 본다.

이와 같은 상대적 강도의 개념은 제12장에서 설명한 체계적 위험의 척도인 베타(β)계수와 유사한 의미를 갖고 있다. 즉, 상대적 강도가 큰 주식은 베타가 1.0보다 큰 주식과 비슷한 성격을 지닐 것이다. 증권실무에서는 베타계수 대신에 이 상대적 강도가 자주 쓰이기도 한다. 상대적 강도를 측정하는 또 다른 방법은 다음과 같이 RSI(relative strength index)를 계산하는 것이다.

$$\text{RSI} = \frac{\text{14일간 상승폭 합계}}{\text{14일간 상승폭 합계} + \text{14일간 하락폭 합계}} \times 100 \tag{14.7}$$

투자전략에 활용하는 것은 RSI값이 70 이상일 때에는 과열국면신호로서 매도시점, 30 이하일 때에는 침체국면신호로서 매수시점으로 보는 것이다.

연습문제

1. 다음 사항에 대하여 설명하라.

기술적 분석	다우이론	주변동, 부변동
엘리엇 파동이론	시장동향분석	등락선(ADL)
투자심리선	거래량분석	OBV지표
번한지표	지수 · 거래량 상관곡선	반대의견 이론
주가도표분석	패턴분석	이동평균분석
골든(데드)크로스	이격도분석	상대적 강도

2. 다음 중 잘못 서술되어 있는 문항에 대해서는, 잘못 서술되고 있음을 논리적 · 이론적 근거를 제시하여 설명하라.

(1) 기술적 분석의 가정 중 하나는 "주식에 대한 수요 · 공급은 이성적 요인에 의해서 이루어진다"는 것이다.

(2) 기술적 분석의 단점 중 하나는 사실이 알려진 후에 사후적으로 추세를 확인할 수 있다는 점이다.

(3) 약세국면에서는 경기와 경제여건이 악화되고 전문가들이 매도를 시작하며, 국면 말기에는 소형주 중심으로 우량주도 투매현상이 나타난다.

(4) 다우이론의 실제 적용상 문제점 중 하나는 주변동과 부변동의 구분이 명확하지 못하고 투자위험이 전혀 고려되고 있지 못하다는 점이다.

(5) 엘리엇 파동이론에 의하면 장기파동은 평균주가가 바로 전에 형성된 최고가를 돌파하여 상승할 때 만들어지며, 중기파동은 최저가를 하향돌파하기 전에 끝난다.

(6) ADL선이 하락하는 데도 종합지수가 상승하는 경우에는 장세가 상승과정에 있다.

(7) 보합세에서 수주일 동안 걸쳐 형성된 주가가 추세선 이탈과 함께 상향돌파하면 상승신호이다.

(8) 강세에서 거래량이 계속 증가된다거나 약세국면에서 거래량이 점차 감소되면, 시장 내부에너지가 분산되는 과정으로 여긴다.

(9) 장기이동평균선이 중기이동평균선을 상향돌파하면 매입시점이 되고, 하향돌파하면 매도시점이 된다.

(10) 이격도는 당일의 이동평균치를 당일의 주가로 나눈 것을 말한다.

(11) 상대적 강도는 강세시장이나 약세시장에서 어떤 주식의 거래량이 시장전체의 거래량에 비하여 상대적으로 많은 정도를 말한다.

3. [주가와 거래량]

기술적 분석에서 제시하고 있는 주가와 거래량의 관계를 설명하라.

4. [기술적 지표]

투자시점포착방법으로서 이동평균분석, 상대적 강도 분석, 반대의견 이론에 대해 설명하라.

CHAPTER

15

증권시장의 효율성

제 1 절　효율적시장과 효율적시장 가설(EMH)
제 2 절　효율적시장 가설의 검증
제 3 절　행태재무학

투자성과는 '이용하는 정보'와 '분석능력'에 좌우된다고 할 수 있다. 이 중에서 분석능력에 대한 평가는 객관적 접근이 어려운 면이 있다. 현대 투자론에서는 투자성과에 큰 영향을 미치는 '증권정보의 역할'에 대한 다양한 이론과 실증적 연구결과를 제시하고 있다.

구체적으로 본장에서는 여러 가지 형태의 정보와 증권가격의 관계를 다루는 효율적시장의 이론과 특정정보를 이용하여 초과수익 획득이 가능한지를 밝히는 실증적 연구결과를 다룬다. 다음은 본장의 학습목표로서 이해해야 할 주요 사항들이다.

- 효율적시장과 완전시장의 개념
- 정보효율성과 효율적시장 가설의 의의와 형태
- 효율적시장의 특성
- 효율적시장에서 증권분석의 유용성
- EMH를 지지하는 실증적 증거들
- 주말효과, 1월효과, PER 효과, PBR 효과, 기업규모효과 등 시장이례현상
- 행태재무학에서 주장하는 주요 내용과 주장의 논거

주제 생각하기

투자정보와 초과수익 기회

대부분의 투자자들은 자신이 갖고 있는 정보나 증권분석에서 도출된 결론에 기초하여 투자한다. 증권정보와 관련해서 투자자가 가지고 있는 정보가 현 주가에 반영되고 있는지, 그래서 이 정보를 이용하면 초과수익을 얻을 수 있는지를 여러 가지 측면에서 검토한다.

- 제14장에서 설명한 기술적 지표를 이용하면 초과수익을 얻을 수 있는가?
- 제5장~제7장에서 다룬 기본적 분석(가치투자)의 지표(*PER*, *PBR* 등)를 이용하면 초과수익을 얻을 수 있는가?
- 나만이 개발한 성공적 투자전략은 지속적으로 초과수익을 가져다줄 수 있는가?
- 사적으로 얻은 비공개적 정보를 이용하면 초과수익을 얻을 수 있는가?
- 전문 펀드매니저의 투자성과는 시장수익률보다 높은가?

왜 버블은 반복되는가?

기본적 분석(가치투자)에서는 현실의 주가는 내재가치에 장기적으로 접근해 가지만 여러 이유로 인하여 지나치게 과대평가 혹은 과소평가될 수 있다고 본다. 제5장의 [그림 5-3]에서 설명한 것처럼 인간이 지니는 탐욕으로 인해 적정가격 이상으로 폭등하기도 하고, 반대로 심리적 공포감 때문에 폭락하기도 한다. 특정정보에 지나친 과잉반응으로 인한 폭등은 가격거품으로 인한 후유증이 심각할 수 있다. 특히 금융시장에서 자산가격의 버블은 가격이 반전 하락하면서 투자자에게 엄청난 손실을 안긴다. 버블은 피할 수 없는가?

인류 역사에는 매우 많은 '버블'의 역사가 있었다. 본장의 '증권카페'에서 소개되는 1620년대 '네덜란드 튤립투기 사건'은 튤립 한 뿌리 가격이 암스테르담 최고급 저택 값과 맞먹을 정도로 치솟은 버블사건이고, 이 사건 외에도 '18세기 영국 철도회사 투자의 버블', '1930년대 미국 대공황 버블', '1985~1990년대 일본경제의 버블', '2000년대 초 미국의 닷컴 버블', '2007년의 글로벌 금융위기 버블' 등 버블의 역사는 이어져 왔다.

왜 '버블'은 반복되는 것일까? 거품이 반복되는 것은 투자자의 비이성적 행동, 시장의 비효율성 등에서 그 원인을 찾을 수 있다. 최근의 '행태재무학'에서는, 인간의 여러 가지 심리적 특성 때문에 나타나는 투자편의(investment bias)와 이성적이지 못한 행동이 버블을 반복적으로 초래하는 것으로 설명한다. 대다수 사람들의 심리변화에 편승하여 잘못된 투자결정을 하게 되는 쏠림현상(herd mentality)의 오류, 자신들의 주장을 뒷받침하는 정보만을 찾는 확증편의의 오류, 자신의 예측과 다른 상황이 전개될 경우 이에 대한 늦은 반응(수정)이나 바꾸지 않으려는 보수주의적 오류 등을 쉽게 범하는 심리적 편의 등이 버블을 초래하는 원인일 수 있다.

증권시장에서 경험하는 주가의 폭락이나 폭등은 증권의 내재가치와 연관되어 있는가? 폭등현상은 단지 버블인가? 인간이 지니는 심리적 특성 때문에 나타나는 투자편의와 이성적이지 못한 행동이 벌어지는 시장이라면 어떤 투자전략이 합당한가?

제 1 절 효율적시장과 효율적시장 가설(EMH)

제Ⅳ편에서 설명된 CAPM과 같은 시장균형모형은 자산의 위험과 기대수익의 관계를 밝히는 자산의 가격구조(price structure)에 대한 이론이었다. 반면에 본장에서 다루는 효율적시장 이론은 시장이 각종 정보를 반영하여 증권의 가격을 얼마나 정확하게 결정하는지를 규명하는 증권의 가격형태(price behavior)에 관한 이론이다. 본절에서는 증권가격 결정과 시장효율성의 개념에 관한 내용에 대하여 살펴본다.

1 효율적시장의 의의

전통적인 경제학에서는 효율적시장(efficient market)이라는 개념과 구분하여 완전시장(perfect market)의 개념을 설명한다. 완전시장은 사회전체의 효용이 극대화되도록 자원의 배분이 효율적으로 이루어지는 시장을 말한다.[1] 완전시장이 실현되기 위해서는 배분효율성과 운영효율성이 전제되어야 한다.

배분효율성(allocational efficiency)이란 자산에 대한 수요와 공급이 원활히 이루어져 균형가격이 형성되고 이 가격이 경제 전체로는 자원의 효율적 배분을 가능하게 하는 것을 말한다. 이를테면 투자에 따른 불확실성(위험과 비용)을 고려한 후 가장 높은 한계수익을 얻을 수 있는 기업들에 자금이 공급되고, 비효율적인 경영이 이루어지는 기업들은 시장에서 도태되도록 시장가격이 이를 반영하여 자원의 효율적 배분이 이루어진다.

운영효율성(operational efficiency)이란 증권시장 운영의 제도적 측면에서 마찰이 적어 거래 또는 자원의 이전이 원활하게 이루어지는 내부효율성(internal efficiency)을 말한다. 원활한 거래가 이루어지기 위해서는 거래비용(transaction cost)이 최소화되어야 하고, 원하는 시점에 적정가격에 신속히 사고팔 수 있는 유동성(liquidity)이 높아야 한다. 증권거래가 이루어질 때 수수료 · 증권거래세 등 거래비용이 많이 발생하고, 가격제한폭이 좁게 설정되어 있으며, 소수에 의해서 수요 · 공급이 영향받을

1) 완전시장의 필요조건으로 다음 사항을 들 수 있다. ① 시장참여자는 모두 가격순응자(price taker)이다. 즉, 완전경쟁이 이루어져 소수의 참여자가 가격형성에 영향을 줄 수 없다. ② 거래비용, 세금 등 시장마찰요인이 없다. ③ 모든 정보는 아무런 장애 없이 그리고 아무런 비용 없이 동시에 투자자에게 전달된다.

정도로 증권소유가 과점되어 있으면 증권거래가 원활히 이루어지지 않는다. 원활한 매매가 이루어지는 데 마찰이 생겨 운영효율성이 발휘되지 못하면 적정가격형성기능을 기대할 수 없다.

그러나 효율적시장 이론에서 의미하는 증권시장의 효율성은 이와는 다르게, 좁은 의미에서 정보효율성(informational efficiency)을 가리킨다. 즉, 증권가격이 이용가능한 모든 정보를 신속 · 정확 · 충분히 반영하는 시장의 의미로 사용된다. 따라서 효율적시장 이론에서 말하는 시장효율성이 되는 조건은 앞에서 설명한 경제학에서의 완전시장보다 덜 제한적이다. 증권거래에서 어느 정도의 거래비용이나 시장의 마찰요인이 있더라도 시장은 정보효율적시장이 될 수 있기 때문이다.

2 효율적시장 가설(EMH)

정보효율적시장은 증권가격에 이용가능한 정보가 신속하고 정확히 그리고 충분하게 반영되는 시장을 말한다. 증권가격에 이용가능한 정보가 신속성, 정확성, 충분성의 요건을 갖추고 반영되는 시장에서는 그 정보를 이용해서는 초과수익을 얻을 수 없게 된다. 이처럼 증권가격이 이용가능한 모든 정보를 신속 · 정확 · 충분하게 반영하고 있어 그 정보로는 초과수익을 얻을 수 없다는 주장을 효율적시장 가설(EMH : efficient market hypothesis)이라고 한다.

그런데 증권시장의 효율성의 문제는 엄격하게 효율적인지 아니면 비효율적인지로 구분될 수 없는 상대적인 것이다. 즉, 증권가격이 어떤 종류의 정보를 신속히

[그림 15-1] 특정증권에 관련된 이용가능한 세 가지 정보집합

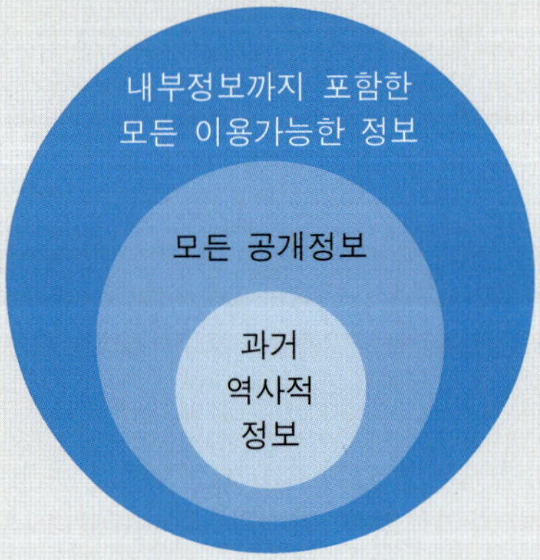

반영하고 있느냐에 따라 증권시장의 효율성 정도를 상대적으로 평가해야 한다.

증권가격에 반영되는 이용가능한 모든 정보집합(information sets)은 [그림 15-1]과 같이 구분해 볼 수 있다. 한가운데 가장 작은 원은 증권가격이나 거래량의 추세 등, 과거 역사적 정보집합을 나타낸다. 두 번째 큰 원은 특정기업의 이익이나 합병발표와 같은 공개적으로 이용가능한 정보집합을 나타낸다. 가장 큰 원은 투자자들이 현재 확보할 수 있는 것으로서 내부정보까지 포함한 모든 이용가능한 정보를 나타낸다. 이 정보집합에는 특정기업과 당해산업, 국내외경제에 관한 공개적으로 이용가능한 정보뿐만 아니라 특정투자자들에 의해서만 사적으로 수집된 비공개 내부정보까지도 포함된다.

효율적시장 가설(EMH)은 세 가지 종류의 정보집합 중에서 어떤 정보가 증권가격에 반영되었는지, 환언하면 투자자가 어떤 정보를 이용하여 초과수익을 얻을 수 있는지에 따라 증권시장의 효율성에 상대적 차이가 있다고 보고, 다음과 같이 세분하여 약형, 준강형, 강형 효율적시장 가설로 구분해 볼 수 있다.[2]

약형 효율적시장 가설(weak-form EMH)이란 현재의 주가는 과거 주가변동의 양상, 거래량의 추세에 관한 정보 등 과거의 역사적 정보를 완전히 반영하고 있으므로 어떤 투자자도 과거 주가변동의 행태와 이를 바탕으로 한 투자전략으로는 초과수익을 얻을 수 없다는 주장이다. 이 가설은 여러 기간에 걸친 일련의 연속적인 주가는 독립적으로, 무작위적인 행태를 보임을 뜻한다.

준강형 효율적시장 가설(semi-strong form EMH)이란 현재의 주가는 공개적으로 이용가능한 모든 정보(all publicly available information)를 완전히 반영하고 있으므로 투자자들은 공표된 어떠한 정보나 이에 바탕을 둔 투자전략으로는 초과수익을 달성할 수 없다는 주장이다. 여기서 공개적으로 이용가능한 정보(공표정보)란 과거의 주가나 거래량 같은 역사적 정보뿐만 아니라 기업의 회계정보(순이익 등) 발표, 공표된 정부의 경제정책, 경쟁업체의 공시사항, 기업의 배당이나 유·무상증자 또는 합병계획과 같은 사건 발표 등의 정보가 포함된다. 이 가설에 의하면 투자자는 어떤 정보가 공개적으로 발표된 즉시 그 정보를 활용해도 평균 이상의 수익을 올릴 수 없게 된다는 것이다.

강형 효율적시장 가설(strong-form EMH)이란 일반에게 공개된 정보뿐만 아니라 공개되지 않은 내부정보까지도 주가에 반영되어 있으므로 투자자는 어떠한 정보에 의해서도 초과수익을 얻을 수 없다는 주장이다.

---

2) 효율적시장 가설의 세 가지 형태를 처음 제시한 사람은 Fama(1970)이다. E.F. Fama, "Efficient Capital Markets : A Review of Theory and Empirical Work," *Journal of Finance*(May 1970).

3 효율적시장의 특성

시장의 효율성 정도에 따라서 특정정보를 이용한 초과수익 획득가능성과 투자관리의 방향이 달라지기 때문에 현실의 증권시장이 얼마나 효율적인가를 밝히는 실증분석이 중요하다. 실증분석의 주제를 설정하기 위해 먼저 만약 시장이 효율적시장이라면 구체적으로 어떤 행태적 특성을 보일 것인지 알아볼 필요가 있다.

증권시장이 정보효율적시장이 되어가는 데 다음의 세 가지 요인이 영향을 미친다고 할 수 있다.

① 증권분석가들의 경쟁적인 정보입수와 분석활동의 수준
② 증권가격에 대해 평가를 내리는 시장참여자의 수
③ 기업에 의해서 공시되는 정보의 양과 질, 거래에 대한 규제

이 가운데서 증권시장을 효율적으로 만드는 가장 중요한 원천은 증권시장에서의 **경쟁**이라고 할 수 있다. 현실적으로 효율적시장이 성립할 수 있다면, 그것은 증권시장에서 독립적으로 투자수익을 극대화시킬 목적하에서 증권전문가들의 경쟁적인 정보입수와 경쟁적 분석활동으로 인하여 새로운 정보가 발생할 때마다 증권가격은 단시간 내에 조정된다.

물론 증권분석가들의 경쟁적인 정보입수와 분석활동에는 현실적으로 정보탐색비용이 발생한다. 현재의 시장가격을 기초로 하여 예상되는 초과수익이 정보탐색비용을 보전하지 못할 것으로 판단하면 초과수익을 얻고자 하는 경쟁적 활동은 중단될 것이다.

시장이 효율적시장이라면 다음과 같은 행태적 특성을 보일 것이다.

(1) 주가의 무작위적 변화(random walk)

효율적시장에서의 연속적인 증권가격 변동은 **무작위적**이어야 한다. 즉, 과거시점의 가격변화와 현재시점의 변화는 상관관계가 없어야 한다. 왜냐하면 과거의 정보는 증권가격에 이미 반영되어 있고 미래의 주식가격은 미래의 새로운 정보에 달려있는데, 그 새로운 정보는 언제 어디서 발표될 것인지 누구도 예측할 수 없을 정도(unpredictable)로 무작위적(random)이고 독립적(independent)으로 발생되고, 발생되면 수많은 증권분석가들의 경쟁적인 활동에 의해서 즉각적으로 평가되어 이에 따라 가격조정이 이루어지기 때문이다. 따라서 증권시장이 효율적이라면 오늘의 증권가격

변화는 과거에 발생한 주가변화와 완전히 무관하다. 한번 상승하기 시작한 주가가 계속 상승추세를 보이는 것처럼 연속적인 주가움직임에 종속성이나 상관성이 통계적으로 의미 있을 정도로 존재한다면 비효율적시장이다.

국내총생산(GDP)과 같이 경기변동에 따라 달라지는 시계열지표와 같은 경우, GDP증가율이 높으면 지속적으로 주가상승(즉, 연속 주가움직임에 높은 상관성)의 추세를 보일 것으로 생각할 수 있지만 그렇지 않음에 주의할 필요가 있다. 주가는 기대GDP수준에 반응하는 것이 아니라 GDP변화에 대한 시장의 예측오차(forecasting error)에 반응하기 때문이다. 만약 효율적시장에서 순환적 패턴이 발견되면 예측모형에 이러한 요소가 고려되어 미래예측치가 발표되는데, 이와 같은 예측정보는 즉시 주가에 반영된다. 그래서 나중에 예측치대로 공표되면 주가의 변화는 없겠지만, 예측한 것과 다른 상황이 발생하면 주가는 그 변화에 반응한다.

(2) 새로운 정보에 대한 신속 · 정확한 주가반응

증권시장에는 인터넷, TV 등의 매체를 통해 매일 수많은 정보가 유입된다. 특정기업 관련정보뿐만 아니라 일반경제상황, 국내정치, 국제관계, 노사분규, 원자재난 등 증권가치 평가에 적절한 정보가 전파되면서 증권가격에 영향을 끼친다. 증권시장이 효율적이라면 시장에 정보가 전파되자마자 증권가격은 이들 정보에 신속하게 반응할 것이다. 효율적시장에서는 정보수집처리과정이 신속하기 때문이다.

시장가격은 새로운 정보에 신속할 뿐 아니라 편의 없이(unbiased) 정확하게 반응해야 한다. [그림 15-2]의 ①의 경우처럼 새로운 정보에 대한 가격반응은 그 정보가

[그림 15-2] 새로운 정보발생에 대한 주가반응의 형태

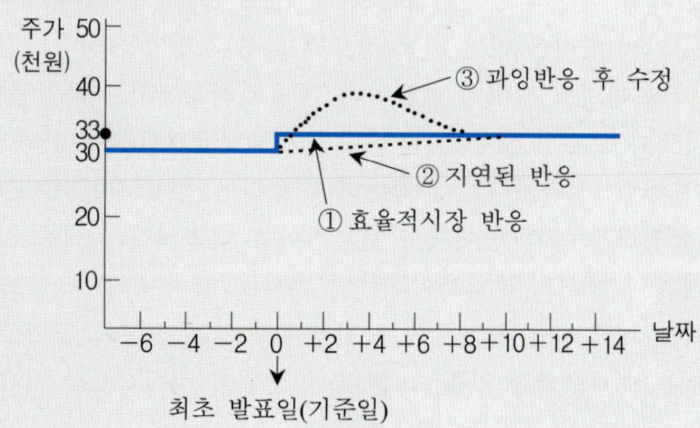

증권가치에 대해 지니는 진정한 의미에 대해 신속하고 정확해야 한다. ②의 경우처럼 지연된 반응(delayed reaction)을 보인다든지, ③의 경우처럼 과잉반응(overreaction)을 보인 다음에 추후 수정되는 형태를 보인다면 효율적시장이라고 볼 수 없다.

(3) 성공적인 투자전략의 부재

시장이 효율적이라면 이용가능한 특정정보에 기초한 투자전략이 세워졌을 때 그 투자전략은 한순간 유효할지 모른다. 그러나 이 투자전략의 내용과 정보가치가 신속하게 알려지고, 모든 투자자들이 이를 모방하게 되므로 곧 이 투자전략의 정보가치와 초과수익은 사라진다. 지속적으로 평균 이상의 투자수익을 얻는 것이 불가능해진다. 결국 특정 투자전략에 대한 주가움직임은 자기파괴적(self-destructive)인 형태를 보이게 된다.

예를 들어 시장이 기업의 회계이익 발표와 같은 새로운 정보에 느리게 반응한다고 가정해 보자. 당해연도 주당이익(EPS) 증가가 제일 높은 상위 10개 기업에 투자하는 전략을 세웠을 때 이 전략이 과연 적정수준 이상의 투자성과를 가져올 것인가? 시장이 효율적이라면 이와 같은 투자전략은 모방될 것이므로 설령 한두 번은 성공할 수 있어도, 그 정보가치는 곧 소멸되어 실패할 것이다. 효율적시장에서는 어느 시점에서 이용가능한 정보에 기초한 투자전략이나 거래규칙을 미래 투자에 적용했을 때 평균투자수익률 이상의 투자성과를 지속적으로 획득할 수 없다.

(4) 전문투자자의 보통수준의 투자성과

효율적시장에서는 일반투자자보다도 더 많은 사적 정보나 내부정보를 가지고 있더라도 평균 이상의 투자성과를 지속적으로 얻을 수 없다. 왜냐하면 효율적시장에서는 주가에 영향을 미칠 사적 정보라도 관련 경영능력이 사전에 시장에서 평가되어 주가에 반영될 것이기 때문이다. 효율적시장에서는 특정정보를 알고 있는 전문투자자들과 모르고 있는 일반투자자들의 평균적인 투자성과 사이에는 의미 있는 차이가 없다. 성과차이가 존재한다면 우연적인 것이며, 주가에 반영되지 않은 정보를 발견하는 능력 면에서도 체계적이고 영속적인 차이를 보일 수 없다.

예를 들어 금융투자사의 전문투자자 그룹이 다양한 정보원과 탁월한 증권분석능력으로 때로는 아직 주가에 반영되지 않은 정보를 근거로 투자하더라도 지속적으로는 초과수익을 얻을 수 없다. 정보원이 상대적으로 적은 일반투자자의 경영성과와 체계적인 차이를 보일 수 없다.

4 효율적시장에서의 증권분석

현실의 증권시장이 이상에서 설명한 효율적시장이라고 믿는 입장에서 보면, 과소·과대 평가된 증권을 식별해내려는 증권분석가의 노력과 투자자들이 이에 대한 대가(정보이용료, 수수료 등)를 지불하는 행동은 무의미할 수 있다. 초과수익을 얻고자 하는 여러 가지 형태의 투자분석기법이나 투자전략이 아무런 쓸모가 없다는 결론이 나올 수 있다.

투자분석방법으로서 기술적 분석은 제14장에서 살펴본 것처럼 주가가 어떤 특정패턴으로 반복하며 움직인다고 가정하여 과거의 시계열 주가움직임으로부터 미래 주가를 예측하는 작업을 한다. 그러나 증권시장이 약형 효율적이라면 과거 역사적 정보는 주가에 반영되어 있고, 과거 주가변동과 미래 주가변동이 독립적일 것이므로, 기술적 분석에 의해서는 초과수익을 획득할 수 없게 된다.

기본적 분석은 제5~7장에서 살펴본 것처럼 주식의 내재가치에 영향을 미치는 기업의 미래이익이나 배당, 성장성, 재무구조, 사업전망과 위험 등의 요인들을 예측하여 과소 또는 과대 평가된 주식을 식별해냄으로써 초과수익을 획득하려는 시도이다. 그러나 증권시장이 준강형 효율적이라면, 다수 투자자의 경쟁적 정보입수와 분석활동으로 인하여 주가는 내재가치에 관한 정보를 충분히 반영할 것이다. 기본적 분석에 의하여 우량기업을 발견하더라도 이는 즉각적으로 주가에 반영될 것이므로 이미 높은 주가가 형성되어 초과수익의 여지가 없게 된다.

효율적시장에서는 발견한 우량기업에 대한 다른 사람의 분석보다 더 정확한 분석이 뒤따르지 않으면 공개적 정보에 기초하여 투자전략을 수립하는 기본적 분석가들의 노력이 무용지물이 될 것이다. 시장이 강형 효율적이라면 증권가격은 내부정보까지 포함하는 모든 정보를 반영하게 되므로, 과거의 역사적 정보나 공개적 정보를 근거로 투자전략을 수립하는 노력은 그 유용성이 인정되기 힘들다.

이처럼 어떤 증권분석기법으로도 초과수익을 체계적으로 얻을 수 없는 시장이라면, 현실적으로 과대·과소 평가된 증권을 발견하려는 노력이나 이를 자문하는 증권분석가 또는 금융투자회사, 자산운용회사가 성업하고 있는 현실을 어떻게 설명할 것인가?[3] 효율적시장 이론과 증권분석이론은 서로 모순되는 것인가? 증권분석의 유용성을 믿는 입장에서는 나름대로의 반론을 제시하고 있다.

---

3) 비록 효율적시장이더라도 증권전문기관이 대행하는 포트폴리오 관리는 필요하다. 분산투자가 이루어지더라도 남는 비체계적 위험에 대한 투자관리가 필요하기 때문이다. 뿐만 아니라 투자자에게 적용되는 소득세율, 개인별 위험선호도, 노후생활계획 등이 다르므로 개인별 필요에 맞춘 포트폴리오 관리가 필요한 것이다.

효율적시장과 증권분석의 유용성의 관계는 증권시장이 실제로 효율적시장이 되어가는 과정을 이해하면 모순되는 주장이 아님을 알 수 있다. 효율적시장이 존재할 수 있는 것은 오히려 많은 투자자들이 시장효율성을 불신하여 초과수익을 얻고자 하는 노력으로 경쟁적으로 정보를 입수·분석하기 때문이다. 시장이 비효율적이라고 믿고 다양하고 깊이 있는 증권분석이 경쟁적으로 시도될수록 결과적으로 증권가격에 관련 정보가 신속하게 반영되어 효율적시장이 되어가는 것이다. 사실 증권분석은 시장이 효율적으로 되어가는 데 유용할 뿐만 아니라, 시장효율성 유지에 핵심적인 역할을 한다는 하나의 역설(paradox)이 존재한다.

현실의 증권시장이 효율적시장으로 판명이 되더라도 증권분석가의 기능, 즉 잘못 평가된 증권을 식별해내는 기능, 일반에게 알려지지 않은 정보의 발굴 및 새로운 분석기법의 개발기능 등이 필요하다. 오히려 독창성·민첩성을 살려 다른 사람들이 분석하지 못한 가치를 발견해 나가는, 증권분석의 질적 향상 노력이 성공할수록 시장은 효율적이게 된다.

제 2 절 효율적시장 가설의 검증

앞절에서는 효율적시장의 특성과 가설을 중심으로 시장효율성의 개념적인 측면을 살펴보았다. 이 주제의 중요성에 비추어 현실의 증권시장이 과연 얼마나 효율적인지를 실증적 검증을 통해 밝힐 필요가 있다.

시장효율성에 대한 수많은 실증적 분석이 그간 행해져 왔는데, 시장효율성을 지지하는 연구결과도 많은 반면에, 효율적시장 가설에 반하는 시장의 이례적 현상(market anomalies)도 제시되고 있다. 본절에서는 주요 실증적 연구결과를 효율적시장 가설의 형태(약형, 준강형, 강형 EMH)별로 구분하여 살펴본다.

1 약형 EMH에 대한 검증

약형(weak-form) EMH에 대한 검증은 연속적인 주가움직임이 독립적이고, 무작위적인지를 규명하는 것이다. 실증분석의 주된 내용은 과거 일정기간 동안의 증권가격의 자료에서 상관성의 존재와 같은 체계적인 움직임이 존재하는지를 밝히는 작업이다. 이와 같은 연구는 주로 주가의 시계열적인 예측가능성을 검증하는 것이므로 근래에는 "주식수익률 예측가능성"이라는 주제로 실증연구가 이루어지고 있다.

약형 EMH를 검증하는 방법으로 1970년대 이전의 주요 연구들은 시계열 상관분석, 연(連)의 검증, 필터(filter)기법 등을 사용하였다.

- 시계열 상관분석 : 연속적인 t일과 $t+1$일의 주가변동이 계속 오르거나 계속 내리는 正(+)의 시계열 상관관계가 있는 경우인지, 아니면 전적으로 무관한지를, 일정기간 시차를 둔 수익률자료에 대해 시계열적 독립성을 검증하는 방법이다.[4)]
- 연(連)의 검증 : 주가상승 '+'와 주가하락 '−'의 집합(連)의 행태를 분석하여 통계적으로 유의할 정도로 '+'가 계속되거나 '−'가 계속되는지를 분석하여 과거 시계열자료의 무작위성을 검증하는 방법이다.
- 필터(filter)기법 : 주가가 저점에서 x만큼 상승하면 주식 매입, 고점에서 x만큼 하락하면 주식 매도를 반복하는 투자전략인 필터기법이 초과수익을 얻을 수 있는지를 검증하는 방법이다.

(1) 단기수익률의 시계열 상관관계

파마(E.F. Fama)는 다우존스 산업평균지수에 사용되는 30개 주식에 대하여 1957년부터 1962년까지 1,400개의 일일 주가변동자료를 가지고 1일부터 10일까지의 시차(즉, T=0, 1, 2 … 10)를 갖는 시계열 상관계수를 측정한 바 있다. 이 결과에 의하면 평균 3%의 시계열 상관성이 있는 것으로 추정되었으나, 이 결과는 통계적 유의성이 있는 수준이 아니어서, 연속적인 주가변동에는 독립성이 존재한다고 결론짓고 시장의 효율성을 주장하였다.[5)]

이와 유사한 연구로는 콘라드 · 카울(J. Conrad & G. Kaul)[6)]과 로 · 매킨레이(A.W. Lo & A.C. MacKinlay) 등의 연구가 있다.[7)] 이들의 연구는 NYSE 주식들의 주별 자

---

4) 주가변동의 시계열 상관분석은 다음 식과 같은 수학적 관계식으로 표시하여 분석한다.
$P_t - P_{t-1} = a + b(P_{t-1-T} - P_{t-2-T}) + e$ (여기서 P_t : t시점의 가격, P_{t-1} : $t-1$시점의 가격, T : 시차(time lag) a : 전기 가격변동과 연관이 없는 기대가격변화(대부분 증권이 正의 수익률을 가지므로 $a>0$), b : 전기와 차기 주가변동 사이의 관계, 시계열 상관계수, e : 확률적 오차항(과거 주가변동과 관계없는 현재 주가변동)

5) E.F. Fama, "The Behavior of Stock Market Prices," *Journal of Business*, Vo1. 38, No. 1(Jan. 1965), pp.34~80.

6) J. Conrad & G. Kaul, "Time-Variation in Expected Returns," *Journal of Business* 61(Oct. 1988), pp.409~425.

료를 이용하여 단기수익률의 상관관계를 조사했는데, 파마의 그것과 거의 동일하게 약간의 정(+)의 상관관계를 발견했지만, 결론적으로 주가변동의 랜덤워크 가설을 지지하고 있다. 이처럼 일일이나 주간 변동과 같은 단기수익률 자료의 연속적 움직임은 대체적으로 시계열 상관성이 낮은 것으로 보고되고 있다.

한편 증권가격이 저점으로부터 일정비율(x%)만큼 상승하면 그 증권을 매수하고, 고점으로부터 일정비율(x%)만큼 하락하면 매도하는 필터기법(filter rules)을 적용한 투자기법은 시장이 효율적이어서 주가변동이 랜덤워크를 따른다면, 이 필터기법은 단순한 매수・보유전략 이상의 초과수익을 실현할 수 없다. 파마・블룸(E. Fama & M. Blume)에 의하면 0.5%의 필터가 적용될 때만 필터기법의 수익률이 약간 크고, 1%와 1.5%의 필터의 경우에는 단순매수・보유전략이 우월하였다.[8] 필터기법에 의한 투자성과가 나은 경우에도 거래비용을 보상할 정도로 큰 초과수익이 아니므로 초과수익을 보장하는 성공적인 투자전략이 될 수 없다고 보고 있다. 이 연구도 약형 효율적시장 가설이 지지되는 증거로 볼 수 있다.

(2) 장기수익률의 시계열 상관관계 – 과잉반응과 지속현상

단기수익률의 상관관계분석 결과와는 다르게 다년간에 걸친 장기수익률의 상관관계에 대한 연구는 전혀 다른 연구결과를 제시하고 있다.[9]

이러한 연구의 하나는 새로운 뉴스에 주가가 과잉반응한다는 '과잉반응가설(overreaction hypothesis)' 또는 '유행가설(fads hypothesis)'에 기초하고 있다. 호재에 대한 과잉반응으로 인하여 일정기간 주가가 상승하여 정(+)의 상관관계를 보였다면, 그 다음의 일정기간은 이 과잉반응에 대한 수정으로 주가가 일정기간 하락하여 부(−)의 상관관계를 보이는 것이다. 결과적으로 장기간에 걸친 투자수익률의 움직임은 부(−)의 시계열 상관관계를 보이고, 주식의 내재가치(평균수익률)를 중심으로 지나친 변동성(excessive volatility)을 보인다는 것이다.

포터바・서머즈(J. Poterba & L. Summers)는 이 가설을 뒷받침하는 실증분석결과를 제시하고 있는데,[10] 이에 의하면 장기적 주가움직임은 큰 변동성을 보이면서

---

7) A.W. Lo & A.C. Mackinlay, "Stock Market Prices Do Not Follow Random Walks : Evidence from a Simple Specification Test," *Review of Financial Studies* 1(1988), pp.41～66.

8) E. Fama & M. Blume, "Filter Rules and Stock Market Trading," *Journal of Business* 44, No. 3(July 1971), pp.289～298.

9) E.F. Fama & K.R. French, "Permanent and Temporary Components of Stock Prices," *Journal of Political Economy* 96(Apr. 1988), pp.246～273.

10) J. Poterba & L. Summers, "Mean Reversion in Stock Prices : Evidence and Implications," *Journal of Financial Economics* 22(Oct. 1988), pp.27～59.

[그림 15-3] 과잉반응 투자전략의 초과수익(De Bondt & Thaler의 연구)

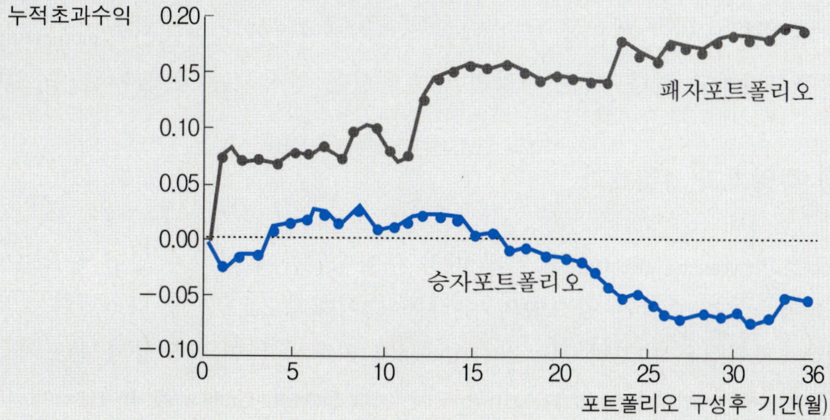

평균수익률에 반전(mean reversion)하는 패턴을 보이고, 장기 시계열 상관계수는 부(−)인 것으로 밝히고 있다.

드봉·텔러(W. De Bondt & R. Thaler)는 주가의 과잉반응가설에 대한 검증결과를 [그림 15-3]과 같이 제시하고 있다.[11] 과거 3년간 투자수익률이 가장 저조했던 패자포트폴리오(loser portfolio)는 다음 36개월 동안 +20% 정도의 누적초과수익을 거두고, 반대로 투자수익률이 가장 양호했던 승자포트폴리오(winner portfolio)는 −7%의 누적초과수익을 보였다. 이러한 현상은 투자자들의 과민반응 때문에 발생하는 것이라고 설명하고 있다. 이처럼 수년간에 걸친 장기기간에서는 투자성과가 저조했던 주식들은 다음 일정기간 동안 역전되어 투자성과가 양호해지는 경향이 매우 높은 규칙적인 역전효과(reversal effect)가 존재한다는 것은 초과수익기회를 제공하는 것이 되므로 시장의 비효율성을 암시하는 증거가 될 수 있다.

한편 수개월에 걸친 중기간의 시계열 상관분석에서는 정(+)의 시계열 상관관계가 관측되고 있다. 제가디쉬(N. Jegadeesh),[12] 레만(B. Lehman),[13] 챈·제가디쉬·래코니쇼크(L. Chan, N. Jegadeesh & J. Lakonishok)[14] 등에 의하면 6~12개월의 기간에서

---

11) W. De Bondt & R. Thaler, "Does the Stock Market Overreact?" *Journal of Finance* 40(1985), pp.793~805.

12) N. Jegadeesh, "Evidence of Predictable Behavior of Security Returns," *Journal of Finance* 45(Sep. 1990), pp.881~898.

13) B. Lehman, "Fads, Martingales and Market Efficiency," *Quarterly Journal of Economics* 105(Feb. 1990), pp.1~28.

14) L. Chan, N. Jegadeesh & J. Lakonishok, "The Profitability of Momentum Strategy," *Financial Analyst Journal* 55(Nov/Dec. 1999), pp.80~90. 당월 주가가 n개월 전 주가보다 높으면 증권매수, 반대로 낮으면 증권매도하

는 일관성 있게 뚜렷한 정(+)의 시계열 상관관계를 보이는 지속현상(momentum)을 보인다는 실증연구결과를 제시하였다. 이 결과에 기초하여 최근 지속적인 주가상승 추세를 보이는 주식에 투자하는, 추세추종전략인 **모멘텀전략**(momentum strategy)이 구사되기도 한다. 이는 시장의 비효율성을 암시하는 증거가 될 수 있다.

(3) 주말효과, 1월효과

주말효과(weekend effect)란 요일에 따라 주가수익률에 차이가 있어 월요일의 평균수익률이 낮고, 주말인 금요일의 수익률이 이례적으로 높게 나타난다는 주장이다. 주말효과현상은 1973년 크로스(F. Cross)에 의해서 일별 수익률의 분포가 다르다고 주장된 후[15] 프렌치(K.R. French)와 기본 · 헤스(M.R. Gibbon & P. Hess)에 의해서 검증되었다.[16] 이들 연구에서는 월요일의 주가변동은 부(연율 −33.5%)로 나타나고, 수요일과 금요일의 수익률 상승이 목요일과 화요일보다 크게 나타나고 있다. 주말효과가 검증되고 있다는 점은 주식의 매입과 매각 시점을 결정할 때 주말효과를 고려해 볼 수 있음을 뜻하기도 한다.

로제프 · 키니(M.S. Rozeff & W.R. Kinney)는 1월의 평균투자수익률이 다른 달보다 높은 1월효과(January effect)를 발견하고, 이를 시장 비효율성의 증거로 제시한 바 있다.[17] 이 연구에 의하면 1904년부터 1974년까지 주식시장의 1월 평균수익률은 3.48%였다. 그러나 다른 월의 평균수익률은 0.68%에 불과했다.[18]

1월효과는 브라운 · 클레이던 · 마시(P. Brown, A.W. Kleidon & T.A. Marsh)와 케임(D.B. Keim)의 연구에 의해서도 확인되고 있다.[19] 케임은 1월효과의 대부분이 1월의 개장 초 5일간의 거래기간 동안에 나타난다고 밝히고 있다.

1월효과에 관한 연구결과 중 특기할 만한 또 한 가지는 1월효과가 소규모기업

는 규칙에 따른 투자전략(모멘텀전략)을 구사하였을 때, 6~12개월 모멘텀전략이 성과가 제일 양호하였다.

15) F. Cross, "The Behavior of Stock Prices on Friday and Mondays," *Financial Analysts Journal*, Vol. 19(Nov.-Dec. 1973).

16) K.R. French, "Stock Returns and the Weekend Effect," *Journal of Financial Economics*(March 1980) ; M.R. Gibbon & P. Hess, "Day of the Week Effects and Asset Returns," *Journal of Business*(Oct. 1981).

17) M.S. Rozeff & W.R. Kinney, "Capital Market Seasonality : The Case of Stock Returns," *Journal of Financial Economics*(Nov. 1976).

18) 이 밖에도 월별효과에 대한 실증연구로 월 전반부 수익률이 월 후반부 수익률보다 크다는 '월중효과', 월말과 월초에 주가가 상승하는 '월전환효과'에 대한 실증분석도 있다.

19) P. Brown, A.W. Kleidon, & T.A. Marsh, "New Evidence on the Nature of Size Related Anomalies in Stock Prices," *Journal of Financial Economics*(June 1983) ; D.B. Keim, "Size-Related Anomalies and Stock Return Seasonality : Further Empirical Evidence," *Journal of Financial Economics*(June 1983).

에 두드러지게 나타나는 경향이 있음을 보여주고 있어 **1월 효과와 기업규모효과**(size effect)가 동시에 존재함을 암시하고 있다. 걸티킨(M.N. Gultekin)은 1월효과는 미국의 주식시장에 한정되어 나타나는 것이 아니고, 주요국 주식시장 대부분이 이와 같은 현상을 나타내고 있다는 실증연구결과를 제시하고 있다.[20]

위에서 살펴본 것처럼 약형 EMH에 대한 많은 연구결과들은 EMH를 지지하는 증거들을 제시하고 있지만, 주가의 시계열 움직임에 있어서 단기수익률과 달리 장기수익률에서는 과잉반응, 중기수익률에서는 지속현상을 보이고, 1월효과, 주말효과 등은 초과수익의 가능성이 있는 이례적 현상으로 제시되고 있다.

2 준강형 EMH에 대한 검증

준강형(semi-strong form) EMH에 의하면 증권가격은 공개적으로 이용가능한 정보에 신속·정확·충분히 반응해야 한다. 이에 대한 검증으로 기업의 이익이나 배당, 합병과 같은 공시정보의 발표가 있을 때, 이 정보가 주가에 얼마나 신속히 반영되는지, 그 주가조정의 속도를 검증하는 방법이 사용된다.

또한 효율적시장에서는 남보다 우월한 투자성과를 가져오는 투자전략이나 거래규칙이 존재할 수 없다. 어떤 거래규칙이 과거 어느 시점에서 유용했던 적이 있을지 모르지만 이 거래규칙의 유용성도 곧 알려지게 될 것이므로, 그러한 거래규칙이 현재의 효율적시장에서 우수한 성과를 일관성 있게 창출할 수 있는지는 의문이다. 따라서 시장효율성을 평가하는 한 방법으로 공개된 투자전략을 사용했을 때 과연 남보다 높은 성공적인 투자성과를 얻을 수 있는지를 밝히는 것이다.

특정사건의 공시정보에 대한 주가반응의 속도와 초과수익의 존재유무를 밝히는 대표적인 검증방법으로 사건연구(event study)방법이 쓰이고 있다. 사건연구의 핵심은 그 정보효과가 반영되었던 기간의 실제투자수익률과 그와 같은 정보효과가 발생하지 않았다고 가정할 경우의 정상기대수익률의 차이인 비정상초과수익(abnormal return)을 구하여 특정사건(기업의 이익, 배당, 주식분할 등)의 발표일 전후의 초과수익을 측정한다.[21]

---

20) M.N. Gultekin & B.N. Gultekin, "Stock Market Seasonality : International Evidence," *Journal of Financial Economics*(Dec. 1983).

21) 특정사건(기업의 이익, 배당, 주식분할 등)의 발표일 전후의 초과수익을 측정하는 **사건연구**(event study)의 핵심은 그 정보효과가 반영되었던 기간의 **실제투자수익률**과 그와 같은 정보효과가 발생하지 않았다고 가정

비정상초과수익＝실제투자수익률－정상기대수익률

(1) 새로운 공시정보에 대한 주가반응 연구

증시속담에 "소문에 사고 발표에 팔아라"라는 말이 있다. 무상증자, 액면분할, 신약개발성공 등의 발표와 관련하여 공시가 있기 전까지 주가상승이 이어지다가, 막상 그 발표 직후로는 초과수익을 얻기 힘들게 되는 현상을 목격하기도 한다.

공시정보에 대한 주가반응을 체계적으로 제시한 연구로는 파마·피셔·젠센·롤(FFJR : E.F. Fama, L. Fisher, M.C. Jensen, & R. Roll)의 주식분할에 대한 주가반응 연구를 들 수 있다. 이들은 1929～1959년 사이 뉴욕증권거래소(NYSE)에서 주식분할한 주식들의 월별 수익률자료를 이용하여 주가반응을 검증했다. 이 연구에서는 초과수익이 주식분할 발표시점까지는 발생하다가 발표시점 이후로는 발생하지 않는 결과를 제시하면서 시장은 준강형 효율적시장이라고 실증하고 있다.[22]

증권가격을 결정하는 중요한 정보 중의 하나는 기업의 연간이익인데, 증권시장이 효율적이라면 증권가격은 기업의 수익력을 충분히 그리고 합리적으로 반영해야 할 것이다. 렌들만·존스·라타네(RJL : R.J. Rendleman, C.P. Jones & H.A. Latané)는 분기별 이익발표에 대한 주가반응을 체계적으로 제시하고 있다.[23]

할 경우의 정상기대수익률의 차이인 비정상초과수익(abnormal return)을 구하여 평가한다.

여기서 정상기대수익률을 추정하는 기준모형(benchmark model)으로는 주로 제12, 13장에서 설명한 시장모형(증권특성선)과 CAPM(증권시장선), 그리고 시장평균수익률이 사용된다. 증권특성선을 사용할 경우 잔차수익률($ER_{j,t}$)은 다음과 같이 추정한다. $ER_{j,t} = R_{j,t} - (\hat{\alpha}_j + \hat{\beta}_j R_{mt})$

이렇게 측정되는 비정상초과수익은 곧 잔차이므로 잔차분석(residual analysis)방법이라고도 한다. 사건연구에서 사용하는 상세한 추정방법에 관해서는 장영광·이영주, 『현대투자론』, 2017, pp.323～327 참조.

22) E.F. Fama, L. Fisher, M.C. Jensen, & R. Roll, "The Adjustment of Stock Prices to New Information," *International Economic Review*(Feb. 1969). 이 연구에서는 주식분할 공시 전후의 주가조정속도뿐 아니라 주가는 그 정보내용(information content)에 반응하고 있음(주식분할의 정보효과 존재)을 보이고 있다. 이를 보이기 위해 전체표본을 사후적으로 배당증가가 뒤따르는 표본과 배당감소가 뒤따르는 표본으로 구분하고, 각각에 대해 주가반응을 비교하였다. 주식분할 후 배당증가가 뒤따르는 표본기업의 주가는 발표 후에도 누적평균초과수익이 계속해서 증가함을 보여준 반면에, 배당감소를 한 표본기업의 주가는 발표시점까지는 주가상승을 수반하나, 발표시점 이후 배당증가로 나타나지 않으면 누적수익률이 분할 전 수준으로 점점 후퇴함을 보여주고 있다. 결론적으로 FFJR은 주식분할의 새로운 정보만을 가지고는 초과수익을 얻을 수 없고, 주식분할이 기업의 미래배당증가와 관련된 내적 정보 없이는 초과수익을 얻을 수 없으므로 시장은 주식분할이라는 공개적인 정보에 대하여 준강형 효율적시장이라고 결론짓고 있다.

23) R.J. Rendleman, C.P. Jones & H.A. Latané, "Empirical Anomalies Based on Unexpected Earnings and the Importance of Risk Adjustments," *Journal of Financial Economics* (Nov. 1982). 10기업군은 '실제이익＞예측치'인 기업 중 가장 큰 차이를 보인 기업군이고, 1기업군은 '실제이익＜예측치'인 기업 중 가장 큰 차이를 보인 기업군이다.

[그림 15-4] 주식분할에 대한 주가반응 (FFJR의 연구 : 전체표본대상)

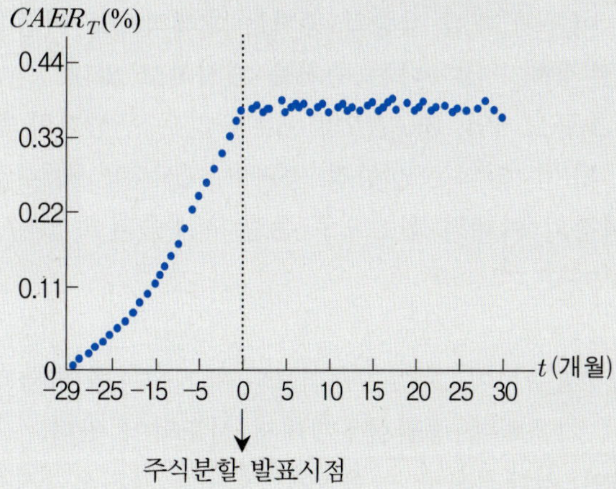

[그림 15-5] 기간별 이익보고에 대한 주가반응 (RJL의 연구)

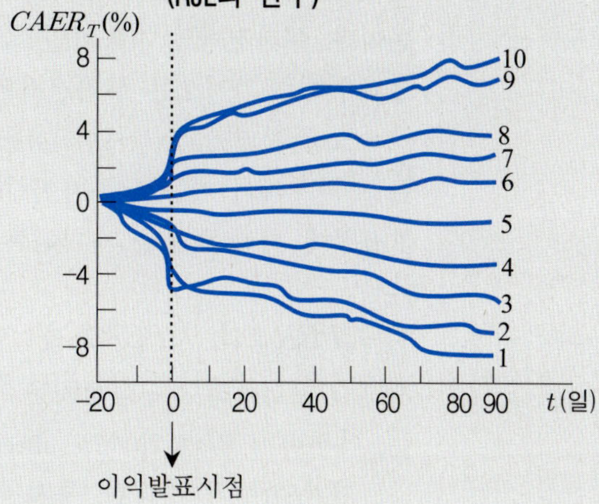

RJL은 과거 분기의 EPS를 근거로 하여 차기 EPS를 추정(예측)한 다음, 이 예측치와 차기 실제 EPS의 차이 정도에 따라 기업을 10개군으로 분류하고, 이익발표 전후의 각 군의 누적평균초과수익을 추정하여 초과수익 실현 여부를 분석하였다. [그림 15-5]는 이 결과를 보여주고 있는데, 기업의 이익발표가 있기 20일 전부터 실제이익이 예측치 이상인 5개 기업군의 집단은 초과수익이 상승하기 시작하였고, 실제이익이 예측치 이하인 5개 기업군의 집단은 초과수익이 하락하기 시작하였다. 이것은 사전 내부정보의 누설로 설명될 수 있는데, 공시에 임박해서는 즉각적이고 상당한 반응이 있음을 보여주었다. 이러한 측면에서는 시장효율성과 일치한다고 할 수 있다. 그러나 이익수치가 극단적으로 좋거나 나쁜 경우에 사건발표 후 90일까지 지연된 주가반응을 보였다. 지연된 주가반응으로 인해 투자자가 발표일에 10군의 주식을 구입했다면, 이익발표로 인하여 8%까지의 초과수익을 얻을 수 있다. 반대로 1군의 주식을 구입했다면 오히려 손실을 얻게 되었다.

이 연구에서 주가에 일부 내부정보가 포함되어 있음을 나타내고 있고, 이익보고서가 발표된 후 90일이 되어야 비로소 공개적 정보가 주가에 충분히 반영됨을 보여주고 있는 결과에 근거할 때, 시장반응은 효율적이라고 결론지을 수 없는 실증결과이다.

(2) 투자전략과 관련된 이례적 현상

효율적시장에서는 초과수익을 가져다주는 성공적인 투자전략이나 거래규칙이 존재하기 어렵다. 투자전략의 성공이 일시적으로는 가능하지만, 정보의 자기파괴적인 성격 때문에 조만간 성공적 투자전략으로서의 유용성을 상실하게 될 것이기 때문이다. 투자전략의 지속적인 성공 여부에 대한 실증적 증거는 대체적으로 비정상초과수익을 가져오는 투자전략은 존재하지 않는다는 증거를 제시하고 있다.

그러나 저*PER*(주가수익비율), 소규모기업, 저*PER*의 포트폴리오 구성전략 등은 초과수익이 가능한 투자전략이 될 수 있다는 실증적 증거가 제시되면서, 시장효율성에 대해 의문을 제기하는 시장의 이례적 현상으로 논란이 계속되고 있다.

1) 저*PER* 효과, 저*PBR* 효과

저*PER* 포트폴리오 구성전략은 저*PER*주식이 고*PER*주식보다 투자수익률이 높다는, 이른바 ***PER* 효과**(*PER* effect)에 기초하여 증권실무계에서 시도되어 왔다.

저*PER*주식에 대한 투자전략이 상대적으로 높은 투자성과를 가져오는지를 가장 체계적으로 실증분석한 작업으로 바수(S. Basu)의 연구를 들 수 있다.[24] 바수는 1957년 4월부터 1971년 3월까지의 기간에 표본주식들을 *PER* 크기에 따라 5그룹(A, B, C, D, E 그룹)으로 나누고, *PER*이 가장 높은 순서대로 주식군 20%는 A그룹에, 가장 낮은 *PER*주식군 20%는 E그룹에 분류한 다음, 매년초 포트폴리오를 재구성하면서 투자수익률을 비교하였다.

[그림 15-6] ***PER* 주식군의 성과(Basu의 연구 : 젠센지수로 위험이 조정된 성과)**

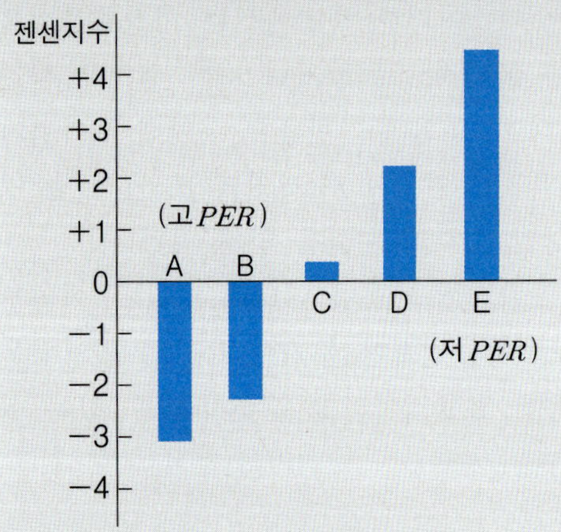

[그림 15-7] ***PBR*그룹의 성과차이(LSV의 연구)**

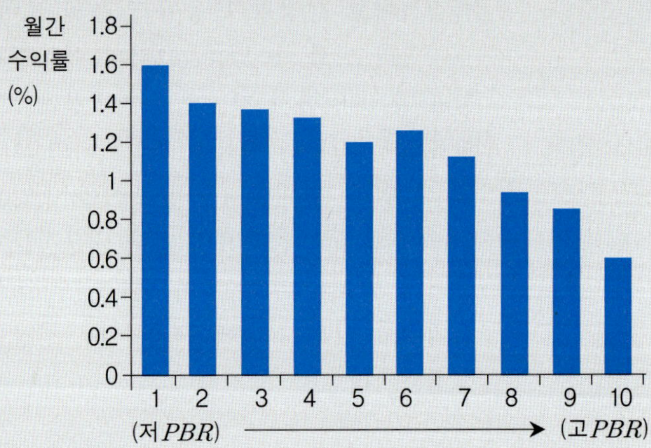

24) S. Basu, "The Investment Performance of Common Stocks in Relation to Their Price-Earning Ratios," *Journal of Finance*(June 1977).

[그림 15-6]은 위험이 조정된 투자성과를 비교하기 위해서 젠센의 성과지수로 측정비교한 것이다. 고*PER*주식에서 저*PER*주식으로 갈수록 투자수익률이 증가하는 것을 보여주고 있다. 바수에 의하면 이와 같은 성과차이의 측정에는 거래비용과 자본이득에 대한 세금까지 고려된 것이므로, 저*PER*주식의 투자전략(거래규칙)이 성립함을 뜻하고 따라서 준강형 효율적시장 가설이 부정된다고 보고 있다.

한편 저*PER*포트폴리오 구성전략과 함께, 주식의 시장가격을 주당순자산(장부가치)으로 나눈 *PBR*(주당순자산배율)에 기초하여 저*PBR*포트폴리오를 구성하면 지속적으로 초과수익을 얻을 수 있다는 **저*PBR*포트폴리오 구성전략**도 증권실무계에서 널리 사용하고 있는 투자전략의 하나이다.[25] *PBR*효과는 존재하는가?

*PBR*효과(*PBR* effect)에 대한 실증연구는 파마 · 프렌치(E. Fama & French) 그리고 래코니쇼크 · 슈라이퍼 · 비쉬니(J. Lakonishok, A. Schleifer & R. Vishny) 등에 의해서 이루어진 바 있다.[26] [그림 15-7]은 파마 · 프렌치의 연구결과를 요약한 것인데, *PBR*의 크기에 따라 10개 그룹으로 분류하여 1963년 7월부터 1990년 12월까지의 월간투자수익률을 비교했을 때, *PBR*이 낮을수록 투자수익률이 높음(*PBR*이 가장 낮은 그룹은 월 1.63%의 투자수익률을 보인 반면에 *PBR*이 가장 높은 그룹은 월 0.64%의 투자수익률)을 보여주고 있다. 기업규모면에서 보면 소형주일수록 높은 투자수익률을 보이고 있다.

2) 기업규모효과, 소외기업효과

반츠(R.W. Banz)와 레인가눔(Reinganum)은 바수(S. Basu)가 밝힌 *PER*효과로 인한 이례적 현상은 소규모기업 주식의 초과수익률이 높은, 이른바 기업규모효과(size effect) 때문에 발생하는 것이라고 반박하였다.[27] 이들에 의하면 대형주의 위험추정치(이를테면 β계수)에는 관련정보가 모두 반영된 것으로 확신할 수 있지만, 소형주의 위험추정치는 정보부족으로 대형주보다 부정확하므로 추가적인 위험보상이 필요하다는 것이다. 또한 소형주는 거래물량이 적은 탓으로 상대적으로 높은 거래비

---

25) 제7장에서 설명한 것처럼 저*PER*주식이나 저*PBR*주식을 가치주(value stocks)라고 부르는데, 가치주가 초과수익을 가져오는 가치주 프리미엄이라는 의미에서 value effect라고도 한다.

26) E.F. Fama & K.R. French, "The Cross Section of Expected Stock Returns." *Journal of Finance*(June 1992) ; "Size and Book-to-Market Factors in Earnings and Returns," *Journal of Finance*(Mar. 1995), pp.131~155 ; J. Lakonishok, A. Schleifer & R.W. Vishny, "Contrarian Investment, Extrapolation, and Risk," *Journal of Finance*(Dec. 1994), pp.1541~1578.

27) R.W. Banz, "The Relationship Between Return and Market Value of Common Stocks," *Journal of Financial Economics*(March 1981) ; M.R. Reinganum, "Misspecification of Capital Asset Pricing : Empirical Anomalies Based on Earnings Yields and Market Values," *Journal of Financial Economics* 9(Sep. 1981), pp.19~46.

용이 소요되는 면이 있다고 본다. 따라서 소형주는 보다 높은 투자수익률을 요구하게 된다. 저PER주식이 보이는 높은 투자수익률은 상기한 소형주의 추가적인 위험요인과 거래비용을 감안하여 조정된 것으로 설명한다.

기업규모효과와 PER효과에 대한 논쟁은 초과수익을 가능하게 하는 1월효과(앞의 1항에서 설명)가 주로 소규모기업 주식의 투자성과에 기인한다는 증거의 제시로 더욱 복잡한 일면을 보이고 있다. 기업규모효과가 사라지지 않는 이유에 대한 설명은 여러 가지 방향에서 생각해 볼 수 있다. 그중 하나는 시장분할의 가능성에서 찾아볼 수 있다. 즉 증권시장은 주로 대형주에 투자하는 기관투자자의 시장과 상대적으로 소형주에도 많은 투자를 하는 개인투자자의 시장이 분할되어 있다고 볼 수 있는데, 기관투자자들의 시장은 매우 경쟁적이어서 대형주에 대해서는 초과수익의 여지가 매우 적다고 볼 수 있다. 반면에 법적으로 기관투자자의 매입이 제한되어 있고 대량주문이 사실상 불가능하여 포트폴리오 편입에 어려움이 있는 소형주의 경우는 초과수익의 기회가 사라지지 않는다고 보는 설명이다.

기업규모효과에 대한 또 다른 설명은 대형 기관투자자들이 관심을 갖지 않는 소형주는 이용정보가 많지 않기 때문에 위험도가 높아지므로 더 높은 투자수익률을 요구하게 된다는 것이다. 이른바 소외기업효과(neglected-firm effect) 때문에 초과수익이 발생한다는 것이다. 아벨(A. Arbel)은 실증분석을 통하여 이를 밝히고 있는데, 경제관련신문에 자주 보도가 되고 기관투자자가 관심을 갖고 있는 대형주보다는 이들의 관심으로부터 소외된 주식들의 투자수익률이 높은 증거를 제시하고 있다.[28]

또 다른 설명은 유동성 효과(liquidity effects)에서 찾아볼 수 있다. 이 설명은 유동성이 부족한 소형주나 소외기업주식은 유동성이 풍부한 대형주보다도 높은 거래비용을 수반하므로 투자자들은 높은 투자수익률을 요구한다는 것이다.

3 강형 EMH에 대한 검증

강형(strong-form) EMH에 의하면 시장에서 이용할 수 있는 과거의 역사적 정보나 공개적으로 이용가능한 정보뿐만 아니라 비공개적인 모든 정보까지도 증권가격에 신속하게 반영되므로, 어떠한 유형의 정보를 이용하더라도 비정상적 초과수익을 실현할 수 없다.

28) A. Arbel & P. Strebel, "Pay Attention to Neglected firms!," *Journal of Portfolio Management*(Winter 1983).

현실의 증권시장이 이처럼 효율적인지를 검증하는 것은 앞에서 소개한 실증분석과는 달리 지극히 어려운 작업이다. 왜냐하면, 비공개적 내부정보를 이용한 투자는 불법이므로 이를 정확히 발견해내는 일이 용이하지 않기 때문이다. 그래서 **강형 EMH에 대한 검증방법**은 통상 비공개적 정보에 쉽게 접근할 수 있는 특정한 전문투자자 집단, 이를테면 자산운용사, 뮤추얼펀드와 같은 기관들이 비정상적인 초과수익을 실현하고 있는지를 검증하는 데에 초점이 맞추어지고 있다. 내부정보의 독점적 이용이 비교적 용이한 전문가그룹의 투자성과가 일반투자자의 평균투자수익률을 상회하면 강형 EMH가 부정되는 것으로 볼 수 있고, 그렇지 못하면 지지되는 것으로 판단할 수 있을 것이다.

(1) 내부자 거래의 성과

내부자정보를 이용하여 초과수익의 획득이 가능한지에 대한 최초의 실증연구의 하나로 재페(J. Jaffe)는 대주주의 소유지분 변동 전후의 투자수익률의 변동을 조사한 바 있다.[29] 이 연구는 직접 미국 SEC로부터 1960년대 861개의 내부거래자(대주주) 거래자료를 수집하여, 내부자의 집중적인 주식 매입·매각 이후의 주가 상승·하락의 경향을 확인하고 있다.

그러나 내부자의 소유지분 변동의 공식발표일을 기준으로 분석한 세현(H.N. Seyhun)의 연구에 의하면 내부자의 주식매입에 대한 공식발표 이후에도 주가는 오르는 경향이 있지만, 거래비용을 상쇄할 정도로 크지는 않다고 밝히고 있다.[30]

(2) 뮤추얼펀드, 전문투자기관의 투자성과

전문 펀드매니저는 일반투자자들이 갖지 못하는 정보력으로 다양한 포트폴리오를 구성한다. 과연 전문 펀드매니저의 투자성과는 일반투자자보다 우월한가? 젠센(M. Jensen)은 1955년부터 1964년까지의 뮤추얼펀드의 115개의 투자성과를 증권시장선과 비교하여 평가하였다.[31] [그림 15-8]에 나타난 결과를 보면 증권시장선의 위보

---

29) J.R. Jaffe, "Special Information and Insider Trading," *Journal of Business* 47(July 1974).

30) H.N. Seyhun, "Insiders' Profits, Costs of Trading and Market Efficiency," *Journal of Financial Economics* 16(1986).

31) M.C. Jensen, "The Performance of Mutual Funds in the Period 1945～64," *Journal of Finance*(May 1968). 만약 시장에서 균형모형으로서 CAPM이 성립하고 강형 효율적이라고 가정하면 이용가능한 모든 정보를 근거로 하여 베타(β)와 기대수익을 추정할 경우 모든 증권이 증권시장선(SML)상에 위치해야 한다. 만약 증권시장선 밖에 놓이는 증권이 존재한다면 이는 불완전한 정보에 기초하여 β와 기대수익을 추정했기 때문이다. 어

[그림 15-8] 뮤추얼펀드의 투자성과(1955~1964) : 젠센지수에 의한 측정(제 비용을 계상하지 않을 경우)

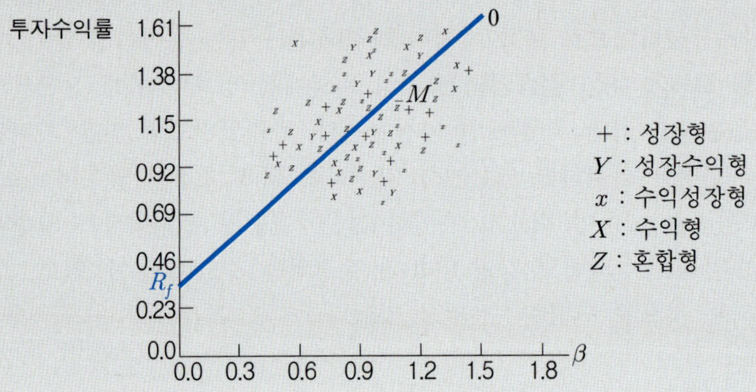

다도 아래에 보다 많은 뮤추얼펀드가 위치하고 있다. 연구조사비·관리비·수수료 등 뮤추얼펀드의 제 비용을 차감한 후의 투자수익은 연간 −1.1%임을 제시하고 있다. 이 결과는 전문투자자 그룹인 뮤추얼펀드가 아무런 정보를 이용하지 않는 일반투자자의 단순 매입·보유전략보다 투자성과가 나을 바가 없을 뿐 아니라 뮤추얼펀드가 제 비용도 보충해 주지 못함을 나타내는 증거이기도 하다.

그러나 이와 같은 결과는 평균적으로 보아 뮤추얼펀드 전체의 투자성과가 일반투자자보다 못함을 의미할지는 몰라도 투자성과가 계속적으로 탁월한 뮤추얼펀드산업 내의 개별 펀드매니저마저 존재할 수 없음을 뜻하는 것은 아니다. 투자성과가 지속적으로 탁월한 펀드매니저와 열등한 펀드매니저가 있는데, 그룹전체로서의 투자성과가 평균화되는 과정에서 서로 상쇄되어 나타날 수 있는 것이다. 또 분석기간을 강세국면인지 약세국면인지 시장동향에 따라 구분하여 투자성과를 측정하면 차별적인 포트폴리오 선택능력이 포착될 수도 있다.

밸류라인(Value Line)은 1,600여사에 투자정보를 제공하는 전문투자정보회사인데, 밸류라인이 개발한 투자결정모형인 **밸류라인모형**(Value Line Investment Survey Model)이 일반투자자보다 과대 또는 과소 평가된 증권을 식별하는 능력이 우월한

떤 투자자 그룹의 투자성과를 측정했을 때 증권시장선의 위나 아래에 위치하는 경우가 있을 수 있지만, 이는 우연에 의한 것이어야지 통계적 유의성을 지녀서는 안 된다고 설명한다. 젠센이 측정한 투자신탁별 비정상초과수익은 제12장의 시장모형을 초과수익 형태로 표시한 다음 식의 잔차수익률이다.

$\alpha_{jt}=(R_{jt}-R_{ft})-[\beta_{jt}(R_{mt}-R_{ft})]$(여기서, R_{jt} : j번째 투자신탁 수익률, R_{ft} : 무위험이자율, β_{jt} : j번째 투신의 체계적 위험 추정치, R_{mt} : 시장수익률)

것으로 알려지면서 이에 대한 여러 실증연구가 이루어져 왔다. 본래 밸류라인모형은 투자종목들의 주가상승의 가능성을 예상할 때 상대적 이익과 상대적 주가수준의 비교(최근 12개월의 이익과 주식가격을 같은 기간 전 종목의 평균이익과 평균가격으로 나눈 것), 주당이익변화율의 크기(earning momentum), 실제이익과 예상이익의 차이(earning surprise factor) 등 주식의 기본적인 요인들을 고려하여 투자성과를 다섯 집단으로 분류하는 순위시스템이다.[32]

1973년 블랙(F. Black)은 이 예측능력을 CAPM에 의한 위험조정수익률과 비교하여 평가했는데, 블랙은 비교적 밸류라인의 순위시스템이 성공적이라는 평가를 내리고 있다.[33] 포스터(G. Foster)도 이 순위시스템의 다섯 그룹을 20년간(1965~1984)에 걸쳐 평가하고 동일한 결론을 내리고 있다.[34] 밸류라인모형이 과대 혹은 과소 평가된 증권을 지속적으로 잘 식별하고 있다는 실증증거는 시장효율성에 이의를 제기하는 사례가 되고 있다.

제 3 절 행태재무학

전통적인 재무이론(standard finance theory)은 시장참여자들이 합리적 기대에 따라 행동한다는 합리적 기대가설과 이윤극대화 목표의 가정에 기초하고 있다. 앞에서 설명한 효율적시장 이론도 이 연장선에서 제시되고 있는 자본시장이론이다. 주식가격에 영향을 미칠 수 있는 정보가 공개되자마자 즉각적으로 주가에 반영된다는 주장도 투자자의 합리적 행동을 가정한 이론인 것이다.

그러나 1980년대 이후 새롭게 제시되고 있는 행태재무학에서는 인간이 지니는 여러 가지 심리적, 제한된 합리성(limited rationality)의 오류가 시장의 이례적 현상을 초래한다고 설명한다. 행태재무학은 카네만 · 트버스키(D. Kahneman & A. Tversky) 등의 학자가 인지심리학(Cognitive Psychology)을 투자이론에 접목시키면서 다양한 영역으로 발전하고 있다.[35]

---

32) 밸류라인모형에 대한 상세한 논의는 장영광 · 이영주, 『현대투자론』, 2017, pp.347~348 참조.

33) F. Black, "Yes Virginia, There is Hope : Tests of the Value Line Ranking System," *Financial Analysts Journal* (Sep.-Oct. 1973), pp.10~14.

34) G. Foster, *Financial Statement Analysis*, 2nd ed., Prentice-Hall, Inc., 1986, p.433.

1 행태재무학의 관점

행태재무학(behavioral finance)은 인간의 여러 가지 심리적 특성이 투자자 개인이나 그룹, 애널리스트, 펀드매니저의 의사결정에 영향을 미친다고 본다. 전통적 재무이론은 인간의 심리적 행태에 대한 고려가 없기 때문에 불완전한 이론이라고 보는 것이다. 앞의 절에서 소개된 시장의 이례적 현상(anomalies)도 투자자들이 가지는 여러 가지 심리적 특성의 결과로 나타나는 투자편의(investment bias) 때문에 나타날 수 있다. 시장에서 자산가격이 적정히 형성되지 못하는 이른바 '자산가격의 에러 현상'도 심리적 요인들이 반영된 결과로 해석한다.

행태재무학에서는 투자성과에 부정적인 영향을 미치는 투자편의를 초래하는 투자자들의 심리적 특성상의 오류를 ① 투자정보처리상의 오류(errors in information processing), ② 선택행동의 편의(behavioral bias), ③ 차익거래를 할 수 없는 현실적 한계(limits to arbitrage) 등으로 설명하고 있다.

(1) 투자정보처리상의 오류

투자결정에 필요한 수많은 투자정보를 얻고 처리하는 과정에서 투자자들이 가지기 쉬운 인지심리적 오류를 말한다. 이에는 과대확신의 오류, 확증편의의 오류, 예측오류, 보수주의적 오류, 대표성 오류 등을 들 수 있다.

- 과대확신의 오류(overconfidence bias) : 자신의 분석능력은 평균 이상이라고 믿는 오류를 말한다. 대부분의 운전자들은 자신이 평균 이상의 운전을 하는 것으로 과신한다는 통계처럼, 투자자들은 과대확신하는 오류를 범하기도 한다. 주식투자자 대다수가 과거 수십 년간의 시장평균수익률을 상회할 수 있을 것으로 답한다는 통계 역시 이러한 과대확신 오류의 다른 예이다. 여러 통계가 IT주식 가격에 거품이 있다고 주의를 주더라도 자신이 선정한 IT주식은 예외라는 판단을 내리는 것은 과대확신에서 비롯된 것일 수 있다. 분산투자는 위험관리의 기본임에도 불구하고, 친숙한 소수종목에 집중투자하는 행태도 과대확신의 표출일 때가 많다. 인지심리학자들은 여성보다는 남성들이 과대확신의 성향이 높아, 보다 잦은 증권매매를 하고 결과적으로 평균수익률은 낮아진다고 보고하고 있다.

35) D. Kahneman & A. Tversky, "Prospect Theory : An Analysis of Decision under Risk," *Econometrica* 47(1979).

- 확증편의의 오류(confirmation bias) : 자신들의 주장을 뒷받침하는 정보만을 찾는 오류를 말한다. 세프린(H. Shefrin)은 "애널리스트들은 성장회사의 성장률을 과대추정하고, 이들 회사의 희소식은 과장하며, 나쁜 소식은 축소하거나 무시하는 경향이 있다"고 인간의 확증편의의 행태를 설명하고 있다.[36] 자신들의 주장을 뒷받침하는 정보만을 찾는 경향이 있어, 세간에 유망회사로 알려진 종목은 과대평가되는 경향이 있는 것도 확증편의를 반증한 것이다.
- 예측오류, 보수주의적 오류(conservatism bias) : 카네만 · 트버스키(D. Kahneman & A. Tversky)는 심리실험을 통하여 투자자들은 미래예측시 이전 기간보다는 최근의 경험에 더 높은 가중치를 주는 예측오류(forecasting error)를 범하는 경우가 많은 성향을 설명한 바 있다.[37] 제2절에서 설명한 PER효과가 나타나는 것은 최근 실적치에 높은 가중치를 주는 예측오류 때문일 수 있다. 가장 최근에 강세시장을 전망하는 투자상담사를 만난 투자자는 이에 심리적 영향을 받아 주가의 약세과정 속에서도 높은 주가를 전망하는 예측오류를 일으키기도 한다. 최근에 급등한 주식에 대해서 최근 정보만 중시한 투자자의 매수압력의 결과로 주가의 과잉반응(over-reaction)현상이 발생할 수 있다고 설명한다. 투자자들은 자신의 예측과 다른 상황이 전개될 경우 이에 대한 늦은 반응(수정)이나 고정관념(anchoring) 때문에 바꾸지 않으려는 보수주의적 오류(conservatism bias), 자신의 믿음을 뒷받침하고자 일부 표본에서 얻은 정보를 전체로 확대하여 이를 일반화시키는 대표성 오류(representativeness bias)를 범하는 심리적 편견이 있다고 설명한다. 행태재무학에서는 제2절에서 설명한 모멘텀(momentum)현상도 투자자들의 보수주의적 경향으로 인하여 새로운 정보에 과소반응하면서 시장가격에 반영하는 데 시간이 걸리는 것이 일부 원인이 된다고 설명한다.

(2) 선택행동의 편의

투자자들이 최종선택이나 투자결정을 하는 국면에서 일으키는 투자편의를 말한다. 쏠림현상(군중심리)의 오류, 틀짜기의 오류, 심리회계, 손실 · 후회 회피의 오류, 부의 감소에 대한 위험추구의 오류 등을 들 수 있다.

---

36) H. Shefrin, "Behavioral Corporate Finance," *Journal of Applied Corporate Finance* 14, No. 3(2001), pp.113～124.

37) D. Kahneman & A. Tversky, "On the Psychology of Prediction," *Psychology Review* 80(1973), pp.237～251.

- **쏠림현상, 군중심리(herd mentality)의 오류**: 역사에는 폭등 후 폭락하는 수없는 버블의 경험이 있고 이 '버블'의 역사는 반복되고 있다. 이는 쏠림현상, 군중심리에 기인하는바, 잘못된 투자결정을 하게 되는 치명적인 심리적 오류이다. 시장에는 군중심리에 쉽게 뇌동하거나, 특정보도나 대다수 사람들의 심리변화에 편승하여 잘못된 투자결정을 하게 되는 다수의 노이즈 트레이더(noise traders : 특정정보가 없는 비전문가)들이 있는데, 이들의 쏠림현상 때문에 시장의 변동성이 커진다고 본다.
- **틀짜기의 오류(framing bias)**: 투자자들은 투자대안을 선택할 때 큰 틀에서 심리적으로 어느 쪽으로 편향되어 있는지에 따라 투자편의를 보일 수 있다. 투자대안이 가져다줄 수익과 입을 수 있는 손실에 대하여 객관적 판단보다는 어느 틀에 편향되어 있는지에 따라 선택이 잘못될 수 있다. 지금 동전을 던져 앞면이 나오면 100만원을 지급하는 게임을 하는데, 대안 1은 동전을 던진 다음 결과에 따라 100만원을 받든지 못 받든지 하는 대안이고, 대안 2는 먼저 100만원을 받고 동전을 던진 다음 앞면이 아닌 뒷면이 나오면 100만원을 회수하는 대안이다. 대안 2를 기피하는 투자자는 심리적으로 가상적인 손실을 두려워하는 투자자이다. 사실 두 대안 모두 기본적으로 동일한 내용의 대안인데, 대안 1은 이익을 강조한 것이고, 대안 2는 손실을 강조한 것이다.
- **심리회계(mental accounting)**: 사람들은 가상적, 심리적으로 분리시킨 별개의 계정들에서 자금을 인출하여 투자하는 투자편의를 가질 수 있다. 카지노에서 이미 딴 돈으로 다음 베팅할 때에는 자본이득계정(카지노장의 자금)에서 인출하는 것으로 생각하여 보다 위험수용도가 커지고, 잃고 있어 자신의 새 자금으로 베팅할 때에는 위험수용도가 작아진다.
- **손실 · 후회 회피의 오류(loss, regret avoidance bias)**: 투자자들은 선택결과를 생각하여 후회하거나 실망을 피하는 의사결정을 내리는 심리적 편향이 있다. 불확실한 상황에서 공격적 의사결정보다는 최악의 상황을 피하는 소극적 의사결정으로 손실이나 후회를 회피하는 의사결정을 하는 경향이 있다고 설명한다.

  투자자들은 투자이익에 대해서는 위험회피형의 성향을 보이고, 손실에 대해서는 위험선호형의 성향을 보이는, 앞에서 설명한 '틀짜기(framing)성향'의 행태적 편의를 지닌다는 설명이다. 투자자들은 후회를 최소화하는 방향으로 의사결정을 내리는 오류의 성향이 있어, 이득을 볼 가능성에 기뻐하는 것보다도 손실가능성에 더 큰 심리적 부담(distressed)을 느낀다고 보는 것이다.

• **부의 감소에 대한 위험추구의 오류(전망이론)**: 카네만·트버스키(D. Kahneman & A. Tversky)는 위험회피형을 가정한 효용이론을 수정하여 **전망이론**(prospect theory)을 제시하고 있다.[38] 전통적 효용이론에서는 [그림 15-9](a)처럼 부가 증가할 때 만족도(효용)는 체감하는, 원점에 대해 오목한 효용곡선을 보인다고 설명하고 있다. 그러나 전망이론에 의하면 일차적으로 '손실회피(loss aversion)'의 성향은 부의 절대수준에 좌우되는 것이 아니라 현재의 부의 수준, 이익과 손실이 동일할 것으로 보는 수준의 부를 준거점(reference point)으로 설정하고, 준거점보다 낮은 성과를 손실, 준거점보다 높은 성과를 이득으로 규정한다. 이차적으로는 [그림 15-9](b)에서 보는 것처럼, 투자자들은 이득과 손실에 대해 가지는 태도가 달라서 준거점에서 이득을 보는 구간(준거점 오른쪽)에서는 위험회피적 태도를 보이지만, 부가 감소하는 구간(준거점 왼쪽)에서는 위험회피가 아니라 위험추구형의 행태를 보인다. 결과적으로 준거점 왼쪽 구간에서는 효용곡선이 원점에 대하여 볼록한 모양을 보이는데, 이러한 심리적 편의는 더 큰 손실을 유발할 수 있다고 설명한다.

세프린·스타트맨(H. Shefrin & M. Statman)과 스콧·스텀프·엑수(J. Scott, Stumpp & P. Xu)는 투자자들은 시세차익을 내는 '승자' 종목은 빨리 처분하여 이득을 실현시키는 위험회피형의 행태를 보이는 경향이 있고, 손실을 본

[그림 15-9] 전통적 효용이론에서의 효용곡선과 전망이론에서의 효용곡선

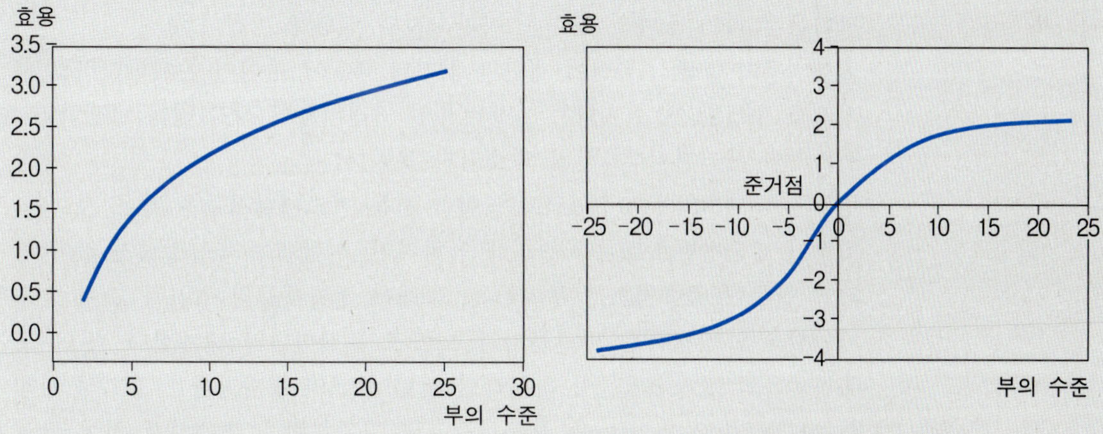

(a) 전통적 효용이론에서의 효용곡선 (b) 전망이론에서의 효용곡선

---

38) D. Kahneman & A. Tversky, 상게서(1979), pp.263~291.

'패자' 종목은 매도를 미루는 위험추구형의 행태를 보인다는, 전망이론을 뒷받침하는 실증분석결과를 제시하고 있다.

(3) 차익거래를 할 수 없는 현실적 한계

만약 과소평가 또는 과대평가된 증권이 존재할 경우 과소평가된 증권은 매수하고 과대평가된 증권은 매도하는 차익거래(arbitrage)과정을 통해 증권가격은 균형가격으로 조정될 수 있다. 또 투자자들의 합리적이지 못한 투자행태가 나타나면 이 실수를 역이용하려는 합리적 투자자의 차익거래가 나타날 수 있다. 그러나 가격결정의 오류나 비합리적 행태를 역이용하는 차익거래를 막는 현실의 제약이 있기 때문에 이러한 오류나 편의가 사라지지 않는다. 차익거래를 할 수 없는 현실적 한계(limits to arbitrage)로는 공매의 제한, 짝짓기 주식의 부재, 실행비용의 발생, 노이즈 트레이더의 영향 등을 들 수 있다.

- 공매의 제한, 짝짓기 주식의 부재 : 차익거래기회가 발견될 때, 유사한 성격의 종목들간에 과소평가된 종목을 매수하고 과대평가된 종목을 매도(또는 공매)하는 이른바 짝짓기 롱·숏 포지션전략(paired long short position strategy)을 구사하기도 한다. 그러나 짝짓기를 할 종목의 쌍이 적절하지 않거나 공매의 제한 때문에 차익거래를 할 수 없으면 균형가격은 쉽게 형성될 수 없다. 펀드매니저의 공매는 허용되지 않는다든지 공매의 수급물량의 차이가 크다든지 하는 공매의 제한은 마찬가지의 영향을 미친다.[39]
- 실행비용의 발생 : 공매에 제한이 없거나 짝짓기 주식이 존재하더라도 차익거래를 수행할 때 소요되는 실행비용인 거래비용이 적지 않게 발생하면 '자산가격의 에러현상'은 빨리 해소되지 못한다.
- 노이즈 트레이더(noise trader)의 영향 : 전문 펀드매니저들은 많은 정보와 체계적인 접근방법으로 투자관리에 임하지만, 시장에는 특정정보가 없이 단기적인 안목에 즉흥적으로 투자하는, 그래서 전자제품의 잡음과 같이 순수한 기능발휘를 저해하는 비전문가인 노이즈 트레이더가 존재한다. 펀드 또는 투자종목의 단기수익률이 하락하면 이런 종류의 투자자들은 장기적 관점에서 판단하지 않고 환매를 요구함으로써 가격하락을 초래하게 하여 균형가격으로의 회복을 더디게 한다. 펀드매니저들은 투자자(고객)의 정서를 무시

39) A. Shleifer & R. Vishny, "Limits of Arbitrage," *Journal of Finance*, 52(1997), pp.35~55.

할 경우 받을지도 모르는 직업상의 불이익 감수의 위험을 피하려 정상적인 투자결정을 내리지 못한다.

2 "시장효율성"에 대한 제 논쟁의 요약과 결론

(1) 요 약

본장 제1, 2절에서는 현실의 증권시장이 시장효율성에 일치하는 여러 가지 특성을 보이고 있다는 실증연구결과와 그렇지 않을 수 있다는 이례적 현상을 소개하였다.

미래 증권가격의 변동이 그 전기의 가격변동과 독립적인가를 밝히는 대부분의 약형 EMH에 대한 실증분석결과는 대체로 연속적인 시계열상의 주가변동이 무작위적(random walk)임을 보여주고 있다. 그러나 장기수익률의 시계열적 움직임에서의 과잉반응현상, 수개월에 걸친 중기수익률의 지속현상, 그리고 1월효과가 대부분의 나라에서 나타나고 있는 점과 주말효과의 존재는 이에 반하는 증거로 제시될 수 있다.

주식분할, 기업이익, 합병 발표 등의 공개적인 정보에 대해서는 증권가격이 신속·정확하게 반응하는 것으로 대부분 검증되고 있어 준강형 EMH가 지지되는 일면이 있다. 또 많은 연구에서는 비정상적인 초과수익을 가져다주는 어떤 투자전략이나 거래규칙이 존재하지 않음이 밝혀지고 있다. 그러나 저*PBR*, 저*PER*주식 포트폴리오의 초과수익, 기업규모효과, 분기회계이익보고 후의 초과수익 현상은 거래수수료, 위험조정, 세금을 모두 고려해도 초과수익의 여지가 있는 투자전략일 수 있음을 암시하고 있다.

비공개적인 사적 정보에 쉽게 접근할 수 있는 전문투자자 그룹의 투자성과는 아무런 정보도 이용하지 않는 일반투자자보다도 결코 탁월하지 않다는 증거가 제시되고 있어 강형 EMH가 지지되는 일면이 있다. 그러나 밸류라인모형의 투자성과의 예나 시장동향에 따라 공격적 혹은 방어적 투자관리가 성공하는 측면을 고려하면, 전문투자자 그룹이 잘못 평가된 증권을 식별하는 능력이 전적으로 부정되는 것은 아닌 결과를 보여주고 있다.

(2) EMH 실증분석의 이슈

실증분석결과 표면적으로 효율적시장 가설(EMH)이 기각되더라도 그 결과가 곧 시장효율성을 부정할 수 없다는 반론이 제기된다.

첫째 반론은 표본선택편의(selection bias)의 문제이다. 실패사례는 널리 보고되지만 성공적인 전략의 사례에 대해서는 관련 이해관계자들이 근본적으로 공개를 꺼리게 되므로 실증분석에서의 표본은 무작위적 표본이 아니라 실패집단이 많은 표본선택편의의 문제를 지니고 있다. 결과적으로 펀드매니저의 성공적인 종목선택능력을 제대로 평가하기 어렵다. 둘째 반론은 초과수익이 얻어지는 결과는 '행운'의 결과(lucky event)일 뿐이라는 해석이다. 동전던지기를 하면 앞면, 뒷면이 나올 확률의 기대치는 똑같이 50%이다. 그러나 확률통계에 의하면 동전을 던져 75% 이상이 앞면이 나올 확률이 10,000명 중 2명 정도가 된다. 성과가 좋은 펀드매니저는 단지 '운(運)'이 좋아서일 뿐이라는 주장이다. EMH를 지지하지 않는 사람은 자신의 성과를 '실력'으로 치부하는 반면에, EMH 지지자는 '운'으로 해석한다. 시장에는 엄청나게 운이 좋은 사람과 엄청나게 운이 나쁜 사람이 비슷하게 모두 존재한다. 셋째 반론은 이례적 현상에서 보이는 초과수익은 결국 관련 이벤트나 사항에 대한 risk premium을 반영할 뿐이라는 것이다.

(3) 투자관리에의 함축

실증분석의 표면적인 결과를 놓고 보면, 여러 가지 상반되는 증거를 놓고 볼 때, 증권시장은 엄격한 의미에서는 효율적이라고 할 수 없지만, 상당히 효율적이라고 결론지을 수 있다. 현실의 증권시장에서 비정상적 초과수익을 획득하는 일이 불가능한 것은 아니지만, 결코 쉽지는 않다는 증거로 해석할 수 있을 것이다. 남보다 상당히 다른 민첩성이나 창의성 없이는 초과수익의 여지가 매우 적음을 시사한다고 할 수 있다.

혼재된 결과를 놓고 볼 때, 시장효율성의 문제는 '효율적인가, 비효율적인가'의 문제라기보다는 '얼마나 효율적인가'의 문제로 접근해야 할 것이다. 시장에서 '증권가격이 자산배분에의 신뢰할 만한 안내자'로 보는 것은 투자자들이 암묵적으로 시장이 웬만큼 효율적임을 전제하고 행동하는 것이다.

(4) 행태재무학

제3절에서 살펴본 것처럼 이례적 현상이 나타나는 것을 행태재무학에서는 인간이 지니는 과대확신의 오류, 확증편의의 오류, 손실・후회 회피의 오류, 쏠림현상의 오류 등의 심리적 편의 그리고 차익거래를 할 수 없는 현실적 한계 때문인 것으

로 설명한다. 본장 제2절에서 소개한 장기수익률의 과잉반응, 지속현상, 기업규모 효과, PER효과, B/M효과 등의 가치주효과 등은 심리적 요인들이 반영된 이례적 현상으로 설명할 수 있다. 시장에서는 이러한 심리적, 제한된 합리성의 거래로 인한 가격에러가 지속되거나 증폭되는 위험이 상존하게 되고, 투자자들은 이러한 위험을 피할 수 없는 위험으로 인식할 수밖에 없기 때문에 자산가격의 에러현상이 쉽게 해소되지 못한다고 본다.

행태재무학은 전통경제학에서 간과했던 인간의 심리적 특성이나 제한적인 합리성을 고려하여 투자편의의 가능성을 지적하고 있다. 투자자가 자칫 빠지기 쉬운 투자정보처리상의 오류나 선택행동의 편의에 대한 지적은 반면교사로 투자실행시 이를 피하는 데 효과적인 도움을 줄 수 있다. 그러나 행태재무학에서는 적극적으로 초과수익 창출방법을 이야기해주지 않고 있다. 그러나 행태재무학에서는 명시적인 자산운용의 방법을 제시하고 있지 않지만 여러 가지 심리적 편의를 줄이는 보다 객관적이고 중립적인 자산선택은 인덱스펀드나 ETF라고 유추할 수 있다. 이는 투자론에서 설명하는 소극적 투자관리에서 인덱스펀드 등과 같은 방어적 상품을 추천하는 것과 동일한 결론이 될 수 있다.

증권카페

자산시장의 '버블' 역사

버블 역사의 대표적 사례–"네덜란드 튤립투기 사건"

어느 특정정보에 너무 과잉반응하면 가격은 지나치게 폭등하거나 폭락하기도 한다. 특히 지나친 과잉반응으로 인한 폭등은 가격거품으로 인한 후유증이 심각할 수 있다.

인류 역사에는 매우 많은 '버블'의 역사가 있었다. 역사상 가장 대표적인 가격버블사건은 1620년대에 시작된 '네덜란드 튤립투기 사건'이다. 당시 원산지 터키에서 네덜란드로 갓 넘어온 튤립의 희귀함, 이국적인 아름다움 그리고 계속되는 희귀종 튤립의 재배성공은 유럽 귀족들로 하여금 앞다퉈 튤립을 고가로 매입하는 열풍을 가져왔다. 이는 결국 튤립가격을 천정부지로 높였다. 이 투기열풍이 최고조에 달했던 1637년의 경우 튤립 한 뿌리 가격이 암스테르담 최고급 저택 값과 맞먹을 정도로 치솟았다. 결국 이 거품이 붕괴되면서 유럽경제는 심각한 공황에 빠진 적이 있었다.

'네덜란드 튤립투기 사건' 이외에도 이와 유사한 버블 역사의 최초 기록은 기원전 2세기 로마시대 'Publicani' 주식투기열풍으로 시작하여 최근의 글로벌 금융위기까지 많은 역사가 있는데, 유명한 '버블' 사건을 소개하면 다음과 같다.

- BC 2세기 로마시대 'Publicani' 주식투기열풍 : 자산이전이 자유로워지면서 조세징수 법인체인 'Publicani' 주식에 대해 일었던 투기열풍
- 18세기 영국 철도회사 투자의 버블 : 18세기 철도건설 붐이 일어나면서 철도회사에 대한 투기세력의 급증으로 주가가 폭등 후 폭락
- 1930년대 미국 대공황 : FRB 출범 등으로 경제에 대한 과도한 낙관론의 확산 후, 불안한 심리가 현실화되면서 증시붕괴. 1929년 10월 300p대에서 1932년 41p대까지 하락. 이로부터 3년 뒤 미국 GDP가 60% 감소하고 국민의 1/3이 실업자가 됨
- 1985~1990년대 일본경제의 버블 : 1985년 미국 달러에 대한 일본 엔화 값의 상승(엔고)에 대응하는 금리인하 → 부동산 값과 주가 폭등 → 금리인상, 대출규제 → 부동산 값과 주가 폭락(1990년대 초 대비 20% 수준으로 하락)
- 1987년 블랙 먼데이 : 극동지역의 주가하락부터 시작되어 유럽증시가 하락하고, 미국증시에서는 프로그램 매매에 따른 주가폭락의 악순환이 이루어지면서 단 하루 동안 다우지수는 22%, S&P선물지수는 29% 폭락함
- 2000년대 초 미국의 닷컴 버블 : 닷컴기업에 대한 과도한 기대로 주식가격이 폭등했다가 많은 닷컴기업의 몰락으로 주가폭락
- 최근의 글로벌 금융위기 : 닷컴 버블의 붕괴 이후 경제회생을 위한 저금리 정책으로 부동산 가격 급등, 과잉 유동성 → 낮은 신용도의 사람들도 주택대출, 금리상승 → 부동산 값 하락 → 상환불능 모기지 속출 → 높은 레버리지의 IB의 몰락 → 세계 실물경제의 극도의 침체

투자의 최대 적은 나 자신?

거품이 반복되는 것은 투자자의 비이성적 행동, 역사의 우연, 시장의 비효율성 등에서 그 원인을 찾을 수 있다. 이 가운데서 최근의 '행태재무학'에서는, 본장 제3절에서 다루고 있는 것처럼, 인간의 여러 가지 심리적 특성 때문에 나타나는 투자편의(investment bias)와 제한적 이성적 행동이 버블을 반복적으로 초래하는 것으로 설명한다.

인간은 자신의 분석능력이 평균 이상이라고 믿는 과대확신의 오류, 자신들의 주장을 뒷받침하는 정보만을 찾는 확증편의의 오류, 자신의 예측과 다른 상황이 전개될 경우 이에 대한 늦은 반응(수정)이나 바꾸지 않으려는 보수주의적 오류, 미래예측시 그 전 기간보다는 최근의 경험에 더 높은 가중치를 주는 예측오류, 이득 볼 가능성에 기뻐하는 것보다도 손실가능성에 더 큰 심리적 부담(distressed)을 느끼는 손실・후회 회피의 오류, 군중심리에 쉽게 뇌동하거나, 특정보도나 대다수 사람들의 심리변화에 편승하여 잘못된 투자결정을 하게 되는 쏠림현상(herd mentality)의 오류 등을 범한다.

이러한 투자정보처리상의 오류나 행태적 편의는 모두 남의 이야기인가?

"나 자신이 투자의 최대의 적이다. 왜냐하면 우리가 가지고 있는 여러 가지 편견이 최악의 상황을 가져오기 때문이다." Princeton 대학의 Burton G. Malkiel 교수가 "A Random Walk down Wall Street"에서 일반투자자들이 범하는 투자실수를 경고하는 말이다.

다음은 내가 얼마나 이러한 투자정보처리상의 오류나 선택행동의 편의를 지니고 있는지를 판단할 수 있는 질문이다.

"당신은 평균보다도 운전을 잘하는가?"

"과거 30년간의 주식의 연평균복리수익률은 12%인데, 내년도 당신의 예상수익률은 이를 상회할 것으로 생각하는가?"

"본인이 얻은 정보를 자신만이 지닌 정보로 간주하여 과도한 거래를 하는가?"

"과열장세가 지속되면 폭락할 것으로 예상은 하지만, 그래도 상승추세에 그저 좇아가는 다른 사람을 보면서 나보다 더 큰 바보가 존재한다는 생각(the greater fool theory)에서 그 분위기에 따라가는가?"

"내가 통제할 수 없는 객관적 상황을 통제할 수 있다고 보고, 빈번한 거래나 집중투자, 지정가주문에 의존하는가?"

버블에 대한 대처가 어려운 것은 이성적으로 '지금이 버블인지'를 판단하기 어려운 것도 있지만, 인간의 탐욕, 때로는 심리적 행태적 편의로 인해 '버블'의 역사는 반복될 수밖에 없는 것이 아닌가?

연습문제

1. 다음 사항에 대하여 설명하라.

효율적시장 가설(EMH)	약형 효율적시장 가설	준강형 효율적시장 가설
강형 효율적시장 가설	효율적시장의 특성	과잉반응가설
지속현상	주말효과	1월효과
사건연구	*PER*효과	*PBR*(*B*/*M*)효과
기업규모효과	소외기업효과	행태재무학
투자정보처리상의 오류	과대확신의 오류	선택행동의 편의
손실·후회 회피의 오류	전망이론	차익거래의 제한

2. 다음 중 잘못 서술되어 있는 문항에 대해서는, 잘못 서술되고 있음을 논리적·이론적 근거를 제시하여 설명하라.
   (1) 무상증자발표에 대한 주가반응의 검증은 약형 EMH 검증에 해당된다.
   (2) 연속적 주가움직임에 시계열 상관성이 존재한다면 준강형 EMH를 부정하는 것이다.
   (3) 정보효율적시장에서는 초과수익의 여지가 있는 투자전략의 발견이 불가능하다.
   (4) 정보효율적시장에서는 증권가격에 새로운 정보는 과잉반응 후 즉각적으로 반영된다.
   (5) 효율적시장 이론에 반하는 시장의 이례적 현상(market anomalies)으로 제시되고 있는 것에는 규모효과, 1월효과, *PER*효과, 주식분할정보효과 등을 들 수 있다.
   (6) 행태재무학에서 설명하는 '확증편의의 오류'는 "투자이익에 대해서는 위험회피형의 성향을 보이고, 손실에 대해서는 위험선호형의 성향을 보이는 편의"를 말한다.

3. [시장효율성의 개념]
   (1) 효율적 증권시장의 특성을 설명하라.
   (2) 증권시장에서 모든 투자자가 동일하게 방어적 투자전략을 시도한다면 증권시장의 효율성에는 어떤 일이 벌어지는가?
   (3) 효율적시장에서는 기본적 분석에 기초한 투자관리는 부정되는가?
   (4) "증권시장에서 초과수익을 가능하게 하는 투자전략이 존재할 때, 이는 자기파괴적이 된다"는 주장이 있다. 이 주장에 대하여 설명하라.

4. [행태재무학]
   (1) 효율적시장 가설에 대한 실증분석 결과에서 지적되고 있는 '시장의 이례적 현상'에는 어떤 것이 있는가?
   (2) 행태재무학에서는 '시장의 이례적 현상'을 어떻게 설명하는가?
   (3) 행태재무학에서 투자편의를 초래하는 투자자들의 심리적 특성상의 오류를 ① 투자정보처리상의 오류, ② 선택행동의 편의, ③ 차익거래를 할 수 없는 현실적 한계 등으로 나누어 설명하고 있다. 구체적으로 어떤 오류를 말하는가?

PART VI

파생상품과 위험관리

CHAPTER

16

선물거래와 위험헤징

상품시장과 금융시장에서 자산가격의 변동성이 커지는 투자환경 속에서 선물과 옵션 관련 파생상품은 중요한 위험관리수단으로 그 중요성이 높아지고 있다. 실제로 선물거래는 포트폴리오 관리의 측면에서 볼 때 체계적 위험까지 줄여줄 수 있는 수단을 제공해 줄 뿐 아니라 포트폴리오의 투자수익과 위험의 특성을 효과적으로 조정할 수 있는 방편이 된다. 이런 이유로 선물거래 규모가 현물거래 규모를 크게 상회할 정도로 활성화되고 있다.

본장에서는 선물거래를 이용한 투자관리방법에 대하여 다룬다. 다음은 본장의 학습목표로서 이해해야 할 주요 사항들이다.

- 선물거래제도의 특징과 선물시장의 경제적 기능
- 우리나라의 선물제도
- 선물거래를 이용한 위험헤징방법과 베이시스 위험
- 주가지수 선물거래에서 헤지비율을 결정하는 방법
- 주가지수 선물거래를 이용하여 체계적 위험을 통제하는 방법
- 선물투기전략의 방법
- 선물가격과 현물가격의 관계(현물 · 선물등가이론)

주제 생각하기

위험관리수단으로서의 선물거래

금융시장의 불확실성이 높아지고 자산가격의 변동성이 커지면서 위험관리수단으로서 선물과 옵션 관련 파생상품의 활용이 늘고 있다. 선물거래는 상품을 사고팔기로 하는 계약은 지금 체결하고, 실제로 상품의 인수도와 현금결제는 미래 특정시점에서 하는 거래이다. 오늘 계약하면서 매수가격 및 매도가격을 미리 정하면, 미래의 가격을 오늘 고정하게 되므로 투자위험을 헤징(hedging)할 수 있는 좋은 수단이 된다. 또한 선물거래는 현물투자시보다도 가격변동성의 방향을 바르게 예측했을 때에는 매우 적은 투자액(증거금)으로 높은 수익률을 올릴 수 있는 레버리지 효과가 있다. 물론 방향성 예측이 잘못되면 상당한 손실을 감수해야 한다. 이런 이유로 선물거래 규모가 현물거래 규모를 크게 상회할 정도로 활성화되고 있다.

세계 파생상품시장에서 선물거래는 크게 증가하고 있는데, 이 가운데 농산물, 에너지, 금속 등 상품선물의 비중은 20% 미만인 반면에, 주가지수, 주식선물, 통화, 단기금리, 채권 등 금융선물은 80%가 넘는 높은 비중을 차지하고 있다. 우리나라에서의 파생상품 거래량은 2011년까지 세계 1위를 차지할 정도로 높은 편이었지만 2012년 이후 3년 동안 80% 이상 감소하였고, 최근에는 거래량 세계 순위도 9위로 추락하였다. 그 이유는 각종 사고를 줄이기 위한 파생상품시장에 대한 여러 규제정책(제17장 '증권카페' 참조) 때문이기도 하고, 또 다른 이유는 주가가 박스권에서 오래 지속되면서 변동성이 적어진 탓으로 파생상품의 매력이 크게 감소했기 때문이다.

다음은 우리나라의 2018년 주요 파생상품의 거래현황(일평균 기준)이다.

	코스피 200선물	채권금리 선물	통화선물	주식선물	선물전체	코스피 200옵션	주식옵션	옵션전체
계약수(천 계약)	264	156	313	2,056	2,930	2,696	77	2,843
계약금액(억원)	196,249	177,725	34,419	15,365	444,203	5,870	11	5,926

가장 높은 비중을 차지하고 있는 지수선물거래에 대해서는 본장에서, 지수옵션거래에 대해서는 다음 장에서 다루게 되는데, 이들 파생상품을 투자위험관리에 활용하는 방법을 다루게 된다.

석유가격의 급등락이 지속되는 상황에서 원유회사에서는 가격하락위험을, 정유회사에서는 가격상승위험을 염려한다. 이들 회사의 입장에서 선물거래를 통해 투자위험을 헤징하는 방법은 무엇인가? 주식투자위험은 지수선물로 어떻게 헤징하는가?

전통적인 헤징방법은 현물포지션과 반대되게 선물거래를 계약하면 된다고 설명하는데, 그러면 현물거래에서의 손실(이익)과 선물거래에서의 이익(손실)이 정확하게 상쇄될 수 있는 헤지비율을 어떻게 결정해야 하는가?

선물거래는 기초자산 가격의 변동성과 방향성에 의해 초래되는 위험 중에서 어떤 위험관리에 유효한가?

제 1 절 선물거래의 의의와 종류

본절에서는 먼저 선물거래의 특징에 대하여 설명한다. 선물거래는 선도거래로부터 발전했는데, 이들의 차이점을 2항에서 살펴보고, 3항에서는 선물거래의 종류에 대하여 설명한다.

1 선물거래의 의의

모든 상거래는 거래 쌍방이 상품을 건네주고 받으면서 현금을 지급하고 받아 결제하는 것이다. 이때 두 행위가 시간적으로 동시에 이루어지는지, 아니면 시간적 차이를 두고 이루어지는지에 따라 현금거래와 선물거래로 구분된다.

현금거래, 즉시거래(cash 또는 spot trade)는 현장에서 상품을 건네주고 받으면서 동시에 현금을 결제하는 거래이다. 반면에, 선물거래는 상품을 사고팔기로 하는 계약은 지금 체결하고, 실제로 상품의 인수도와 현금결제는 미래 특정시점에서 하는 거래이다. 예를 들어 4개월 후 밀을 수확하게 되는 밀 농가와 이를 원료로 사용하고자 하는 농산물 가공업자가 4개월 후에 밀을 인수도하면서 대금을 결제하기로 하고, 그 계약을 오늘 체결하는 것은 선물거래의 한 형태이다.

이처럼 선물계약거래(futures contract)는 특정자산을 미래 특정시점에서 약정된 가격과 조건으로 사거나 팔기로 약속하는 의무화된(obliged) 계약거래를 말한다.

계약은 오늘 체결하지만, 상품의 인수도와 대금결제는 미래 특정시점에서 하는 이러한 형태의 거래는 위에서 예로 든 밀 농가와 농산물 가공업자의 관계뿐 아니라 조선회사와 해운회사, 원유회사와 정유회사 사이 등 많은 거래에서도 볼 수 있는데, 쌍방 모두 가격변동위험을 안고 있다. 밀 농가에서는 가격하락위험을, 농산물 가공업자는 가격상승위험을 염려한다. 4개월 후 밀의 가격이 급락하면 밀 농가의 수입은 크게 감소하고, 밀의 시장가격이 오르면 제분업자와 같은 농산물 가공업자의 이익은 크게 줄어드는 위험이 있다.

그런데 4개월 후에 현물 인수도와 대금결제할 것을 오늘 계약하면서 매수가격 및 매도가격을 미리 정하면, 미래의 가격을 오늘 고정(lock-in)하는 결과가 되므로 관련된 위험을 부분적으로 줄이는 효과가 생긴다. 거래 쌍방 모두가 가격이 불리한 방향으로 움직이는 데서 오는 위험을 줄일 수 있게 된다.

	노출된 위험	현 재	미래 특정시점
밀 농가	가격하락위험	매도계약(매도가격 오늘 확정)	현물(밀) 인도
농산물 가공업자	가격상승위험	매수계약(매수가격 오늘 확정)	대금지급 결제

이러한 거래에서는 상품의 인수도와 대금결제과정에서 분쟁의 소지가 발생할 수 있다. 따라서 그 계약사항이 반드시 이행되도록 의무화시키는 거래가 되어야 한다. 선물계약거래의 중요한 특징은 **의무화된 계약거래**라는 점에 있다. 어떠한 상황이 되든지, 밀 농가는 미래 약정시점에서 약정된 조건(가격)으로 밀(현물)을 인도해야 하는 의무를 지니며, 농산물 가공업자는 현금을 지급해야 하는 의무를 지닌다.

선물거래와 다음 장에서 설명하는 **옵션거래**는 특정자산을 미래 특정시점에서 약정된 가격과 조건으로 사거나 팔기로 약속하는 거래라는 점에서 유사하다. 그러나 옵션계약은 상황이 유리할 때 권리(rights)를 행사할 수 있는 계약이어서 기본적으로 강제성이 없는 반면에, 선물계약은 계약사항을 반드시 **이행해야 하는 의무**(obligation)를 지닌다는 점에서 근본적으로 차이가 있다.

2 선도거래와 선물거래

특정자산을 미래 특정시점에서 약정된 가격과 조건으로 사거나 팔기로 약속하는 의무화된 계약거래로서, 오늘날 개설되고 있는 선물계약거래는 역사적으로 보면, 선도계약거래의 형태로부터 시작되었다.[1)]

본래 선도거래(forward contract)는 **계약자 쌍방**의 사적 합의에 의해서, **비표준화**된 거래절차(주문방법, 매매성립, 가격표시방법, 결제방법)와 매매 쌍방의 개인신용도에 근거하여, **비공개적인** 점두거래(over-the-counter market)방식으로, 그리고 무엇보다 **만기일에만 결제가 허용되는** 거래로 시작되었다. 만약 밀 농가 'A'와 제분업자 'B'가 밀을 수확하게 되는 4개월 후에 밀을 인수도하면서 대금을 결제하기로 하는 계약을 오늘 체결하면 이 계약거래는 선도거래이다. 계약거래가 이처럼 비표준화된 거래절차, **계약자 쌍방**의 사적 합의 그리고 **개인신용도**에 근거하여 이루어지면 결

1) 선도거래나 선물거래는 현물거래처럼 당장 현물이 오고 가는 거래가 아니라 특정자산을 미래 특정시점에서 약정된 가격과 조건으로 사거나 팔기로 약속하는 의무화된 계약거래라는 특징을 지닌다. '계약'을 사고파는 거래인 것이다. 엄격한 의미에서 선도계약거래, 선물계약거래라고 표현해야 하나 여기서는 간단히 줄여 선도거래, 선물거래로 표현한다.

과적으로 계약의무의 불이행과 그로 인한 분쟁의 소지가 항상 있게 된다. 더욱이 **만기일**이 되어야 결제가 이루어지기 때문에 기회손실 등 추가적인 가격변동위험을 회피할 수 없다. 예를 들어 계약가격보다 만기시점에서의 가격이 더 크게 상승하면 매도자(밀 농가와 같은 입장)는 비싸게 팔 수 있는 기회를 잃은 결과가 되므로 손해를 보고, 반대로 가격이 하락하면 매수자(제분업자와 같은 입장)는 싸게 살 수 있는 기회를 잃어 손해를 보게 된다.

이러한 선도거래의 문제점을 해결하는 제도로서 만들어진 것이 선물거래이다. 선물거래(futures contract)는 일정기간 후에 일정량의 특정상품을 미리 정한 가격에 사거나 팔기로 계약하고, 이 계약에 따라 만기일에 약정대금을 수수하고 현물을 실제 인수 혹은 인도하는 계약거래를 하되, 거래가 **조직화된 거래소**를 통하여 **표준화된 거래절차**에 따라 이루어지도록 하고, 계약의 **만기일 이전이라도 반대매매**(reverse trading)를 하여 가격차이만큼의 금액만 결제함으로써 그 계약을 이행하게 되는 거래형태이다.

밀 농가 'A'와 제분업자 'B'가 계약자 쌍방의 사적 합의와 개인신용도, 비표준화된 거래절차에 근거하여 이행하는 것이 아니라 **조직화된 선물거래소**를 통하여 그 **표준화된 거래절차**에 따르며 계약의 이행을 **선물청산소**가 보증하는 방법으로,

〈표 16-1〉 선도거래와 선물거래의 차이점

	선도거래	선물거래
① 거래의 표준화 여부	**계약자 쌍방**의 사적 합의에 의해서 계약조건을 임의로 정하는 비표준화된 계약	**공식거래소**에서만 거래되며 거래절차(주문방법, 매매성립, 가격표시방법, 결제방법)가 명시되어 있는 **표준화된 계약**
② 계약의무이행의 보증 여부	계약자 쌍방의 **직접거래**로, 계약당사자의 신용에 의존	계약의 이행이 **청산소**에 의해 보증되므로 청산위험이 없음.
③ 청산방법	**만기일에만 결제**	**일일정산결제***
④ 계약이행시점과 위험관리의 유효성	만기일에 현물인수도하고 대금결제. 따라서 기회손실 등 추가적인 가격변동위험을 회피할 수 없음.	**만기일 이전**이라도 반대매매에 의해서 청산할 수 있음. 따라서 선물계약은 자신이 원하는 시기에 가격변동위험을 헤징할 수 있는 수단이 보다 다양함.
⑤ 가격결정방법과 규제 여부	**점두거래**에 의존. 매매당사자간의 직접 가격결정. 가격결정시 하한·상한의 제한이 없음.	공개적인 **호가방식**(open outcry)에 의해 이루어져 가격결정이 경쟁적이고 효율적임. 시장의 **유동성**이 상대적으로 높음. 투기적 요소에 대한 가격변동제한과 각종 규제가 뒤따름.

* 이에 대해서는 '제2절 선물거래제도와 기능'에서 상세히 설명

그리고 4개월 이전 아무 때나 결제하도록 하는 계약거래라면 이는 선물거래이다. 따라서 〈표 16-1〉의 양자의 차이점 비교에서 보듯이 선물거래의 장점은 ① 조직화된 공식거래소를 통한 표준화된 거래절차에 의해서 그리고 계약의 이행을 청산소가 보증함으로써 분쟁의 소지나 청산위험이 없다는 점, ② 공개적인 호가방식으로 거래가 이루어져 경쟁적이고 효율적인 가격결정이 이루어지고 유동성이 높다는 점, ③ 만기 이전에라도 결제하여 위험회피가 수시로 이루어질 수 있다는 점이다.

3 선물거래의 종류

선물거래는 〈표 16-2〉에서 보는 바와 같이 선물거래의 대상에 따라 상품선물거래와 금융선물거래로 나눌 수 있다.

상품선물거래(commodity futures)는 옥수수 · 밀 · 콩 등의 농축산물, 동 · 알루미늄 등의 금속, 원유 · 천연가스 등의 에너지를 거래대상으로 하는 선물거래이다.

금융선물거래(financial futures)는 채권, 주요국 통화, 주가지수 등 금융상품을 거래대상으로 하는 선물거래이다.

선도거래와 선물거래를 역사적으로 보면, 초기에는 농축산물을 대상으로 하는 선도거래가 주를 이루었다. 미국의 경우 조직적인 선도거래는 1691년 뉴욕에 상품거래소가 개설되면서부터 이루어졌고, 거래가 본격화된 것은 1800년대에 들어서서 주요 곡물이나 가축 등의 수급불균형이 크게 발생한 후부터이다. 주요 농산물이

〈표 16-2〉 선물거래의 종류

선물거래	상품선물거래	농축산물	밀, 대두, 옥수수, 커피, 코코아, 면, 설탕, 쌀, 소, 돈육 등
		금　　속	동, 알루미늄, 금, 은, 플래티늄 등
		에 너 지	원유, 벙커시유, 천연가스, 가솔린, 프로판가스, CRB지수(농축산물, 금속, 에너지 종합지수), 날씨 등
	금융선물거래	금리선물	유로달러, T-Bond, T-Note, T-Bill, CD, LIBOR, EULIBOR
		통화선물	미국「달러」, 영국「파운드」, 일본「엔」, 유럽「유로」등
		주가지수	S&P 500, NYSE지수, DJ산업지수, Nasdaq 100지수, FTSE지수, 일본 Nikkei 225지수, 한국 KOSPI 200지수 등
		선물옵션	

과잉생산되는 해에는 매우 낮은 가격으로 팔아야 하는 농산물 생산업자(농가)가 큰 손해를 보게 되고, 작황이 나쁜 해에는 급등한 가격으로 원료를 구매해야 하는 농산물 가공업자나 소비자가 큰 손해를 경험하게 되면서 가격안정을 기하는 방편으로 선도계약의 이용이 크게 증가하게 되었다.

선물거래 형태로 조직화된 거래가 이루어지기 시작한 것은 1848년 미국에서 시카고거래소(CBOT : Chicago Board of Trade)가 설치되면서부터이다. 선물거래는 1970년대 이전까지는 주로 농산물, 금속, 에너지 등 상품선물에 국한되었다. 그러나 1970년대 이후 급격한 환율변동과 금리변동을 경험하면서 상품선물거래방식이 금융자산에도 적용되어 금융선물거래가 발달하게 되었다. 1982년 이후에는 주가지수를 대상으로 하는 선물거래로 확장되고 있다.

제 2 절 선물거래제도와 기능

본절에서는 선물시장의 구성, 조직화된 거래소와 청산소, 증거금과 일일정산제도 중심으로 선물거래의 제도적 측면과 기능에 대하여 살펴본다.

1 선물시장의 구성

선물시장은 크게 보면 투자자, 선물거래소, 선물중개회사, 청산소로 구성되어 있다고 할 수 있다. 이 가운데 투자자는 헤저와 투기자 그리고 차익거래자로 구분되어 참여하게 된다.

헤저(hedger)는 현물보유자나 실수요자 입장처럼 불리한 가격변동의 위험으로부터 기초자산의 가치를 보호하려는 목적에서 선물시장을 이용하는 투자자들이다. 반면에 투기자(speculator)는 실수요자가 아닌 입장에서 현물시장에서의 포지션에 관계없이 위험부담을 안으면서 선물가격변동 그 자체를 유리하게 이용하려는 투자자들이다. 한편 차익거래자(arbitragers)는 현물시장과 선물시장에서의 가격차이를 노리고 무위험이익(arbitrage profit)을 달성하려는 투자자들이다.

이러한 헤저와 투기자 그리고 차익거래자에 의하여 선물계약에 대한 수요와 공급이 발생하기 때문에 투자자 입장에 따라서 선물계약은 투자위험을 회피하는 수단이 되기도 하고, 그 과정에서 적극적으로 이익을 얻을 수 있는 투기의 수단이 되기도 한다.

선물거래는 계약을 사고파는 거래이다. 어떤 형태의 투자자이든 매수자(수요자)와 매도자(공급자)가 있게 되는데, 선물거래에서는 선물계약의 매수포지션을 long position, 선물계약의 매도포지션을 short position이라고 부른다.

2 조직화된 거래소와 선물청산소

앞에서 선도거래가 매매 쌍방의 개인신용에 근거한 비공식적 사적거래로서 분쟁의 소지가 있는 반면에 선물거래는 조직화된 거래소와 청산소를 통해서 거래와 결제가 이루어짐으로써 공신력 있게 청산위험 없이 거래가 완결될 수 있음을 지적하였다. 선물거래는 장외거래가 인정되지 않고 지정된 장내 거래소에서만 거래가 가능한데, 선물거래소는 조직화된 거래소로서 독자적인 거래규칙하에 시장참여자간의 공정하고 질서 있는 거래를 보장해 준다. 선물거래소 내에서 선물거래를 성립시켜 주는 역할은 거래소 회원에 의해서 수행된다.

앞서 설명한 것처럼 미국에서는 1848년 시카고거래소(CBOT : Chicago Board of Trade)가 설치되면서 선물거래는 조직적으로 이루어지게 되었는데, 현재는 2007년 시카고상품거래소(CBOT)와 뉴욕상업거래소(NYMEX)를 흡수합병한 시카고상업거래소(CME : Chicago Mercantile Exchange) 내에서 이루어지고 있다. 우리나라에서는 1996년 주가지수선물거래가 시작되었는데, 제도적으로는 1999년 설립된 한국선물거래소가 한국증권선물거래소에 편입되고 2009년 한국거래소(KRX)로 체제가 바뀌면서 현재는 KRX를 통하여 선물거래가 이루어지고 있다.

선물거래가 지니는 중요한 특성의 하나는 선물계약의 결제방식인 청산거래제도(clearing mechanism)에 있다고 할 수 있다. 선물거래 특유의 청산기능은 선물청산소에 의해 수행되는데, 선물청산소(clearing house)는 선물계약의 이행을 보증하기 위하여 매매 쌍방을 대신하여 실질적인 거래당사자가 되어 청산기능을 수행하는 기관이다. 청산소는 모든 매도측 청산회원에 대해서는 매수측이 되고, 모든 매수측 청산회원에 대해서는 매도측이 되어 상품과 현금의 인수도를 보증하는 청산기능을 수행함으로써 원활한 선물거래를 위한 안전기구로서의 역할을 수행한다. 외국의 경우 거래소와 별도의 청산소를 설치하여 운영하고 있지만 우리나라는 청산소를 별도로 두지 않고 한국거래소가 청산소의 역할을 하고 있다.

3 증거금 및 일일정산제도

청산소의 청산업무는 증거금(margin)제도와 일일정산제도에 기초하고 있다.

일반 선물투자자는 먼저 계좌를 개설하고 정해진 예탁금을 납입해야 한다. 선물거래는 미래 인수도 시점이 되어야 손익을 알 수 있고 손실을 보는 상황이 언제든지 발생할 수 있으므로 반드시 결제를 이행하겠다는 계약금 성격의 증거금(선물계약금액의 일정 %)을 내야 한다.

계약이행보증의 역할을 하는 일반투자자의 위탁증거금에는 개시증거금, 유지증거금, 추가증거금이 있다. 개시(주문)증거금(initial margin)은 거래 개시 때 납부하는 최초증거금이다. 거래계약액의 일정비율(일반적으로 5~15%, KOSPI 200지수선물의 경우는 7.5%)의 해당금액을 개시 때 예치한다. 유지증거금(maintenance margin)은 개시 이후 선물거래하는 동안 선물거래의 이행을 보증하는 데 필요한 최소수준의 증거금이다. 유지증거금은 보통 개시증거금의 60~70% 수준에서 결정된다. KOSPI 200 지수선물의 경우 유지증거금은 개시증거금의 2/3(계약금액의 5%)로 정하고 있다.[2]

투자자의 증거금 잔고가 유지증거금 수준 이하로 내려가면 추가증거금 납부를 요구받는데, 이 요구를 증거금요구(margin call)라 하고, 증거금요구에 의해 납부되는 증거금을 추가(변동)증거금(variation margin)이라 한다.

[그림 16-1] 일일정산과 증거금 납부 및 인출

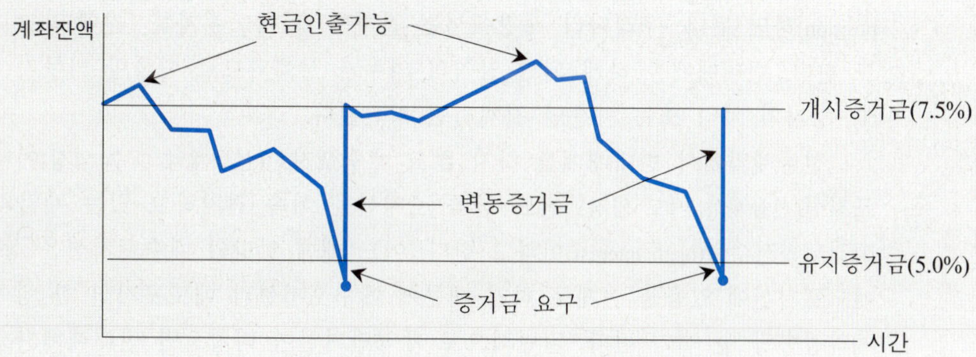

2) KRX에서는 고객이 증권회사/선물회사에 납부하는 증거금에 대하여 개시(주문)증거금은 '위탁증거금', 유지증거금은 '유지위탁증거금'으로 규정하고 있다. 그리고 회원사가 거래소에 내는 증거금은 '거래증거금'으로 구분하고 있다. 증거금률은 선물상품의 거래가격과 변동성을 감안하여 차등화시키고 있다(〈표 16-3〉 참조).

선물가격이 변동함에 따라 증거금 잔고가 추가증거금 납부가 필요한 수준까지 내려갔는지 반대로 충분한지를 판단하기 위해서는 매일매일의 손익이 발생할 때마다 이를 증거금 증감에 반영(marking to market)하여 증거금계정을 정산해야 한다. 이를 일일정산제도(daily settlement)라고 한다. 일일정산에 의해 차익이 발생하면 기초증거금을 초과하는 부분은 수시로 인출할 수 있다. 반면에 차손이 발생하여 계좌에 있는 금액이 유지증거금 수준을 밑돌게 되면 개시증거금 수준으로 현금을 예탁해야 하는 증거금요구를 받는다([그림 16-1] 참조). 이처럼 선물계약자의 실제 거래에 관계없이 청산소에서 매일마다 정산하는 방법은 그 정산결과가 일정기간에 걸친 실제 투자손익과 일치하므로 아무런 문제를 야기하지 않는다. 선물계약은 일일정산하는 제도라는 점에서 만기일에만 정산하는 선도계약과 차이가 있다.

4 선물거래 종결방법

선물포지션을 종결하는 방법(closing out positions)에는 두 가지가 있다. 한 방법은 만기시에 실물인수도 또는 현금결제를 하여 계약의무의 이행을 다하는 것이다.

다른 방법은 실물인수도일 이전이라도 언제든지 반대매매(offset 혹은 reversing trades)를 통해 본인의 선물포지션을 청산(마감)하는 것이다. 즉, 선물계약매수자의 입장에 있는 투자자가 중도에 실물인수의 의무에서 벗어나고 싶으면 선물계약을 매도(short position)하고, 선물계약매도자의 입장에 있었다면 선물계약을 매수(long position)하면 된다. 우리나라 시장에서는 전자를 '환매', 후자를 '전매'라고 부르기도 한다. 반대매매를 하게 되면 양쪽의 의무가 상쇄되므로 이행할 의무가 사라지고, 양자의 차익 또는 차손만 결제하면 청산된다.

선물계약에서 반대매매를 하지 않고 매수포지션(선물계약 매수 입장)이나 매도포지션(선물계약 매도 입장) 어느 한쪽 포지션을 계속 견지하고 있는 계약의 수를 미결제약정수량(open interest)이라고 한다. 어느 매매 일방의 매수포지션은 상대방이 매도포지션에 있음을 전제로 하기 때문에 매수포지션과 매도포지션 한 쌍이 미결제약정수량 한 개가 된다. 일반적으로 계약만기일이 다가오면 반대매매가 대부분 이루어지므로 미결제약정수량은 크게 감소한다. 실제의 선물거래에서 만기일에 상품인수도(주가지수선물은 현금인도)로 이어지는 예는 전체의 3% 미만인 것으로 알려져 있다. 이 경우도 대부분 농축산물, 금속, 통화선물에서 나타난다.

5 KRX의 선물거래제도

우리나라에서의 선물거래는 1996년 5월 3일 KOSPI 200지수선물이 개설되면서 시작되었다. 2000년부터는 선물거래소가 개설되면서 달러선물, 국채선물에까지 확장되었고, 2005년 1월 27일 이후에는 통합 증권선물거래소가 출범하면서 모든 선물거래는 한국거래소(KRX) 내의 선물시장에서 거래되고 있다. 2008년 5월 6일부터는 개별주식 선물거래가 가능하게 되었는데, 2015년 7월 현재 KRX에서는 다음과 같은 선물상품이 거래되고 있다. 〈표 16-3〉은 이 가운데 주요 금융선물의 현황과 제도를 요약한 것이다.

- 주가지수 상품 : KOSPI 200지수선물, KOSDAQ 150지수선물, KOSPI 200 에너지/화학섹터지수선물, KOSPI 200 정보기술섹터지수선물, KOSPI 200 금융섹터지수선물, KOSPI 200 경기소비재섹터지수선물, KOSPI 200 생활소비재섹터지수선물, KOSPI 헬스케어섹터지수선물, KOSPI 200 변동성지수선물 등
- 금리상품 : 3년국채선물, 5년국채선물, 10년국채선물
- 통화상품 : 미국달러선물, 엔선물, 유로선물

〈표 16-3〉 우리나라 금융선물 관련 주요 상품의 현황과 제도

상품 구분	선 물	기초자산	결제월	최종 거래일	개시 증거금	유지 증거금	호가 가격	거래승수 (1계약금액)
주가 지수	KOSPI 200(1996.5.30)* KOSDAQ 150(2015.11)***	KOSPI 200지수 KOSDAQ 150지수	분기월 4개	두 번째 목요일	7.2% 11.25%	4.8% 7.5%	0.05P 0.10P	지수×25만원** 지수×1만원
주권	132개 주식(유가증권시장 113개, KOSDAQ시장 19개)	주권****	분기월 4개 기타월 2개	지수선물과 동일	차등	차등	차등	주식선물가격 ×10(거래승수)
금리	장기 3년국채(1999.9.29) 장기 5년국채(2003.8.22) 장기 10년국채(2008.2.25)	국고채	분기월 4개	결제월 세 번째 화요일	0.39% 0.69% 1.50%	0.26% 0.46% 1.00%	0.01P	액면 1억원
통화	미국 달러(1999.4.23) 일본 엔(2006.5.26) 유로(2006.5.26)	미국 달러 일본 엔 유로	분기월 중 12개 및 기타월 8개	결제월 세 번째 월요일	3.1% 4.2% 2.8%	2.1% 2.8% 1.9%	0.1원	US $10,000 JP 100만엔 EU 10,000유로

자료 : www.krx.co.kr(기준일은 2019.7.20)

* (　　)은 상장일

** 2017년 3월 27일부터 50만원에서 25만원으로 인하됨. 2015년 7월 20일 도입된 '미니 KOSPI 200선물'은 거래승수가 10만원임

*** 스타지수선물의 거래가 전무하면서 2015년 11월부터 개설

**** 증거금률은 주식마다 변동성을 감안하여 차등화되어 있음

〈표 16-4〉 KOSPI 200지수선물 연도별(일평균)거래 추이

구 분 \ 연 도	2000	2004	2008	2010	2011	2014	2016	2017	2018
일평균거래량 (천 계약)	82	223	268	346	352	155	138	200	301
일평균거래대금 (천억원)	36	120	252	396	454	199	170	172	196

자료 : KRX, 연차보고서, 2018년 파생상품시장동향, 2019.1

- 일반상품선물 : 금선물, 미니금선물, 돈육선물
- 기초주권상품(주식)선물 : 삼성전자, SK하이닉스, 현대차, 기아차, LG전자, LG디스플레이, POSCO, 한국전력, KB금융지주 등의 주식선물

이 가운데 가장 활성화되고 있는 선물거래는 KOSPI 200지수선물이다. 이 지수선물의 기초자산이 되고 있는 KOSPI 200지수는 제3장 제3절에서 설명한 것처럼 거래소시장의 주요 우량종목 200개(전체의 약 70% 정도의 비중)를 대상으로 작성되고 있는 시가총액식 주가지수(기준시점 1990년 1월 3일)이다. 거래종목은 3개월 단위의 3월, 6월, 9월, 12월물의 4종목이다. 만기일은 각 결제월의 두 번째 목요일이고, 1계약의 크기는 [KOSPI 200지수×25만원]이다. 만약 지수가 230이라면 1계약금액은 5,750만원이다. 개시증거금은 위탁금액(주문가격×주문수량×25만원)의 7.5%, 유지증거금은 위탁금액의 5%이다. 최소 호가단위(tick)는 0.05(금액으로 환산하면 0.05×25만원=12,500원)이어서 지수가 230.00, 230.05, 230.10처럼 호가가 제시된다. 투자자 보호제도로서는 가격제한폭제도(전일 종가∓30%)와 사이드카(side car)제도(제3장 제2절)가 운영되고 있다.

우리나라 KOSPI 200지수선물거래 현황은 〈표 16-4〉에서 보는 것처럼 2011년까지는 세계 6위권 안의 거래규모가 될 정도이었고 국내 현물시장의 거래보다 지수선물거래가 6~7배가량 많은 수준이었다. 그러나 2012년 이후는 크게 줄면서, 2018년에는 2011년에 비하여 거래대금은 43% 수준으로 크게 감소했다.

6 선물시장의 경제적 기능

선물거래는 이상에서 설명한 것처럼 기본적으로 투자위험의 헤징과 투기의 기능을 수행하는데, 경제적 기능을 정리하면 다음과 같다.

첫째, 자산가격 변동으로 인한 위험을 헤징(hedging)하거나 위험을 다른 사람에

게 이전시키는 위험이전(risk transfer)기능이다. 투자자는 현물포지션과 반대되는 선물거래를 계약함으로써 가격하락시에 현물시장에서 입는 손실을 선물시장에서 보전하고, 가격상승시에는 현물에서 얻는 이익으로 선물시장에서의 손실을 보전함으로써 가격변동의 위험으로부터 벗어날 수 있다. 이와 같은 가격보험기능, 위험회피기능은 보다 큰 이익을 얻을 가능성을 기대하면서 적극적인 선물포지션을 취하는 투기자에게로 위험이 이전됨으로써 가능하게 된다.

둘째, 미래의 자산가격에 관한 정보제공기능, 즉 가격예시(price discovery)기능이다. 특정상품의 미래가격에 대한 시장참여자들의 집약적 예상이 가격으로 표시된 것이 선물가격이므로 미래 현물가격 추정의 한 기준이 된다.

셋째, 자금의 효율적 관리, 즉 유동성 증가기능이다. 선물거래시 소요자금은 시장과 상품의 종류에 따라 다르지만, 현물가격의 약 7~15% 정도면 가능하므로 기업자금이 원활히 순환하는 데, 그리고 현물시장에서 유동성을 증가시키는 데 도움이 된다. 또한 선물시장을 이용하면 재고유지가 필요하지 않고, 미래시점에서 필요한 원자재 등을 유리하게 확보할 수 있으므로 경영관리의 효율성을 높인다.

넷째, 적은 투자자금으로 높은 투자수익을 거둘 수 있는 레버리지 기능이다. 선물거래시 필요한 위탁증거금률은 현물거래보다 매우 낮으므로 높은 투자수익률을 거둘 수 있다. KOSPI 200지수선물의 경우 위탁증거금률이 7.5%이므로 현물거래보다도 약 13배가량 손익이 확대되어 나타난다.3)

제 3 절 선물거래전략

선물시장에서의 투자전략은 그 목적에 따라서 크게 **헤징전략, 투기전략, 차익거래전략**으로 구분해 볼 수 있다. 본절에서는 먼저 선물거래로 인하여 기대할 수 있는 이득에 대하여 살펴본 다음 상품선물, 주가지수선물을 중심으로 헤징투자전략, 투기전략방법에 대하여 살펴본다. 차익거래전략에 대해서는 다음 제4절에서 설명한다.

3) 선물거래에서 투자액은 실질적으로 영이라고 할 수 있다. 비록 예치하는 초기증거금에 대해 이자지급이 없지만, 현금 대신 T-bill과 같은 증권예치도 허용하므로 예치한 증권에 지급되는 이자수익을 올릴 수 있기 때문이다. 거래비용 면에서도 주식현물의 거래비용보다 훨씬 저렴하다. 2019년 6월 현재 주식의 거래비용으로는 거래소에 0.002276%, 증권예탁결제원에 0.001066%, 주식매도시의 거래세 0.3%를 납부해야 한다. 반면에 지수선물의 거래비용은 거래소에 0.00021%를 내면 된다. 매수시 기준으로 약 15배 정도 저렴하다.

1 선물거래의 이득

선물계약은 미래 특정일에 계약의 매수자와 매도자, 쌍방이 합의한 가격(선물가격)으로 특정상품을 인수도하고 동시에 대금을 결제하기로 약속하는 계약으로서, 계약내용에는 인도될 모든 물건의 품질, 규격, 최소거래단위와 수량 등을 정확하게 명시하여 표준화된 거래가 가능하도록 만들어져 있다. 따라서 매매 쌍방이 협상하는 것은 표준화된 특정물건에 대한 선물가격(futures price)뿐이다.

선물가격도 수요와 공급의 법칙에 따라 결정된다. 만일 매수포지션(long position)의 호가가 매도포지션(short position)의 호가보다 높으면 선물가격은 오를 것이다. 반대이면 선물가격은 하락하게 된다. 매수포지션과 매도포지션을 각각 선물매수, 선물매도라고 부르기도 하지만, 현물시장에서의 매수와 매도처럼 현금수수가 바로 이루어지는 것이 아니다. 앞서 지적한 것처럼 매수·매도라는 말이 붙고 있지만 증거금 예치 이외에는 현금이 수반되는 투자가 이루어지는 것이 아니다. 단지 매수 또는 매도 '**계약**'을 체결했을 뿐이다.

선물계약 매수는 앞으로 상품가격이 상승함으로써 이득을 보고자 하는 투자자에 의해서 이루어지며, 선물계약 매도는 반대로 상품가격이 하락함으로써 이득을 보고자 하는 투자자에 의해서 이루어진다. 따라서 선물거래로 인한 이득은 전적으로 미래 특정시점(상품 인도·인수시점)에서의 상품의 현물가격(spot price at maturity) 수준에 달려 있다.

이제 현재시점에서의 선물계약가격(약정가격)을 F_0라고 하고, 만기시점에서의 현물가격을 S_T라고 하면 선물거래 두 포지션의 이득은 다음과 같게 된다.

[그림 16-2] 선물계약거래의 손익구조

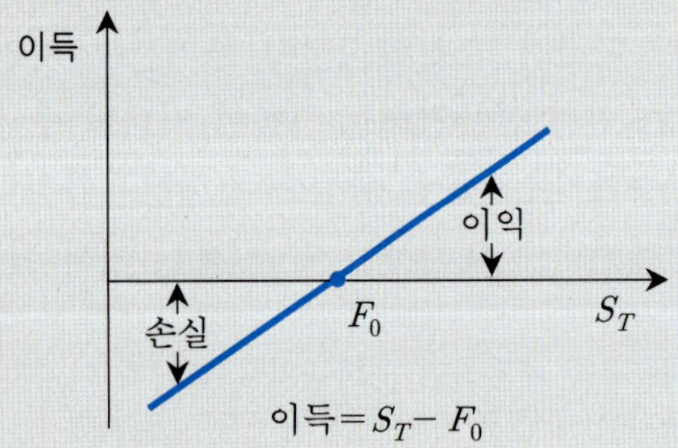

(a) 선물계약 매수

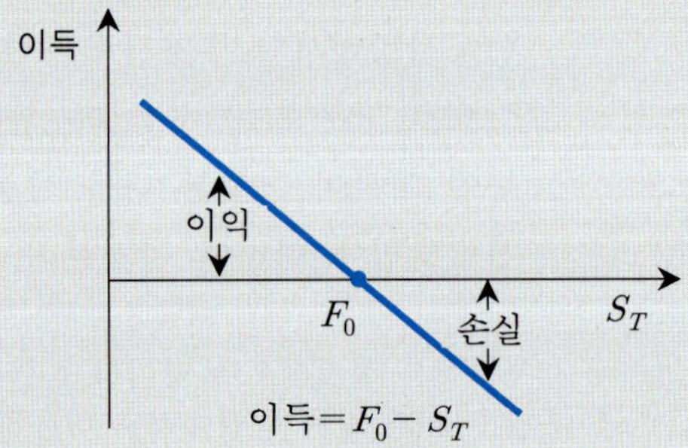

(b) 선물계약 매도

선물계약 매수이득$=S_T-F_0$
선물계약 매도이득$=F_0-S_T$

따라서 [그림 16-2]에서 보는 것처럼 만기가 되었을 때 $S_T>F_0$의 상황이 되면 선물계약 매수자는 이익을 실현하지만, 선물계약 매도자는 손실을 경험하게 된다. 만약 $S_T<F_0$의 상황이 되면 반대의 입장이 된다. 이때 선물거래로 인하여 매수자와 매도자가 얻게 되는 이익과 손실의 크기는 정확히 똑같으므로 선물계약거래는 제로 섬(zero sum)게임이라고 할 수 있다. 결국 양자의 이익과 손실이 상쇄되므로 선물시장은 현물시장에 영향을 주지 않게 된다.

예제

다음은 KOSPI 200지수선물의 2019년 6월 26일 시세표이다. (단위 : 포인트, 계약, 만주)

구 분	종 가	등 락	거래량	미결제량
KOSPI 200	**275.53**	0.25	58,818	–
2019년 9월	275.75	0.70	173,381	288,383
2019년 12월	275.80	0.65	831	44,726
2020년 3월	273.00	0.00	200	2,473
2020년 6월	271.70	0.00	0	5,945

(1) 현재의 KOSPI 200의 현물가격은 275.53이다. A씨는 주가상승을 예상하여 9월물 20계약을 275.75에 오늘 매수하였다. 만기일인 9월 10일까지 보유하였는데, 만약 만기일의 현물가격이 285.75가 되었다면 얼마의 이익 혹은 손실이 발생하는가?
(2) (1)의 예에서 만기일의 현물가격이 271.75라면 얼마의 이익 혹은 손실이 발생하는가?
(3) B씨는 주가하락을 예상하여 12월물 20계약을 275.75에 오늘 매도하였다. 만기일인 12월 10일 현물가격이 261.75가 되었다면, 만기까지 보유한 B씨의 이익 혹은 손실은 얼마인가?

풀이

(1) 20계약을 275.75에 매수, 만기일 현물가격 285.75
선물계약 매수이득$=S_T-F_0=(285.75-275.75)\times$25만원$\times$20계약$=$5,000만원 (이익)
(2) 20계약을 275.75에 매수, 만기일 현물가격 271.75
선물계약 매수이득$=S_T-F_0=(271.75-275.75)\times$25만원$\times$20계약$=-$2,000만원 (손실)
(3) 20계약을 275.75에 매도, 만기일 현물가격 261.75
선물계약 매도이득$=F_0-S_T=(275.75-261.75)\times$25만원$\times$20계약$=+$7,000만원 (이익)

2 헤징전략

(1) 헤징의 의의와 일반적 방법

헤징(hedging)은 본래 가격변동위험으로부터 투자자산의 가치를 보전하는 것을 말한다. 선물거래는 미래의 가격을 현재시점에서 고정(lock-in)시키는 계약거래이므로, 기초자산의 가격이 상승 또는 하락 어느 방향으로 움직이든지 방향성에 관계없이 가격변동위험을 제거하는 헤징방법으로 이용될 수 있다.

선물계약거래를 이용하는 전통적 헤징방법(traditional hedging)은 현물시장에서의 포지션과 반대되는 포지션을 선물시장에서 취하는 것이다. 구체적으로 선물거래에 의한 헤징은 선물시장의 포지션에 따라서 매수헤징과 매도헤징으로 구분된다.

매수헤징(long hedging)은 선물계약을 매수함으로써 현물의 포트폴리오 가치를 보전하는 것을 말한다. 매수헤징이 필요한 투자자는 가격상승위험을 염려하는 투자자들일 것이다. 이를테면 실수요자나 현물확보가 필요한 제조업체, 중간상(앞의 예에서 농산물 가공업자)의 입장처럼 현물시장에서 현물가격의 상승이 예상되지만 당장의 자금사정 등으로 인해 지금 매수할 수 없거나 작황 등의 이유로 일정기간 이후에나 매수할 수 있는 상황이라면 그는 가격상승으로 인한 기회손실을 보게 된다. 이 경우 기회손실을 막는 매수헤징전략은 현물을 매수하는 대신 선물시장에서 선물계약을 매수하는 것이다.

예상대로 현물가격이 상승하면 현물을 구입하지 못하여 발생한 현물구입가격의 상승분에 해당하는 기회손실이 있지만, 선물가격의 상승으로 이익이 발생되어 서로의 손익이 상쇄된다. 반대로 예상이 빗나가 현물가격이 하락하면 선물가격도 하락하므로 선물거래에서는 손실을 보지만, 현물시장에서의 가격하락으로 기회이익이 있게 된다. 이처럼 현물시장의 포지션과 반대방향으로 선물시장에서 포지션을 취하면 현물시장에서의 손실(이득)과 선물시장에서의 이득(손실)이 상쇄되어 가격변동위험에 대한 헤지가 가능해진다.

반대로 매도헤징(short hedging)은 선물계약을 매도하여 가격변동위험을 제거하는 것을 말한다. 매도헤징이 필요한 투자자는 가격하락위험을 염려하는 현물보유자 혹은 보유예정자들(앞의 예에서 밀 농가)인데, 현물시장에서 가격하락이 예상되는데도 현물이 아직 확보되어 있지 않거나 보유하고 있는 현물을 자금스케줄 등의 이유 때문에 지금 매도할 수 없는 경우이다. 이러한 상황에서는 현재시점에서 선물시장에서 선물계약을 매도하고 미래 원하는 시점에서 현물을 계획대로 매도하면 가격변동의 방향에 관계없이 투자가치가 보전된다.

예상대로 가격이 하락하면 현물시장에서는 기회손실을 보겠지만 선물시장에서는 현재보다는 비싼 가격으로 매도할 수 있게 되므로 이익을 보게 된다. 만약 예상과 반대로 가격이 상승하면 현물시장에서의 기회이익은 선물시장에서의 손실을 보전하게 된다.

(2) 상품선물의 헤징전략 예

이제 상품선물거래의 한 예로서 밀 농가와 제분업자(농산물 가공업자)가 밀 가격변동위험을 헤징하기 위해서 선물거래를 어떻게 활용할 수 있는지를 보기로 하자.

1) 매수헤징의 예

제분업자와 같은 농산물 가공업자는 원료가 되는 밀 가격의 상승을 염려한다. 〈표 16-5〉의 예처럼 12월 20일 현재 현물시장에서 밀은 부셸당 $\$8^{00}$ 이지만 4개월 후(다음해 4월 20일) 밀 100,000부셸을 매수할 계획을 가지고 있다고 하자. 별다른 대책을 마련하고 있지 않은 상황에서 예상대로 현물(밀)의 가격이 상승하면 비싸게 사야 되므로 큰 기회손실을 입게 될 것이다. 이러한 상황에서 가격상승위험을 헤징하는 방법은 선물시장에서 "밀"선물계약을 매수(부셸당 $\$8^{10}$ 가격)하는 것이다.

만약 4개월 후 예상대로 현물가격은 $\$8^{20}$, 선물가격은 $\$8^{30}$ 으로 상승했다면, 현물시장에서는 부셸당 $\$0^{20}$ 비싸게 매수한 결과가 되므로 총 20,000달러의 기회손실을 입게 된다. 그러나 선물시장에서는 부셸당 $\$0^{20}$ 비싼 가격으로 선물매도계약을 하여 청산(동일한 상품에 대해 매수포지션과 매도포지션을 가지고 있으므로 차액만 결제)할 수 있으므로 총 20,000달러의 이익이 발생한다. 현물시장에서의 기회손실을 선

〈표 16-5〉 매수헤징의 예

(농산물 가공업자가 "밀"가격 상승을 우려 : 100,000부셸 매수계획)						
일자 / 시장	12월 20일		4월 20일			
	포지션	각 시장가격	① 가격상승시	이익/손실	② 가격하락시	이익/손실
현물 시장	4개월 후 "밀" 구입예정	$\$8^{00}$/부셸	$\$8^{20}$/부셸 밀 매수	$-\$0^{20}$/부셸 \$20,000 손실	$\$7^{60}$/부셸 밀 매수	$+\$0^{40}$/부셸 \$40,000 이익
선물 시장	"밀"선물계약 매수	$\$8^{10}$/부셸	$\$8^{30}$/부셸 계약매도	$+\$0^{20}$/부셸 \$20,000 이익	$\$7^{70}$/부셸 계약매도	$-\$0^{40}$/부셸 \$40,000 손실
	베이시스	$\$0^{10}$	$\$0^{10}$	순효과=0	$\$0^{10}$	순효과=0

물시장에서 같은 크기의 이익으로 보전하여 가격변동위험을 피할 수 있게 된다.

위의 예에서 예상과는 반대로 4개월 후 현물시장의 “밀”가격이 $\$7^{60}$으로, 선물가격은 $\$7^{70}$으로 하락했다면, 현물시장에서는 현물을 내린 가격으로 사게 된 결과가 되므로 총 40,000달러(부셸당 $\$0^{40}$)의 기회이익이 발생하고, 반대로 선물시장에서는 내린 가격으로 선물매도계약을 하여 청산하게 되므로 총 40,000달러(부셸당 $\$0^{40}$)의 손실이 발생한다. 상황이 예상과 정반대로 나타나더라도 현물시장의 기회이익이 선물시장의 손실을 보전하게 되어 가격변동위험을 부담하지 않게 된다.

2) 매도헤징의 예

밀 농가의 입장에서는 작물인 밀 가격이 하락할 것을 염려한다. 12월 20일 현재(현물가격 부셸당 $\$8^{00}$) 예상대로 4개월 후 수확시(수확량 10,000부셸) 밀 가격이 하락하면, 밀 농가에서는 기회손실을 입게 될 것이다. 이러한 상황에서 가격하락위험을 헤징하는 방법은 선물시장에서 “밀”선물계약을 매도(선물가격 $\$7^{94}$)하는 것이다.

〈표 16-6〉에서 보는 것처럼 4개월 후 예상대로 현물가격은 $\$7^{80}$, 선물가격은 $\$7^{94}$으로 하락했다면, 현물시장에서는 내린 가격으로 매도한 결과가 되어 총 2,000달러(부셸당 $\$0^{20}$)의 기회손실을 입게 된다. 그러나 선물시장에서는 낮은 선물가격으로 선물계약을 매도하여 청산하게 되면 총 1,600달러(부셸당 $\$0^{16}$)의 이익을 얻게 된다. 완전하게 헤징이 되지는 않았지만 현물시장에서의 기회손실을 선물거래에서의 이익으로 대부분 보전하게 된다(완전헤징이 되지 못한 이유는 다음 항에서 설명함).

만약 위의 예에서 예상과는 반대로 4개월 후 밀 가격이 현물가격은 $\$8^{40}$, 선물가격은 $\$8^{44}$으로 상승했다면, 현물시장에서는 현물을 오른 가격으로 팔게 된 결과가 되므로 총 4,000달러(부셸당 $\$0^{40}$)의 기회이익이 발생하고, 반대로 선물시장에서는 오른 가격으로 선물계약을 매수하여 청산하게 되면 총 3,400달러(부셸당 $\$0^{34}$)의

〈표 16-6〉 매도헤징의 예

(밀 농가가 “밀”가격 하락을 우려 : 10,000부셸 매도계획)

시장 \ 일자	12월 20일		4월 20일			
	포지션	각 시장가격	① 가격하락시	이익/손실	② 가격상승시	이익/손실
현물시장	4개월 후 “밀” 매도예정	$\$8^{00}$/부셸	$\$7^{80}$/부셸 밀 매도	$-\$0^{20}$/부셸 $2,000 손실	$\$8^{40}$/부셸 밀 매도	$+\$0^{40}$/부셸 $4,000 이익
선물시장	“밀”선물계약 매도	$\$8^{10}$/부셸	$\$7^{94}$/부셸 계약매수	$+\$0^{16}$/부셸 $1,600 이익	$\$8^{44}$/부셸 계약매수	$-\$0^{34}$/부셸 $3,400 손실
	베이시스	$\$0^{10}$	$\$0^{14}$	$400 손실	$\$0^{04}$	$600 이익

손실이 발생한다. 이 경우도 완전헤징이 되지 못했지만 예상과는 반대되는 상황이 전개되더라도 선물거래의 손실을 현물시장의 기회이익으로 대부분 보전하여 가격 변동위험을 줄이게 된다.

(3) 베이시스 위험

위의 농산물 가공업자와 밀 농가의 선물거래 예에서 보았듯이 〈표 16-5〉의 경우는 완전헤징이 되고, 〈표 16-6〉의 경우는 불완전헤징이 되고 있다. 이는 각 시점에서의 현물가격과 선물가격의 차이가 동일하게 유지되느냐 안 되느냐에 따라서 차이가 난 것이다. 이 현물가격과 선물가격의 차이($S_T - F_T$)를 베이시스(basis)라고 부른다.

베이시스＝현물가격－선물가격

만기일에서 베이시스는 두 가격이 일치되어야 하므로 영(0)이 된다(이를 수렴정리(convergence property)라고 한다). 만약 그렇지 못하면 동일 날짜인 만기일 당일 차익거래가 발생할 것이기 때문이다. 그러나 만기일 이전에는 두 가격에 차이가 존재하여 베이시스가 영(0)이 되지 않는다.

위에서 설명한 것처럼 현물시장에서의 포지션과 반대되는 포지션을 선물시장에서 취하여 헤징하고자 할 때에, 현시점에서의 베이시스($S_0 - F_0$)와 미래 특정시점(T)에서의 베이시스($S_T - F_T$)가 동일하다면, 즉 베이시스가 두 시점에서 동일하다면 완전헤징(perfect hedging)이 가능하다. 그러나 실제의 선물거래시에는 두 시점에서의 베이시스가 동일하게 되지 않는 베이시스 위험(basis risk)이 있게 된다. 결과적으로 선물시장이나 현물시장 어느 한쪽에서 약간의 이익이나 손실이 발생하는 불완전헤징(imperfect hedging)이 된다.

그러면 베이시스가 동일하지 않고 축소 또는 확대될 때, 헤징으로 인한 약간의 이익과 손실은 구체적으로 어떻게 나타나는가? 이제 선물가격이 현물가격보다 높은 정상적 시장($b<0$인 시장)을 가정하고, 기초시점의 베이시스(b_0)와 T시점의 베이시스(b_T)를 다음과 같이 표시하기로 하자.

$$b_0 = S_0 - F_0 \qquad\qquad b_T = S_T - F_T$$

베이시스에 변화가 없는 경우, 즉 $b_0 = b_T$ 인 경우는 완전헤징이 되지만, 변화가 있는 경우, 즉 $b_0 \neq b_T$ 인 경우는 불완전헤징이 되는데, 현물포지션과 반대되는 선물포지션을 취했을 때의 이득(π)은 다음과 같이 측정된다.

$$\pi = -b_0 + b_T \quad (b<0\text{인 가정})$$

먼저 매도헤징의 경우 이득(손실)은 $(S_T - S_0) - (F_T - F_0)$의 크기에 달려 있는데, 베이시스가 축소되면 이익이 발생하고 베이시스가 확대되면 손실이 발생한다. 반면 매수헤징의 경우 이득(손실)은 $-(S_T - S_0) + (F_T - F_0)$의 크기에 달려 있는데, 베이시스가 축소되면 손실이 발생하고 베이시스가 확대되면 이익이 발생한다.[4)]

결국 선물거래를 이용하여 위험을 관리하는 방법은 현물의 가격위험(price risk)을 선물의 베이시스 위험(basis risk)으로 대체하는 셈이 된다.

3 주가지수선물에 의한 헤징

(1) 주식투자위험의 헤징

주가지수선물계약(stock index futures contract)은 특정 주가지수를 기초자산으로 하여 일정기간 후에 주가지수의 가치에 상당하는 금액을 인수도하기로 약정하는 계약이다. 이 선물거래는 대상물이 실재하지 않는 것이기 때문에 처음부터 실물인도를 전제하지 않은 계약이라는 특징을 지닌다. 만기일이 되면 청산거래나 현금결제로 거래를 종결시킨다.

주가지수선물거래에 이용되는 지수에는 S&P 500, NYSE 종합, Nikkei 225, KOSPI 200 등이 있다. S&P 500, NYSE 종합지수의 1거래 계약단위는 [주가지수×500달러]이고, 한국의 KOSPI 200은 [주가지수×25만원]이 1거래 단위이다.

현물시장에서의 특정주식의 주가상승(하락)으로 인한 위험을 헤지하고자 하면 주가지수선물거래를 이용한 매도헤징과 매수헤징을 통하여 할 수 있다.

주가지수선물계약의 매도헤징(short hedging)은 다른 선물과 마찬가지로 주식가격(지수)의 하락을 염려하는 상황에서 현물시장에서 현재 매도하지 못하고 일정기간 후에야 매도할 수밖에 없다면, 현물의 매도 대신 지수선물시장에서 매도포지션을 취하는 헤징이다. 반대로 매수헤징(long hedging)은 주식가격(지수)의 상승을 염려

---

4) 매도헤징의 경우 $(S_T - S_0) - (F_T - F_0) = (S_T - F_T) - (S_0 - F_0)$의 관계에서 $(S_T - F_T)$가 $(S_0 - F_0)$보다 작은 경우, 즉 베이시스가 축소되면 이득이 발생한다. 현물가격이 선물가격보다 큰 시장(백워데이션시장)에서는 베이시스가 축소될 때에는 매수헤징이 유리하며, 베이시스가 감소할 경우에는 매도헤징이 유리하다.

〈표 16-7〉 주가지수선물을 이용한 매수(롱)헤징

시 장	5월 3일		7월 3일			
	포지션	각 시장가격	① 가격상승시	이익/손실	② 가격하락시	이익/손실
현물 시장	2개월 후 매수예정	50,000원 (매수했다면 50,000원×10,000주 =5억원 소요)	60,000원×10,000주 =6억원어치 매수	－1억원	40,000원×10,000주 =4억원어치 매수	＋1억원
선물 시장	주가지수 선물매수	지수 250에 8단위 매수(지수 250 ×25만원×8단위 =5억원 매수계약)	지수 300에 8단위 매도(지수 300 ×25만원×8단위 =6억원 매도계약)	＋1억원	지수 200에 8단위 매도(지수 200 ×25만원×8단위 =4억원 매도계약)	－1억원
			(순효과＝0)		(순효과＝0)	

하는 상황에서 현재는 현물(주식)을 매수하지 못하고 일정기간 후에 매수할 수밖에 없다면 현물의 매수 대신 지수선물시장에서 매수포지션을 취하여 헤징하는 것이다.

예를 들어 〈표 16-7〉에서 보는 것처럼 현물시장에서 특정주식 A가 현재 시장가격 50,000원에 거래되고 있는데, 2개월 후에 60,000원으로 상승할 것으로 예상된다고 하자. 주식 A에 10,000주(5억원)를 투자하려는 투자자가 사정상 현재 매수하지 못하고 2개월 후에 예상가격 60,000원에 10,000주를 매수(6억원)한다면 기회손실 1억원이 발생한다. 이 상황에서 위험을 헤징하는 방법은 선물시장에서 KOSPI 200 지수선물 8단위를 현재의 지수 250에 매수, 즉 5억원(지수 250×25만원×8단위)어치 매수포지션을 취하면 된다.

2개월 후 지수가 300이 되어 이 지수에 매도, 즉 6억원(지수 300×25만원×8단위)어치를 매도하면 지수선물거래로 1억원의 이익이 실현된다. 이처럼 선물시장을 이용한 1억원의 이익은 현물시장에서의 기회손실 1억원을 정확하게 보전해 준다(이러한 완전헤징은 특정주식의 가격상승률과 지수의 상승률이 같기 때문에 나타난 것이다. 상이한 경우의 헤징방법은 다음 항에서 설명함).

만약 이 투자자가 예상했던 것과 반대로 주가와 지수가 모두 하락하더라도 현물시장에서의 기회이익과 선물시장에서의 손실이 같게 되어 위험이 헤징된다.

(2) 헤지비율의 결정

선물거래를 이용하여 위험을 헤징하고자 하면, 헤징해야 할 현물포지션의 크기에 대하여 취해야 할 선물포지션의 크기의 비율인 **헤지비율**(hedge ratio)을 결정해야 한다. 헤지비율은 현물거래에서의 손실(이익)과 선물거래에서의 이익(손실)이 정확하게 상쇄될 수 있는 비율이 된다.

현물가격 변화율을 선물가격 변화율로 나눈 계약의 수만큼 선물포지션을 취해야 위험이 헤지되므로 헤지비율(h)은 다음과 같이 측정된다.

$$h = \frac{\text{현물가격의 변동률}}{\text{선물가격의 변동률}}$$

만약 가격변화율이 같으면 현물포지션과 같은 규모의 선물포지션을 취하면 될 것이다. 헤지포지션으로부터 얻게 되는 이익(π)은 식 16.1과 같이 나타낼 수 있으므로 완전헤지, 즉 $\pi = 0$이 되는 필요한 선물계약의 수(헤지비율 h)는 식 16.2에 의해서 구할 수 있다.

$$\pi = \Delta S + \Delta F \cdot h \tag{16.1}$$

$$h = -\frac{\Delta S}{\Delta F} \tag{16.2}$$

단, ΔS : 현물가격의 변동액, ΔF : 선물가격의 변동액

예를 들어 투자자가 10억원의 밀 현물을 보유하고 있는데, 이를 헤지하고자 할 때 가격변화율이 같은 밀 선물계약의 가격이 5천만원이라면 선물계약 20단위(=10억원/5천만원)를 매도하면 된다.

(3) 지수선물의 최적 헤지비율과 최적 선물계약건수

주가지수선물거래를 이용하여 주식(현물)투자위험을 헤징하고자 할 때 어느 정도의 지수선물계약을 사거나 팔아야 할 것인가?[5)]

헤지에 필요한 지수선물계약의 크기, **헤지비율**(h)은 일반적으로는 식 16.2와 같이 구할 수 있는데, 현물 주식을 지수선물로 헤지하고자 하는 경우에는 기본적으로 양자의 변동률이 동일하지 않으므로 주식(현물)포트폴리오 가치의 변동률

---

5) 지수선물계약을 할 때 결정해야 할 또 하나의 일은 어느 지수선물을 이용할 것인가이다. 우리나라에서는 아직 KOSPI 200지수를 주로 이용하므로 이 문제는 다루지 않고 있다. 그러나 미국의 경우 S&P 500, NYSE, Value-Line지수 등 지수선물이 다수가 존재하므로 이들 중 하나를 선택해야 하고, 최적 헤지비율을 측정할 때에도 교차민감도를 고려해야 한다.

(ΔR_S)에 대한 지수선물가치의 변동률(ΔR_F)의 상대적 비율을 구해야 한다. 만약 보유 현물 주식포트폴리오의 변동률이 20%일 때, 이의 헤징에 사용되는 지수선물의 변동률이 10%라면, 헤지비율은 2가 되므로 지수선물 2단위를 매도헤징하면 된다.

$$h = \frac{\text{주식(현물)포트폴리오 가치의 변동률 } \Delta R_S}{\text{지수선물가치의 변동률 } \Delta R_F} \tag{16.3}$$

그런데 현물 주식가치와 지수선물가치, 양자의 변동률의 상대적 비율인 헤지비율은 다음 식 16.4와 같이 과거 일정기간의 주식포트폴리오 수익률(R_S)을 선물지수 수익률(R_F)에 회귀시켜 추정한 기울기 값(β_{SF})이 된다. 양자의 관계에서 기울기는 $\Delta R_S / \Delta R_F$의 비율이 되기 때문이다.

$$R_S = \alpha + \beta_{SF} R_F + \epsilon \tag{16.4}$$

단, R_S : 주식포트폴리오의 수익률, R_F : 지수선물의 수익률
β_{SF} : 지수선물에 대한 주식포트폴리오의 민감도(β)$=\Delta R_S / \Delta R_F$
α, ϵ : 절편과 오차항

식 16.4에서 기울기 $\beta_{SF}(=\Delta R_S / \Delta R_F)$는 어떻게 추정하는가? 제12장 단일지표모형에서 증권특성선의 기울기 β는 $\Delta R_j / \Delta R_M$의 비율인데, 이는 σ_{jM}을 σ_M^2으로 나누어 추정하였다.[6] 마찬가지로 [그림 16-3]에서 보는 것처럼 기울기 $\beta_{SF}(=$

[그림 16-3] 지수선물거래에서 헤지비율의 결정

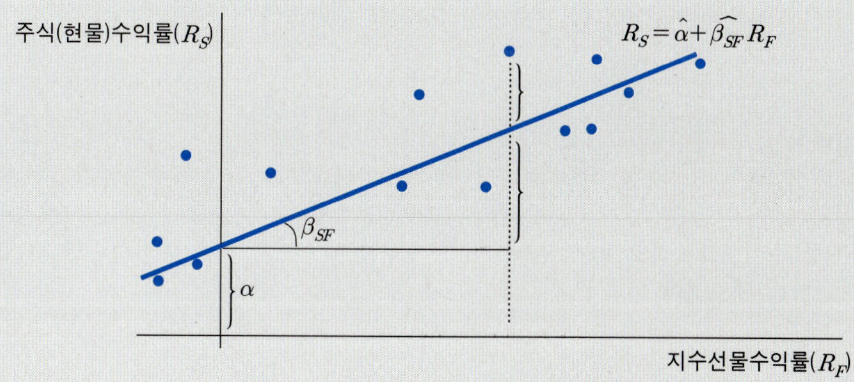

6) 제12장의 [그림 12-1] 증권특성선의 도출 참고

$\Delta R_S/\Delta R_F$)는 양자간의 공분산 σ_{SF}를 지수선물수익률의 분산 σ_F^2로 나누어 구할 수 있다. 즉, 지수선물의 최적 헤지비율(h)은 다음 식 16.5와 같이 표시된다.

$$h = -\beta_{SF} = -\frac{\sigma_{SF}}{\sigma_F^2} \tag{16.5}$$

마지막으로 KOSPI 200지수선물의 경우 1거래 단위는 [지수×25만원]이므로 이를 감안하여 주가지수선물에서 취해야 하는 포지션의 크기, 즉 헤지해야 할 **지수선물의 계약단위수**(또는 계약건수) (N_F)를 계산해야 한다. 지수선물 포트폴리오의 총가치는 [선물지수가격×선물계약단위수×25만원]이 되므로, 주식(현물)투자위험을 헤지하기 위하여 매수 또는 매도해야 할 최적의 지수선물계약의 단위수인 최적 선물계약단위수(N_F^*)는 식 16.6과 같이 구할 수 있다.

$$N_F^* = -\beta_{SF} \cdot \frac{V_S}{V_F} \tag{16.6}$$

단, N_F^* : 최적의 지수선물계약의 단위수, V_S : 현물 주식포트폴리오 가치
V_F : 지수선물의 1거래 단위의 가치(=지수선물가격×25만원)
β_{SF} : 주식포트폴리오와 지수선물 간의 베타

예제

국민연금을 관리하는 펀드매니저 A씨는 KOSPI 200지수선물을 이용하여 그가 관리하는 300억원에 상당하는 주식포트폴리오를 6개월간 헤지하고자 한다. 분석자료에 의하면, KOSPI 200지수선물의 분산(σ_F^2)은 0.5, KOSPI 200지수와 현물 주식포트폴리오의 공분산(σ_{SF})은 0.733이었다. KOSPI 200지수의 거래단위는 'KOSPI 200선물지수×25만원'이며, 현재 KOSPI 200의 선물지수는 220이다. (1) 최적 헤지비율을 구하고, (2) 완전헤지가 가능한 선물계약단위수를 구하라.

풀이

(1) 최적 헤지비율 $h^* = -\frac{0.733}{0.5} = -1.47$

(2) 최적 선물계약단위수(계약건수) $N_F^* = -1.47 \times \frac{300\text{억원}}{220 \times 25\text{만원}} = -800$계약단위

현재 A씨는 현물 주식포트폴리오 300억원어치를 보유하고 있으므로 이를 헤지하려면 KOSPI 200지수선물 800계약단위를 매도해야 한다.

(4) 지수선물에 의한 체계적 위험의 통제

주식(현물)투자시에 시장에 노출된 위험을 변경하고자 할 때에는 베타를 조정하는 방법을 사용한다. 강세장이 예상되면 고β주식, 약세장이 예상되면 저β주식으로 포트폴리오를 재구성할 수 있다. 그러나 이러한 방법은 빈번한 거래로 인하여 상당한 거래비용을 발생시킨다. 반면 지수선물거래를 이용하면 현물 주식포트폴리오를 교체하지 않아도 되므로 거래비용을 줄이면서 체계적 위험을 통제할 수 있다.

예를 들어 주가지수선물을 매도하면 체계적 위험(베타)은 낮아지고 주가지수선물을 매수하면 체계적 위험(베타)은 높아진다. 이처럼 개별주식을 직접 매수·매도하지 않고 주가지수선물시장을 이용함으로써 체계적 위험을 헤지하거나 통제할 수 있게 된다. 이제 목표베타계수를 β^*라고 하면, 헤징(체계적 위험통제)에 필요한 구체적인 매도(숏)와 매수(롱) 포지션을 구하는 방법은 식 16.7과 같다. 목표 β^*에서 기존의 β를 차감한 수치에 V_S/V_F를 곱하면 필요한 포지션 변동단위수가 구해진다. (+)값이면 필요한 롱포지션 수가 되고, (−)값이면 필요한 숏포지션 수가 된다.

$$\text{포지션 변동수} = (\beta^* - \beta)\frac{V_S}{V_F} \tag{16.7}$$

목표베타계수 β^*를 0으로 통제하는 것은 완전헤징하는 것을 목표로 하는 것으로서, 식 16.6과 일치하게 된다.

예제

지금 펀드매니저 B씨는 다음 주식들로 포트폴리오를 구성하고 있다. 특기할 것은 주식포트폴리오의 가중 베타는 1.2이고, 3월 31일 현재 KOSPI 200지수는 234.00이며, 지수선물은 240.00에 거래되고 있다. 지수선물의 거래단위는 '지수×5천만원'이다.

주 식	보유주식수	3월 31일 주가	시가총액	개별β
A	100,000주	20,000원	20억원	1.8
B	200,000	40,000	80	1.4
C	200,000	30,000	60	1.2
D	50,000	80,000	40	0.5
			200억원	β_S=1.2

지금 B씨는 지수하락을 예상하고 체계적 위험을 줄이고자 하는데, 주식현물의 매수·매도를 통하여 체계적 위험을 조정하지 않고, 선물거래를 통하여 이를 하고자 한다.

(1) 어떻게 선물거래를 시도하면 체계적 위험을 통제할 수 있는가?
(2) 1개월 후 주식포트폴리오 가치는 10% 하락했고, 선물지수는 219.00으로 하락했다면 순이익(손실)은 얼마인가?
(3) (1)에서와 같이 선물거래를 한 2개월 후 지수선물이 180.00이 되었다. 지수 상승을 예상하여 $\beta_S=1.35$로 포트폴리오를 변경하려면, 선물포지션이 어떻게 달라져야 하는가?

풀이

(1) 최적 선물계약건수

$$N_F^* = -\beta_S \cdot \frac{V_S}{V_F} = -1.2 \times \frac{200\text{억원}}{240.00 \times 5\text{천만원}} = -2.0$$

지수선물을 2단위 매도하면 체계적 위험을 회피할 수 있다($\beta^*=0$으로 조정).

(2)

	3월 31일	4월 30일	결 과
현물	200억원의 현물보유	10% 하락한 180억원에 매도	20억원 손실
선물	240.00포인트에 선물 2계약 매도 (2×240.00×5천만원=240억원 매도계약)	219.00포인트에 선물 2계약 매수 (2×219.00×5천만원=219억원 매수계약)	21억원 이익
순효과			1억원 순이익

(3) $$\text{포지션 변동수} = (1.35-0) \times \frac{200\text{억원}}{180.00 \times 5\text{천만원}} = 3\text{단위}$$

지수선물 3단위에 대하여 매수포지션 주문을 낸다.

4 금리선물과 통화선물에 의한 헤징

(1) 금리(채권)선물거래

금리선물거래는 금리변동에 따른 금융자산의 가격변동위험을 헤지하고자 하거나 이를 유리하게 이용할 목적으로 각종 채권 등을 대상으로 하는 선물거래이다.

우리나라에서 금리선물거래는 국채선물 중심으로 이루어지고 있다. 국채선물은 시장개설 초기에는 거래가 부진했으나, 금리의 급등락이 이어지면서 그 거래가 늘고 있다. 3년국채선물의 일평균 거래량이 2018년에 약 101,936계약(1계약금액은 1억원)이 되면서 KOSPI 200지수선물의 50% 정도가 될 정도로 활발해지고 있다. 지수선물은 개인투자자의 거래가 높은 반면에, 국채선물거래는 은행, 자산운용사 등

기관투자자의 헤지거래 중심(매매비중 80% 상회)으로 이루어지고 있다.

그러면 위험관리차원에서 채권투자자가 보유기간 동안의 이자율변동으로 인한 가격변동위험을 제거하기 위해서 어떻게 채권선물계약을 이용할 수 있는가? 만약 일정기간 후 보유채권을 매도하려고 계획하고 있는 투자자가 금리상승(보유채권의 가격하락)이 예상될 경우 이자율변동위험을 헤징하는 방법은 현물시장의 매수(보유)포지션과 반대되게 채권선물시장에서 매도포지션, 즉 숏 헤징하는 것이다. 채권현물과 채권선물 매도계약으로 포트폴리오를 구성하면 채권가격의 하락이나 상승에 영향받지 않고 이 포트폴리오의 가치는 보전된다. 왜냐하면 현물시장에서의 손실(이득)과 선물시장에서의 이득(손실)이 상쇄되기 때문이다. 이러한 원리는 상품선물거래나 주가지수선물거래에서 설명한 바와 같다.

금리하락이 예상되는데 자금사정상 현재 현물채권을 매수할 수 없는 입장일 때에는 선물시장에서 선물 매수포지션을 취하면 된다. 어떤 상황이 되든지 두 시장에서의 이득과 손실이 상쇄되어 포트폴리오의 가치는 보전된다.

(2) 통화선물거래

통화선물거래는 환율변동으로 인한 위험을 헤지하거나 이를 유리하게 이용할 목적으로 주요국 통화를 대상으로 하는 선물거래이다.

우리나라에서 통화선물거래는 2006년부터 엔선물과 유로선물 거래도 가능해졌지만, 주로 미국달러선물 중심으로 이루어지고 있다. 글로벌 금융위기 이후 외환시장에서 환율의 급등락이 이어지면서 환헤지 목적의 통화선물거래는 크게 늘고 있는데, 미국달러선물거래는 지난 3년간 10배 이상 신장하여 최근 연도에는 일평균거래량 기준으로 200,000계약(1계약금액은 $10,000)에 육박하고 있다. 통화선물거래도 금리선물거래처럼 기관투자자 중심(매매비중 90% 내외)으로 이루어지고 있다.

통화선물거래를 이용하여 환율변동위험을 헤징하는 방법은 다른 선물거래와 동일하다. 수출입업자가 외국통화로 결제해야 하는 상황에서 거래약정 외국통화의 시세가 오를 것으로 예상되면 통화선물시장에서 해당통화의 선물을 매수하고, 반대로 떨어질 것으로 예상되면 통화선물을 매도하는 거래를 하면 된다.

매수헤징의 상황에서 만약 해당통화의 시세가 예상대로 상승하면 현물시장에서는 기회손실이 발생하나, 선물시장에서는 이익을 얻게 되어 두 시장에서의 손실과 이익이 전부 또는 상당부분 상쇄된다. 반대로 통화시세가 하락할 경우 현물시장의 기회이익과 선물시장에서의 손실이 상쇄되어 환율변동위험이 헤징된다.

5 선물투기전략

선물거래는 현물포지션 보유여부에 관계없이 선물가격 자체의 변동을 유리하게 이용하여 이익을 얻고자 하는 투기자(speculator)에 의해서 여러 방법으로 이용된다. 많이 사용되는 투기전략인 포지션 트레이드와 스프레드전략에 대해서는 본항에서, 차익거래전략에 대해서는 제4절 2항에서 설명한다.

(1) 포지션 트레이드

전형적인 투기전략은 선물가격이 상승할 것으로 예상하면 매수(롱)포지션을 취하고, 선물가격이 하락할 것으로 예상하면 매도(숏)포지션을 취하는 것이다. 이를 포지션 트레이드(position trade)[7]라고 하는데, 선물가격이 예상대로 상승 또는 하락하면 상당한 거래이익을 얻을 수 있지만, 선물가격이 예상과 반대로 하락 또는 상승하면 큰 손실을 보는 위험을 안게 된다.

〈표 16-8〉은 선물가격이 상승할 것으로 기대하는 투기자가 KOSPI 200지수선물을 이용하여 매수포지션을 취한 상황을 설명하고 있다. 현물포지션이 없는 사람이 5월 4일 현재(지수 230) 4개월 후 KOSPI 200선물지수가 상승할 것을 예상하여 매수포지션(10단위)을 취했는데, 9월 3일에 실제로 KOSPI 200이 예측했던 대로 260포인트로 상승했다면 그는 7,500만원의 이득을 실현할 수 있게 된다. 그러나 만일 예상과 달리 KOSPI 200이 30포인트 하락했다면 그는 7,500만원의 손실을 감수해야만 한다. 이처럼 포지션 트레이드 전략은 예상이 정확히 맞아떨어질 때에는 고수익을 올릴 수 있지만, 예측이 부정확했을 경우에는 큰 손실을 입게 된다.

〈표 16-8〉 매수포지션을 통한 투기전략(KOSPI 200지수선물)

현 재 (5월 4일)	예 측 (9월 3일)	실 제(9월 3일)	
		상승한 경우	하락한 경우
• 현재 230 10단위 매수계약	• 260으로 상승할 것으로 예상	• 260으로 상승 • 10단위 매도 • (260－230)×250,000×10 ＝7,500만원(이익)	• 200으로 하락 • 10단위 매도 • (200－230)×250,000×10 ＝－7,500만원(손실)

7) 투기거래시 시간적 차이 면에서 선물포지션 보유기간에 따라 30분 내외의 단기투자자(scalper), 장마감시까지 포지션을 청산하는 당일거래자(day trader) 그리고 익일로 포지션을 이월하는 포지션거래자(position trader)로 분류된다.

(2) 스프레드전략

스프레드(spread)란 서로 연관된 선물포지션의 가격차이를 의미한다. 스프레드는 구성방식에 따라 시장내 스프레드와 시장간 스프레드로 나누어진다.

시장내 스프레드란 동일한 현물에 대해서 계약만기가 서로 다른 선물간의 가격차이로서 시간 스프레드(time spread)라고도 한다. 예컨대 밀의 7월 선물과 9월 선물 가격은 밀접하게 연관되어 있는데, 양자의 가격차이가 바로 시장내 스프레드이다. 시장간 스프레드는 대상 현물이 서로 다르지만 연관성이 있는 선물들로서 만기가 같은 선물간의 가격차이이다.

예를 들어 9월의 KOSPI 200지수가 상승할 것으로 예측하고 있지만, 만약에 있을지 모를 지수하락 가능성을 염두에 두어 시장내 스프레드전략을 수립하기로 하였다고 하자. 이를 위해 5월 4일에 9월물 10단위의 매수계약을 체결하는 동시에 12월물 10단위에 대한 매도계약을 체결하였을 경우, 〈표 16-9〉는 이 결과를 나타내고 있다. 〈표 16-9〉에서 보듯이 투기자는 자신의 예측이 적중했을 경우나 예측이 빗나갔을 경우 모두 단순 포지션 트레이드보다 적은 이득/손실을 얻는 보수적 투기전략이다.

이와 같이 스프레드전략은 만기가 상이한 선물의 가격차인 시장내 스프레드나 만기는 동일하지만 대상상품이 상이한 것에서 기인하는 가격차인 시장간 스프레드를 자신에게 보다 유리하게 이용하여 초과수익을 얻고자 하는 투기전략이다.

이러한 선물시장에서의 투기전략은 현물시장에서의 투기전략에 비하여 몇 가

〈표 16-9〉 시장내 스프레드를 이용한 투기전략

5월 4일	KOSPI 200선물 9월물을 지수 230에 10단위 매수계약 KOSPI 200선물 12월물을 지수 235에 10단위 매도계약	
9월 3일	예측이 맞는 경우 : 상승한 경우	예측이 틀린 경우 : 하락한 경우
9월 3일	9월물을 지수 260에 10단위 매도계약 12월물을 지수 262에 10단위 매수계약	9월물을 지수 200에 10단위 매도계약 12월물을 지수 208에 10단위 매수계약
거래 결과	9월물 / 12월물 매도 260 / 235 매수 −230 / −262 +30 / −27 이득 : −67,500,000+75,000,000 (지수차이×25만원×10단위)	9월물 / 12월물 매도 200 / 235 매수 −230 / −208 −30 / +27 이득 : +67,500,000−75,000,000 (지수차이×25만원×10단위)
총이득	+7,500,000	−7,500,000

지 유리한 점을 지니고 있다. 한 가지는 선물계약거래에서는 거래비용이 훨씬 적다는 점이고, 또 한 가지는 적은 투자액(KOSPI 200지수선물의 경우 약정대금의 7.5% 정도에 해당되는 증거금)으로 상대적으로 높은 투자수익을 얻게 되는 레버리지 효과가 있다는 점이다. 이러한 이유 때문에 현물투기 대신 선물투기를 선호하게 된다.

제4절 선물가격의 결정이론

선물거래를 이용한 투자전략으로서 위험헤징전략과 투기전략에 대하여 살펴보았다. 그러면 선물의 적정가격을 어떻게 평가할 수 있을까? 이를 이용한 차익거래전략은 어떻게 구사할 수 있는가?

1 현물 · 선물등가이론

현시점에서의 선물가격(F_0)과 현물가격(S_0)은 어떤 관계를 지니는가? 양자의 관계는 선물을 이용한 투자전략, 특히 차익거래전략을 이해하는 데 기초가 되는데, 먼저 보관비용의 관계(cost-of-carry relationship)에서 살펴보자.

미래 특정시점(T)에서 특정현물을 확보하는 방법은 두 가지이다. 한 가지는 현물을 지금 확보하여 그 특정시점까지 재고로 보관하는 방법이다. 또 한 가지는 선물시장에서 선물계약을 체결하는 것이다.

전자의 경우 발생되는 비용은 특정시점까지 재고로 보관하는 보관비용으로서, 지금의 현물가격(S_0)에 이자율(R_f)을 곱한 것만큼의 기회비용이 추가적으로 발생한다. 때로는 기간중 배당수입(D)과 같은 현금유입액이 있게 되면 비용이 절감되므로, 현물보관의 경우 비용은 $S_0(1+R_f)-D$가 된다. 한편 후자(선물 이용)의 경우 재고비용이 소요되지 않고 발생되는 비용은 오로지 선물가격(F_0)만이다. 전자의 경우와 후자의 경우는 그 비용의 크기가 같아야 하므로 다음 식 16.8의 관계가 성립하는데, 이를 현물 · 선물등가이론(spot-futures parity theorem)이라고 한다.

$$F_0 = S_0(1+R_f) - D \tag{16.8}$$

만기일에 가까울수록 선물가격은 현물가격에 수렴해 갈 것이다(선물가격의 수렴정리). 식 16.8에서 배당성향(D/S_0)을 d라고 하면 이 관계를 식 16.9와 같이 표시할 수 있고, 이를 우리나라 KOSPI 200지수선물거래에 적용하면 지수선물의 이론가격을 식 16.10과 같이 추정할 수 있다.

$$F_0 = S_0(1+R_f) - D = S_0(1+R_f-d) \tag{16.9}$$

단, d : 배당수익률($=D/S_0$)

$$\text{지수선물이론가격} = \text{KOSPI 200} \times \left\{1 + \text{금리} \times \frac{\text{잔존기간}}{365} - \text{배당수익률}\right\} \tag{16.10}$$

이제 이론선물가격을 추정할 수 있는 방법을 도출하였으므로 이를 차익거래전략에 활용할 수 있다. 차익거래를 적용하는 데에는 선물가격의 저평가 또는 저평가 여부를 판단해야 하는데, 이론선물가격을 식 16.9, 16.10에 의해서 추정하여 차익거래에 활용한다.

2 차익거래전략

앞절에서는 선물거래의 투기전략으로 포지션 트레이드와 스프레드전략에 대하여 살펴보았는데, 세 번째 투기전략으로 차익거래전략에 대하여 살펴보자.

본래 차익거래(arbitrage)전략은 동일한 상품에 대하여 어느 한쪽 가격이 불합리하게 형성된 것으로 간주하고, 과소평가된 것을 매수하고 과대평가된 것을 매도하는 전략을 말한다. 선물거래를 이용한 차익거래전략은 선물가격과 현물가격 간 차이가 적정수준을 초과할 경우 선물과 현물 중 상대적으로 고평가된 것을 매도하고 저평가된 것을 매수한 후 양자간 가격의 차이가 해소 또는 역전되었을 때 청산거래(반대매매)를 함으로써 무위험차익을 얻는 차익거래전략을 구사할 수 있다.

차익거래는 현물포지션을 기준으로 매수차익거래 및 매도차익거래로 구분된다([그림 16-4]). 매수차익거래는 선물가격이 이론가격보다 고평가된 경우 고평가된 선물을 매도함과 동시에 저평가된 현물을 매수하는 거래이며, 매도차익거래는 선물가격이 이론가격 수준보다 저평가된 경우 저평가된 선물을 매수함과 동시에 고평가된 현물을 매도하는 거래이다. KOSPI 200지수선물을 이용한 차익거래에 있어 현물은 KOSPI 200 구성종목 basket이나 KOSPI 200 구성종목 중 시가총액 상위 30개 종목 내외로 구성할 수 있다.[8]

[그림 16-4] 매수차익거래 및 매도차익거래

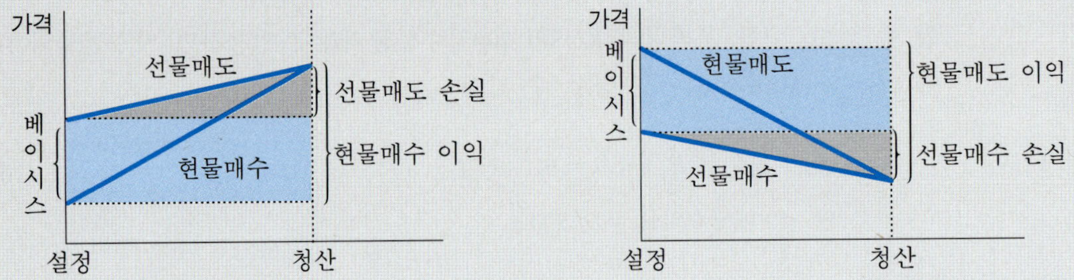

(a) 매수차익거래 손익 (b) 매도차익거래 손익

구체적으로 실제선물가격이 이론가격보다도 높을 경우, 〈표 16-10〉에서 보는 것 같이 ① S_0만큼 자금을 차입하여, ② 주식을 매수하고, ③ 선물계약을 매도하는 차익거래전략을 사용할 수 있다. 기초투자액이 영(0)이면서 기말에 正(+)의 확실한 투자수익을 얻게 되므로 무위험의 초과수익을 얻게 된다. 시장이 정상적으로 기능하면 이러한 차익기회가 사라질 때까지 차익거래는 계속될 것이다. 만약 실제

〈표 16-10〉 '실제선물가격 > 이론선물가격'인 경우

차익거래전략	기초현금흐름	기말현금흐름
① S_0 차입	S_0	$-S_0(1+R_f)$
② S_0 상당의 주식매수	$-S_0$	S_T+D
③ 선물계약매도	0	F_0-S_T
계	0	$F_0-S_0(1+R_f)+D$

〈표 16-11〉 '실제선물가격 < 이론선물가격'인 경우

차익거래전략	기초현금흐름	기말현금흐름
① S_0 금액예금	$-S_0$	$S_0(1+R_f)$
② S_0 상당의 주식공매	S_0	$-(S_T+D)$
③ 선물계약매수	0	S_T-F_0
계	0	$S_0(1+R_f)-D-F_0$

8) 우리나라 지수선물시장에서는 평균적으로 선물의 실제가격이 이론가격보다 낮다. 양자의 차이는 다음과 같은 방법으로 괴리율로 측정한다.
괴리율(%)=[(선물가격−선물이론가격)/선물이론가격]×100
이와 관련된 일자별 괴리율에 대한 통계는 www.krx.co.kr/파생상품/파생상품통계/Basis-괴리율을 참조한다.

[그림 16-5] KOSPI 200선물가격*과 KOSPI지수

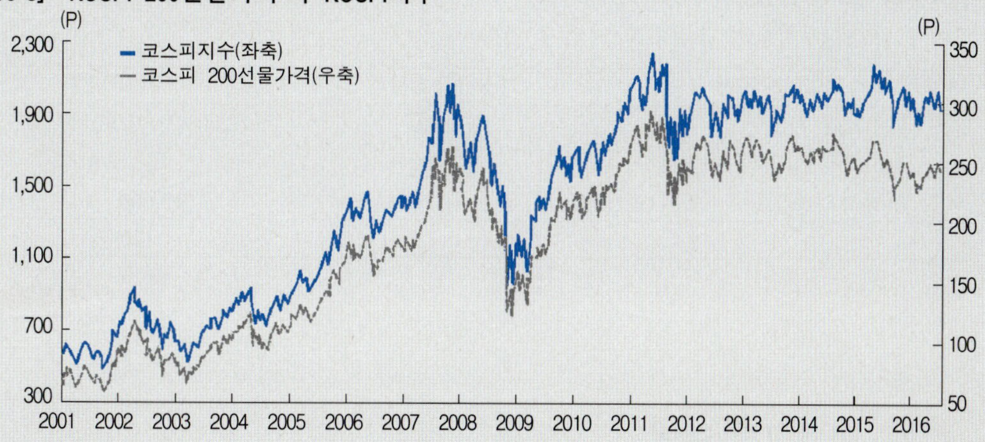

* 최근월물 기준

자료 : 한국은행, 우리나라의 금융시장, 2016.12, p.306

선물가격이 이론선물가격보다도 낮다면, 〈표 16-11〉과 같은 차익전략을 구사할 수 있다. 결국 식 16.8의 관계가 성립하게 된다.

[그림 16-5]는 우리나라 KOSPI 200지수선물과 종합주가지수(현물)의 추이를 보여주고 있다. 현물가격이 더 높은 상황이 지속되고 있는데, 이론선물가격과 선물가격의 차이인 괴리율은 축소되거나 확대되므로 차익거래기회를 판단할 수 있는 기초자료가 된다.[9]

예제

(주)휴처의 현재 주식가격(S_0)은 12,000원이고 1년 후 배당금(D)은 240원이 확실한데, 이를 기초자산으로 하는 주식선물이 거래되고 있다. 무위험이자율은 연 6%라고 한다.

(1) 이론선물가격은 얼마인가?

(2) 만약 실제선물가격이 12,600원이라면 어떤 현상이 벌어지는가?

풀이

(1) 현물 · 선물등가이론(식 16.8)을 이용하면 이론선물가격은

$F_0 = S_0(1+R_f) - D = 12{,}000(1+0.06) - 240 = 12{,}480$원

9) 우리나라 지수선물시장에서는 평균적으로 선물의 실제가격이 이론가격보다 낮다. 양자의 차이는 다음과 같은 방법으로 괴리율로 측정한다.

괴리율(%)=[(선물가격－선물이론가격)/선물이론가격]×100

이와 관련된 일자별 괴리율에 대한 통계는 www.krx.co.kr/파생상품/파생상품통계/Basis괴리율을 참조할 것.

(2) 실제선물가격이 12,600원이라면 선물가격이 과대평가되어 있으므로 다음과 같이 차익거래가 가능하여 120원의 무위험의 초과수익을 얻게 된다.

차익거래전략	기초현금흐름	기말현금흐름
① 12,000원 차입	+12,000	−12,000(1+0.06)=−12,720
② 12,000원 상당의 주식매수	−12,000	S_T+240
③ 선물계약매도	0	12,600−S_T
계	0	120원

3 프로그램 매매

본래 프로그램 매매란 기관투자자 등이 일정한 매매조건을 프로그램으로 정하고, 이에 따라 바스켓을 구성한 다수의 종목을 한꺼번에 거래하는 것을 말한다. 현물시장을 기준으로 현물을 사는 경우를 프로그램 매수, 현물을 파는 경우를 프로그램 매도라고 부르고 있다.

실제로 "꼬리인 선물시장이 몸통인 현물시장을 뒤흔드는 'wag the dog' 현상"이 발생하기도 한다. 선물시장과 현물증권시장의 연계성이 높아지는 상황이 자주 나타나고 있는 것이다. 특히 선물시장에서 개인투자자의 비중이 높아지면서, 개인이 선물을 사면 선물가격이 올라 프로그램 매수세가 유입됨에 따라 현물시장이 강세로 마감되고, 역으로 개인이 선물을 팔면 주가가 떨어지는 일이 자주 발생한다. 이에 따라 선물과 현물의 가격차를 이용한 프로그램매매 비중이 높아지기도 한다.

[그림 16-6] 프로그램 매매 개요

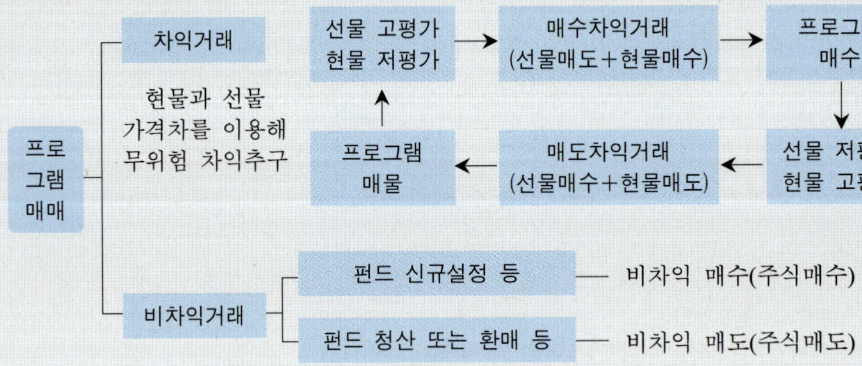

프로그램 매매는 크게 '차익거래'와 '비차익거래'로 대별되는데, 차익거래는 선물시장과 연계되어 현물가격과 선물가격의 차이(베이시스)가 일시적으로 비정상적인 수준이 되었을 때 이루어진다. 구체적으로 '현물가격<선물가격'일 때에는 차익을 얻기 위해 '현물매수+선물매도'의 프로그램 매수(현물매수차익거래)를 하게 된다. 비정상적으로 벌어졌던 베이시스가 선물가격의 하락으로 낮아지게 되면 주가가 오르든 내리든 관계없이 무위험차익이 얻어진다. 반대로 '현물가격>선물가격'일 때에는 '현물매도+선물매수'의 프로그램 매도(현물매도차익거래)를 하여 차익을 얻게 된다.

4 선물가격과 기대현물가격의 관계

이상에서 선물가격과 현재시점의 현물가격의 관계 및 차익거래전략에 대해 살펴보았다. 선물가격결정이론에서 논란이 많은 다른 한 가지는 선물가격과 미래 특정시점에서의 현물가격의 관계에 대한 것이다. 만기인도일에서의 선물가격(F_T)과 현물가격(S_T)은 당연히 동일하겠지만, 만기 이전에 미래 특정시점에서의 기대현물가격 $E(S_T)$ 보다도 그 이전 각 시점에서의 선물가격 F_0는 낮은지, 높은지 아니면 동일한지에 대해서는 기대가설, 정상적 백워데이션, 콘탱고가설, 현대 포트폴리오 이론 등 여러 주장들이 있다.

기대가설(expectations hypothesis)에 의하면 선물가격(F_0)은 미래 특정시점의 기대현물가격 $E(S_T)$ 와 동일, 즉 $F_0 = E(S_T)$의 관계에 있는 것으로 본다. 선물거래에 있어서 매도포지션의 기대이익은 $F_0 - E(S_T)$이고 매수포지션의 기대이익은 $E(S_T) - F_0$인데, 기대가설에서는 $F_0 = E(S_T)$의 관계를 전제하므로 어느 포지션이든지 기대이익은 영(0)이 된다.

이 설명은 미래에 불확실성이 없어서 투자자들이 위험중립적이라는 것을 가정하고 있다. 만약 미래시점의 상품가격을 확실히 알 수 있다면 그 시점에서 인도하기로 하는 선물계약가격과 그 시점의 현물가격은 동일하게 형성될 것이다. 그러나 이 주장은 선물계약이 지니는 위험보상률을 고려하지 않은 문제점을 지닌다.

영국의 경제학자 케인스(J.M. Keynes)와 힉스(J. Hicks)는 선물가격결정에 대해서 정상적 백워데이션(normal backwardation) 가설을 주장했는데, 이는 [그림 16-7]에서 보는 것처럼 선물가격은 미래의 기대현물가격보다 낮게 형성($F_0 < E(S_T)$)되었다가 만기인도일에 접근하면서 선물가격과 기대현물가격은 접근($F_0 \cong E(S_T)$)해 간다고 보는 것이다.

[그림 16-7] 선물가격과 기대현물가격의 관계

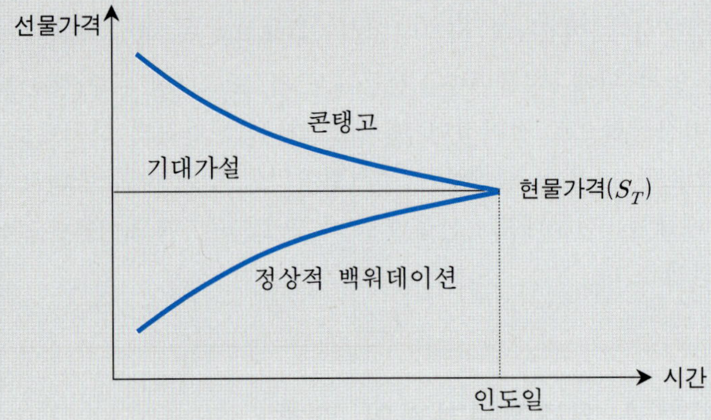

이 주장의 근거로는 선물계약을 매수하는 투기자들은 $E(S_T) > F_0$의 관계에 있는 선물가격이 되어야 이익이 기대되므로 시장참여의 유인을 갖게 되고, 선물계약매도의 헤저들은 자신들의 위험헤징에 대한 대가지급으로 F_0가 $E(S_T)$ 보다 낮은 것을 받아들일 것이므로 $E(S_T) > F_0$의 관계가 성립한다고 보는 것이다.

위의 주장과는 반대로 콘탱고(contango)가설은 선물가격은 항상 미래기대현물가격보다도 크다고 보는, 즉 $F_0 > E(S_T)$라는 주장이다. 선물계약에서는 정상적 백워데이션의 설명과는 달리 매수헤저가 위험헤징에 대한 보상을 더 지급하려고 할 것으로 본다. 왜냐하면 위험을 헤징하고자 할 때 밀 농가와 같은 매도헤저보다도 제분업자와 같은 매수헤저가 현재시점에서 미래인수도가격을 고정시키고자 하는 바람이 더 강하기 때문이다.

현대 포트폴리오 이론에서는 위의 세 가지 주장을 종합적으로 고려하면서 포트폴리오 구성의 관점에서 선물계약이 체계적 위험에 미치는 영향에 따라서 선물가격이 결정된다고 본다. 상품가격이 正의 체계적 위험($k > R_f$인 경우)을 지니고 있으면, 다시 말해 선물계약의 포트폴리오 편입으로 체계적 위험이 증가하면, 선물가격은 기대현물가격보다도 낮게 형성되어야 할 것이다.

반대로 선물계약으로 체계적 위험이 감소하게 되는 포트폴리오 구성의 투자자는 F_0가 $E(S_T)$보다 작을 때라도 위험감소에 대한 대가를 지급하면서 선물매도계약을 이용하게 된다. 결과적으로 負의 체계적 위험을 지닌 자산처럼 $k < R_f$인 경우는 선물가격(F_0)이 기대현물가격($E(S_T)$)보다 커야 된다.

연습문제

1. 다음 사항에 대하여 설명하라.

선도거래	선물거래	상품선물거래
금융선물거래	주가지수선물	헤저
롱 및 숏 포지션	선물청산소	선물거래의 증거금제도
일일정산제도	반대매매	미결제약정수량
선물가격	현물가격	매수헤징
매도헤징	베이시스 위험	불완전헤징
선물헤지비율	최적 선물계약단위	포지션 트레이드
현물·선물등가이론	선물차익거래전략	기대가설
정상적 백워데이션 가설	콘탱고가설	

2. 다음 중 잘못 서술되어 있는 문항에 대해서는, 잘못 서술되고 있음을 논리적·이론적 근거를 제시하여 설명하라.

(1) 선도거래는 만기 이전에라도 반대매매를 통하여 청산할 수 있다.
(2) 지수선물제도의 유지증거금률을 보면 약 10배의 레버리지 효과를 기대할 수 있다.
(3) KOSPI 200지수선물의 1계약의 크기는 [지수×10만원]이다.
(4) 선물계약 매도자는 $S_T > F_0$의 상황이 되면 이익을 실현할 수 있다.
(5) 가격상승을 염려하는 실수요자 입장에서 위험을 헤지하는 것은 매도(short)헤징이다.
(6) 우리나라 지수선물거래에서 유지증거금률은 개시증거금의 1.5배이다.
(7) 선물거래의 위험헤징은 현물의 가격위험을 선물의 체계적 위험으로 대체하는 셈이다.
(8) 선물거래에서 매도헤징을 한 경우, 베이시스가 확대되면 이득이 발생한다.
(9) 보유현물 주식포트폴리오의 변동률이 20%일 때, 이의 헤징에 사용되는 지수선물의 변동률이 10%라면, 헤지비율은 2가 되므로 지수선물 2단위를 매수헤징하면 된다.
(10) 수출입업자가 외국통화로 결제해야 하는 상황에서 거래약정 외국통화의 시세가 오를 것으로 예상되면, 통화선물시장에서 해당통화의 선물을 매도한다.
(11) 하나의 선물에 대하여 선물가격의 상승 또는 하락을 예상하면 이에 따라 매수(롱) 포지션 또는 매도(숏)포지션을 취하는 것을 스프레드전략이라고 한다.
(12) 만약 실제선물가격이 이론선물가격보다도 낮다면, [현금차입+주식매수+선물계약매도]의 차익전략을 구사할 수 있다.
(13) 선물가격과 기대현물가격의 관계에서 "선물가격이 기대현물가격보다 크다"는 주장은 "정상적 백워데이션 가설"이다.
(14) KOSPI 200지수선물(선물가격=90.4)을 이용하여 150억원 상당의 주식포트폴리오에 대한 헤지거래를 하기 위해 계산한 적정 매도선물계약수가 300계약이라면 주식포트폴리오의 β값은 1.35이다.
(15) 선물가격이 이론가격보다 고평가된 경우 고평가된 선물을 매도함과 동시에 저평가된 현물을 매수하는 거래를 매도차익거래라고 한다.

3. [상품선물헤징의 손익]

(주)농심에서는 원료가 되는 밀 가격의 상승을 염려하고 있다. 12월 20일 현재 현물시장에서 밀은 1포대 3kg에 8,000원이지만 4개월 후(다음 해 4월 20일) 밀 100,000포대를 매수할 계획을 가지고 있다. 선물시장에서 "밀"선물(4월 만기)은 1포대에 8,100원이다. 4개월 후 현물가격은 8,200원, 선물가격은 8,400원으로 상승하였다. 이 상황에서 (주)농심이 매수헤징을 했다면 얼마의 순손실 또는 순이익을 보았는가?

4. [지수선물을 이용한 헤징]

2019년 3월 1일 현재 22.5억원 상당의 주식포트폴리오를 보유하고 있는 최펀드 씨는 12월물 주가지수선물을 이용하여 포트폴리오의 체계적 위험을 관리하고자 한다. 현재 KOSPI 200선물지수가 225이고 보유중인 주식포트폴리오의 베타는 1.5이다.

(1) 최펀드 씨가 KOSPI 200 주가지수선물을 이용하여 위험을 헤지하기 위해서는 12월 KOSPI 200지수선물을 어떻게 이용해야 하는가?

(2) 최펀드 씨는 향후 주가가 상승할 것으로 예상하고 포트폴리오의 베타를 2.0으로 증가시키려고 한다. 12월물 KOSPI 200 주가지수선물을 어떻게 이용해야 하는가?

5. [지수선물과 차익거래전략]

KOSPI 200지수가 (주)금수강산의 주식으로만 구성되어 있으며, 이를 KOSPI 1지수라고 하자. 현재 (주)금수강산의 주식가격은 10,000원이며 주가지수선물시장에서 6개월 만기 KOSPI 1지수에 대하여 선물계약이 거래되고 있다. 향후 6개월간 (주)금수강산의 주식에 대한 배당은 없고 무위험이자율은 연 10%이며, 1년은 360일로 가정한다.

(1) 6개월 만기 KOSPI 1 주가지수선물의 이론적 가격은 얼마인가?

(2) 6개월 만기 KOSPI 1 주가지수선물의 가격이 9,000원이라면 차익거래를 통하여 얻을 수 있는 차익거래이익은 얼마인가?

6. [차익거래전략]

(1) (주)참기술의 주식가격은 100,000원이다. 이 주식을 기초자산으로 하는 만기 6개월인 선물이 선물시장에서 110,000원에 거래되고 있다. 이 주식은 배당지급이 없으며 거래비용은 없고, 무위험이자율은 연 10%이다. 1년은 360일로 가정한다.

① 선물의 이론적 가격을 구하라.

② 구사될 수 있는 차익거래전략은 무엇이고, 차익거래이익은 얼마인가?

(2) 현재 KOSPI 200은 225포인트이고, 만기 3개월의 지수선물이 228포인트에 거래되고 있다. KOSPI 200 구성주식들의 배당지수의 합계는 0.625이고, 이자율은 연 10%이다. 1년은 360일로 가정한다. 이 상황에서 구사될 수 있는 차익거래전략은 무엇이고, 차익거래이익은 얼마인가?

CHAPTER

17

옵션투자

1997년 7월부터 주가지수옵션거래가, 2005년 12월부터는 주식옵션의 진일보한 형태인 ELW(주식워런트증권) 거래가 이루어지면서 옵션거래량이 세계 1위를 기록할 정도로 옵션거래가 급증한 바 있다. 옵션투자는 불확실한 금융환경하에서 투자위험을 헤징하는 주요 수단으로, 때로는 투자자가 원하는 다양한 투자수익과 위험의 패턴을 창출할 수 있는 효과적인 수단이 되기 때문에 포트폴리오 관리에 유용하게 이용되고 있다.

본장에서는 옵션거래의 특성과 거래제도, 옵션을 이용한 주요 투자전략에 대하여 다룬다. 다음은 본장의 학습목표로서 이해해야 할 주요 사항들이다.

- 옵션계약의 의의와 옵션의 종류
- 옵션거래제도의 특징
- 콜 옵션과 풋 옵션의 이득패턴
- 옵션을 이용한 헤징전략, 포트폴리오 보험방법
- 옵션을 이용한 스프레드 전략, 컴비네이션 전략
- 풋과 콜의 관계를 밝히는 풋·콜 등가이론과 투자전략적 함축

주제 생각하기

풋 옵션투자를 통해 500배의 투자수익

특정자산을 미래 특정시점에서 약정된 가격과 조건으로 사거나 팔기로 약속하는 거래이지만, 제16장에서 설명한 **선물계약**은 의무화된 계약인 반면에, 본장에서 다루는 **옵션계약**은 상황이 유리하면 권리(rights)를 행사하는 계약이어서 기본적으로 강제성이 없다. 옵션 중에서 콜(call) 옵션은 매수할 수 있는 권리를 부여한 것이고, 풋(put) 옵션은 매도할 수 있는 권리를 부여한 것이다.

풋 옵션가격이 하루 만에 500배 상승한 일이 발생한 적이 있었다. 2001년 9.11테러사건이 발생했을 때, KOSPI는 540.57에서 475.60으로 12% 하락하였고, 기초자산인 KOSPI 200지수는 전날 66.55에서 58.59로 폭락하였다. 전날 행사가격이 62.5인 풋 옵션은 전일종가가 0.01(1천원)에서 다음 날 5.05(5.05×100,000원=505,000원)로 폭등하였다. 이 풋 옵션에 1천만원 투자한 투자자는 하루 만에 약 500배의 '대박' 수익률을 거둘 수 있었다. 그러나 풋 옵션 매수자가 있으면 매도자가 있게 되는데, 외가격 상태에 있던 이 풋 옵션을 매도(발행)한 한 증권회사는 당일 250억원의 손실을 본 것으로 알려져 있다.

일 시	2001.9.11	2001.9.12	2001.9.13
KOSPI 200지수 풋 62.5 가격	66.55 0.01(1천원)	58.59 5.05(505,000원)	61.58 1.80

비슷한 사건이 1997년 10월 6일 IMF 외환위기(구제금융 실시) 때에도 발생했다. 1997년 10월 6일, 당시 KOSPI 200지수가 67.54였으므로 옵션 만기일이 3일 후 10월 9일이고 행사가격이 65.0이었던 풋 옵션은 10월 6일까지는 옵션권리를 행사할 수 없는 외가격 옵션이었다. 당시 IMF 구제금융 발표가 있기 얼마 전 주식시장은 극도의 불안한 경제상황 속에서 10월 9일에는 KOSPI 200지수가 63.28까지 급락하고 풋 옵션가격은 3일 전 0.12에서 1.72로 상승하였다. 풋 옵션투자를 통해 3일간 13배의 수익률이 가능하였다.

일 시	10월 6일	10월 7일	10월 8일	10월 9일
KOSPI 200지수 풋 65.0 가격	67.54 0.12	65.73 0.36	63.48 1.69	63.28 1.72

이처럼 풋 옵션은 돌발적 큰 악재가 발생하면, 콜 옵션은 엄청난 호재가 발생하면 하루에도 수백%의 수익률을 올릴 수 있기도 하다. 그러나 이러한 돌발 악재가 발생하여 '대박' 수익률을 올리는 경우는 확률적으로 매우 낮다. 위의 증권회사의 예처럼 옵션투자를 통해 대다수가 엄청난 손실을 보는 것이 현실이다. 그러나 '대박'의 한쪽 환상만 보는 일반투자자들이 복권을 산다는 생각으로 옵션투자하는 경향이 늘면서 한때 우리나라 옵션거래량이 세계 1위를 기록하기도 하였다.

이처럼 하루 만에도 엄청난 수익률을 올릴 수 있는 풋, 콜 옵션투자는 어떤 특징을 지니는가? 옵션투자의 위험은 얼마나 큰가? 이러한 옵션투자에 대해 규제가 필요한가?

투자위험을 줄이는 데 옵션투자는 어떻게 활용될 수 있는가? 나아가 투자자가 원하는 다양한 투자수익과 위험의 패턴을 창출할 수 있는 방법은 무엇인가?

제1절 옵션계약의 의의와 거래제도

본절에서는 옵션계약 거래의 특성과 옵션의 종류, 관련된 제도적인 내용을 다룬다. 먼저 콜 옵션과 풋 옵션의 특성이 무엇인지 살펴보고, 이어서 실제의 옵션거래 제도와 옵션거래상품에 대하여 살펴본다.

1 옵션계약의 의의

(1) 옵션계약의 특성

옵션계약(option contract)은 옵션의 보유자에게 약정된 가격으로 지정된 날짜 혹은 그 이전에 특정자산을 매수하거나 매도할 수 있는 권리를 부여한 계약이다. 옵션계약의 대상(기초자산)이 주식이면 주식옵션이라고 하는데, **주식옵션**(stock option)은 특정주식을 약정된 가격으로 지정된 날짜 혹은 그 이전에 사거나 팔 권리를 부여한 계약이다. 옵션계약에는 기본적으로 콜 옵션과 풋 옵션 두 가지가 있다.

콜 옵션(call option)은 매수할 수 있는 권리를 부여한 것이고, 풋 옵션(put option)은 매도할 수 있는 권리를 부여한 것이다. 옵션계약에서 미리 정해진 약정된 가격을 행사가격(exercise or strike price), 지정된 기간을 만기일(expiration date), 대상이 되는 자산을 기초자산(underlying asset)이라고 부른다.

옵션의 중요한 특징은 옵션 매수자에게 어떠한 투자행위를 할 수 있는 권리를 부여한다는 점이다. 따라서 상황이 유리하면 권리를 행사하겠지만, 상황이 불리하면 행사하지 않아도 된다. 상황전개에 따라서 다른 사람보다도 싸게 매수하거나 비싸게 팔 수 있는 권리행사가 보장되어 있으므로 이 권리는 일정한 가치를 지니게 되고, 이 권리(옵션)를 매수하는 데에는 일정한 대가로서 프리미엄을 지급해야 할 것이다. 이러한 권리에 대한 프리미엄이 옵션가격(price of the option)이다.

예를 들어 지금 S바이오 주식에 대하여 행사가격이 30,000원이고 3월 후에 만기가 되는 **콜 옵션**이 있다고 하자. 만약 S바이오 주식가격이 28,000원이면 시장가격이 권리행사가격보다도 낮으므로 이 콜 옵션의 보유자는 매수할 수 있는 자신의 권리를 행사하지 못할 것이다. 콜 옵션을 행사하여 주식을 매수하는 것보다도 그 주식을 시장에서 직접 매수하는 것이 유리하기 때문이다. 그러나 이 주가가 상승하여 30,000원 이상이 되면 이득(만약 주가가 35,000원이면 5,000원의 이득)이 발생한다. 시장가격보다도 낮은 행사가격으로 살 수 있는 권리를 행사하거나, 그 권리를 일정한 프리미엄(옵션의 시장가격)을 받고서 다른 사람에게 팔아넘길 수 있게 된다.

이번에는 동일주식에 대하여 행사가격이 30,000원이고 3월 후에 만기가 되는 **풋 옵션**이 있다고 하자. 만약 S바이오의 주식가격이 권리행사가격보다도 높은 33,000원이면 이 풋 옵션의 보유자는 매도할 수 있는 자신의 권리를 행사하지 못할 것이다. 그러나 이 주가가 하락하여 30,000원 이하가 되면 이득(만약 주가가 25,000원이면 5,000원의 이득)이 발생한다. 시장가격보다도 높은 행사가격으로 팔 수 있는 권리를 행사하거나, 그 권리를 일정한 프리미엄(옵션의 시장가격)을 받고서 다른 사람에게 팔아넘길 수 있게 된다.

이처럼 옵션과 앞의 제16장에서 설명한 선물계약은 기초자산(본원적 증권)의 가격변화에 따라서 그 가치가 달라지므로 파생증권(derivative securities)이라고 부른다. 또한 옵션은 만기일까지 기초자산의 시장가격 수준에 따라서 권리행사 여부가 결정되므로 상황조건부 청구권계약(contingent claim contracts)이라고도 불린다.

옵션거래에서는 시장가격 수준에 따라서 권리행사가 가능한지, 가능하지 못한지에 따라 내가격 옵션, 외가격 옵션, 등가격 옵션으로 구분한다.

- 내가격(in the money) 옵션 : 당장 옵션행사를 하면 이득이 발생하는 옵션
- 외가격(out of the money) 옵션 : 이득이 발생하지 않으므로 매수나 매도 등의 권리행사를 할 수 없는 옵션
- 등가격(at the money) 옵션 : 행사가격과 기초자산의 시장가격이 같은 옵션

콜 옵션과 풋 옵션 각각에 대하여 이 세 가지 상황을 정리하면 다음과 같다.

상 황	콜 옵션	풋 옵션
내가격	행사가격＜(기초자산)시장가격	행사가격＞(기초자산)시장가격
외가격	행사가격＞(기초자산)시장가격	행사가격＜(기초자산)시장가격
등가격	행사가격＝(기초자산)시장가격	행사가격＝(기초자산)시장가격

(2) 옵션거래의 구조

옵션거래도 거래 쌍방, 즉 매수자와 매도자가 있어서 거래가 형성될 터인데, 옵션거래는 옵션 매수자와 매도자 사이에 무엇을 사고파는 거래인가? [그림 17-1]에서

[그림 17-1] 옵션거래의 구조

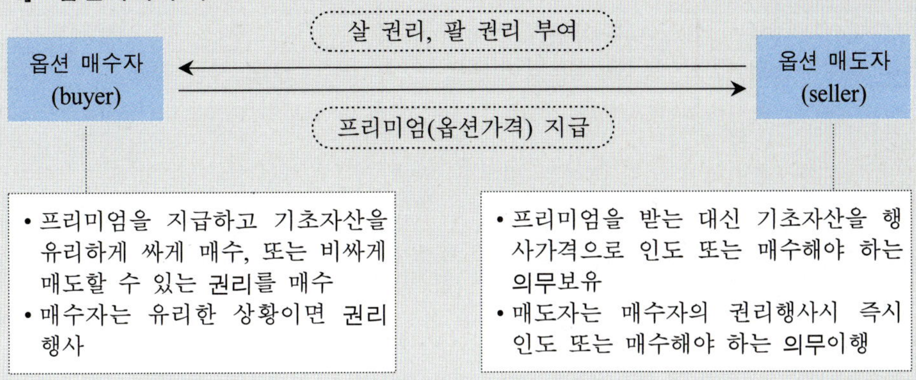

보는 것처럼 옵션거래란 매도자(seller)는 매수자(buyer)에게 권리(싸게 살 권리, 비싸게 팔 권리)를 제공하고, 매수자는 그 대가로 프리미엄(옵션가격)을 지급하는 거래이다.

콜 옵션의 경우 콜 옵션 매수자(purchaser)가 유리한 상황이 되어 매수하는 권리를 행사하고자 하면, 콜 옵션의 매도자 혹은 발행자(seller or writer)는 이에 응하여 기초자산을 매도해야 하는 의무를 이행해야 한다.

이때 콜 옵션의 매수자는 권리행사를 할 수 있는 유리한 상황에서 특정자산을 싸게 살 수 있는 권리를 확보하는 대신, 그 대가로 매도자에게 프리미엄(옵션가격)을 지불한다. 반면에 콜 옵션의 매도자 혹은 발행자는 상대방인 매수자가 매수할 권리를 행사하면 불리한 상황에서 주식을 인도해야 하는 의무를 지니는데, 시장가격보다도 낮은 가격에 주식을 인도함으로써 보게 되는 손해의 가능성에 대한 보상의 성격으로 프리미엄(옵션가격)을 받는다.

풋 옵션의 경우, 풋 옵션의 매수자는 기초자산을 시장가격보다 비싼 가격으로 유리하게 매도할 수 있는 권리를 얻게 되는 대신 그 대가로 프리미엄을 지급한다. 반면에 풋 옵션의 매도자(혹은 발행자)는 매수자가 높은 행사가격으로 매도할 권리를 행사하고자 하면 기초자산을 매수해야 하는 의무를 지니는데, 기초자산을 시장가격보다 비싼 가격으로 불리하게 매수해야 하는 불이익의 가능성에 대한 대가로 프리미엄(옵션가격)을 지급받는다.

(3) 옵션거래와 선물거래의 차이점

옵션거래는 이상에서 설명한 것과 같은 특성을 지니므로 앞장에서 설명한 선물거래와 비교할 때, 권리 · 의무, 위험구조, 증거금납부 등의 면에서 〈표 17-1〉과 같은

〈표 17-1〉 옵션거래와 선물거래의 차이점

구 분	옵션거래	선물거래
거래대상	대상자산을 매도·매수할 수 있는 **권리**	**대상자산 자체**
권리·의무	매수자 : 프리미엄(옵션가격) 지급 후에는 권리만 보유 매도자 : 프리미엄 수령 후에는 의무만 부담	매수자 : 권리(대상물의 수령권)와 의무(대금지급의무) 보유 매도자 : 권리(대금수령권)와 의무 (대상물 인도의무) 보유
위험구조	매수자 : 위험이 프리미엄에 **한정** 매도자 : 위험 **무한정**(다만, 프리미엄만큼 위험 감소)	매수자 : 위험 **무한정** 매도자 : 위험 **무한정**
증거금 납부	의무를 부담하는 **매도자만 납부** 매수자는 구입비용(프리미엄) 지급	매도자와 매수자 **모두 납부** 별도의 구입비용이 없음

차이점을 지니고 있다. 특기할 사항은 투자위험 면에서 선물계약거래의 경우 매수자와 매도자 모두 무한정의 위험을 부담하지만, 옵션계약거래의 경우 옵션 매수자는 프리미엄에 한정하여 위험을 부담하고, 옵션 매도자는 무한정으로 위험을 부담하게 된다는 점이다.

2 옵션계약의 종류

옵션은 만기일 이전에 옵션권리의 행사가능 여부에 따라서 유러피언 옵션과 아메리칸 옵션으로 구분된다. 유러피언 옵션(European option)은 만기일이 되어야 옵션의 권리를 행사할 수 있는 반면에 아메리칸 옵션(American option)은 만기일 이전 언제라도 권리행사가 가능한 옵션을 말한다.[1] 아메리칸 옵션이 유러피언 옵션보다도 권리행사의 폭이 넓으므로 옵션가치가 보다 높다.

옵션의 이러한 구분은 기초자산의 종류에 대한 구분은 아니다. 기초자산에 따라 옵션계약을 분류하면 다음과 같은 종류가 있다.

- 지수옵션(index options) : 주가지수를 기초자산으로 하여 약정된 조건으로 사거나 팔 수 있는 권리가 부여된 옵션을 말한다. 거래량이 비교적 많은 지수옵션으로는 미국의 S&P 100지수(S&P의 100개 주식으로 구성되는 주가지수),

1) 유러피언과 아메리칸의 구분이 옵션거래소가 위치한 지역에 따라 명명되는 것이 아니라는 점에 유념할 필요가 있다. 북미의 옵션거래소에서도 유러피언 옵션이 거래된다. 예를 들어 S&P 500 옵션은 유러피언 옵션이다.

S&P 500지수, 영국의 FT-SE 100지수, 일본의 Nikkei 225지수, 우리나라의 KOSPI 200지수, KOSDAQ 150지수를 기초자산으로 하는 지수옵션 등이 있다. 지수옵션은 주식옵션과 달리 현물이 존재하지 않는 것이므로 콜 매도자가 지수를 인도하거나 풋 매도자가 지수를 매수할 필요가 없다. 대신에 지수의 시장가격과 행사가격의 차이만큼을 현금결제하면 된다.

- 주식옵션(stock option) : 개별주식을 기초자산으로 하는 옵션계약이다. 우리나라에서는 2019년 6월 30일 현재 삼성전자, SK텔레콤, POSCO, 현대차, 한국전력 등 31개 종목이 거래되고 있다.
- 주식워런트증권(ELW : equity linked warrants) : ELW는 주식옵션과 상품특성이 유사한데, 유동성 부족의 문제점을 지닌 주식옵션의 대안으로서 유동성공급자(liquidity provider) 선정 의무화장치 등의 제도가 가미된 것이다(〈표 17-2〉 참조). 주식옵션은 발행주체가 일반투자자로서 콜, 풋 매수·매도 모두 가능한 반면에 ELW는 증권회사가 발행주체가 되고 콜, 풋 매수만 가능하다. 계약기간은 주식옵션은 6개월 이하의 단기상품인 반면에 ELW는 3개월에서 1년까지 다양하다. 주식옵션은 거래소가 결제이행을 보증하지만, ELW는 증권회사가 결제하게 되므로 증권회사의 신용위험이 존재한다.
- 선물옵션(futures options) : 약정된 조건으로 특정 선물계약을 사거나 팔 수 있는 권리가 부여된 옵션이다. 따라서 선물옵션 매수자가 선물옵션을 행사하면 약정된 행사가격으로 선물계약을 매수할 수 있게 되는 반면에, 선물옵션 매도자는 선물계약(현물이 아님)의 현재가격과 행사가격의 차이에 해당되는 금액을 지불하게 된다.

〈표 17-2〉 주식워런트증권(ELW)과 주식옵션 비교

구 분	ELW	개별주식옵션
발행주체	증권회사	옵션 매도자(일반투자자)
권리유형	콜, 풋 매수만 가능	콜, 풋 매수·매도 모두 가능
상품특성/규제법	유가증권	파생상품
거래시장	현물주식시장	옵션시장
매매 및 결제 방식	주식거래와 동일	옵션거래와 동일
유동성 제공	유동성 공급자 존재	시장수급에 의존
대상종목(2019.6.30 기준)	KOSPI 200종목 및 기초주식 50종목	기초주식 31개 종목
계약기간	3개월~1년	6개월 이하

자료 : 한국거래소(KRX)

- 통화옵션(currency options) : 특정 외국통화를 약정된 조건하에서 자국통화로 사거나 팔 수 있는 권리가 부여된 옵션이다. 우리나라에서는 1999년 4월 23일 이후 미국 달러옵션이 상장 거래되고 있다. 미국 달러옵션의 1계약금액은 US $10,000이고, 만기는 결제월의 세 번째 월요일이다.

3 옵션거래제도

옵션거래(options trading)는 직접 장외시장에서의 매매체결을 통해서도 이루어지지만 대부분은 거래비용이 낮고 원활하며 매매가 보장되어 있는 조직화된 옵션거래소를 통하여 이루어진다. 미국의 경우 조직화된 옵션거래소로서 1973년 4월 시카고 옵션거래소(CBOE : Chicago Board of Options Exchange)가 개설된 후 AMEX, NYSE 등에서도 옵션거래가 이루어지고 있다. 한국에서는 한국거래소(KRX)를 통하여 이루어진다.

(1) 행사가격과 만기의 표준화

이들 조직화된 옵션거래소는 옵션계약들에 있어서 기초증권의 수량, 만기일, 행사가격, 거래단위 등을 표준화시켜 신속하고 저렴한 거래가 이루어지고, 시장의 유동성을 높여 옵션거래를 용이하게 해주고 있다.

지수옵션의 경우 행사가격의 표준화 내용을 〈표 17-3〉에서 보면 현재지수를 기준으로 상하 2.5포인트 간격으로 등가격 1개, 내가격 6개, 외가격 6개, 모두 13개가 제시된다. 만약 현재의 지수가 300.00이면 콜 옵션은 외가격인 302.5, 305.0 등의 행사가격과 내가격인 297.5, 295.0 등의 행사가격인 지수 콜 옵션상품이 제시된다. 만기는 연속 3개월물과 3월·6월·9월·12월이 상장되며, 각 월의 두 번째 목요일이 만기일이 된다. 1계약단위는 [지수×25만원]이다.

(2) 옵션청산소와 증거금제도

옵션거래의 결제는 옵션청산소(OCC : Option Clearing Corporation)를 통하여 이루어진다. 옵션계약은 앞서 설명한 것처럼 매수자 입장에서 볼 때 유리한 상황이 전개되면 권리행사의 기회가 되지만 매도자는 의무를 이행해야 하는 계약이다. 따라서 쌍방간에 옵션계약 내용대로 권리와 의무가 이행되도록 중립적이고 신뢰성 있는

〈표 17-3〉 지수옵션, 주식옵션, 지수선물제도의 비교 (2019.6.30 기준)

	KOSPI 200지수옵션	주식옵션	KOSPI 200지수선물
1계약의 크기	지수×25만원*	프리미엄×10	지수×25만원
행사가격 간격	현재지수 기준 상하 2.5포인트**	행사가격 수준에 따라 9개	없음
상장 월물 수	3월·9월 각 1개, 6월 2개, 12월 3개, 기타월 4개(총 11개)	분기월 4개, 기타월 2개(총 6개)	3월, 6월, 9월, 12월 (4개 종목), 최장 1년
만기일	각 결제월 두 번째 목요일	지수옵션과 동일	결제월 두 번째 목요일
호가단위 (tick)	옵션가격이 10.0포인트 이상 : 0.05P(가격이 10.0 미만은 0.01P)	옵션가격에 따라 5단계 구분(10~200원)	0.05포인트. 최소가격 변동폭(tick) : 0.05P
가격제한폭	단계별 확대 (±8%, ±12%, ±20%)	단계별 확대 (±10%, ±20%, ±30%)	단계별 확대 (±8%, ±15%, ±20%)
위탁증거금	개시증거금률 : 9.0% 유지증거금률 : 6.0%	개시증거금률 : 차등화 유지증거금률 : 차등화	개시증거금률 : 9.0% 유지증거금률 : 6.0%

* 1계약의 크기는 2012년 3월 9일부터 10만원에서 50만원으로 증액되었고, 2017년 3월 27일부터는 25만원으로 인하되었다. KOSPI 200 미니옵션과 미니선물의 1계약의 크기(거래승수)는 10만원이다.

** 미국 주식옵션의 경우, 행사가격은 기초주식의 시장가격이 25~200달러이면 5달러 간격으로 설정된다. 옵션 만기는 대부분 1년 미만으로 분기 사이클로 이루어진다. 1월 사이클을 예로 하면 1월, 4월, 7월, 10월이 되고, 옵션 만기일은 각 월의 셋째 토요일이지만 실제 거래되는 최종일은 각 월의 셋째 금요일이다.

기관인 옵션청산소가 결제를 대행한다.

옵션청산소는 옵션의 매수자에 대해서는 실질적인 매도자로서, 매도자에 대해서는 실질적인 매수자로서의 역할을 수행하여 옵션계약의 이행을 보장해 준다. 결과적으로 옵션청산소는 옵션거래의 신뢰성과 안정성을 높이는 기능을 발휘한다.

우리나라 시장에서 옵션거래를 하려면 기본예탁금을 예치하고, 옵션 매수자는 옵션을 구매한 다음날 아침까지 옵션가격 전액을 지불해야 한다. 그러나 증거금은 옵션 매수자에게는 요구되지 않는다. 매수자에게는 계약불이행의 위험이 없고, 옵션 자체에 레버리지효과가 있기 때문이다. 반면에 옵션 매도자는 손실이 무한대로 커질 수도 있으므로 계약이행을 보장하기 위하여 기본예탁금 이외에 옵션청산소에 추가증거금을 거래계좌에 예치·유지해야 한다. 추가증거금의 크기는 지수옵션의 경우 5%이고, 주식옵션의 경우는 기초자산 주식의 변동성의 크기에 따라 차등화되어 있다.

이러한 제도적 틀 안에서 이루어지고 있는 우리나라 파생상품시장은 〈표 17-4〉에서 보는 것처럼 KOSPI 200지수옵션의 거래가 2011년에는 일평균 14백만 단위의 계약이 이루어지면서 세계 제1위 수준의 거래규모를 보이기도 했다. 그러나 파생상품시장에서의 불공정거래에 대한 규제가 많아지면서 2013년 이후 거래가 급격히 줄어 2018년말에는 1/5 수준 정도로 거래규모가 급격히 줄었다(본장의

〈표 17-4〉 KOSPI 200지수옵션 거래규모(일평균) 추이 (단위 : 천 계약, 억원)

구 분	2000	2004	2008	2010	2011	2014	2016	2017	2018
거래량	804	10,127	11,155	14,047	14,805	1,886	1,370	2,223	2,696
거래대금	690	5,811	11,582	12,672	17,594	7,293	5,121	5,095	5,870

자료 : KRX, 연차보고서, 2018년 파생상품시장동향, 2019.1

'증권카페' 참조). 그렇지만 거래대금 기준으로는 아직도 ELW의 거래가 증가하면서 우리나라 파생상품시장은 선물시장보다 옵션시장이 큰 비중을 차지하고 있다.

제 2 절 옵션거래의 기능과 이득

옵션계약이 금융상품으로서 선호도가 급격히 증가하는 이유는 그 특성상 적은 투자비용으로 높은 투자수익률을 올릴 수 있고, 투자위험에 대한 좋은 헤징(hedging) 수단이 되기도 하며, 원하는 투자이득의 다양한 패턴창출이 가능한 투자전략을 구사할 수 있기 때문이다.

본절에서는 옵션을 이용한 다양한 투자전략이 가져오는 투자이득의 패턴을 이해하기 위한 전 단계로 옵션투자의 기능과 옵션거래이득에 대하여 설명한다.

1 옵션의 기능

옵션은 다음과 같은 투자대상으로서의 기능을 제공한다.

첫째, 옵션은 상대적으로 적은 투자비용으로 높은 투자수익률을 올릴 수 있는 레버리지(leverage) 수단으로 활용될 수 있다. 기초자산의 시장가격보다도 옵션 프리미엄은 훨씬 낮은 가격 수준이어서, 옵션거래는 주식투자와 비교할 때 적은 투자자금으로 높은 투자수익률을 올릴 수 있는 레버리지효과를 얻을 수 있다.

둘째, 옵션거래는 불리한 가격변동에 대한 헤징 또는 가격보험수단으로 많이 활용된다. 예를 들어 주가가 상승할 것으로 예상하여 주식을 매수했는데, 예상과 달리 주가가 하락하여 큰 손실을 입게 되는 상황이라면 풋 옵션을 매수하여 투자위험을 헤징할 수 있다(이 헤징전략은 다음 2항에서 설명). 이 밖에도 옵션을 이용하여 주가하락시에 예상되는 손실을 줄이는 다양한 방법이 있다.

셋째, 옵션은 기초주식과 결합하여 투자가 이루어질 때 다양한 투자이득의 패턴을 제공하므로, 포트폴리오 운용자가 원하는 투자기회 패턴을 창출하는 투자전략을 가능하게 한다. 예를 들어 콜과 풋 옵션을 동시에 매수·매도하거나 기초주식과 결합시켜 투자하게 되면 미래의 기초주식가격의 상승이나 하락이 클 때 결합이득이 확대되도록 만들 수 있고, 반대로 기초주식가격의 변동이 미미한 상황이 될 때 결합이득이 확대되도록 만들 수도 있다. 이와 같이 옵션거래를 통해 다양한 투자이득 패턴을 창출해 낼 수 있다.

2 옵션거래의 손익구조

다양한 투자이득의 패턴을 가져오는 옵션투자전략의 여러 가지 측면을 보기 위하여 먼저 기본포지션의 손익구조를 보고, 콜 옵션과 풋 옵션이 가져오는 손익구조의 특징을 살펴보기로 한다.

(1) 콜 옵션의 손익구조

여러 가지 형태의 투자의 손익구조를 분석하기 위해서는 먼저 기본포지션의 개념을 이해할 필요가 있다. 기본포지션(naked position)이란 하나의 증권만을 매수(long)하거나 매도(short)하는 것으로, 주식매수와 주식공매, 콜 옵션의 매수와 매도, 풋 옵션의 매수와 매도가 해당된다.

우선 주식 자체를 매수하거나 공매한 경우는 처분시점(T)에서의 주가수준(S_T)에 따라서 이득이 달라진다. [그림 17-2](a)에서 보는 것처럼 가격 S_0수준에서 매수했다면 T일에서의 주가(S_T)가 영이 될 때 $-S$만큼의 손실을 보게 될 것이고, 주가가 점차 오를수록 손실이 정비례(45° 실선)하여 줄어들다가 S_0수준 이상으로 오를 경우 정비례의 이득을 얻게 된다. 반면에 주식을 공매할 경우에는 이와는 반대로 [그림 17-2](b)에서 보는 것처럼 주가가 오를수록 손실을 보게 된다.

그러면 콜 옵션을 매수하거나 매도(발행)할 경우의 손익(payoff)은 어떤 형태로 나타날 것인가? 약정된 가격(행사가격)으로 일정수량의 기초자산을 매수할 수 있는 권리가 부여된 **콜 옵션의 매수자**(call buyer)는 만기일에서의 시장가격(S_T)이 행사가격(X)보다 높게 되면 $S_T - X$의 이득을 얻는다. 주식가격이 상승하면 상승할수록

[그림 17-2] 주식의 손익구조

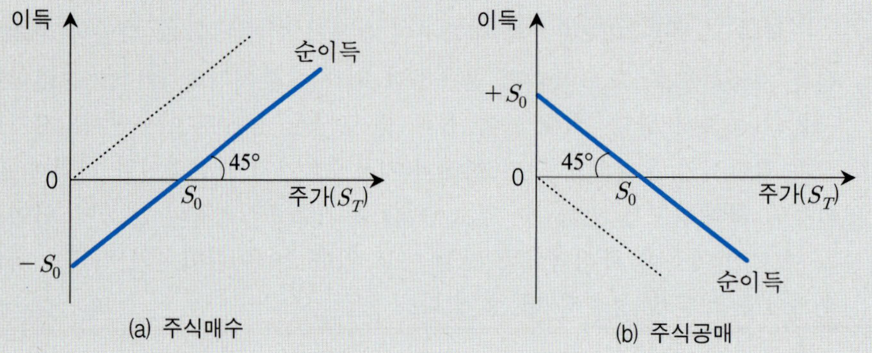

콜 옵션 매수의 가치는 증가한다. 반면에 시장가격이 행사가격보다 낮으면 매수할 권리를 행사할 수 없으므로 영(0)의 가치를 지니게 된다. 그러므로 콜 옵션의 매수자에게 있어서 만기일에서의 가치(payoff)는 다음과 같이 표시할 수 있다.

$$\text{콜 옵션 매수의 가치 : 만약 } S_T > X \text{이면 } (S_T - X)$$
$$\text{만약 } S_T \leq X \text{이면 } 0 \qquad (17.1)$$

단, S_T : 만기일 T시점에서의 주식가격
X : 콜 옵션의 행사가격(이 예에서는 50,000원)

그런데 콜 옵션 매수자가 이러한 매수권리를 행사하기 위해서는 콜 옵션의 매수에 필요한 프리미엄, 즉 콜 가격(C)을 매도자에게 지급해야 하므로 콜 옵션 매수자의 순손익(net gain)은 다음과 같이 표시할 수 있다([그림 17-3](a) 참조).

$$\text{콜 옵션 매수의 순손익 : 만약 } S_T > X \text{이면 } (S_T - X - C)$$
$$\text{만약 } S_T \leq X \text{이면 } -C \qquad (17.2)$$

단, C : 콜 옵션의 매수가격(프리미엄 ; 이 예에서는 5,000원)

한편, 주식 **콜 옵션 매도자**(call writer or seller)는 콜 매수자의 입장과 정반대가 된다. 주식의 시장가격(S_T)이 행사가격(X)보다 낮으면 콜 매수자의 매수권리행사가 없을 것이므로 영(0)의 가치를 지닌다. 그러나 $S_T > X$의 상황이 되면 콜 매수자의 기초주식의 매수권리행사가 있을 것이므로 주식가격이 상승할수록 낮은 행사가격(X) 수준으로 손실을 보면서 기초주식을 인도하게 되어 $-(S_T - X)$의 손해를 보게 된다. 주가상승 정도가 크면 클수록 더욱 큰 손실을 보게 되는 것이다.

[그림 17-3] 콜 옵션의 손익구조 (X=50,000원, C=5,000원의 예)

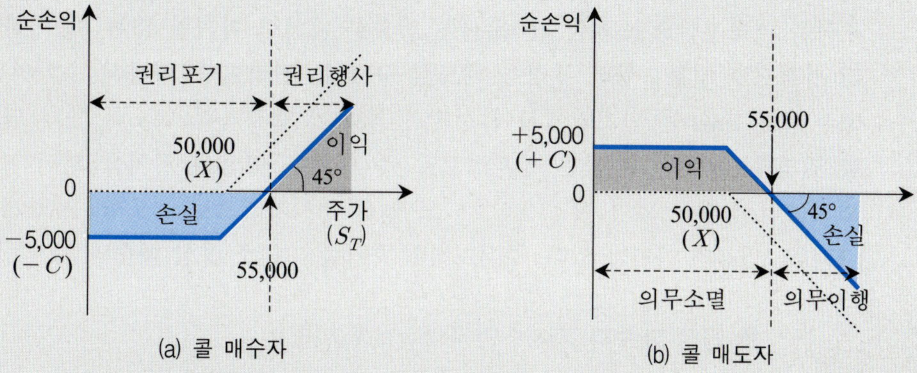

* [그림 17-3]과 이후 본장에서의 그림에서 점선은 포트폴리오(옵션 또는 주식과 옵션의 결합 등)의 만기에서의 이론적 가치(payoff)를 나타낸다. 한편 실선은 이 포트폴리오 가치에서 옵션투자액 또는 옵션 프리미엄 수입을 빼거나 합한 최종적인 순손익(net gain)을 나타낸다.

$$\text{콜 옵션 매도의 가치 : 만약 } S_T > X \text{이면 } -(S_T - X)$$
$$\text{만약 } S_T \le X \text{이면 } 0 \tag{17.3}$$

그런데 콜 옵션 매도자는 콜 옵션을 매도하면서 프리미엄으로 C만큼의 수입을 얻게 되므로 이 수입을 차감한 순손익은 다음과 같게 된다([그림 17-3](b) 참조).

$$\text{콜 옵션 매도의 순손익 : 만약 } S_T > X \text{이면 } -(S_T - X) + C$$
$$\text{만약 } S_T \le X \text{이면 } C \tag{17.4}$$

이상에서는 만기일에 콜 옵션을 행사하는 경우를 중심으로 예를 들었지만 만기일 이전에 콜 옵션이 행사되는 경우의 순손익은 어떻게 되는가? 콜 옵션은 중도에 그 권리를 매도할 수 있기 때문에 만기일 이전에는 좀처럼 행사되지 않는다. 따라서 동일한 순손익을 얻게 된다. 예를 들어, 주가가 60,000원이고 행사가격이 50,000원이라고 가정하면 콜 옵션을 행사함으로써 이득을 얻을 수 있지만, 옵션을 행사하는 대신에 옵션을 매도할 수도 있다. 옵션은 현재 옵션을 보유하지 않고 있는 투자자나 옵션을 발행했지만 청산하고자 하는 투자자에게 매도될 수 있는 것이다. 옵션이 상장되어 있으면 옵션을 발행하거나 매수하는 것은 주식을 매수하거나 매도하는 것과 동일하게 된다.

(2) 풋 옵션의 손익구조

주식을 기초자산으로 하는 풋 옵션은 전술한 것처럼 만기일 또는 그 이전에 약정된 가격으로 일정수량의 주식을 매도할 수 있는 권리이다. 따라서 주식의 **풋 옵션 매수자**(put buyer)는 만기일에서의 시장가격(S_T)이 행사가격(X)보다 높게 되면 매도할 권리를 행사할 수 없는 상황이므로 풋 옵션은 영(0)의 가치를 지닌다. 그러나 $S_T < X$의 상황이 되면 시장가격보다도 높은 행사가격으로 매도할 수 있게 되므로 $(X - S_T)$만큼의 가치가 있다. 주식가격이 하락할수록 풋 옵션 매수의 가치는 커진다.

$$\text{풋 옵션 매수의 가치 : 만약 } S_T \geq X \text{ 이면 } 0$$
$$\text{만약 } S_T < X \text{ 이면 } (X - S_T) \quad (17.5)$$

그런데 풋 옵션 매수자가 이처럼 유리하게 매도할 수 있는 권리를 지니기 위해서는 먼저 풋 옵션의 매수에 필요한 프리미엄, 즉 풋 가격(P)을 지급해야 하므로 이 지급 프리미엄을 감안한 순손익은 다음과 같다([그림 17-4](a) 참조).

$$\text{풋 옵션 매수의 순손익 : 만약 } S_T \geq X \text{ 이면 } -P$$
$$\text{만약 } S_T < X \text{ 이면 } (X - S_T - P) \quad (17.6)$$

단, P : 풋 옵션의 매수가격(프리미엄)

한편, 주식 **풋 옵션 매도자**(put writer or seller)는 이와 반대로 $S_T \geq X$의 상황이면 풋 매수자의 기초주식매도가 없을 것이므로 영(0)의 가치를 지니지만, $S_T < X$

[그림 17-4] 풋 옵션의 손익구조 (X=50,000원, P=5,000원의 예)

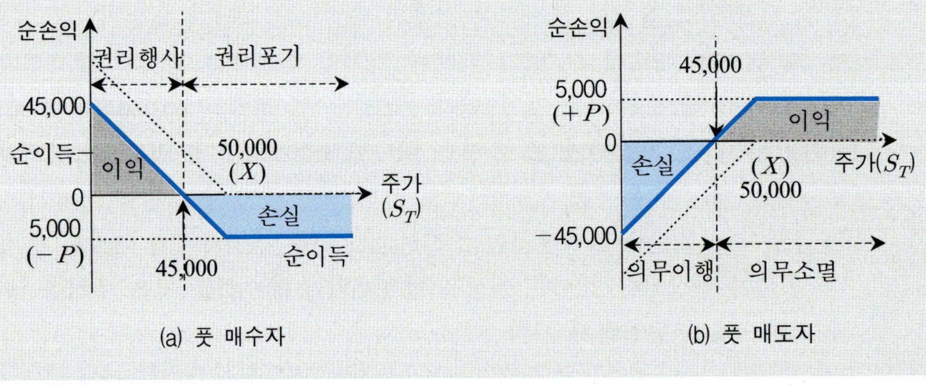

(a) 풋 매수자 (b) 풋 매도자

의 상황이 되면 풋 매수자의 기초주식의 매도행사에 응하여 높은(비싼) 행사가격에 사들여야 하므로 $-(X-S_T)$의 손실을 보게 된다.

$$\text{풋 옵션 매도의 가치 : 만약 } S_T \geq X \text{이면 } 0$$
$$\text{만약 } S_T < X \text{이면 } -(X-S_T) \tag{17.7}$$

그런데 풋 옵션 매도자는 이러한 손실가능성에 대한 대가로 풋 옵션 프리미엄 P를 수입으로 얻게 되므로 이 수입을 차감한 순손익은 다음과 같게 된다([그림 17-4](b) 참조).

$$\text{풋 옵션 매도의 순손익 : 만약 } S_T \geq X \text{이면 } P$$
$$\text{만약 } S_T < X \text{이면 } -(X-S_T)+P \tag{17.8}$$

〈표 17-5〉는 2019년 6월 26일 기준 2019년 7월 만기물의 실제 옵션시세표이다. 콜 옵션의 경우는 행사가격이 낮을수록 또 만기가 길수록 옵션가격이 높게 형성되어 있고, 반면에 풋 옵션은 행사가격이 높을수록 옵션가격이 높게 형성되어 있다. 권리행사를 할 수 없는 외가격 옵션이더라도(예를 들어 행사가격이 콜 옵션은 277.50 이상인 경우, 풋 옵션은 272.50 이하인 경우) 가격은 (+)의 값을 보인다. 앞으로 기초자산의 가격이 오르거나 내릴 가능성이 있으므로 (+)의 옵션가격이 형성된다.

〈표 17-5〉 KOSPI 200지수옵션 시세표* (단위 : 포인트, 계약)

	종목명	종 가	전일 대비	거래량	미결제 약정수량		종목명	종 가	전일 대비	거래량	미결제 약정수량
콜	1907 287.5**	0.13	0.00	76,505	46,148	풋	1907 287.5	12.85	−0.20	2	125
	1907 285.0	0.29	0.01	122,971	40,059		1907 285.0	10.30	−0.55	36	1,525
	1907 282.5	0.59	0.04	101,814	44,933		1907 282.5	8.00	−0.39	177	383
	1907 280.0	1.11	0.10	122,677	35,252		1907 280.0	6.00	−0.50	344	2,189
	1907 277.5	1.91	0.17	92,208	25,605		1907 277.5	4.34	−0.54	2,358	2,383
	1907 275.0	3.06	0.26	48,672	23,882		1907 275.0	2.97	−0.48	34,682	13,212
	1907 272.5	4.58	0.38	4,189	15,044		1907 272.5	2.02	−0.33	71,352	21,729
	1907 270.0	6.39	0.47	1,204	9,726		1907 270.0	1.32	−0.23	96,472	32,150
	1907 267.5	8.40	0.45	231	3,912		1907 267.5	0.85	−0.15	103,693	26,215
	1907 265.0	10.40	0.35	94	4,598		1907 265.0	0.52	−0.11	75,297	36,148
	1907 262.5	12.30	0.30	5	653		1907 262.5	0.32	−0.08	75,521	35,265

* 2019.6.26 기준, 당일 KOSPI 200지수=275.53

** '1907 287.5'는 2019년 7월 만기물로서 행사가격이 287.5인 콜 옵션임을 뜻함.

예제

〈표 17-5〉에 제시되어 있는 2019년 7월물의 콜 옵션과 풋 옵션 가격을 참고하여 다음을 계산하라. 당일 KOSPI 200지수는 275.53이었고, 7월 둘째주 목요일 만기일까지 보유한다고 가정한다.

(1) 주가상승이 예상되어 행사가격이 280.0이고, 콜 옵션가격이 1계약에 1.11인 콜 옵션을 200계약 매수하였다. ① 만기일에 KOSPI 200지수가 290.0인 경우와 ② 270.0인 경우의 순손익을 계산하라.

(2) 주가하락이 예상되어 행사가격이 270.0이고, 풋 옵션가격이 1계약에 1.32인 풋 옵션을 200계약 매수하였다. ① 만기일에 KOSPI 200지수가 260.0인 경우와 ② 280.0인 경우의 순손익을 계산하라.

풀이

(1) 행사가격(X)=280.0, 콜 옵션가격(C)=1.11, 200계약

① 지수가 290.0으로 상승한 경우의 순손익
=[(290.0−280.0]−1.11]×25만원×200계약=+4.445억원 (이익)

② 지수가 270.0으로 하락한 경우의 순손익
=[(270.0−280.0]−1.11]×25만원×200계약=−5.555억원 (손실)

(2) 행사가격(X)=270.0, 풋 옵션가격(P)=1.32, 200계약

① 지수가 260.0으로 하락한 경우의 순손익
=[(260.0−270.0]−1.32]×25만원×200계약=−5.660억원 (손실)

② 지수가 280.0으로 상승한 경우의 순손익
=[(280.0−270.0]−1.32]×25만원×200계약=+4.340억원 (이익)

제 3 절 옵션투자전략

앞에서 옵션의 투자이득 패턴을 살펴본 것처럼 콜 옵션은 주가가 상승할 때 그 가치가 상승하므로 콜 매수전략은 강세 주식시장(bull market)이 예상될 때 유효한 전략이다. 반면에 풋 옵션은 주가가 하락할 때 그 가치가 상승하므로 풋 매수전략은 약세 주식시장(bear market)이 예상될 때 유효한 전략이다. 또한 콜 매도는 약세시장에서, 그리고 풋 매도는 강세시장에서 상대적으로 이득이 큰 투자전략이다.

옵션이 포함되는 포트폴리오를 구성하면 투자자가 원하는 다양한 투자이득의 패턴을 창출할 수 있음은 앞서 언급하였다. 이제 옵션을 이용한 투자전략을 다음 세 가지 유형으로 나눠 살펴보기로 한다.

① 옵션을 이용한 헤징전략(한 개의 주식+한 개의 옵션)
② 스프레드 전략(동일한 형태의 두 개 이상의 옵션투자)
③ 컴비네이션 전략(동일주식에 대한 콜 옵션과 풋 옵션 투자)

1 옵션을 이용한 헤징전략

(1) 방어 풋 전략 : 주식매수+풋 옵션 매수

주식투자시의 최대손실은 주가하락으로 투자원금을 모두 잃게 되는 경우이다. 옵션을 이용하면 주식투자를 하더라도 주가하락시에 일정수준 이상의 손실을 보지 않도록 하고, 주가상승시에는 주가상승만큼 이득을 얻게 하는 것이 가능하다. 이 투자전략의 하나가 방어 풋 전략이다.

방어 풋(protective put) 전략은 기초주식을 매수하는 동시에 풋 옵션을 매수하는 포트폴리오 구성전략이다. 이 전략을 구사하면 〈표 17-6〉에서 보는 것처럼 주가가 하락하는 상황($S \leq X$)에서도 풋 옵션의 행사가격 수준의 이득이 항상 확보되고, 주가가 상승하는 상황($S > X$)에서는 주가상승만큼 이득이 증가하게 된다.

이처럼 주가가 하락하는 상황에서도 행사가격 수준의 일정한 이득이 항상 확보될 수 있는 것은 주가하락시에 시장가격보다도 높은 행사가격으로 팔 수 있는 풋 옵션 행사를 통하여 투자이득이 얻어지기 때문이다. 이제 [그림 17-2]의 주식 순손익형태와 [그림 17-4](a)의 풋 매수 순손익형태를 결합시켜 보면 방어 풋 포트폴리오의 순손익은 [그림 17-5]와 같이 표시된다.

방어 풋 전략은 이처럼 주가하락시에도 투자손실을 일정한 수준으로 방어하게

〈표 17-6〉 방어 풋 전략의 포트폴리오 가치와 순손익

포트폴리오	기 초* ($T=0$)	T시점	
		$S_T \leq X$	$S_T > X$
주식매수	$-S_0$	S_T	S_T
풋 매수	$-P$	$X-S_T$	0
포트폴리오 가치		X	S_T
포트폴리오의 순이득		$X-S_0-P$	S_T-S_0-P

* 기초($T=0$)에서의 포트폴리오 가치의 부호는 투자, 현금유출은 (−), 투자수입, 현금유입은 (+)로 표시함.

[그림 17-5] 방어 풋 전략의 손익구조

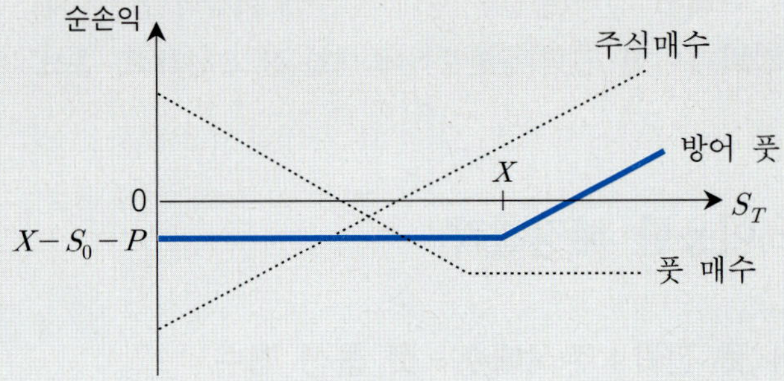

하는데, 이러한 측면에서 포트폴리오 보험(portfolio insurance)의 한 형태라고 할 수 있다. 보험에 가입했을 경우 사전에 계약했던 사고나 재난이 발생하면 전액 혹은 일부를 변상받을 수 있지만, 사고가 발생하지 않으면 납부한 보험료만큼의 손해를 보는 것과 같은 구조이다. 방어 풋은 강세시장에 보험을 든 것과 같다.[2]

(2) 커버드 콜 전략 : 콜 옵션 매도+주식매수

커버드 콜(covered calls)은 콜 옵션 매도와 동시에 주식을 매수하는 포트폴리오 구성을 말하는데, 콜 매도 · 주식매수전략이라고도 한다.[3] 커버드 콜의 포트폴리오 가치는 주식가치에서 콜의 가치를 차감한 것이 되므로 각 상황에서 〈표 17-7〉과 같이 나타난다. $S_0 > X$이면 행사가격 수준의 일정한 가치를 유지하며, $S_0 < X$이면 낮아진 주가수준의 가치를 지니게 된다.

---

2) 방어 풋 전략과 동일한 포트폴리오 가치를 가져오는 다른 전략으로는 **콜 매수 · 무위험채권매수전략**이 있다. 콜 옵션을 매수하고 콜의 행사가격(X)과 동일한 액면가액을 갖고 있는 무위험자산(국공채)을 매수하면 $S_T > X$와 $S_T \leq X$ 상황에서 방어 풋 전략과 동일한 성과를 얻게 된다. 따라서 이 전략도 포트폴리오 보험의 한 방법으로 이용될 수 있다.

	$S_T \leq X$	$S_T > X$
콜 매수	0	$S_T - X$
무위험채권 매수	X	X
포트폴리오 가치	X	S_T

3) "커버드(covered)"라고 부르는 이유는 콜 매도의 경우 콜 매수자의 요구가 있을 때 기초주식을 인도해야 하는데, 이때 인도하게 될지 모르는 주식을 보유하고 있기 때문이다. 이와 대조적으로 **기본포지션**(naked position)은 옵션을 발행하거나 매수하는 것과 같이 어느 한 포지션만을 유지하고 있는 경우를 말한다.

〈표 17-7〉 커버드 콜 전략의 포트폴리오 가치와 순손익

포트폴리오	기 초 (T=0)	T시점	
		$S_T \leq X$	$S_T > X$
주식매수	$-S_0$	S_T	S_T
콜 매도	C	0	$-(S_T - X)$
포트폴리오 가치		S_T	X
포트폴리오의 순이득		$S_T + C$	$X + C$

[그림 17-6] 커버드 콜의 손익구조

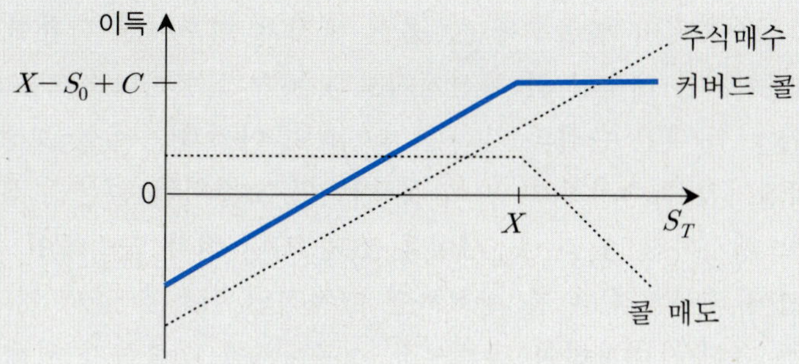

이를 그림으로 표시하면 [그림 17-2](a)와 [그림 17-3](b)를 합한 것이므로 [그림 17-6]과 같이 나타난다. 커버드 콜의 순이득은 최종적으로 콜 매도시의 C만큼의 수입이 가산되므로 그림에서 실선 색으로 표시된 부분과 같게 된다.

이처럼 커버드 콜은 콜 매도, 주식매수 각각의 기본포지션(naked position)에 따른 손실을 헤징시켜 주는 장점 이외에도 투자전략적으로 볼 때 일정한 수준의 목표 매도가격을 설정해 놓고 자산운용을 하는 경우 적절하다. [그림 17-6]에서 보는 것처럼 행사가격(X) 수준에서 자산매도를 계획하고 있으면 커버드 콜을 하는 것이 유리하다. 콜 프리미엄을 추가적인 수입으로 얻음으로써 고정적인 순이득을 확보할 수 있기 때문이다.

2 스프레드 전략

스프레드(spread)는 동일한 형태의 두 개 이상의 옵션(즉, 한 개 이상의 콜 옵션 혹은

한 개 이상의 풋 옵션)에 대해 하나는 매수하고 다른 하나는 매도하는 포지션을 취하는 것을 말한다. 스프레드에는 수직 스프레드와 수평 스프레드가 있다. 수직 스프레드(vertical spread)는 한 옵션을 매수하는 동시에 만기일은 같지만 행사가격만 다른 옵션을 매도하는 전략이고, 수평 스프레드(horizontal spread)는 행사가격은 같으나 만기일만 서로 다른 옵션을 하나는 매수하고 다른 하나는 매도하는 전략이다.

(1) 강세시장 스프레드 : X_1의 콜 매수 + X_2의 콜 매도($X_2 > X_1$)

강세시장 스프레드(bullish spread) 전략은 동일주식에 대해 행사가격 X_1인 콜 옵션을 매수하고, 보다 높은 행사가격 X_2의 콜 옵션을 매도하는 수직 스프레드의 일종이다. 행사가격이 높을수록 콜 옵션 행사가 이루어질 확률이 줄어들므로 매도된 콜 옵션가격을 매수된 콜 옵션가격보다 낮게 설정한다. [그림 17-7]에서 보듯이 잠재적인 이득 혹은 손실의 기회를 제한하여 이득과 손실을 고정시킨다는 특징이 있다. 시장가격이 행사가격 X_1에 못 미치면 고정적인 손실을 경험하게 되지만 시장가격이 행사가격 X_1과 X_2 사이에 있게 되면 점차 순이득이 증가된다. 그리고 시장가격이 행사가격 X_2를 상회하면 고정적인 이득을 얻게 된다.

풋 옵션을 이용하여 강세시장 스프레드를 창출하기 위해서는 낮은 행사가격을 가진 풋 옵션을 매수하고 높은 행사가격으로 풋 옵션을 발행하면 된다.

[그림 17-7] 강세시장 스프레드 전략의 손익구조(콜 옵션의 경우)

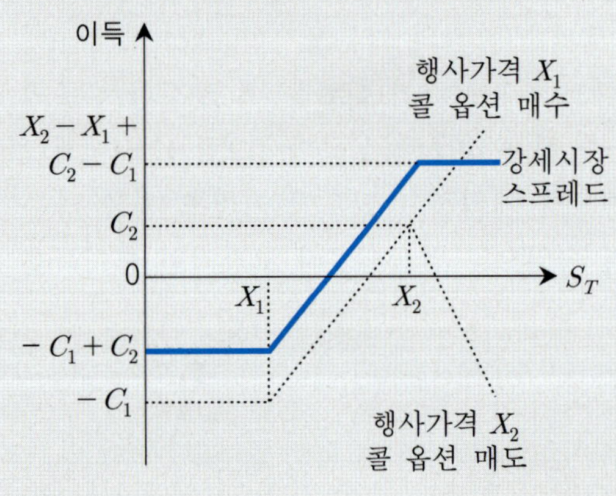

[그림 17-8] 약세시장 스프레드 전략의 손익구조(콜 옵션의 경우)

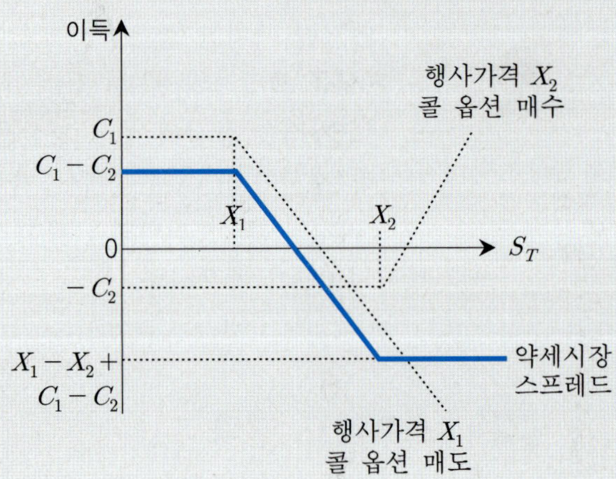

(2) 약세시장 스프레드 : X_1의 콜 매도 + X_2의 콜 매수($X_2 > X_1$)

주가상승시에 강세시장 스프레드를 이용하는 것처럼 주가하락이 예상되면 약세시장 스프레드(bearish spread)를 이용할 수 있다. 강세시장 스프레드처럼 콜 옵션 매수와 콜 옵션 매도로 구성되는데, 전자와의 차이점은 매수한 콜 옵션의 행사가격이 발행한 콜 옵션의 행사가격보다 높다는 점(매수한 콜 옵션의 가격이 발행한 콜 옵션가격보다 크다는 점에 주의)에 있다. [그림 17-8]은 약세시장 스프레드의 순이득 패턴을 나타내고 있다. 행사가격 X_1보다 주가 S_T가 낮으면 고정적인 이득을 얻고, 주가 S_T가 행사가격 X_1과 X_2 사이에 있으면 주가상승에 따라 손실을 경험하며, 행사가격 X_2보다 주가 S_T가 높으면 고정적인 손실을 얻게 된다.

풋 옵션으로 약세시장 스프레드를 구성하려면 낮은 행사가격으로 풋 옵션을 매도하고 높은 행사가격을 지닌 풋 옵션을 매수하면 된다.

3 컴비네이션 전략

컴비네이션(combination)이란 동일한 주식에 대해 콜 옵션과 풋 옵션을 동시에 매수 또는 매도하는 방식으로 포트폴리오를 구성하는 옵션투자전략이다. 본항에서는 스트래들(스트립, 스트랩), 스트랭글 등의 전략을 설명한다.

(1) 스트래들 전략 : 콜 옵션 + 풋 옵션

스트래들(straddle)은 만기일과 행사가격이 같은 하나의 콜 옵션과 하나의 풋 옵션을 동시에 매수하거나 또는 동시에 매도하는 것이다. 따라서 각 상황에서의 스트래들

〈표 17-8〉 스트래들 매수전략의 포트폴리오 가치와 순손익

포트폴리오	기 초 ($T=0$)	T시점	
		$S_T < X$	$S_T \geq X$
콜 매수	$-C$	0	$S_T - X$
풋 매수	$-P$	$X - S_T$	0
포트폴리오 가치		$X - S_T$	$S_T - X$
포트폴리오의 순이득		$X - S_T - C - P$	$S_T - X - C - P$

[그림 17-9] 스트래들의 손익구조

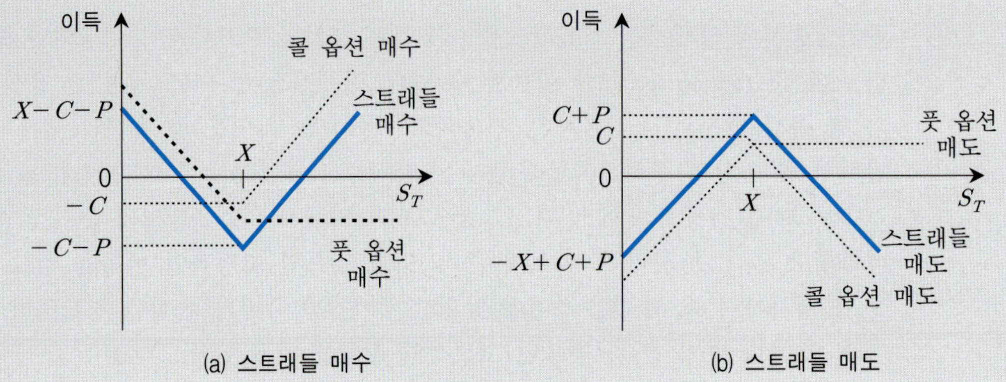

매수전략의 가치와 이득은 〈표 17-8〉과 같고, 이를 그림으로 나타내면 [그림 17-9](a)와 같다. 이 그림은 콜 매수를 나타내는 [그림 17-3](a)와 풋 매수를 나타내는 [그림 17-4](a)를 결합시킨 것인데, 주식가격이 미래에 큰 폭으로 변동(큰 폭 상승 또는 하락)하는 경우에는 이득이 크지만, 행사가격 수준에 머무르면 손실을 보게 된다. 손실폭이 가장 큰 경우는 $S_T = X$의 상황으로서 콜과 풋의 매수가격인 $(-C-P)$만큼의 손실을 보게 된다. 그러나 주식가격이 어느 방향으로 움직이든지 관계없이 큰 폭으로 상승, 하락하게 되면 비례적으로 이득은 증가한다.

스트래들 매수전략은 이러한 특성을 지니고 있으므로 기초자산의 가격 움직임의 방향성(상승 혹은 하락)에 관계없이 변동성이 매우 큰 위험주식에 대하여 구사해 볼 수 있는 옵션전략이다. 예를 들어 어느 회사가 법정소송사건에 연루되어 승소하면 주가의 큰 폭 상승이, 패소하면 주가의 큰 폭 하락이 예상될 때 매우 유효한 전략이 된다.

반면에 스트래들 매도전략은 콜과 풋을 동시에 매도하는 전략인데, [그림 17-9](b)([그림 17-3](b)와 [그림 17-4](b)를 결합시킨 것임)와 같은 정반대의 순이득 패턴을 보인다. 이 그림에서 볼 수 있는 것처럼 스트래들 매도전략은 주식가격의 등락폭이 작을 때 순이득이 크고, 등락폭이 크면 큰 손실을 보게 되므로 변동성이 적은 주식에 대해 적절한 옵션전략이다.[4)]

---

4) 스트래들 전략의 응용으로, 스트립과 스트랩 전략이 있다. 스트립(strip)은 만기와 행사가격이 같은 한 개의 콜 옵션과 두 개의 풋 옵션의 조합을 말한다. 주가변동이 매우 심하지만 주가하락의 가능성이 주가상승의 기회보다 더 크다고 예상될 때 주가하락에 더 많은 투자비중을 둘 경우 구사되는 전략이다. 반면 스트랩(strap)은 두 개의 콜 옵션과 한 개의 풋 옵션을 조합하는 투자전략이다. 스트랩은 큰 폭의 주가변동이 예상

(2) 스트랭글 : X_1의 풋 옵션과 X_2의 콜 옵션($X_2 > X_1$)

스트랭글(strangle) 전략은 만기는 같지만 행사가격이 상이한 콜 옵션과 풋 옵션을 각각 하나씩 매수하는 전략으로 수직 컴비네이션(vertical combination)이라고도 한다.

스트랭글 매수는 콜 옵션과 풋 옵션을 각각 하나씩 매수하되, 콜 옵션 행사가격(X_2)을 풋 옵션의 행사가격(X_1)보다 크게 하는 전략이다([그림 17-10](a)). 스트랭글 매수 역시 주가변동의 폭은 크지만 변동방향을 판단하기 어려울 때 적용할 수 있는 전략이라는 점에서는 스트래들 매수와 같으나, 이익을 실현하는 만기의 주가(S_T)가 스트래들보다 더 크거나 작고, 손실의 정도는 스트래들 매수보다 작다는 차이가 있다. 스트랭글 매수의 이득패턴은 행사가격 X_1, X_2의 간격에 따라 달라진다. X_1과 X_2의 간격이 적을수록 최대손실액은 줄어드는 대신 이득을 달성할 수 있는 기회는 커진다.

스트랭글 매도는 콜 옵션과 풋 옵션을 각각 하나씩 매도하는 전략이다. [그림 17-10](b)처럼 마찬가지로 매도된 콜 옵션의 행사가격(X_2)은 풋 옵션의 행사가격(X_1)보다 크다. 장차 주가가 극심한 변동을 보일 것 같지 않을 경우 고려되는 전략이라는 점에서 스트래들 매도와 비슷하다. 더욱이 스트랭글 매도는 스트래들 매도처럼 투자자의 잠재적 손실이 무한하다는 점에서 위험이 큰 투자전략이다.

[그림 17-10] 스트랭글의 손익구조

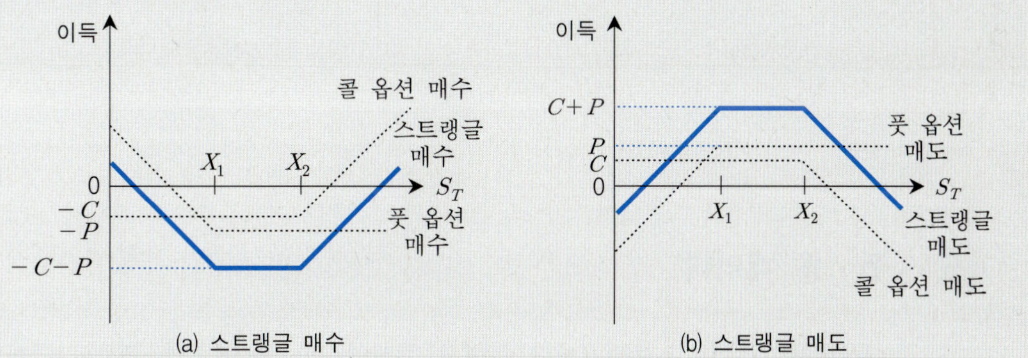

되지만, 주가상승의 확률이 주가하락의 확률보다 크다고 여겨질 때 주가상승에 투자비중을 더 두는 투자전략이다.

4 합성선물투자전략

상기한 것처럼 주가지수옵션은 풋·콜 옵션간 손익의 상반성 및 기초자산 가격변동에 따른 손익구조의 비대칭성으로 인하여 다양한 투자전략이 가능하다. 또 다른 형태의 옵션투자전략 한 가지는 선물투자효과를 얻는 투자전략이다. 구체적으로 결제월 및 행사가격이 같은 풋 옵션과 콜 옵션을 반대방향으로 동시에 매매하면 선물거래와 같은 효과를 가지게 된다.

[그림 17-11](a)처럼 콜 옵션을 매수하고 동시에 풋 옵션을 매도하는 것을 합성선물매수라고 하며, [그림 17-11](b)처럼 콜 옵션을 매도하고 동시에 풋 옵션을 매수하는 것을 합성선물매도라고 한다.

[그림 17-11] 풋·콜 옵션을 결합한 합성선물

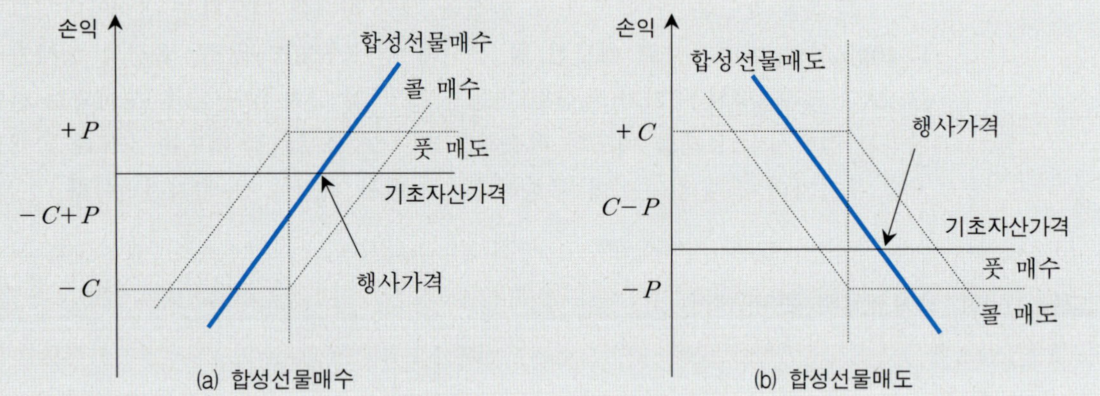

5 풋·콜 패리티

이상에서 살펴본 옵션투자전략 중에서 주식매수와 풋 매수로 구성되는 방어 풋(protective put) 전략은 주가상승시에는 주가상승에 비례하여 무제한적인 이득이 발생하고, 주가하락시에는 최소한 행사가격(X) 수준의 수익을 항상 보장받는 포트폴리오 보험전략의 하나이다.

이와 비슷한 위험헤징의 한 방법으로 미래의 주식가격이 어떻게 변동하든지 항상 일정한 투자수익, 즉 무위험투자수익을 얻게 하는 결합방법이 있다. 풋·콜 패리티(put-call parity)란 주가변동에 관계없이 무위험포트폴리오를 구성하는 풋 옵션과 콜 옵션의 균형관계를 말한다.

이러한 무위험포트폴리오는 구체적으로 하나의 주식을 매수하고, 또 이 주식에 대한 풋 옵션 하나를 매수하는 동시에 동일한 행사가격을 갖는 콜 옵션 하나를 매도하게 되면 구성된다. 미래의 상황은 주식가격(S_T)과 행사가격(X)의 관계면에서 보면 $S \geq X$인 상황과 $S < X$인 상황 두 가지로 나누어 생각할 수 있는데, 〈표 17-9〉, [그림 17-12]에서 보는 것처럼 미래의 주가변동 상황에 관계없이 항상 행사가격(X) 수준의 가치를 얻게 된다.

이와 같이 얻어지는 포트폴리오의 가치 X는 시장이 균형상태라면 무위험자산에 대한 투자의 미래 T시점에서 수익과 일치해야 할 것이다. 즉, 무위험투자수익 X는 만기일(T)에서의 미래가치이므로 현재가치로 환산(무위험이자율을 R_f로 표시)하면 $X/(1+R_f)^T$가 되는데, 이 가치가 기초의 포트폴리오가치($=S+P-C$)와

〈표 17-9〉 풋 · 콜 패리티 : 무위험포트폴리오의 구성

포트폴리오	기초가치	T 만기일에서의 상황과 가치	
		$S_T < X$	$S_T \geq X$
주식매수	$-S_0$	S_T	S_T
풋 옵션 매수	$-P$	$X-S_T$	0
콜 옵션 매도	C	0	$-(S_T-X)$
포트폴리오 가치	$-(S_0+P-C)$	X	X

[그림 17-12] 무위험포트폴리오의 구성 : 풋 · 콜 패리티

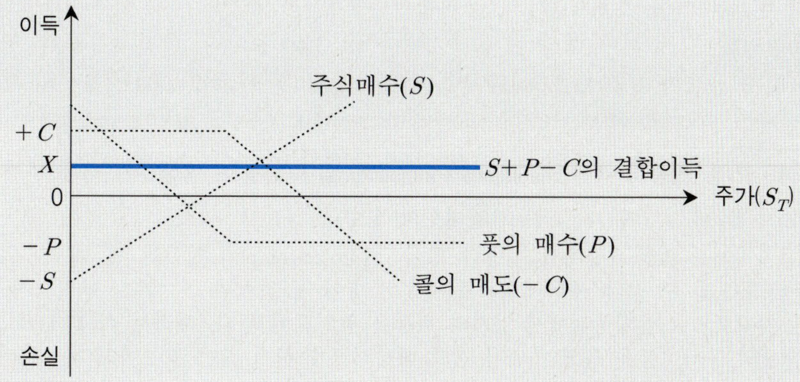

일치해야 할 것이다. 따라서 삼자의 관계는 다음과 같이 표시된다.

$$S_0 + P - C = \frac{X}{(1+R_f)^T} \tag{17.9}$$

식 17.9를 P에 관하여 표시하면 다음 관계식이 되는데, 이를 풋·콜 등가이론(put-call parity theorem)이라고 한다.

$$P = C - S_0 + X(1+R_f)^{-T} \tag{17.10}$$ [5]

풋·콜 패리티를 나타내는 식 17.10에서 기초주식의 현재가격 S_0, 행사가격 X, 무위험이자율 R_f는 주어지는 변수이므로, 풋 옵션가격 P나 콜 옵션가격 C 중 어느 한쪽을 알게 되면 나머지 한쪽의 가격을 구하는 데 이 등가관계식이 이용된다.

만약 이 등가관계가 성립하지 않으면 차익거래기회(arbitrage opportunity)가 발생하게 된다. 즉 식 17.10은 다음 식 17.11과 같이 표현할 수 있는데, 등가관계가 성립하지 않는다는 것은 좌변과 우변 중에서 어느 한쪽이 큰 것을 의미하므로 큰 쪽에 해당되는 포트폴리오를 매도하고 작은 쪽에 해당되는 포트폴리오를 매수하면 초과수익을 얻게 된다. 이러한 차익거래는 초과수익이 사라질 때까지 계속될 것이므로 균형상태에서는 식 17.11의 등가관계가 성립해야 한다.

$$S_0 + P = C + X(1+R_f)^{-T} \tag{17.11}$$ [6]

예제

S통신(주)의 현재 주가는 22,000원이고, 무위험이자율은 연 10.25%이다. 현재 6개월 후 만기에 행사가격이 21,000원인데, 이 주식에 대한 콜 옵션가격(C)은 3,400원이다. 한편 6개월 후 만기에 행사가격이 21,000원인데 풋 옵션가격(P)은 1,000원이다. 한편 6개월 후 원금 21,000원(옵션의 행사가격과 동일수

---

5) 무위험수익률 R_f를 연속적 복리(continuous compounding) 수익률로 계산하면 다음 관계식으로 표시된다.
$P = C - S_0 + X \cdot e^{-R_f T}$(여기서 e는 자연대수의 밑수)

6) 풋·콜의 등가관계는 앞의 1항에서 설명한 방어 풋(protective put) 전략과 콜 매수·무위험채권매수전략의 특성으로부터 유도될 수 있다. 주식매수·풋 매수의 방어 풋 전략과 콜 매수·무위험채권매수전략은 동일한 투자성과를 가져오므로 균형상태에서 양자의 비용은 동일해야 한다. 따라서 식 17.11로 그 관계가 표시된다.
한편 풋·콜의 등가이론은 옵션의 만기 전에 배당지급을 하지 않는 경우에만 적용된다. 배당지급을 감안하는 등가관계는 다음과 같이 표시할 수 있다. $P = C - S_0 + (X\text{의 현가}) + (\text{배당의 현가})$

준)을 찾을 수 있는 무위험할인국공채가 거래되고 있다.

(1) 풋·콜의 등가관계에서 볼 때 어느 투자자산이 과소 혹은 과대 평가되었는가?

(2) 등가관계가 아니라면 차익거래는 어떻게 이루어지며, 차익거래에 의한 초과수익은 얼마인가?

풀이

(1) 식 17.11에 의해서 등가관계를 확인하면 다음과 같다.

$$S_0+P\stackrel{?}{=}C+X/(1+R_f)^T$$

$$22{,}000+1{,}000\stackrel{?}{=}3{,}400+21{,}000/(1.1025)^{\frac{1}{2}}$$

$$23{,}000<23{,}400$$

방어 풋 전략(주식매수·풋 매수)이 상대적으로 싸고, 콜 매수·무위험채권매수전략이 비싸다.

(2) 따라서 차익거래기회가 존재하는데, 상대적으로 싼 "주식과 풋" 결합 포트폴리오를 매수하고, 비싼 "콜과 무위험채권" 포트폴리오를 매도(환언하면 콜을 매도하고 $21{,}000/(1.1025)^{\frac{1}{2}}=20{,}000$원을 차입, 6개월 후 원리금 21,000원 상환)하면 초과수익은 다음과 같이 400원이 얻어진다.

포트폴리오	기초가치	6개월 후의 현금흐름	
		$S_T>21{,}000$	$S_T\leq 21{,}000$
주식매수	−22,000	S_T	S_T
풋 옵션 매수	−1,000	0	$21{,}000-S_T$
콜 옵션 매도	+3,400	$-(S_T-21{,}000)$	0
20,000원 차입	+20,000	−21,000	−21,000
계	+400	0	0

6 옵션투자전략의 최대이익과 최대손실

옵션투자의 장점은 기초자산과 여러 가지 옵션을 적절히 결합시키면 다양한 투자이득 패턴의 창출이 가능하다는 것이다. 이상에서 살펴본 여러 가지 형태의 옵션투자전략별로 기대할 수 있는 최대이익과 최대손실을 요약하면 〈표 17-10〉과 같다.

옵션투자의 이러한 장점이 자산운용업에서 금융공학에 활용되고 있다. 금융공학(financial engineering)은 기초자산, 옵션, 선물 등을 결합하여 고객의 필요에 맞도록 원하는 특정 투자이득의 패턴을 가져오는 포트폴리오를 창조하는 것을 말한다.

〈표 17-10〉 **옵션투자전략별 최대이익과 최대손실**

전략 구분	포트폴리오 구성	최대이익	최대손실
[A : 헤징전략]			
방어 풋	주식매수+풋 매수 [=콜 매수+무위험채권 매수]	무한정	$X-S_0-P$
커버드 콜	콜 매도+주식 매수	$X-S_0+C$	무한정
[B : 스프레드 전략]			
강세시장 스프레드	X_1콜 매수+X_2콜 매도 ($X_2 > X_1$)	$X_2-X_1+C_2-C_1$	$-C_1+C_2$
약세시장 스프레드	X_1콜 매도+X_2콜 매수 ($X_2 > X_1$)	C_1-C_2	$X_1-X_2+C_1-C_2$
[C : 컴비네이션 전략]			
스트래들 매수	콜 매수+풋 매수	무한정	$-C-P$
스트래들 매도	콜 매도+풋 매도	$C+P$	무한정
스트랭글 매수	X_2콜 매수+X_1풋 매수 ($X_2 > X_1$)	무한정	$-C-P$(단, $X_1 \sim X_2$ 구간)
스트랭글 매도	X_2콜 매도+X_1풋 매도 ($X_2 > X_1$)	$C+P$(단, $X_1 \sim X_2$ 구간)	무한정

예제

다음과 같은 옵션투자전략을 구사할 경우의 투자이득의 패턴에 대하여 분석하고자 한다.

(1) 현재 주가가 20,000원인 기초주식을 100주 매수하고, 행사가격이 18,000원인 풋 옵션을 1단위당 1,000원에 100계약을 매수하였다. 만기까지 주가가 외가격으로 형성되었다면 최대손실액은 얼마인가?

(2) 행사가격이 18,000원인 콜 옵션의 가격은 3,000원이고, 행사가격이 24,000원인 콜 옵션의 가격은 1,000원이다. ① 강세시장 스프레드 전략을 구사하였는데 만기까지 주가가 30,000원까지 상승하였다. 옵션을 만기에 행사한다면 1계약당 투자이익은 얼마인가? ② 만약 주가가 16,000원까지 하락하였다면, 1계약당 손실액은 얼마인가?

(3) 만기가 같고 동일주식에 대한 콜 옵션과 풋 옵션의 가격과 행사가격이 다음과 같은 상황에서 스트래들 매수전략을 구사하였다. 최대이익, 최대손실은 얼마인가?

콜 옵션 : 옵션가격=2,500원, 행사가격=30,000원

풋 옵션 : 옵션가격=2,000원, 행사가격=27,500원

풀이

(1) 방어 풋의 최대손실$=X-S_0-P=(18{,}000-20{,}000-1{,}000)\times 100$단위$=-300{,}000$원

(2) ① 강세시장 스프레드 전략의 이익$=X_2-X_1+C_2-C_1=24{,}000-18{,}000+1{,}000-3{,}000=4{,}000$원

② 강세시장 스프레드 전략의 손실$=-C_1+C_2=-3{,}000+1{,}000=-2{,}000$원

(3) 스트래들 매수전략의 최대이익=무한대

스트래들 매수전략의 최대손실$=-C-P=-2{,}500-2{,}000=-4{,}500$원

증권카페

한국 파생상품시장의 추락

한국거래소(KRX)의 파생상품시장은 〈표 16-4〉와 〈표 17-4〉에서 볼 수 있었던 것처럼, 거래대금, 거래량이 최고수준을 보였던 2011년에서 급속히 위축되면서 세계 1위 자리에서 9위로 추락하였다. 국내 파생상품시장에서 KOSPI 200옵션상품은 2011년에 비하여 2018년에 거래량은 18.2% 수준, 거래대금은 33% 수준으로 크게 감소했다. 개인투자자의 파생상품 이탈(2018년 개인비중 26.3%)이 벌어지면서 급락한 것이다(자료 : 한국거래소, 연차보고서).

한국 파생상품시장이 이처럼 위축된 원인은 무엇인가?

첫째는 2011년 이전에 세계 1위의 시장이 된 것은 '대박'의 환상을 가진 많은 개인투자자들의 투기거래가 초래한 거품이었다. 2011년 국내 현물주식시장은 시가총액 기준으로 세계 17위이었다. 본장의 '주제 생각하기'에서 소개한 옵션투자를 통한 대박 수익률에 대한 잘못된 집착이 빚어낸 결과이기도 하였다.

둘째는 일련의 규제정책이 강화되었기 때문이다. 옵션시장에서는 불공정거래가 끊이지 않다가 2010년 11월 11일 장마감 10분 전 한 외국계 증권사 창구로 2조 4천억원의 대량 주식매도 주문이 쏟아지면서 순식간에 코스피지수가 53포인트 급락하는 사태가 발생하였다. 이로 인한 엄청난 피해를 경험한 후 KOSPI 200옵션의 계약단위를 10만원에서 50만원으로 5배 상향 조정하는 등의 강화된 규제조치가 내려졌다. 소액 개인투자자의 시장참여가 제한되는 결과를 초래한 것이다.

셋째는 이 기간의 코스피가 박스권에 머물면서 옵션투자의 매력을 크게 떨어뜨렸기 때문이다. 옵션투자는 기초자산 가격의 변동성이 클 때 고수익을 낼 수 있는데, 주식가격의 출렁임이 크지 않은 것도 한 원인으로 분석되고 있다.

'변동성지수선물', '미니선물', '미니옵션'

정책당국은 지나치게 위축된 파생상품시장을 회복시키기 위한 일련의 조치를 내놓고 있다. 2014년 11월 신상품으로 변동성지수선물과 섹터지수선물을 도입하였다. 변동성지수선물은 'V-KOSPI 200'을 기초자산으로 하는 선물계약으로서 주식시장의 변동성 자체를 직접 거래하는 특성을 갖는다. 2015년 7월에는 소액투자자의 시장진입을 확대하기 위해 '미니선물', '미니옵션' 상품을 출시하였다. 이들 상품은 기존의 지수선물과 지수옵션의 거래금액을 5분의 1로 쪼갠 것인데, 기존의 1,000만원의 선물계약을 200만원에 거래할 수 있게 허용한 것이다. 호가단위는 기존 0.05포인트에서 0.02포인트로 낮아졌다. 다만 투자자격은 전처럼 사전교육(80시간)과 모의거래과정을 거쳐 '적격투자자' 자격을 얻도록 하고 있다. 2015년 11월에는 거래가 부진한 스타지수선물시장을 대체함으로써 코스닥시장에 KOSDAQ 150선물시장이 효율적인 위험관리 수단을 제공하고 시장의 질적 수준을 높이기 위해 개설되었다. 2017년 3월 27일 지수선물과 옵션의 거래단위승수를 1/2인 25만원으로 낮춘 바 있다.

연습문제

1. 다음 사항에 대하여 설명하라.

콜 옵션	풋 옵션	행사가격
만기일	기초자산	옵션가격(프리미엄)
파생증권	내가격, 외가격, 등가격	유러피언 옵션
아메리칸 옵션	통화옵션	옵션거래소
옵션청산소	옵션거래 증거금	옵션의 기능
옵션거래의 손익구조	옵션의 헤징전략	방어 풋 전략
포트폴리오 보험	커버드 콜 전략	스프레드 전략
컴비네이션 전략	스트랭글	합성선물투자전략
풋·콜 패리티	금융공학	

2. 다음 중 잘못 서술되어 있는 문항에 대해서는, 잘못 서술되고 있음을 논리적·이론적 근거를 제시하여 설명하라.

(1) 행사가격보다 기초자산의 시장가격이 높으면, 풋 옵션의 경우는 내가격(ITM) 옵션에 해당된다.

(2) 풋 옵션의 매도자는 상대방이 권리행사를 하고자 하면 기초자산을 매도할 권리가 있다.

(3) KOSPI 200지수옵션의 만기일은 분기월 두 번째 금요일이고, 1거래금액은 [지수×10만원]이다.

(4) 풋의 매도자는 콜의 매입자와 같이 주식시장이 강세일 때에는 이득을 본다.

(5) 풋 옵션 매수자의 경우, 기초자산의 가격이 행사가격을 상회하면 내가격 옵션의 상황이 되는데, 그때의 순손익은 $[-(S_T-X)+P]$가 된다.

(6) 주식을 매수한 투자자가 옵션으로 헤지하는 방법은 풋 옵션을 발행하는 것이다.

(7) 방어 풋과 동일한 포트폴리오 보험효과를 얻는 방법은 [콜 매수+풋 매도]하는 것이다.

(8) 주가변동은 매우 클 것이지만 어느 방향으로 움직일지에 대해서 자신이 없을 때에는 콜 옵션 매수와 동시에 풋 옵션을 매수하면 이득을 얻을 수 있다.

(9) 금리상승이 예상될 경우에 채권에 투자하고 있는 펀드매니저가 옵션으로 헤지하기 위해서 선택할 수 있는 방법은 금리 풋 옵션을 매도하는 것이다.

(10) 약세시장이 예상될 때 구사할 수 있는 옵션전략으로는 방어 풋, 스트래들 매도, 스트랭글 매도 전략을 들 수 있다.

(11) 행사가격 수준의 현금흐름을 확실히 확보하는 포트폴리오 구성방법은 [주식매수+콜 매수+풋 매도]의 방법이다.

3. [KOSPI 200지수옵션 제도]

우리나라 KOSPI 200지수옵션 제도의 주요 특징을 설명하라.

4. [옵션의 손익구조와 특징]

(1) 콜 옵션과 풋 옵션의 매수자와 매도자에게 돌아가는 순이득 패턴의 특징, 권리와 의무에 대해 설명하라.

(2) 주가가 상승할 때 손실이 가장 큰 옵션전략에는 어떤 것이 있는가?

(3) 주가가 하락할 때 손실이 가장 작은 옵션전략에는 어떤 것이 있는가?

5. [지수 콜 옵션, 풋 옵션의 손익구조]

(1) 본문에서는 주식을 기초자산으로 할 경우의 콜 옵션 손익구조를 살펴보았다. 기초자산으로 주가지수를 대상으로 투자할 경우도 마찬가지이다. KOSPI 200지수 콜 옵션의 만기일에서의 손익구조와 권리 · 의무 사항을 콜 옵션 매수자와 매도자 각각의 입장에서 ① KOSPI 200지수＞행사가격, ② KOSPI 200지수≤행사가격의 상황으로 나누어 제시하라.

(2) KOSPI 200지수 풋 옵션의 만기일에서의 손익구조와 권리 · 의무의 행사(이행) 여부를 풋 옵션의 매수자와 매도자 각각의 입장에서 ① KOSPI 200지수＜행사가격, ② KOSPI 200지수≥행사가격의 상황으로 나누어 제시하라.

6. [옵션투자전략]

(1) 옵션을 이용한 포트폴리오 보험전략에 대하여 설명하라.

(2) 옵션투자를 활용하여 포트폴리오를 구성하면 다양한 투자이득의 패턴을 창출할 수 있다. 이들 패턴을 ① 강세시장에서 투자이득이 커지는 포트폴리오, ② 약세시장에서 투자이득이 커지는 포트폴리오, ③ 약세시장에서 일정한 이득을 보장하는 포트폴리오, ④ 강세시장에서 일정한 이득을 얻는 포트폴리오, ⑤ 주가변동이 클 경우 투자이득이 커지는 포트폴리오, ⑥ 주가변동이 작을 경우 투자이득이 커지는 포트폴리오, ⑦ 무위험 헤지포트폴리오로 구분하여 제시하고, 그 순이득의 형태를 그림으로 표시하라.

7. [다양한 이득패턴의 창출과 투자손익]

(1) 옵션전략의 하나로 가장 낮은 행사가격(X_1)과 가장 높은 행사가격(X_3)을 가진 콜 옵션을 각각 1개씩 매수하고 X_1과 X_3 사이에 있는 행사가격(X_2)을 지닌 콜 옵션 2개를 매도함으로써 포트폴리오를 구성하면 소위 나비모양 스프레드(butterfly spread)라고 불리는 포트폴리오가 구성된다(행사가격 X_2는 보통 현재의 주가에 가깝도록 선택). 이 포트폴리오의 손익구조를 그림으로 나타내라.

(2) 현재 주가가 100,000원인 기초주식을 10주 매수하고, 행사가격이 90,000원인 풋 옵션을 1단위당 5,000원에 10계약을 매수하였다. ① 만기까지 주가가 외가격으로 형성되었다면 최대손실액은 얼마인가? ② 만약 주가가 80,000원이 되었다면 이득은 얼마인가?

(3) 행사가격이 36,000원인 콜 옵션의 가격은 6,000원이고, 행사가격이 48,000원인 콜 옵션의 가격은 2,000원이다. ① 약세시장 스프레드 전략을 구사하였는데 만기에 주가가 30,000원까지 하락하였다. 옵션을 만기에 행사한다면 1계약당 투자이익은 얼마인가? ② 만약 주가가 56,000원까지 상승하였다면, 1계약당 손실액은 얼마인가?

(4) 만기가 같고 동일주식에 대한 콜 옵션과 풋 옵션의 가격과 행사가격이 다음과 같은 상황에서 스트래들 매도전략을 구사하였다. 최대이익, 최대손실은 얼마인가?

콜 옵션 : 옵션가격＝5,000원, 행사가격＝60,000원

풋 옵션 : 옵션가격＝4,000원, 행사가격＝55,000원

8. [풋 · 콜 패리티]

(1) (주)쪼이의 현재 주가가 20,000원이다. 이 회사에서는 만기가 1년이고, 행사가격이 20,000원인 콜 옵션과 풋 옵션을 발행하였다. 액면이 10,000원인 1년 만기 무위험채권의 가격은 9,000원이다. 현재 풋 옵션가격이 4,000원이라면 콜 옵션의 가격은 얼마인가?

(2) Q화학(주)의 현재 주가는 110,000원이고 무위험이자율은 연 10.25%이다. 이 주식에 대한 콜 옵션과 풋 옵션의 행사가격과 옵션가격은 다음과 같다.

콜 옵션 : 만기 6개월, 행사가격＝105,000원, C＝17,000원

풋 옵션 : 만기 6개월, 행사가격＝105,000원, P＝3,000원

한편 6개월 후에 105,000원을 상환하는 무위험할인국공채가 있다.

① 풋 · 콜 패리티란 무엇인가? 포트폴리오 보험을 구성하는 방법을 제시하라.

② 어느 포트폴리오 구성방법이 상대적으로 과대평가되었는가?

③ 차익거래기회가 존재한다면 어떠한 투자전략이 가능하고, 얼마의 초과수익이 얻어지는가?

CHAPTER

18

옵션가격결정모형

앞장에서는 콜 옵션, 풋 옵션, 기초증권의 결합이 가져오는 다양한 투자이득의 패턴을 살펴보고, 이에 근거하여 구사될 수 있는 옵션투자전략을 살펴보았다. 그러면 이러한 특성을 지니는 옵션의 균형가격은 어떻게 결정되는가?

본장에서는 옵션가격의 평가와 관련하여 옵션가격의 결정요인, 옵션가격을 구하는 방법, 옵션성격의 증권인 전환사채, 신주인수권부사채, 주가연계증권의 평가에 대하여 다룬다. 다음은 본장의 학습목표로서 이해해야 할 주요 사항들이다.

- 옵션가격의 결정요인
- 이항분포의 가정하에서 옵션가격을 구하는 방법
- 완전헤지 포트폴리오의 구성과 헤지비율의 결정방법
- 블랙 · 숄즈의 OPM과 투자전략에의 활용방법
- 전환사채(CB), 신주인수권부사채(BW), 주가연계증권(ELS)의 평가

주제 생각하기

파생상품과 연계된 주가연계증권(ELS)의 손실 사례

주로 파생상품(채권 포함)을 운용하여 투자수익을 돌려주는 금융상품에는 ELS, ELF, ELD 등이 있다(본장 제4절 설명). 이 가운데 ELS는 2014년 71.8조원이 발행될 정도로 증가하고 있다.

주가연계증권(ELS : equity-linked securities)은 개별주식의 가격이나 주가지수에 연동시켜 만기까지 일정한 조건을 충족하면 정해진 수익률을 제공하는 금융상품이다. 전형적인 ELS는 이를 발행한 증권회사가 일정자금을 국공채 등 우량채권에 투자하여 안정적인 수익을 확보하는 동시에 나머지 자금은 주식관련 파생상품(주로 옵션)에 투자하여 초과수익을 확보하도록 설계하고 있다. 원금비보장형일수록 파생상품에 대한 투자비중이 높다. 원금손실 발생기준인 녹인(Knock-In)을 설정하는데, 많은 경우는 가입시점 기초자산 가격 대비 60~70% 수준에서 결정된다. 주가가 녹인 기준 이상을 유지하면 수익을 지급하고 그 기준 미만으로 내려가면 원금손실이 발생하는 구조이다.

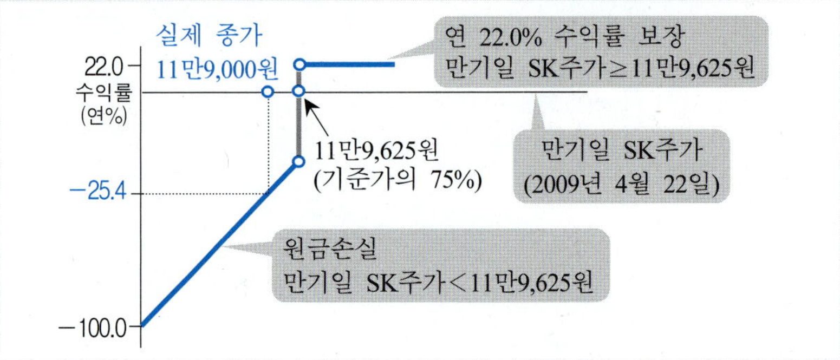

한화투자증권이 2008년 4월 25일 발행한 '한화스마트ELS10호'는 포스코와 SK 보통주를 기초자산으로 하고, 1년 만기로 3개월마다 조건충족시에 조기상환이 가능한 상품이었다. 포스코 주가는 494,000원, SK주가는 159,500원을 기준으로 3개월 단위 종가가 기준가의 90%, 85%, 80%, 75% 이상이면 초과수익으로 액면가의 22%를 지급하고, 기준가의 75%로 설정된 녹인 조건이 되면 원금의 25% 이상 손실을 보게 되는 수익구조 상품이었다. 만기 이전 1년 기간중 2008년 9월 글로벌 금융위기 충격으로 두 주식의 주가가 하락하기 시작하여 손실발생 가능성도 예상되는 상황이 되었다. 다행히 만기상환일인 2009년 4월 22일 22%의 초과수익을 올릴 수 있는 수준인 119,625원(기준가의 75%)의 가격으로 거래가 이루어지고 있었는데, 운용사인 RBC가 장 마감 10분 전에 SK보통주를 악의적으로 투매해 주가는 625원이 하락, 119,000원의 종가로 거래가 마감되었다. 이로 인해 추가수익은커녕 원금의 75.6%만 돌려받게 되었다. 이에 손실을 본 선의의 투자자들은 법원에 집단소송을 제기하였는데, 지수형 ELS는 부정거래 가능성이 없지만 개별종목형 ELS는 이처럼 시세조종의 가능성이 있다(자료 : 매경, 2015.4.21).

신파생금융상품 설계의 기초가 되는 옵션의 적정 균형가격은 어떻게 도출되는가? 옵션성격의 증권인 ELS, CB, BW의 적정가격은 어떻게 추정하는가? 금융공학기법에 힘입어 개발된 자산담보부증권(CDO) 등 신파생상품은 어떤 수익구조를 지니는가? 파생상품 거래는 규제되어야 하는가?

제 1 절 옵션가치의 결정요인

본절에서는 옵션가격결정모형을 도출하는 전단계로 옵션의 가치를 결정짓는 요인에 대하여 살펴본다.

1 옵션의 내재가치와 시간가치

옵션의 가치는 현재와 만기 사이, 어느 시점에서 평가되느냐에 따라서 그 가치가 다르다. 주식 콜 옵션은 약정된 행사가격으로 특정주식을 매수할 수 있는 권리가 부여된 것이기 때문에, 주식의 현재가격(S_0)이 행사가격을 상회하는 내가격(in-the-money) 옵션의 상황이 되면 당장 콜 옵션을 행사할 수 있게 된다. 이때의 옵션가치를 옵션의 내재가치(intrinsic value)라고 한다.

콜 옵션의 경우 내가격 옵션의 상황($S_0 > X$)이 되면 내재가치는 $[S_0 - X]$이 되고, 외가격 또는 등가격(out-of-the-money 또는 at-the-money) 옵션의 상황($S_0 \leq X$)이 되면 내재가치는 영(0)이 된다. 따라서 콜 옵션의 내재가치는 $\max[S_0 - X,\ 0]$이다.

그러나 콜 옵션을 지금 당장 행사한다고 할 경우의 내재가치 $[S_0 - X]$는 사실 정확한 추정이 되지 못한다. 왜냐하면 행사가격 X는 만기시점에서의 금액이므로 당장 행사된다면 X의 현가($PV(X)$: present value)만큼의 가치를 지니기 때문이다. 따라서 콜 옵션을 지금 당장 행사한다고 할 경우의 정확한 내재가치는 $[S_0 - PV(X)]$가 된다.

실제의 콜 옵션가격은 당장 행사할 경우의 내재가치의 크기와 차이가 나게 형성된다. 왜냐하면 만기시점까지 주식가격 변동으로 인하여 옵션가치가 더 커질 수 있는 가능성이 있기 때문이다. 그래서 주식 콜 옵션의 경우 주식가격이 행사가격보다도 낮은 외가격 옵션의 상황에서도 실제의 콜 옵션가격은 正(+)의 가치를 지닌다. 만기까지 시간이 흐르면서 주가가 상승할 가능성이 남아 있기 때문이다.

옵션의 시간가치(time value)란 옵션의 실제가격과 당장 행사될 경우의 내재가치의 차이를 말한다. 만기까지 시간이 흐르면서 유리한 주가변동으로 인하여 가치가 증가할 것으로 기대하는 시간 프리미엄(time premium)의 성격을 지닌다. 그래서 [그림 18-1]에서 보는 것처럼 현 주식가격이 행사가격과 큰 차이가 없는 상황이면 상대적으로 향후에 주가가 행사가격을 크게 상회할 기회가 많아지고, 따라서 유리

[그림 18-1] 만기 전의 콜 옵션가치

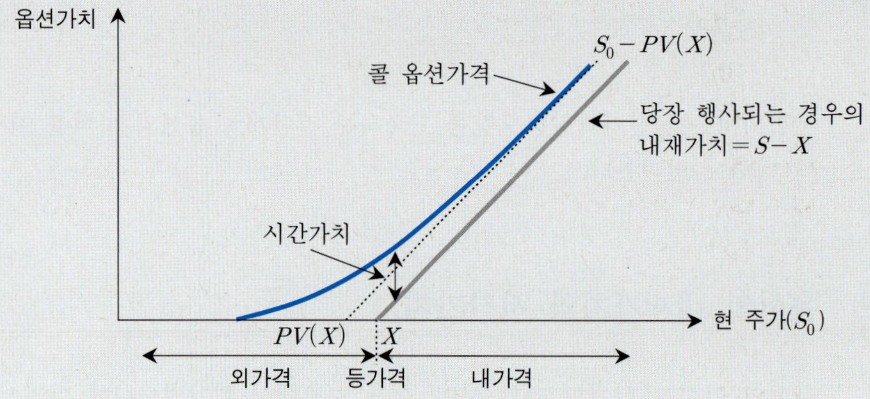

한 주가변동의 가치(volatility value) 역시 커지므로 실제가격과 내재가치의 차이, 즉 옵션의 시간가치는 커진다. 그러나 주식가격이 행사가격보다 매우 높은 상황이 되면 유리한 주가변동의 가치가 작아지므로 시간가치는 거의 없어진다.

2 옵션가치의 결정요인

앞에서 설명한 것처럼 옵션계약은 만기일까지의 기초주식의 시장가격 수준에 따라서 옵션행사 여부가 결정되므로 옵션가치를 결정짓는 가장 중요한 요인은 기초주식의 시장가격(S)이다. 옵션가치는 이 밖에도 행사가격(X), 만기일(T), 기초주식 수익률의 분산(σ^2), 시장이자율(r), 기초주식의 배당성향(D) 등의 요인에 의해서도 영향을 받게 된다.

$$C \text{ 또는 } P = f(S,\ X,\ T,\ \sigma^2,\ r,\ D) \tag{18.1}$$

그러면 이러한 요인들은 어느 방향으로 영향을 미치는가? 먼저 콜 옵션의 가치는 제17장에서 설명한 것처럼 만기일에서 $S > X$의 상황이 되면 기본적으로 $[S-X]$값이 正이 될 것이고, 반대의 경우이면 권리행사가 안 될 것이므로 영(0)의 가치를 지닌다. 구체적으로는 앞서 설명한 것처럼, $S_0 - PV(X)$값이 증가하는 방향으로 여러 변수가 영향을 미치면 콜 옵션의 가치는 커진다. 환언하면, 만기까지 시간이 흐르면서 주가가 상승할 가능성(시간가치), 유리한 주가변동의 가치(변동성

〈표 18-1〉 옵션가치의 결정요인 (↑상승, ↓하락)

변수들	(1) 콜 옵션가치	(2) 풋 옵션가치
주식가격↑	↑	↓
행사가격↑	↓	↑
만 기↑	↑	↑
변 동 성↑	↑	↑
이 자 율↑	↑	↓
배당성향↑	↓	↑

가치)로 인하여 만기일에서 S와 $PV(X)$의 차이가 크게 벌어질 확률이 높으면 콜 옵션가치(C)는 커진다.

이를 정리하면, 콜 옵션가치(C)는 ① 기초주식의 주가(S)가 높아질수록, ② 행사가격(X)이 낮을수록, ③ 만기일(T)이 길수록, ④ 기초주식의 수익률분산(σ^2)이 클수록,[1] ⑤ 시장이자율(r)이 상승할수록[2] 그리고 ⑥ 기업의 배당성향(D)이 낮을수록 커진다.[3]

한편 풋 옵션의 가치는 제17장과 앞에서 설명한 것처럼 $[PV(X) - S]$의 값이 증가하는 방향으로 결정요인들이 영향을 미치면 그 가치는 커진다. 이를 염두에 두면 〈표 18-1〉(2)에 나타난 것과 같이 주식가격, 행사가격, 이자율, 배당성향의 요인들은 콜 옵션과 반대방향으로, 만기, 변동성 요인은 같은 방향으로[4] 풋 옵션의 가치에 영향을 미친다.

---

1) 만기가 많이 남았으면 주가의 상승가능성이 있게 되고, 변동성이 크면 주가의 상승가능성이 있기 때문에 콜 옵션가치(C)는 커진다.

2) 시장이자율(r)이 상승하면, 일반적으로 콜 옵션가치는 증가한다고 볼 수 있다. 이자율이 높아질수록 콜 매수자가 만기시에 지불해야 할 행사가격의 현재가치는 낮아진다. 따라서 높은 이자율은 행사가격을 낮추어 콜 옵션가치를 증가시킨다. 또 다른 근거는 주가의 기대상승률은 상승하는 반면, 옵션소유자가 미래에 받게 될 현금흐름의 현재가치는 감소하는데, 전자는 콜 옵션가치(C)를 증가시키지만 후자는 감소시킨다. 일반적으로 전자의 효과가 후자의 효과보다 크다. 종합하면, 이자율이 상승하면 콜의 가격이 증가한다고 할 수 있다.

3) 주식투자수익률 중에서 배당수익률이 높으면 상대적으로 시세차익수익률이 낮아지는데, 이는 주식가격의 상승가능성이 둔화됨을 뜻하고 $S > X$의 가능성이 낮아지기 때문이다.

4) 만기가 많이 남았으면 주가의 하락가능성이 있게 되고, 변동성이 크면 주가의 하락가능성이 있기 때문에 풋 옵션가치(P)는 커진다.

3 옵션가격의 범위

옵션은 어떤 범위 내에서 가격이 결정되는가? 콜 옵션가격은 다음과 같은 범위 내에서 결정된다.

① 옵션은 유리한 경우에만 권리가 행사되는 것이기 때문에 콜 옵션가격(C)은 負(−)가 될 수 없다. 즉, $C \geq 0$의 관계가 있다.

② 콜 옵션가격(C)은 기초주식의 가격(S)보다 클 수 없다. 즉 $S \geq C$의 관계가 있다. 왜냐하면 만약 $S < C$라면 투자자는 콜 옵션을 발행하고 주식을 저렴한 가격인 S에 매수하는 차익거래를 통하여 [$C-S$]만큼의 무위험초과수익을 얻을 수 있기 때문이다.

③ 콜 옵션가격(C)은 기초주식의 주가(S)에서 행사가격의 현재가치 $X(1+R_f)^{-T}$를 차감한 것보다 크다. 즉 시간가치 때문에 $C \geq S - X(1+R_f)^{-T}$의 관계가 있다.

이상의 세 가지 조건을 종합하면 콜 옵션의 가격은 [그림 18-2]에서 음영으로 나타나는 범위 내에서 형성될 것이다. 이 그림에서 보는 것처럼 콜 옵션가격(C)은 기초주식의 주가(S)의 증가함수로서 우상향하는 곡선(③)으로 나타난다.

[그림 18-2] 콜 옵션가격의 범위

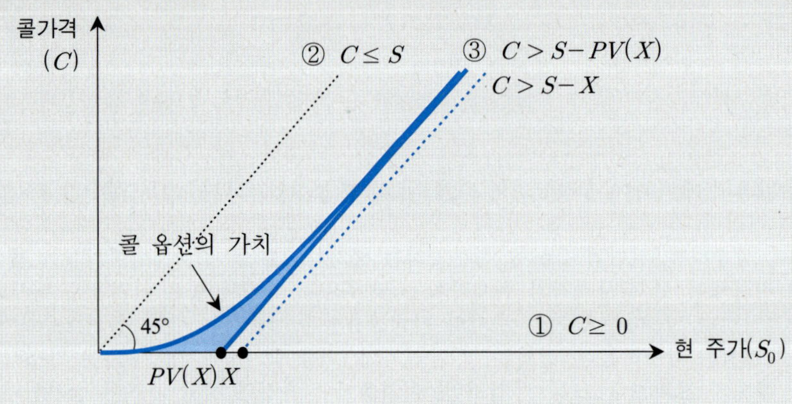

[그림 18-3] 풋 옵션가격의 범위

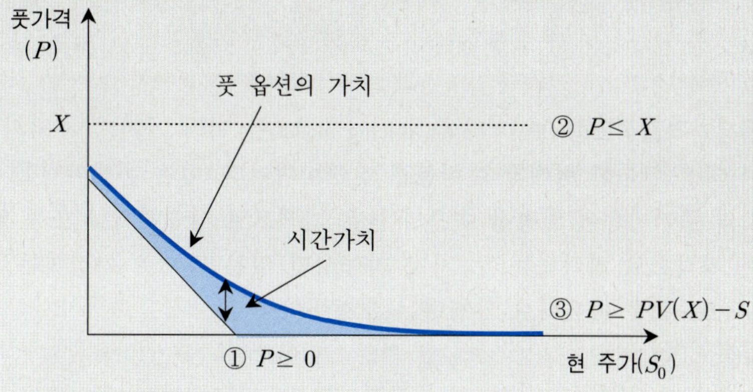

한편 풋 옵션가격(P)은 비슷한 근거에서 다음 범위 내에서 결정된다.

① $P \geq 0$
② $P \leq X$
③ $P \geq X(1+R_f)^{-T} - S$

이상의 세 조건을 종합하면 풋 옵션의 가격은 [그림 18-3]에서 음영으로 나타나는 범위 내에서 형성될 것이다. 이 그림에서 보는 것처럼 풋 옵션가격(P)은 기초주식의 주가(S)의 감소함수로서 우하향하는 곡선(③)으로 나타난다.

지금까지 옵션가격의 주요 결정요인과 범위에 대해서 살펴보았다. 그러면 이러한 특성을 지니고 있는 옵션의 균형가격은 얼마이어야 하는가? 이를 설명하는 모형으로서 이항옵션가격결정모형, 블랙 · 숄즈의 옵션가격결정모형의 내용, 그리고 헤지비율의 추정방법을 중심으로 이들 모형을 활용하는 방법을 알아보자.

제 2 절 이항옵션가격결정모형

옵션가격결정모형(OPM : option pricing model)은 여러 가지가 제시되고 있지만 이 중에 가장 단순한 형태가 이항분포 접근방법이다. 이는 옵션가격을 결정짓는 기초주식의 주가변동이 일정한 수준의 높은 가격으로 상승하거나 또는 일정한 수준의 낮은 가격으로 하락하는 두 가지 가능성만 있는 것으로 가정하는 이항분포(binomial distribution)를 따른다고 가정하는 모형이다.

1 이항분포와 완전헤지 포트폴리오

미래의 상황이 주가가 일정한 가격수준으로 오르는 경우와 내리는 경우의 두 가지 가능성(이항분포)만 있는 상황을 가상하여, 기초주식의 주가(S_0)가 현재 30,000원인데, 60,000원으로 상승하거나 15,000원으로 하락할 두 가지 가능성이 있고, 또한 차입이자율과 대출이자율이 8%라고 가정하자. 이러한 가정하에서 만기일이 1년 후이고 행사가격(X)이 37,500원인 콜 옵션의 현재가치는 얼마가 되는지를 알아보자.

이 주식에 대한 콜 옵션가치(C)는 만기일(1년 후)에서의 주가수준(S_T)이 60,000원으로 상승하면 22,500원($=S_T-X$), 주가수준이 15,000원으로 하락하면 0의 가치를 지닌다.

주식가격	
현 재	1년 후
30,000	60,000
	15,000

콜 옵션가치 : 행사가격 37,500원	
현 재	1년 후
C	22,500
	0
$2C$	45,000
	0

이제 콜 옵션가격을 추정하는 한 방법으로 만기일에서의 주가수준에 관계없이 항상 투자수익이 일정한 완전헤지 포트폴리오(perfectly hedged portfolio)를 구성해보자. 이를테면 앞의 예에서 주식 한 주를 매수하고 두 개의 콜을 매도하는 포트

폴리오를 구성하면 다음에서 보는 것처럼 1년 후의 주가수준(S_1)에 관계없이 항상 15,000원의 투자수익을 얻게 되는 사실상 무위험포트폴리오를 구성하게 된다.

포트폴리오	기초현금흐름	1년 후 현금흐름	
		S_1=60,000원	S_1=15,000원
1주식 매수	−30,000	60,000	15,000
2콜 매도	$2C$	−45,000	0
계	$-(30,000-2C)$	15,000	15,000

따라서 기초에서의 투자액 $30,000-2C$는 15,000원을 무위험이자율로 할인한 현재가치, 즉 15,000/1.08=13,890원과 같아야 한다. 이제 $30,000-2C=13,890$에서 C를 구하면 콜 옵션가격이 8,055원임을 알 수 있다.

이 가격은 이 콜 옵션의 적정가격(fair price)이다. 왜냐하면 8,055원과 다른 가격에 거래되면 차익거래에 의한 무위험초과수익이 획득될 수 있기 때문이다. 예를 들어 이 콜 옵션이 과대평가되어 9,000원의 가격에 거래되고 있다면, 아래에서 보는 것처럼 1주식 매수, 2콜 매도, 12,000원 차입(주식 1단위를 매수하고 콜 2단위를 매도하는 경우 부족자금차입액임. 이자율 8%이므로 1년 후 12,960원 상환)하는 포트폴리오를 구성하면 순투자액은 0이면서 1년 후 주가수준(S_1)에 관계없이 항상 2,040원을 얻게 되는 차익거래가 가능하게 된다. 이러한 차익거래는 초과수익이 사라질 때까지 계속될 것이다. 따라서 콜 옵션의 적정가격은 8,055원이어야 한다.

포트폴리오	기초현금흐름	1년 후 현금흐름	
		S_1=60,000원	S_1=15,000원
1주식 매수	−30,000	60,000	15,000
2콜 매도	18,000	−45,000	0
12,000원 차입	12,000	−12,960	−12,960
계	0	2,040	2,040

2 헤지비율과 옵션가격의 추정

이상에서 무위험의 완전헤지 포트폴리오를 구성하여 콜 옵션가격을 추정하는 방법을 살펴보았다. 이때 핵심이 되는 과제는 주가수준에 관계없이 기말에서의 투자수익이 일정하도록 하는 포트폴리오의 구성, 즉 주식 한 단위에 대하여 매도해야 할 옵션수의 비율인 헤지비율(hedge ratio)을 결정하는 일이다. 위의 예에서는 헤지비율이 2(=1주식 매수/2콜 매도)였는데, 왜 콜의 매도가 2단위이어야 하는가?

미래의 상황을 두 가지(일정한 가격으로 오르는 경우와 내리는 경우)만으로 가정하면 주식과 옵션 수익은 완전 正(+) 혹은 負(−)의 상관관계를 지니므로 기말에서의 주식투자의 수익범위 대 옵션투자의 수익범위의 비율을 헤지비율로 하면 된다. 위의 예에서 1단위 주식투자의 수익범위는 60,000~15,000원이었고, 1단위 옵션투자의 수익범위는 22,500~0원이므로 이들 범위의 비율은 2가 된다.

일반적으로 두 가지 상황의 가정하에서 완전헤지 포트폴리오를 구성할 수 있는 헤지비율(α)은 다음과 같이 구해진다.

$$\alpha = \frac{\text{기말에서의 주식가치의 범위}}{\text{기말에서의 옵션가치의 범위}} = \frac{S^+ - S^-}{C^+ - C^-} \tag{18.2}$$

단, C^+, C^- : 기말에서 콜 옵션가치가 지닐 수 있는 최대값과 최소값
S^+, S^- : 기말에서 주식가격의 최대값과 최소값

1단위 주식매수에 대하여 식 18.2에서 구해지는 수만큼 옵션을 매도하면 이 포트폴리오 가치는 기말에서의 주가수준에 관계없이 일정한 투자수익을 얻게 된다.

요약하면 완전헤지 포트폴리오 구성에 의하여 적정 옵션가격을 평가하는 방법은 다음과 같이 정리할 수 있다.

① 기말에서 예상되는 주가수준의 범위(S^+, S^-)와 옵션이 지니는 가치의 범위(C^+, C^-)를 계산한다.
② 두 가지 범위의 비율을 계산(식 18.2)하여 헤지비율(α)을 찾는다.
③ 주식 1주 매수와 옵션 α 단위 매도로 구성되는 포트폴리오가 가져오게 되는 기말투자수익을 추정한다.
④ ③에서 구해지는 투자수익은 기말에서의 가치이므로 무위험이자율로 할인한 현재가치를 구하고, 이 값과 ③에서의 포트폴리오 가치를 일치시켜 주는 옵션가격(C)의 값을 구한다.

예제

현재 주식가격(S_0)은 180,000원이고, 1년 후 300,000원과 80,000원의 가능성이 있다. 행사가격(X)이 190,000원인 콜 옵션의 가격은 얼마인가? 헤지포트폴리오를 구성하여 추정하라(무위험이자율은 10%).

풀이

(1) 가격범위 : $\begin{cases} S^+ = 300{,}000 \\ S^- = 80{,}000 \end{cases}$ $\begin{cases} C^+ = 110{,}000(=300{,}000-190{,}000) \\ C^- = 0 \end{cases}$

(2) 헤지비율 $\alpha = \dfrac{S^+ - S^-}{C^+ - C^-} = \dfrac{300{,}000-80{,}000}{110{,}000-0} = 2$

주식 1주에 대하여 콜 옵션 2단위를 매도하면 완전헤지 포트폴리오가 구성된다.

(3) 기말의 무위험투자수익 추정

포트폴리오	기 초	기 말	
		$S_1=300{,}000$	$S_1=80{,}000$
1주식 매수(S_0)	$-180{,}000$	300,000	80,000
2단위 콜 매도($2C$)	$2C$	$-220{,}000$	0
계	$-(180{,}000-2C)$	80,000	80,000

(4) 기말 무위험투자수익의 현재가치와 콜 옵션가격

$180{,}000-2C = \dfrac{80{,}000}{1.1} = 72{,}727 \quad \therefore\ C \fallingdotseq 53{,}640$원

3 단일기간 이항옵션가격결정의 일반화

위에서는 예제를 통하여 단일기간 두 가지 상황의 가정하에서 옵션가격이 어떻게 결정되는지를 설명하였다. 이제 옵션가격결정원리를 일반화시키기 위하여 다음과 같이 표시하기로 하자.

- μ : 1+주가상승률, 즉 0에서 1시점까지 주가상승시 1에 주가변화율을 더한 값(상승배수). 따라서 주가상승시의 주가 $S^+ = S_0 \cdot \mu$
- d : 1−주가하락률, 즉 0에서 1시점까지 주가하락시 1에서 주가변화율을 뺀 값(하락배수). 따라서 주가하락시의 주가 $S^- = S_0 \cdot d$
- α : 주식 1주 매수에 대하여 매도할 콜 옵션의 수(헤지비율)
- C_μ : 주가상승시 콜 옵션의 가치($\max[0,\ \mu S_0 - X]$), 식 18.2에서의 C^+
- C_d : 주가하락시 콜 옵션의 가치($\max[0,\ d S_0 - X]$), 식 18.2에서의 C^-
- r : 1+무위험이자율

〈표 18-2〉 완전헤지 포트폴리오 구성

포트폴리오	기초현금흐름	1년 후 현금흐름	
		$S_1=\mu\cdot S_0$	$S_1=d\cdot S_0$
1주식 매수	$-S_0$	$\mu\cdot S_0$	$d\cdot S_0$
α콜 매도	$\alpha\cdot C$	$-\alpha\cdot C_\mu$	$-\alpha\cdot C_d$
계	$-(S_0-\alpha\cdot C)$	$-\alpha\cdot C_\mu+\mu\cdot S_0$	$-\alpha\cdot C_d+d\cdot S_0$

주식 1주 매수에 대하여 콜 옵션 α를 매도하여 완전헤지 포트폴리오를 구성하면 기초와 기말에서의 현금흐름은 〈표 18-2〉와 같게 된다. 여기서 매수의 경우는 현금유출이 있게 되므로 (−)의 부호, 매도의 경우는 현금유입이 있게 되므로 (+)의 부호로 표시하여 그 관계를 보여주고 있다.

완전헤지 포트폴리오의 기말에서의 현금흐름은 기말의 주가수준(S_1)이 $\mu\cdot S_0$이든지 $d\cdot S_0$이든지 관계없이 동일해야 하므로 다음 식 18.3의 관계가 성립해야 한다. 이 관계에서 헤지비율 α를 구하면 식 18.4와 같게 된다. 식 18.4의 헤지비율은 식 18.2에서 구해진 것과 같이 기말에서의 주가변동폭에 대한 옵션가치 변동폭의 비율을 의미한다.

$$-\alpha\cdot C_\mu+\mu\cdot S_0=-\alpha\cdot C_d+d\cdot S_0 \tag{18.3}$$

$$\therefore\ \alpha=\frac{S_0(\mu-d)}{C_\mu-C_d} \tag{18.4}$$

한편 무위험의 헤지포트폴리오(1주식 매수, α콜 옵션 매도)의 기초시점에서의 현금흐름의 가치는 기말현금흐름의 현재가치와 일치해야 한다(식 18.5).

$$S_0-\alpha\cdot C=\frac{d\cdot S_0-\alpha\cdot C_d}{r} \tag{18.5}$$

식 18.5를 옵션가격 C에 대해서 정리하여 표시하면 식 18.6과 같아지고, 다시 이 식 18.6에 헤지비율 α를 구하는 식 18.4를 대입하고 $P=(r-d)/(\mu-d)$로 정의하면, $1-P=1-(r-d)/(\mu-d)=(\mu-r)/(\mu-d)$가 되므로 콜 옵션가격을 구하는 식은 식 18.7과 같게 된다.

$$C = \frac{r \cdot S_0 + \alpha \cdot C_d - dS_0}{\alpha \cdot r} \tag{18.6}$$

$$C = \frac{C_\mu \cdot P + C_d \cdot (1-P)}{r} \tag{18.7}$$

예제

앞의 예제(현재 주식가격(S_0)=180,000원, 1년 후 300,000원과 80,000원의 가능성, 행사가격(X)=190,000원, 무위험이자율은 10%)에서 콜 옵션의 가격을 식 18.7의 이항OPM을 이용하여 추정하고, 앞의 결과와 비교하라.

풀이

$C = \dfrac{C_\mu \cdot P + C_d \cdot (1-P)}{r}$ 에 의한 평가 :

C_μ=110,000원(=300,000−190,000), C_d=max[(80,000−190,000), 0]=0

$$P = \frac{r-d}{\mu-d} = \frac{1.1-(80/180)}{(300/180)-(80/180)} = \frac{1.1-0.444}{1.667-0.444} = \frac{0.656}{1.223} = 0.5364$$

$1-P=1-0.5364=0.4636$

$\therefore\ C=[110{,}000 \cdot (0.5364)+0 \cdot (0.4636)] / 1.1=53{,}640$원

4 다기간 이항옵션가격결정모형

이상에서 살펴본 옵션가격결정모형은 단순하게 단일기간(a single period)만을 고려한 것이다. 그러면 다기간(multi-period)에 걸쳐 주가가 계속적으로 변동할 때 콜 옵션의 가격은 어떻게 평가될 수 있는가?

두 기간에 걸쳐 기초주식 주가가 움직일 때 콜 옵션가격을 구하는 것은 식 18.7을 두 번 반복적으로 활용하면 된다. 단일기간에서 콜 옵션가격을 추정할 때에는 1기말의 C_μ와 C_d에 근거하여 C를 추정했던 것처럼, 2기말의 $C_{\mu\mu}$, $C_{\mu d}$, C_{dd}에 근거하여 1기말의 C_μ와 C_d를 식 18.7의 방법에 의하여 구하고, 다시 이렇게 구해진 1기말의 C_μ와 C_d에 근거하여 현재시점의 콜 옵션가격을 구하면 되기 때문이다.

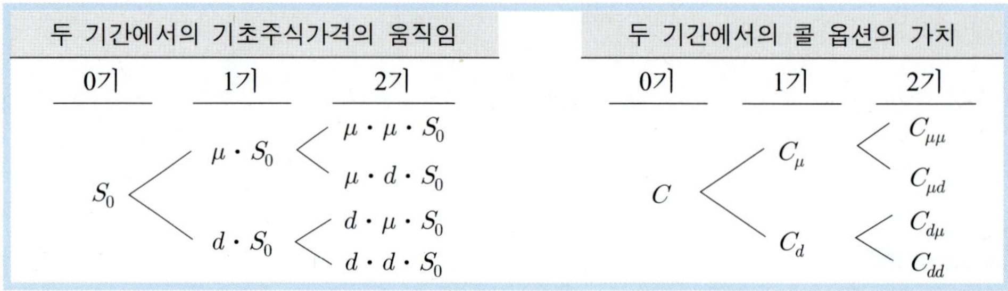

이를 정리하여 2기간인 경우 콜 옵션가격을 식으로 표시하면 다음과 같다.

$$C = \left[P^2 \cdot C_{uu} + 2P(1-P)C_{du} + (1-P)^2 C_{dd}\right] / r^2 \qquad (18.8)$$

단, C_{uu} : $\max[0,\ u^2S - X]$, $\qquad C_{dd}$: $\max[0,\ d^2S - X]$
$C_{du} = C_{ud}$: $\max[0,\ udS - X]$

제 3 절 블랙 · 숄즈의 옵션가격결정모형

앞절에서는 기초증권의 수익률이 이항분포를 따른다는 가정하에 옵션가격결정모형을 도출하였다. 이항옵션가격결정모형은 그 기간을 무한히 분할하면 주가의 연속적 변화를 가정하는 다른 형태의 OPM을 도출할 수 있다. 본절에서는 블랙 · 숄즈의 OPM 내용을 소개하고, 투자결정에 어떻게 활용될 수 있는지를 살펴본다.

1 블랙 · 숄즈의 OPM

블랙 · 숄즈(F. Black & M. Scholes)는 옵션가격을 평가하는 모형을 도출하기 위하여 다음의 가정을 내세우고 있다.

① 옵션의 만기일 전에는 배당지급이 없다.
② 무위험이자율과 주식수익률의 분산은 일정(constant)하다.

③ 주가 움직임은 연속적(continuous)이다. 즉, 충격적 호재 또는 악재에 의해서 일어나는 주가의 갑작스러운 폭락이나 폭등(sudden big jumps)이 없다.

이들 가정하에서 블랙 · 숄즈는 다음의 OPM을 도출하고 있다.[5)]

$$C = S_0 \cdot N(d_1) - \frac{X}{e^{r_f t}} N(d_2) \tag{18.9}$$

$$d_1 = \frac{\ln(S_0/X) + \left(r_f + \frac{1}{2}\sigma^2\right)t}{\sigma\sqrt{t}} \qquad d_2 = \frac{\ln(S_0/X) + \left(r_f - \frac{1}{2}\sigma^2\right)t}{\sigma\sqrt{t}} = d_1 - \sigma\sqrt{t}$$

단, C : 콜 옵션의 현재가치, S_0 : 주식의 현재가격
X : 옵션의 행사가격, r_f : 연속적 복리 무위험이자율
t : 1년을 1로 하여 표시되는 만기일까지의 잔여시간
σ : 연속적 연복리주가수익률의 표준편차
$\ln(S/X)$: S/X의 자연로그, e : 2.7183…(자연대수의 밑수)
$N(d)$: d 에서의 누적정규분포의 값

블랙 · 숄즈 OPM에서 핵심이 되는 것은 $N(d)$의 값이다. 여기서 $N(d)$는 옵션이 만기까지 내가격(in the money) 옵션이 될 위험조정확률이라고 할 수 있다. 만약 옵션행사의 가능성이 매우 높아서 $N(d)$의 값이 거의 1에 가까우면 콜 옵션가치는 $S_0 - X \cdot e^{-r_f t}$의 값(현가로 표시한 내재가치)에 근접한다. 반면에 옵션행사가능성이 거의 없어서 $N(d) \approx 0$이면 옵션가치는 영(0)의 값에 근접한다.

내가격 옵션이 될 위험조정확률 $N(d)$의 값은 시장가격(S)이 행사가격(X)보다 큰 정도에 달려 있는데, 이 공식에서 $\ln(S_0/X)$항은 이를 측정하고 있으며, 또한 기초주식의 변동성(σ^2)이 크고 만기까지의 기간(t)이 길수록 옵션가치가 커지는 측면이 반영되고 있다.

이제 위의 방법으로 콜 옵션의 가격이 추정되면 풋 옵션의 가격을 추정할 수 있다. 풋과 콜 옵션가치의 관계를 나타내는 풋 · 콜 등가이론(put-call parity theorem, 제17장 식 17.10)에서 연속적 복리이자율을 전제로 한 다음 관계식을 이용하면 된다. 즉, 블랙 · 숄즈 OPM에 의해서 구해진 콜 가치(C)를 이 식에 대입하면 풋 옵션가치(P)가 구해진다.[6)]

---

5) 블랙 · 숄즈 OPM의 자세한 도출과정은 다음 문헌들을 참고할 것. F. Black & M. Scholes, "The Pricing of Options and Corporate Liabilities," *Journal of Political Economy* 81, No.3(May-June 1973), pp.637~654 ; J. Cox and S. Ross, "The Valuation of Options for Alternative Stochastic Process," *Journal of Financial Economics* 3, No.112(Jan.-Mar. 1976), pp.145~166.

$$P = C - S_0 + X \cdot e^{-r_f t} \tag{18.10}$$

예제

지금 기초주식가격(S_0)=9,000원, 콜 옵션 행사가격(X)=10,000원, 만기까지의 잔여기간(t)=0.5(6개월), 표준편차(σ)=0.5, 무위험이자율(r_f)=0.1(연 10%)이라고 하면 (1) 콜 옵션의 가치는 얼마인가? (2) 풋 옵션의 가치는 얼마인가?

풀이

(1) 먼저 d_1과 d_2를 구하면 다음과 같다.

$$d_1 = \frac{\ln(9{,}000/10{,}000) + \left(0.1 + \frac{1}{2}(0.5)^2\right)(0.5)}{0.5\sqrt{0.5}} \fallingdotseq 0.02$$

$$d_2 = \frac{\ln(9{,}000/10{,}000) + \left(0.1 - \frac{1}{2}(0.5)^2\right)(0.5)}{0.5\sqrt{0.5}} \fallingdotseq -0.33$$

또는 $d_2 = d_1 - \sigma\sqrt{t} = 0.02 - 0.5\sqrt{0.5} \fallingdotseq -0.33$

누적정규분포표로부터 $N(d_1)$과 $N(d_2)$는 다음과 같다[$N(d_1)$와 $N(d_2)$의 값을 본서 [부록]에 있는 표준정규분포표로부터 누적정규분포값을 구할 경우, 찾으려고 하는 값(Z값)이 正(+)일 때에는 표의 값에 0.5를 더하고 負(−)일 때에는 0.5에서 표의 값을 차감하여 구함].

$N(d_1) = N(0.02) = 0.5080$, $\quad N(d_2) = N(-0.33) = 0.3707$

그러므로 콜 옵션가치는 다음과 같이 1,046원이 된다.

$$C = 9{,}000(0.5080) - \frac{10{,}000}{e^{(0.1)(0.5)}}(0.3707) = 1{,}046\text{원}$$

(2) 풋 옵션의 가치는 식 18.10을 이용하여 추정한다.

$$P = 1{,}046 - 10{,}000 + 9{,}000 \cdot e^{-(0.1)(0.5)} = 1{,}558.3\text{원}$$

---

6) 풋 · 콜 등가이론을 이용하지 않고 블랙 · 숄즈 OPM을 이용하여 풋 옵션가치를 평가하는 방법은 다음과 같다.

$$P = X \cdot e^{-r_f t}[1 - N(d_2)] - S_o \cdot [1 - N(d_1)]$$

2 블랙 · 숄즈 OPM의 활용

(1) 헤지포트폴리오 구성에의 활용

옵션을 포함시킨 포트폴리오를 운용 관리할 때 핵심적인 과제의 하나는 가격변동 위험을 헤지하기 위해서 그 포트폴리오 가치가 주가변동에 얼마나 민감한지를 파악하는 일이다.

헤지비율은 이항OPM에서 설명한 것처럼 주식을 보유하는 데에 따르는 가격 변동위험을 헤지하기 위하여 필요로 하는 옵션매도의 수를 말한다. 구체적으로 주식가격 변동폭에 대한 옵션가격의 변동폭의 비율, 즉 $\Delta S/\Delta C$로 측정한다. 이의 역수를 옵션델타(Δ) 헤지비율이라고도 부르는데, 콜 옵션의 경우는 陽의 값을 가지고 풋 옵션의 경우는 陰의 값을 갖게 된다.

$$\text{옵션델타}(\Delta) = \frac{\Delta C}{\Delta S} = \frac{\text{옵션가격의 변동폭}}{\text{주식가격의 변동폭}}$$

옵션가치는 지금까지 보아온 것처럼 [그림 18-4]와 같이 주식가격의 함수로 나타낼 수 있는데, 옵션델타는 이 그림에서 현재 주식가격에서 평가된 기울기가 된다. 예를 들어 [그림 18-4]에서 S_0' 에서 평가된 기울기가 0.6이라면 옵션델타는 0.6이 되는데, 이는 주식가격이 1원 증가할 때 콜 옵션가격은 0.6원 증가함을 뜻한다. 따라서 포트폴리오 관리 면에서 보면 6주의 주식매수에 대하여 콜 옵션 10개가 매도될 때 위험이 헤지됨을 의미한다. 이렇게 포트폴리오가 구성되면 실제로

[그림 18-4] 콜 옵션가치와 헤지비율

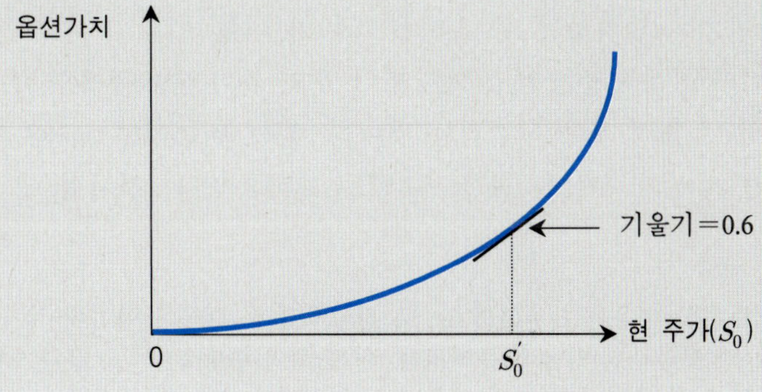

주식가격이 100원 상승했을 때 콜 옵션 매도로 600원(=10개×100원×0.6)의 손실이 발생하지만, 주식매수로 600원(=6주×100원)의 이익이 발생하여 투자위험이 헤지된다. 흔히 옵션델타를 이용하여 주식가격의 변동으로부터 포트폴리오의 위험을 회피하는 것을 델타헤징이라 한다.

블랙·숄즈 OPM의 장점은 이 모형으로부터 헤지비율을 쉽게 구할 수 있다는 점이다. 왜냐하면 콜 옵션의 헤지비율은 $N(d_1)$이고, 풋 옵션의 헤지비율은 $N(d_1)-1$이기 때문이다.[7] $N(d)$는 내가격 옵션이 될 위험조정확률이라고 하였는데, 주식가격이 높아질수록 이 값은 상승하여 1에 가까워진다. 마찬가지로 주식가격이 크게 상승하면 그림에서 기울기가 1에 접근하게 되는데, 이는 위험을 헤지하기 위하여 필요한 콜 옵션 매도수가 증가함을 뜻한다.

(2) 포트폴리오 보험과 합성 풋의 구성

포트폴리오 보험(portfolio insurance)은 주가상승시에서는 무제한적으로 투자수익을 얻지만, 주가하락시에서는 일정수준 이상의 손실을 보지 않도록 포트폴리오를 구성하는 것을 말한다. 포트폴리오 보험의 대표적인 방법은 제17장 제3절에서 설명한 것처럼 방어 풋(protective put)을 구성하는 것이다. 즉, 주식을 매수하고 동시에 풋 옵션을 매수할 경우 [그림 18-5]에서 보는 것처럼 주가가 하락하는 상황이 되면 높은 행사가격(X)으로 팔 수 있는 풋 옵션의 권리를 행사할 수 있으므로 최대한의 손실을 풋 옵션의 매수비용으로 한정할 수 있다. 그리고 주가가 상승하면 무제한적인 시세차익을 획득할 수 있다.

그런데 방어 풋 전략을 포트폴리오 보험의 방법으로 이용하는 데에는 현실적인 문제점이 따른다. 왜냐하면 주식시장지수(market index)를 이용하지 않으면 풋 옵션에 대응되는 특정주식 포트폴리오 구성이 매우 어렵고, 결과적으로 기대성과의 추적오차(tracking error)가 적지 않기 때문이다. 또한 대부분의 옵션은 만기가 짧으므로 만기가 일치하는 풋 옵션을 찾기가 어렵다.

이러한 문제점을 해결하고 방어 풋과 같이 포트폴리오 보험효과를 얻을 수 있는 방법이 합성 풋을 구성하는 것이다. 합성 풋(synthetic put)은 방어 풋에 의해서 일정수준 이상의 손실을 피할 수 있는 효과를 얻는 것처럼 풋 옵션의 델타(Δ), 즉

---

7) 이항OPM의 설명에서는 헤지비율을 $\alpha=\Delta S/\Delta C$로 정의하였다. 그러나 여기에서는 헤지비율($N(d_1)$)을 옵션델타(Δ)인 $\Delta C/\Delta S$로 정의하고 있음에 주의하라. 이는 주가(수평축)와 콜 옵션가치(수직축)의 관계를 나타내는 [그림 18-4]에서 직접 추정되고 있기 때문에 α의 역수로 계산한 것이다.

[그림 18-5] 포트폴리오 보험 : 방어 풋

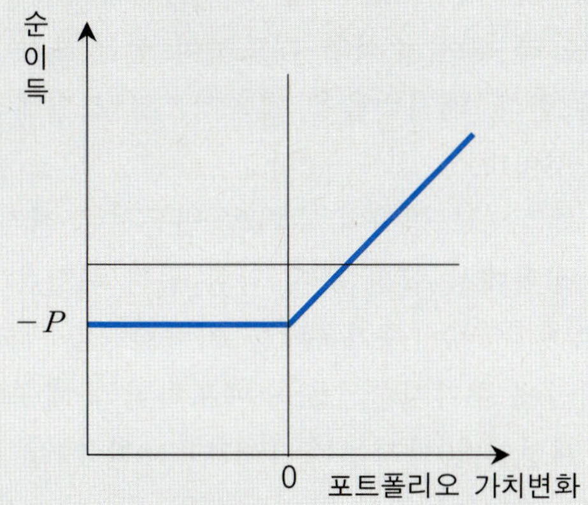

[그림 18-6] 풋 옵션 기울기와 헤지비율

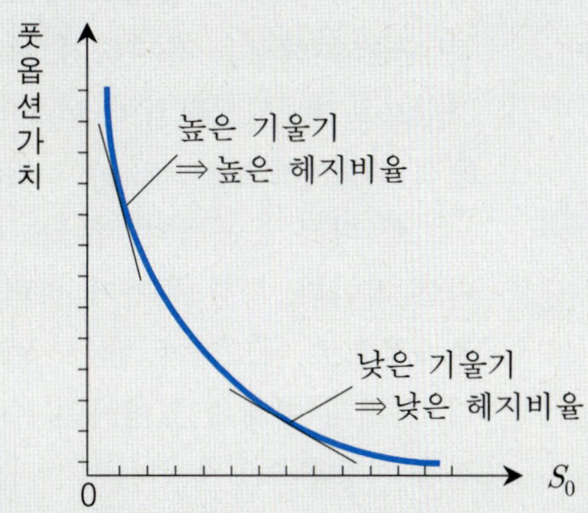

헤지비율만큼 주식의 일정 %를 매도하여 그 자금으로 무위험증권을 매수함으로써 동일한 보험효과를 얻는 것을 말한다. 이때 풋 옵션의 델타(Δ)를 구하는 데에는 블랙 · 숄즈 OPM을 이용하게 된다.

예제

5,000만원의 주식과 100만원의 풋 옵션으로 포트폴리오를 구성하고 있다. 이 풋 옵션은 시장가격이 행사가격과 동일한 수준에서 측정한 옵션델타(헤지비율)가 −0.4이다.

(1) 만약 주식가치가 2%만큼 하락할 경우 이 방어 풋 포트폴리오의 손실액은 얼마인가?

(2) 만약 매칭되는 풋과 주식이 없어져 합성 풋에 의한 포트폴리오를 구성하여 동일한 보험효과를 얻고자 한다. 어떻게 하면 될 것인가?

풀이

(1) 방어 풋의 투자성과

주식투자분의 손실	5,000만원×0.02＝100만원
풋의 투자이익	100만원×0.4＝ 40만원
순 손 실	60만원

(2) 합성 풋의 구성 : 주식소유분 중에서 델타(헤지비율)인 0.4만큼의 주식 2,000만원을 매도하여 무위험자산을 매수하면 동일한 효과를 얻는다.

주식투자분의 손실	3,000만원×0.02＝60만원
무위험자산의 손실	0
순 손 실	60만원

합성 풋 구성의 문제점은 옵션델타가 계속적으로 변한다는 점이다. 만약 주가가 하락하면 [그림 18-6]에서 보는 것처럼 헤지비율은 높아지게 된다. 따라서 원하는 수준의 헤징을 유지하기 위해서는 더 많은 주식을 매도하여 현금 또는 무위험자산으로 바꾸는 작업이 이루어져야 한다. 헤지비율을 계속적으로 조정해 나가는 동적 헤징(dynamic hedging)이 필요한 것이다.

또 다른 문제점의 하나는 동적 헤징으로 인하여 주가의 변동성이 커질 수 있다는 점이다. 특히 주가가 하락하는 상황에서 합성 풋에 의한 동적 헤징은 주식을 추가적으로 매도해야 함을 뜻하므로 이어지는 주가폭락을 가속화시킬 우려가 있다. 실제의 거래에 있어서는 주식 대신에 주가지수선물을 매도하거나 매수하는 방법을 사용함으로써 선물시장과의 연계성이 높아지는데, 1987년 10월 19일 주가 대폭락 사태는 선물시장과 연계된 포트폴리오 보험이 주가하락을 가속화시킨 데 한 원인이 있는 것으로 지적되고 있다.

제4절 CB, BW, ELS의 평가

주식으로 바꾸거나 주식을 살 수 있는 권리가 붙은 전환사채(CB), 신주인수권부사채(BW) 등은 중간위험수준의 증권이라는 뜻에서 메자닌(mezzanine) 증권이라고 한다. CB, BW, ELS와 같은 증권은 옵션성격의 증권이다. 따라서 앞에서 설명한 OPM에 의해서 평가할 수 있다.

1 전환사채의 평가

(1) 전환사채의 의의

전환사채(CB : convertible bond)는 그 증권소유자의 의사에 따라 전환기간 내에 일정한 조건으로 전환사채 발행회사의 주식으로 전환할 수 있는 권리가 부여된 사채를 말한다. 따라서 전환사채의 소유자는 두 종류의 권리를 동시에 보유하게 된다. 그 하나는 사채권자로서 사채에 대한 만기일까지의 원리금 청구권이고, 다른 한 가지는 주식으로 전환할 수 있는 전환권이다. 이 전환권은 일정기간 내에 일반채권으로서의 가치를 포기하고 주식을 취득할 수 있다는 점에서 아메리칸 콜 옵션과 같은 성격을 지닌다.

전환사채가 발행될 때에는 전환비율이나 전환가격이 미리 정해진다. 전환가격(conversion price)은 보통주로의 전환권을 행사할 때의 보통주 매수가격이다. 따라서 콜 옵션에서의 행사가격과 같은 것이 된다. 반면 전환비율(conversion ratio)이란 전환사채 단위당 전환이 인정되는 보통주식의 수를 말한다. 그래서 다음과 같이 전환가격은 사채의 액면가를 전환비율로 나누어 구할 수 있다.

$$\text{전환비율} = \frac{\text{사채의 액면가}}{\text{전환가격}} \quad \text{또는} \quad \text{전환가격} = \frac{\text{사채의 액면가}}{\text{전환비율}}$$

한편 전환가치(conversion value)는 지금 당장 전환사채를 보통주로 전환할 경우의 가치를 의미하는데, 주식의 현재 시장가격에 전환비율을 곱하여 구한다.

$$\text{전환가치} = \text{주식의 현재 시장가격} \times \text{전환비율}$$

또 전환프리미엄(conversion premium)은 전환가격과 발행시 주가의 차이를 말한다. 예를 들어, 2022년에 만기가 되는 연리 9%의 전환사채 150억원을 발행하는데 만기일 이전에는 언제든지 이 전환사채(액면가 1,000,000원)를 보통주 50주로 전환할 수 있다고 하자. 이 경우에 전환될 사채와 이에 대하여 교환되는 보통주의 비율인 전환비율은 50이다. 보통주 1주를 받기 위해서는 액면금액 1,000,000/50=20,000원을 제출해야 하는 셈이다. 이 예에서 전환에 의해서 발행되는 보통주 1주에 해당되는 사채액면금액(20,000원)이 전환가격인데, 전환사채의 발행시 이 회사의 주가가 16,000원이었다면 전환프리미엄은 25%(=20,000/16,000−1)가 된다.

(2) 전환사채의 가격

이와 같은 특징을 지니는 전환사채가 유통시장에서 매매되면 시장가격은 어떻게 결정될 것인가? 전환사채의 가격(price of convertible bond)은 일반사채로서의 가치(bond value)와 주식으로서의 전환가치(conversion value)에 의해 결정된다.

전환사채의 사채가치는 전반적인 이자율수준과 지급불능위험에 대한 투자자의 평가에 좌우된다. 제8장 채권가격평가모형에서 설명한 것처럼, 미래 현금흐름과 지급불능위험을 고려한 요구수익률을 추정하여 이의 현재가치를 추정하면 사채가치가 평가된다. 사채가치는 전환사채의 가격에 대한 하한선을 나타낸 것인데, 이 수준은 발행기업의 경영상태에 따라 좌우된다. 즉, 발행기업의 경영상태가 악화되면 사채가치는 높을 수 없다. 사채가치는 전환될 수 없는 경우에 지니는 하한선의 가치이다.

[그림 18-7](a)는 주식가격과 사채가치의 관계를 나타낸 것으로 주식가치가 낮으면 사채가치도 낮다. 최악의 경우 주식가치가 존재하지 않으면 사채가치 또한 존재하지 않는다. 반면에 사채가치는 주식가치가 증대됨에 따라 증가한다. 이러한 사채가치의 상한치는 지급불능확률이 영(0)인 경우의 가치가 된다.

전환가치는 소유자가 당장 주식으로 전환한 경우의 가치이다. 전환가치는 전술한 것처럼 주가에 전환비율을 곱함으로써 계산된다. 앞의 예에서 전환비율은 50주이므로 주가가 25,000원이라면 전환가치는 50×25,000=1,250,000원이 된다. [그림 18-7](b)는 전환가치와 주식가격의 관계를 표시한 것으로 전환가치는 기업가치에 비례한다.

전환사채는 전환가치보다 낮은 가격으로 판매될 수 없다. 전환사채가 전환가치보다 낮은 가격으로 판매된다면, 투자자는 전환사채를 매수하여 주식으로 전환

[그림 18-7] 전환사채의 가격

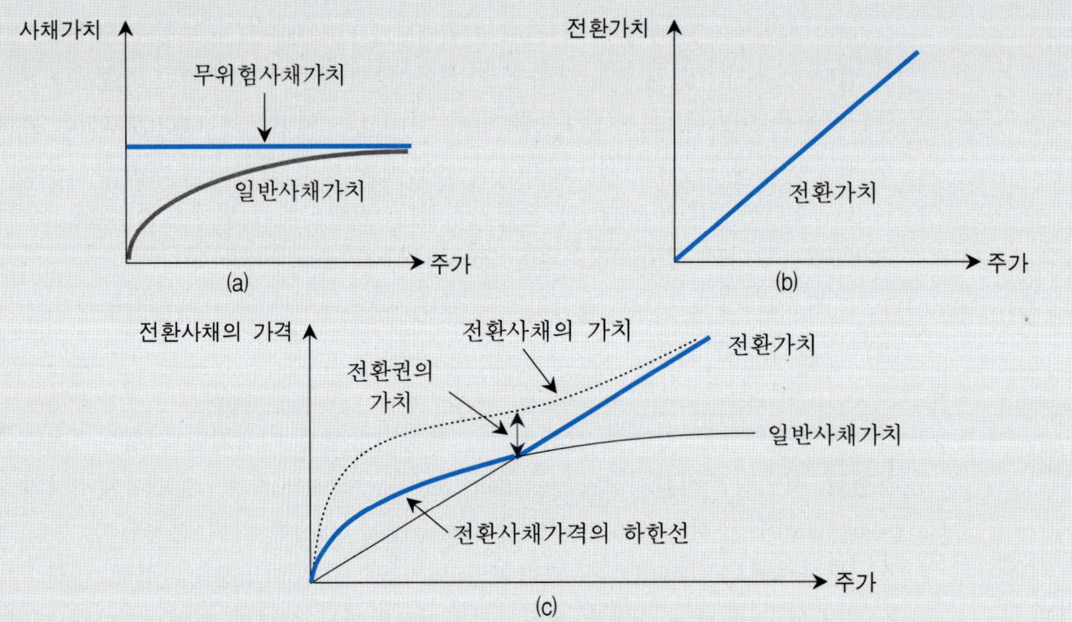

하고 전환된 주식을 매도할 것이다. 전환가치와 전환가격의 차이만큼 차익을 얻을 수 있기 때문이다. 그러므로 전환사채의 가격에는 전환사채의 일반사채가치와 전환가치의 두 하한치가 존재한다. [그림 18-7](c)의 굵은 선은 전환사채의 이 두 가지 결합효과를 나타내고 있다. 기업의 경영상태가 좋으면 전환가치는 높게 되어 즉각적인 옵션행사를 하도록 유인되어 투자자는 전환권을 행사할 것이다. 그러므로 전환사채의 가격은 적어도 전환가치와 동일해야 한다.

전환사채의 실제 판매가격은 [그림 18-7](c)의 점선에 의해서 표시된 것과 같게 된다. 점선과 하한치의 차이는 기업에 대한 콜 옵션의 가치이다. 환언하면 이 차이는 현재의 주식가격에 전환하지 않고 그 옵션의 만기일까지 보다 높은 전환이익(시간가치)을 기대하고 기다리는 권리(옵션)에 대한 가치(프리미엄)라고 할 수 있다. 이러한 전환권은 사채를 포기함으로써 행사될 수 있으므로 사채의 당시 가격이 옵션의 행사가격에 해당하는 콜 옵션인 것이다.

종합적으로 보면 전환사채의 가격(CB)은 일반사채가치(B)와 전환가치(CV) 중에서 큰 것의 값에 전환 콜 옵션의 가치(C)를 합한 것이라고 할 수 있다.

$$CB = \mathrm{Max}(B,\ CV) + C \tag{18.11}$$

2 신주인수권부사채의 평가

(1) 신주인수권부사채의 의의

신주인수권부사채(BW : bond with warrants)란 이 사채의 소유자에게 일반 회사채의 권리에 더하여, 일정한 기간 내에 일정한 가격으로 정해진 수의 발행회사 주식을 매수할 수 있는 권리인 신주인수권(warrants)을 함께 부여한 사채를 말한다. 따라서 BW는 일반사채권과 신주인수권이 결합된 증권이다. 특히 신주인수권이 행사될 때에는 매수대금(행사가격)을 납입하고 신주를 인수하게 되므로 콜 옵션과 동일한 성격을 지닌다.

그러나 BW는 투자자에 의해서가 아니라 기업에 의해서 발행된다는 점에서 콜 옵션과 상이하다. 이러한 차이점은 BW를 발행한 기업의 가치에 영향을 미치므로 매우 중요하다. 즉, 신주인수권이 행사될 때 발행된 신주인수권증서의 수는 감소되며, 기업의 발행주식수는 행사되는 주식의 수만큼 증가되고 행사가격만큼 납입되며 기업가치가 변하게 된다.

BW는 사채와 신주인수권이 결합된 하나의 패키지로 거래되는 비분리형과, 신주인수권만을 사채로부터 분리하여 거래되는 분리형이 있다. 우리나라에서의 BW는 기업의 유상증자시에 구주주의 신주인수비율과 동일하게 신주인수권을 부여받고 있다.

(2) 신주인수권부사채의 가격

신주인수권부사채가 지니는 이론적 가치는 일반사채가치와 신주인수권의 가치를 합한 것과 같다.

인수권이 없는 일반사채의 가치는 CB의 경우와 마찬가지로 제8장에서 설명된 채권평가모형에 의해서 평가하면 된다. 한편 신주인수권의 가치는 다음 식과 같이 신주인수권의 행사로 인하여 늘어나게 되는 발행주식수와 인수예정가격(행사가격)을 초과하는 주식가격의 크기에 달려 있다.

$$P_w = (S_T - X) \times N_s \tag{18.12}$$

단, P_w : 신주인수권의 가치, S_T : 보통주의 시장가격
X : 인수예정가격(행사가격), N_s : 인수주식주

예를 들어 (주)S통신이 2019년 2월말 신주인수권부사채를 발행하여 300억원의 자금을 조달했다고 하자. 각 신주인수권부사채는 액면가 1,000,000원으로서 만기가 2024년 1월말이고, 연리 8%인 무보증사채와 10장의 신주인수권증서로 구성되며, 각 신주인수권증서는 33,600원으로 보통주 한 주를 매수할 권리가 있다. 신주인수권부사채 발행시 주가는 28,000원으로 행사가격은 20%의 프리미엄부로 결정되었다. 발행한 즉시 무보증사채가 980,000원에 거래되면 신주인수권증서 한 장은 2,000원(=(1,000,000−980,000)/10)의 가치를 지닌 것으로 거래된다.

이 회사의 신주인수권증서는 33,600원으로 행사될 수 있는 5년 만기의 아메리칸 콜 옵션으로 볼 수 있으므로 [그림 18-8]에서와 같이 신주인수권증서의 가치와 보통주가치의 관계를 그릴 수 있다. (주)S통신의 주가가 33,600원보다 낮으면 신주인수권증서의 가치는 영(0)이고, 주가가 33,600원보다 높으면 하한선은 주가에서 33,600원을 차감한 것과 동일하다. 이 하한치가 신주인수권증서의 이론적 가치이기는 하지만, 현실적으로는 최종행사일 이전의 신주인수권증서 가치는 [그림 18-8]의 곡선과 같이 하한치보다 높다. 시간이 경과함에 따라 신주인수권가격은 그 하한선에 접근하게 된다.

[그림 18-8] 신주인수권증서의 가치

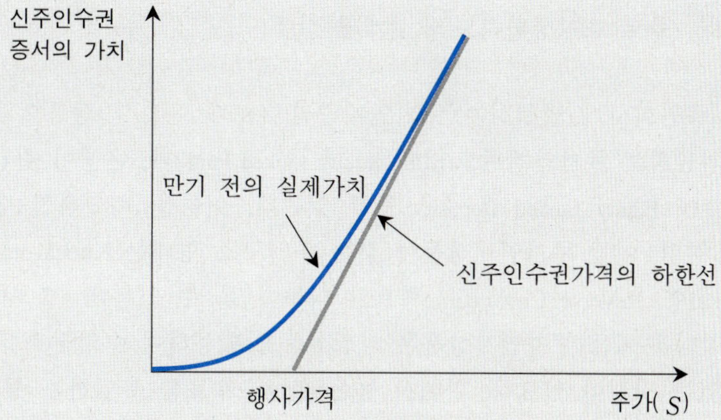

이처럼 신주인수권증서는 콜 옵션과 유사하므로 다른 특성을 지니지 않고 무배당이라면, 본장 제3절에서 설명된 블랙 · 숄즈의 OPM공식에 의해 그 가치가 추정될 수 있다.

3 주가연계증권의 평가

주가연계증권(ELS : Equity Linked Securities)은 개별주식의 가격이나 주가지수에 연동시킨 옵션을 부여하여 만기까지 일정한 조건을 충족하면 정해진 수익률을 제공하는 상품이다. 상품에 따라 반기 또는 분기 단위로 조기상환이 가능한 상품도 있다.

전형적인 ELS는 이를 발행한 증권회사가 대부분의 자금을 국공채 등 우량채권에 투자하여 안정적인 수익을 확보하는 동시에 일부 자금을 주식관련 파생상품(주로 옵션)에 투자하여 초과수익을 확보하도록 설계하고 있다. ELS는 상품의 성격에 따라 다음과 같이 구분할 수 있다.

① 원금보장형 : 주식관련 파생상품에 대한 투자비중을 낮게 하여 설계된 상품
② 원금비보장형 : 고수익을 추구하되 파생상품에 대한 투자비중이 높아 원금 손실 가능성이 있게 설계된 상품
③ 주가지수형 : 투자수익률이 주가지수에 연동되도록 설계된 상품
④ 개별종목형 : 투자수익률이 개별종목 주가에 연동되도록 설계된 상품

⑤ 만기상환형 : 만기에 상환하도록 설계된 상품

⑥ 조기상환옵션형 : 일정기간마다 주가가 일정수준에 도달할 경우 높은 수익률로 조기상환하도록 설계된 상품

증권회사가 발행하는 주가연계증권(ELS)과 유사한 상품으로는 자산운용회사가 취급하는 주가연계펀드(ELF : Equity Linked Fund)와, 은행이 취급하는 주가연계예금(ELD : Equity Linked Deposit) 등이 있는데, 이들을 비교하면 〈표 18-3〉과 같다.

한편, 이들 주가연계상품이 갖는 수익구조 형태는 Knock-out형, Bull Spread형, Digital형, Reverse Convertible형으로 나누어 볼 수 있는데, 그 차이점은 〈표 18-4〉와 같다.[8] 이들 주가연계상품은 파생상품을 활용하여 수익구조를 다양하게 설계할 수 있는 장점이 있으나, 환매시 높은 환매수수료를 부담하는 등 유동성이 부족하다는 단점을 지니고 있다.

〈표 18-3〉 주가연계상품의 비교

	주가연계증권(ELS)	주가연계펀드(ELF)	주가연계예금(ELD)
발행기관	증권회사	자산운용회사	은행 등 예금취급기관
상품성격	유가증권	채권형펀드	정기예금
투자수익률	주가변동과 연계하여 사전에 제시한 수익률	펀드가입 운용실적에 따른 배당	주가변동과 연계하여 사전에 제시한 수익률
예금보호	원금보장 안 됨	원금보장 안 됨	원금보장

〈표 18-4〉 주가연계상품의 주요 수익구조

유 형	수익구조
Knock-out형	투자기간중 사전에 정해둔 주가수준에 도달하면 확정된 수익으로 조기상환되며, 그 외의 경우에는 만기시 주가에 따라 수익이 정해지는 구조
Bull Spread형	만기시점의 주가수준에 비례하여 손익을 얻되, 최대 수익 및 손실이 일정수준으로 제한되는 구조
Digital형	만기시 주가가 일정수준을 상회하는지 여부(상승률 수준과는 무관)에 따라 사전에 정한 두 가지 수익 중 한 가지를 지급하는 구조
Reverse Convertible형	미리 정한 하락폭 이하로 주가가 하락하지만 않으면 사전에 약정한 수익률을 지급하며 동 수준 이하로 하락하면 원금에 손실이 발생하는 구조

8) 2008년도에 많은 수출기업들이 환위험을 관리하고자 투자했던 통화옵션상품, KIKO(Knock-In Knock-Out)는 상하한 환율범위를 설정하여 환율이 하한선(약정 하단)에 도달하면 옵션계약이 소멸(Knock-Out)되고, 상한선(약정 상단) 내에서는 통화옵션 유효구간이 되어 시장환율로 매도하거나 행사가격으로 환차익을 얻을 수 있었지만, 약정 상단을 넘어서면 Knock-In되는 구간이 되어 환차손의 2~3배를 은행에 지급하는 조건이었다.

증권카페

파생상품 투자손실의 사례

파생상품은 투자위험을 효과적으로 관리할 수 있거나, 원하는 투자수익과 투자위험의 패턴을 창출하는 데 유용하게 사용되기도 한다. 그러나 금융공학의 발달로 개발되고 있는 파생상품 관련 신금융상품은 그 수익구조가 판매자도 잘 모를 정도로 복잡해서 기초자산보다 수백 배의 위험을 가져오기도 한다. 본장 '주제 생각하기'의 '한화증권ELS'의 예에서 보는 것처럼 투자자에게 엄청난 손실을 가져다주는 사건이 종종 발생하면서 그 폐해에 대해 비판적인 시각이 적지 않다. 다음은 국내에서 발생했던 파생상품 투자손실의 사례이다.

발생연도 및 사건	폐해 내역
1997년 다이아몬드펀드 사건	• JP모건, SK증권이 판매한 동남아 채권 연계 파생상품에 투자해 막대한 손실 → 한남투신 종금사 등 연쇄 도산
2008년 우리파워인컴펀드 사건	• 구조화채권 투자로 투자자 약 2,300명, 1,700억원 손실
2008년 KIKO사태	• 환율변동 헤지상품 투자로 738개 기업, 3조2,247억원 손실
2008년 GM대우 선물환 손실	• 선물환 파생상품 거래로 2조3,000억원 손실
2009년 ELS 종가조작 사건	• SK(한화증권 발행), ELS 종가조작, 투자자 손실
2010년 ELW 옵션쇼크	• 도이치증권 옵션쇼크로 투자자 4,000억원 손실
2013년 ELS 투자손실	• 정유, 화학, 조선 ELS 투자로 종목당 수백억원 손실
2014년 DLS, ELS 투자손실	• 파생결합증권(DLS)투자로 1,500억원 손실, 현대차ELS에서 원금손실

자료 : 금융투자협회 ; 매경, 2014.11.20

파생상품, 월가의 탐욕이 키운 덫?

2007년 3월부터 본격화된 글로벌 금융위기 진행과정은 다음과 같이 요약된다.

- 1차 금융불안(2007년 3월) : 서브프라임 모기지 손실 최초 발생, HSBC의 손실 발표 및 금융사 파산
- 2차 금융불안(2007년 7월) : CDO투자 부실화의 심각성 부각, 베어스턴스 산하 헤지펀드의 부실화, BNP파리바 산하 헤지펀드에 대한 환매 사태
- 3차 금융불안(2007년 11월) : 투자은행 실적악화와 단기금융시장 경색, 거래잠재위험 부각
- 4차 금융불안(2008년 3월) : 거래상대방 위험 확산으로 모노라인의 신용등급 강등, 베어스턴스에 대한 구제금융
- 5차 금융불안(2008년 7월) : 모기지 부실이 서브프라임을 넘어 프라임 부문으로 확산, 패니메이 등 정부 인수
- 6차 금융불안(2008년 9월) : 투자은행들의 파산가능성 확대, 리먼 브라더스의 파산 신청 및 메릴린치의 매각

발달된 금융공학기법에 힘입어 개발된 신파생상품(자산담보부증권(CDO) 등) 덕택으로 엄청난 수익을 챙기던 미국 투자은행들은 금융경색이 시작되면서 쓰나미처럼 하루에만 수십조원씩 증발되는 패닉상태에 빠지게 되었다. 158년의 역사를 자랑하는 리먼 브라더스의 파산(2008.9), 메릴린치의 BOA에의 인수, 베어스턴스의 JP모건에의 인수 등이 순식간에 진행되었다. 그간 주요 투자은행(IB)들은 작은 자기자본으로 높은 레버리지 차입을 통해 정부의 규제가 적은 M&A업무, 적극적인 파생상품 투자에 올인하는 공격적 영업을 지속해 왔다.

2001~2004년 1%대의 낮은 이자율(2000년은 6%) 수준에서 신용불량자에 대한 주택대출이 급증했다가 2004년부터 금리가 5% 수준으로 급등하면서 부실대출이 급증하게 되었고, 부동산 등 자산가격이 하락하면서 금융기관의 몰락이 도미노처럼 덮친 것이다. 월가의 탐욕이 가져온 너무나 큰 파국이었다. 글로벌 금융위기의 한 원인은 파생상품거래를 통하여 투자수익을 극대화시키고자 했던 월가의 탐욕으로 보는 시각이 지배적이다.

워런 버핏 : "파생금융상품은 시한폭탄"

일찍이 파생상품시장에 대한 우려는 1995년 영국 베어링스은행, 1998년 롱텀캐피털 매니지먼트의 파산과 2001년 엔론사의 스캔들 뒤에 파생상품거래가 있었음을 두고 제기된 바 있었다.

지난 38년간 버크셔 해서웨이(보험・투자 전문회사)를 운영하면서, 20세기 최고의 투자성과를 올리고, "가치투자"의 대표투자로 알려진 워런 버핏(Warren Buffet)은 2003년 3월 주주에게 보낸 연례편지에서 최근 거래규모가 급증한 파생상품시장이 궁극적으로 미국 경제구조를 뒤흔들 만한 '대량살상 금융무기(financial weapons)'라고 경고하며, 자신의 회사에서 파생상품 사업부인 제너럴리 증권사를 청산하겠다고 발표하면서 큰 파장을 일으킨 바 있다.

그린스펀 : "파생금융상품은 미경제 활력소"

이 같은 관점과는 정반대로 미국 연방준비제도이사회(FRB) 의장인 그린스펀은 그간 전혀 다른 견해를 제시해 왔다. 그린스펀 의장은 "파생상품 확산이 특정시장이 금융위기로 입을 수 있는 손실위험을 줄여준다. 다양한 금융기법을 혼합한 파생상품은 주식시장이 침체를 겪은 과거보다 유연하고 효율적인 금융시스템에 기여해 왔다. 테러공격, 증시침체에도 불구하고 미경제가 회복되고 있는 것은 미국 금융기관들이 파생상품 운용을 통해 위험을 분산시키고 금융시장이 활력을 유지한 덕분이다. 파생상품투자자들은 대부분 고급금융기법을 적용하고 있는 투자은행과 대형헤지펀드이기 때문에 자체적으로 리스크 해결능력이 있어, 파생상품에 대한 당국의 과도한 규제는 바람직하지 않다"고 주장한다.

파생상품은 칼날의 양면과 같아서 위험관리에 유용한 수단인 동시에 잠재적인 위험을 만들어 내는 속성을 지닌다. 후자의 가능성을 경시한 월가의 탐욕은 이제 그 덫에 걸려 미국 자본주의의 기초가 도전받는 상황이 되었다. (자료 : 매경, 2008.9.30 ; 한국경제, 2008.5.10 ; 매경, 2014.11.20)

연습문제

1. 다음 사항에 대하여 설명하라.

옵션의 내재가치	옵션의 시간가치	옵션가치의 결정요인
이항옵션가격결정모형	완전헤지 포트폴리오	헤지비율
블랙 · 숄즈 옵션가격결정모형	옵션델타	포트폴리오 보험
합성 풋	동적 헤징	전환사채(CB)
전환비율	전환가치	신주인수권부사채(BW)
신주인수권의 가치	주가연계증권(ELS)	

2. 다음 중 잘못 서술되어 있는 문항에 대해서는, 잘못 서술되고 있음을 논리적 · 이론적 근거를 제시하여 설명하라.

(1) 옵션의 이론가격은 옵션의 실제가격과 당장 행사될 경우의 내재가치의 차이로서 만기까지 시간이 흐르면서 유리한 주가변동으로 인하여 증가되는 가치이다.

(2) 시장이자율이 오르면 콜 옵션가치는 낮아진다.

(3) 풋 옵션가치는 기초주식가격의 변동성과 부(−)의 비례관계에 있다.

(4) 콜 옵션가격(C)은 기초주식의 가격(S)보다 클 수 있다.

(5) 1단위 주식매수에 대하여 매도하는 옵션의 단위의 비율인 헤지비율은 옵션이 지니는 가치의 범위(C^+, C^-)를 예상되는 주가수준의 범위(S^+, S^-)로 나누어 계산한다.

(6) 블랙 · 숄즈 OPM에 의하면 내가격 옵션 상태가 될수록 헤지비율은 더욱 높아진다.

(7) 옵션델타는 주식가격 변동폭에 대한 옵션가격 변동폭의 비율이다.

(8) 옵션델타가 0.4이면 10주의 주식매수에 대하여 콜 옵션 4개가 매도될 때 위험이 헤지됨을 의미한다.

(9) 합성 풋은 풋 옵션의 델타(Δ), 즉 헤지비율만큼 자금을 차입하여 주식의 일정 %를 매수함으로써 동일한 보험효과를 얻는 것을 말한다.

(10) 전환사채(CB)의 전환비율은 전환사채 단위당 전환이 인정되는 보통주식의 수를 말하고, 전환가격은 사채의 액면가에 전환비율을 곱하여 구할 수 있다.

(11) 신주인수권부사채(BW)는 투자자에 의해서 발행되고, 매수대금(행사가격)을 납입하여 신주를 인수하게 되므로 콜 옵션과 동일한 성격을 지닌다.

(12) 전형적인 주가연계증권(ELS)은 대부분의 자금을 주식과 주식관련 파생상품(주로 옵션)에, 일부의 자금은 국공채에 투자하여 초과수익을 확보토록 설계하고 있다.

3. [옵션가격결정요인]

옵션가격의 결정요인은 무엇이며, 이러한 요인들이 콜 옵션과 풋 옵션 가치에 어떤 방향으로 영향을 미치는가?

4. [이항옵션가격결정모형과 헤지비율]

Q사의 현재주가가 120,000원이다. 앞으로 180,000원으로 상승하거나 90,000원으로 하락할 두 가지 가능성이 있다. 무위험이자율은 10%이다. 이 주식에 대하여 발행된 콜 옵션의 행사가격은 150,000원이다.

(1) 무위험투자수익을 얻을 수 있는 헤지포트폴리오는 어떻게 구성되는가?
(2) 콜 옵션의 가격은 얼마인가?

5. [이항옵션가격결정모형과 헤지비율]

Q사의 현재 주가(S_0)는 19만원인데, 1년 후에 30만원 또는 8만원이 될 것으로 예측되고 있다. 이 주식에 대해서 발행된 콜 옵션의 행사가격은 22만원이다. 한편 무위험이자율은 10%이다.

(1) 무위험 헤지포트폴리오를 구성하고자 한다. 헤지비율을 구하여 헤지포트폴리오 구성방법을 제시하라.
(2) 이 포트폴리오의 기말에서의 투자수익과 이 콜 옵션의 가격을 구하라.

6. [풋 옵션의 가격평가]

주식 A의 현재 시장가격은 76,000원이다. 만기가 6개월 남아 있고, 행사가격이 90,000원인 콜 옵션과 풋 옵션이 있다. 만약 콜 옵션이 3,920원에 거래되고 있고 무위험이자율이 10%라면 풋 옵션가격은 얼마인가?

7. [옵션델타를 이용한 헤징]

K주식을 기초자산으로 하는 콜 옵션의 델타는 0.25, 풋 옵션의 델타는 −0.25이다. K주식 100주를 보유하고 있는 투자자가 주가변동위험을 헤지하기 위해서 선택할 수 있는 가장 적절한 헤지방법은 무엇인가?

8. [블랙 · 숄즈 옵션가격결정모형]

옵션에 관한 주어진 정보가 다음과 같다.

현재가격 : 34,000원	행사가격 : 34,000원
무위험이자율 : 5%	기초주식의 순간적 분산 : 16%
만기 : 6개월	

(1) 블랙 · 숄즈 OPM을 이용하여 콜 옵션의 가격을 결정하라.
(2) 풋 · 콜 패리티를 이용하여 풋 옵션의 가격을 산출하라.

PART

VII 통합적 투자관리

제19장 자산운용의 확대

제20장 투자관리와 투자성과평가

CHAPTER

19

자산운용의 확대

제 1 절　자산운용대상의 확대
제 2 절　기관투자자의 자산운용

본서 제1장~제18장에서 다루어 왔던 투자관리의 과제는 주로 전통적인 투자자산인 주식과 채권 투자를 중심으로 한 것이었다. 그러나 저금리와 변동성이 커지는 금융환경이 전개됨에 따라 투자위험을 높이지 않으면서 목표투자수익률을 달성할 수 있는 새로운 대체수단을 찾기 시작했다. 헤지펀드나 PEF 등과 같은 대체투자가 그것이다. 본장에서는 먼저 대체투자의 특징과 이에 대한 운용전략 등의 문제를 다룬다. 본장에서 다루는 또 하나의 주제는 금융기관이나 전문 자산운용사의 입장에서의 자산운용의 문제이다. 다음은 본장의 학습목표로서 이해해야 할 주요 사항들이다.

- 대체자산의 범주와 투자자산으로서의 특징
- 헤지펀드의 특징과 자산운용사의 주요 투자전략
- PEF의 특징과 투자성과
- 기관투자자가 부담하는 투자위험과 성격, 그리고 ALM의 원칙
- 금융투자회사별로 다르게 적용되는 투자전략

주제 생각하기

대체투자와 기관투자자의 자산운용

제1장 '주제 생각하기'에서는 '국민연금의 조기고갈 이슈'와 관련하여 자산운용능력의 중요성을 강조하였다. 운용수익률을 현재보다 1%p 높이면 국민연금 고갈을 10년 늦추고, 2%p 높이면 고갈 문제는 영원히 없어질 것으로 추정하는 분석결과를 소개한 바 있다. 〈표 1〉에서 보는 것처럼 국민연금은 10년 명목수익률 4.0%, 5년 명목수익률 3.5%의 성과를 보였는데, 외국 연기금(미국과 캐나다의 평균)의 성과(10년 명목수익률 7.0%, 5년 명목수익률 4.4%)와 비교하면 낮은 성과였다(자료 : IBRD). 국민연금 포트폴리오 구성 자산 중에서 운용수익률이 가장 양호한 것은 '대체투자'부문이었지만, 대체투자의 비중은 자산배분 면에서 최근에야 10%를 상회하는 수준을 보였다. 외국 연기금에 비하여 주식과 채권의 비중이 높고 대체투자의 비중이 상대적으로 낮은 점이 성과차이가 나는 원인의 하나로 분석되고 있다.

〈표 1〉 국민연금의 자산배분비중(2018년)

포트폴리오	국내 주식	해외 주식	국내 채권	해외 채권	대체 투자	단기 자금	기 타	전체 운용수익률
자산비중	17.1	17.7	48.7	4.2	12.0	0.3	0.1	(운용총액 638.8조원)
운용수익률	4.72	5.15	4.84	4.37	8.75	4.08	1.69	10년 4.0%, 5년 3.5%

* 자료 : 국민연금 기금운용본부

국민연금의 운용수익률이 낮은 원인이 자산배분비중에서 대체투자의 비중이 낮은 데 있음은 〈표 2〉에서도 볼 수 있다. 주요 공제회의 대체투자의 비중이 국민연금의 3~4배 수준에 이르고 있다. 국민연금은 대체투자, 해외투자의 비중을 2023년까지 30%로 끌어올릴 계획을 발표한 바 있다(자료 : 매경, 2018.6.1).

〈표 2〉 국민연금과 주요 공제회의 운용수익률 및 자산배분비중 비교

	운용수익률 (%)	자산규모 (조원)	자산배분비중(%)				
			주 식	채 권	대체투자	기 타	해외투자비중
국민연금	−0.92	639	34.8	52.9	12.0	0.4	30.1
행정공제회	4.00	12.20	15.2	11.3	58.0	15.5	47.0
군인공제회	3.80	10.79	12.0	12.0	37.0	39.0	33.0
교직원공제회	4.10	34.61	17.0	28.3	37.1	17.6	42.0

* 2018년 12월말 기준. 해외투자비중은 주식, 채권의 해외비중 합계임(자료 : 매경, 2018.6.1)

주요 연기금이나 공제회에서 운용수익률 제고를 위해서 대체자산의 비중을 높이게 된 배경은 무엇인가? 대체자산에 포함되는 헤지펀드, PEF, 부동산, 상품 등의 투자자산이 갖는 특징과 장단점은 무엇인가?

기관투자자가 금융자산에 투자할 때 여러 가지 투자위험에 노출되는데, 기관마다 부채의 성격이 다르므로 이를 감안하여 포트폴리오에 포함되어야 할 자산을 선택해야 한다. *금융자산 투자를 할 때 안게 되는 투자위험에 따라 어떠한 자산/부채 종합관리가 적합한가?*

제1절 자산운용대상의 확대

자산운용업에서 중요한 변화의 하나는 전통적 투자자산인 주식이나 채권 중심의 자산운용에서 헤지펀드, PEF, 부동산 등의 대체자산으로 투자를 확대하고 있는 점이다. 본절에서는 대체투자의 의의와 배경, 주요 대체투자 수단인 헤지펀드, PEF, 부동산, 상품자산 등에 대하여 살펴본다.

1 대체투자의 특징과 사모펀드

대체투자(alternative investment)는 주식, 채권과 같은 전통적 투자자산의 범주에 들지 않는 헤지펀드(hedge fund), 사모주식(private equity), 부동산(real estate), 상품자산(commodities) 등에 대한 투자를 말한다. 자산운용사들이 자산운용의 대상으로 대체투자의 비중을 높이고 있는데, 전세계 자산운용시장에서는 2017년말 기준 대체자산 비중이 총운용자산 중 15%, 국내 자산운용시장에서는 2019년 6월 기준 26.8%로서 그 비중이 급증하고 있다.[1] 이러한 급성장의 배경은 다음과 같다.

자산운용사는 투자자의 투자목표 설정 및 포트폴리오 구성, 비체계적 위험 제거 등 투자위험 분산, 다양한 자산간 탄력적 자산운용, 벤치마크수익률을 상회하는 위험조정수익률의 달성, 고객별 계좌와 거래비용 관리, 투자·세금정보 제공 등의 기능을 수행한다. 그리고 각종 연기금에서도 마찬가지의 투자관리 과제를 안고 있다.[2] 전통적으로 이들 금융투자회사, 연기금 등에서 포트폴리오 구성을 위해 포함해 왔던 자산군(asset class)은 주식, 채권, 파생상품과 같은 전통적 유가증권이었다. 그러나 1990년대 이후 새로운 금융환경이 전개되면서 투자위험을 적정수준으로 관리하고, 목표수익률을 달성하는 것이 매우 어렵게 되었다.

---

1) 전세계 자산운용시장의 규모는 2017년말 기준으로 79.2조 달러였고, 이 중에서 액티브형이 68%, 패시브형이 17%, 대체투자는 15%(10.1조 달러)였다. 우리나라 자산운용시장은 2018년말 1,131.2조원의 규모로, 공모펀드 18.9%, 사모펀드 29.2%, 일임매매 51.9%의 비중인데, 이 중 대체투자는 26.8%이다(자료 : 금융투자협회, 2019.6.30).

2) 우리나라에서의 금융투자업은 2019년 6월말 기준 214개의 자산운용사, 66개의 투자자문사, 57개의 증권사, 5개의 선물사에 의해서 영위되고 있다. 자산운용사는 취급영역별로 종합, 증권, 부동산, 특별자산, 기타로 특화 구분되고, 투자자문사는 자문일임, 투자일임, 자문으로 영업영역을 나누고 있다.

첫째는 경제가 저금리 체제로 돌입한 것이다. 우리나라의 경우 공금리가 1999년 이후 한 자리 숫자가 되었고, 2010년 이후는 국채수익률도 4% 이하의 수준을 벗어나지 못하면서 목표수익률을 달성하는 것이 어렵게 된 것이다.

둘째는 1990년대 후반 동아시아에서의 금융위기, 2000년대 초 벤처거품의 붕괴, 2007년 글로벌 금융위기 등을 겪으면서 전통적 투자자산으로는 분산투자를 통한 투자위험관리가 한계를 맞게 된 것이다. 국제분산투자(international diversification)는 투자위험을 줄이는 수단이 되지만, 세계 금융시장의 공조화 현상 속에서는 그 유효성에 한계가 있었다.

셋째는 원자재 가격의 상승에 대한 우려가 커지면서 자산운용에서 인플레이션에 대한 방어능력이 중요해졌는데, 부동산이나 천연자원 같은 실물자산이 인플레이션 헤지수단으로서 그 유효성이 새롭게 부각된 것이다.

투자이론에서 제시하는 변동성관리의 기본은 상관관계가 낮은 자산들에 분산투자하여 일정한 위험수준하에서 목표기대수익을 얻는 것이다. 더욱이 새로운 금융환경하에서 분산투자를 통한 위험감소효과를 크게 하는 것은 기존 보유자산(전통적 투자자산인 주식, 채권 등)과 상관관계가 낮은 새로운 투자자산을 찾는 것이다. 부동산, 천연자원, 원자재 등은 기존의 전통적 유가증권과 상관관계가 낮고, 때로는 기대수익률도 높은 경우가 많아서, 전통적 투자자산을 대체 또는 보완하는 대체자산(alternative asset)으로 운용자산의 범위를 크게 확대하는 배경이 되었다.[3)]

이처럼 확대되고 있는 대체투자의 특징을 정리하면 다음과 같다.

첫째, 대체투자는 전반적으로 전통자산과 상관관계가 낮아 **위험분산효과**가 크고, 부동산이나 실물자산은 인플레이션을 헤지하는 데 효과적이다.

둘째, 대체투자는 거래단위규모가 크고, **유동성위험**(liquidity risk)이 높다. 대체투자에 속하는 자산은 부동산처럼 대부분 소수의 매도자, 매수자가 제한적으로 참여하는 사적 시장에서 매매되고 있어 회수에 오랜 기간이 걸리는 등, 짧은 기간 내에 현금화하는 것이 쉽지 않다. 따라서 장기 투자대상으로 운용할 수밖에 없다.

원유, 곡물 등처럼 거래표준화가 잘 되어 있는 경우도 있지만, 대부분 대체자산마다 그 구조가 복잡하고, 사적·비공식적 거래가 많아 계약대로 이행하지 않는 신용위험과 공식적인 거래소(청산소)가 없어 **거래상대방위험**(counterparty risk)이 존재한다. 거래의 투명성 부족, 제한된 거래로 인하여 시장가격 형성이 원활하지 못하

---

3) 국민연금에서는 대체투자관리 부문을 국내외 사모펀드(PEF), 국내외 부동산, 국내 SOC로 구분하고 있다. 대체투자는 투자전략의 성격에 따라, 시장수익률을 추구하는 베타추구형, 수익성을 추구하는 절대수익추구형, 인플레이션 헤지 등을 위한 분산투자형으로 구분할 수 있다. 캘퍼스(CalPERS)에서는 대체투자와 전통적 자산을 모두 포함하여 성장성자산, 이자수익성자산, 부동산, 물가방어형 자산, 유동성자산으로 구분하고 있다.

다. 기대수익률은 높고 전체 포트폴리오의 위험은 낮추어 주지만, 그 자체 위험은 전통자산보다 높다. 또 헤지펀드 같은 경우는 높은 레버리지를 사용하는 투자전략을 구사하는데, 이는 변동성을 크게 한다.

셋째, 대체투자는 자금모집, 자산운용의 관점에서 보면, 대부분 사모펀드의 형태로 운용하고 있다. 자산운용사가 운용하는 펀드는 제2장에서 설명한 것처럼 '공모펀드'와 '사모펀드'로 나눌 수 있는데, 헤지펀드, PEF 등의 대체투자는 대부분 사모펀드의 형식으로 모집 · 운용된다. [그림 19-1]과 〈표 19-1〉에서 보는 것처럼 국내 공모시장의 규모는 정체 · 감소되고 있는 반면에 사모시장의 규모는 연 18%의 성장률을 보이고 있는데, 상당부분이 대체투자 신장세에 기인한다.[4)]

이하에서는 대체자산 중에서 자산운용사, 연기금의 자산운용에서 높은 비중을 차지하는 헤지펀드, PEF, 부동산, 상품자산을 중심으로 그 특징과 장단점을 살펴본다.

[그림 19-1] 우리나라 자산운용(펀드와 일임)시장 규모의 변동 추이

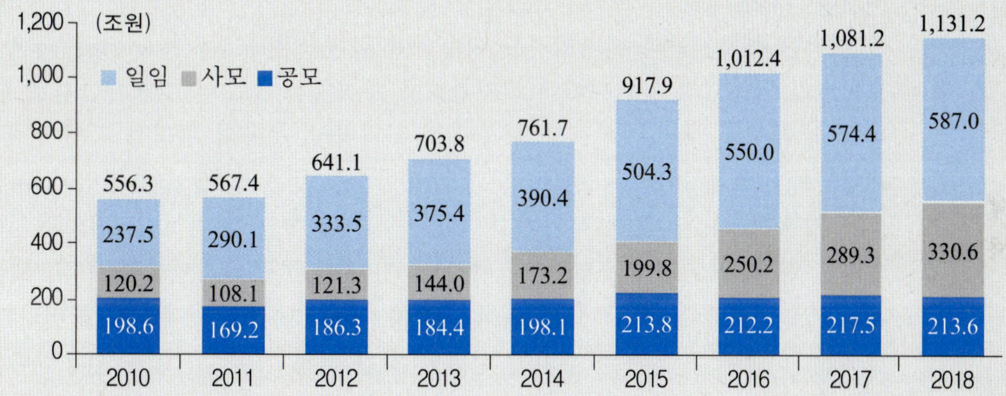

자료 : 금융투자협회

4) 자산운용사가 운용하는 펀드(집합투자증권)는 제2장 제5절에서 설명한 것처럼, 투자자 모집방식 면에서 '공모펀드'와 '사모펀드'로 나눌 수 있다. 공모펀드는 불특정 다수의 투자자에게 공개적으로 회사 지분을 팔거나 수익증서를 팔아서 조달된 자금을 다양한 자산에 운용하는 펀드로서, 뮤추얼펀드와 수익증권펀드가 대표적 형태이다. 반면에 사모펀드는 비공개적으로 소수의 고액자산가의 자금을 모아 고객별로 고유계좌를 개설하고 포트폴리오에 투자운용하는 형태를 말한다. 우리나라에서 설정되고 있는 헤지펀드, PEF는 2018년 기준, 94%가 사모펀드의 형태로 운용되고 있다. 펀드 순자산을 비교하면 〈표 19-1〉에서 보는 것처럼 사모펀드의 증가세가 훨씬 높다. 사모펀드는 공모펀드보다도 정보공시를 최소한 수준으로 줄일 수 있다. 공모펀드는 차입이 불가한 반면, 사모펀드는 원금의 2~5배를 차입 투자할 수 있다. 공매도 면에서 사모펀드는 규제가 없다. 성과측정 면에서 상대수익률 기준의 공모펀드와 다르게 사모펀드에서는 절대수익률 기준으로 평가한다.

〈표 19-1〉 **대체투자, 헤지펀드의 변동 추이** (단위 : 조원)

구 분	연 도	2014	2015	2016	2017	2018
대체투자	부동산	29.6	34.9	45.7	59.8	70.0
	특별자산*	31.6	40.4	48.7	58.3	66.2
	(계)	61.2	75.3	94.4	118.1	136.2
헤지펀드	헤지펀드(금액)	2.49	3.39	6.66	12.46	20.85
	펀드수	29	33	248	769	1,272

* 특별자산에는 부동산을 제외한 헤지펀드, PEF, 원자재 등의 상품자산이 포함됨.

자료 : 금융투자협회(www.kofia.co.kr), 자본시장통계; 금융투자협회 보고서, '리테일 자산 증대 관점에서의 글로벌 자산운용 동향 및 시사점,' 2019.5.31

2 헤지펀드

헤지펀드(hedge fund)는 고액자산가로부터 공모방식이 아닌 방식으로 자금을 모집하여 다양한 투자전략과 레버리지를 이용하여 절대수익(absolute return)을 추구하는 사모펀드의 일종으로 정의된다.[5] 헤지펀드가 투자자를 소수의 고액자산가로 한정하는 것은 투자자 보호 차원으로 모집방법, 투자방식, 운용의 투명성 등의 면에서 관계당국의 규제를 피하는 방법이 되기 때문이다.[6] 이는 제2장에서 설명한 뮤추얼펀드가 불특정 다수의 소액투자자로 자금을 조달하고 투자방식, 공시의무, 운용의 투명성 등에서 강한 규제를 받는 것과 크게 대비된다. 헤지펀드는 주식, 채권, 파생상품, 금, 원유 등 거의 모든 분야의 투자자산을 대상으로 롱, 숏, 레버리지(순자산 400% 이내)를 활용하는 투기적 성격이 강한 다양한 투자전략을 활용한다.

5) 초과수익을 창출하는 투자방식이 다양하기 때문에 단순 명료하게 헤지펀드에 대한 정의를 내리는 것이 용이하지 않은 면이 있다. 미국의 증권거래위원회(SEC)에서는 헤지펀드를 '투자회사법에 투자회사로 등록되지 않고 증권 및 기타자산을 운용하며, 공모형태로 판매되지 않는 실체'로 정의하고 있다.

6) 미국에서는 투자자를 99인 이하, 최소 투자단위를 100만 달러 이상으로 한정하고 있다. 국내에서는 2011년 9월 자본시장법 시행령의 개정을 통하여 이른바 **'한국형 헤지펀드'**의 제도적 틀이 마련되었고, 2012년 11월 이후 본격적인 등록, 펀드 설정, 운용이 시작되었다. 한국형 헤지펀드는 기관투자자뿐 아니라 개인투자자 사이에도 대체투자에 대한 수요가 확대되면서, 소규모 투자로 가능하고 회수가 손쉬운 대상으로 부동산펀드, 인프라펀드, 금펀드, 선박펀드 등의 뮤추얼펀드, 재간접펀드(대체투자하고 있는 공모펀드에 간접적으로 투자, 최소가입액은 500만원) 형식으로 제공되고 있다. 일반투자자는 사모주식펀드에 투자하는 펀드를 통하여 간접적으로 투자할 수 있다. 우리나라에서 헤지펀드는 부동산보다는 작지만, 2018년 기준으로 20.85조원의 규모(펀드수는 1,272개)를 보이고 있다(〈표 19-1〉 참조).

헤지펀드의 특성을 정리하면 다음과 같다.

- 전통자산과 상관관계가 낮은 자산에 투자하여 투자위험을 분산시킨다.
- 시장상황과 무관한 절대수익을 추구한다.
- 절대수익을 추구하기 위해 차입레버리지를 활용한다.
- 뮤추얼펀드보다 유동성이 낮은 자산에 투자한다.
- 초과수익 알파(α)를 추구하되, 체계적 위험을 헤지한다.
- 일시적 시장 불균형점(misparities)을 찾기 위해 계량적 방법을 사용한다.
- 규제가 덜한 지역, 영역에 투자한다.
- 정보공시를 최소(minimal information)로 한다.
- 파트너십에서 철수, 탈퇴하는 데 제약이 있다.
- 높은 운용보수와 성공보수(2/20)를 받는다.

헤지펀드의 이러한 특성으로 인하여 헤지펀드의 운용은 펀드매니저의 개인적 능력에 의존하게 된다. 헤지펀드 운용전략은 주식시장상황, 외환, 이자율, 신용상태, 변동성 등을 감안하여 수립되는데, 다음과 같이 구분할 수 있다.

1) 주식기반전략(equity-based strategies)

① 롱숏 주식전략(long-short equity) : 펀더멘털 관점에서 가격이 잘못 형성되었다고 판단되는 주식군을 발굴하여 상관성이 높은 종목간에 과소평가된 주식을 매수(롱), 과대평가된 주식을 매도(숏)하는 상대가치 기준(relative value)의 짝짓기 차익거래(pair trading)

② 주식시장 중립(equity market neutral)전략 : 개별종목의 재료보다는 전체시장의 불완전성, 변동성을 이용하여 초과수익을 추구하되, 위험을 상쇄하기 위한 롱숏 전략

③ 순수 롱(숏) 주식전략 : 산업, 섹터, 규모별로 특화된 시장(IT, 바이오 등)에 집중하여 롱이나 숏 한쪽의 포지션을 취하는 전략으로서, 헤지하기 위하여 파생상품 사용

2) 차익거래기반 헤지전략(arbitrage-based strategies)

① 채권 차익거래(fixed-income arbitrage)전략 : 채권시장에서 이자율변동으로 생긴 비정상적 가격을 이용한 차익거래, 이자율스왑, 미국국채와 미국외 국가 정부채 간의 차익거래, 수익률곡선을 이용한 차익거래

② 전환증권 차익거래(convertible arbitrage)전략 : 전환증권과 기초주식의 상대가치가 클 경우, 전환증권을 매수(공매)하고 기초자산인 주식을 공매(매수)하는 차익거래전략

③ 합병(위험)차익(이벤트추구)전략(event driven strategy) : 기업합병매수, 구조조정, 파산, 재조직 등의 이벤트를 좇아 이득을 확보하는 전략으로서, 예를 들어 합병이벤트의 경우 합병차익이 클 것으로 예상되는 기업의 합병이 성사될 확률에 대하여 시장보다 그 가능성을 높게 판단할 때 매수, 반대로 합병확률을 시장보다 낮게 판단할 때 매도하는 투자전략

3) 기회주의적 전략(opportunistic strategies)

① 고위험채권, 부실기업(high yield and distressed)투자전략 : 신용도가 극히 불량한 채권이나 부실기업에 투자하여 초과수익을 추구

② 글로벌 매크로(global macro)전략 : 특정국가, 특정 경제권에 제한하지 않고, 거시경제 전망에 기초하여 글로벌 경제의 주된 동향과 큰 변화를 예상하여 자본시장과 파생상품시장에서 롱숏전략

③ 이머징마켓(emerging market)투자전략 : 이머징마켓의 시장 불완전성을 이용하여 초과수익 추구

④ 선물시장에서의 롱숏(managed futures)전략 : 상품, 통화, 금융 선물시장에서 기술적 거래규칙에 따른 거래전략

4) 다중전략(multiple strategies)

① 재간접펀드(fund of funds)투자전략 : 펀드의 재산을 여러 개의 다른 헤지펀드에 투자하는 전략으로서, 투자한 다른 펀드의 수익률에 따라 재간접펀드의 수익률이 좌우됨

② 다중전략 : 두 개 이상의 헤지전략을 동시에 구사하여 초과수익 추구

헤지펀드 투자전략은 상기한 전략 중 어느 하나의 전략을 구사하는 **단일펀드전략**(single strategy)을 사용하기도 하지만, 다수의 전략이 혼합된 **다중펀드전략**(multi-strategy)을 구사하기도 한다. 단일펀드전략으로 많이 활용되는 것은 펀더멘털 기준의 롱숏 주식전략, 글로벌 매크로전략, 이벤트추구형 전략 등이다.[7]

---

7) 2017년 3월말 기준으로 글로벌 헤지펀드 규모는 3.07조 달러에 달한다. 가장 많이 활용되는 운용전략은 글로벌 매크로전략과 이벤트추구형 전략으로 알려졌다. 국내 헤지펀드시장에서 운용투자전략의 특징을 보면, 펀더멘털

헤지펀드의 투자성과에 관해서는 여러 가지 실증연구결과가 제시되고 있다. 헤지펀드의 투자성과평가에 사용되는 벤치마크 수익률은 시장수익률보다는 절대수익률 관점에서 '단기금리+알파(α)' 기준과 동종집단비교지수(peer group index)를 사용하고 있다. 헤지펀드의 투자성과는 전략별로, 국가별로, 기간별로 큰 변동성을 보였던 것으로 분석되고 있다.[8)]

성공적인 투자성과의 헤지펀드인 경우, 그 성공투자의 원천이 무엇인지에 대한 설명은 다양하다. 정리하면 ① 자산선택 능력보다는 비유동성 자산(illiquid asset)에 대한 투자로 유동성위험에 대한 보상의 성격이다, ② 12월에 유동성이 떨어지는 자산에서 초과수익이 큰 산타효과(santa effect) 때문이다, ③ 기회주의적 운용에 기인한다 등의 설명이 있다.

헤지펀드는 공모펀드에 비하여 상대적으로 운용이 폐쇄적이고, 투자자가 부담하는 수수료에 있어 운용보수 이외에 성공보수가 추가된다는 특징이 있다. 헤지펀드 운용에는 소위 2/20법칙인 운용보수(management fee) 2%, 벤치마크를 상회하는 수익률에 대해서는 성공보수 20%의 높은 보상을 받는다.[9)] 성공보수율이 20% 기준인 점은 유리한 상황에서만 권리행사를 하는 콜옵션 구조(기울기 0.20)임을 의미한다. 이로 인해 인센티브가 없는 성과가 저조한 불량펀드는 폐쇄하는 이른바 '성과배분 물타기'(high-water mark)현상이 나타나기도 한다. 재간접펀드는 이중으로 성공보수를 부담하는 경우도 발생한다.

3 PEF

사모주식(private equity)은 불특정 다수 투자자에게 매각되는 공개기업의 공모주식(public equity)과 달리, 소수 투자자에게 매각되는 비공개기업의 주식을 말한다. 앞서 설명한 것처럼 공모주식은 여러 규제가 많은 반면에, 사모주식은 규제가 상대적으로 적은 편이다.

롱숏전략(41%), 멀티전략(30%), 채권차익전략(20%), 이벤트추구형 전략(6%)이 많이 활용되고 있다(자료 : 자본시장연구원(KCMI), 자본시장리뷰).

8) 전반적으로 1990~2010년 기간에는 (+)의 초과수익률을 실현하였지만, 이머징마켓의 경우 1995년은 −16.9%, 1996년은 +34.5% 수익률을 보였던 것처럼 큰 변동성을 보였다. 극단적인 사례는 1987년 11월 금융위기상황에서 참담한 성과를 보였고, 롱텀캐피탈(LTCM)사는 파산하기도 하였다.

9) 보수율 계산의 기준이 되는 순자산가치(NAV : net asset value)는 펀드의 자산총액에서 부채총액을 차감한 금액으로서, 펀드의 수익자에게 전적으로 귀속되는 금액이다. 펀드 수익자가 환매시 지분비율만큼을 그대로 인출해 갈 수 있는 자산가액이기도 하다.

〈표 19-2〉 헤지펀드와 PEF

	전문투자형(헤지펀드)	경영참여형(PEF)
지분보유의무	규제 없음	의결권주식 10% 이상 취득 의무(6개월 이상 보유)
의결권 제한	10% 이상 초과분 의결권 제한	규제 없음
차 입	순자산 400% 이내	PEF재산 10% 이내
대 출	대출 가능	대출 불가

사모주식펀드(PEF : private equity fund)는 사모주식에 투자하는 것을 목적으로 하는 펀드를 말하는데, 소수의 투자자들로부터 자금을 모집하여 통상 상법상 합자회사(limited partnership)의 형태로 회사를 설립하고, 펀드의 재산을 재무적으로 곤경에 처한 기업 등 공모시장에서는 거래되기 어려운 자산에 대한 지분투자를 하여 사업(조직)구조 개편, M&A, 경영권 참여, 사업구조 또는 지배구조 개선 등의 방법으로 투자기업의 가치를 높인 다음, 지분을 다시 매각하여 그 수익을 사원(사모투자회사의 투자자)에게 배분하거나 회수하는 방법으로 운용된다.

PEF는 헤지펀드와 유사한 특성을 지니지만 몇 가지 차이점이 있다. 헤지펀드가 투기적 운용을 실행하는 전문투자형 사모펀드인 반면에, PEF는 M&A, 사업(조직)구조 개편 등을 통하여 기업가치를 높이는 방향으로 운용하는 경영참여형 사모펀드의 성격을 지닌다(〈표 19-2〉 참조).

PEF는 벤처캐피털(venture capital)형과 차입기업인수(LBO : leveraged buyout)형으로 구분할 수 있다. 가장 많은 형태의 PEF는 자금난, 경영난 등으로 인해 정상적인 경영활동이 이루어지지 않는 기업의 주식을 인수하여 자금 및 경영지원 등을 통해 기업을 회복시킨 후, 다시 주식을 매도하여 자금을 회수하는 방법으로 운용하는 펀드이다. 벤처캐피털회사를 통하여 buyouts펀드를 조성하여 경영을 개선시킨 다음 상장(IPO)하여 투자자금을 회수하는 방식도 이용된다. PEF에서의 LBO는 비상장기업, 창업초기의 기업을 대상으로 경영권 획득(의결권주식 10% 이상 취득 의무)을 목적으로 하는 경우가 많다.

PEF는 유동성이 떨어지는 자산에 대한 장기투자를 통해 고수익을 추구한다는 특징이 있다. [그림 19-2]에서 확인할 수 있는 것처럼 PEF는 높은 베타위험에 높은 초과수익을 보이고 있다. 또 대체자산 중에서 타 자산과의 상관관계가 제일 낮아 위험분산투자효과가 크다는 특징이 있다. PEF에 대한 투자성과는 비유동성 자산에 대한 장기 투자의 성격으로 인해 J커브효과, 즉 초기에는 (−)성과, 장기적으로는 (+)성과를 보이는 특징이 있는데, 펀드에 따라 성과에 큰 차이가 있다.

[그림 19-2] 전통자산과 대체투자자산의 초과수익과 베타 : SML상의 비교[10)]

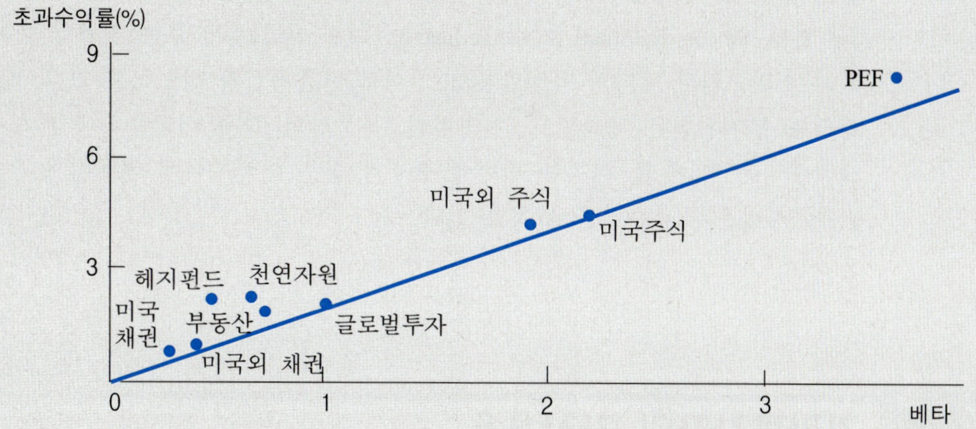

4 부동산과 상품자산

대체투자의 대상으로서 부동산은 전통적 유가증권과 상관관계가 낮아 위험분산효과가 크고, 부동산은 인플레이션과 (+)의 상관관계가 높아 인플레이션 헤지효과가 크다는 장점이 있다. 반면에 유동성이 낮다는 단점이 크다.

대체투자 중 부동산 투자는 51.4%(2018년 기준)로서 그 비중이 가장 높다. 그리고 부동산 대체투자액은 96.6%가 사모펀드에 집중되어 있다.

상품자산(commodity)은 원유 · 천연가스 등의 에너지, 금 · 알루미늄 · 구리와 같은 광물, 실물자산(원자재 · 금 · 선박 · 항공기 · 미술품 · 유전…) 등 실물상품을 지칭한다. 대체투자의 대상으로서 상품자산은 인플레이션과 (+)의 상관관계가 높아 인플레이션 헤지효과가 크지만, 전통적 유가증권(주가지수)과 상관관계는 높아 위험분산효과는 작다는 장단점이 있다. 본질가치에 대한 평가가 쉽지 않아 가격결정은 상황별 시장수급 상황에 의해서 결정된다.

상품자산에 대한 투자는 직접 매수하는 방법, 관련 기업에 투자하는 방법, 선물시장에서 상품선물에 투자하는 방법이 있다. 상품선물에 투자하는 방법이 직접 매수하는 방법의 비용인 보관비용을 줄인다는 측면에서 유리하다.

---

10) B.D. Singer, R. Staub, and K. Terhaar, "Determining the Appropriate Allocation to Alternative Investments," *Hedge Fund Management* 10(2002); F.K. Reilly and K.C. Brown, *Analysis of Investments & Management of Portfolios*(10th ed.), 2012, South-Western, p.905.

이상에서 살펴본 대체투자의 특징을 정리해 보면 헤지펀드, PEF 등은 수익추구형인 반면, 부동산 인프라 투자는 위험분산 목적이라고 할 수 있다.

B.D. Singer, R. Staub & K. Terhaar는 [그림 19-2]에서 보는 것처럼 대체투자자산의 초과수익과 베타의 특성을 SML상에서 전통자산과 비교하고 있다. 베타로 측정되는 투자위험은 헤지펀드, 천연자원, 부동산의 경우 미국주식에 비하여 낮고, 초과수익은 3%에 못 미치는 반면에, PEF의 경우 미국주식에 비하여 높은 베타에, 9%에 가까운 초과수익을 보이고 있다.

제 2 절 기관투자자의 자산운용

증권시장에서 투자활동을 하는 **투자주체**, 즉 증권시장참가자(players)는 한국거래소의 분류에 의하면 개인투자자, 정부, 일반법인, 외국인 그리고 금융투자회사, 보험회사, 투신사, 사모펀드, 은행, 연기금 등이 포함된 기관투자자의 범주로 나누고 있다. 한국증시의 투자자별 거래실적을 보면, 기관투자자, 외국인, 개인투자자의 투자비중은 2018년의 경우 각각 14.1%, 19.3%, 65.5% 수준을 보이고 있다.[11]

금융투자회사, 은행, 연・기금과 같은 기관투자자 입장에서는 그 기관이 안고 있는 부채의 성격에 따라 투자목표가 영향받게 된다. 기관투자자가 금융자산에 투자할 때 동일한 투자위험에 노출되더라도 기관마다 부채의 성격이 다르므로 이를 감안하여 포트폴리오에 포함할 자산을 선택해야 한다.

본절에서는 금융기관들이 금융자산 투자를 할 때 안게 되는 투자위험의 형태와 부채의 특성, 자산/부채 종합관리(asset/liability management)의 원칙을 설명한다.

1 금융자산 투자의 위험

금융자산에 투자할 때에는 ① 매도해야만 하는 시점에서 금융자산의 가격이 매수가격보다 하락하여 발생하는 가격위험(price risk), ② 채권의 발행자가 정해진 기일

11) www.krx.co.kr, 통계/주식/투자자별 거래실적, 2019.4.10.

에 원금과 이자를 갚지 못할 채무불이행위험인 신용위험(credit risk), ③ 자산의 진정가치보다 낮은 가격에 팔 수밖에 없거나 원하는 시점에 팔 수 없는 유동성위험(liquidity risk), ④ 인플레이션으로 인하여 금융자산에서 발생하는 현금흐름의 구매력이 감소하는 인플레이션위험(inflation risk), ⑤ 투자기간의 중간에 받게 되는 투자수입을 최초 매수시점보다 더 낮은 이자율에 재투자할 수밖에 없는 재투자위험(reinvestment risk) 등 여러 가지 유형의 위험에 노출된다.

기관투자자들은 고객들로부터 자금을 수취하여, 이 자금으로 유가증권, 부동산 등에 투자한다. 기관투자자 입장에서 유가증권, 부동산 등은 자산이고, 고객들로부터 수취한 자금은 미래 시점에 돌려주어야 하는 부채이다.

2 기관투자자 부채의 특성

부채는 상환되어야 하는데, 상환금액의 크기(amount)와 부채상환시점(timing)이 확정되어 있는지, 확실성 있게 예측가능한지의 여부에 따라 〈표 19-3〉과 같은 네 가지 유형으로 나누어 볼 수 있다. 이들 부채는 금융자산 위험에 미치는 요인들에 의해서 마찬가지로 영향받는 위험을 지닌다.[12)]

① **유형 Ⅰ의 부채**: 1년 후에 1,100만원을 상환해야 하는 부채처럼, 상환금액과 시점이 미리 확실하게 알려진 부채 형태이다. 일반 시중은행 및 저축은행의 정기예금과 같은 금융상품이 대표적인 예이고, 생명보험회사의 확정지급 보험상품도 이에 해당된다.

② **유형 Ⅱ의 부채**: 돌려주어야 할 금액은 정해져 있지만, 그 지급의 시점은 불확실한 유형의 부채이다. "사망시 3억원의 보험금 지급"과 같은 형태의

〈표 19-3〉 기관투자자 부채의 유형

부채 유형	상환금액의 크기	상환시점
유형 Ⅰ	확실	확실
유형 Ⅱ	확실	불확실
유형 Ⅲ	불확실	확실
유형 Ⅳ	불확실	불확실

12) F.J. Fabozzi, *Investment Management*, 2nd ed., 1999, ch.6, p.105.

생명보험회사의 다수의 보험상품이 이에 해당된다.

③ 유형 Ⅲ의 부채 : 상환시점은 언제인지 알려져 있지만, 그 금액은 불확실한 유형의 부채이다. 2년 만기 변동금리부 양도성예금증서(CD)와 같은 상품이 이에 해당된다.

④ 유형 Ⅳ의 부채 : 부채상환금액의 크기와 그 시점이 모두 불확실한 유형의 부채이다. 보험회사나 연금조합의 금융상품은 대부분 이에 해당된다. 손해보험회사의 화재보험, 자동차보험, 기업연금 중 확정급여형(DB) 등이 대표적 예이다.

금융기관의 입장에서 부채상환금액의 크기와 시점의 불확실성이 높을수록 지급에 대비한 유동성자산을 많이 보유해야 하므로 자산운용의 융통성이 적어지게 된다. 그러면 부채의 특성을 감안하여 자산관리를 어떻게 해야 할 것인가?

3 기관투자자의 자산/부채 종합관리

(1) 자산/부채 종합관리의 의의

금융기관은 자산운용상 두 가지의 목표를 갖는다. 하나는 투자자금에 대하여 적정투자수익률을 올리는 것이고, 다른 하나는 기관의 안정성을 유지할 정도로 부채보다 자산이 많도록 양자의 차이(잉여)를 유지하는 것이다. 금융기관에서 포트폴리오 매니저가 이 과제를 달성하는 것을 자산/부채 종합관리(ALM : asset/liability management), 잉여관리(surplus management)라고 부른다.

ALM 또는 잉여관리에는 두 가지의 위험 — ① 투자자금에 대해 적정 투자수익률을 확보하는 데 있어서 부담해야 할 위험과, ② 자산가치와 부채가치의 차이인 잉여분이 감소하는 위험 — 사이의 교환관계(trade-off)를 적절히 관리하는 것이 핵심이 된다. 여기서의 위험은 앞에서 설명한 위험으로서 자산과 부채 모두에 미치는 위험요인이다.

ALM(잉여관리)에서 중요한 것은 자산가치와 부채가치를 어떤 방법으로 평가(측정)하느냐 하는 점이다. 이 평가방법에 따라서 금융기관의 건전성이 크게 영향받는다. 대표적 평가방법은 양자를 시장가치(market value) 기준으로 평가하는 것인데, 시장가치로 측정된 양자의 차이를 경제적 잉여(economic surplus)라고 한다.

경제적 잉여=자산의 시장가치−부채의 시장가치(현재가치)

여기서 부채의 시장가치 자료를 얻기 어려울 경우에는 부채의 미래 각 기간에서의 현금흐름을 적절한 이자율(할인율)로 할인한 현재가치를 사용할 수도 있다.

이자율이 상승하는 상황이 되면, 자산가치와 부채가치가 모두 하락한다. 반대로 이자율이 하락하는 상황이 되면, 자산가치와 부채가치가 모두 상승한다. 그러나 양자의 하락 또는 상승하는 정도는 달라서, 경제적 잉여는 증가, 감소, 불변 중 어느 한 경우가 된다. 그 순효과는 결국 부채 대비 자산의 이자율변동에 대한 상대적 민감도의 차이에 달려 있다. 채권가치의 이자율변동에 대한 민감도를 계량적으로 측정하는 한 방법은 듀레이션(duration)임을 본서 제9장에서 이미 설명한 바 있는데, 어떤 종류의 자산이나 부채도 듀레이션 측정방법으로 이자율변동에 대한 민감도를 측정하여 이를 평가한다.

경제적 잉여의 변동이 (+)이기 위해서는 다음 관계가 성립해야 한다.

① 이자율이 상승한 경우 : 자산의 듀레이션<부채의 듀레이션
② 이자율이 하락한 경우 : 자산의 듀레이션>부채의 듀레이션

결론적으로 경제적 잉여에 미치는 순효과는 자산과 부채의 듀레이션(이자율변동에 대한 민감도)에 달려 있으므로 포트폴리오 매니저는 자산가치와 부채가치 변동에 영향을 미치는 요인과 이에 대한 민감도를 측정할 수 있어야 한다.

ALM의 근간이 되는 자산가치와 부채가치를 측정할 때, 시장가치 기준(즉, 경제적 잉여의 측정)뿐 아니라 회계적 기준과 감독규제 기준을 고려해야 하는 상황도 있다. 회계적 기준으로 측정하는 잉여를 회계적 잉여(accounting surplus)라고 하는데, 자산가치와 부채가치를 측정할 때 일반회계기준에 따라 측정하는 것을 말한다.

또 감독규제기관이 요구하는 지침을 반영하는 잉여를 규제적 잉여(regulatory surplus)라고 한다. 따라서 금융기관의 ALM에서는 자산가치와 부채가치 측정에서 최소한의 기준으로 일반회계기준과 감독기관의 규제기준을 고려하되, 금융기관의 수익성과 안전성(위험) 관리에서 중심이 되는 목표는 경제적 잉여인 것은 재론의 여지가 없다.

(2) 금융기관의 특성과 자산/부채 종합관리

투자위험은 금융기관의 자산가치와 부채가치에 모두 영향을 주지만, 금융기관마다

그 기관의 특성에 따라 ALM의 주안점이 다르게 된다. 주요 금융기관별로 이러한 측면을 살펴보면 다음과 같다.

먼저 보험회사는 위험보험기능을 수행하는 금융중개기관으로서 먼저 보험가입자의 권익보호의 차원에서 요구되는 건전성 유지와 관련된 감독기관의 규제조항(위험조정자기자본비율 유지 등)이 있으므로 이 규제기준을 감안해야 한다. 이에 영향받지 않는 자산운용의 측면에서 보면, 먼저 생명보험회사는 상환시기가 불확실하고 상환금액이 확정되어 있는 주된 생명보험상품의 성격상, 회사채와 같은 부채증권에 많이 운용하게 된다. 따라서 이자율변동에 대한 민감도를 고려한 ALM이 요구된다. 반면에 손해보험회사는 상품의 성격이 단기성이고, 상환금액과 상환시기 모두 불확실하며, 이자율변동에 대한 민감도가 덜하다. 따라서 생명보험회사보다는 주식에 대한 투자를 보다 많이 할 수 있다.

연 · 기금의 경우는 노후 일정시점부터나 퇴직시점부터 자금지출(연금지급)이 시작되는 특징이 있다. 퇴직금제도로서 기업연금에는 확정기여형과 확정급여형이 있는데, 확정기여형(DC : defined contribution)은 소속 기업에서 받은 퇴직금을 근로자가 직접 운용하여 그 결과(투자성과와 위험)에 책임을 지는 유형이다. 반면에 확정급여형(DB : defined benefit)은 사용회사가 자산을 운용하여 근로자의 몫이 변함없도록 책임을 지는 유형이다. 따라서 확정기여형과 확정급여형 중 어느 유형인가에 따라 위험부담의 주체가 다르고 부채(연금지급)의 불확실성이 다르다. 이를 위탁받은 금

〈표 19-4〉 DB형과 DC형의 비교

구 분	DB형(확정급여형)	DC형(확정기여형)
부담금 납입	연금계산방식에 의해 산출된 부담금액을 기업이 매년 납입	기업부담금액(근로자 연간임금총액의 1/2 이상) 사전 확정, 개인 추가납입가능
적립금 운용	적립금 운용 수익과 손실은 회사 책임	적립금 운용 수익과 손실은 근로자 책임
장 점	• 퇴직급여 예상시 고려할 변수(임금인상률, 예상 근속기간 등)가 적음 • 장기근속자에게 유리하고 퇴직 이후 재무설계가 용이 • 회사가 퇴직급여를 보장하므로 업무에 전념	• 퇴직금을 100% 사외에 적립하기 때문에 퇴직급여 100%를 받을 권리가 보장됨 • 직장 이동에 따른 연금의 이동이 편리함 • 개인계좌로 관리되므로 나에게 맞는 다양한 포트폴리오 운용이 가능
단 점	• 직장 이동에 따른 연금의 이동이 원활하지 못함 • 기업파산시 퇴직급여의 최대 40%를 못 받을 위험이 있음. 구조조정(명예퇴직, 임금삭감 등)으로 급여가 줄어들 가능성이 있음	• 연금의 운용실적이 나빠지면 퇴직급여가 줄어들 가능성이 있음 • 근로자의 책임하에 연금을 운용하므로 신경을 많이 쓰게 됨

융기관의 입장에서 그 금액과 시기가 어느 정도의 예상가능한 범위에서 이루어진다는 점에서 혼합된 자산운용이 적용될 수 있다. DB형과 DC형을 비교하면 〈표 19-4〉와 같다.

투자신탁회사, 뮤추얼펀드 등 금융투자회사의 경우는 제2장에서 설명한 것처럼 어떠한 형태의 투자신탁, 뮤추얼펀드이든 실제의 운영에 있어서는 운용관리 목표(자산배분비율의 규정 등)가 서로 다른 기금을 설정하고 있으므로 펀드의 성격을 감안하여 투자수익, 위험, 성장성 면에서 분명하게 차별화되는 방향으로 자산을 운용해야 한다. 펀드는 성장성과 안정성의 유형을 고려하여 자산배분과 종목선정을 펀드 특성에 적합하도록 운용한다. 펀드간의 경쟁력은 펀드에 대한 관리 수수료이므로 이를 최소화하는 관리시스템의 도입이 중요하다.

시중은행, 저축은행 등 저축금융기관에서는 주로 고객의 예금을 대출해 주는 자산·부채의 관리이므로 예대마진의 관리가 핵심이다. 위험관리 면에서는 신용위험과 이자율변동위험이 가장 큰 영향을 준다. 적절한 부실채권관리가 경제적 잉여를 높이는 근본이 되고, 금리하락(상승)에 따라 경제적 잉여의 변동이 (+)가 되도록 자산 듀레이션을 부채 듀레이션보다 크게(작게) 유지하는 탄력적 운용이 필요하다.

증권카페

펀드 유형별 투자성과

우리나라 자산운용시장의 규모는 2018년말 기준 1,131.2조원으로 2010년 이후 연 9.3%의 성장세를 지속하고 있다. 유형별로 구분하면 공모펀드 18.9%(213.6조원), 사모펀드 29.2%(230.6조원), 일임 51.9%(587.0조원)의 비중이다. '일임'을 제외한 펀드시장 규모는 전체의 43.1%인 444.2조원이다. 이를 전체 펀드에 대한 투자자 비중으로 보면 금융회사 61.2%, 개인 21.3%, 일반법인 17.5% 순이다. 내용 면에서 보면 기관투자자 중심, 사모·대체투자 중심의 시장으로 성장하고 있다.

펀드판매를 유형별로 보면, 2018년말 증권형 43.8%, MMF 16.3%, 파생형 9.0%, 부동산 13.7%, 특별자산 4.4%, 혼합자산 4.3%이다. 2014년 대비 증권형과 MMF는 9.1%, 5.4% 감소한 데 반해 대체투자(부동산·혼합자산)는 8.7% 증가하였다. 해외투자 펀드는 149.5조원으로 전체 펀드자산의 27.4%(공모펀드 기준 15.9%)를 차지하고 있으며, 대체투자 중심의 해외자산 증가로 2018년말 해외투자펀드는 사모비중이 74%(2014년 51%)나 되고 있다.

펀드를 액티브펀드와 패시브펀드로 구분하여 벤치마크인 시장수익률과 비교하면, 아래 표와 같이 패시브펀드의 투자성과가 액티브펀드보다 우월한 것으로 나타나고 있다. 액티브펀드 중에서는 중소형주식형, 배당주식형이 상대적으로 우월하고, 액티브펀드 상위 25% 이내의 펀드는 패시브펀드의 성과를 능가하는 것으로 분석하고 있다.

액티브펀드와 패시브펀드의 운용성과(2018.7.31 기준)

구 분		운용성과				
		액티브	패시브펀드		시 장	
			인덱스펀드	ETF	KOSPI 200	통안채(1년)
투자기간별 누적수익률	1년	−3.23(−3.23)	−3.66(−3.66)	−3.65(−3.65)	−5.45(−5.45)	1.63(1.63)
	3년	2.64(0.87)	27.06(8.31)	29.05(8.87)	21.76(6.78)	4.87(1.6)
	5년	12.78(2.43)	27.49(4.98)	30.38(5.45)	19.94(3.7)	10.55(2.03)
	10년	40.05(3.43)	64.39(5.10)	68.21(5.34)	45.72(3.84)	33.51(2.93)
	15년	226.33(8.20)	297.73(9.64)	318.8(10.02)	225.01(8.17)	65.88(3.43)
월평균수익률(연환산)		9.57	10.59	11.65	9.18	3.57
승률(0 이상)		0.57	0.59	0.60	0.59	1.00
월표준편차(연환산)		17.89	18.89	18.54	19.00	0.59

* 액티브펀드는 일반주식, 중소형주식, 배당주식, 기타주식, 섹터주식이고, 패시브펀드는 국내 주가지수를 추종하는 유형임

** 인덱스펀드와 ETF는 KOSPI 200을 추종하는 펀드, ETF임

*** 유형별 수익률은 순자산가중 시간가중 수익률(Value Weight). 보수 차감 후 수익률(Net Return)을 사용함

자료 : 박영규, 『주식투자, 누가 시장을 이기는가』, 베가북스, 2018, p.107

연습문제

1. 다음 사항에 대하여 설명하라.

대체투자	헤지펀드	헤지펀드의 투자전략
사모주식	부동산	상품자산
금융자산 위험의 유형	금융기관 부채의 유형	자산/부채 종합관리(ALM)
경제적 잉여	확정기여형(DC)	확정급여형(DB)

2. 다음 중 잘못 서술되어 있는 문항에 대해서는, 잘못 서술되고 있음을 논리적 · 이론적 근거를 제시하여 설명하라.

(1) 대체투자는 전통자산과 상관관계가 낮아 위험분산효과가 크고, 부동산이나 실물자산은 인플레이션을 헤지하는 데 효과적이며, 유동성위험이 낮다.

(2) 헤지펀드는 시장상황과 무관한 절대수익을 추구하고, 차입레버리지는 최소한으로 하며, 유동성이 낮은 자산에 투자한다.

(3) 헤지펀드의 투자전략으로 많이 활용되는 단일펀드전략은 펀더멘털 롱숏전략, 글로벌 매크로전략, 이벤트추구형 전략 등이다.

(4) PEF는 투기적 운용을 실행하는 전문투자형 사모펀드인 반면에, 헤지펀드는 M&A, 사업(조직)구조 개편 등을 통하여 기업가치를 높이는 방향의 경영참여형 사모펀드이다.

(5) 상품자산(commodity)은 인플레이션과 (+)의 상관관계가 높아 인플레이션 헤지효과가 크고, 전통적 유가증권(주가지수)과 상관관계가 낮아 위험분산효과는 크다.

(6) 대체투자의 특징을 정리해 보면 헤지펀드, PEF 등은 위험분산 목적인 반면, 부동산 인프라 투자는 수익추구형이라고 할 수 있다.

(7) 부채상환금액의 크기와 그 시점이 모두 불확실한 유형의 부채는 주로 생명보험회사의 금융상품에서 볼 수 있다.

(8) 퇴직금제도로서 확정급여형(DB)은 소속 기업에서 받은 퇴직금을 근로자가 직접 운용하여 그 결과(투자성과와 위험)에 책임을 지는 유형이다.

3. [대체투자]

(1) 대체투자의 특징을 설명하라.

(2) 헤지펀드의 특징, 그리고 헤지펀드전략에 대하여 설명하라.

(3) 헤지펀드와 PEF의 유사점과 차이점을 설명하라.

(4) 대체투자자산의 초과수익과 베타의 특성을 SML상에서 전통자산과 비교하라.

4. 기관투자자 부채의 특성을 네 가지 형태로 구분하여 설명하고 기관투자자별 특성을 감안할 때 적절한 ALM방법을 제시하라.

5. 금융자산 투자의 위험, 경제적 잉여에 대하여 설명하라. 또 경제적 잉여를 극대화시킬 수 있는 자산배분전략에 대하여 설명하라.

CHAPTER

20

투자관리와 투자성과평가

본장에서는 본서 제1~19장에서 다루었던 종목선정, 자산배분, 투자시점포착, 위험관리방법 등의 투자관리 문제를 통합적 관점에서 체계화하여 정리한다. 다음은 본장의 학습목표로서 이해해야 할 주요 사항들이다.

- 소극적 투자관리방법과 적극적 투자관리방법의 차이점
- 소극적 투자관리방법의 특징과 구체적 방법
- 적극적 투자관리방법의 특징과 구체적 방법
- 자산배분방법
- 포트폴리오 수정방법
- 투자성과를 평가할 때 투자위험 조정방법과 투자성과평가지표

주제 생각하기

워런 버핏과 피터 린치, 버튼 말키엘의 서로 다른 투자원칙

본서에서는 투자이론에서 제시하는 다양한 투자관리방법들을 소개하였다. 제7장 '증권카페'에서는 가치투자의 대가인 워런 버핏의 투자원칙을 설명한 바 있는데, 워런 버핏의 투자방법의 핵심은 다음과 같이 요약된다. 1) 장기적인 사업전망에 근거한 투자를 하라. 2) Economic Moat(소비자 독점력을 가진 기업)가 구축된 기업을 찾아라. 3) 정직한 경영진에 투자하라. 4) 복리의 위력도 유보이익의 증가에 똑같이 작동한다. 5) 지속가능성장률과 *ROE*가 높은 기업에 투자하라. 6) 안전마진을 두고 매수하라. 기업의 침체가 투자기회이다. 7) 가능성이 있는 소수 10개에서 20개 종목에 집중하라. 8) 매도의 원칙을 미리 정하라. 9) 완벽한 도약을 위해서는 인내심을 가져라.

다음 좌측에 요약된 것은 가치투자방법의 또 다른 거장으로 손꼽히며, 마젤란펀드, 피델리티 매니지먼트에 관여한 피터 린치(Peter Lynch)의 투자원칙이다. 우측에 요약된 것은 이와 대조적으로 Princeton 대학의 버튼 말키엘(Burton G. Malkiel)이 그의 저서 "The Random Walk Guide to Investing"에서 제시하고 있는 투자가이드이다. 그는 가치투자에 의한 초과수익 달성이 어렵다고 보고 오히려 효율적시장에서는 합리적이고 상식적인 투자원칙이 필요하다고 제안한다.

[피터 린치의 투자원칙]

1. 그림으로 표현할 수 없는 아이디어에 투자하지 마라.
2. 백미러로는 미래를 볼 수 없다.
3. 회사 사무실의 사치스러움과 경영진이 주주들의 이익에 신경 쓰는 정도는 정확히 반비례한다.
4. 평범한 주식들이 다 평범한 것이 아니다.
5. 가장 좋은 주식은 이미 보유하고 있는 주식이다.
6. 이미 끝난 주식에 미련을 갖지 마라.
7. 기업내부자가 주식을 사면 긍정적인 신호이다.
8. 사업에서 경쟁은 독점력보다 절대 강할 수 없다.
9. 애널리스트마저 외면할 때야말로 그 업종 또는 기업에 투자할 때이다.
10. 상황을 비관적으로 봐서 얻을 것은 아무것도 없다.
11. 공기업이 민영화할 때에는 주저 없이 참여하라.
12. 재무상태를 이해하지 못하는 기업에는 절대 투자하지 마라.

[버튼 말키엘의 투자원칙]

1. 복리계산의 위력을 깨닫고, 늦지 않게 지금 당장 저축을 시작하라.
2. 부의 축적을 위한 확실한 원리 하나는 정기적 저축, 평균투자법으로 꾸준히 실행하라.
3. 빈손으로 곤경에 빠지기 전에 보험에 가입하고 적정한 현금을 보유하라.
4. 높은 투자수익 이상으로 절세가 중요하다.
5. 개성, 취향, 위험성향에 맞는 자산배분, 포트폴리오를 구성하라.
6. 높은 투자수익 이상으로, 분산투자를 통해 투자위험을 줄이는 것이 중요하다.
7. 거래비용 지출을 중시하라.
8. 시장의 흐름에 순응하라.
9. 고수익을 올린 인덱스펀드에 가입하라.
10. 투자의 최대의 적이 나 자신이 되지 않게, 심리적 오류를 범하지 마라.

가치투자방법은 적극적 투자관리방법이고, 효율적시장접근법은 소극적 투자관리방법이라고 할 수 있다. 어느 투자관리방법이 타당한가? 가치투자방법을 응용하고 있는 피터 린치와 워런 버핏의 투자원칙의 핵심은 무엇인가? 효율적시장접근법의 투자관리를 좇는 버튼 말키엘의 투자원칙의 특징은 무엇인가? 투자이론의 관점에 비추어 볼 때, 서로 다른 이들 투자관리방법들의 차이점과 한계점은 무엇인가?

어떤 투자관리방법을 적용했던지 관계없이 투자성과를 평가하는 방법에는 어떤 것이 있는가? 위험을 고려한 투자성과평가지수에는 어떤 것이 있는가?

통합적 투자관리과정은 제1장([그림 1-3])에서 제시된 것처럼 '투자계획(투자목표 설정, 투자분석)－투자실행(자산배분결정, 종목선정)－사후통제'라는 일련의 과정으로 설명할 수 있다. 투자관리(investment management)에서 핵심 주제는 자산배분과 종목선정의 문제인데, 구체적인 투자관리방법은 소극적 투자관리방법과 적극적 투자관리방법으로 나누어 볼 수 있다.

소극적 투자관리방법과 적극적 투자관리방법의 차이는 다음 관계식으로 표현할 수 있다. 총실현수익률은 무위험이자율에 적정 위험보상률을 합한 기대수익률에 초과수익 알파(α)를 더한 것이라고 할 수 있다.[1] 즉, 최종적인 투자성과는 통상적으로 위험이 반영된 적정 기대수익률 수준을 얻게 되지만, 투자관리방법 여하에 따라서 때로는 초과수익률이 가감된 수익률을 얻게 된다고 표현할 수 있다.

$$\begin{aligned}\text{총실현수익률} &= [\text{기대수익률}] + [\alpha] \\ &= [\text{무위험이자율} + \text{위험보상률}] + [\alpha]\end{aligned}$$

소극적 투자관리방법은 시장효율성(market efficiency)을 가정하여, 모든 이용가능한 정보가 현재의 시장가격에 반영되어 있으므로(즉, 가격=가치) 잘못 평가된 증권을 식별하는 것이 어려워 결과적으로 초과수익의 여지가 없다고 가정한다. 적극적 투자관리방법은 증시가 비효율적인 것을 전제로, 투자자의 독자적인 증권분석과 예측에 근거하여 초과수익 α를 추구한다.

제 1 절 소극적 투자관리

소극적 투자관리(passive portfolio management)는 투자에서 초과수익 α를 얻고자 하는 시도 대신에 투자위험에 상응하는 시장전체 평균수준의 투자수익을 얻거나 특정 시장지수를 추종하는 투자관리방법이다. 소극적 투자관리방법은 시장이 효율적임을 전제로 구체적 종목에 대한 증권분석이나 독자적 판단을 하지 않고, 시장전체의 일반적 예측을 그대로 받아들여 투자관리를 한다. 결과적으로 정보비용이 최소

1) F.K. Reilly & K.C. Brown, *Analysis of Investments & Management of Portfolio*, 11th ed., 2010, ch.11, p.380.

화되고, 빈번한 매매결정을 줄임으로써 거래비용도 최소화시키는 투자관리방법이다.

시장전체 평균수준의 투자수익을 얻거나 특정 시장지수를 추종하고자 하는 소극적 투자관리방법에는 단순매수 · 보유전략, 인덱스(지수)펀드/ETF 투자전략, 평균투자법 등이 있다.

1 단순매수 · 보유전략

단순매수 · 보유전략(naive buy-and-hold strategy)은 특정 우량증권이나 포트폴리오를 선택하고자 하는 의도적인 노력 없이 단순히 무작위적으로 선택한 증권을 매수하여 장기 보유하는 투자전략이다. 이 전략은 무작위적(random)으로 포트폴리오를 구성하고 분산투자의 종목수를 증가시키면 증권시장 전체의 평균적 기대수익률을 얻을 수 있다는 포트폴리오 이론(본서 제Ⅳ편)에 근거를 두고 있다. 이때 부담하게 되는 위험은 보유 포트폴리오 구성증권의 수에 따라 달라지는데, 종목의 수가 많아지면 시장전체의 평균적 위험, 즉 체계적 위험만 부담하게 된다. 그러나 분산투자 종목의 수가 많아지면 거래비용이 증가한다는 문제점이 발생한다.

2 인덱스펀드, ETF 투자전략

개인투자자들에게는 저평가된 우량기업을 발굴하거나, 매도 · 매수시점을 파악하는 것이 어려운 과제이다. 그리고 여러 형태의 투자위험에 대처하기 위하여 분산투자를 해야 하는데, 대부분 소액자금이라는 제약이 있고, 다수 종목에 대한 증권분석을 행하는 노력과 시간이 적지 않게 든다. 개인투자자들에게 이러한 한계점을 해결할 수 있는 현실적 대안은 인덱스펀드에 투자하는 것이다. 왜냐하면 인덱스펀드(index fund)는 시장전체 평균수준의 투자수익을 얻거나 특정 시장지수를 추종하는 수익률을 얻을 수 있도록 설계되어 있어, 여러 종목을 나누어 사는 불편함이 없이 한 번에 여러 종목에 분산투자할 수 있기 때문이다. 이러한 측면에서 소극적 투자관리의 하나는 투자회사가 판매하는 인덱스펀드에 투자하는 것이다.

인덱스펀드를 구성할 때 중요한 것은 추적오차와 거래비용을 최소화시키는 것이다. 추적오차(tracking error)는 추종하고자 하는 벤치마크지수 수익률(R_{bt})과 실제 운용포트폴리오 수익률(R_{pt})의 차이 Δ_t(식 20.1)의 표준편차 $\sigma(\Delta_t)$로 측정한다.

$$\Delta_t = R_{pt} - R_{bt} \tag{20.1}$$

자산운용회사, 투자회사, 연기금 등에서 직접 인덱스 포트폴리오(index portfolio)를 구성하고자 할 때 활용되는 방법에는 완전복제법, 표본복제법, 최적화 계량모형 구성방법 등이 있다.

완전복제법(full replication)은 추종하고자 하는 벤치마크지수(bench mark index)에 포함되어 있는 모든 종목을 포함시키고, 지수와 동일한 투자비율대로 포트폴리오를 구성하는 방법이다. 만약 KOSPI 수익률을 추종하고자 하면 KOSPI에 포함된 모든 종목을 시가총액의 구성비율대로 투자하는 방법이다. 최초 완전복제시는 추적오차가 없겠지만, 시간이 경과하면서 시세변동이나 배당수입 등의 현금유입이 있게 되면 투자비율의 구성비가 달라지므로 추적오차가 발생할 수밖에 없다. 또 수많은 종목의 거래에 따른 거래비용이 적지 않게 된다.

표본복제법(sampling)은 벤치마크지수에 포함되어 있는 종목 중에서 구성비가 높고, 대표성(베타, 산업분류 등)이 있는 표본종목만으로 인덱스 포트폴리오를 구성하는 방법이다. 결과적으로 완전복제방법보다는 거래비용이 적게 발생하는 반면에 추적오차는 증가하게 된다.

최적화 이차계량모형에 의한 인덱스구성법(quadratic optimization)은 소수종목으로 복제할 때 2차 최적화 계량모형을 활용하여 최적의 투자비율을 찾아내는 방법이다. 제12장 제3절에서 설명한 인덱스 구성방법과 동일한 방법으로 다음 식들의 관계를 충족시키는 포트폴리오 구성비를 도출한다. 즉, 벤치마크지수 수익률과 j 개별자산수익률의 관계에서 추정된 기울기(민감도) b_j를 투자비율 w_j에 가중평균한 포트폴리오 베타 b_p가 '1'이 되도록 하되, 잔차분산(추적오차) $\sigma^2(\epsilon_p)$를 최소화되도록 하는 최적투자비율의 해를 찾는 것이다.

$$\begin{aligned} &\text{minimize} \quad && \sigma^2(\epsilon_p) = \sum w_j^2 \sigma^2(\epsilon_j) \\ &\text{s.t} && b_p = \sum w_j b_j = 1.0, \qquad \sum w_j = 1.0 \end{aligned} \tag{20.2}$$

이 방법을 적용하기 위해서는 구성종목들의 가격변화율과 상관관계에 관한 과거 일정기간의 투입정보가 필요하다.

개인투자자 입장에서는 위에 소개한 방법과 같이 인덱스 포트폴리오를 직접 구성하기 어렵다. 투자회사들이 만들어 파는 인덱스펀드나 상장지수펀드에 투자할 수밖에 없다.

우리나라 투자회사들이 판매하는 인덱스펀드에는 KOSPI지수, KOSPI 200지수, KOSDAQ지수 등 시장지수[2]를 추종하는 인덱스펀드, KODI(배당지수) · KOGI(기업지배구조지수)에 연동된 지수펀드, 자동차 · 반도체 등 특정 산업지수를 추종하는 산업섹터 인덱스펀드, 투자스타일로 구분되는 가치주펀드 · 성장주펀드 등이 있다.

인덱스(지수)펀드는 시장지수 또는 특정지수를 추종할 수 있는 대표적인 소극적 투자관리방법으로서 여러 장단점을 지닌다. 벤치마크지수가 종합주가지수인 경우는 개인투자자로서는 할 수 없는 폭넓은 분산투자를 하는 효과를 누리고 시장위험만 감수하게 된다. 투자성과 면에서는 시장평균수준을 얻게 하는 효과적인 방법이 된다. 그러나 단점은 거래일 종가기준으로 정산이 된다는 점, 공매를 할 수 없다는 점, 거래비용(관리비용)이 상대적으로 적지 않다는 점이다.

인덱스펀드와 같이 시장평균수익률을 확보하는 다른 투자방법은 상장지수펀드(ETF : Exchange-Traded Funds)에 투자하는 것이다. 인덱스펀드는 간접투자상품이지만, ETF는 제12장 〈표 12-2〉에서 설명한 것처럼 시장지수를 구성하는 종목들(현물주식바스켓)이 직접투자대상이 되는 상품으로 설계되어 있다. ETF에는 가치주ETF, 모멘텀ETF, 변동성ETF 등처럼 특정섹터 수익률을 추종하는 액티브ETF가 있어 다양한 투자전략에 활용할 수 있다.

이처럼 ETF는 주식처럼 편리하게 거래되고, 거래세가 면제되어 거래비용이 저렴하며, 시장조성자가 있어 유동성이 높고, 신용거래가 가능하다는 장점이 있다.

3 평균투자법

평균투자법(dollar cost averaging)은 주가의 등락에 관계없이 정기적으로 일정금액을 주식에 계속 투자하는 정기적립식의 투자방법이다. 펀드의 경우는 적립식 펀드에 투자하는 것이다. 〈표 20-1〉에서 보는 것처럼 평균투자법에 의하면 주가(또는 펀드가격)가 하락할 경우 상대적으로 많은 수량을 살 수 있어 평균매수가격은 낮아지게 된다. 이 표의 예처럼 매기에 3백만원씩 정기적으로 매입했을 때 각기의 매수가격이 15만원, 5만원, 10만원이었다면 매기의 매입 주식수는 20주, 60주, 30주, 총 110주가 된다. 평균매입단가는 보유주식의 시장가치 11,000,000원을 110주로 나누면 82,000원이 되어, 최근 매입가격 100,000원보다 낮아진 가격이 된다. 이처럼 낮아진 가격으로 매입한 주식(펀드)을 주가상승기에 매도하면 적지 않은 자본이득을

2) 이들 지수의 특징에 대해서는 제3장 제3절 참조.

〈표 20-1〉 평균투자법의 평균매입단가 하락효과

기 간	투자액(원)	매입 주식가격(원)	매입 주식수(주)
1	3,000,000	150,000	20
2	3,000,000	50,000	60
3	3,000,000	100,000	30
총투자액	9,000,000		
단순 평균단가		100,000	
총보유주식수			110
보유주식의 시장가치＝100,000원×110주＝11,000,000원, 평균매입단가(시가총액/보유주식수)≃82,000원			

얻을 수 있다. 이 방법은 결국 시간에 분산투자하는 셈인데, 주가가 하향추세일 때에는 효과가 있지만, 상향추세일 때에는 전혀 그렇지 못하다.

제2절 적극적 투자관리

적극적 투자관리(active management)는 증시가 비효율적인 것을 전제로, 가격이 잘못 평가되었다고 보는 증권을 찾아내어, 위험부담을 감수하더라도 상당한 초과수익 α를 추구하려는 투자관리를 말한다. 이를 보통 "beat the market" 전략이라고 한다. 적극적 투자관리방법은 투자자의 독자적인 증권분석과 예측이 시장전체의 대체적인 견해(예측)보다 정확하다는 판단에 근거하여 초과수익 α를 추구하는 것이므로 위험부담뿐 아니라 적지 않은 정보수집·분석비용과 거래비용이 소요된다.

일정한 위험수준에 상응하는 기대수익 이상의 초과수익 α를 얻기 위하여 사용해 볼 수 있는 적극적 투자관리방법들은 다음과 같이 정리해 볼 수 있다.

- 기본적 분석방법의 적용: 소수종목·특정산업 집중투자방법, 섹터 로테이션 전략
- 기술적 분석방법의 적용: 역투자전략, 주가모멘텀전략
- 시장의 이례적 현상의 적용: 시계열 이례현상, 이익모멘텀 이례현상, 기업특성상의 이례현상, 가치주 이례현상

1 소수종목 · 특정산업 집중투자

제5장~제9장에서 설명된 기본적 분석에서는 개별종목의 내재가치를 추정하여 시장가격이 잘못 형성된 증권들(mis-priced securities)을 선정해냄으로써 초과수익을 높이는 종목선정을 탐색한다. 시장전체의 동향분석보다는 개별종목의 수익 및 성장전망과 내재가치 평가에 기초하여 초과수익의 여지가 큰 종목이나 산업을 발굴하고, 이들에 집중투자를 시도하는 것이다. 이는 상향식(bottom up)으로 진행하는 방법이다.

반대로 하향식(top-down)으로 시장전체의 동향과 이와 연동된 산업분석에 기초하여 초과수익의 가능성을 모색할 수 있다. 섹터 로테이션 전략(sector rotation strategy)은 [그림 20-1]에 예시된 것처럼 실물경제의 경기순환의 국면에 따라 주요 산업별, 경제섹터별로 수익전망이 크게 상이한 측면을 감안하여 집중투자의 산업(섹터)을 로테이션해 가는 전략이다. 만약 실물경제의 본격적인 회복이 예상되면 선제적으로 계절성 소비재, 에너지산업, 내구재 관련산업에 대한 투자비중을 늘리고, 경기정점에서는 자원 관련산업 그리고 본격적인 경기후퇴가 예상되면 생활소

[그림 20-1] 경기순환과 주요 산업별 상대적 성과차이

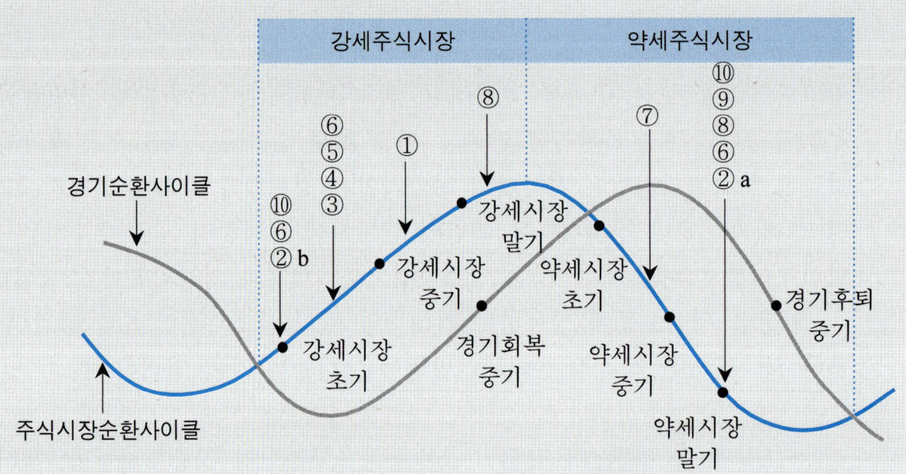

①=자본재	②a=생활소비재	b=기타 소비재	③=계절성 소비재
④=단기금융업	⑤=내구재 중 기술집약산업	⑥=에너지	⑦=제약
⑧=금융	⑨=섬유	⑩=물류	⑪=공공산업

자료 : Cohen, et. al, *ibid.*, p.222.

비재산업, 금융업으로, 경기저점에서는 자본재산업으로 투자비중을 높이는 로테이션을 해 나가는 것이다.[3)]

포트폴리오 이론(제12장)에서는 베타(β)계수의 추정에 근거하여 강세시장이 예상될 때에는 위험(β계수)이 큰 종목의 주가상승률이 높고, 약세시장이 예상될 때에는 β계수가 낮은 종목이 주가하락률이 적을 확률이 높다고 설명한다. 이에 기초하여 강세시장이 예상될 때에는 β계수가 큰 공격적 증권의 투자비중을 높이고, 약세시장이 예상될 때에는 β계수가 낮은 방어적 증권의 투자비중을 높이는 투자전략을 구사해 볼 수 있다.

적극적 투자관리를 시도하면서 위험부담이 커지더라도 초과수익의 가능성을 더 높이는 자금배분전략으로 소위 130/30전략을 시도할 수 있다. 130/30전략은 과소평가된 종목이나 다음 경기사이클에 유망한 산업(섹터)에 130%의 롱포지션을 취하고, 반대로 과대평가된 종목이나 지난 경기사이클에 실적이 좋았던 산업(섹터)에 30%의 숏포지션을 취하여 투자수익을 극대화시키는 전략이다. 결국 부채레버리지를 이용하여 위험은 증가하지만 기대수익을 높이는 투자전략이다.

2 역투자전략과 주가모멘텀전략

기술적 분석(제14장)은 과거 수익률에 대한 시계열 분석을 통하여 반복적 혹은 규칙적 패턴을 발견, 이를 주가예측에 활용하는 증권분석방법이다.

역투자전략(contrarian investment strategy)은 과거 주가수익률에 대한 시계열상의 주가행태분석 가운데 제15장(증권시장의 효율성)에서 설명한 주가의 과잉반응(역전)현상에 근거하여 과거 수년간 주가하락이 큰 종목에 대해서는 매수를 늘리고, 주가상승이 큰 종목에 대해서는 매도를 늘리는 역투자전략을 구사하는 것이다. 제15장에서 [그림 15-3]과 관련하여 설명한 바와 같이, 드봉·텔러(W. De Bondt & R. Thaler)는 과잉반응(역전)현상(over-reaction)으로 인하여 과거 3년간 투자수익률이 가장 저조하였던 패자포트폴리오는 다음 36개월 동안 20% 정도의 누적초과수익을 거두고, 반대로 투자수익률이 가장 양호하였던 승자포트폴리오는 −7%의 누적초과수익을 보인다는 주가의 과잉반응(주가반전)가설에 대한 검증결과를 보고하고 있다.[4)]

---

3) J.B. Cohen, E.D. Zinbarg & A. Zeikel, *Investment Analysis and Portfolio Management*, 5th ed., Irwin, 1987, pp.216∼218. 로테이션 전략은 경기순환에 대응하는 산업간 투자자금 이동뿐 아니라 가치주와 성장주, 대형주와 소형주 간의 섹터간 자금이동도 포함한다.

이와 반대되는 투자전략은 과거 주가움직임의 추세는 미래에도 지속된다는 가정에서 구사해 보는 주가모멘텀전략(price momentum strategy)이다. 제15장에서 설명한 바처럼 과거 수개월간 주가상승이 큰 주식은 다음 일정기간 상승추세가 지속되고, 반대로 과거 수개월간 주가하락이 큰 주식은 다음 일정기간 하락추세가 지속된다는 주가지속효과(momentum effect)에 관한 실증적 증거에 기초한 전략이다.[5)]

3 시장의 이례적 현상을 이용한 투자전략

효율적시장에서는 여러 가지 형태의 증권정보 혹은 특정 투자전략이 지니는 정보내용은 증권가격에 신속히 반영되므로 초과수익을 계속적으로 가능하게 하는 투자전략을 강구하는 것이 결코 쉽지 않다.

그러나 그간 이루어진 시장효율성에 대한 실증적 검증결과는 제15장에서 살펴본 것처럼 다음과 같은 시장의 이례적 현상(market anomalies)을 보고하고 있다.

① 주말효과, 1월효과와 같은 달력효과
② 예상외이익(=실제이익−기대이익) 발표효과와 같은 이익모멘텀효과
③ 저PER효과, 저PBR효과, 기업규모효과와 같은 기업특성변수효과

이들 이례적 현상은 초과수익의 가능성을 암시하는 것으로서 면밀한 분석과 민첩한 투자결정을 통하여 초과수익을 얻고자 하는 적극적 투자관리에 활용될 수 있음을 암시한다.

주말효과나 1월효과를 감안한 달력효과를 이용한 투자전략이 구사될 수 있다. 즉, 주말효과를 감안하여 월요일에 매수하여 금요일에 매도하는 전략이나, 1월효과를 감안하여 12월 매수하고 1월에 매도하는 전략을 구사할 수 있는데, 이 전략은 단기간에 걸친 전략일 뿐 아니라 거래비용이 적지 않게 발생한다는 점에서 유효한 투자전략이 될 수 있는지는 논란의 여지가 있다.

주가를 결정짓는 주된 요소는 기업이 미래 벌어들이는 주당이익(EPS)이다. 미래 주당이익 예측방법은 제6장에서 소개한 것과 같이 시계열 예측방법, 회귀분석

---

4) W.F.M. De Bondt & R. Thaler, "Does the Stock Market Overreact?" *Journal of Finance* 40(1985), pp.793～805.
5) L. Chan, N. Jegadeesh & J. Lakonishok, "The Profitability of Momentum Strategy," *Financial Analyst Journal* 55(Nov/Dec. 1999), pp.80～90.

법, 추정재무제표에 의한 예측방법 등 여러 가지 방법으로 시도될 수 있는데, 시장의 예측치보다도 실제치가 크게 높을 가능성이 있는 주식은 이익모멘텀효과(earning momentum effect)로 인하여 초과수익을 가능하게 한다.

저*PER*효과, 저*PBR*효과, 기업규모효과와 같은 기업특성변수효과에 기초하여, 저*PER*, 저*PBR*, 소형주 중심의 주식 포트폴리오를 구성하는 투자전략은 제15장에서 살펴본 것처럼 많은 실증연구결과가 초과수익의 가능성이 있는 분야로 제시하고 있다.

4 가치투자전략 대 성장투자전략

자산운용업의 실제에서는 투자전략의 유형이나 투자스타일을 '가치투자전략'인지 '성장투자전략'인지로 구분하여 평가한다. 가치투자(value-oriented investing)와 성장투자(growth-oriented investing) 각각의 특징은 쉽게 구분되기 어려운 면이 있지만, 주가수익비율(P/E, PER)을 기준으로 구분해 보면 다음과 같다.

$$P/E = \frac{\text{현주가(price)}}{\text{주당이익}(EPS)}$$

가치투자에서는 현재의 주당이익이나 그 성장성은 부차적인 문제로 보고, P/E의 분자인 주가가 저평가되었는지에 초점을 맞춘다. 주당이익의 증가가 없어도 기업내용이 개선되면서 정상보다 낮은 현재의 P/E가 회복되는 것을 가정한다.

성장투자에서는 P/E의 분모인 EPS 성장과 이의 결정요소에 초점을 맞추고 EPS 성장이 높을 것으로 예상되는 주식에 관심을 갖는다. 현재의 P/E가 유지되고 EPS의 성장에 의해서 주가는 상승할 것으로 가정한다.

해당되는 주식의 범주를 가치주와 성장주로 구분한다면, 가치주(value stock)는 주가배수(P/B, P/E 등)가 낮은 주식군과 시세차익보다는 안정적인 배당수익률이 기대되는 주식군, 규제산업 주식군이 해당된다. 반면에 성장주(growth stock)는 높은 수익성과 높은 EPS 성장이 기대되는 주식군, 고주가이고 바이오 기술주 등의 주식군이 해당된다고 할 수 있다. 이러한 측면에서 성장주 투자전략은 이익모멘텀전략과 유사한 면을 지닌다.

가치투자전략과 성장투자전략 중 어느 쪽이 더 좋은 투자성과를 보이는지에 대해서는 여러 실증적 증거가 제시되고 있다. 카파울(Capaul) · 롤리(Rowley) · 샤프

[그림 20-2] 스타일분석 매트릭스

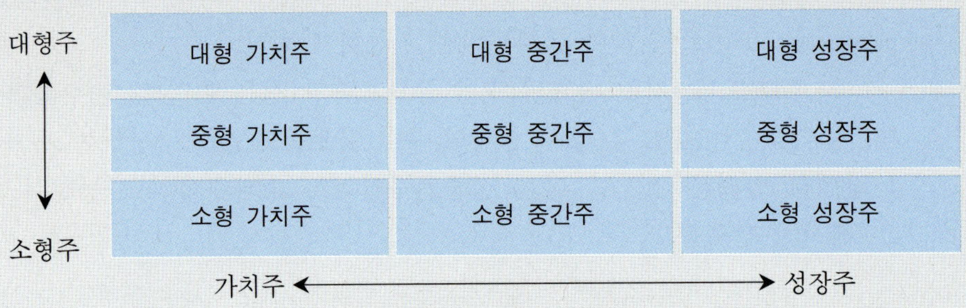

(Sharpe)의 연구(1993)[6]는 대체로 가치투자전략이 연평균 3.3%의 더 높은 성과를 보인다는 실증연구결과를 제시하고 있다. 챤(Chan) · 래코니쇼크(Lakonishok)의 연구(2004)도 이와 유사한 결과를 보이고 있다. 그러나 이는 모든 기간에 걸쳐 일관성 있게 나타나는 결과는 아니다. 2008년과 같이 경기위기시에는 성장투자전략이 우수하게 나타나는 면을 보이기도 하였다.[7]

스타일분석(style analysis)에서는 가치주와 성장주의 구분에 더하여 대형주와 소형주의 구분 등 여러 가지 투자스타일을 추가하여 투자전략의 성과를 비교하기도 한다. [그림 20-2]는 가치주, 중간주(blend), 성장주에 대한 투자와 시가총액 기준으로 대형주, 중형주, 소형주 투자에 대한 투자조합으로 아홉 가지 스타일의 매트릭스를 보여주고 있다. 스타일분석은 펀드 등 자산운용의 투자전략 목표 설정과 투자성과 평가에 유용하게 사용되기도 한다.

5 트레이너-블랙모형(Treynor-Black Model)

가격이 잘못 형성되었다고 판단되는 소수의 증권들에 투자하게 되면 초과수익의 가능성은 높지만, 분산투자가 잘 이루어지지 않은 탓으로 투자위험 또한 높게 된다. 따라서 적극적 투자관리의 과제는 적절한 소수종목의 선택으로 초과수익을 획득하면서도 적절한 분산투자로서 분산가능위험을 가급적 줄이는 것이다. 즉, 초과

6) C. Capaul, I. Rowley & W.F. Sharpe, "International Value and Growth Stock Return," *Financial Analyst Journal* 49(Jan/Feb. 1993), pp.27～36.

7) L. Chan & J. Lakonishok, "Value and Growth Investing : Review and Update," *Financial Analyst Journal* 60(Jan/Feb. 2004), pp.71～86.

수익의 획득과 비체계적 분산가능위험의 감소, 양자간에 적절한 균형 내지 최적화를 이루는 것이다.

트레이너 · 블랙(J. Treynor & F. Black)은 이 양자간에 균형을 맞추는 종목선택, 포트폴리오 구성방법을 제시하고 있는데, 이를 요약하면 다음과 같다.[8]

① 증권분석을 통하여 과소평가 혹은 과대평가된 소수의 주식들을 선별한다.
② 소극적 투자관리의 대상이 되는 주식시장지수펀드의 수익률을 최소한의 수익률로 보고 시장예측에 근거하여 이 시장지수펀드의 기대수익률 $E(R_m)$과 표준편차 σ_m, 무위험자산수익률 R_f를 추정한다.
③ ①에서 선별된 소수의 개별증권들에 대하여 기대수익률 $E(R_j)$, 베타 β_j, 잔차분산(비체계적 위험) $\sigma^2(\epsilon_j)$을 추정한다.
④ 이들 개별종목의 초과수익 알파(α_j)는 기대수익률에서 요구수익률의 차이로 추정하는데, 요구수익률은 증권시장선($k = R_f + (E(R_m) - R_f) \cdot \beta_j$)에서 구한다.
⑤ 소수종목으로 구성되는 포트폴리오의 초과수익 α_p, 베타 β_p, 잔차분산 $\sigma^2(\epsilon_p)$을 계산한다.
⑥ 초과수익의 가능성과 분산가능위험의 감소 간에 균형을 이룰 수 있는 각 종목에 대한 최적투자비율의 결정은 다음의 정보비율(information ratio), 즉 초과수익(과소 · 과대평가된 크기) 대 잔차분산의 비율에 근거한다.

$$\text{정보비율} = \frac{\text{초과수익}}{\text{잔차분산(비체계적 위험)}} = \frac{\alpha}{\sigma^2(\epsilon)} \tag{20.3}$$

그래서 각 종목에 대한 최적투자비율은 개별종목들의 정보비율의 합에 대한 개별종목 j정보비율의 비로써 결정한다. 즉,

$$\text{최적투자비율} = \frac{\alpha_j / \sigma^2(\epsilon_j)}{\sum_{j=1}^{n} \frac{\alpha_j}{\sigma^2(\epsilon_j)}} = \frac{\text{개별종목 } j\text{의 정보비율}}{\text{포트폴리오 정보비율의 합}} \tag{20.4}$$

8) J. Treynor & F. Black, "How to Use Security Analysis to Improve Portfolio Selection," *Journal of Business*(Jan. 1973).

이 식에 의하면 비체계적 위험에 비하여 과소·과대평가된 크기(초과수익)가 큰 종목일수록 투자비율의 절댓값이 높게 구성되는 특징을 지닌다.

예제

KK투자자문(주)에서는 다각적인 증권분석을 통하여 주식시장펀드의 기대수익률, 표준편차, 무위험자산수익률을 각각 15%, 20%, 8%로 추정하고 있다. 한편 초과수익의 여지가 있는 세 종목의 초과수익의 크기, 베타, 비체계적 위험에 대한 추정자료는 다음과 같다.

종 목	초과수익(α)	베 타(β)	비체계적 위험($\sigma(\epsilon)$)
A	7%	1.6	45%
B	−5%	1.0	32%
C	3%	0.5	26%

이 세 종목으로 구성되는 포트폴리오의 초과수익률을 크게 하면서 분산가능 비체계적 위험은 작게 하는 최적투자비율과 이 포트폴리오의 초과수익률, 베타, 비체계적 위험을 구하라.

풀이

(1) 개별종목들의 정보비율과 최적투자비율의 계산

종 목	$\alpha_j/\sigma^2(\epsilon_j)$	$\frac{\alpha_j}{\sigma^2(\epsilon_j)}\bigg/\sum_{j=1}^{3}\frac{\alpha_j}{\sigma^2(\epsilon_j)}$
A	$0.07/(0.45)^2=$ 0.3457	0.3457/0.3012= 1.1477
B	$-0.05/(0.32)^2=$ −0.4883	−0.4883/0.3012= −1.6212
C	$0.03/(0.26)^2=$ 0.4438	0.4438/0.3012= 1.4735
합 계	0.3012	1.0000

(2) 최적투자비율에 의한 포트폴리오의 초과수익률, 베타, 비체계적 위험

초과수익률 : $\alpha_p=1.1477\times0.07+(-1.6212)\times(-0.05)+1.4735\times0.03=20.56\%$

베타계수 : $\beta_p=1.1477\times1.6+(-1.6212)\times(1.0)+1.4735\times0.5=0.9519$

비체계적 위험 : $\sigma^2(\epsilon_p)=1.1477^2\times(0.45)^2+(-1.6212)^2\times(0.32)^2+1.4735^2\times(0.26)^2=68.26\%$

(3) 종목 B와 같이 과대평가(負의 초과수익)된 주식을 공매(short position)함으로써 전체 포트폴리오의 초과수익률은 증가되고 베타계수는 감소하고 있다.

6 액티브 펀드 대 패시브 펀드의 성과

액티브펀드(active fund)는 앞에서 설명한 적극적 투자관리방법을 적용한 펀드(간접투자기구상품)로서, 초과수익을 높이고자 하는 방향으로 펀드매니저의 판단에 따라 능동적이고 공격적으로 운용하는 펀드이다. 중소형주, 가치주, 성장주, 배당주 펀드 등이 이에 해당된다.

근래는 적극적 투자관리방법의 일환으로 팩터투자를 시도하기도 한다. 팩터투자(factor investment)는 과거 시계열에 기초한 계량분석을 통해 초과수익을 가져오는 몇 가지 팩터(factor)에 기초하여 포트폴리오를 구성하는 방법이다. 제13장 제5절 4항에서 설명한 Fama & French의 3요인모형이나, Carhart의 4요인모형에 이론적 기초를 두고 있다. 가장 많이 제시되고 있는 팩터는 '가치'(value), '모멘텀'(momentum), '변동성'(volatility), '규모'(size) 등이다. 이는 앞의 2항, 3항, 4항에서 설명한 것으로서, 초과수익을 가져다주는 것으로 분석되고 있는, PER, PBR, $EV/EBIT$ 등이 저평가된 가치주, 상승추세의 모멘텀 주식, 저변동성 주식, 소규모 주식으로 포트폴리오를 구성하는 투자방법이다.

패시브펀드(passive fund)는 이와 달리 펀드매니저의 판단에 의존하지 않고, 시장전체의 평균수준의 투자수익을 얻거나 특정지수를 추종하도록 설계된 펀드이다. 인덱스펀드, ETF가 이에 해당된다.

그러면 액티브펀드와 패시브펀드 중 어느 방법이 더 나은 성과를 보일까? 투자성과를 비교하는 기간과 세부펀드별로 상이한 결과가 제시되고 있어서 단적인 결론을 내리기 쉽지 않다. 대체로 강세시장에서는 액티브펀드가, 약세시장에서는 패시브펀드가 성과가 나은 것으로 제시되고 있다. 평균이 아니라 액티브 상위 50%, 25%의 경우와 비교하면 액티브의 성과가 우월한 것으로 나타나고 있다.

한편 수수료는 ETF는 평균 0.3% 수준인 반면, 액티브펀드는 평균 1.0% 안팎이어서 수수료 면에서는 패시브펀드가 선호된다. 2018년 전후로는 액티브펀드에서 자금이 유출되고 패시브펀드로는 자금이 유입되는 추세를 보이고 있다.[9)]

자산운용업계에서는 액티브펀드와 패시브펀드의 장점이 혼용된 금융상품을 개발하는 시도를 하고 있다. 스마트베타(smart beta)ETF가 그중 하나인데, 가치주ETF, 모멘텀ETF, 변동성ETF 등을 시황에 따라 혼합하여 ETF의 장점을 살리면서, 초과수익을 높이고자 하는 포트폴리오(EMP : ETF managed portfolio) 구성전략이다.

---

9) 2018년 기준으로 설정액(순자산규모)이 액티브펀드는 24.52조원, 패시브펀드는 25.10조원으로 역전되었다. 2017년 운용수익률은 액티브펀드가 18%, 패시브펀드가 29%였다(자료 : 금융투자협회).

제3절 자산배분

위의 제1절과 제2절에서는 주식을 중심으로 하는 개별종목 선정에서 적용해 볼 수 있는 투자관리방법으로서 소극적 투자관리방법과 적극적 투자관리방법에 대하여 살펴보았다. 종목선정보다도 투자성과에 더 큰 영향을 미치는 것은 제1장에서도 강조한 것처럼 자산배분(asset allocation)이다. 본절에서는 주식 포트폴리오의 구성 문제에 한정하지 않고, 채권, 무위험자산도 포함된 균형 포트폴리오를 구성하는 자산배분의 문제를 다룬다. 주식, 채권 등 각급 투자자산에의 투자비율을 어떻게 결정하는 것이 최적의 자산배분방법(asset allocation)인가?

1 자산배분방법의 유형

자산배분방법은 정책적 자산배분, 동적 자산배분, 전술적 자산배분방법으로 나누어 볼 수 있다.

정책적 자산배분(policy asset allocation)은 장기적 관점에서 수익제고와 위험통제의 이상적 혼합을 고려하여 정상적이라고 보는 자산배분(예를 들어 주식 대 채권 비율 60 : 40)안을 정책적으로 마련하는 것을 말한다.

전략적 자산배분(strategic asset allocation)은 장기적인 관점에서 시장상황의 변동이나 투자자의 위험수용도의 변화에 대응하여 자산믹스(asset mix)를 변경하여 포트폴리오 수익률의 확률분포의 모양(투자위험 축소 등)을 재구성해 나가는 것을 말한다. 동적(dynamic) 자산배분이라고도 한다.[10)]

전술적 자산배분(tactical asset allocation)은 단기나 중기적으로 자본시장의 상황 변동이 있을 때 주식이나 채권의 상대적 매력도의 기회와 변화 정도를 예상하여, 이를 적극적으로 자산배분비율 변경에 적용함으로써 투자성과를 제고해 나가는 것을 말한다. 전술적 자산배분에서는 계량적 분석방법을 사용하여 각급 자산별로 기대수익률, 표준편차 등 객관적 척도를 도출하여 자산별 상대적 매력도를 평가하

10) 파생상품을 활용하는 '**동적 자산배분방법**'은 제18장에서 설명하는 **합성 풋**(방어 풋과 같은 효과를 얻기 위해 보유주식을 헤지비율만큼 매도하여 그 자금으로 무위험증권을 매수하는 전략)과 같은 **포트폴리오 인슈런스** 전략이다. 이 방법에 의하면 주가상승시는 상승의 이득을 확보하지만 하락시는 일정수준의 손실을 막는 방법이므로 포트폴리오의 하방 위험과 경제적 잉여의 변동성을 줄여준다.

는 접근방법을 취한다. 구체적 분석수단으로는 가치접근법과 경기순환적 접근법이 있다.

가치접근법은 주식 대 회사채, 주식 대 국공채, 회사채 대 국공채의 위험보상률(risk premium)의 변동추이를 분석하여 이 위험보상률이 역사적으로 볼 때의 평균적 스프레드 이상 또는 이하로 벌어지는지를 분석하여 서로 다른 자산에로의 이동을 시도하는 것이다. 경기순환적 접근법은 주가의 실물경기에의 선행성과 같은 경기순환적 측면을 고려하여 자산 이동을 검토하는 것이다.

직관적 판단에 따라서 기계적으로 자산배분을 하는 방법으로는 전통적으로 포뮬러 플랜 방법이 사용되었다. 포뮬러 플랜(formula plan) 또는 비율계획법(ratio plan)은 공격적 투자수단인 주식과 방어적 투자수단인 채권 사이에서 경기변동 또는 주식시장 상황에 따라 투자자금을 번갈아 로테이션하는 방법으로서, 주가가 낮을 때 주식을 매수하고 주가가 높을 때 매도하도록 운용하는 것이다. 포뮬러 플랜에는 불변금액법, 불변비율법, 변동비율법이 있다.

- 불변금액법(constant dollar plan) : 주식가격변동에 관계없이 주식에 투자한 금액을 언제나 일정하게 유지하는 방법이다. 주가가 상승하면 미리 결정된 일정금액 이상의 주식을 매도하여 채권을 사들이며, 주가가 하락할 때에는 채권을 매도하고 주식을 매수하여 주식에 투자한 금액을 언제나 일정하게 유지하는 방법이다. 이 방법의 결점은 ① 주식에 대한 일정금액을 정하는 것이 임의적이고, ② 단기적 주가변동에만 이용가능하며, ③ 빈번히 거래수수료를 부담해야 한다는 데 있다.
- 불변비율법(constant ratio plan) : 앞의 방법과 유사한데, 다만 채권과 주식에 투자된 금액의 비율을 언제나 일정하게 하는 방법이다. 가령 60 : 40의 비율로 유지한다면 주가나 채권의 시장가격변화에 관계없이 이 비율을 유지하는 방법이다. 그래서 주가가 채권가격보다 상대적으로 많이 오르면 주식에 대한 투자비율을 60%로 유지하도록 주식을 매도하고 채권을 매수하는 것이다. 이 방법의 결점 또한 마찬가지로 최적비율을 정하는 것이 임의적이고 빈번한 거래수수료를 부담해야 한다는 데 있다.
- 변동비율법(variable ratio plan) : 앞의 불변비율법처럼 주식과 채권에 대한 투자비율을 일정하게 두지 않고, 주가변화의 예측에 따라서 적절히 비율을 변동시켜 가면서 투자하는 방법이다. 주가가 높으면 앞으로 하락을 예상할 수 있으므로 주식에 대한 투자비율을 낮추고, 주가가 낮으면 앞으로 상승을 예상할 수 있으므로 주식에 대한 투자비율을 높이는 방법이다.

[그림 20-3] 포뮬러 플랜에 의한 자산배분(변동비율법)

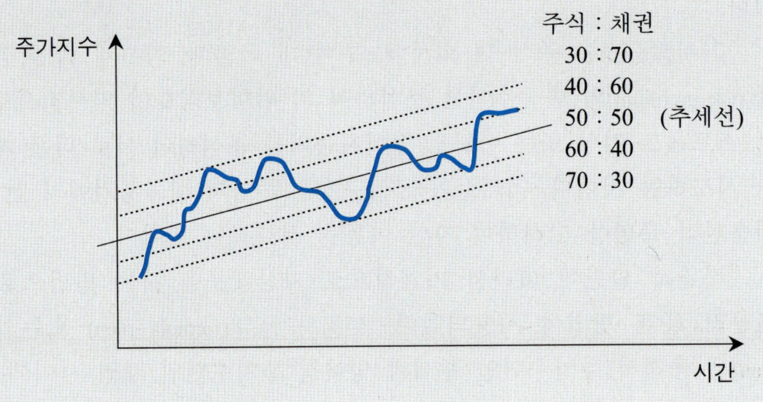

양자간의 투자비율을 언제·어떻게 변동시킬 것인가를 알기 위해서는 주식시장의 동향을 예측할 수 있어야 하는데, 대체적인 추세선(trend line)을 중심으로 몇 개의 범위 구간을 설정하여 비율을 변동시키는 방법이 일반적이다. 이를테면 주가가 [그림 20-3]과 같은 추세선을 보일 경우, 주가지수가 추세선의 중앙수준을 기준으로 상승하면 주식 대 채권의 비율을 50 : 50에서 점차 40 : 60, 30 : 70의 비율로 주식에 대한 투자비율을 줄여나간다. 반대로 주가지수가 추세선 아래로 하락하면 60 : 40, 70 : 30의 비율로 주식에 대한 투자비율을 증가시켜 나간다. 이 방법 또한 주가가 낮을 때 주식매수를 늘리고 주가가 높을 때 주식매도를 늘린다는 원리를 활용한 것이다.

변동비율법은 정확한 주가지수의 추세선 예측이 전제되고 있는데, 이 방법의 결점은 추세선을 예측하기 힘들다는 점과 변동비율의 설정이 너무 주관적이라는 점 그리고 잦은 매매거래로 인한 거래비용의 증가를 들 수 있다.

투자회사가 조사한 바에 의하면 많은 경우 자산배분의 비율에 있어 주식과 채권에 대한 자산배분안을 60 : 40으로 정하는 것으로 알려져 있다. 이에 더하여 투자자 개인의 위험수용도와 투자기간을 고려하여 일정한 탄력적 운용의 허용치를 두는 방법, 즉 [목표자산배분안±탄력적 운용의 허용치]를 적용하는 방법을 검토할 수 있다. 예를 들어 목표자산배분안이 60% : 40%이면, ±5%의 허용치를 두어, 주식투자비율을 55~65%, 채권에 대한 투자비율을 45~35%로 운용하는 것이다.[11)]

---

11) 여기서 소개되는 자산배분방법은 현물시장에서 주식의 매도(매수) 또는 회사채나 국공채의 매수(매도)의 자

2 포트폴리오 이론에 기초한 자산배분

최적의 자산배분모형을 구축하는 데 사용되는 모형으로는 본서 제Ⅳ편에서 설명한 마코위츠(Markowitz) 포트폴리오 모형이 활용될 수 있다. 제10, 11장에서는 개별증권들의 결합이 가져오는 포트폴리오 결합 중에서 일정한 기대수익률하에서 위험을 최소화시키는 효율적 포트폴리오의 도출에 관해 설명하였는데, 이 방법을 개별증권의 결합 대신 각급 자산의 결합 문제로 처리하면 동일한 방법으로 최적 자산배분안을 도출할 수 있다.

이제 투입정보로서 주요 자산(주식, 회사채, 국공채 등)에 대한 기대수익률, 표준편차, 서로간의 공분산(상관계수)을 예측자료 또는 과거 역사적 자료를 가지고 추정하였다면, 제10, 11장에서 설명한 방법을 적용하여 이하에 설명하는 방법과 같이 최적의 자산배분비율을 결정한다.

(1) 주식과 회사채의 2개 자산인 경우의 자산배분결정

제10장 제3절과 제11장 제3절에서 "개별주식 X와 주식 Y의 결합 최소분산 포트폴리오의 도출과 효율적(최적) 포트폴리오 도출방법"에 대해 설명한 바 있다. 이제 개별주식 X와 주식 Y 대신 [그림 20-4]에서 보는 것처럼 두 자산[주식형(지수 또는 펀드) S와 회사채형(지수 또는 펀드) B]의 결합 문제로 보고 동일하게 자산배분안을 도출한다. 위험이 최소가 되는 '주식형'에 대한 최적투자비율 w_S^*은 다음과 같이 결정된다(제10장 제3절, 제11장 제3절 참조).

$$w_S^* = \frac{\sigma_B^2 - \sigma_{SB}}{\sigma_S^2 + \sigma_B^2 - 2\sigma_{SB}} = \frac{\sigma_B^2 - \sigma_S \sigma_B \rho_{SB}}{\sigma_S^2 + \sigma_B^2 - 2\sigma_S \sigma_B \rho_{SB}}$$

단, σ_S : 주식형 S의 표준편차, σ_B : 채권형 B의 표준편차

σ_{SB} : 주식형 S와 채권형 B 사이의 공분산 $cov(r_S,\ r_B)$

ρ_{SB} : 주식형 S와 채권형 B 사이의 상관계수

금이동을 수행하게 된다. 따라서 현물시장에서의 거래비용이 적지 않게 소요되고, 포트폴리오 매니저에게 관리의 번거로움을 주게 된다. 이러한 문제점을 줄일 수 있는 자산배분방법은 제16장에서 설명되는 파생상품을 이용하는 것인데, 구체적으로 선물시장을 이용하여 자산투자의 비율을 조정하는 것이다. 지수선물을 매수하면 주식에 대한 투자비중을 높이는 결과가 되고, 반대로 지수선물을 매도하면 주식에 대한 투자비중을 낮추는 결과가 된다. 지수선물계약을 이용하는 것은 ① 거래비용의 절감, ② 신속한 거래 수행, ③ 포트폴리오 매니저 관리의 효율성 제고 등의 장점이 있다.

[그림 20-4] 2자산(주식 + 회사채)의 효율적 포트폴리오

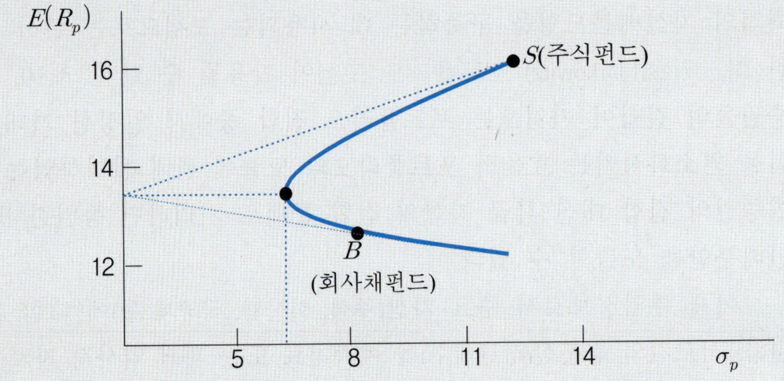

(2) 주식, 회사채, 국공채 3개 자산인 경우의 자산배분결정

제11장 제5절의 "무위험자산이 포함될 때의 포트폴리오 기대수익률과 위험, 효율적(최적) 포트폴리오 도출방법"의 설명에서는 개별주식 X, 주식 Y, 국공채 R_f로 구성되는 효율적(최적) 포트폴리오 도출방법에 관하여 다루었다. 이제 개별주식 대신 [그림 20-5]에서 보는 것처럼 주식(지수 또는 펀드) S와 회사채(지수 또는 펀드) B, 그리고 국공채 R_f (R_f의 무위험이자율)의 결합 문제로 보고, 동일하게 접근하면 3개

[그림 20-5] 3자산(주식 + 회사채 + 국공채)의 효율적 포트폴리오

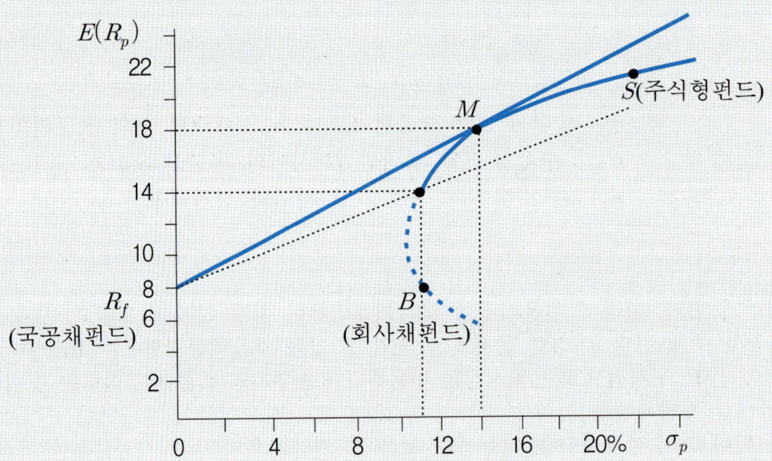

자산인 경우의 최적 자산배분안을 도출할 수 있다. 효율적 포트폴리오 M을 구성하는 주식형에 대한 최적투자비율 w_S^*은 다음과 같이 구해진다(제11장 제5절 참조).

$$w_S^* = \frac{[E(R_S) - R_f]\sigma_B^2 - [E(R_B) - R_f]\sigma_{SB}}{[E(R_S) - R_f]\sigma_B^2 + [E(R_B) - R_f]\sigma_S^2 - [E(R_S) - R_f + E(R_B) - R_f]\sigma_{SB}}$$

제4절 투자관리의 통제와 투자성과평가

통합적 투자관리의 마지막 과정은 사후적으로 일정기간 포트폴리오 운용을 한 후 여건변화를 감안하여 포트폴리오를 수정하거나, 투자성과를 평가하는 두 가지 통제과정이다. 본절에서는 포트폴리오를 수정하는 구체적 방법과 투자성과평가방법에 대하여 설명한다.

1 투자관리의 통제과정

포트폴리오 수정(portfolio revision)이란 포트폴리오를 구성한 후 미래 예측이 잘못되었거나, 새로운 상황 전개로 인하여 기존 포트폴리오를 변경해야 하는 경우가 발생했을 때, 보다 바람직한 방향으로 포트폴리오를 개편해 나가는 것을 말한다.

새로운 상황의 전개란 ① 기업이익과 배당에 영향을 주는 영업효율성 · 재무효율성의 변화, 각종 위험의 변화, 경제외적 여건의 급격한 변화 등이 야기되거나 ② 투자자의 위험수용도에 변화가 있는 상황을 말한다. 이러한 일이 벌어지면 처음에 예상했던 기대수익과 위험에 변화가 있게 되거나 위험회피도가 달라지므로 원하는 기대수익과 위험에 상응하는 포트폴리오로 수정해 나가야 한다. 수정하는 방법에는 리밸런싱과 업그레이딩의 두 가지가 있다.

포트폴리오 리밸런싱(portfolio rebalancing)은 상황변화가 있을 경우 포트폴리오가 갖는 원래의 특성을 그대로 유지하고자 하는 것이다. 주로 구성종목의 상대가격의 변동에 따른 투자비율의 변화를 원래의 비율로 환원시키는 방법을 사용한다. 포트폴리오 리밸런싱의 경우 제16장에서 설명한 지수선물을 이용하면 포트폴리오 구성내용을 변경하지 않고서도 체계적 위험을 통제할 수 있게 된다.

포트폴리오 업그레이딩(portfolio upgrading)은 여건변화에 대응하여 위험에 비해 상대적으로 높은 기대수익을 얻고자 하거나, 기대수익에 비해 상대적으로 낮은 위험을 부담하도록 포트폴리오의 구성을 수정하는 것이다. 많은 경우 높은 성과를 지닌 증권을 식별하는 것보다 큰 손실을 가져다주는 증권을 식별하여 그 증권을 포트폴리오에서 제거하는 방법을 사용하기도 한다.

통합적 투자관리의 통제과정에서 또 하나의 중요한 작업은 일정기간 포트폴리오 운용을 한 후 사후적으로 투자목표의 달성 여부를 평가하는 투자성과평가과정이다. 투자성과평가(performance evaluation)은 실제의 투자성과가 계획했던 목표나 시장평균 또는 기준성과지표의 투자성과와 어느 정도 차이가 있고, 왜 차이가 발생했는지를 평가하는 것이다. 여기에서 얻어진 결론은 다음 단계의 투자계획을 수립할 때 피드백되어 활용된다. 어느 펀드 또는 어느 포트폴리오 매니저의 투자성과가 우수한지를 평가하는 것은 매우 중요한 과제가 되고 있다.

투자성과를 평가하게 될 때에는 여러 가지 사항이 검토되어야 한다. 과거 일정기간 동안의 투자수익률을 어떻게 측정할 것인가, 부담했던 투자위험의 정도는 성과평가에 어떻게 반영시킬 것인가, 좋고 나쁜 성과의 원인은 어디에 있는가 등에 대한 검토가 필요하다. 본절에서는 이와 같은 투자성과평가와 관련된 주제에 대하여 살펴보기로 한다.[12)]

2 운용투자수익률의 측정

운용수익률의 측정방법과 특징에 대해서는 제4장에서 이미 설명한 바 있다. 단일기간의 보유투자수익률은 단지 총투자수입을 기초의 투자금액으로 나누어 계산하면 된다. 그러나 기간 중 중도에 자금일부의 회수, 추가적인 투자 혹은 재투자 등 현금유출입이 추가적으로 발생하는 다기간의 경우에는 계산이 복잡해진다. 다기간(multi-period) 투자수익률을 계산할 때에는 산술평균수익률, 기하평균수익률, 내부수익률로 측정하게 된다. 또 미래 예상수익률을 추정할 때에는 기대수익률을 사용한다. 수익률을 측정하는 각 방법의 내용과 특징, 장・단점을 요약하면 〈표 20-2〉와 같다.

---

12) 금융투자협회에서는 우리나라 펀드매니저의 3년 동안의 운용실적을 공시하고 있다. 금융투자협회 전자공시서비스 www.dis.kofia.or.kr 참조

〈표 20-2〉 수익률 측정방법의 비교

구 분	측정방법	특징 및 장단점
산술평균수익률	$ARR = ({}_0r_1 + {}_1r_2 + {}_2r_3 \cdots\cdots + {}_{n-1}r_n) \div n$	화폐의 시간가치가 고려되지 않은 계산방법. 기간별 투자금액의 크기가 고려되지 않고 기간에만 가중치가 주어짐. 시간가중평균수익률
기하평균수익률	$GRR = \sqrt[n]{(1+{}_0r_1)(1+{}_1r_2)\cdots\cdots(1+{}_{n-1}r_n)} - 1$	중도현금이 재투자되어 증식된 최종 시점의 부의 크기가 감안된 계산방법. 기간별 현금흐름의 많고 적음에 영향을 받지 않는 시간가중평균수익률
내부수익률	$P_0 = \frac{C}{(1+r)} + \frac{C}{(1+r)^2} + \cdots\cdots + \frac{C+F}{(1+r)^n}$	기간별 상이한 투자금액의 크기에 가중치가 주어짐. 금액가중평균수익률
기대수익률	$E(R) = \sum_{s=1}^{m} p_s \cdot r_s$	투자수익률의 확률분포에서 계산한 평균적으로 기대되는 예상투자수익률

3 투자위험을 고려한 투자성과평가방법

투자성과를 평가하는 데 일정기간 동안에 결친 투자수익률만을 단순히 비교하여 우열을 가리는 것은 적절한 평가방법이 되지 못한다. 왜냐하면 포트폴리오를 운용하면서 감수한 위험도 적절히 감안되어야 하기 때문이다.

예를 들어, 甲은 우량 안정주식들로 운용하여 20%의 투자수익률을 거두었고, 乙은 관리대상종목이나 주가변동이 매우 큰 투기종목들로 운용하여 25%의 투자수익률을 올렸다면 乙의 운용성과가 결코 좋은 것이 아니다. 단지 운이 좋아서 투자수익률이 양호한 것이므로 운이 나쁘게 되었을 경우(위험)도 고려한 예상성과 기준으로 평가해야 한다. 결론적으로 성과평가시에는 위험이 조정된 성과척도(risk-adjusted performance measures)를 이용해야 한다.

위험이 조정된 성과척도로는 다음에 상술하는 샤프지수, 트레이너지수, 젠센지수, 정보비율, M^2지수 등이 있다. 이들은 투자위험 중에서 어떤 성격의 위험을 기준으로 투자성과를 평가하느냐에 따라서 차이가 있다. 샤프지수는 총위험을 기준으로 자본시장선(CML)을 이용하여 평가하는 것이며, 트레이너지수와 젠센지수는 체계적 위험을 기준으로 증권시장선(SML)을 이용하여 평가하는 것이다. 또 정보비율은 비체계적 위험에 대한 초과수익의 정도를 기준으로 평가하는 것이며, M^2

지수는 시장위험 수준을 고려할 경우의 초과수익 정도를 비교하고 있다.

(1) 샤프지수

자본시장선(CML)에서 제시되고 있는 균형관계가 사후적으로도 성립된다고 보고, 이의 기울기를 이용하여 포트폴리오 운용성과를 평가하는 방법이다. 실제로 포트폴리오 p의 총위험 1단위당 무위험이자율을 초과한 실현수익률의 비율, 즉 1단위의 총위험을 감수한 것에 대한 초과수익률의 정도를 측정한 것이다.

$$\text{샤프지수}[RVAR] = \frac{\overline{R_p} - \overline{R_f}}{\sigma_p} \qquad (20.5)^{13)}$$

단, $\overline{R_p}$: 포트폴리오 p의 실현수익률, σ_p : 포트폴리오 p수익률의 표준편차
$\overline{R_f}$: 무위험이자율의 평균

샤프가 제시한 평가척도(식 20.5의 비율)는 곧 [그림 20-6]에 나타난 투자가능선들의 기울기로서, 제13장에서 사용한 총변동성보수율($RVAR$: reward-to-variability ratio)이다. 이제 [그림 20-6]에서 두 포트폴리오 운용성과 a, b를 평가해 보면, 포트

[그림 20-6] 각 포트폴리오의 투자가능선과 샤프지수에 의한 성과평가

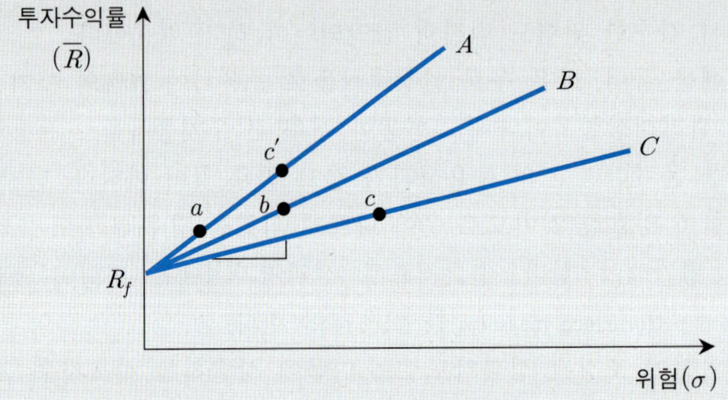

13) W.F. Sharpe, "Mutual Fund Performance," *Journal of Business*(Jan. 1966). 다음 식의 자본시장선에서 양변에 $\overline{R_f}$를 차감한 후 σ_p로 나누면 좌변은 샤프지수 식 20.5와 같이 표시된다.

$$\overline{R_p} = \overline{R_f} + \frac{(\overline{R_m} - \overline{R_f})}{\sigma_m} \cdot \sigma_p \qquad \text{단, } \overline{R_m} \text{ : 시장포트폴리오의 실현수익률}$$

폴리오 a는 포트폴리오 b보다 수익률과 위험이 모두 낮다. 여기서 무위험이자율로 차입이 가능하다면 모든 투자자는 포트폴리오 b보다 포트폴리오 a를 선호할 것이다. 왜냐하면 무위험이자율로 차입한 자금을 포트폴리오 a에 투자함으로써 포트폴리오 a의 투자가능선인 $R_f A$선상을 따라 오른쪽으로 이동할 수 있기 때문이다. 다시 말하면 [그림 20-6]에서 보는 것처럼 무위험자산과 위험포트폴리오 a의 조합인 $R_f A$상의 수익률이 무위험자산과 위험포트폴리오 b의 조합인 $R_f B$상의 수익률보다 높기 때문이다. 결국 R_f와 각 포트폴리오를 연결하는 직선의 기울기가 클수록 포트폴리오 성과가 보다 우수해짐을 의미한다.

(2) 트레이너지수(Treynor's measure)

증권시장선(SML)에서 제시되고 있는 균형관계가 사후적으로도 성립된다고 보고, 식 20.6과 같이 위험의 측정치로서 분산불능위험인 체계적 위험이 적절하다고 보고, 1단위의 체계적 위험을 감수한 것에 대한 초과수익률의 정도를 비율로 측정하여 운용성과를 평가한다.[14]

[그림 20-7] 트레이너지수와 젠센지수

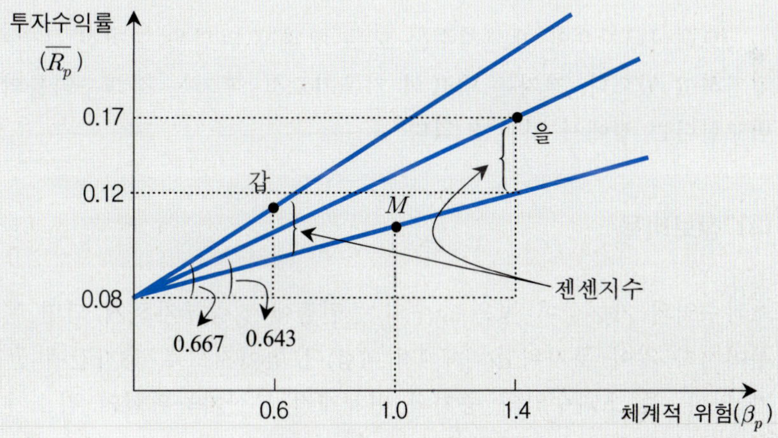

14) J. Treynor, "How to Rate Management of Investment Funds," *Harvard Business Review*(Jan.~Feb. 1965). 다음의 증권시장선 식에서 양변을 $\overline{R}_f$만큼 차감하고, 이를 β_p로 나누면, 좌변은 식 20.6과 같이 포트폴리오 p의 체계적 위험 1단위당 무위험이자율을 초과하여 실현된 초과수익률의 비율이 된다.

$$\overline{R}_p = \overline{R}_f + [\overline{R}_m - \overline{R}_f] \cdot \beta_p$$

$$트레이너지수[RVOL] = \frac{\overline{R_p} - \overline{R_f}}{\beta_p} \tag{20.6}$$

이를 체계적위험보수율($RVOL$: reward to volatility)이라고도 한다. 위험의 측정치로서 샤프가 제시한 표준편차(총위험 기준)가 아닌 베타계수(체계적 위험 기준)를 이용하여 성과를 측정하는 지수라는 점에서 차이가 있다.

(3) 젠센지수

트레이너처럼 증권시장선(SML)을 이용하되, 1단위의 체계적 위험을 감수한 것에 대한 초과수익률의 상대적 비율로 측정하는 것이 아니라 식 20.7과 같이 실증적 증권시장선을 이용하여 실제 부담한 체계적 위험수준에 상응하는 기대수익률과 실제의 실현수익률의 **절대차이** 수익률로 포트폴리오의 성과를 측정한다. 이 절대차이 초과수익률을 알파(α_p) 또는 젠센지수(Jensen's measure)라고 부른다.

$$\alpha_p = \overline{R_p} - [\overline{R_f} + (\overline{R_m} - \overline{R_f})\beta_p] = [\overline{R_p} - \overline{R_f}] - [\overline{R_m} - \overline{R_f}]\beta_p \tag{20.7}$$ [15]

단, α_p : 젠센지수(알파)

트레이너지수와 젠센지수는 모두 체계적 위험을 고려한 증권시장선(SML)으로 평가하고 있으나, 전자는 SML의 기울기로서, 후자는 절대수익률의 차이로 성과를 비교한다는 점에서 차이가 있다.

(4) 정보비율

초과수익의 가능성이 높은 소수의 증권들에 집중투자하게 되면 분산투자가 잘 이루어지지 않아 투자위험(비체계적 위험)이 높아지므로 양자간에 균형을 이룰 필요가 있다. 즉 초과수익의 증가와 비체계적 분산가능위험의 감소가 적절한 균형을 이루어야 운용성과가 양호하게 된다.

정보비율(information ratio)은 트레이너지수에서 측정된 초과수익률 α_p를 비체계

---

15) M. Jensen, "The Performance of Mutual Funds in the Period 1945～1964," *Journal of Finance*(May 1968).
[그림 20-7]에서 보면 갑의 젠센지수는 4(=12−8), 을의 젠센지수는 5(=17−12)로서, 을의 운용성과가 좋다. 그러나 $RVOL$(트레이너지수) 기준은 갑이 6.67(=4/0.6), 을이 6.43(=9/1.4)으로서 갑의 운용성과가 좋다.

적 위험 정도를 측정한 잔차표준편차 $\sigma(\epsilon_p)$로 나눈 비율이다. 이 비율이 높을수록 비체계적 위험을 감수하는 것에 대한 대가로 얻는 초과수익의 정도가 높음을 의미하게 된다. 상반되는 양자간에 균형이 이루어지는 정도가 양호함을 뜻하기도 하다. 평가비율(appraisal ratio)이라고도 한다.

$$\text{정보비율} = \frac{\alpha_p}{\sigma(\epsilon_p)} \tag{20.8}$$

이 정보비율은 무위험자산과 소수의 주식포트폴리오에 분산투자하고 있는 경우의 운용성과평가에 적절한 면이 있다.

(5) M^2 지수

M^2 지수는 M&M(Modigliani & Modigliani, 1997)에 의해서 개발된 평가척도로서 운용포트폴리오의 위험이 시장지수의 위험과 일치하는 가상포트폴리오(hypothetical portfolio)를 구성하여 식 20.9와 같이 가상포트폴리오 수익률 r_{p^*}와 시장지수 수익률 r_M의 차이로 성과를 평가하는 방법이다.[16] 가상포트폴리오를 구성하는 방법은 가상포트폴리오의 위험을 국공채수익률 수준으로 차입 또는 대출하는 방법을 사용하여 시장지수의 위험과 같도록 만드는 것이다.

예를 들어 운용포트폴리오의 위험이 시장지수의 위험의 1.5배라면, 2/3의 자금은 운용포트폴리오에, 1/3의 자금은 국공채에 투자한 것으로 가정하여 시장지수의 위험과 동일하게 만든다. 만약 운용포트폴리오의 위험이 시장지수의 위험보다 낮으면 차입한 자금으로 포트폴리오에 투자하여 투자위험을 일치시킨다.

$$M^2 = r_{p^*} - r_M \tag{20.9}$$

이제 운용포트폴리오의 수익률과 표준편차는 각각 $r_p = 35\%$, $\sigma_p = 42\%$이고, 시장지수의 수익률과 표준편차는 각각 $r_m = 28\%$, $\sigma_m = 30\%$이며, 국공채수익률 $R_f = 6\%$라고 하자. 가상포트폴리오를 구성하기 위하여 표준편차의 비율을 계산하면 30/42 = 0.714이므로, 71.4%를 운용포트폴리오에 투자하고, 나머지 28.6%를 국공채

16) F. Modigliani & L. Modigliani, "Risk-Adjusted Performance," *Journal of Portfolio Management*(winter 1997), pp.45~54.

에 투자하여, 가상포트폴리오의 수익률을 구하면 26.7%(=0.714×0.35+0.286×0.06)가 된다. 이 수익률 26.7%는 시장지수 수익률 28%보다 낮으므로 투자성과가 불량한 것으로 평가된다.

(6) 평가척도의 선택

이상의 설명과 다음 예제에서 보는 것처럼 투자성과척도에 따라 그 서열이 달라질 수 있다. 그렇다면 어떠한 성과척도를 이용할 것인가? 그것은 평가목적에 비추어 본 위험척도의 타당성과 포트폴리오 평가의 목적에 따라 결정할 수밖에 없다.

앞에서 지적한 것처럼 운용자산 전부가 위험자산으로 구성되어 있을 때에는 샤프지수가 성과평가에 적절하고, 무위험자산과 위험자산이 혼합되어 있으면 평가비율이 적절한 면이 있다.[17] 많은 포트폴리오 중에서 어느 하나의 특정 포트폴리오 성과를 평가할 때에는 트레이너지수나 젠센지수가 유용한 면이 있는데, 트레이너지수는 상대적 비율로서 젠센지수는 절대적 차이로서 평가하는 데 차이가 있다.

하우겐(R. Haugen)도 비슷한 관점에서 여러 지수들의 우열에 관하여 다음과 같은 주장을 하고 있다.[18] 그에 의하면 포트폴리오 관리자의 성과는 관리의 '깊이(depth)'와 '폭(breadth)'의 견지에서 평가해야 하는데, 이때 '깊이'는 획득할 수 있는 초과수익의 크기를 말하고, '폭'은 초과수익을 획득할 수 있는 증권의 수를 의미한다. 그런데 트레이너지수와 젠센지수는 '깊이'만 설명하고 있으나, 샤프지수는 '깊이'와 '폭' 모두에 민감하기 때문에 샤프지수가 포트폴리오 성과평가에 보다 적절한 척도라고 설명하고 있다.

예제

지난 1년간에 걸친 펀드매니저 A와 B의 운영실적과 시장지수 관련 자료이다(무위험이자율 : 6%).

	평균투자수익률	베 타	표준편차	비체계적 위험($\sigma(\epsilon)$)
펀드매니저 A	35%	1.20	55%	18%
펀드매니저 B	20	0.80	25	10
시장지수	28	1.00	30	0

두 펀드매니저의 투자성과에 대하여 (1) 샤프지수, (2) 트레이너지수, (3) 젠센지수, (4) 정보비율,

17) Z. Bodie, A. Kane & A. Marcus, *op. cit.*, pp.805～809.

18) R. Haugen, *op. cit.*, pp.236～241.

(5) M^2지수를 구하고 투자성과를 평가하라.

풀이

(1) 샤프지수$=(\overline{R_p}-\overline{R_f})/\sigma_p$

$RVAR(A)=(35-6)/55=0.53$ $\quad RVAR(B)=(20-6)/25=0.56$

(2) 트레이너지수$=(\overline{R_p}-\overline{R_f})/\beta$

$RVOL(A)=(35-6)/1.2=24.2$ $\quad RVOL(B)=(20-6)/0.8=17.5$

(3) 젠센지수 $\alpha=\overline{R_p}-[\overline{R_f}+\beta(\overline{R_m}-\overline{R_f})]$

$\alpha(A)=35-[6+1.2(28-6)]=2.6$ $\quad \alpha(B)=20-[6+0.8(28-6)]=-3.6$

(4) 정보비율 : $\alpha/\sigma(\epsilon)$

$A(A)=2.6/18=0.144$ $\quad A(B)=-3.6/10=-0.36$

(5) M^2지수 : $M^2=r_{p^*}-r_M$

A : $30/55=0.5454$, $r_{p^*}=(0.5454)(0.35)+(0.4545)(0.06)=21.81\%<28\%(r_M)$

B : $30/25=1.2$, $r_{p^*}=(1.2)(0.2)+(-0.2)(0.06)=22.8\%<28\%(r_M)$

A, B 모두 불량하지만, A가 더 불량하다.

→ 샤프지수와 M^2지수로 평가하면 펀드매니저 B가 우월한 것으로 평가된다. 체계적 위험 대비 초과수익률을 트레이너지수와 젠센지수, 정보비율에 의해 평가하면 펀드매니저 A가 우월하다.

증권카페

투자계획서의 작성

투자관리를 마무리하는 작업은 문서화된 투자계획서(IPS : investment policy statement)를 작성하는 것이다. 투자계획서(IPS)는 투자수익 목표와 투자위험 성향 등 투자자의 투자성향이 파악되면 체계적이고도 일관성 있는 투자관리를 수행하기 위하여 투자목표와 자산배분, 포트폴리오 구성의 방향을 제시하는 것으로서 투자관리를 도와주는 로드맵과 같다고 할 수 있다. 투자계획서에 포함시켜야 할 내용에는 ① 순재산 현황, 생애재무계획(기간), ② 투자목표 제시, ③ 자산배분안, ④ 투자방침 등이 포함된다.

순자산 상태의 파악

투자목표를 설정하고, 자산배분안이 제시되기 위해서는 그 전 단계로 다음 재산현황표처럼 자산에서 부채를 차감한 순자산 상태를 파악해야 한다.

자 산		부 채	
• 현금성자산	• 예금 · 적금, 개인대여	• 은행대출(주택담보…)	• 개인차입
• 보험자산	• 주식투자액	• 마이너스통장 사용액	• 카드할부 사용액
• 채권투자액	• 부동산(자택, 토지…)	• 자동차 할부액	
• 자동차…	• 골프장, 콘도 회원권	순자산＝자산－부채	

개인투자자 투자계획서 작성의 예시

다음은 개인투자자가 작성하는 IPS 기본틀의 한 예이다. 여기서는 연령이 30세, 직장은 안정적이고 능력을 인정받는 경력 3년이며, 퇴직기금 구축이 최우선 과제인 직장인을 예로 든 것이다.

[순자산] 현재 3.2억원(재산현황표 작성을 통해 파악된 자산은 4.2억원, 부채는 1.0억원)

[투자목표] 안정적인 연봉수입이 기대되므로 원금보존형 목표나 경상수입목표보다는 시세차익목표나 총투자수익목표에 두고, 연평균투자수익률의 목표치는 6%로 설정. 30년 후 은퇴 후 월 200만원의 생활비(물가상승률 3% 가정)를 가정한 자금 4.744억원과 일시금 5억원을 합한 은퇴자금을 9.488억원으로 추정. 이 자금을 마련하기 위하여 은퇴시까지의 30년간(360개월) 매월 94.5만원을 저축 투자

[자산배분안] 펀드를 중간수준의 위험 또는 고위험 투자자산에 투자
주식포트폴리오의 평균위험은 주가지수(KOSPI) 수준을 상회하도록 관리
외국주식 포함 주식(위험자산)의 비중은 80～95%가 되도록 설정하고, 나머지 5～20%의 자금은 채권에 투자

[투자관리방침] 향후 10년간은 시세차익과 배당수입을 균형 있게 확보하기 위하여 바이오와 기술력 있는 IT섹터의 성장주와 배당수익률이 3% 이상인 배당주 중심의 주식포트폴리오 구성. 채권은 금리하락 현상이 장기적으로 지속될 것으로 보고 장기채 중심으로 채권포트폴리오 구성

연습문제

1. 다음 사항에 대하여 설명하라.

소극적 투자관리	인덱스펀드 투자전략	추적오차
상장지수펀드(ETF)	평균투자법	적극적 투자관리
섹터 로테이션 전략	역투자전략	주가모멘텀전략
스타일분석	트레이너-블랙모형	가치투자전략
성장투자전략	액티브펀드	패시브펀드
팩터투자	자산배분방법의 유형	포뮬러 플랜
위험이 조정된 성과척도	샤프지수	트레이너지수
젠센지수	정보비율	M^2지수

2. 다음 중 잘못 서술되어 있는 문항에 대해서는, 잘못 서술되고 있음을 논리적 · 이론적 근거를 제시하여 설명하라.

(1) 소극적 투자관리 또는 적극적 투자관리 방법인지 여부는 정보비용의 차이에 있다.
(2) 인덱스펀드는 ETF보다 거래비용, 유동성, 투자관리의 다양성 면에서 장점이 있다.
(3) 평균투자법은 주가가 상향추세일 때에는 더 효과가 있다.
(4) 포뮬러 플랜의 방법 가운데 채권과 주식에 투자된 금액의 비율을 일정하게 하는 방법이 불변금액법이다.
(5) 과거의 주가움직임의 추세는 미래에도 지속된다는 가정에서 구사해 보는 전략은 역투자전략이다.
(6) 성장주는 주가배수(P/B, P/E 등)가 낮은 주식군과 시세차익보다는 안정적인 배당수익률이 기대되는 주식군, 규제산업 주식군이 해당된다.
(7) 장기적인 관점에서 시장상황의 변동이나 투자자의 위험수용도의 변화에 대응하여 자산믹스를 변경하는 것은 정책적 자산배분이라고 한다.
(8) 다기간 투자수익률로서 내부수익률은 최종시점 부의 수준을 감안한 수익률이다.
(9) 초과수익률 α_p를 비체계적 위험 정도를 측정한 잔차표준편차 $\sigma(\epsilon_p)$로 나눈 비율을 M^2지수라고 한다.
(10) 투자성과평가방법으로서 트레이너지수는 총위험을 고려한 방법이다.

3. 소극적 투자관리에 사용되는 단순매수 · 보유전략, 인덱스(지수)펀드 투자전략, 평균투자법의 특징과 이의 장단점을 설명하라.

4. 인덱스펀드의 구성방법에 대하여 설명하고 ETF와 인덱스펀드의 장단점을 비교하라.

5. 적극적 투자관리에 사용될 수 있는 다음 방법들의 내용과 이의 장단점을 설명하라.

집중투자방법, 섹터 로테이션 전략, 역투자전략, 주가모멘텀전략, 시계열 이례현상, 이익모멘텀 이례현상, 기업특성상의 이례현상, 가치주 이례현상

6. 가치투자전략과 성장투자전략의 차이점을 설명하라.

7. 액티브펀드, 패시브펀드, 팩터투자, 스마트베타ETF의 차이점을 설명하라.

8. 정책적 자산배분, 동적 자산배분, 전술적 자산배분 방법의 차이점을 설명하라.

9. 포뮬러 플랜으로서 불변금액법, 불변비율법, 변동비율법의 차이점을 설명하라.

10. 포트폴리오 이론에 기초한 자산배분방법에 대하여 설명하라.

11. 위험이 조정된 성과척도인 샤프지수, 트레이너지수, 젠센지수, 정보비율, M^2지수의 차이점을 설명하라.

12. [투자성과평가]

지난 1년간에 걸친 자금운용자 甲의 운영실적자료와 시장지수 관련자료이다(무위험이자율 : 6%).

	평균투자수익률	베 타	표준편차	비체계적 위험($\sigma(\epsilon)$)
甲포트폴리오	32%	1.40	45%	20%
시장지수	28	1.00	30	0

甲포트폴리오와 시장지수에 대하여 샤프지수, 트레이너지수, 젠센지수, 정보비율을 구하고 어느 평가척도에 의한 것이 자금운용자 甲의 성과가 시장지수보다도 우월하지 못한가?

13. [투자성과평가]

흥부와 놀부가 지난 1년 동안 보유하였던 포트폴리오의 성과는 다음과 같았다.

	수익률	베 타	잔차분산
흥부의 포트폴리오	0.15	1.3	0
놀부의 포트폴리오	0.09	0.9	0.04

$$R_f = 0.15 \qquad R_m = 0.1 \qquad \sigma_m = 0.3$$

(1) 두 포트폴리오에 대해 네 가지 평가척도를 계산하라.
(2) 시장포트폴리오의 샤프지수를 설명하라.
(3) 종합해 볼 때 누구의 포트폴리오가 우수한 성과를 거두었다고 말할 수 있겠는가?

38.25 +0.66 3,300
79.75 0.00 5,136,100
5.25 -1.87 153,100
3.52 +0.57 4,169,300
1.32 0.00

부 록

1. 현재 · 미래가치계산표

〈표 A-1〉 단일금액 1원의 미래가치 $F_n = (1+r)^n$ 기간이자율(r)

기간수 (n)	1%	2%	3%	4%	5%	6%	7%	8%	9%	10%
1	1.0100	1.0200	1.0300	1.0400	1.0500	1.0600	1.0700	1.0800	1.0900	1.1000
2	1.0201	1.0404	1.0609	1.0816	1.1025	1.1236	1.1449	1.1664	1.1881	1.2100
3	1.0303	1.0612	1.0927	1.1249	1.1576	1.1910	1.2250	1.2597	1.2950	1.3310
4	1.0406	1.0824	1.1255	1.1699	1.2155	1.2625	1.3108	1.3605	1.4116	1.4641
5	1.0510	1.1041	1.1593	1.2167	1.2763	1.3382	1.4026	1.4693	1.5386	1.6105
6	1.0615	1.1262	1.1941	1.2653	1.3401	1.4185	1.5007	1.5869	1.6771	1.7716
7	1.0721	1.1487	1.2299	1.3159	1.4071	1.5036	1.6058	1.7138	1.8280	1.9487
8	1.0829	1.1717	1.2668	1.3686	1.4775	1.5938	1.7182	1.8509	1.9926	2.1436
9	1.0937	1.1951	1.3048	1.4233	1.5513	1.6895	1.8385	1.9990	2.1719	2.3579
10	1.1046	1.2190	1.3439	1.4802	1.6289	1.7908	1.9672	2.1589	2.3674	2.5937
11	1.1157	1.2434	1.3842	1.5395	1.7103	1.8983	2.1049	2.3316	2.5804	2.8531
12	1.1268	1.2682	1.4258	1.6010	1.7959	2.0122	2.2522	2.5182	2.8127	3.1384
13	1.1381	1.2936	1.4685	1.6651	1.8856	2.1329	2.4098	2.7196	3.0658	3.4523
14	1.1495	1.3195	1.5126	1.7317	1.9799	2.2609	2.5785	2.9372	3.3417	3.7975
15	1.1610	1.3459	1.5580	1.8009	2.0789	2.3966	2.7590	3.1722	3.6425	4.1772
16	1.1726	1.3728	1.6047	1.8730	2.1829	2.5404	2.9522	3.4259	3.9703	4.5950
17	1.1843	1.4002	1.6528	1.9479	2.2920	2.6928	3.1588	3.7000	4.3276	5.0545
18	1.1961	1.4282	1.7024	2.0258	2.4066	2.8543	3.3799	3.9960	4.7171	5.5599
19	1.2081	1.4568	1.7535	2.1068	2.5270	3.0256	3.6165	4.3157	5.1417	6.1159
20	1.2202	1.4859	1.8061	2.1911	2.6533	3.2071	3.8697	4.6610	5.6044	6.7275
21	1.2324	1.5157	1.8603	2.2788	2.7860	3.3996	4.1406	5.0338	6.1088	7.4002
22	1.2447	1.5460	1.9161	2.3699	2.9253	3.6035	4.4304	5.4365	6.6586	8.1403
23	1.2572	1.5769	1.9736	2.4647	3.0715	3.8197	4.7405	5.8715	7.2579	8.9543
24	1.2697	1.6084	2.0328	2.5633	3.2251	4.0489	5.0724	6.3412	7.9111	9.8497
25	1.2824	1.6406	2.0938	2.6658	3.3864	4.2919	5.4274	6.8485	8.6231	10.8347
26	1.2953	1.6734	2.1566	2.7725	3.5557	4.5494	5.8074	7.3964	9.3992	11.9182
27	1.3082	1.7069	2.2213	2.8834	3.7335	4.8223	6.2139	7.9881	10.2451	13.1100
28	1.3213	1.7410	2.2879	2.9987	3.9201	5.1117	6.6488	8.6271	11.1671	14.4210
29	1.3345	1.7758	2.3566	3.1187	4.1161	5.4184	7.1143	9.3173	12.1722	15.8631
30	1.3478	1.8114	2.4273	3.2434	4.3219	5.7435	7.6123	10.0627	13.2677	17.4494
35	1.4166	1.9999	2.8139	3.9461	5.5160	7.6861	10.6766	14.7853	20.4140	28.1024
40	1.4889	2.2080	3.2620	4.8010	7.0400	10.2857	14.9745	21.7245	31.4094	45.2593
45	1.5648	2.4379	3.7816	5.8412	8.9850	13.7646	21.0025	31.9204	48.3273	72.8905
50	1.6446	2.6916	4.3839	7.1067	11.4674	18.4202	29.4570	46.9016	74.3575	117.3909
60	1.8167	3.2810	5.8916	10.5196	18.6792	32.9877	57.9464	101.2571	176.0313	304.4816
70	2.0068	3.9996	7.9178	15.5716	30.4264	59.0759	113.9894	218.6064	416.7301	789.7470
80	2.2167	4.8754	10.6409	23.0498	49.5614	105.7960	224.2344	471.9548	986.5517	2048.4002

기간이자율(r)

기간수 (n)	11%	12%	13%	14%	15%	16%	17%	18%	19%	20%
1	1.1100	1.1200	1.1300	1.1400	1.1500	1.1600	1.1700	1.1800	1.1900	1.2000
2	1.2321	1.2544	1.2769	1.2996	1.3225	1.3456	1.3689	1.3924	1.4161	1.4400
3	1.3676	1.4049	1.4429	1.4815	1.5209	1.5609	1.6016	1.6430	1.6852	1.7280
4	1.5181	1.5735	1.6305	1.6890	1.7490	1.8106	1.8739	1.9388	2.0053	2.0736
5	1.6851	1.7623	1.8424	1.9254	2.0114	2.1003	2.1924	2.2878	2.3864	2.4883
6	1.8704	1.9738	2.0820	2.1950	2.3131	2.4364	2.5652	2.6996	2.8398	2.9860
7	2.0762	2.2107	2.3526	2.5023	2.6600	2.8262	3.0012	3.1855	3.3793	3.5832
8	2.3045	2.4760	2.6584	2.8526	3.0590	3.2784	3.5115	3.7589	4.0214	4.2998
9	2.5580	2.7731	3.0040	3.2519	3.5179	3.8030	4.1084	4.4355	4.7854	5.1598
10	2.8394	3.1058	3.3946	3.7072	4.0456	4.4114	4.8068	5.2338	5.6947	6.1917
11	3.1518	3.4785	3.8359	4.2262	4.6524	5.1173	5.6240	6.1759	6.7767	7.4301
12	3.4985	3.8960	4.3345	4.8179	5.3503	5.9360	6.5801	7.2876	8.0642	8.9161
13	3.8833	4.3635	4.8980	5.4924	6.1528	6.8858	7.6987	8.5994	9.5964	10.6993
14	4.3104	4.8871	5.5348	6.2613	7.0757	7.9875	9.0075	10.1472	11.4198	12.8392
15	4.7846	5.4736	6.2543	7.1379	8.1371	9.2655	10.5387	11.9737	13.5895	15.4070
16	5.3109	6.1304	7.0673	8.1372	9.3576	10.7480	12.3303	14.1290	16.1715	18.4884
17	5.8951	6.8660	7.9861	9.2765	10.7613	12.4677	14.4265	16.6722	19.2441	22.1861
18	6.5436	7.6900	9.0243	10.5752	12.3755	14.4625	16.8790	19.6733	22.9005	26.6233
19	7.2633	8.6128	10.1974	12.0557	14.2318	16.7765	19.7484	23.2144	27.2516	31.9480
20	8.0623	9.6463	11.5231	13.7435	16.3665	19.4608	23.1056	27.3930	32.4294	38.3376
21	8.9492	10.8038	13.0211	15.6676	18.8215	22.5745	27.0336	32.3238	38.5910	46.0051
22	9.9336	12.1003	14.7138	17.8610	21.6447	26.1864	31.6293	38.1421	45.9233	55.2061
23	11.0263	13.5523	16.6266	20.3616	24.8915	30.3762	37.0062	45.0076	54.6487	66.2474
24	12.2392	15.1786	18.7881	23.2122	28.6252	35.2364	43.2973	53.1090	65.0320	79.4968
25	13.5855	17.0001	21.2305	26.4619	32.9190	40.8742	50.6578	62.6686	77.3881	95.3962
26	15.0799	19.0401	23.9905	30.1666	37.8568	47.4141	59.2697	73.9490	92.0918	114.4755
27	16.7386	21.3249	27.1093	34.3899	43.5353	55.0004	69.3455	87.2598	109.5893	137.3706
28	18.5799	23.8839	30.6335	39.2045	50.0656	63.8004	81.1342	102.9666	130.4112	164.8447
29	20.6237	26.7499	34.6158	44.6931	57.5755	74.0085	94.9271	121.5005	155.1893	197.8136
30	22.8923	29.9599	39.1159	50.9502	66.2118	85.8499	111.0647	143.3706	184.6753	237.3763
35	38.5749	52.7996	72.0685	98.1002	133.1755	180.3141	243.5035	327.9973	440.7006	590.6682
40	65.0009	93.0510	132.7816	188.8835	267.8635	378.7212	533.8687	750.3783	1051.6675	1469.7716
45	109.5302	163.9876	244.6414	363.6791	538.7693	795.4438	1170.4794	1716.6839	2509.6506	3657.2620
50	184.5648	289.0022	450.7359	700.2330	1083.6574	1670.7038	2566.2153	3927.3569	5988.9139	9100.4382
60	524.0572	897.5969	1530.0535	2595.9187	4383.9987	7370.2014	12335.3565	20555.1400	34104.9709	56347.5144
70	1488.0191	2787.7998	5193.8696	9623.6450	17735.720	32513.165	59293.942	107582.22	194217.03	348888.96
80	4225.1128	8658.4831	17630.941	35676.982	71750.879	143429.72	285015.80	563067.66	1106004.5	2160228.5

〈표 A-2〉 단일금액 1원의 현재가치

$$P_n = \frac{1}{(1+r)^n}$$

기간이자율(r)

기간수 (n)	1%	2%	3%	4%	5%	6%	7%	8%	9%	10%
1	0.9901	0.9804	0.9709	0.9615	0.9524	0.9434	0.9346	0.9259	0.9174	0.9091
2	0.9803	0.9612	0.9426	0.9246	0.9070	0.8900	0.8734	0.8573	0.8417	0.8264
3	0.9706	0.9423	0.9151	0.8890	0.8638	0.8396	0.8163	0.7938	0.7722	0.7513
4	0.9610	0.9238	0.8885	0.8548	0.8227	0.7921	0.7629	0.7350	0.7084	0.6830
5	0.9515	0.9057	0.8626	0.8219	0.7835	0.7473	0.7130	0.6806	0.6499	0.6209
6	0.9420	0.8880	0.8375	0.7903	0.7462	0.7050	0.6663	0.6302	0.5963	0.5645
7	0.9327	0.8706	0.8131	0.7599	0.7107	0.6651	0.6227	0.5835	0.5470	0.5132
8	0.9235	0.8535	0.7894	0.7307	0.6768	0.6274	0.5820	0.5403	0.5019	0.4665
9	0.9143	0.8368	0.7664	0.7026	0.6446	0.5919	0.5439	0.5002	0.4604	0.4241
10	0.9053	0.8203	0.7441	0.6756	0.6139	0.5584	0.5083	0.4632	0.4224	0.3855
11	0.8963	0.8043	0.7224	0.6496	0.5847	0.5268	0.4751	0.4289	0.3875	0.3505
12	0.8874	0.7885	0.7014	0.6246	0.5568	0.4970	0.4440	0.3971	0.3555	0.3186
13	0.8787	0.7730	0.6810	0.6006	0.5303	0.4688	0.4150	0.3677	0.3262	0.2897
14	0.8700	0.7579	0.6611	0.5775	0.5051	0.4423	0.3878	0.3405	0.2992	0.2633
15	0.8613	0.7430	0.6419	0.5553	0.4810	0.4173	0.3624	0.3152	0.2745	0.2394
16	0.8528	0.7284	0.6232	0.5339	0.4581	0.3936	0.3387	0.2919	0.2519	0.2176
17	0.8444	0.7142	0.6050	0.5134	0.4363	0.3714	0.3166	0.2703	0.2311	0.1978
18	0.8360	0.7002	0.5874	0.4936	0.4155	0.3503	0.2959	0.2502	0.2120	0.1799
19	0.8277	0.6864	0.5703	0.4746	0.3957	0.3305	0.2765	0.2317	0.1945	0.1635
20	0.8195	0.6730	0.5537	0.4564	0.3769	0.3118	0.2584	0.2145	0.1784	0.1486
21	0.8114	0.6598	0.5375	0.4388	0.3589	0.2942	0.2415	0.1987	0.1637	0.1351
22	0.8034	0.6468	0.5219	0.4220	0.3418	0.2775	0.2257	0.1839	0.1502	0.1228
23	0.7954	0.6342	0.5067	0.4057	0.3256	0.2618	0.2109	0.1703	0.1378	0.1117
24	0.7876	0.6217	0.4919	0.3901	0.3101	0.2470	0.1971	0.1577	0.1264	0.1015
25	0.7798	0.6095	0.4776	0.3751	0.2953	0.2330	0.1842	0.1460	0.1160	0.0923
26	0.7720	0.5976	0.4637	0.3607	0.2812	0.2198	0.1722	0.1352	0.1064	0.0839
27	0.7644	0.5859	0.4502	0.3468	0.2678	0.2074	0.1609	0.1252	0.0976	0.0763
28	0.7568	0.5744	0.4371	0.3335	0.2551	0.1956	0.1504	0.1159	0.0895	0.0693
29	0.7493	0.5631	0.4243	0.3207	0.2429	0.1846	0.1406	0.1073	0.0822	0.0630
30	0.7419	0.5521	0.4120	0.3083	0.2314	0.1741	0.1314	0.0994	0.0754	0.0573
35	0.7059	0.5000	0.3554	0.2534	0.1813	0.1301	0.0937	0.0676	0.0490	0.0356
40	0.6717	0.4529	0.3066	0.2083	0.1420	0.0972	0.0668	0.0460	0.0318	0.0221
45	0.6391	0.4102	0.2644	0.1712	0.1113	0.0727	0.0476	0.0313	0.0207	0.0137
50	0.6080	0.3715	0.2281	0.1407	0.0872	0.0543	0.0339	0.0213	0.0134	0.0085
60	0.5504	0.3048	0.1697	0.0951	0.0535	0.0303	0.0173	0.0099	0.0057	0.0033
70	0.4983	0.2500	0.1263	0.0642	0.0329	0.0169	0.0088	0.0046	0.0024	0.0013
80	0.4511	0.2051	0.0940	0.0434	0.0202	0.0095	0.0045	0.0021	0.0010	0.0005

기간이자율(r)

기간수 (n)	11%	12%	13%	14%	15%	16%	17%	18%	19%	20%
1	0.9009	0.8929	0.8850	0.8772	0.8696	0.8621	0.8547	0.8475	0.8403	0.8333
2	0.8116	0.7972	0.7831	0.7695	0.7561	0.7432	0.7305	0.7182	0.7062	0.6944
3	0.7312	0.7118	0.6931	0.6750	0.6575	0.6407	0.6244	0.6086	0.5934	0.5787
4	0.6587	0.6355	0.6133	0.5921	0.5718	0.5523	0.5337	0.5158	0.4987	0.4823
5	0.5935	0.5674	0.5428	0.5194	0.4972	0.4761	0.4561	0.4371	0.4190	0.4019
6	0.5346	0.5066	0.4803	0.4556	0.4323	0.4104	0.3898	0.3704	0.3521	0.3349
7	0.4817	0.4523	0.4251	0.3996	0.3759	0.3538	0.3332	0.3139	0.2959	0.2791
8	0.4339	0.4039	0.3762	0.3506	0.3269	0.3050	0.2848	0.2660	0.2487	0.2326
9	0.3909	0.3606	0.3329	0.3075	0.2843	0.2630	0.2434	0.2255	0.2090	0.1938
10	0.3522	0.3220	0.2946	0.2697	0.2472	0.2267	0.2080	0.1911	0.1756	0.1615
11	0.3173	0.2875	0.2607	0.2366	0.2149	0.1954	0.1778	0.1619	0.1476	0.1346
12	0.2858	0.2567	0.2307	0.2076	0.1869	0.1685	0.1520	0.1372	0.1240	0.1122
13	0.2575	0.2292	0.2042	0.1821	0.1625	0.1452	0.1299	0.1163	0.1042	0.0935
14	0.2320	0.2046	0.1807	0.1597	0.1413	0.1252	0.1110	0.0985	0.0876	0.0779
15	0.2090	0.1827	0.1599	0.1401	0.1229	0.1079	0.0949	0.0835	0.0736	0.0649
16	0.1883	0.1631	0.1415	0.1229	0.1069	0.0930	0.0811	0.0708	0.0618	0.0541
17	0.1696	0.1456	0.1252	0.1078	0.0929	0.0802	0.0693	0.0600	0.0520	0.0451
18	0.1528	0.1300	0.1108	0.0946	0.0808	0.0691	0.0592	0.0508	0.0437	0.0376
19	0.1377	0.1161	0.0981	0.0829	0.0703	0.0596	0.0506	0.0431	0.0367	0.0313
20	0.1240	0.1037	0.0868	0.0728	0.0611	0.0514	0.0433	0.0365	0.0308	0.0261
21	0.1117	0.0926	0.0768	0.0638	0.0531	0.0443	0.0370	0.0309	0.0259	0.0217
22	0.1007	0.0826	0.0680	0.0560	0.0462	0.0382	0.0316	0.0262	0.0218	0.0181
23	0.0907	0.0738	0.0601	0.0491	0.0402	0.0329	0.0270	0.0222	0.0183	0.0151
24	0.0817	0.0659	0.0532	0.0431	0.0349	0.0284	0.0231	0.0188	0.0154	0.0126
25	0.0736	0.0588	0.0471	0.0378	0.0304	0.0245	0.0197	0.0160	0.0129	0.0105
26	0.0663	0.0525	0.0417	0.0331	0.0264	0.0211	0.0169	0.0135	0.0109	0.0087
27	0.0597	0.0469	0.0369	0.0291	0.0230	0.0182	0.0144	0.0115	0.0091	0.0073
28	0.0538	0.0419	0.0326	0.0255	0.0200	0.0157	0.0123	0.0097	0.0077	0.0061
29	0.0485	0.0374	0.0289	0.0224	0.0174	0.0135	0.0105	0.0082	0.0064	0.0051
30	0.0437	0.0334	0.0256	0.0196	0.0151	0.0116	0.0090	0.0070	0.0054	0.0042
35	0.0259	0.0189	0.0139	0.0102	0.0075	0.0055	0.0041	0.0030	0.0023	0.0017
40	0.0154	0.0107	0.0075	0.0053	0.0037	0.0026	0.0019	0.0013	0.0010	0.0007
45	0.0091	0.0061	0.0041	0.0027	0.0019	0.0013	0.0009	0.0006	0.0004	0.0003
50	0.0054	0.0035	0.0022	0.0014	0.0009	0.0006	0.0004	0.0003	0.0002	0.0001
60	0.0019	0.0011	0.0007	0.0004	0.0002	0.0001	0.0001	0.0000	0.0000	0.0000
70	0.0007	0.0004	0.0002	0.0001	0.0001	0.0000	0.0000	0.0000	0.0000	0.0000
80	0.0002	0.0001	0.0001	0.0000	0.0000	0.0000	0.0000	0.0000	0.0000	0.0000

〈표 A-3〉 정상연금 1원의 미래가치 $FA_n = \sum_{t=1}^{n}(1+r)^{n-t} = \frac{(1+r)^n - 1}{r}$ 기간이자율(r)

기간수 (n)	1%	2%	3%	4%	5%	6%	7%	8%	9%	10%
1	1.0000	1.0000	1.0000	1.0000	1.0000	1.0000	1.0000	1.0000	1.0000	1.0000
2	2.0100	2.0200	2.0300	2.0400	2.0500	2.0600	2.0700	2.0800	2.0900	2.1000
3	3.0301	3.0604	3.0909	3.1216	3.1525	3.1836	3.2149	3.2464	3.2781	3.3100
4	4.0604	4.1216	4.1836	4.2465	4.3101	4.3746	4.4399	4.5061	4.5731	4.6410
5	5.1010	5.2040	5.3091	5.4163	5.5256	5.6371	5.7507	5.8666	5.9847	6.1051
6	6.1520	6.3081	6.4684	6.6330	6.8019	6.9753	7.1533	7.3359	7.5233	7.7156
7	7.2135	7.4343	7.6625	7.8983	8.1420	8.3938	8.6540	8.9228	9.2004	9.4872
8	8.2857	8.5830	8.8923	9.2142	9.5491	9.8975	10.2598	10.6366	11.0285	11.4359
9	9.3685	9.7546	10.1591	10.5828	11.0266	11.4913	11.9780	12.4876	13.0210	13.5795
10	10.4622	10.9497	11.4639	12.0061	12.5779	13.1808	13.8164	14.4866	15.1929	15.9374
11	11.5668	12.1687	12.8078	13.4864	14.2068	14.9716	15.7836	16.6455	17.5603	18.5312
12	12.6825	13.4121	14.1920	15.0258	15.9171	16.8699	17.8885	18.9771	20.1407	21.3843
13	13.8093	14.6803	15.6178	16.6268	17.7130	18.8821	20.1406	21.4953	22.9534	24.5227
14	14.9474	15.9739	17.0863	18.2919	19.5986	21.0151	22.5505	24.2149	26.0192	27.9750
15	16.0969	17.2934	18.5989	20.0236	21.5786	23.2760	25.1290	27.1521	29.3609	31.7725
16	17.2579	18.6393	20.1569	21.8245	23.6575	25.6725	27.8881	30.3243	33.0034	35.9497
17	18.4304	20.0121	21.7616	23.6975	25.8404	28.2129	30.8402	33.7502	36.9737	40.5447
18	19.6147	21.4123	23.4144	25.6454	28.1324	30.9057	33.9990	37.4502	41.3013	45.5992
19	20.8109	22.8406	25.1169	27.6712	30.5390	33.7600	37.3790	41.4463	46.0185	51.1591
20	22.0190	24.2974	26.8704	29.7781	33.0660	36.7856	40.9955	45.7620	51.1601	57.2750
21	23.2392	25.7833	28.6765	31.9692	35.7193	39.9927	44.8652	50.4229	56.7645	64.0025
22	24.4716	27.2990	30.5368	34.2480	38.5052	43.3923	49.0057	55.4568	62.8733	71.4027
23	25.7163	28.8450	32.4529	36.6179	41.4305	46.9958	53.4361	60.8933	69.5319	79.5430
24	26.9735	30.4219	34.4265	39.0826	44.5020	50.8156	58.1767	66.7648	76.7898	88.4973
25	28.2432	32.0303	36.4593	41.6459	47.7271	54.8645	63.2490	73.1059	84.7009	98.3471
26	29.5256	33.6709	38.5530	44.3117	51.1135	59.1564	68.6765	79.9544	93.3240	109.1818
27	30.8209	35.3443	40.7096	47.0842	54.6691	63.7058	74.4838	87.3508	102.7231	121.0999
28	32.1291	37.0512	42.9309	49.9676	58.4026	68.5281	80.6977	95.3388	112.9682	134.2099
29	33.4504	38.7922	45.2189	52.9663	62.3227	73.6398	87.3465	103.9659	124.1354	148.6309
30	34.7849	40.5681	47.5754	56.0849	66.4388	79.0582	94.4608	113.2832	136.3075	164.4940
35	41.6603	49.9945	60.4621	73.6522	90.3203	111.4348	138.2369	172.3168	215.7108	271.0244
40	48.8864	60.4020	75.4013	95.0255	120.7998	154.7620	199.6351	259.0565	337.8824	442.5926
45	56.4811	71.8927	92.7199	121.0294	159.7002	212.7435	285.7493	386.5056	525.8587	718.9048
50	64.4632	84.5794	112.7969	152.6671	209.3480	290.3359	406.5289	573.7702	815.0836	1163.9085
60	81.6697	114.0515	163.0534	237.9907	353.5837	533.1282	813.5204	1253.2133	1944.7921	3034.8164
70	100.6763	149.9779	230.5941	364.2905	588.5285	967.9322	1614.1342	2720.0801	4619.2232	7887.4696
80	121.6715	193.7720	321.3630	551.2450	971.2288	1746.5999	3189.0627	5886.9354	10950.574	20474.002

기간이자율(r)

기간수 (n)	11%	12%	13%	14%	15%	16%	17%	18%	19%	20%
1	1.0000	1.0000	1.0000	1.0000	1.0000	1.0000	1.0000	1.0000	1.0000	1.0000
2	2.1100	2.1200	2.1300	2.1400	2.1500	2.1600	2.1700	2.1800	2.1900	2.2000
3	3.3421	3.3744	3.4069	3.4396	3.4725	3.5056	3.5389	3.5724	3.6061	3.6400
4	4.7097	4.7793	4.8498	4.9211	4.9934	5.0665	5.1405	5.2154	5.2913	5.3680
5	6.2278	6.3528	6.4803	6.6101	6.7424	6.8771	7.0144	7.1542	7.2966	7.4416
6	7.9129	8.1152	8.3227	8.5355	8.7537	8.9775	9.2068	9.4420	9.6830	9.9299
7	9.7833	10.0890	10.4047	10.7305	11.0668	11.4139	11.7720	12.1415	12.5227	12.9159
8	11.8594	12.2997	12.7573	13.2328	13.7268	14.2401	14.7733	15.3270	15.9020	16.4991
9	14.1640	14.7757	15.4157	16.0853	16.7858	17.5185	18.2847	19.0859	19.9234	20.7989
10	16.7220	17.5487	18.4197	19.3373	20.3037	21.3215	22.3931	23.5213	24.7089	25.9587
11	19.5614	20.6546	21.8143	23.0445	24.3493	25.7329	27.1999	28.7551	30.4035	32.1504
12	22.7132	24.1331	25.6502	27.2707	29.0017	30.8502	32.8239	34.9311	37.1802	39.5805
13	26.2116	28.0291	29.9847	32.0887	34.3519	36.7862	39.4040	42.2187	45.2445	48.4966
14	30.0949	32.3926	34.8827	37.5811	40.5047	43.6720	47.1027	50.8180	54.8409	59.1959
15	34.4054	37.2797	40.4175	43.8424	47.5804	51.6595	56.1101	60.9653	66.2607	72.0351
16	39.1899	42.7533	46.6717	50.9804	55.7175	60.9250	66.6488	72.9390	79.8502	87.4421
17	44.5008	48.8837	53.7391	59.1176	65.0751	71.6730	78.9792	87.0680	96.0218	105.9306
18	50.3959	55.7497	61.7251	68.3941	75.8364	84.1407	93.4056	103.7403	115.2659	128.1167
19	56.9395	63.4397	70.7494	78.9692	88.2118	98.6032	110.2846	123.4135	138.1664	154.7400
20	64.2028	72.0524	80.9468	91.0249	102.4436	115.3797	130.0329	146.6280	165.4180	186.6880
21	72.2651	81.6987	92.4699	104.7684	118.8101	134.8405	153.1385	174.0210	197.8474	225.0256
22	81.2143	92.5026	105.4910	120.4360	137.6316	157.4150	180.1721	206.3448	236.4385	271.0307
23	91.1479	104.6029	120.2048	138.2970	159.2764	183.6014	211.8013	244.4868	282.3618	326.2369
24	102.1742	118.1552	136.8315	158.6586	184.1678	213.9776	248.8076	289.4945	337.0105	392.4842
25	114.4133	133.3339	155.6196	181.8708	212.7930	249.2140	292.1049	342.6035	402.0425	471.9811
26	127.9988	150.3339	176.8501	208.3327	245.7120	290.0883	342.7627	405.2721	479.4306	567.3773
27	143.0786	169.3740	200.8406	238.4993	283.5688	337.5024	402.0323	479.2211	571.5224	681.8528
28	159.8173	190.6989	227.9499	272.8892	327.1041	392.5028	471.3778	566.4809	681.1116	819.2233
29	178.3972	214.5828	258.5834	312.0937	377.1697	456.3032	552.5121	669.4475	811.5228	984.0680
30	199.0209	241.3327	293.1992	356.7868	434.7451	530.3117	647.4391	790.9480	966.7122	1181.8816
35	341.5896	431.6635	546.6808	693.5727	881.1702	1120.7130	1426.4910	1816.6516	2314.2137	2948.3411
40	581.8261	767.0914	1013.7042	1342.0251	1779.0903	2360.7572	3134.5218	4163.2130	5529.8290	7343.8578
45	986.6386	1358.2300	1874.1646	2590.5648	3585.1285	4965.2739	6879.2907	9531.5771	13203.424	18281.310
50	1668.7712	2400.0182	3459.5071	4994.5213	7217.7163	10435.649	15089.502	21813.094	31515.336	45497.191
60	4755.0658	7471.6411	11761.950	18535.133	29219.992	46057.509	72555.039	114189.67	179494.58	281732.57
70	13518.356	23223.332	39945.151	68733.179	118231.47	203201.03	348782.01	597673.46	1022189.6	1744439.8
80	38401.025	72145.696	135614.93	254828.44	478332.53	896429.47	1676557.7	3128148.1	5821071.3	10801137.

〈표 A-4〉 정상연금 1원의 현재가치

$$PA_n = \sum_{t=1}^{n} \frac{1}{(1+r)^t} = \frac{1-(1+r)^{-n}}{r}$$

기간이자율(r)

기간수 (n)	1%	2%	3%	4%	5%	6%	7%	8%	9%	10%
1	0.9901	0.9804	0.9709	0.9615	0.9524	0.9434	0.9346	0.9259	0.9174	0.9091
2	1.9704	1.9416	1.9135	1.8861	1.8594	1.8334	1.8080	1.7833	1.7591	1.7355
3	2.9410	2.8839	2.8286	2.7751	2.7232	2.6730	2.6243	2.5771	2.5313	2.4868
4	3.9020	3.8077	3.7171	3.6299	3.5460	3.4651	3.3872	3.3121	3.2397	3.1699
5	4.8534	4.7135	4.5797	4.4518	4.3295	4.2124	4.1002	3.9927	3.8897	3.7908
6	5.7955	5.6014	5.4172	5.2421	5.0757	4.9173	4.7665	4.6229	4.4859	4.3553
7	6.7282	6.4720	6.2303	6.0021	5.7864	5.5824	5.3893	5.2064	5.0330	4.8684
8	7.6517	7.3255	7.0197	6.7327	6.4632	6.2098	5.9713	5.7466	5.5348	5.3349
9	8.5660	8.1622	7.7861	7.4353	7.1078	6.8017	6.5152	6.2469	5.9952	5.7590
10	9.4713	8.9826	8.5302	8.1109	7.7217	7.3601	7.0236	6.7101	6.4177	6.1446
11	10.3676	9.7868	9.2526	8.7605	8.3064	7.8869	7.4987	7.1390	6.8052	6.4951
12	11.2551	10.5753	9.9540	9.3851	8.8633	8.3838	7.9427	7.5361	7.1607	6.8137
13	12.1337	11.3484	10.6350	9.9856	9.3936	8.8527	8.3577	7.9038	7.4869	7.1034
14	13.0037	12.1062	11.2961	10.5631	9.8986	9.2950	8.7455	8.2442	7.7862	7.3667
15	13.8651	12.8493	11.9379	11.1184	10.3797	9.7122	9.1079	8.5595	8.0607	7.6061
16	14.7179	13.5777	12.5611	11.6523	10.8378	10.1059	9.4466	8.8514	8.3126	7.8237
17	15.5623	14.2919	13.1661	12.1657	11.2741	10.4773	9.7632	9.1216	8.5436	8.0216
18	16.3983	14.9920	13.7535	12.6593	11.6896	10.8276	10.0591	9.3719	8.7556	8.2014
19	17.2260	15.6785	14.3238	13.1339	12.0853	11.1581	10.3356	9.6036	8.9501	8.3649
20	18.0456	16.3514	14.8775	13.5903	12.4622	11.4699	10.5940	9.8181	9.1285	8.5136
21	18.8570	17.0112	15.4150	14.0292	12.8212	11.7641	10.8355	10.0168	9.2922	8.6487
22	19.6604	17.6580	15.9369	14.4511	13.1630	12.0416	11.0612	10.2007	9.4424	8.7715
23	20.4558	18.2922	16.4436	14.8568	13.4886	12.3034	11.2722	10.3711	9.5802	8.8832
24	21.2434	18.9139	16.9355	15.2470	13.7986	12.5504	11.4693	10.5288	9.7066	8.9847
25	22.0232	19.5235	17.4131	15.6221	14.0939	12.7834	11.6536	10.6748	9.8226	9.0770
26	22.7952	20.1210	17.8768	15.9828	14.3752	13.0032	11.8258	10.8100	9.9290	9.1609
27	23.5596	20.7069	18.3270	16.3296	14.6430	13.2105	11.9867	10.9352	10.0266	9.2372
28	24.3164	21.2813	18.7641	16.6631	14.8981	13.4062	12.1371	11.0511	10.1161	9.3066
29	25.0658	21.8444	19.1885	16.9837	15.1411	13.5907	12.2777	11.1584	10.1983	9.3696
30	25.8077	22.3965	19.6004	17.2920	15.3725	13.7648	12.4090	11.2578	10.2737	9.4269
35	29.4086	24.9986	21.4872	18.6646	16.3742	14.4982	12.9477	11.6546	10.5668	9.6442
40	32.8347	27.3555	23.1148	19.7928	17.1591	15.0463	13.3317	11.9246	10.7574	9.7791
45	36.0945	29.4902	24.5187	20.7200	17.7741	15.4558	13.6055	12.1084	10.8812	9.8628
50	39.1961	31.4236	25.7298	21.4822	18.2559	15.7619	13.8007	12.2335	10.9617	9.9148
60	44.9550	34.7609	27.6756	22.6235	18.9293	16.1614	14.0392	12.3766	11.0480	9.9672
70	50.1685	37.4986	29.1234	23.3945	19.3427	16.3845	14.1604	12.4428	11.0844	9.9873
80	54.8882	39.7445	30.2008	23.9154	19.5965	16.5091	14.2220	12.4735	11.0998	9.9951

기간이자율(r)

기간수 (n)	11%	12%	13%	14%	15%	16%	17%	18%	19%	20%
1	0.9009	0.8929	0.8850	0.8772	0.8696	0.8621	0.8547	0.8475	0.8403	0.8333
2	1.7125	1.6901	1.6681	1.6467	1.6257	1.6052	1.5852	1.5656	1.5465	1.5278
3	2.4437	2.4018	2.3612	2.3216	2.2832	2.2459	2.2096	2.1743	2.1399	2.1065
4	3.1024	3.0373	2.9745	2.9137	2.8550	2.7982	2.7432	2.6901	2.6386	2.5887
5	3.6959	3.6048	3.5172	3.4331	3.3522	3.2743	3.1993	3.1272	3.0576	2.9906
6	4.2305	4.1114	3.9975	3.8887	3.7845	3.6847	3.5892	3.4976	3.4098	3.3255
7	4.7122	4.5638	4.4226	4.2883	4.1604	4.0386	3.9224	3.8115	3.7057	3.6046
8	5.1461	4.9676	4.7988	4.6389	4.4873	4.3436	4.2072	4.0776	3.9544	3.8372
9	5.5370	5.3282	5.1317	4.9464	4.7716	4.6065	4.4506	4.3030	4.1633	4.0310
10	5.8892	5.6502	5.4262	5.2161	5.0188	4.8332	4.6586	4.4941	4.3389	4.1925
11	6.2065	5.9377	5.6869	5.4527	5.2337	5.0286	4.8364	4.6560	4.4865	4.3271
12	6.4924	6.1944	5.9176	5.6603	5.4206	5.1971	4.9884	4.7932	4.6105	4.4392
13	6.7499	6.4235	6.1218	5.8424	5.5831	5.3423	5.1183	4.9095	4.7147	4.5327
14	6.9819	6.6282	6.3025	6.0021	5.7245	5.4675	5.2293	5.0081	4.8023	4.6106
15	7.1909	6.8109	6.4624	6.1422	5.8474	5.5755	5.3242	5.0916	4.8759	4.6755
16	7.3792	6.9740	6.6039	6.2651	5.9542	5.6685	5.4053	5.1624	4.9377	4.7296
17	7.5488	7.1196	6.7291	6.3729	6.0472	5.7487	5.4746	5.2223	4.9897	4.7746
18	7.7016	7.2497	6.8399	6.4674	6.1280	5.8178	5.5339	5.2732	5.0333	4.8122
19	7.8393	7.3658	6.9380	6.5504	6.1982	5.8775	5.5845	5.3162	5.0700	4.8435
20	7.9633	7.4694	7.0248	6.6231	6.2593	5.9288	5.6278	5.3527	5.1009	4.8696
21	8.0751	7.5620	7.1016	6.6870	6.3125	5.9731	5.6648	5.3837	5.1268	4.8913
22	8.1757	7.6446	7.1695	6.7429	6.3587	6.0113	5.6964	5.4099	5.1486	4.9094
23	8.2664	7.7184	7.2297	6.7921	6.3988	6.0442	5.7234	5.4321	5.1668	4.9245
24	8.3481	7.7843	7.2829	6.8351	6.4338	6.0726	5.7465	5.4509	5.1822	4.9371
25	8.4217	7.8431	7.3300	6.8729	6.4641	6.0971	5.7662	5.4669	5.1951	4.9476
26	8.4881	7.8957	7.3717	6.9061	6.4906	6.1182	5.7831	5.4804	5.2060	4.9563
27	8.5478	7.9426	7.4086	6.9352	6.5135	6.1364	5.7975	5.4919	5.2151	4.9636
28	8.6016	7.9844	7.4412	6.9607	6.5335	6.1520	5.8099	5.5016	5.2228	4.9697
29	8.6501	8.0218	7.4701	6.9830	6.5509	6.1656	5.8204	5.5098	5.2292	4.9747
30	8.6938	8.0552	7.4957	7.0027	6.5660	6.1772	5.8294	5.5168	5.2347	4.9789
35	8.8552	8.1755	7.5856	7.0700	6.6166	6.2153	5.8582	5.5386	5.2512	4.9915
40	8.9511	8.2438	7.6344	7.1050	6.6418	6.2335	5.8713	5.5482	5.2582	4.9966
45	9.0079	8.2825	7.6609	7.1232	6.6543	6.2421	5.8773	5.5523	5.2611	4.9986
50	9.0417	8.3045	7.6752	7.1327	6.6605	6.2463	5.8801	5.5541	5.2623	4.9995
60	9.0736	8.3240	7.6873	7.1401	6.6651	6.2492	5.8819	5.5553	5.2630	4.9999
70	9.0848	8.3303	7.6908	7.1421	6.6663	6.2498	5.8823	5.5555	5.2631	5.0000
80	9.0888	8.3324	7.6919	7.1427	6.6666	6.2500	5.8823	5.5555	5.2632	5.0000

〈표 A-5〉 선불연금 1원의 미래가치 기간이자율(r)

기간수 (n)	1%	2%	3%	4%	5%	6%	7%	8%	9%	10%
1	1.0100	1.0200	1.0300	1.0400	1.0500	1.0600	1.0700	1.0800	1.0900	1.1000
2	2.0301	2.0604	2.0909	2.1216	2.1525	2.1836	2.2149	2.2464	2.2781	2.3100
3	3.0604	3.1216	3.1836	3.2465	3.3101	3.3746	3.4399	3.5061	3.5731	3.6410
4	4.1010	4.2040	4.3091	4.4163	4.5256	4.6371	4.7507	4.8666	4.9847	5.1051
5	5.1520	5.3081	5.4684	5.6330	5.8019	5.9753	6.1533	6.3359	6.5233	6.7156
6	6.2135	6.4343	6.6625	6.8983	7.1420	7.3938	7.6540	7.9228	8.2004	8.4872
7	7.2857	7.5830	7.8923	8.2142	8.5491	8.8975	9.2598	9.6366	10.0285	10.4359
8	8.3685	8.7546	9.1591	9.5828	10.0266	10.4913	10.9780	11.4876	12.0210	12.5795
9	9.4622	9.9497	10.4639	11.0061	11.5779	12.1808	12.8164	13.4866	14.1929	14.9374
10	10.5668	11.1687	11.8078	12.4864	13.2068	13.9716	14.7836	15.6455	16.5603	17.5312
11	11.6825	12.4121	13.1920	14.0258	14.9171	15.8699	16.8885	17.9771	19.1407	20.3843
12	12.8093	13.6803	14.6178	15.6268	16.7130	17.8821	19.1406	20.4953	21.9534	23.5227
13	13.9474	14.9739	16.0863	17.2919	18.5986	20.0151	21.5505	23.2149	25.0192	26.9750
14	15.0969	16.2934	17.5989	19.0236	20.5786	22.2760	24.1290	26.1521	28.3609	30.7725
15	16.2579	17.6393	19.1569	20.8245	22.6575	24.6725	26.8881	29.3243	32.0034	34.9497
16	17.4304	19.0121	20.7616	22.6975	24.8404	27.2129	29.8402	32.7502	35.9737	39.5447
17	18.6147	20.4123	22.4144	24.6454	27.1324	29.9057	32.9990	36.4502	40.3013	44.5992
18	19.8109	21.8406	24.1169	26.6712	29.5390	32.7600	36.3790	40.4463	45.0185	50.1591
19	21.0190	23.2974	25.8704	28.7781	32.0660	35.7856	39.9955	44.7620	50.1601	56.2750
20	22.2392	24.7833	27.6765	30.9692	34.7193	38.9927	43.8652	49.4229	55.7645	63.0025
21	23.4716	26.2990	29.5368	33.2480	37.5052	42.3923	48.0057	54.4568	61.8733	70.4027
22	24.7163	27.8450	31.4529	35.6179	40.4305	45.9958	52.4361	59.8933	68.5319	78.5430
23	25.9735	29.4219	33.4265	38.0826	43.5020	49.8156	57.1767	65.7648	75.7898	87.4973
24	27.2432	31.0303	35.4593	40.6459	46.7271	53.8645	62.2490	72.1059	83.7009	97.3471
25	28.5256	32.6709	37.5530	43.3117	50.1135	58.1564	67.6765	78.9544	92.3240	108.1818
26	29.8209	34.3443	39.7096	46.0842	53.6691	62.7058	73.4838	86.3508	101.7231	120.0999
27	31.1291	36.0512	41.9309	48.9676	57.4026	67.5281	79.6977	94.3388	111.9682	133.2099
28	32.4504	37.7922	44.2189	51.9663	61.3227	72.6398	86.3465	102.9659	123.1354	147.6309
29	33.7849	39.5681	46.5754	55.0849	65.4388	78.0582	93.4608	112.2832	135.3075	163.4940
30	35.1327	41.3794	49.0027	58.3283	69.7608	83.8017	101.0730	122.3459	148.5752	180.9434
35	42.0769	50.9944	62.2759	76.5983	94.8363	118.1209	147.9135	186.1021	235.1247	298.1268
40	49.3752	61.6100	77.6633	98.8265	126.8398	164.0477	213.6096	279.7810	368.2919	486.8518
45	57.0459	73.3306	95.5015	125.8706	167.6852	225.5081	305.7518	417.4261	573.1860	790.7953
50	65.1078	86.2710	116.1808	158.7738	219.8154	307.7561	434.9860	619.6718	888.4411	1280.2994
60	82.4864	116.3326	167.9450	247.5103	371.2629	565.1159	870.4668	1353.4704	2119.8234	3338.2980
70	101.6831	152.9775	237.5119	378.8621	617.9549	1026.0081	1727.1236	2937.6865	5034.9533	8676.2165
80	122.8882	197.6474	331.0039	573.2948	1019.7903	1851.3959	3412.2971	6357.8903	11936.126	22521.402

〈표 A-6〉 선불연금 1원의 현재가치

기간이자율(r)

기간수 (n)	1%	2%	3%	4%	5%	6%	7%	8%	9%	10%
1	1.0000	1.0000	1.0000	1.0000	1.0000	1.0000	1.0000	1.0000	1.0000	1.0000
2	1.9901	1.9804	1.9709	1.9615	1.9524	1.9434	1.9346	1.9259	1.9174	1.9091
3	2.9704	2.9416	2.9135	2.8861	2.8594	2.8334	2.8080	2.7833	2.7591	2.7355
4	3.9410	3.8839	3.8286	3.7751	3.7232	3.6730	3.6243	3.5771	3.5313	3.4869
5	4.9020	4.8077	4.7171	4.6299	4.5460	4.4651	4.3872	4.3121	4.2397	4.1699
6	5.8534	5.7135	5.5797	5.4518	5.3295	5.2124	5.1002	4.9927	4.8897	4.7908
7	6.7955	6.6014	6.4172	6.2421	6.0757	5.9173	5.7665	5.6229	5.4859	5.3553
8	7.7282	7.4720	7.2303	7.0021	6.7864	6.5824	6.3893	6.2064	6.0330	5.8684
9	8.6517	8.3255	8.0197	7.7327	7.4632	7.2098	6.9713	6.7466	6.5348	6.3349
10	9.5660	9.1622	8.7861	8.4353	8.1078	7.8017	7.5152	7.2469	6.9952	6.7590
11	10.4713	9.9826	9.5302	9.1109	8.7217	8.3601	8.0236	7.7101	7.4177	7.1446
12	11.3676	10.7868	10.2526	9.7605	9.3064	8.8869	8.4987	8.1390	7.8052	7.4951
13	12.2551	11.5753	10.9540	10.3851	9.8633	9.3838	8.9427	8.5361	8.1607	7.8137
14	13.1337	12.3484	11.6350	10.9856	10.3936	9.8527	9.3577	8.9038	8.4869	8.1034
15	14.0037	13.1062	12.2961	11.5631	10.8986	10.2950	9.7455	9.2442	8.7862	8.3667
16	14.8651	13.8493	12.9379	12.1184	11.3797	10.7122	10.1079	9.5595	9.0607	8.6061
17	15.7179	14.5777	13.5611	12.6523	11.8378	11.1059	10.4466	9.8514	9.3126	8.8237
18	16.5623	15.2919	14.1661	13.1657	12.2741	11.4773	10.7632	10.1216	9.5436	9.0216
19	17.3983	15.9920	14.7535	13.6593	12.6896	11.8276	11.0591	10.3719	9.7556	9.2014
20	18.2260	16.6785	15.3238	14.1339	13.0853	12.1581	11.3356	10.6036	9.9501	9.3649
21	19.0456	17.3514	15.8775	14.5903	13.4622	12.4699	11.5940	10.8181	10.1285	9.5136
22	19.8570	18.0112	16.4150	15.0292	13.8212	12.7641	11.8355	11.0168	10.2922	9.6487
23	20.6604	18.6580	16.9369	15.4511	14.1630	13.0416	12.0612	11.2007	10.4424	9.7715
24	21.4558	19.2922	17.4436	15.8568	14.4886	13.3034	12.2722	11.3711	10.5802	9.8832
25	22.2434	19.9139	17.9355	16.2470	14.7986	13.5504	12.4693	11.5288	10.7066	9.9847
26	23.0232	20.5235	18.4131	16.6221	15.0939	13.7834	12.6536	11.6748	10.8226	10.0770
27	23.7952	21.1210	18.8768	16.9828	15.3752	14.0032	12.8258	11.8100	10.9290	10.1609
28	24.5596	21.7069	19.3270	17.3296	15.6430	14.2105	12.9867	11.9352	11.0266	10.2372
29	25.3164	22.2813	19.7641	17.6631	15.8981	14.4062	13.1371	12.0511	11.1161	10.3066
30	26.0658	22.8444	20.1885	17.9837	16.1411	14.5907	13.2777	12.1584	11.1983	10.3696
35	29.7027	25.4986	22.1318	19.4112	17.1929	15.3681	13.8540	12.5869	11.5178	10.6086
40	33.1630	27.9026	23.8082	20.5845	18.0170	15.9491	14.2649	12.8786	11.7255	10.7570
45	36.4555	30.0800	25.2543	21.5488	18.6628	16.3832	14.5579	13.0771	11.8605	10.8491
50	39.5881	32.0521	26.5017	22.3415	19.1687	16.7076	14.7668	13.2122	11.9482	10.9063
60	45.4046	35.4561	28.5058	23.5284	19.8758	17.1311	15.0219	13.3667	12.0423	10.9639
70	50.6702	38.2486	29.9971	24.3303	20.3098	17.3676	15.1516	13.4382	12.0820	10.9861
80	55.4371	40.5394	31.1068	24.8720	20.5763	17.4997	15.2175	13.4714	12.0988	10.9946

2. 표준정규분포표

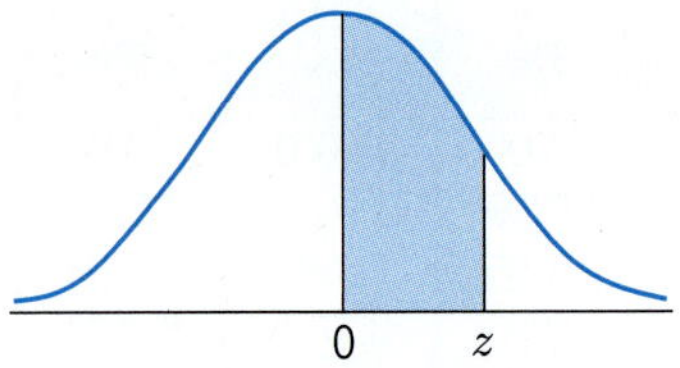

z	.00	.01	.02	.03	.04	.05	.06	.07	.08	.09
0.0	.0000	.0040	.0080	.0120	.0160	.0199	.0239	.0279	.0319	.0359
0.1	.0398	.0438	.0478	.0517	.0557	.0596	.0636	.0675	.0714	.0753
0.2	.0793	.0832	.0871	.0910	.0948	.0987	.1026	.1064	.1103	.1141
0.3	.1179	.1217	.1255	.1293	.1331	.1368	.1406	.1443	.1480	.1517
0.4	.1554	.1591	.1628	.1664	.1700	.1736	.1772	.1808	.1844	.1879
0.5	.1915	.1950	.1985	.2019	.2054	.2088	.2123	.2157	.2190	.2224
0.6	.2257	.2291	.2324	.2357	.2389	.2422	.2454	.2486	.2518	.2549
0.7	.2580	.2612	.2642	.2673	.2704	.2734	.2764	.2794	.2823	.2852
0.8	.2881	.2910	.2939	.2967	.2995	.3023	.3051	.3078	.3106	.3133
0.9	.3159	.3186	.3212	.3238	.3264	.3289	.3315	.3340	.3365	.3389
1.0	.3413	.3438	.3461	.3485	.3508	.3531	.3554	.3577	.3599	.3621
1.1	.3643	.3665	.3686	.3708	.3729	.3749	.3770	.3790	.3810	.3830
1.2	.3849	.3869	.3888	.3907	.3925	.3944	.3962	.3980	.3997	.4015
1.3	.4032	.4049	.4066	.4082	.4099	.4115	.4131	.4147	.4162	.4177
1.4	.4192	.4207	.4222	.4236	.4251	.4265	.4279	.4292	.4306	.4319
1.5	.4332	.4345	.4357	.4370	.4382	.4394	.4406	.4418	.4429	.4441
1.6	.4452	.4463	.4474	.4484	.4495	.4505	.4515	.4525	.4535	.4545
1.7	.4554	.4564	.4573	.4582	.4591	.4599	.4608	.4616	.4625	.4633
1.8	.4641	.4649	.4656	.4664	.4671	.4678	.4686	.4693	.4699	.4706
1.9	.4713	.4719	.4726	.4732	.4738	.4744	.4750	.4756	.4761	.4767
2.0	.4772	.4778	.4783	.4788	.4793	.4798	.4803	.4808	.4812	.4817
2.1	.4821	.4826	.4830	.4834	.4838	.4842	.4846	.4850	.4854	.4857
2.2	.4861	.4864	.4868	.4871	.4875	.4878	.4881	.4884	.4887	.4890
2.3	.4893	.4896	.4898	.4901	.4904	.4906	.4909	.4911	.4913	.4916
2.4	.4918	.4920	.4922	.4925	.4927	.4929	.4931	.4932	.4934	.4936
2.5	.4938	.4940	.4941	.4943	.4945	.4946	.4948	.4949	.4951	.4952
2.6	.4953	.4955	.4956	.4957	.4959	.4960	.4961	.4962	.4963	.4964
2.7	.4965	.4966	.4967	.4968	.4969	.4970	.4971	.4972	.4973	.4974
2.8	.4974	.4975	.4976	.4977	.4977	.4978	.4979	.4979	.4980	.4981
2.9	.4981	.4982	.4982	.4983	.4984	.4984	.4985	.4985	.4986	.4986
3.0	.4987	.4987	.4987	.4988	.4988	.4989	.4989	.4989	.4990	.4990
4.0	.4999685									

(예 : z=1.96일 때 색깔부분의 확률은 0.4750임.)

찾아보기

ㄱ

ㄹ

ㅁ

ㅂ

ㅇ

저자약력

장 영 광

성균관대학교 경영학과 졸업
University of Michigan (경영학석사)
고려대학교 대학원 (경영학박사)
한양대학교 상경대학 조교수
University of Wisconsin 연구교수
University of Washington 연구교수
정부투자기관 경영평가위원
성균관대학교 경영대학원장
성균관대학교 경영대학장 겸 경영전문대학원장
한국증권학회 회장 역임
현, 성균관대학교 경영학부 명예교수 (e-mail : chang446@skku.ac.kr)

[저서 및 주요 논문]

생활속의 경영학(공저, 신영사, 2021)
현대경영학의 이해(공저, 신영사, 2020)
(EXCEL 활용) 투자관리(공저, 신영사, 2020)
현대투자론(공저, 신영사, 2017)
경영분석(무역경영사, 2017)
주가와 거래량의 교호관계가 중장기 주가행태에 미치는 영향(2007)
상호저축은행 경영실태평가지표 타당성분석 및 도산예측(2004)
한국주식시장에서 가치투자전략의 성과와 원천(2003)
매매거래제도의 변경과 증권시장의 운영효율성(1998) 외 논문 다수

① '연습문제 해답편', ② 'EXCEL활용 투자관리' 파일자료는
신영사 홈페이지(http://www.shinyoungsa.co.kr) **자료실**에서 다운로드받으세요.

제8판 **증권투자론**

2001년 1월 7일 제1판 1쇄 발행
2021년 7월 20일 제8판 2쇄 인쇄
2021년 7월 30일 제8판 2쇄 발행

저 자 장 영 광
발 행 인 권 영 섭
발 행 처 (주)**신 영 사**

경기도 파주시 심학산로 12(출판문화단지)
등 록 : 1988. 5. 2 / 제406-1988-000020호
전 화 : 031-946-2894(代)
F A X : 031-946-0799
e-mail : sys28945@naver.com
홈페이지 : http://www.shinyoungsa.co.kr

정가 32,000원

ISBN 978-89-5501-696-3